⊙《花落瀛州》封面

⊙《贝多芬传》1946 年再版封面

⊙《公民训练歌曲》1934 年版封面

⊙《培英毛线编结法》1938 年版封面

⊙《朝鲜》1929 年初版封面　　　⊙《延安归来》(大连中苏友好协会印)封面

⊙《五六境》封面　　　⊙《上海城隍庙》封面

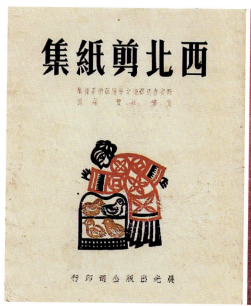

⊙《西北剪纸集》1949 年初版封面　　　　　⊙《为新中国奋斗》1952 年版封面

⊙《教育思想》1948 年文库本第一版封面　⊙《陌上花开》1943 年版封面

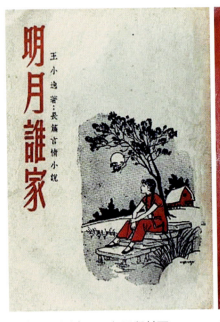

⊙《明月谁家》1946 年再版封面　　⊙《姊妹淘》封面

⊙《兴亚建国论》1939 年初版封面　　⊙《星洲十年》1940 年初版封面

浦东文化丛书

张泽贤 著

五十浦东人的民国版本

上海远东出版社

图书在版编目(CIP)数据

五十浦东人的民国版本/张泽贤著.—上海：上海远东出版社,2017
(浦东文化丛书)
ISBN 978-7-5476-1314-6

Ⅰ.①五…　Ⅱ.①张…　Ⅲ.①文化-名人-生平事迹-浦东新区
Ⅳ.①K825.4

中国版本图书馆 CIP 数据核字(2017)第 264945 号

浦东文化丛书
五十浦东人的民国版本
张泽贤　著
策　　划　黄政一
责任编辑/徐婧华　封面设计/张晶灵

出版：上海世纪出版股份有限公司远东出版社
地址：中国上海市钦州南路 81 号
邮编：200235
网址：www.ydbook.com
发行：新华书店　上海远东出版社
　　　上海世纪出版股份有限公司发行中心
制版：南京前锦排版服务有限公司
印刷：浙江临安曙光印务有限公司
装订：浙江临安曙光印务有限公司

开本：710×1000　1/16　印张：56.25　插页：6　字数：918 千字
2017 年 12 月第 1 版　2017 年 12 月第 1 次印刷
印数：1—1005 册

ISBN 978-7-5476-1314-6/G·830
定价：198.00 元(上下二册)

"浦东文化丛书"序

"浦东文化丛书"的编辑开始于 2006 年,至今已十年,已出版八种书。其间第一辑四种书编辑了五年,至 2011 年 1 月才出齐四种。中间停等三年。第二辑四种书一次性出齐,并在 2016 年的上海书展上展出。丛书的编辑出版没有固定的模式,但分辑一次出几种书或一批书是通常的做法,当然也有不间断每年出一二种书的丛书。"浦东文化丛书"从开始的分年出一二种,到一年出一辑四种书,也算是一种模式,或者说是编者的一个目标要求。这需要编者有一种设计思考,从而形成系统性。"浦东文化丛书"第三辑是五种书一年内出齐。编辑模式如何选,对编辑一套丛书至关重要。"浦东文化丛书"的编辑模式还在实践中,但一年编辑出版四至五种书,对编者而言有较大压力,编者惟有更加用心用功才能做好这套丛书。

"浦东文化丛书"肯定是以文化为主题、为内容,但文化的概念十分宽泛,就浦东的文化而言,可编写的内容十分丰富,怎样抓住要点,抓住浦东文化的核心内容,抓住与民众日常生活关系最密切的文化题目,这对编者来讲是个难题,但编者努力去接近。第三辑的五种书的选题是浦东民居建筑文化、浦东中医发展史、民国时期浦东人著作、浦东历史票证图录和清末著名金石学家沈树镛的金石题跋整理。这五个选题肯定是在文化概念之中,而且文化性很强,与民众的关联度也很强。而最有特点的是,这五种书的原创性也是不言而喻的,切入点很小,但内容有深度,在细节上使人感受到文化的传承就在日常的生活之中。如民居的仪门建筑体现深厚的中华传统文化,但城市化的进程加快,许多民居被拆除,如何用影像来保存这些有着极其丰富文化艺术性的建筑物,是刻不容缓的一项工作。《浦东门厅文化》的编写者用照片和文字说明,向读者展示浦东民居建筑所承载的艺术和文化信息,可读性很强。

"浦东文化丛书"第三辑的选题,由点到面。从点而言,有个人著作的整理和诠释,如沈树镛金石题跋的整理。沈树镛是我国清末著名的金石学家,其收藏曾富甲东南,在我国的碑拓考据学中的地位十分重要,其题跋有着很强的学术价值。从历史层面上讲,有民国时期五十位浦东人的著作介绍。在民国时期上海历史人物中,如果把浦东人撇在旁边的话,那剩下的就不多了。上海民国版图书中,浦东人的著作同样占有较大的比重。选择五十位浦东人在民国时期所出版的图书来作介绍,也是从一个层面反映浦东的文化,反映浦东人在上海滩上的位置。

"浦东文化丛书"第三辑与前两辑一样有着文化的纵深度,历史感较强。《浦东中医史略》把宋末至民国的浦东地区中医郎中和中草药堂从历史的角度作系统讲述,其中十多位著名中医对我国中医药的发展有着重要的贡献,而数以百计遍布城乡各市镇的中草药堂,曾为民众医治疾病发挥着重要作用。一些医案医方、民间偏方及独门医术仍然对解除病患者的痛苦有着独特的效果,至今被人们所采用。中医包含着中国阴阳五行、佛道方术的文化精华,浦东地区能产生众多的中医世家和中医名家,这是一个值得思考的专题。同样讲历史,《浦东历史票证图录》则用五百余件各类票证的图录从一个侧面反映浦东的发展过程,这些票证的历史跨度达二百余年,涉及农业票证,如执业田单、土地证、田赋税票等;盐业票证,如盐业执业田单、盐灶税票等;工商票证,如毛巾业、袜业、酒业、香业票证和公司股票、老商号发票等;交运票证,如轮船公司票证、小铁路票证、轮渡车船票证等;房地票证,如地契、土地证、买卖契约等;民生票证,如毕业证、开业证、荣誉证、结婚证等。这些票证与民生有着密切的关联度,如此系统地展示浦东历史票证也是首次。

"浦东文化丛书"第三辑五种书在形式与内容上似乎有着不相关联的独立主题,但探究其文化内核,不难发现其文化的相融性。从文化的视角来看这五种书,是文化共性使其汇入到"浦东文化丛书"之中。编者的初衷一直是想把浦东带有文化性的相关专题用丛书的形式记载下来、传承下去。三辑十三种图书只是其中的一个小点,更深入地挖掘传承浦东历史文化的任务还十分艰巨,需要不断地探索和精心地组织更多的文化书稿,将其纳入"浦东文化丛书"之中。编辑一部有文化价值、可以传承下去的丛书,是编者为之努力的目标。三辑"浦东文化丛书",仅仅是一个起步,继续编辑下去需要编者付出更大的努力,需要编者拓展文化视野、扩大组稿范围,需要编者在图文并重、提高学术性和可读性的基础上提升编写水平。打造一部优秀文化丛书,更重要的是历练出更多浦东文化研究的专业人才,这也是编者编辑这部丛书的目的之一。高质量的书稿来自于高水平的专家学者,因此浦东的文化发展和研究需要培养出更多的文化专家。如果"浦东文化丛书"的编辑出版能在文化人才的培养上有所促进的话,那也是编者所企盼的。

"浦东文化丛书"如何从起步走向成熟,需要时间的检验,而更多的是需要编者的精心组织、著者的全力编写和读者的参与关心这三者的紧密结合,才能编写出一部可以传下去的丛书。"浦东文化丛书"的编辑,只是想为浦东的文化建设出一点力,为浦东文化的传承做一点贡献,而是否达到了这目的,关键还是要看读者的评价。一本书的价值如何,还是要由读者来评说和判断,因而编写者要多听取读者的意见。从"浦东文化丛书"已出的八种书来看,读者还是给予了较高的评价和鼓励,这为该丛书的连续编辑出版给予了支持。第三辑五种书出版了,编辑者和编写者为之付出了辛勤劳动。第四辑若干种书的编写也已启动,形成一个良好的编辑机制,也是编者的一个工作目标。这是编者对一部丛书生命力的培育,体现出编者的一种文化自信力。

"浦东文化丛书"编辑委员会

2017 年 8 月

自序

　　2016年，"浦东文化丛书"编委会主任柴志光先生在与我一起探讨出版"浦东文化丛书"第三辑书目时，希望我能"贡献"一种，主要谈谈浦东人在民国时期出版的著作版本。当时，我是欣然接受了。之后想想，这本书并不好写。虽然我在民国版本研究中已有近20年的时间，且出版了不少著作，但基本还局限于现代文学版本。如今要把版本的体裁范围扩大至文化的各个门类，把作者的"形态"从作家扩大至社会的各个领域，确实还从未涉足过，难度肯定不会小。但是，我还是欣然地接受了，因为我感到这很有"挑战性"，而且可以就此开辟一种版本研究的新途径，即从地域角度来研究作者的精神财富——著作版本——不是一种版本，不是一个作者，而是众多而宽广的，吸引力就在此，这无疑是一件极有意义的事！

　　这让我马上想起一句与"地域"有关的成语：人杰地灵。用句最通俗的话说，人杰地灵也就是杰出人物生于灵秀之地，或者说杰出人物使生活过与到访过的地方成为灵秀之地，而灵秀之地又催生出更多的杰出人物。"人"与"地"彼此存有不可分隔的因果关系，都呈现着一种璀璨耀眼的光芒。

　　如以回首反观的视角来审视上海的浦东，正符合这种"人杰地灵"。如今的上海浦东新区，旧称川沙（不含原南汇区）。古代是戍卒屯垦的海疆，751年属华亭县，1292年归属上海县，1725年后分隶上海县和南汇县，1810年始由上海县与南汇县划出，设川沙抚民厅，1911年辛亥革命时改厅为川沙县，直隶江苏省，1958年改属上海市管辖。1990年4月8日宣布浦东开发，1992年10月11日设立上海市浦东新区，撤销川沙县。……行政区划虽历经千年之变迁，但"人杰地灵"却始终没有太大变更，相反却越来越折射出五彩缤纷。

以我之私见，浦东的"人杰"（本书所介绍的），随着历史的积淀和时代的变迁，呈现出三个相当明显的特征：第一，人杰的多样性；第二，知识的深厚度；第三，辐射的宽广度。

这里所说的"人杰"，主要是指原籍浦东，或出生于浦东的；而那些曾在浦东生活过，或曾来过浦东，与浦东有着不解之缘的，都未列入其中，否则人数太多。在这类人中，最为著名的是胡适，清乾隆时，他的高祖已在浦东川沙经商，创立"万和茶庄"，到他父亲胡铁花，已整整四代人寓居川沙。即便是原籍或出生于浦东者，人数也相当可观，本书也无法囊括所有，只能从众多中选"五十浦东人"，时间框定在"中华民国"，以此限定，作为代表。本书所选50人，所呈"多样性"一目了然，其中有无产阶级革命家张闻天，社会活动家宋庆龄、黄炎培，翻译家傅雷，音乐家黄自，画家江丰，医学家陆渊雷、秦伯未，作家王小逸、火雪明、张若谷，法学家朱方，著名记者编辑曹谷冰、顾执中、陆诒、袁殊，等等。几乎涉及大文化之社会科学与自然科学的所有领域。

这里所说的"知识深厚度"，是指这些人杰所拥有的知识，在本行中属于出类拔萃的佼佼者，有着绝对的"话语权"，用现时的话说就是"领军人物"。比如翻译家傅雷，译著等身，无与伦比，尤其是译自罗曼·罗兰的巨著《托尔斯泰传》《弥盖朗琪罗传》《贝多芬传》和《约翰·克利斯朵夫》，更是无人能与之比肩。又如法学家朱方（贞白），几乎把中华民国的法律一一加以详解，充分体现了在这一领域的权威性，等等。

这里所说的"辐射宽广度"，是指人杰所产生的影响早已超出浦东的地域，更超出了上海的地域，影响力已经遍及全国，甚至世界。宋庆龄是这样，黄炎培是这样，李平书是这样，穆藕初是这样，孙寒冰是这样，朱经农是这样……虽然这些人物早已成为历史，但无可否认他们的影响（主要是著作版本），直至今日仍有着巨大的潜在冲击力。

综上所述，卓越的人杰，以其思想和精神的力量感召凡人，同时又以其思想与精神所孕育出的能量与财富，来反哺生养哺育的故乡和国家，两者相辅相成，达到了一个至高的境。也让人们知道，任何进步都是在深厚的精神与财富铺垫之下产生的，浦东也不例外。同时，也让我清醒地认识，灵秀之地，一方水土养育一方才俊；而这"水土"的精髓是什么呢？无疑是教育，有教有育，有成有长，这正是浦东人杰层出不穷出现的一个根本原因。而这些人杰，又以教育来"反哺"

家乡,达到了一个良性循环的理想境界。可以说,这也正是我欣然接受撰写此书的真正原因,尤其是在浦东开发开放进入一个崭新的历史时期,可以预见本书会产生无可估量的深远影响。

另外有一个原因,就是在文前已经提到的从地域角度研究作者的著作版本,可以说这是一条研究地域人文历史的正确途径,也是恢复并激发地域人文精华最为有效的手段。

本书的出版,也使我的这一结论更具现实意义,并为后来者开辟了一条新的研究版本的途径。如只是纯粹为研究版本而研究版本,那就势必可能走上一条"死胡同",特别是就某一版本谈某一版本的做法也许并不足取,而这正是目前在版本研究中存在的一个致命弱点。正确的方法,应该是以大视野、大深度,以专题系列作为版本的研究方向,唯此才能把恢复与激发人文精华结合起来,并给后世留下值得永远保存的"精神遗产"。

《五十浦东人的民国版本》,只是一种从地域角度研究著作版本的尝试,完全可以以此作为一个切入点,推而广之,向纵深、向腹地开拓,先从人文积淀较为深厚的地域开始,如先从上海的青浦、松江进发,乃至江苏的苏州、无锡,浙江的杭州、绍兴,乃至北京天津……从而把所有与人杰遗存的著作版本相关的"版本链"一一串联起来,由一而众,由点而面,由浅至深,由薄至厚,从而在宽广的层面和纵横的深度上,勾勒出大中华地域著作的版本史。

虽然,我无法断言,这是前人从未做过的一件大事,但可以肯定地说,这是一件十分有意义且具可操作性的大事。后来者不妨涉足并有所跨越,前面的天地,宽广无比!

以此理想,或是梦想,是为自序也。

2017 年 3 月 9 日于上海浦东犬圈斋

目录

上卷

下卷

五 十 浦 东 人 的 民 国 版 本

上卷

蔡钓徒（1904—1938），原名安福，字履之，自署"海上钓徒"，浦东陈行乡人。早年就学闵行初级师范，后入闵行农校，毕业后在嘉定黄渡小学任教。1927年到上海谋生，在南市办《龙报》，后又为《礼拜六》撰稿，创作言情小说《花落瀛州》。蔡交游广泛，与青、洪帮有往来，并拜青帮"大"字辈王德邻为"老头子"，属"通"字辈，自收徒弟，成"文化白相人"。1937年淞沪抗战，蔡居法租界，与嘉定朋友盛慕莱妹丈、刚出狱的中共党员蔡志伦结识，并借汽车、电话供蔡志伦使用。上海失陷后，蔡钓徒在福州路望平街主办《社会晚报》，坚持爱国立场，报道谢晋元和"八百壮士"退驻沪西"孤军营"后坚持抗日的情况，遭日方忌恨，指使投敌青帮头子常玉清横加干涉，胁迫停刊。1938年2月4日被日伪特务恐怖组织、常玉清的"黄道会"骗至北四川路新亚大酒店赴宴惨遭暗杀，头颅悬法租界总巡捕房附近萨坡赛路（今淡水路）口电线杆，旁悬"斩奸状"和"抗日分子结果"白布。1952年，追认为革命烈士。

花落瀛州

　　《花落瀛州》,蔡钧徒著,社会书局(上海山东路)发行,民国廿五年(1936)四月初版,不知印数,每册实价大洋1元。上海大东书局、上海杂志公司经售。

　　书前有不少商业广告,如"虎标"万金油、"处女美"、"九一四"、耀昌医疗器械等。另有李浩然的手迹题字。

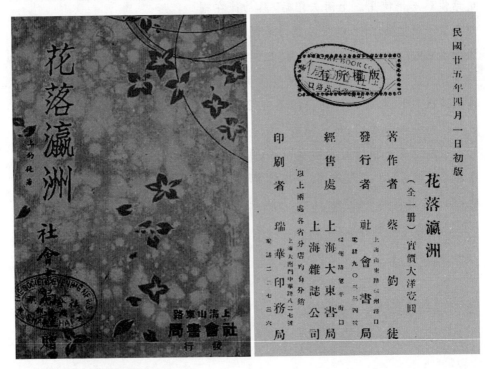

⊙《花落瀛州》封面及版权页

题字之后是三序，分别由严独鹤、周瘦鹃和徐卓呆所写。

严独鹤在《序》中说道："作长篇小说须有中心思想。始不失为佳构。花落瀛洲一书。其中心思想为针砭青年学子。际此国难严重时期。应勤于学业。勿多谈恋爱。以书中人王超然之勤奋。与其对于恋爱之见解虽谓之模范青年。亦不为过。尚不免为恋爱所误。意志不坚之青年。又当如何自儆耶。蔡君钓徒以全书梓行在即。索序于余。辄书所见如此。民国二十五年三月一日序于新闻报馆。"

周瘦鹃在 1936 年 2 月写于申报馆的《序》中说道："花落瀛洲一书。为蔡子钓徒最近杰作。蔡子早蜚声艺苑。而尤负盛名于新闻界。小说不常作。有所作。辄能博得众口交誉。盖不仅以文字见长。且特重内容之意识也。花落瀛洲之主旨。在于警惕莘莘学子。毋为恋爱所误⋯⋯"

徐卓呆在 1936 年 1 月写于劳圃之南窗下的《序》中说道："男子之爱女子，固以对方之人为目标，而女子之爱男子，往往不仅以人，而以金钱或权势为主要条件，此实由女子虚荣心发达所致，而男女间之恋爱上，遂发生种种悲剧，致演成'痴心男子负心女'与古代绝对相反之怪现象矣。老友蔡君钓徒，目睹此社会上重大问题，有所感触，故有此《花落瀛洲》之作。祈读者勿以一普通说部视之。盖为一种移风易俗之呼声也。"

⊙《上海画报》载蔡钓徒夫人照片

全书 365 页,正文前有引言,另收 30 回,第一回《远色戒青年同钦谠论,泛舟逢桀者共讶娇呼》。第三十回《目断征鸿人痛歇浦,情忏归雁花落瀛洲》。

版权页后还有不少商业广告,如虎标永安堂的四大良药广告(万金油、八卦丹、头痛粉、清快水),之后还有上海社会书局出版的《十六岁小姑娘》和上海永和实业公司出品的"白雪"雪花霜等。封底还有"美丽牌"香烟等广告。

除见此书外,还见到过刊在《上海画报》上的蔡钓徒夫人玉照,在此留存,以观尊容。

曹谷冰（1895—1977），江苏川沙东沟乡高行镇（今上海市浦东新区高行镇）人。1912年入同济大学，曾参加五四运动。1923年赴德国柏林大学深造，主修政治经济学。回国后历任天津《大公报》编辑，驻北平、南京特派员，以及上海、汉口、重庆各分馆编辑主任、总经理等职。1931年以《大公报》特派员身份赴苏联进行考察，发表《苏俄视察记》，并汇编成书。建国后，任全国政协第二至第四届委员。

苏俄视察记

《苏俄视察记》，曹谷冰著，天津大公报出版部发行，民国廿年(1931)九月一日初版，民国廿年(1931)九月廿五日再版，时隔 24 天。不知印数，每册定价大洋 1 元，天津大公报馆承印。

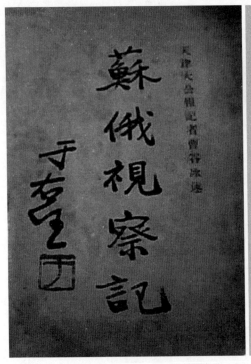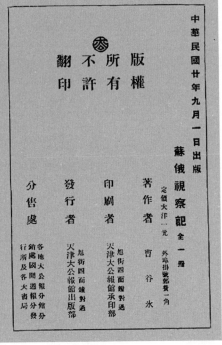

⊙《苏俄视察记》1931 年 9 月初版封面及版权页

全书 291 页，收序文 4 篇(修武王印川时客莫斯科写于民国二十年七月二十六日的《序一》，前溪吴鼎昌的《序二》，成都胡霖政之序于天津大公报社的《序三》，榆林张炽章季鸾序于大公报编辑室的《序四》)。

另有插图 22 幅(铜版与锌版)。

正文为 40 节，有标题，如《赴俄道中的深刻印象》《波罗的海的第一大港》《苏俄之新闻事业》《俄人一般的负担》和《本记者结束之感想》等。

作者在《感想》中说道："我写这一本视察记，就内容说，连自己也觉得不能满意，就文字说，却已经写了'十余万言'，所以现在把一部分大家乐意知道的，也是不乐意知道的事情放弃不说，就此结束。照例，像这样的一本小册子，似乎应该作一篇《自序》，还得写几条《凡例》，我可没有这种意思，我只愿意在这结束的

⊙《苏俄视察记》再版封面、扉页及内页

当儿再把我的感想很简单地说一说。

　　之后有三点感想，第一点，就版图说，俄国是全世界最广大的国家，就政治体制说，俄国是全世界最特殊的国家。第二点，我这一次是以大公报特派记者的资格往俄国去的，所以责任很大，凡是大公报读者所愿意知道的事情，除掉不利于国家，无益于社会的几件以外，一切都得报告。第三点，盼望国人效法俄国，不用外货；同时盼望政府及早确立经济建设的方案，快把基本工业建设起来。第四点，今日当务之急，而发达产业，抵抗外来的侵略，尤其要紧。而且产业发达了以后，战乱，匪祸，灾患，也会随之消灭。"

　　除此版本之外，还有 1931 年 11 月版和 1932 年 9 月版，封面和内容大体相同。唯再版封面稍有不同，在封面上方印有"天津大公报记者曹谷冰述"的字样。

⊙《苏俄视察记》插图

杜月笙（1888—1951），生于江苏省川沙厅（现上海市浦东新区）高桥镇。在他4岁前父母相继去世，由继母和舅父养育。14岁到上海十六铺鸿元盛水果行当学徒，不久被开除，转到潘源盛水果店当店员。1911年加入八股党贩毒，得青帮老大黄金荣的赏识。1925年与黄金荣、张啸林开设三鑫公司，垄断法租界毒品交易，人称上海滩三大亨。同年任上海法租界商会总联合会主席兼法租界纳税华人会监察。1927年与黄、张组织中华共进会。1929年开设中汇银行。1930年任法租界公董局华董。1933年成立帮会组织"恒社"。从1934年起先后任上海市地方协会会长、中国通商银行董事长等职。

杜氏家祠落成纪念册

所谓"杜氏家祠",也就是上海闻人杜月笙的家祠。

这本《杜氏家祠落成纪念册》,是杜家家祠落成活动后的结集,自费出版,杜余庆堂民国二十一年(1932)五月编印。此书外有封套,为封套题签的是国民党元老胡汉民,白签纸上题有隶书:"杜氏家祠落成纪念册　汉民署",并盖有印章。书分上下两册,线装。线装封面由夏寿田先生题签。扉页则由郑沅题。此书的承印者是英租界老垃圾桥南中国仿古印书局。

《杜氏家祠落成纪念册》分为:自序、图像、翰墨、颂词、诗、匾额、联对、盾额鼎额、贺电、贺函、附录、后记。纪念册中选登了不少非常珍贵的图片。比如《参加仪式的北平名伶:杜氏家祠落成招待北平艺员摄影二十年六月》《入祠仪式》照片多幅,记载有:"淞沪警备队部步队,是日我国军队皆荷枪实弹通过租界,各界赠伞,铁华学校学生队,主轿,奉主入祠仪仗过江时情况"等。

此书还收有不少匾额、题贺和题联等图片,如蒋介石既送了题贺的镜框,又送了匾额,匾额上题有:"孝思不匮",蒋给杜的"面子"够大的了。于右任也送了一块匾额:"源远流长"。于右任和张人杰(张静江)还各自送了题联表示祝贺。于右任的题联是:"春酒荐楹阶北地南天唐韦曲　家门振旌节经文纬武晋征西"。张人杰的题联是:"继

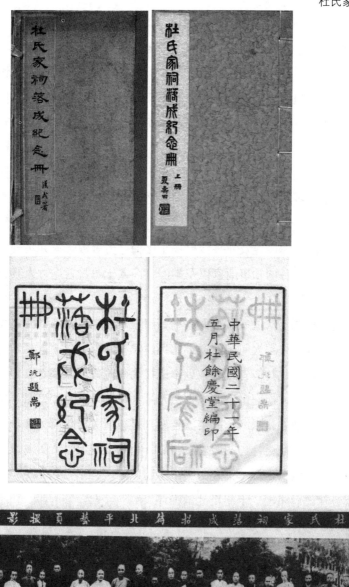

⊙《杜氏家祠落成纪念册》封面及内页、插照

祖宗一脉真传克勤克俭　教子孙两行正路惟读惟耕”，两人的字都写得非常洒脱。

书前有杜月笙（杜镛）自己写的《杜氏家祠落成纪念册序》，此序极有留存价值，可以一录：“民国二十年夏余建家祠于黄浦江东之高桥乡因于六月十日奉主入祠行落成礼事为社会所闻乃承军政学商各界君子奖饰祝贺宠赉非常计所赠贻为文字者如匾如联如牌如祝文如祠记如诗词赞颂等自蒋总司令张副司令以下凡数百事为器物如石碑如石坊如万名伞如钟鼎铜器如玉石器如金银盾如钟表如几榻用具如被褥帷幕等各界皆有之凡数千件祠成之日自上海宅中奉主渡江军商等界均以乐队相送仪仗车马载途绵延十里行经租界电车为停二小时渡船有轮无轮者共百十艘犹不足也上海全体伶界及北平伶界杨小楼梅兰芳等数十人并集祠中演剧三日此三日中渡江宾客自各国领事商家以及本国官商人士每日皆逾万人其自南京苏杭津汉各地远道来者居十之二三焉祠小不足容众则支棚数十军警环卫终日拥挤如在剧场自江浜至祠凡七八里道路行人往来如市三日之中彻夜不断父老相自有上海以来未见如此盛仪嗟夫鄙人何德而竟致此且建家祠常事也奉主入祠常礼也而海愉君子所以褒扬推许如此其极者或因今日学说披昌彝伦攸斁家庭孝友之义几被斥为腐谈识者忧之日思所以挽回世道而未有机乃鄙人建祠适逢其会诸君子本其扶植礼教之心遂因事而奖掖之藉以讽示薄俗欤若然则是役所关非仅鄙人一家一族乃中国全社会之一纪念也为社会计为明诸君子苦心计为鄙人纪惠计皆不可以不记因取家祠落成礼中一切文电事物摄影集之为一纪念册以献庆祠诸友藉示不忘并以贻当世士大夫之留心礼教者民国二十年夏杜镛谨序”

⊙《杜氏家祠落成纪念册》收录的照片

奉主入祠仪仗过江时情况

⊙《杜氏家祠落成纪念册》收录的珍贵图片

⊙《杜氏家祠落成纪念册》收录的张人杰、于右任题联的联对

此书还用了极大的篇幅，记录了当时各报刊登的消息，汇集在一起，实在壮观。消息共收 20 节，先是《编者识》，后为正文，在此只能摘其一二："家祠落成承各界高轩戾止三日间络绎不绝盛极一时本拟按日编成日记以纪其盛惟各报登载綦详尤足徵信因集其大成附之篇末　二十年六月八日申报载　预志杜祠落成典礼　杜月笙近建家祠于浦东高桥订于本月十日行落成礼先一日（九日）送神主及仪仗渡浦十日上午迎主入祠杜先生乐善好施慷慨仗义交游遍海内届时必有一番盛况也兹　分纪如后　招待之办法　十日十一日两天贺客前往浦东者均于法租界外滩太古公司码头乘杜府特备之汽轮前往凡送礼者均已按照姓府编成来宾录即于轮中询明来宾姓名登岸后招待来宾乘坐定备之汽车或人力车接迎来宾赴祠非来宾概不招待入祠时签名来宾簿致送徽章　仪仗之路由　由法租界华格臬路杜公馆出发朝南走李梅路朝东走恺自尔路公馆马路朝南走老北门大街朝东走民国路由小东门大街到金利源码头下轮　军警之保护　关于治安方面已由军警当局暨保卫团严密布置于祠堂四面要隘更放步哨以防宵小故于来宾安全决无问题惟张啸林君表示女宾最好勿御贵重首饰恐来宾众多万一遗失反多周折也……"

所有内容对奉主入祠描写得相当详尽，但行文均无标点，好在语简意赅，不难读通。此书另有一篇文字很值得一记，那是书末章士钊先生补记于长沙的《杜祠观礼记》，文不长，可录："昔袁绍见郑康成叹曰吾谓郑君东州名儒今乃是天下长者夫以布衣雄世岂徒然哉吾尝三复此言以为布衣雄世有儒有侠二者兼至始为极难吾友杜君月笙以尚义为天下介天下翕然归之徒众万千言出若鼎人称月笙几无不取汉之朱家郭解同录一范嘻此微特不知月笙抑亦与于不智之甚而不自觉也始吾未见月笙想念颇与常人无二及恒与接言多所事事感其笃厚淳朴之气自然洋溢久要之谊无间洪纤即叹为粹然儒者良不是过尼山吾必谓学一语且不我欺而礼者近今所不道敬宗收族之典尤三十岁以下少年所绝不明月笙独毅然为此事同唐世柳孙诸贤之议冠宣遭举世非笑而不然盖天下重月笙者也礼为月笙特重天下亦遂翻然相与重之是日宗祠落成人争参拜车马之盛仪文之茂　乎为上海开港以来所未闻信夫吾乡涤笙曾氏之言风俗之厚薄自乎一二人之心之所响而今世滔滔靡已之弊习犹得依贤者之心若力匡扶而督正之为可喜也月笙此举关系之大如是而愚窃诵本初曩语虽嘉其由儒见侠之有深识独得惜月笙不生汉末使当时豪杰之士并得由侠见儒有以窥人道之全而体士林之大也同时又以获交月笙发见上例弥自厚幸于是乎记"

正因为此书实在难得一见，这样的版本也不大可能会再影印，故此把有些内容毫不吝啬地全文录之。如果再从"文本"的意义讲，这样的做法，可以以新的载体形式保留全文，以便留给后人更多可资阅读的文字。

对于这次曾经轰动上海滩的奉主入祠活动，后人确实褒贬不一，但从当时章士钊先生所写的观礼记看，实在是把它抬得过高。以笔者看，这只是一种显示自己身份与权势的"做秀"，如撇开这些不讲，那么更多留下的也只是民俗学上的意义，无非能让当时人和现代人，更真切地看到民俗学在实际生活中的具体形态。

如今的杜祠，包括后面的图书馆等建筑，早已成了高桥某部队的驻地。当笔者漫步在杜祠前的小道上，早已感受不到当年的那种热闹，只有冷清，而且冷清得让人有点奇怪。杜祠的所有房屋，如今仍保存完好，孤零零的柱子，竖立在空空荡荡的屋宇间，唯有斑驳的墙壁，还在慢慢地"诉说"着曾经有过的辉煌……

傅雷（1908—1966）, 生于江苏省南汇县傅家宅(今上海市浦东新区)。1912年父亲因冤狱病故,由母亲抚养成人。1920年考入上海南洋公学附属小学(今南洋模范中学),次年考入上海徐汇公学。1924年因批评宗教被开除,同年考入上海大同大学附属中学。参加五卅运动和反学阀运动。后考入上海持志大学。1928年留学法国巴黎大学,学艺术理论,受罗曼·罗兰影响,热爱音乐。留学期间游历瑞士、比利时、意大利等国。1931年回国致力于法国文学的翻译与介绍,译作文笔传神,行文流畅,态度严谨。译著30余种,巴尔扎克15种:《高老头》《亚尔培·萨伐龙》《欧也妮·葛朗台》《贝姨》《邦斯舅舅》《夏倍上校》《奥诺丽纳》《禁治产》《于絮尔·弥罗埃》《赛查·皮罗多盛衰记》《搅水女人》《都尔的本堂神父》《比哀兰德》《幻灭》《猫儿打球记》。罗曼·罗兰4种:《约翰·克利斯朵夫》《贝多芬传》《米盖朗琪罗传》《托尔斯泰传》。服尔德(伏尔泰)4种:《老实人》《天真汉》《如此世界》《查第格》。梅里美2种:《嘉尔曼》《高龙巴》。莫罗阿3种:《服尔德传》《人生五大问题》《恋爱与牺牲》。此外还有苏卜的《夏洛外传》,杜哈曼的《文明》,丹纳的《艺术哲学》,英国罗素的《幸福之路》和牛顿的《英国绘画》等。1966年9月3日夫妇双双含冤自尽而亡。"文革"结束后获得平反。

托尔斯泰传

《托尔斯泰传》，罗曼·罗兰著，傅雷译，笔者所见有4种版本，皆商务印书馆出版印刷发行，发行人王云五。

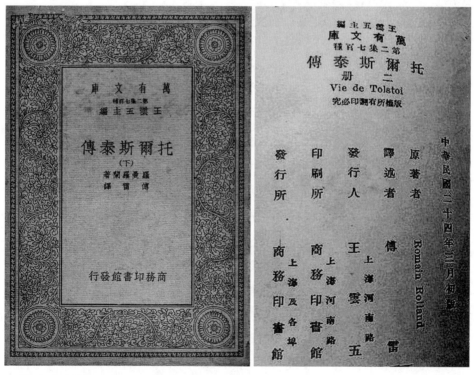

⊙《托尔斯泰传》1935年3月初版封面及版权页

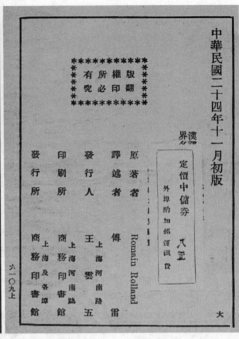

⊙《托尔斯泰传》1935 年
11 月初版封面、版权页
及作者像

第一种,"万有文库"第二集一百种,王云五主编,民国二十四年(1935)三月初版,分上下两册。另有 1936 年 8 月再版,封面与内容同初版。

第二种,"汉译世界名著",精装本,民国二十四年(1935)十一月初版,不知印数,每册定价中储券 8 元。发行人王云五。

第三种,"汉译世界名著",平装本,民国三十六年(1947)三月四版,不知印数,每册定价国币 5 元。发行人朱经农。

第四种,"新中学文库",民国三十六年(1947)三月四版,失版权页,不知其他版权事项。

虽有 4 种不同的版本,但内容大体相同。书前有罗曼·罗兰的肖像与手迹。

另有罗曼·罗兰致译者傅雷书(论无抵抗主义),作为《代序》,1934 年 6 月 30 日写于瑞士,其中

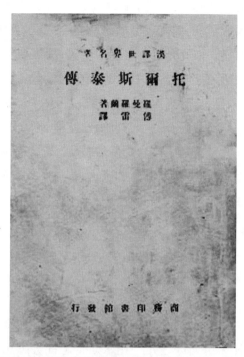

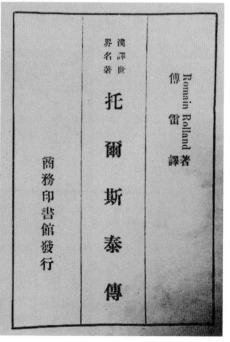

⊙《托尔斯泰传》1947 年 3 月四版封面、版权页及扉页

说道:"三月三日赐书,收到甚迟。足下移译拙著《贝多芬》《弥盖朗琪罗》《托尔斯泰》三传,并有意以汉译付刊,闻之不胜欣慰。当今之世,英雄主义之光威复炽,英雄崇拜亦复兴之俱盛。惟此光威有时能酿巨灾;故最要莫如'英雄'二字下一确切之界说。夫吾人所处之时代乃一切民众遭受磨炼与战斗之时代也;为骄傲为荣誉而成为伟大,未足也;必当为公众服务则成为伟大。最伟大之领袖必为一民族乃至全人类之忠仆。昔之孙逸仙、列宁,今之甘地,皆是也。至凡天才不表于行动而发为思想与艺术者,则贝多芬、托尔斯泰是已。吾人在艺术与行动上所在唤醒者,盖亦此崇高之社会意义与深刻之人道观念耳。至'无抵抗主义'之问题,所涉太广太繁,非短简可尽。愚尝于论甘地之文字中有所论列,散见于拙著《甘地传》《青年印度》及《甘地自传》之法文版引言。……"

还有作者写于1928年8月的《原序》:"这十一版底印行适逢托尔斯泰百年诞辰时节,因此,本书底内容稍有修改。其中增入自一九一〇年起刊布的托氏通信……"

全书156页,收24章,有标题,如:《我的童年》《塞白斯堡纪事》《战争与和平》《安娜小史》《伊凡·伊列区之死》《托尔斯泰之社会思想》《托尔斯泰之遗著论》《托尔斯泰逝世前二月致甘地书》《托尔斯泰著作年表》等。

⊙《托尔斯泰传》"新中学文库"1947年3月四版封面

服尔德传

《服尔德传》，莫罗阿著，傅雷译，商务印书馆印刷发行，笔者所见有三种版本。

第一种，"汉译世界名著"，精装本，民国二十五年（1936）九月初版，不知印数，每册实价国币5角。发行人王云五。

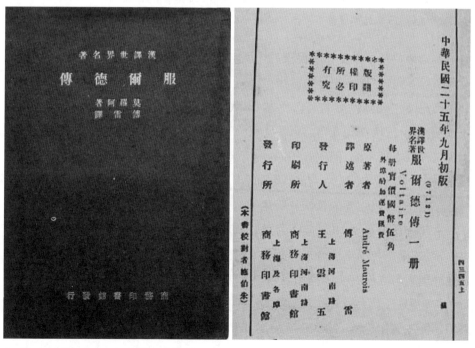

⊙《服尔德传》1936年初版封面及版权页

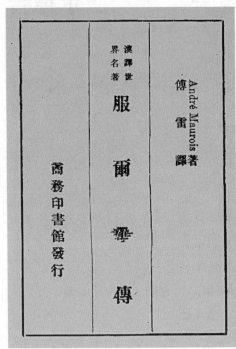

⊙《服尔德传》1936 年初版扉页及作者像

第二种,"新中学文库",民国三十六年(1947)二月再版,不知印数,每册定价国币 2 元 5 角,发行人朱经农。

第三种,"汉译世界名著",平装本,民国三十七年(1948)八月三版,不知印数,每册定价国币 2 元 5 角。

三种版本虽不同,但内容相同,内有插图多幅。

全书 145 页,收 22 章,有标题,如《十八世纪的渊源与特征》《服尔德在英国》《得宠与失宠》《服尔德的哲学》《服尔德的冕》和《结论与批判》等。

书前有译者写于 1936 年 4 月的《译者附识》:"服尔德(Voltaire)时人都译作福禄特尔,鄙意与原文读音未尽相符,因援用北平中法大学服尔德学院译名。窃意凡外国人名之已有实际应用者较有普遍性,似不必于文字上另用新释。本书所引诗句,只译其大意,读者谅之。本书中注解皆为译者添加,以便读者。本书采用一九三五年巴黎 Gallimaed 书店 nrf 版本。"

⊙《服尔德传》"新中学文库" 1947 年再版封面、版权页及插画

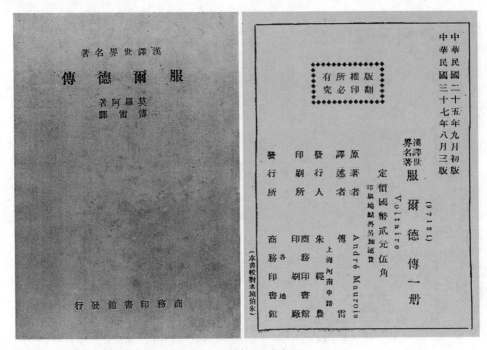

⊙《服尔德传》"汉译世界名著" 1948 年三版封面及版权页

弥盖朗琪罗传

《弥盖朗琪罗传》，罗曼·罗兰著，傅雷译，商务印书馆印刷发行，笔者所见有三种版本。

第一种，"汉译世界名著"，精装本，商务印书馆印刷发行，发行人王云五，民国二十四年（1935）九月初版，不知印数，每册定价大洋 6 角 5 分，旁盖蓝印"本书减去一角"。

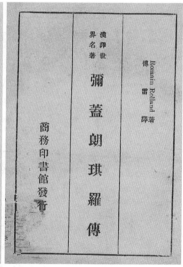

⊙《弥盖朗琪罗传》1935 年初版封面、版权页、扉页

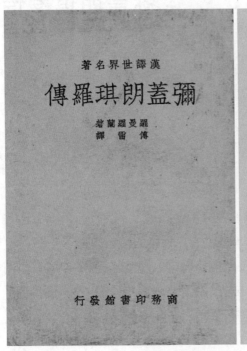
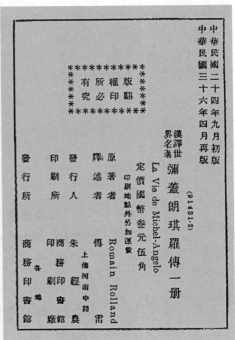

⊙《弥盖朗琪罗传》1947年再版封面及版权页

⊙《弥盖朗琪罗传》"新中学文库"版封面

第二种，"汉译世界名著"，平装本，商务印书馆印刷发行，发行人朱经农，民国三十六年（1947）四月再版，不知印数，每册定价国币 3 角 5 分。

第三种，"新中学文库"，失版权页，不知版权事项。

三种版本虽不同，但内容相同，书前有《译者弁言》："本书之前，有《贝多芬传》；本书之后，有《托尔斯泰传》：合起来便是罗曼罗兰底不朽的'巨人三传'。移译本书的意念是和移译《贝多芬传》的意念一致的，在此不必多说。在一部不朽的原作之前，冠上不伦的序文是件亵渎的行为。因此，我只申说下列几点：本书是依据原本第十一版全译的。但附录底弥氏诗选因其为意大利文原文（译者无能）且在本文中已引用甚多，故擅为删去。附录之后尚有详细参考书目（英、德、美、意四国书目），因非目下国内读书界需要，故亦从略。原文注解除删去最不重要的十则外，余皆全译，所以示西人治学之严。为我人作一榜样耳。"

书末有罗氏写的《这便是神圣的痛苦的生涯》。

贝多芬传

　　《贝多芬传》,罗曼·罗兰著,傅雷译,骆驼书店出版,
民国三十五年(1946)十一月再版。骆驼书店地址在上海
爱文义路 675 号,即现今北京西路。见有 1949 年 3 月五
版的版权页,其中骆驼书店的地址已经改变:上海中正
北一路 224 弄 29 号。

⊙《贝多芬传》1946 年再版封面、版权页及 1949 年五版版权页

1946年4月初版,笔者曾有一见,并记录了版权页上的事项,特别是印数:"本书初版三千零七部。内有二千九百七十部用普通西报纸印,三十部用重磅毛边道林印,三部用三层裱玉版笺印,五部用上等加拿大报纸印。"普通西报纸印的版本较为常见,而用其他三种纸印的版本极少见。

此书除《贝多芬传》外,还附有译者傅雷著的《贝多芬的作品及其精神》。在扉页之后的空白页上还竖印几行字:……天将降大任于斯人也,必先苦其心志,劳其筋骨,饿其体肤,行拂乱其所为,所以动心忍性,曾益其所不能……——孟子(译者录)。

全书174页,收文:《译者序》《原序》《贝多芬传》《贝多芬遗嘱》《书信集》《思想录》和《参考书目》。附录中包括:《贝多芬的作品及其精神》《贝多芬与力》《贝多芬的音乐建树》和《重要作品浅释》。另外还附有插图:《贝多芬死后面部塑像》(封面)《贝多芬十六岁剪影》《贝多芬画像》《贝多芬致韦该勒书第一页》和《贝多芬〈斐但丽奥〉手稿的一页》。一部传记,能够包含这么多丰富内容,可以说是一部非常完整的传记。

贝多芬十六岁时剪影

贝多芬致韦该勒书第一页(一八〇一年十一月十六日)

⊙《贝多芬传》插图二幅

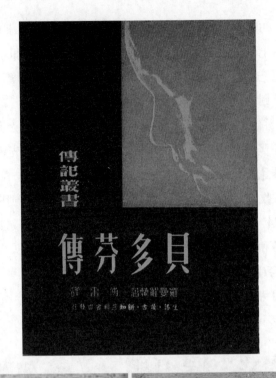

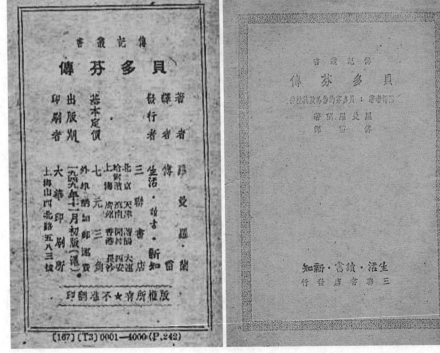

⊙《贝多芬传》1949 年生活・读书・新知三联书店初版封面、版权页及扉页

　　让我们先来看一下罗曼·罗兰写的《原序》，其中开头的一段说明了此书的"来历"："二十五年前，当我写这本小小的《贝多芬传》时，我不曾想要完成什么音乐学的著作。那是一九〇二年，我正经历着一个骚乱不宁的时期，充满着兼有毁灭与更新作用的雷雨。我逃出了巴黎，来到我童年的伴侣、曾经在人生的战场上屡次撑持我的贝多芬那边，寻觅十天的休息。我来到篷恩，他的故里。我重复找到了他的影子和他的老朋友们，就是说在我到科布楞兹访问的韦该勒的孙子们身上，重又见到了当年的韦该勒夫妇。在曼恩兹，我又听到他的交响乐大演奏会，是淮恩加纳指挥的，然后我又和他单独相对，倾吐着我的衷曲，在多雾的莱茵河畔，在那些潮湿而灰色的四月天，浸淫着他的苦难，他的勇气，他的欢乐，他的悲哀，我跪着，由他用强有力的手搀扶起来，给我的新生儿《约翰·克利斯朵夫》行了洗礼，在他的祝福之下，我重又踏上巴黎的归路，得到了鼓励，和人生重新缔了约，一路向神明唱着病愈者的感谢曲。那感谢曲便是这本小册子。先由《巴黎杂志》发表，后又被班琪拿去披露。我不曾想到本书会流传到朋友们的小范围以外，可是'各有各的命运……'"

　　再来读一下傅雷写于民国三十一年（1942）三月的《译者序》，那又是另一种感受："唯有真实的苦难，才能驱除浪漫底克的幻想的苦难；唯有看到克服苦难的壮烈的悲剧，才能帮助我们担受残酷的命运；唯有抱着'我不入地狱谁入地狱'的精神，才能挽救一个萎靡而自私的民族；这是我十五年前初次读到本书时所得的教训。不经过战斗的舍弃是虚伪的，不经劫难磨练的超脱是轻佻的，逃避现实的明哲是卑怯的；中庸，苟且，小智小慧，是我们的致命伤；这是我十五年来与日俱增的信念。而这一切都是由于贝多芬的启示。我不敢把这样的启示自秘，所以十年前就迻译了本书。现在阴霾遮蔽了整个天空，我们比任何时都更需要精神的支持，比任何时都需要坚忍、奋斗、敢于向神明挑战的大勇主义。现在，当初生的音乐界只知训练手的技巧，而忘记了培养心灵的神圣工作的时候，这部《贝多芬传》对读者该有更深刻的意义。——由于这个动机，我重译了本书。此外，我还有个人的理由。疗治我青年时世纪病的是贝多芬，扶持我在人生中的战斗意志的是贝多芬，在我灵智的成长中给我大影响的是贝多芬，多少次的颠扑曾由他搀扶，多少的创伤曾由他抚慰，——且不说引我进音乐王国的这件次要的恩泽。除了把我所受的恩泽转赠给比我年青的一代之外，我不知还有甚么方法可以偿还我对贝多芬、和对他伟大的传记家罗曼·罗兰所负的债务。表示感激的最好的方式,是施予。为完成介绍的责任起见,我在译文以外,附加了一篇分析贝多芬作品的文字。我明知这是一件越俎的工作,但望这番力不从心的努力,能够发生抛砖引玉的作用。"

从有关资料得知,傅雷翻译这部《贝多芬传》,最初译于1932年,后重译于1942年,4年之后由骆驼书店初版。建国之后,直到"文革"结束至1999年,此书多次出版,印数将近5万册,而依据的版本就是1946年骆驼书店出版的重译本。

傅雷除翻译这本《贝多芬传》,之后还翻译了《弥盖朗琪罗传》和《托尔斯泰传》。而最令人陶醉的是罗曼·罗兰的4卷巨著《约翰·克利斯朵夫》,经傅雷这么一译,更其精彩。笔者在大学时认真读过一遍,之后浪迹西南,随身带的就是这部著作,是作为一种"精神"携带着,它无私地给予了抵御外界各种压力的精神力量。其他旧书大多散失,唯独此书一直伴随身边,也可见与其有着几十年的缘分……

另外笔者还见到过一种傅译的《贝多芬传》,生活·读书·新知三联书店1949年11月沪初版,基本定价7元3角,大华印刷所(上海山西北路583号)印刷,属"传记丛书"之一种。

约翰·克利斯朵夫

《约翰·克利斯朵夫》,罗曼·罗兰著,傅雷译,笔者所见有三种版本。

第一种,"世界文学名著",商务印书馆印刷发行,发行人王云五,民国三十年(1941)二月三版,不知印数,第一册每册实价国币1元4角。1937年1月初版,未见。

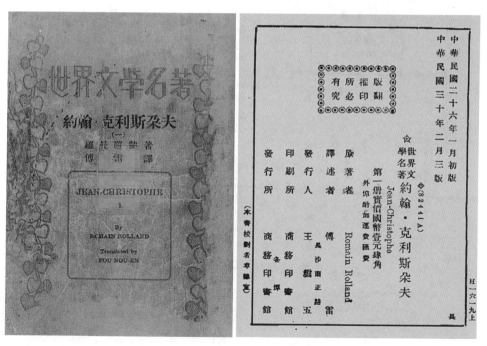

⊙《约翰·克利斯朵夫》1941 年三版封面及版权页

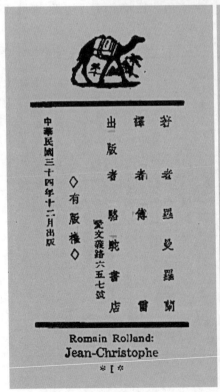

⊙《约翰·克利斯朵夫(一)》1945年版封面、版权页及扉页

第二种，布面精装本，骆驼书店（爱文义路六五七号）民国三十四年（1945）十二月出版，不知印数和售价。版权页印有骆驼书店的出版标记。

第三种，纸面平装本，全书分为 4 册印刷，骆驼书店出版，笔者曾见到过多种版次，如 1946 年 12 月再版，1947 年 2 月三版，1948 年 6 月四版，1949 年 1 月五版等。封面统一，竖印书名、作者名和译者名，并印有一枚骆驼书店的朱文印。

至于此书是否还有其他不同封面的版本，因未见版本实物，故不敢断定。

三种版本的内容大体相同，以骆驼版为例。书前有献辞："献给各国有受苦、奋斗、而必战胜的自由灵魂"。另有罗曼·罗兰 1934 年的肖像。

全书分为四册，第一册：译者献辞、卷一·黎明、卷二·清晨、卷三·少年，第二册：译者弁言、卷四·初版原序、卷四·反抗、卷五·节场，第三册：卷六·安多纳德、卷七·初版原序、卷七·户内、卷八·女朋友们，第四册：卷九·燃烧的荆棘、卷十·初版原序、卷十·复旦。

在第一册《译者献辞》中说道："《约翰·克利斯朵夫》不是一部小说，——应

⊙《约翰·克利斯朵夫》1946 年版封面及版权页

当说：不止是一部小说，而是人类一部伟大的史诗。它所描绘歌咏的不是人类在物质方面而是在精神方面所经历的艰险，不是征服外界则是征服内界的战绩。它是千万生灵的一面镜子，是古今中外英雄圣哲的一部历险记，是贝多芬式的一阕大交响乐。愿读者以虔诚的心情来打开这部宝典罢！"

在第二册《译者弁言》中说道："在全书十卷中间，本册所包括的两卷恐怕是最混沌最不容易了解的一部了。因为克利斯朵夫在青年成长的途中，而青年成长的途程就是一段混沌、暧昧、矛盾、骚乱的历史。""这部书既不是小说，也不是诗，据作者自白，说它有如一条河。莱茵这条横贯欧洲的巨流是全书底象征。所以第一卷第一页第一句便是极富于音乐意味的、包藏无限生机的'江声浩荡……'"

在第三册七卷的《本卷初版序》中说道："约翰·克利斯朵夫底生命，在我眼中是一条河；我在最初几页上就说过了。——而河流在某些段落上似乎睡熟了，只反映出周围的田野与天色。但它的流动与变化并未中止；有时，这表面的静止隐藏着一道湍激的急流，要过后一遇阻碍的时候才显出它的猛烈的气势。这便是《约翰·克利斯朵夫》全书中这一卷底形象。"

在第四册十卷《末卷序》中说道："我自己也和我过去的灵魂告别了；我把它丢在后面，像一个空壳似的。生命是一组连续的死亡与复活。克利斯朵夫，我们一齐死去再生罢！"

在1947年2月三版的书末，印有骆驼书店刊行的9种书目广告，除《约翰·克利斯朵夫》外，还有傅译的《贝多芬传》《亚尔培·萨伐龙》和《高老头》。以及郭沫若和高地合译的《战争与和平》、蒋天佑译《匹克威克外传》、罗稷南译《马克斯传》、董秋斯译《烟草路》和《相持》。

恋爱与牺牲

　　《恋爱与牺牲》，莫罗阿著，傅雷译，商务印书馆印刷发行，发行人王云五，笔者所见有两种版本。

　　第一种，"世界文学名著"，民国二十五年（1935）八月初版，不知印数，每册实价国币5角。这是商务出版的一套译作丛书，多达几十种，封面设计划一。

　　第二种，民国三十六年（1947）二月四版，封面印"新中学文库"，版权页印"世界文学名著"，不知印数，每册定价国币1元（盖印改正价）。发行人朱经农。

《恋爱与牺牲》1936年初版封面、版权页及扉页

两种版本虽不同，但内容相同。书前有《译者序》，其中说道："艺术是幻想的现实，是永恒不朽的现实，是千万人歌哭与共的现实。恋爱足以孕育创造力，足以产生伟大的悲剧，足以吐出千古不散的芬芳；然而但丁，歌德之辈寥寥无几。恋爱足以养成平凡性，足以造成苦恼的纠纷：这样的人有如恒河沙数。本书里四幅历史上的人物画，其中是否含有上述的教训，高明的读者自己会领悟。……本书初版时附有木版插画数十幅，书名《曼伊帕或解脱》，后于 Grasset 书店版本中改名《幻想世界》，译者使中国读者易于了解故擅改今名。本书包含中篇小说四篇，但作者于原著中题为《论文集》，可见其用意所在。"

全书 223 页，收：《楔子》《少年维特之烦恼》《因巴尔扎克之过》《女优之像》和《邦贝依之末日》。

在上海图书馆的数据库中，把此书书名误记为《爱恋与牺牲》，并分作两条，各置异处。

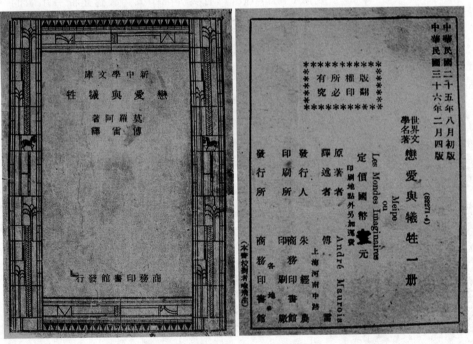

⊙《恋爱与牺牲》1947 年四版封面及版权页

亚尔培·萨伐龙

《亚尔培·萨伐龙》，巴尔扎克著，傅雷译，骆驼书店出版，民国三十五年（1946）五月初版，印 3 000 册，不知售价。版权页有骆驼书店的出版标记。另见 1949 年 3 月三版，封面与初版同，仅书名字体有异。

全书 163 页，书末印有"一八四二年五月巴黎 一九四四年二月译竣"。书末有骆驼书店刊行的书目广告，书目 9 种，前已介绍。

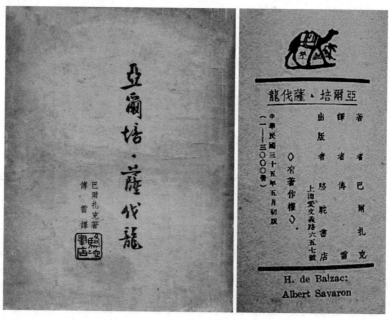

⊙《亚尔培·萨伐龙》1946 年初版封面及版权页

高老头

《高老头》，巴尔扎克著，傅雷译，骆驼书店出版，民国三十六年（1947）一月再版，印 1 500 册，不知售价。版权页有骆驼书店的出版标记，另有骆驼书店地址"上海北京西路六五七号"，北京西路即"爱文义路"。1946 年 8 月初版，未见。

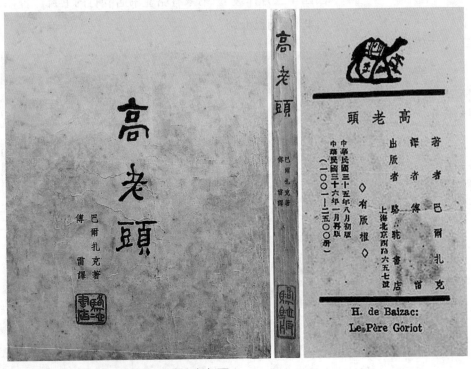

⊙《高老头》1947 年再版封面、书脊和版权页

全书 322 页,书末印有"一八三四年九月作于 Sache 一九四四年十二月译竣"。书末有骆驼书店刊行的书目广告 9 种,前已介绍。

1949 年 2 月三版,内容同再版,书末有骆驼书店刊行的书目 18 种广告,除上述 9 种外(其中缺罗稷南译《马克斯传》,不刊书目的原因不明),还有 10 种是:《狼群》(沈起予译)、《在俄罗斯谁能快乐而自由》(高寒译)、《城与年》(曹靖华译)、《大卫·科波菲尔》(全二册,董秋斯译)、《奥列佛尔》(蒋天佑译)、《双城记》(罗稷南译)、《红马驹》(董秋斯译)、《荒野的呼唤》(蒋天佑译)、《雪虎》(蒋天佑译)和《安徒生童话选》(六册,陈敬容译)。

幸福之路

《幸福之路》,英国,罗素著,傅雷译,南国出版社(上海山阴路四号)出版,发行人王兆慎,民国三十六年(1947)一月初版,印2 000册,不知售价。

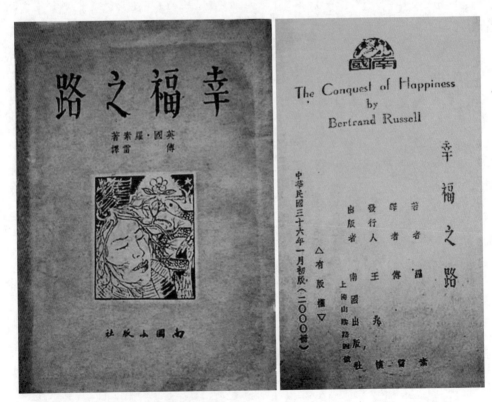

⊙《幸福之路》1947年初版封面及版权页

　　书前有译者写于 1942 年 1 月的《译者弁言》,其中说道:"就如本书作者所云,有内外双重的原因。外的原因是物质环境,现存制度,那是不在个人能力范围以内的;内的原因有一切的心理症结,传统信念,那是在个人能力之内而往往为个人所不知或不愿纠正的。精神分析学近数十年来的努力,已驱除了不少内心的幽灵;但这种专门的科学知识既难于普遍,更难于运用。而且人生艺术所涉及的还有生物学,伦理学,社会学,历史,经济,以及无数或大或小的知识和——尤其是——智慧。能综合以上的许多观点而可为我们南针的,在近人著作中,罗素的《幸福之路》似乎是值得介绍的一部。他的现实的观点,有些人也许要认为卑之无甚高论,但我认为正是值得我们紧紧抓握的关键。"

　　书前还有惠特曼的卷首诗,前两句是:我想我能变成动物,和它们为伴,它们是那么的恬静那么矜持。我站着,久久的望着它们。……

　　全书 228 页,分为上下两编,上编《不幸福底原因》,内收:《什么使人不快乐》《浪漫底克的忧郁》《竞争》《烦闷与兴奋》《疲劳》《嫉妒》《犯罪意识》《被虐狂》和《畏惧舆论》。下编《幸福底原因》,内收:《快乐还可能么?》《兴致》《情爱》《家庭》《工作》《闲情》《努力与舍弃》和《幸福的人》。

美苏关系检讨

　　《美苏关系检讨》,美国,史诺著,傅雷译,生活书店以知识出版社名义印 200 册,知识出版社(上海福州路)发行,民国三十六年(1947)四月初版,每册实价 6 000 元。

　　书前空白页印"本书封面承庞薰琹先生设计装帧,特此志谢"。另有照片两幅,记录了美苏首脑的握手。

　　书前还有译者代序《我们对美苏关系的态度》,其中说道:"我介绍史诺这几篇文章的动机不止一个。传布美苏关系的知识固然重要,反躬自省的感情尤其重要。"

　　在文末还有一段译者的《附记》:"在校对这篇译序的时候,因为旁的问题而翻查旧报,无意中发现三月卅日《文汇报》上发表的张东荪先生《美国对华与中国自处》一文,其中论点有许多正与鄙见相同。我提出这一点,并无意思借张先生的声望以自重,而是证明像我这一类的感想,在社会上还是很普遍的,不过很少人形诸文字的提出罢了。"

　　全书 135 页,正文为《美苏关系检讨》,内收三文:《为什么我们不了解俄国》《俄国人怎样看法》和《史太林必须和平》;另有附录《俄国三度空间的外交政策》(史各脱原著),内收两文:《历史的基础与发展》和《战争与和平的大计划》。

　　1947 年 2 月,美国《星期六晚邮报》连续发表了史诺

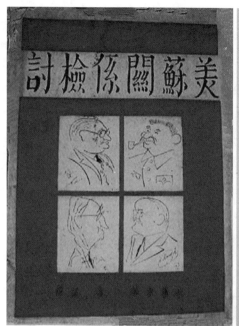

⊙《美苏关系检讨》1947年初版封面、版权页及扉页

有关苏联问题的三篇文章。傅雷于同年4月译出,并附上史各脱的文章,编成《美苏关系检讨》,其中译者的《代序》分别在4月24日和25日的《文汇报》连载。到7月22日,还写了《所谓反美亲苏》,刊登在储安平主编的《观察》第二卷第二十四期,较为全面地阐述了美苏关系,用意很清楚:"劝大家对美苏之间的争端,不要太动感情,不要因分不清双方(美苏的)真主意与假姿态而作左右袒,以免增加美苏的误会。"……为此,不少"左派"朋友对他不理解,甚至意见极大。在"反右"运动中,有人就以这两篇文章作为傅雷"反苏"的罪证加以批判,同时使他陷入政治漩涡埋下了伏笔。傅雷有过一段自白,很能印证他的真实思想(1961年9月给傅聪的信):"我吃亏的就是平日想得太多,无论日常生活,在大事小事,街头巷尾所见所闻,都引起我许多感想:更吃亏的是看问题水平提得太高(我一向说不是我水平高,而是一般的水平太低),发见症结为时太早:许多现在大家承认为正确的意见,我在四五年、六七年前就有了;而在那时的形势下,在大家眼中我是思想落后,所以有那些看法。"

⊙《美苏关系检讨》照片一幅

说实话,笔者一直不知傅雷还有这么一种突厄于文学译著涉及政治的作品,即便后来知道了,也不太相信沉浸于贝多芬、托尔斯泰以及《约翰·克利斯朵夫》的翻译家会对"美苏关系"有极度的兴趣。现在看来,所述观点相当正确,然而表达观点的"超前性"却成了一种天大罪过。虽是"罪过",人也受尽了磨难,但人格的独立与尊严却光芒闪烁。

文明

　　《文明》,法国,杜哈曼著,傅雷译,南国出版社(上海山阴路七号)出版,发行人王兆慎,民国三十六年(1947)五月初版,印 2 000 册,不知售价。学林书店(上海静安寺路一五六一号)特约代理外埠经售。

　　书前空白页印"本书封面由庞薰琹先生装帧,特此志谢"。

　　另有本书译者其他译著书目 11 种,较为少见,应留存:

　　罗曼·罗兰原著:《约翰·克利斯朵夫》(小说,骆驼版),《贝多芬传》(骆驼版),《托尔斯泰传》(骆驼版)和《弥盖朗琪罗传》(商务版)。

　　巴尔扎克原著:《高老头》(小说,骆驼版)和《亚尔培·萨伐龙》(小说,骆驼版)。

　　莫洛阿原著:《服尔德传》(商务版),《人生五大问题》(论文,商务版)和《恋爱与牺牲》(小说,商务版)。

　　罗素原著:《幸福之路》(论文,南国版)和《文明》(小说,南国版)。

　　书前有译者写于 1947 年 3 月的《译者弁言》,其中说道:"《文明》所描写的死亡,纵是最丑恶的场面,也有一股圣洁的香味。但这德性并不是死亡的,而是垂死的人类的。就是这圣洁的香味格外激发了生命的意义。《文明》

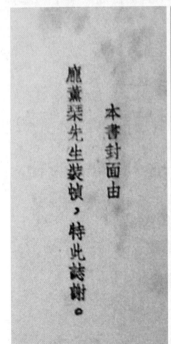

⊙《文明》1947 年初版封面、版权页、扉页及书目页

描写死亡,实在是为驳斥死亡,否定死亡。一九四二年四月我译完这部书的时候,正是二次大战方酣的时候。如今和平恢复了快二年,大家还没意思从山坡上停止翻滚。所以本书虽是第一次大战的作品,我仍旧化了一个月的功夫把旧译痛改了一遍。"

全书 268 页,除《作者略传》外,收文 16 篇:《面貌》《勒沃的病房》《索末河上》《留旭沙的圣道事》《杜希中尉》《歌尚的计划》《绿衣太太》《葡萄田》《马贩子》《调节兵站》《邦梭的爱情》《葬礼》《数字》《纪律》《装甲骑兵居佛里哀》和《文明》。

书末有南国书店新刊书目 6 种,除傅译《幸福之路》和《文明》,还有唐弢著《短长集》,楼适夷译《海国男儿》(世界少年文学名著,法国马洛原著),骆宾基著《五月丁香》(剧本),郭沫若译《沫若译诗集》(包括初期译诗、雪莱诗选、鲁拜集、新俄诗选)。

卓别麟创造的英雄夏洛外传

《卓别麟创造的英雄夏洛外传》,法国,菲列伯·苏卜著,傅雷译,自己出版社(上海吕班路万宜坊五十三号)出版,民国二十二年(1933)九月初版,普通本(新闻纸)一至一千本,每册实价大洋 5 角;精装本(毛桃林)一至一百本,每册实价大洋 1 元;一至五十本非卖品。华东印刷所(上海新闸大通路斯文里一二五一号)代印。属自己出版社的"自己丛书",笔者至今只见此独苗一种。

此书封面很有意趣,由大熊工商美术社所制。

书前有译者写于 1933 年 7 月付印时的《卷头语》,终于使笔者了解了"自己丛书"的来历:"在这个哭笑不得的时代,'幽默'成了文坛底风气;利用这空气,赶快把'夏洛'出版。这自然是投机。适应时代叫做思想前进,投机却是偷鸡,却是取巧了。然而只要取巧而与人无损与己有益,即是投机又有何妨? 夏洛既曾予我以真切的感动,一定亦会予人以同样的感动;夏洛曾使卓别麟致富,一定也会替我掐几个钱:这便是我所谓与人无损与己有益。然而夏洛底命运,似乎迄未改善。这本书已经碰了几家书店经理底钉子,因为不是因为夏洛缺少绅士气,便是因为他太孤独了,出版之后不能引人注意(如丛书之类)。于是我决计独自把他来诞生下来。'自己丛书'说是我自己的丛书固可,说是夏洛自己的丛书亦可,说是读者自己

⊙《卓别麟创造的英雄夏洛外传》1933 年初版封面、版权页、扉页及插图

的丛书更无不可。这一本便是丛书的第一部。"

另有译者写的《译者序》，6 页，其中说道："大家都知有卓别麟而不知有夏洛。可是没有夏洛(Chalot)，也就没有卓别麟了。大家都知卓别麟令我们笑，不知卓别麟更使我们哭。大家都知卓别麟是世界上最著名的明星之一，而不知他是现代最大艺术家之一。这是中国凡事认不清糟粕与精华(尤其是关于外国的)的通病。""夏洛一生的事迹已经由法国文人兼新闻记者菲列伯苏卜(Philippe Souppault)，以小说的体裁，童话的情趣，写了一部外传，列入巴黎北龙书店 Librairie Plon, Paris 的'幻想人物列传'之三。"

全书 192 页，有插图 4 幅，分 15 章，有标题：《渊源》《城市之焰》《饥与渴》《大自然生活》《人的生活与狗的生活》《回声》《世界最大的城》《纽约》《战争》《镜》《非时间亦非空间》《爱情与黄金》《微笑的影子》《永恒的星》和《终局》。

英国绘画

《英国绘画》,牛顿著,傅雷译述,英国文化委员会编辑,商务印书馆印刷发行,发行人朱经农,不知印数,每册定价国币8元。属"英国文化丛书"

据笔者所知,"英国文化丛书"由商务印书馆出版于1948年8月至1949年12月,到目前为止笔者见到包括

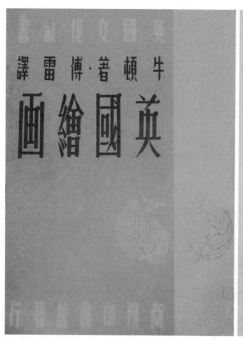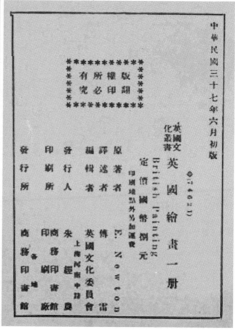

⊙《英国绘画》1948年初版封面及版权页

《英国绘画》在内共 11 种,估计还有不少缺漏:《一九三九以来英国小说》(亨利·瑞德著,金增嘏译述,1949 年 3 月初版)、《一九三九以来英国电影》(狄妮斯·鲍慧尔著,张骏祥译,1949 年 3 月初版)、《一九三九以来英国散文作品》(约翰·黑瓦德著,杨绛译,1948 年 9 月初版)、《现代科学发明谈》(威廉布拉格等著,任鸿隽译述,1948 年 8 月初版,1949 年 7 月再版)、《英国土地及其利用》(史丹普著,林超译述,1949 年 12 月初版)、《英国大学》(巴葛著,张芝联译述,1948 年 8 月初版)、《英国合作运动》(陶番姆、霍乌著,章元善译述,1948 年 8 月初版)、《英国图书馆》(麦考温、累维著,蒋复璁译述,1949 年 3 月初版)、《英国教育》(邓特著,王承绪译述,1949 年 9 月初版)、《英国工业》(爱伦著,李国鼎译,1949 年初版)和《英国绘画》(牛顿著,傅雷译,1948 年 6 月初版)。

人生五大问题

　　《人生五大问题》，"汉译世界名著"，莫罗阿著，傅雷译，商务印书馆印刷发行，发行人王云五，笔者所见有两种版本。

　　第一种，精装本，民国二十五年（1936）三月初版，不知印数，每册定价国币6角5分。

　　书前空白页印"本书原著者之译名应为'莫罗阿'手民误排为'莫罗'特此更正"。

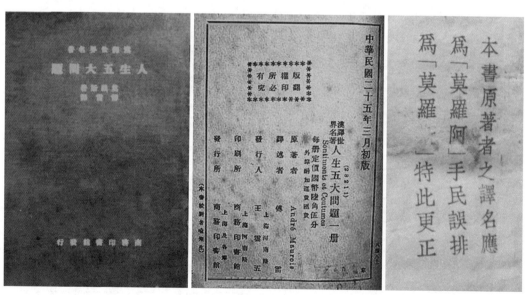

⊙《人生五大问题》1936年封面、版权页及声明页

书前有《引言》，其中说道："在此人事剧变的时代，若将人类的行动加以观察，便可感到一种苦闷与无能的情操，甚么事情都好似由于群众犯了一桩巨大的谬误，而这个群众却是大家都参加着的……"

后有译者 1935 年 7 月写于上海的《译者弁言》和原作者的《原序》。在《译者弁言》中说道："本书论题，简单明白，译者毋须更赘一辞。论旨之中正和平，态度之无党无私，与我国固有伦理学说之暗合，洵为晚近欧美出版界中不经见之作。""再本书原名《情操与习尚》(Sentiments et Coutumes)，第四讲原题《技艺与都市》(Le Metier et Ia Cite)，似嫌暗晦，故擅为改译今名，冀以明白晓畅之标题，益能引起读者之注意云耳。"

全书 158 页，收《论婚姻》《论父母与子女》《论友谊》《论政治机构与经济机构》和《论幸福》。

第二种，平装本，民国二十八年(1939)四月四版，不知印数，每册实价国币 6 角 5 分。与初版对照，其他内容相同，仅增《徐仲年先生对于本书之介绍》一文，是一篇介绍与推荐之文："人生五大问题包括：论婚姻，论父母与子女，论友谊，

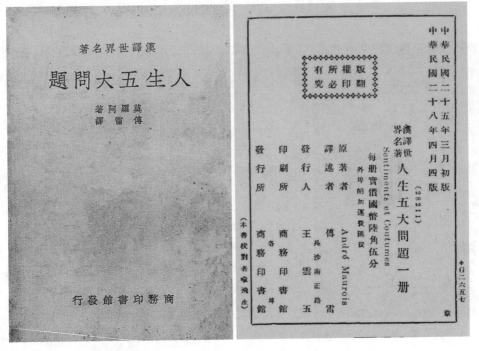

⊙《人生五大问题》1939 年四版封面及版权页

论政治机构与经济机构,论幸福,五个演讲。作者是法国著名小说家与传记家。此书立意深刻,文笔生动;又不尚空谈,不弄玄虚;洵为佳作。我尤其爱他对于幸福的见解:'幸福'是由'斗争'与'苦恼'构成的,而这些'斗争'与'苦恼'永远被'希望'所挽救!那么,'天行健君子以自强不息',惟奋斗才能获得幸福,正是中国青年所应当遵守的教训!"

刘海粟

《刘海粟》,傅雷编,中华书局印刷发行,1932 年 8 月
初版,不知印数,每册定价银 3 元。封面和版权页印"世
界名画集第二集"。

书前有傅雷写的《刘海粟》一文,9 页。

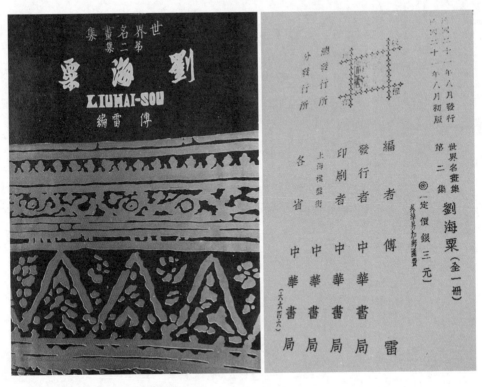

⊙《刘海粟》1932 年初版封面及版权页

全书编刘海粟画作 20 幅：《鲤鱼》《窗》《圣母院夕照》《L 夫人》《思想者》《赛茵河》《翡冷翠》《罗佛宫之雪》《赖鲁阿素描》《卢森堡之雪》《赛因河之游船》《巴黎歌剧院》《公园》《玫瑰村》《向日葵》《肖像》《孟妈德》《落日》《人体》和《玫瑰村》。

有关傅雷与刘海粟的关系，有着不少的文字记载。笔者为了叙述这一版本的来龙去脉，有必要进行一种文字上的综合，以便读者的理解：

1927 年 19 岁的傅雷考进巴黎大学，专攻文艺理论，同时到卢佛美术史学校和梭邦艺术讲座听课。在此期间认识了来欧洲游学考察的刘海粟。由于对艺术的共同追求，两人很快成为至交，有过一段友谊的蜜月期。1931 年傅雷与刘海粟回国，并暂住刘家。之后傅、刘一起编写《世界名画集》。这是由中华书局出版的画集，收 8 位名家，一人一册，其中塞尚、莫奈、雷诺阿、马蒂斯、凡高、高更、特朗 7 人由刘负责编选，另《刘海粟》专辑由傅雷编选，卷首刊有傅雷的专论《刘海粟论》。傅用如诗的语言，如火的热情写道："阴霾蔽天，烽烟四起，仿佛是产生密克朗琪罗、拉斐尔、达芬奇的时代，亦仿佛是 1830 年前后产生特拉克洛瓦、雨果的情景。愿你，海粟，愿你火一般的颜色，燃起我们将死的心灵，愿你狂飙的节奏，唤醒我们奄奄欲绝的灵魂……"。这年冬天，傅雷接受刘海粟的邀请，出任上海美专校办主任，同时教授美术史和法文。

而傅刘绝交的导火线，就是与他们一起回到上海、担任上海美专西画科主任的张弦。张正直淳朴，傅雷视为人生挚友。然而，张在美专郁郁寡欢。工作的繁重自不待言，还时被刘海粟叫去代笔，生活不堪重负，刘给的工资也很低。傅虽多次要求刘给张加钱，但刘就是不肯。生活的清苦潦倒，心情的常年压抑，张得病后于 1936 年暑假郁郁而死，傅雷痛惜地写下《我们已失去了凭藉——悼张弦》，深情评解张弦高洁人品与独特画风。傅认为，张的死与刘的剥削有直接关系，于是便在筹备张弦遗作展时，当众宣布与刘海粟绝交。傅的原话是这样的："张弦生前为美专出身之教授，受美专剥削，抑郁而死；故我约了他几个老同学办此遗作展览，并在筹备会上与刘海粟决裂，以此绝交二十年。"

从开始的艺术知音，至最终的分道扬镳，正是两人性格与价值取向冲撞的必然结果。

《欧也妮·葛朗台》及其他

本文属综合叙述,除简单介绍《欧也妮·葛朗台》外,还有其他几种相类似的版本。

《欧也妮·葛朗台》,巴尔扎克著,傅雷译,生活·读书·新知上海联合发行所发行,1949 年 6 月沪初版,印 3 000 册,每册基本定价 11 元 1 角。国光印书局印刷。

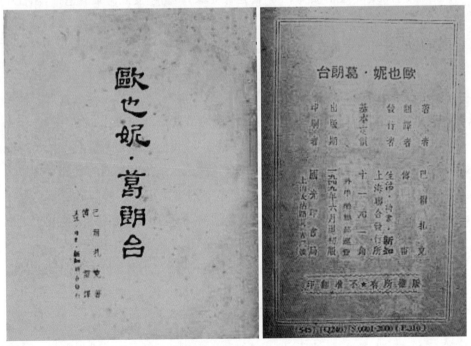

⊙《欧也妮·葛朗台》1949 年初版封面及版权页

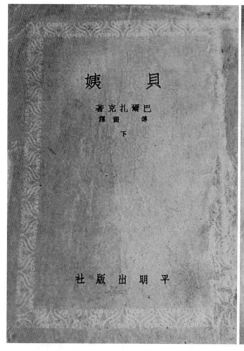

⊙《贝姨》封面

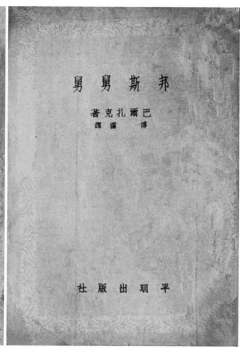

⊙《邦斯舅舅》封面

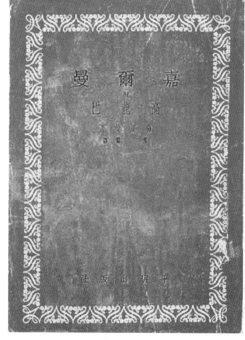

⊙《嘉尔曼》封面

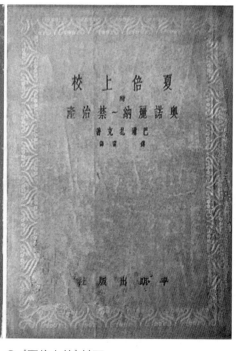

⊙《夏倍上校》封面

所见平明出版社 1951 年版,分 7 章:《中产阶级的面目》《巴黎的堂兄弟》《内地的爱情》《吝啬鬼许的愿·情人起的誓》《家庭的苦难》《如此人生》和《结束》。

另见两种同名译作,译名稍不同,第一种是中法文化出版委员会编辑、商务印书馆发行、1936 年版《欧贞尼·葛郎代》(巴尔扎克集Ⅰ地方乡镇生活场景,穆木天译)。第二种是高名凯译、海燕书店 1949 年 10 月版《葛兰德·欧琴妮》(人间喜剧 外省生活之场景 7)。

另外还见过与《欧也妮·葛朗台》相类似的傅译版本,皆由平明出版社于建国后出版,所见版本 4 种,在此留存书影,以作比照:《贝姨》(平明出版社 1951 版)、《邦斯舅舅》(平明出版社 1952 版)、《嘉尔曼》(平明出版社 1953 版)和《夏倍上校》(平明出版社 1954 版)。

顾冰一（1872—1941），原名次英，后改名顾植，冰一为其字，南汇黑桥（今浦东新区）人。曾赴东北办报，时年 34 岁，至 61 岁返沪。曾任《吉林日报》和《吉长日报》总编辑。与黄炎培、张志鹤、瞿绍伊、杨斯盛等过从甚密。1941 年去世，时年七十。

顾冰一先生七十以前自述

　　此书为其自述体年谱,民国三十年(1941)七月出版,线装。书高 25.6 厘米,宽 15.3 厘米,版框高 18.6 厘米,半页版框宽 12.2 厘米,单鱼尾、下细黑口,半页 13 行,满行 34 字。封面书名由吴邦珍题签。

　　关于编印此书的起因,顾冰一在《引言》中说道:"行年七十,儿子曾衍、子妇康时平屡以从前经历可否书示大概为请,余诺之,以右腕苦难握管,只凭口说,令曾衍笔录,逐年追忆,随忆随说,随说随录。云云概多,成为一册,名曰:七十以前之自述,藉实家乘,非敢问世。事出追忆,性本健忘,老至耄及,尤感疏舛,体例既无言,文字不甚荒落。又或年月不符,名字杂出,或人名地名有误,或应录而竟只字不提,或可不录而反长言之不足,或自谓满意而不足当通人之一哂,凡若此类虑难枚举。精神不足无如何也。录后曾请共事东省之瞿绍伊君、少年同学之张伯初君代为校阅,稍加整理,例合并记以志感荷。仍请阅者指正为盼。"

　　此《引言》中所提瞿绍伊,浦东张桥人;张伯初即张志鹤,浦东龚路人。其实顾冰一的祖上原住浦东庆宁市南边的黑桥,早在清雍正年以前现浦东新区(除高桥地区外)、南汇区均属上海县管辖的浦东地区。顾家是从明代迁至现南汇周浦镇东并在里中建石桥一座,也叫黑桥。

顾家为当地望族,出了许多名人,顾冰一即其中之一。

此书从清同治十一年(1872)记起,至民国三十年(1941)止。其中顾冰一在 34 岁时赴东北办报至 61 岁时回上海,这一时期有关东北的时事记述较多。顾曾任《吉林日报》和《吉长日报》总编辑。该书也记述了许多有关浦东地方的事,如有关黄炎培、张志鹤、顾冰一三人在新场讲演风波之事,书后附有《南汇县党狱始末记》。民国二十一年(1932)九月,顾冰一又同黄炎培、张志鹤、张心九一起又踏上寻 30 年前在新场演讲旧址之路,作 30 年寻梦之举。此事记述较详,为浦东一掌故。其中说道:"到新场,戚友均在轮船码头欢迎,在乡公所饭,后又在小学校摄一影。偕赴城隍庙、北山寺等巡

⊙《顾冰一先生七十以前自述》1941 年版封面

行一周。晚即在公所宴会,谈笑甚欢,是夜,我住叶楚玱家。翌晨坐汽油船赴南汇县城,即至县署晤孔县长充,孔陪同到花厅,到监犯所,颇有意味,即在县署摄一影。嗣后黄(炎培)、张(志鹤)等均赴惠南小学,我即折至朱翔皋家。是午在香光楼宴会,均有演说,燕后仍乘汽油船赴川沙。晚抵川,观澜小学童子军列队奏乐为盛大之欢迎。即在该校礼堂开会,先有黄任之君将我在东略历介绍听众,继我演说,述此次东北事件,并特别提出教育界情形,激励学生从国家观念,大家努力发挥科学,扩大事业,藉鉴前车而收后果。我演说后即由伯初继续演说,学生代表并有谢词。出赴会客室,与县长李君冷暨各老友略读。即赴署宴会,我又演说,该署菊花盛开,罗列满前,颇饶诗意。李君人极诚实,办事亦好,时第一次冷汛,我辈旅行均感衣服单薄,李出绒线衣服为各人御寒并送至至元堂下榻,略谈川境情形,李即回署。是夜宿至元堂。明晨往城内各处游观,川境桥梁整齐,城内道路清洁,足见李君任事之努力。午赴陆颂芳君宴。宴后赴上川路坐车由庆宁寺渡江回寓。寻梦一举遂告段落。"

书中有多处述及黄炎培、张志鹤、瞿绍伊、杨斯盛及传教士步惠廉等人物,对研究浦东历史而言,此书无疑是一份重要的参考文献。

顾佛影（1901—1955），原名宪融，别号大漠诗人、红梵精舍主人。上海市南汇县黑桥村(今浦东新区红桥村)人。早年与天虚我生陈栩园交游，才思敏捷，诗文词曲造诣颇深。曾任商务印书馆和中央书店编辑。著有《红梵精舍女弟子集》和《大漠诗人集》等。抗战期间避居四川，任大学教授。抗战胜利后返上海。出版《大漠呼声》。其他著作有《文字学》，杂剧及传奇《还朝别》《酖忠记》等。1955年逝于上海。

大漠诗人集

　　《大漠诗人集》，顾佛影著，民国二十三年（1934）一月初版，大公书店经销，时价 1 元。开本为 260×150 毫米，内页为双黑线框，竖版排印。每页 12 行，每行 34 字，共 80 页，纸质封面。笔者曾见过另一种版本，书名页用毛笔题有"送给敬宜　作者"几字。扉页印"辞别了象牙之塔　望不见十字街头"两行小字。

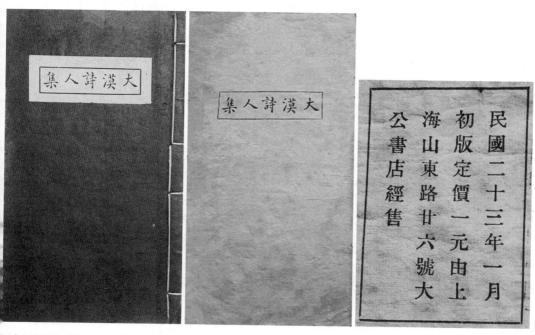

）《大漠诗人集》1934 年初版封面、扉页及版权页

书前有作者写的自序，文言，称为《初序》，甲子仲春撰："红梵精舍在沪水之阳。星云贴楣。花竹寒户。主人年十三四。挟啼笑以居之。主人读书。栖栖抑抑。抚灯辄呻。展卷若忘。然其冥也。百灵与之徘徊。敛息忽闻齐梁之馨。隐儿若有风霆之声。孤芳人襟。瑶愁媚枕。万籁号窍。荡焉而弗宁。于是六贼氏之星精过而怜之曰。甚矣子之愁也。我闻西方有圣人者。眉如重黛。止如流星。庄严宝相。现金粟身。厥名如来。如来身高八万由旬。其腮有光。曰智慧光。上九天下九渊。莫不烛也。幽仙之民。莫不浴也。维子窒于情。劳于物。境然以喜。懵然以忧。如蚕绕箔。莫得其绪。此无明之病也。无明不明。微斯人其谁与归。主人闻之曰嘻。我将筹诸我守尸之神。然而守尸之神弗能为主人决也。则春以花之秋以月之焉。则主人著书。书不盈尺。而有啼笑之痕。或曰主人障矣乎。或曰否。"

全书分为 6 部分，第一红梵分（自壬子 15 岁至庚申 23 岁，诗 27 首，词 37 阕，曲一套）；第二驮梦分（自辛酉 24 岁至乙丑 28 岁，诗 31 首，词 16 阕，曲 2 套）；第三灵战分（自丙寅 29 岁至丁卯 30 岁，诗 36 首，词 14 阕）；第四更生分（自戊辰 31 岁至己巳 32 岁，诗 32 首，词 9 阕，曲 1 套）；第五古钟分（自庚午 33 岁至辛未 34 岁，诗 30 首，词 5 阕）；第六劫后分（自壬申 35 岁至癸酉 36 岁，诗 44 首，词 5 阕）。

可见，这是作者自 15 岁至 36 岁，即 1916 年至 1937 年间所作诗、词、曲作

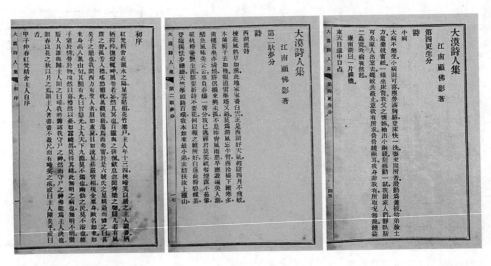

⊙《大漠诗人集》内页三页

品。其中诗 200 首,词 86 阙,曲 4 套。作者 29 岁至 30 岁,正当风华正茂之时,个人阅历也得到一定的积累,故此时作者诗词创作颇多,两年间存诗 36 首,词 14 阙,合为 50 件。其次是 35 岁至 36 岁期间,存诗 44 首,词 5 阙,合为 49 件。从目录分期观之,作者 15 岁至 23 岁期间存诗、词、曲的绝对量最多,为 65 件。其中诗 27 首,词 37 阙,曲 1 套。

从作者不同时期的诗词作品中,也可窥得随着年龄和时代的变化,作者心境之移,情趣之变的痕迹。如《敬题外祖盛小圃公遗像》:儿瞻翁容,儿心忡忡,儿若肖母宜肖翁,愿翁福儿长无终。再如《缘珠怨》:犀钩戛玉敲玲珑,戁金孔雀银屏风,春风吹入罗绮丛,海棠欲睡娇惺忪。又如《蝶恋花　题江芷旅游摄影册》:逝去韶光谁与抚。鬼焰神丹。苦把朱颜误。万镜留痕留不住。山眉水眼还成故。忆昔清游常共汝。多少烟云。是我诗凭据。中有诗魂藏一缕。红蟫食尽应仙去。

前两首为作者 15 岁至 23 岁期间的诗作,充满着稚气和向往,后一阕词《蝶恋花　题江芷旅游摄影册》应是作者 35 岁至 36 岁间的作品,忧郁之情隐隐地弥漫在字里行间。

关于此书的作者——顾佛影,了解的不多,不少资料性书籍皆无详细记录,1996 年出版的《浦东辞典》稍有记载。

佛影丛刊

《佛影丛刊》,南汇顾佛影著,浦东旬报社(上海邑庙大假山)发行,民国十三年(1924)五月初版,不知印数,每册定价大洋七角,零售七折。显微镜报馆(上海望平街一五八号)和一新商店(上海新北门内小世界隔壁)代售,彩文鹤记书局(上海华德路高廊桥堍)印刷。封面由蛰叟题签,扉页由李锺珏题签,书法各有千秋。

书前有作者的肖像照和手迹两幅,皆由泉唐陈翠娜女士所题。

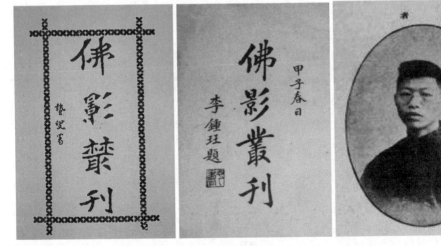

⊙《佛影丛刊》1924 年初版封面、扉页及作者肖像

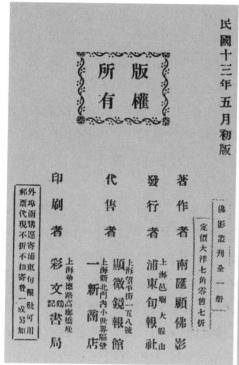
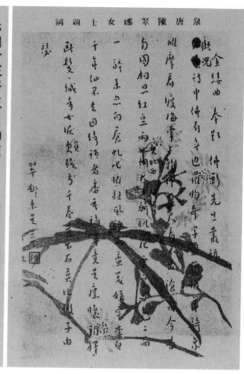

⊙《佛影丛刊》1924年初版版权页及题词

另有桐城刘蛰叟的《序一》，古邦铁冷的《序二》，桐城刘豁公的《序三》，周瘦鹃的《序四》，朱奇大可的《序五》和作者的《自序》。

留存周瘦鹃的《序四》和作者的《自序》。

《序四》说道："情必达乎痴而始真。才必兼乎趣而始化。我友佛影痴人也。亦趣人也。其为文章。恣肆洋溢。不衷一家。腐儒见之。舌挢莫能下。若夫诗词小品。则又悱恻绵丽。十九皆瞻闺儿女之言。近闻其稍亲梵典。而仍未能免于绮语之戒。则情之累抑才之累也。甲子春又有丛编之刊爰弁数言周瘦鹃序。"

《自序》说道："红梵精舍在崫水之阳。星云贴楣花竹塞户。上人年十三四。挟啼笑以居之。上人读书栖栖抑抑。抚灯辄呻。展卷若忘。然其冥也。百灵与之徘徊。敛息忽闻齐梁之馨。隐几若有风霆之声。孤芳入襟。瑶愁媚枕。万籁号窍。荡焉而弗宁。于是六贼氏之星精过而怜之曰。甚矣子之憨也。我闻西方有圣人者。眉如重黛。目如流星。庄严宝相。现金粟身。厥名如来。如来身高八万由旬。其囟有光。曰智慧光。上九天下九渊。莫不烛也。幽仙之民。莫不浴也。维子室于情。劳于物。块然以喜。懜然以忧。如蚕绕箔。莫得其绪。此无明之病也。无明不明。微斯人其谁与归。上人闻之曰嘻。我将筹诸我守尸之神。然而守尸之神弗能为上人决也。则春之花之秋之月之焉。则上人著书。书不盈尺。而有啼笑之痕。或曰上人障矣乎。或否。法喜上人自序。"

全书一册,238 页。收:《小菡窝诗草》《红梵词》《横波曲》《箧衍丛钞》《红梵精舍笔记》《画竹记》《盗窟记》《焚书记》《傻福记一》《傻福记二》《易囚记》)《灯唇说集》《韩愁杜叹录》《郁金堂上》《邮袋中之秘密》《如此西湖》《教育家的嘴巴》《神秘青年》《我为侠客》《一夕狂欢记》)和《剪裁集》。

目录之后有《题词》7 首,作者有顾冰一、许醉侯、张恂子、谢林风、陈翠娜等。其中顾冰一《题佛影侄红梵词》:"词人老去吟红豆(芷伯祖以红豆句得名佛影为伯祖之曾孙),又喜文翎试凤雏。为诵当年工部句,汝身已见唾成珠。"

版权页前有《顾佛影招收问业弟子简章》7 条,很有趣:"名额以三十人为限男女兼收额满截止。国文程度须在中学以上略具文学根柢者。研习科目分诗词曲骈文散文小说六种兼习或选习者听便,评改课卷每月以四次为律遇有疑问随时函询。学费每年三十元分两期预缴。小说佳卷可介绍刊登于日报或杂志其酬资由作者自得之。投寄课卷随附邮票。"

四声雷

　　《四声雷》,顾佛影著,中西书局(成都祠堂街三十四号,西安南院门三十九号,重庆戴家巷路十六号)发行,发行人李旭昇,民国三十二年(1943)十二月初版,不知印数和售价。封面书名《四声雷》,版权页书名《四声雷杂剧》,后者可能更为准确些。

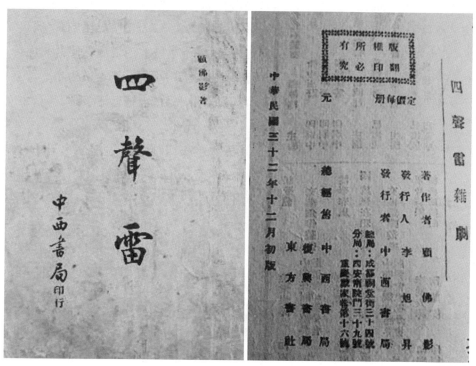

⊙《四声雷》1943年初版封面及版权页

此书为土纸本,虽色灰,字缺漏多,但极其难见。

书前有黄炎培写于 1942 年 1 月 11 日的《题辞》,因土纸印刷,字迹模糊,有几字无法辨认,只得以"□"代之:"蜀山阴阴冬不雪,蜀江渐渐冻不结,家海千里复万里,于我若绝若未绝。五年琐尼病不侵,众中时复哀独吟,虽□犹惮踏权□。虽土犹乐闻乡音。渡江八千群最贵,挟笔兵间回壮概,仲连东蹈已无海,作国北调犹有气。腐心选朝别,硬骨鸩忠记,自馀怒骂杂嬉笑,碧碎山河红血泪。文章有神神何存,舣亭黄河安足论,美而不文乃至吉,倔疆铸出中华魂。多君写作工夫到,风花旧染付新藻,巴窗读□仰天叫,国犹恩我忍言报。佛影佛影吾濒老矣君年少。"

另有作者写于 1940 年 7 月的《自序》,有多字缺损,只得以"□"代之:"四月既迈,蜀雾敞霁,敌人谓□□炸节。余寓乐山,未能远市,旦夕闻警,即扶老携幼,窜伏林莽间,与毒蚊酷日冷蛰寒露周旋。往往相顾惨笑,不复作人间想。而物价涨如怒潮,乐山担米百金,在川省为最贵。余俭朴如汉文帝,仍不能自给。则庖去鱼腥,儿绝饼饵,夜不烛,习无禅之定,盖平生所未有也。然余虽处此危疑愁困之中,而犹能引商刻羽,调糜弄□,乃至游神高眇,宛转谐谑,以为此孤媚寂赏之文若干篇。呜呼!是诚不自知其何心矣。曩栖海上,二三子嗜歌昆剧,余偶填一曲,辄为叹赏,今二三子者,已自忘其种姓,列名于巨憝大逆之后。使吾文而传,传而至沪□□□之,鲠于烟,濡于背,翩然来归,若高陶焉者,则吾文为不□。"

全书收四剧:《还朝别杂剧》(附郭沫若先生来函)、《鸩忠记杂剧》、《新牛女杂剧》和《二十鞭杂剧》。

书末有于右任写的《跋》:"右顾佛影先生抗战四种曲,所写皆仁人志士可歌可泣之事,足为民间良好读物。曲文亦本色当行,可供歌场□演。闻作者昔居海上,以吟咏著作自娱,生活本极悠闲,国难复西上,从事文化工作,其重文学爱国之精神更足感人也。"

书中的片言只字,往往透露出一些鲜为人知的史实。如不见上述文字,根本无法得知顾先生与于右任的文字之交。可见读书为贵者,即发现此类惹人耳目之文字也。

虚词典

　　《虚词典》，顾佛影编，大公书店（上海带钩桥山东路二十六号）发行，发行者王小逸，民国二十三年（1934）一月初版，不知印数，平装本每册定价大洋八角，精装本每册定价大洋壹元。竞新印书馆（上海法租界格洛克路九四号）印刷。封底正中印大公书店的出版标记。

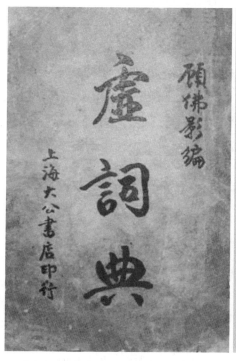

⊙《虚词典》1934年初版封面、版权页

⊙《虚词典》内页

书前有《凡例》："一曾国藩以名词为实字，动形等词悉为虚字；马建忠以名代动静（形）状（副）为实字，介连助叹为虚字；二家各有说。本书取义，则出入二家，但以实用为归，其于理论上之界画未遑较辨。读者幸毋以辞害意可也。二我国现代文坛文言与白话并行，本书适应时代要求，亦分文言白话二部。惟白话中词性之变化究不及文言之多，又因单音词遽变为复音词故，字数亦大减。本书所列，文言之部计四百余二百十九页，白话之部计一百余字四十八页，轻重不匀，势则然也。三国文虚词之用，变化万端，尽期通俗，穷年不辨，而现代青年方且究其心功利之学，欲如古书生之次第群经，从容探辨，绝不可能。无已，惟求得其浅易之方式，俾群已之间，达受无误，则实为最低之限度。若其偶有余闲，驰心古籍，自当别论。故本书文言之总。特将每字用法划分普通特别二类。普通用法即所谓浅易之方式，为现社会所习用者；临文有疑，按图而索，引类以施，自无歧误。特别用法则惟见于古籍，所以供嗜古者之检讨也。至白话之部，皆属现代语法，故不复有普通特别之分……"

全书分为"文言之部"和"白话之部"，皆以字的笔画为序。如"文言之部"，一画收"一"（壹同），二画收三字："乃（同迺）"、"又"和"丁"；三画收八字："已""也""凡""大""于""小""亡""才"，等等。每字都有"普通"和"特殊"之分，解释相当清晰明了。

书末还有黄洁如编《中学生作文订误》、郭挹清编《中学生作文法》，以及顾佛影编《现代作文材料》《史记词典》，还有火雪明的《薏》，朱方的《现代妇女法律详解》，王小逸编《儿童词典》和《小学行草字典》等书目广告。

⊙ 封底大公书店出版标记

作诗百日通

  《作诗百日通》,南汇顾佛影编著,黄权校订,中央书店(上海福州路三二八号)出版发行,笔者所见有两种版本,封面相同:民国二十四年(1935)八月出版,以及民国三十七年(1948)二月一版,皆不知印数,1935 年版每册定价大洋 1 元。封面和扉页或印"学生自修用书",或"作诗教本",有着细微的差别。

⊙《作诗百日通》1935 年版封面、版权页

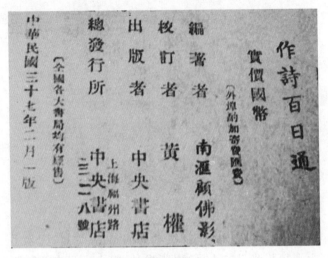

⊙《作诗百日通》1948年版版权页

其实,除这两种版本外,笔者还见到过1936年11月的四版和1939年3月的新一版,估计未见的版本还会有。另外还见到过台湾地区文化图书公司1963年5月出版的繁体本,可见顾佛影的这部著作流传之久之广。与之同名的还见到过金秋龕著、中西书局1934年4月出版的《作诗百日通》,此书的出版还在顾著之前。

书前有《自序》,署名"大漠诗人",写于1935年4月,文言:"十年以来。几以教诗为生活。从游者先后不下五百人。一二才隽。炳然成章。筐衍摩挲。辄用自意。夫教诗作诗。其途绝异。吟弄必据感情。指导出于理智。探人生宇宙之源。辨万叶千花之变。则因材施教。说必随机。妙语由心。义能强释。然而月虽非指。舍指奚求。风固殊波。不风莫见。以此有有。喻彼非非。不执不离。是在学者。兹编盖年时讲义所积。画为三分。初论形式。次论内容。终论派别。此形式论也。诗之格律体制章句之法大率如是。亦有二六言排律不尽备者。需用徵耳。学校以我书为教本。徒侣循我书以自攻。夫奚不可。"

全书收22课,有标题:《唐人七绝十首》《宋人七绝十首》《唐宋人七绝九首》《唐人五绝十四首》《唐人五律六首》《唐人七律六首》《唐宋元明人五律八首》《唐宋人七律六首》《唐宋元人五七律八首》《唐人律诗九首》《唐宋人七绝十首》《杜甫五律六首》《杜甫七律六首》《唐宋人七绝九首》《杜甫五七律十首》《杜甫五律十首》《唐人短篇五古八首》《唐人中篇五古八首》《唐人五古六首》《唐人短篇七古十首》《苏轼中篇七古三首》和《唐人长篇七古二首》。每课下皆有"指导",如第十七课讲解"古诗平仄规律,古诗用韵,五古一韵到底格";如第二十二课,讲解"长篇七古之章法及用韵"等,极其通俗易懂。

顾执中（1898—1995），号效汤，南汇县周浦人（今浦东新区周浦镇）著名新闻工作者、教育家。1914年考入教会中西中学，毕业后免考免费升入东吴大学，后因父患病辍学。1920年在基督教慕义堂担任理事。1923年进《时报》任记者。1926年任《新闻报》记者、采访部主任。1928年在上海创办民治新闻学院（后改民治新闻专科学校）任院长（校长）。1934年至1935年出访欧洲及苏、美、日。采访过"五卅"惨案，冒着枪林弹雨采写上海"一二八"和"八一三"抗战报道。抗战爆发后，参加支援中国共产党领导的新四军等工作。1941年5月赴缅甸仰光向华侨宣传抗战。1942年返渝续办民治新闻专科学校。1944年在印度加尔各答任侨报《印度日报》社长兼总编辑。1946年加入中国民主同盟。1947年参加九三学社。著译有《西行记》《到青海去》《东北吁天录》《史达林传》和《不难速记》等。

西行记

《西行记》，顾执中著，力行社出版，民国二十一年（1932）十二月初版，上海新闻报馆（汉口路十九号）经售。不知印数，每册定价实洋 7 角。封面由吴之屏题署。此书另见 1934 年 9 月再版、1940 年 4 月三版等，内容相同。

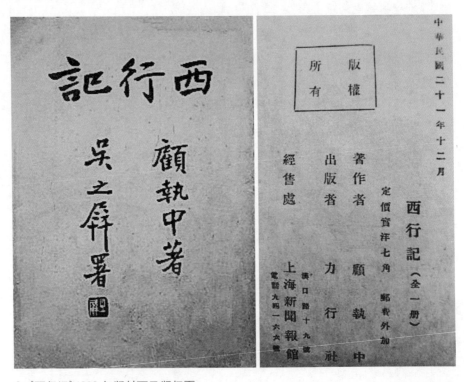

⊙《西行记》1932 年版封面及版权页

⊙《西行记》插图及孙科作序手迹

　　初版书前有《陇海铁路开发西北之建设改进及营业概况》《陕西考察行程图》，以及插图两幅。还有多幅商业广告，如上海绸业银行、大新绸缎局、华华绸缎公司、中国航空公司、九福乳白鱼肝油、协大祥绸缎棉布公司等。另有《新闻报》四十周年纪念以及插照 4 幅。

　　书前有孙科《孙序》的手迹。并有杭县钱宗泽的《钱序》、咸阳李浩然的《李序》以及著者的《自序》。

　　著者在《自序》中说道："本书的成分，大致对于矿产的检讨，占了全书四分之二的面积，旅行写真和各地情形，各占了四分之一。更因为我在行路时各处所感受到的兴味，各有不同，所以我随笔写来，对于语体或文言的区别，并未加以很大的考虑；同时因为时间的匆促，如作稿所在地的不适宜，对于字句方面的斟酌，也未加以相当的选择。"

　　全书 239 页，收 20 章：《我们迅速地出发了》《缺了一些水》《捧了金饭碗讨饭吃》《农村无人迹》《如此咸阳》《枪声响后耀州近》《进入了上古时代的区域》《落井三百六十尺》《黑夜中发现虱患》《谒黄帝之灵》《一轮皓月古今明》《阎王鼻子胆战心惊》《"跑出几只狼来"》《只有二分半的性命》《人困马乏到云岩》《风声鹤唳的一夕》《只要老天下雨》《农业上的鸟瞰》《为我们文人争气》和《老天还是板着面孔》。

到青海去

　　《到青海去》，顾执中、陆诒著，商务印书馆印刷发行，发行人王云五，民国二十四年（1935）二月再版，不知印数，每册定价大洋8角。1934年9月初版，未见。

　　书前有孙科的《孙序》、钱宗泽的《钱序》、李浩然的《李序》、陈达哉的《陈序》以及作者的《自序一》（顾执中）和《自序二》（陆诒）。在《西行记》的《自序》中，顾执中曾讲到过钱、李的身份：钱宗泽是陇海铁路管理局局长，李

⊙《到青海去》1935年再版封面、版权页及扉页

浩然是《新闻报》总主笔。

孙科的《孙序》写于 1933 年 11 月，其中说道："青海自内地准望，虽若偏于西北，合全部之幅员视之，实居国之中央；诚使青海向治，则控驭蒙藏，殆可收指臂之效。顾君执中，有见于此，因于今夏组织青海考察团，陵暑犯险，历千辛万苦以赴之，举凡□□□□，耳之所闻，心之所致，一一笔之于册，非惟青海之民风土宜，经济宗教，昭□□□，即途次所经，如陕西甘肃之农田水利教育交通，亦间及焉。吾愿读是编者，勿□□寻常游记观之，斯则顾君之志也！"序中有多字模糊不清，只好以□代之，读者请谅。

顾执中在《自序一》中说道："予与同事陆诒君合作而成之《到青海去》，既付剞劂，乃为之序曰：民青海之行，跋涉山川，苦雨凄风，历尽艰险，为终身所永矢勿忘之旅行也，顾自予等入境以后，考察文字在报端披露以后，其影响之及于国家及全民族者，究有几何？则予殆弗能言也。予之所知者，青海之民众，迄今仍在困苦涂炭之中，一如往日；青海之矿产，迄今仍在特殊势力掌握之中，一如往日；青海之蒙藏等民族，迄今仍在自生自灭，浑浑噩噩之中，一如往日；青海之封建力量，握住仍在非常速率进展之中，一如往日。青海固仍为旧日之青海也，虽因予等考察文字之发表，而唤起国人中最小部分之注意，然此希微之效，究与青海何补？以是予于《到青海去》付刊之日，中心痛苦自责，弗能自己！他日如天假以机会，得能再与青海民众相见，愿更竭吾力，以谢吾罪！"

自序署名是"澧溪顾执中"。所谓"澧溪"，即顾先生之家乡周浦镇。周浦的别名，除澧溪，还有杜浦、华谷里和小上海。

陆诒的《自序二》，1934 年 1 月 14 日写于驶赴宜昌的永安轮中，其中说道："这本《到青海去》的册子，是我和顾执中先生在途中的通讯稿集合凑成的，深望读者不要仅仅看了青海各种物产数字的统计，而发生乌托邦的梦幻，应在这惨酷的世界大战的前夕，积极奋起的去做基本的工作，然后有达到开发西北收复东北底鹄的之一日！"

全书 448 页，收文 47 篇，有标题，如：《死心塌地在潼关》《几经险阻到兰州》《女权制之番民生活》《四民杂居之乐都》《到处莫谈国事》《黄金世界的青海》《乐都县一片沃野》《一切建筑不及一教堂》《男女相率结队觅合》《雹灾大如牛马》《活佛在番土两族中之权威》和《青海是我们中国人的领土》等。

东北吁天录

《东北吁天录》，顾执中（署名"上海新闻报特派记者"）著，新声通讯社出版部（上海望平街四马路北首）出版发行，民国二十一年（1932）五月初版，不知印数，每册定价实洋 4 角 5 分。封面和扉页皆标明"实地调查"。

书前有作者写于 1932 年 5 月的《自序》，3 页，其中说道："然则是册也，以实质言，在日人严密监视之下，所

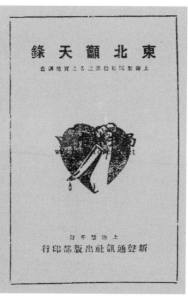
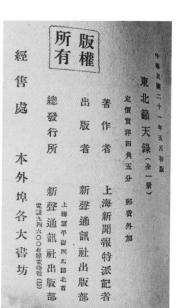

◐ 《东北吁天录》1932 年初版封面、扉页及版权页

得者,盖甚微□,不是以飨读者之期望,而或展卷卒读之后,知日人之□□人国,无所不用其极,黑暗无天日之东北,已岂呼吁无门之绝境,于是人人憬然觉,勃然怒,振臂而起,各是东北壮士就死之地,以与日人相搏,经过长时期奋斗之后,□可将已失之国土,完全收回,无尺寸之地,重复沦于敌人之手,则是册之著述与刊印,或亦不朽也乎!"《自序》中有几处字迹不清,只好以□代之。

全书 138 页,收《弁言》《拒绝入境》《在缧曳中》《侮辱及恶宣传》《蒙蔽调查团》和《天赋之爱国》等。

史达林传

　　《史达林传》,顾执中译,普益书社发行,中国图书杂志公司(上海四马路三八〇号)总代发行,出版者冯肇梁,民国二十五年(1936)五月初版,不知印数,每册实价8角。封面书名等由孙科题署,黄色衬底,上印《新闻报》广告词:"刊登广告　效力最大"。

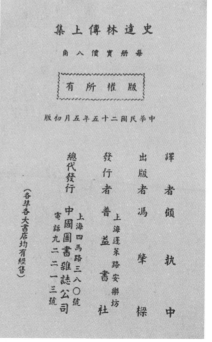

⊙《史达林传》1936年初版封面及版权页

书前有商业广告多幅,如人造自来血、《时事新报》、《时事日报》等。

内页书名《铁腕迭克推多史达林传》,现译名应为"约瑟夫·维萨里奥诺维奇·斯大林"。

上集全书 270 页,收 15 章,有标题:《山中一镇》《沙弥时代》《革命的初步》《高加索的革命》《在火焰中的高加索》《没收私有财产》《高加索盗劫案》《俄罗斯革命的没收私产》《史达林的朋友》《在巴库油池》《在巴库监狱》《高加索人史达林》《共产主义的学校》《在圣彼得堡》和《放逐到西比利亚》。

下集未见,不知详细内容。

不难速记

　　《不难速记》，是一本英文速记的著作，南汇顾执中著，中国上海执中速记函授学校出版，不知出版时间。封面印"共十课"，是说函授课程。英文版权页上，除了记有《不难速记》，还有《葛氏速记》和《柏赏贡速记》，分别标有价格。

　　全书62页，书前有聂其杰的《聂序》和朱树翘的《朱序》，皆无标点。《聂序》中说道："顾君执中治此有年曾两

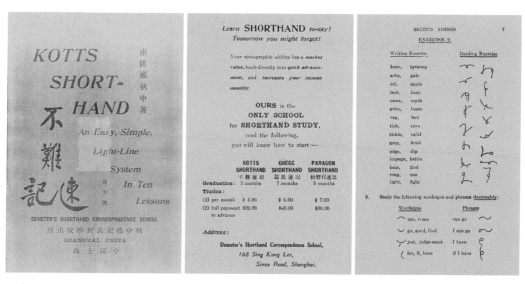

⊙《不难速记》封面及内页二页

授课于青年会之商业暑假学校并设函授校以通信法教授生徒颇众因感于旧法尚多难而不便爰就英美各家之法会而通之举昔之繁复之法混日之笔悉去之务使用者简易读者明了盖能青出于蓝而胜于蓝其简练揣摩用心有足多者予识顾君有年夙知其勤奋好学欣见此书之成弁为数言于简端"。《朱序》中说道:"顾氏执中近著英文《不难速记》既集各家优点之大成复参以平日教授时之心得则吾华人之学速记者当以是书为鹄矢于将成书以贺之"。

另有著者写于 1923 年 12 月的《绪言》,其中列举优点四:"本书声母consonants 符号只十三,韵母 vowel 符号只四,合共十七(他种速记至少二十以外);而英文中无论何字,无论何音,俱可记录。本书各符号,无粗细之别。用铅笔写可,用墨水笔写亦无不可。一任学者随意书写,毫无刻意描写之苦。双韵母如 I, u, ow, oi 等用特别法书写,不另造符号,致学者有记忆符号太多之苦。英文声母后连有 l 及 r 者甚多,如 pl, pr, fl, fr, el, er……)等,若用常法,则符号过长而费时,殊多不便。本书以长短法表之,符号既简,书写又速。"

速记者,在现代生活中的作用越来越明显,快慢之别,以决胜负,这已经为人所知晓。比如课堂做笔记,记者采访,译员记录,等等,体现的"价值"是"以简为贵",也就是说把繁复的事物变成简单。这何止是"速记",也可说这是生活的一个基本哲理。

据顾执中自己说,此书之成,通盘筹划,惨淡经营,阅时三载,稿凡五易。此书虽则不足百页,却渗透着著者的心血,可感可佩也。

胡敬熙（1907—1945），浦东王巷乡人。善音乐，曾任上海敬业中学音乐教师，兼上海商务印书馆特约作者。创作的儿歌、童谣刊登于儿童读物，编成《川沙乡土教材》。1944 年在家创办"惠农乐园"，自任教师教学。

儿童音乐入门

《儿童音乐入门》,胡敬熙著,商务印书馆印刷发行,
民国二十二年(1933)十二月初版,不知印数,每册定价大
洋 2 角。封面、扉页和版权页皆印"小学生文库第一集",
版权页还印有"王云五徐应旭主编"。

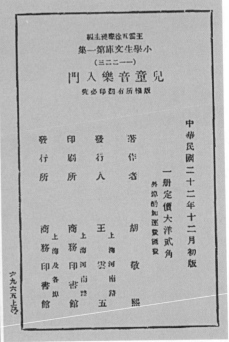

⊙《儿童音乐入门》1933 年初版封面及版权页

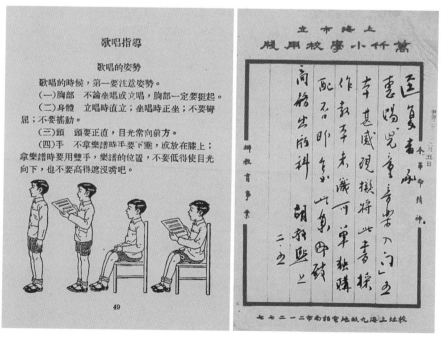

⊙《儿童音乐入门》扉页及内页

全书 95 页,分为 7 部分:《音乐不是玩意儿》《音乐要从小练起》《学习音乐的正路》《认识乐谱的准备》《识谱指导》《歌唱指导》和《演奏指导》。每部分再分若干小节,如《学习音乐的正路》中收有:《多听音乐》《认识乐谱》《练习歌唱》和《学习演奏》等。

又如《歌唱指导》一节的《歌唱的姿势》,姿势讲到 4 种:一胸部,不论坐唱或立唱,胸部一定要挺起;二身体,立唱时直立,坐唱时正坐;不要弯屈;不要摇动。三头,头要正直,目光当向前方。四手,不拿乐谱时手要下垂,或放在膝上;拿乐谱时要用双手,乐谱的位置,不要低得使目光向下,也不要高得遮没嘴巴。

所述既详细又准确,而且配图指示,真正起到了"入门"作用。

在互联网网页上,笔者见到了胡敬熙写给商务印书馆或王云五的亲笔信,全都谈及商务为他出版的音乐教育方面的著作事,故在此借用,以示版本背后的内情。

商务版的"小学生文库",出版周期为"1933 年 9 月至 1937 年 4 月",全套丛书的数量多达 500 种,属百科型丛书,如《儿童图书馆》、《四角号码检字法学习法》《国家浅说》《国耻小史》《注音符号初步》《自然界四季》《动植物的过冬》《少年航空知识》《电气玩具制作法》《中国寓言》《意大利一瞥》《山西省》《华盛顿》和《日本小史》等。在 500 种版本中,属"音乐类"的仅两种,除《儿童音乐入门》外,还有一种是费锡胤著《音乐家的故事》。

听音动作

　　《听音动作》，"儿童新音乐丛书"，胡敬熙著，儿童书局(上海四马路四二四号)印刷发行，发行人张一渠，民国廿五年(1936)四月五版，不知印数，每册实价国币2角。封面、扉页和版权页皆印"儿童新音乐丛书之一"。1931年9月初版，未见。

　　儿童书局出版的"儿童新音乐丛书"仅见这一种，是否还有其他，不知。

　　全书113页，书前有作者写于1931年6月的《写在卷首》，其中说道："本书供给幼稚园和小学低年级唱游科应用的教材。本书包含十二个单元。每个单元中，又包含至少七个至多十四个动作。可以分日教学；学会之后，可以连续练习。……本书材料，都是编者亲自试用过，或托朋友试用过的，并且大部分又在运动会和游艺会里表演过的。不过叙述动作的文字，实在太难写了，编者又不愿意多用舞蹈术语，——因为当教师的，不一定是研究过舞蹈的，——因之有许多地方，很费力地写了下来，也许还是不明了。好在听音动作，不外是摹仿，大可以参看文字，想像会意。"

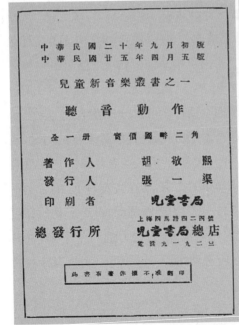

⊙《听音动作》1936 年五版封面、版权页及扉页

听琴动作

《听琴动作》,"体育丛书",新课程标准小学体育教本,低年级适用,胡敬熙编著,勤奋书局发行,发行人马崇淦,民国二十二年(1933)十月初版,不知印数,每册定价大洋4角正。扉页在胡敬熙编著后印其头衔:"小学音乐专家"。

书前有新课程标准《小学体育教本编辑要旨》以及《例言》。

在《例言》中说道:"听了音乐而起相当的反应(动作),便是听音演习最简明的解释。这种反应,最好是由儿童自发的。儿童因为被音乐的力量所刺激,而心领神会音乐所表示的情趣,便会不能自制地用相当的动作来发表。其次是由教师领导,而由儿童自由发表的。有时儿童不能领会音乐所表示的情趣,但教师用某种方法来暗示一下,他们也会用相当的动作来发表。……最后几句重要的话,就是这本册子,是依照部颁小学体育课程标准做的。"

马崇淦主编的"体育丛书",出版期为1931年3月至1951年10月。从目前所知的书目有36种,大多与体育项目有关,如《小足球》《女子篮球训练法》等;与艺术相融的,除《听琴动作》外,还有诸如《舞蹈入门》《舞蹈新教本》等;甚至还收入游戏类,如《追逃游戏》和《跳绳游戏百种》等;是一套相当实用而有趣的丛书。与之同名的丛书,还有商务印书馆出版于1917年4月至1933年2月,笔者

⊙《听琴动作》1933 年版封面、版权页及扉页

仅见第一集五六种，如《田径赛运动》《台球》和《发达肌肉法》等。主编马崇淦，是《申报》记者，勤奋书局的创办人。

新型儿童音乐表演

《新型儿童音乐表演》,胡敬熙编著,正中书局印刷发行,民国三十六年（1947）十一月沪一版,不知印数,每册定价国币 2 元 3 角。1942 年 10 月初版,未见。

书前有编著者 1936 年 12 月 30 日写于万竹音乐室的《题记》,其中说道:"儿童歌舞剧的狂潮平息以后,朋友

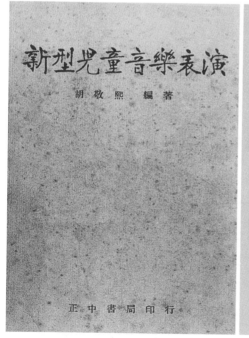

⊙《新型儿童音乐表演》1947 年沪一版封面及版权页

们时常要求我供给新的音乐表演材料，以应付他们所筹备的盛会。这，往往使我感到一时难以应付的困难，因之，久想有这样的一本书，好随时答谢他们的盛意。在这本书里，虽只包含着十个材料，但每一个材料有一种方式，不啻是举了十个例子，凭着这十个例子，变化起来，希望今后有更好的新材料，不断地发见。在这本书里，虽没有为表演而特制的新歌曲，但其中已有许多被选入部编的《中小学音乐教材》和他种集子中，这，使我更高兴为他们流传。在这本书里，虽没有为编书而特制的新脚本，但五六年来，都已亲手排演过，有的更上演到十次以上，这，又使我很安心为他们搬上纸面。"

全书 105 页，收 10 个表演项目：《感谢农夫》《我爱中华》《小船夫》《早上》《木人戏》《田家乐》《钟儿》《晨钟》《小金鸡》和《卫生信条》。附录有简谱歌曲。

书末还刊有《本书编著人其他著作物》书目 16 种，详见《新课程小学校音乐科教学法》篇，此处不再赘述。

公民训练歌曲

《公民训练歌曲》，胡敬熙编述，大众书局（上海四马路）印刷发行，发行人樊剑刚，民国二十三年（1934）三月初版，不知印数，每册定价 2 角 5 分。

在网上，见到编者写给王云五的亲笔信一通，谈及此书，"拟请贵馆接受印行稿费私意酌定百四十元"。在此借用，以观版本背后的情事。所用信笺是"万竹小学"，即编者供职的学校。

⊙《公民训练歌曲》1934 年版封面

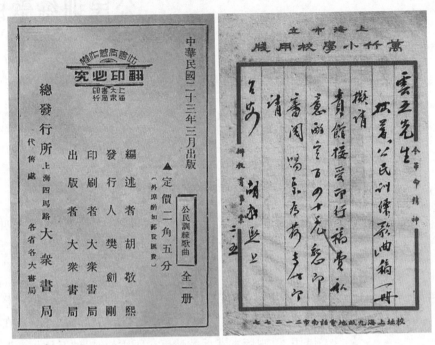

⊙《公民训练歌曲》1934 年版版权页及内页

　　全书收歌曲 17 首,可一记:《中国国民党党歌》《怎样才是好公民》《我愿遵守中国公民规律》《身体好》《清洁》《世界原是快乐乡》《我是生气蓬勃的少年》《我会自己约束自己》《准备充足的智能》《我要赶快做》《精细》《说真话干实事》《主张公道求正义》《笑眯眯》《怎可不》《爱人爱物》和《有志气的小朋友们》。

爱国歌曲集

《爱国歌曲集》，五线谱歌曲集。胡敬熙编，文明书局印刷发行，民国廿二年（1933）十月初版，不知印数，每册定价洋1角2分。

全书46页，收爱国歌曲25首：《贼人已临城下》《一切都等待着牺牲》《冲过去》《请试我的枪和刀》《杀便杀》《我为容》《一马当先》《报国仇》《战一场》《干干干》《奋斗》《不报国仇誓不还》《除强暴》《哥哥快快上战场》《同胞奋

⊙《爱国歌曲集》1933年版封面

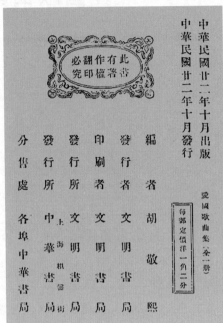

⊙《爱国歌曲集》1933 年版版权页及内页

起《义勇军》《从军乐》《租借地和割让地的呼声》《拼命起来争自由》《努力呀》《警钟》《抵制仇货》《我们应醒了》《济南血(上)》和《济南血(下)》。附录收孩子们的爱国歌曲 10 首:《日本洋团团》《我愿做个》《不要忘了我们的大仇寇》《小兵将》《公鸡喔喔啼》《猫儿咪咪叫》《乌鹊鹊》《菊花开》《排排坐》和《问问你》。

　　书末有黎锦晖编爱国歌曲、淞沪战事琐闻,以及"东北研究丛书"的书目广告两页。封底有文明书局的出版标记。

离群之蝶

《离群之蝶》，儿童歌剧初集，王渐仁、胡敬熙合编，新
新儿童歌剧社出版，民国十八年(1929)七月四版，不知印
数，每册定价大洋 1 角 5 分。1926 年 6 月初版、1927 年
10 月再版、1928 年 8 月三版，皆未见。

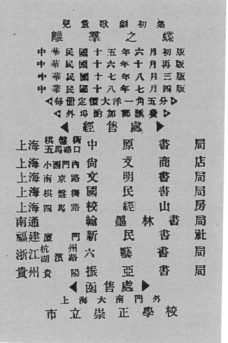

⊙《离群之蝶》1929 年四版封面及版权页

在版权页还罗列了各地的经售处：上海棋盘街五马路口中原书局、上海小西门内尚文商店、上海南京路文明书局、上海棋盘街国民书局、上海四马路校经山房、南通翰墨林书局、福建厦门新民书社、浙江杭州湖滨路六艺书局和贵州贵阳振亚书局。函售处在上海大南门外市立崇正学校。

全书38页，分5场：《欢乐》《遇难》《悲哀》《救护》和《觉悟》。另列人物表，"蝶"从甲至庚；"蜂"为甲乙。

书前有勘误表，说明"因翻版，印刷所排错，而无改正的地方很多"。

书末还有王渐仁、胡敬熙合作编辑的儿童歌剧书目14集：初集《离群之蝶》、第二集《春晓》、第三集《小白兔》、第四集《百灵》、第五集《怪花园》、第六集《女剑侠》、第七集《青天白日》、第八集《新中华》、第九集《海之神》、第十集《济南血》、第十一集《劝用国货》、第十二集《打倒可恶的狼》、第十三集《苍蝇和蚊虫》、第十四集《猫咪咪》。

另有《补白》一篇："本书排印，不免还有错误之处。请采用诸君，随时通函询问或指正！本书所有抄用原本之歌曲，一仍旧名。本剧人物，只有蝴蝶黄蜂两种。故各种服饰，只须于颜色及翅膀间分别之：黄蜂之舞衣用棕黄色，蝴蝶之舞衣则避棕黄色；黄蜂之翅膀狭长，蝴蝶之翅膀，则较为短阔而美丽。"

新课程小学校音乐科教学法

　　《新课程小学校音乐科教学法》，胡敬熙著，商务印书馆印刷发行，发行人王云五，民国二十五年（1936）七月初版，不知印数，每册实价国币 4 角 5 分。封面和版权页印"师范小丛书"。

　　全书 269 页，书前有胡敬熙 1935 年 9 月记于上海九亩地市立万竹小学音乐室的《发稿题记》。这篇题记可看作是胡敬熙著述的小史，值得留存：

⊙《新课程小学校音乐科教学法》1936 年初版封面、版权页及信函

（一）本书系敬熙本十年教学之经验，并参考下列两书编成：（1）商务版陈仲子编《音乐教授法》；（2）中华版朱稣典编《新中华小学老师应用音乐》。

（二）本书一部分材料，曾陆续发表于下列各杂志：（1）江西省推行音乐教育委员会发行《音乐教育》；（2）中华儿童教育社编《儿童教育》；（3）商务发行《教育杂志》；（4）上海市教育局发行《大上海教育》；（5）中华发行《中华教育界》；（6）江苏省教育厅发行《江苏教育》；（7）儿童发行《教师之友》。

（三）本书另一部材料，系敬熙历年在下列各处的演讲录：（1）福建省教育厅主办小学教师暑期讲习会；（2）川沙县教育局主办小学教育研究会；（3）上海华东女中师范科；（4）上海女中师范科。

（四）敬熙历年各种著作物，可供本书读者参证，摘要录下：（1）商务版《儿童音乐入门》（小学生文库本，一册）；（2）商务版《基本教科书音乐教学法》（八册）；（3）中华版《表演歌曲》（一册）；（4）中华版《轮唱歌曲》（一册）；（5）世界版《新标准初小音乐教本》（八册）；（6）世界版《新标准高小音乐教本》（四册）；（7）新中国版《幼稚园音乐教本》（一册）；（8）儿童版《听音动作》（一册）；（9）儿童版《儿童无言剧》（一册）；（10）勤奋版《唱歌游戏》（乙编，一册）；（11）勤奋版《听琴演习》（一册）；（12）文明版《爱国歌曲》（中华代售，一册）；（13）大东版《前进》（爱国故事歌曲，一册）；（14）万竹音乐室版《儿童歌曲选》（一册）；（15）大众版《公民训练歌曲》（一册）；（16）大公版《公民训练故事歌曲》（一册）；（17）新新版《儿童小歌剧》（三十册）；（18）儿童版《唱唱歌》。

参照上述书目，到目前为止，笔者大约仅见一半左右。

"师范小丛书"，是商务印书馆从1924年至1939年9月出版的一套大型百科型丛书，数量多达111种。可惜此书并未被编入上海图书馆编印的《中国近代现代丛书目录》，可见，未被编入的还有不少，数量可能远远超过111种。

在互联网上，见胡敬熙写给商务印书馆的亲笔信，谈及寄出此书所制锌版和原稿，并请商务酌情考虑增加稿酬50元。在此借用，以示版本背后的内情。

胡祖德（1860—1939），字云翘，号筠桥，晚号问俗闲翁，人称"六桥老人"，上海县陈行镇(今浦东新区陈行乡)人。祖上是著名徽商，约明代中叶来上海，居上海县陈行(今浦东新区陈行)，曾祖、祖父在此发家，成为当地望族。早年师从上海著名史学者秦荣光(炳如)，1883 年(清光绪九年)补上海县学博士弟子，1911 年(宣统三年)和 1912 年(民国元年)任陈行乡乡董。胡为人外柔内刚，多谋善断，家境富厚，乐善好施。助秦荣光办理地方公益事，督建陈行施棺局、汇善堂、西园及三林学堂宿舍。督建主桥陈行镇桥为石拱桥，称"度民"。继改建裕民、苏民、粒民三桥为石拱桥，乡民尊为"四桥老人"。后又改建齐民桥，建寿民桥，遂自署"六桥老人"。喜读书著述，能诗画，留意地方掌故，搜阅众籍，遍访耆老，编著研究上海方言、俚语、风土人情的重要史料《沪谚》暨《沪谚外编》，是第一部结集的记录上海方言的著作，开近代俗文学研究先声。增订胡式钰《胡氏宗谱》，编校梓行《胡氏家乘》及秦荣光《上海县竹枝词》《陈行竹枝词》，参与《陈行乡土志》编写并绘图，辑刊《胡氏杂钞》初编。

沪谚

　　《沪谚》,上海胡祖德编,著易堂书坊(上海棋盘街)学艺社(商务印书馆对门)、文胜堂书坊(大东门外)、鼎昌纸坊(浦东周浦镇)发行,民国十一年(1922)三月再版,上下卷,光纸定价5角5分,中国连史纸定价4角。1921年初版,未见。

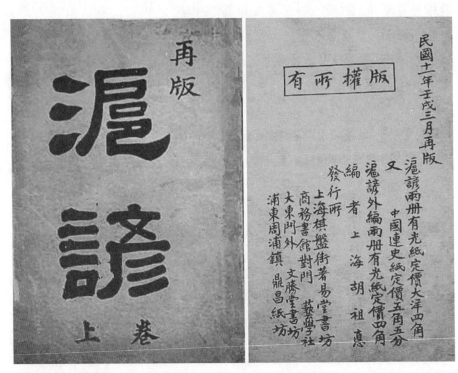

⊙《沪谚》(上卷)1922年再版封面及版权页

上卷书前有手迹《沪谚叙》，秦锡圭叙，黄树仁书，4页，无标点，其中说道："于是有沪谚之编辑言近指远杂以谐语易引起读者之兴趣而语为平昔所熟闻则易误诊其文字复详为注释使由一隅而反三尤以道德为指归非仅供茶前酒后之谈助且夫国者乡之积也小学议授乡土志者凡以动其爱乡之心引而至于爱国也以乡人诵乡音意味弥永而爱乡之心已油然自生而不自觉则造就我爱国之大国民尤斯书之宏旨欤原书已一再版犹供不应求君乃详加校正又培益之务期于完善既脱稿属叙于余余与君家衡宇相望幼同笔砚应试同舟车又同补博士弟子员疑相析奇相赏余三十岁前几无日不相见也泊余远游而归犹昨日事而君之成就已卓卓如是余则徒饱患难耳头白齿豁老代用品转增于君行且与草木同腐愧对良友负罪先君天地有极此恨曷极"。

另有南汇陈祚昌祐生民序于浙江省立第二中学的《陈序》，奉贤朱绩辰书。

编者在《自叙》中说道："世界之人，智者少而愚者多。雅者少而俗者多。通文者少而俭腹者多，士类少而农工商多。然则欲求农工商界中之愚者俗者俭腹者看书识字，其书不得不从至粗至浅者着想也。兹集谚语，明知鄙陋。然刍荛之言，辐轩采焉。其中或寓劝惩，或杂诙谐，尤足识世故而资谈笑。兴之所至，聚而录之。俾阅是书者，知我乡之风俗人情云。民国十有一年壬戌春日上海胡祖德识"。

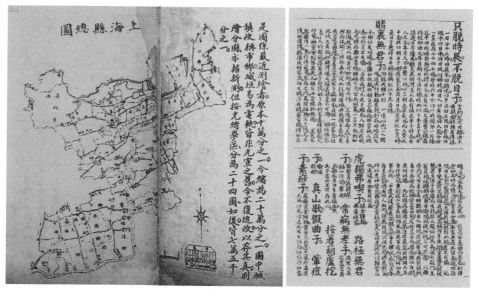

⊙《沪谚》插图及内页

　　之后的《例言》值得一存："余居上海，备录本邑谚语，故名沪谚，兹书再版，复加音注。上海自通商后，异乡之谚，为上海人所习闻者，亦并采入。凡格言古诗，实非谚语，弃之可惜者，编入文话，以示区别。谚语之无甚意义者，悉删去，其可删可不删者，附存，以备采择。谚语随闻随录，未免杂乱无章，兹依诗韵平上去入，以挨先后。道光间嘉善黄霁青太史，著吴谚集，光绪间仁和邵懿辰孝廉，著集谚诗，皆以谚为题，而作成试帖，谚少诗多，阅者每厌其深，兹广搜谚语，多于黄邵不止十倍，惟贪多务得，未免拉杂无当。古谚为谚之发源，其用意有与今谚暗合者，附录以资考证。附录山歌等，原为不识字者诱使识字起见，阅者毋徒笑其粗。字有音同而义异，义是而音非者，牵强附会之处，祈大雅教正。"

沪谚外编

《沪谚外编》，胡祖德编，上海大沽路国光书局承印，按《沪谚》版权页所刊，为民国十一年（1922）三月版，《沪谚外编》上下两册，光纸每册定价4角5分。

其实，此书应与《沪谚》一并介绍，但为了说明版本之区别，仍分开叙之。

书前有孔祥百志怡氏书于思来处书舍的《序》："凡有所为而为者无真文。有所为而为者无妙文。天无意于云霞，地无意于丘壑。无意斯为真，斯为妙矣。莫妙于天籁，莫妙于地籁，莫妙于人籁。人籁之所生，莫先于歌谣。信口而道，因时而宣，随地而发。发无定音，发无定节。不知忌，不知讳，不衫不履，不琢不雕。如花之秾，草之葱。如云之浮，水之流。天下之真文在焉，天下之妙文在焉。祯祥妖孽于此卜，贞淫惰于此判。自古韵文于此嚆矢。彼得鱼忘筌者，以其不雅也，以其不驯也。輶轩所至，往往遗及刍荛。是故以韵文名其家者，大抵曲高为我贵。举世词章，于是乎不真，不真故不新，不新故不妙。胡君云翘有志于此。既采集沪谚成书。又征里巷歌谣数二则，附刊于后。久为世俗□欣赏。年来续采尤广，刊为专集。属序于祥百，曰巴人之词，搢绅不道。祥百曰是何言欤。俄长官莱勃尼柯夫，俄文学之进化祖也，读其农歌□歌，短止一二语，长至数十百语。皆俚俗无稽之言。当

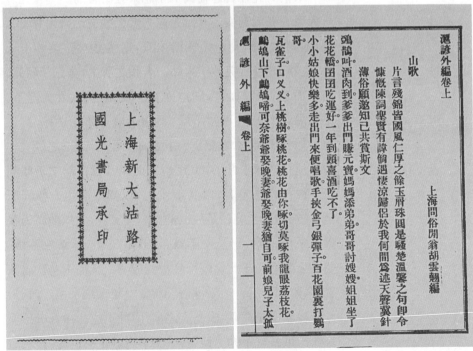

上海新大沽路
國光書局承印

滬諺外編卷上

上海問俗閒翁胡雲翹編

山歌

片言殘錦甞國風仁厚之餘玉屑珠圓是騷楚溫馨之句卽令慷慨陳詞塋賢有譚倜遇悷涼歸侶於我何間爲述天聲糞針薄俗顧邀知已共賞斯文

鵓鴣叫酒肉到爹爹出門賺元寶媽媽添弟弟哥哥討嫂嫂姐姐坐了花花轎團團吃運好一年到頭喜酒吃不了小小姑娘快樂多走出門來便唱歌手挾金弓銀彈子百花園裏打鸚哥

瓦雀子口义义上桃樹啄桃花桃花由你啄切莫啄我龍眼荔枝花鷦鴣山下鷦鴣啼可奈爺爺娶晚妻爺娶晚妻猶自可前娘兒子太孤

⊙《沪谚外编》(上册)封面、版权页及内页时勃尼氏,不恤化装,微行穷僻。探诸野老村童之口。历辛苦数十年而所得者。歌者无□闻者足取。即宣圣人删诗之业也。三百篇之古音古节,令人叹不可□际此文学进化,瞬息千万里。后之览者,或以三百篇视之,未可知也。祥百乐而为之序。"序中有几字模糊不清,只好以□代之。

《序》中提及的孔祥伯,字志恰,陈行乡人,清庠生,日本弘文学院速成师范毕业,历任三林学校、江苏省立第一师范学校、浦东中学和民立中学的教职。

在《序》末,胡祖德(署"六桥老人")于1936年夏也留下几句《附识》:"此书自民国十二年印行。今第三版翻印。添采新小说,各杂志之资料。翻阅一过,觉贪多务得。拉杂无当处甚多。且随手录稿。未挨先后。未及分类。不免见笑方家。汗颜之至。"

笔者供职于浦东新区地方志办公室时,曾赴陈行采风,之前早已听说过胡祖德所著《沪谚》,当年未见版本实物,直至亲见后,才真正感悟到陈行文化人所作所为对后世的影响。之后《沪谚》入选第三批国家级"非遗"名录,追其源,便是胡编的《沪谚》。当年曾以《陈行谣谚》申请第二批国家级"非遗"名录,未获成功。后改为《沪谚》,才达目的。

其实,沪谚的准确定义应该是:在陈行地区搜集的上海本地乡村谚语。再进一步说,沪谚并不等于上海谚语,因上海早就五方杂处,不仅融入宁波、扬州等地方言,还混入不少外来语。专家认为,沪谚具有五大特征:第一,使用原生态老派上海方言,属"历史活化石"和"文化土特产";第二,真实反映旧时上海乡村农耕生活和市井平民的生活风情;第三,多为"不知书"而"达理"者的口头创作,粗俗欠雅,但俗而可耐;第四,由于人口多,民风扬,题材广泛,层出不穷,词条蕴藏量大于社会形态单一的地区;第五,修辞手段丰富,话语"煞根"到位且充满善意。

直至今日,再读胡编的《沪谚》,仍感觉有着存在的意义,如"赌里无君子""路极无君子"和"久病无孝子"之类,还是现今人们经常挂在嘴边的"口头禅"。

胡氏杂钞

这是一篇综合性文字,也可谓是把所见版本作个"罗列"。

胡祖德编著的除《沪谚》和《沪谚外编》外,还有不少的著作版本,大多为线装铅印本。到目前为止,笔者仅见到《胡氏杂钞》《度民桥工程图》《度民桥工程记》《重修汇龙桥记》《新建裕民苏民粒民三桥碑记》和《陈行典当码头街路记》等,而他的著作还

⊙《胡氏杂钞》封面

相当多,比如《经建六桥记　附录桥联》《新建裕民苏民粒民三桥碑记》和《陈行公产收支正式报告》等,缺漏的还不少。因此虽为综合性文字,仍无法说全,只能"点到为止"。

《胡氏杂钞》,胡祖德辑刊,民国上海地方史文献,线装二卷。封面签条印"初编　凤章著",所收文字有:《姚氏记事编》《明朝状元考》《题秋岩小传》《松江院试竹枝

词》《廪生四律》《赠老会启》《六里桥浦东中学记》《川沙竹枝词》《检氏词堂记》《松江府水利说》《上海七图免役周浦塘记》《松江考政纪略》《张野楼诗》《乔竹邨墓志》《书院月课吟》《戒烟诗》《沪北竹枝词》《祭沈少楠文》《记否词》《村馆吟》《除夕竹枝词》《茸城竹枝词》《洋烟歌》《改建题桥市跨塘大木桥记》《请禁作践妨农公票》《川浦纪略诗》《上海竹枝词》《胡氏祠堂记》《南沙纪事诗》《伦敦竹枝词》《感事　迷怀》《天灾行　悯穷》《放歌行》《田家杂兴》《记玉玲珑石》《纪事》和《三先生传》等。在目录后，辑刊者写道："余自幼喜抄书。恐其随得随失也。兹刊杂钞。以供同好。"

《度民桥工程图》《度民桥工程记》，胡祖德撰，手迹影印。

民国六年十有二月东吴晋伯蔡康书，胡祖德撰《度民桥工程记》，"撮记大略如此"："陈行跨塘大木桥。改建石环洞。光绪三十三年九月由秦砚畦同祖德发起。松江石匠杨桂生承造。一再送来环桥图。及工料洗理细账。至宣统三年新正。议定三月开工。以夏天打桩。入水不冷也。问今春开工。何时可竣。杨曰买石之迟速。在于付价之多寡。做工之迟速。在于匠头之热心与否。各处造桥。动辄数年完工者。因捐数不能收齐。到山买石付款不多。石料经年不送到。到者俱系小料。……四月初一日。插样桩以定界址。拆旧桥而设渡船。初八九日。大小五十四名。盘起旧桥脚两根。人多功少。颇不合算。以后即齐泥截平。以代桩木。挥告破土。……桥身长十六丈。南北踏步六十四步。桥阔一丈二尺。桥门阔三丈一尺。高五丈五尺。为浦东最大之石梁。统计工料。七十七百廿元。洋价作千合钱一万零。收捐三之二。垫用三之一。除印送

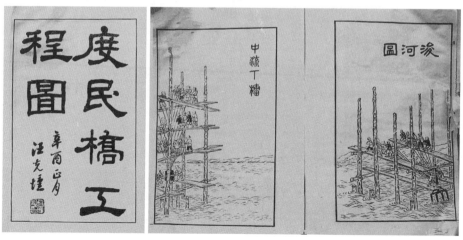

⊙《度民桥工程图》封面及插图

报销外。"

另有胡祖德撰《重修汇龙桥记》,吴孝仁书,手迹影印。手书不全,无标点,略记一二:"读方思信周浦记略诗注汇龙桥石环洞为全镇三十六桥之一明成化年僧大量募建清雍正乾隆间两次重修同治元年毁于粤匪镇绅于松塘先生奉县谕募修历五六年始成工费浩大不啻重建余幼时到周犹及见工作迄今五十余年而南屏石墩间有残缺桥面石级歌侧难行顾君品鸥家与桥近又留心公益谓余曰浦塘上度民裕民苏民粒民四桥均蒙经理改木为石此桥跨塘最东处盖亦修葺与四桥并新乎余欣然曰诺遂于丙寅春开工三阅月而竣事费四百金……"

《陈行典当码头街路记》一书,所见也不齐全,残缺不少。《陈行典当码头街路记》一文也只见首而不见尾,略知典当码头的来历,曲曲折折,最后是"秦董寿农亦据理力争不得已而卖入公所价二百五十元此后或凿井或设公场皆由公所

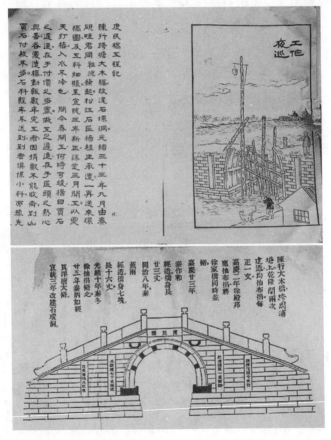

⊙《度民桥工程记》内页二幅

主持无人干涉矣呜呼区区一地数十年而数易主……"胡祖德在文后写了一段话，也算是一种概括："石路雨天无虑湿足惟石间生草须逐年芟刈免致荒芜附记于此俾后人知筹款之难建筑之不易保护之毋忽尔"。

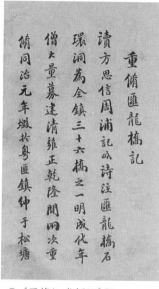

⊙《重修汇龙桥记》题记

⊙《新建裕民苏民粒民三桥碑记》封面

⊙《陈行典当码头街路记》手迹

黄自（1904—1938年），字今吾。川沙城厢镇（今浦东新区川沙镇）人。中国近现代作曲家、音乐理论家和教育家。其父黄洪培是黄炎培的堂兄。1916年考入北京清华学校，1924年获官费留学美国欧柏林学院主修心理，选修乐理和钢琴，后转入耶鲁大学音乐学院。1929年6月回国，被聘为上海沪江大学附属中学国立音乐专科学校教员和教务主任，热心音乐教育事业，培养许多优秀音乐人才，是中国早期音乐教育影响最大的奠基人。还先后担任上海工部局音乐委员、教育部音乐教育委员会和中小学音乐教材编订委员会委员，中央文化事业计划委员会音乐研究会委员及音乐艺文社《音乐杂志》和《新夜报》副刊"音乐周刊"主编，发起创办全部由中国人组成的上海管弦乐团并任团长。"九一八"事变后，与音专师生组织"抗日救国会"，赴浦东等地宣传抗日并为东北义勇军募捐。创作抗日救亡歌曲《抗敌歌》《旗正飘飘》《赠前敌将士》《九一八》《热血》等。还集中精力从事教学和编写论著《音乐史》和《和声学》，专心致力于国人的音乐普及教育。1933年受商务印书馆委托，与应尚能、韦瀚章、张玉珍等合编《复兴初级中学音乐教科书》六册，负责设计和编订，全书69首歌曲，黄自创作28首，对当时的音乐教育有着重要影响。还和萧友梅等主编《音乐杂志》，音乐艺文社1934年初版，共出4期，社长为蔡元培。1938年5月9日，黄自因患伤寒病逝于上海红十字会医院，终年34岁。一生为后人留下94首包括交响乐、室内乐、钢琴复调音乐、清唱剧、合唱、独唱、教材歌曲等多种体裁形式的音乐作品，涉及理论创作、批评、欣赏、作家、历史等方面的音乐论著15篇，音乐常识课文56讲，未完成音乐书稿3部。

春思曲

《春思曲》,"国立音乐专科学校丛书",黄自著,商务印书馆印刷发行,民国二十二年(1933)六月初版。大开本,平装,内加前后环衬。全书仅 21 页,书中收入《春思曲》《思乡》《玫瑰三愿》3 首艺术歌曲。

1929 年 3 月,黄自完成了他的毕业作品——交响序曲《怀旧》,并由其作曲导师、耶鲁音乐院院长史密兹(D. S. Smith)指挥新港(New Haven)交响乐团首演,获得音乐学士学位,成为中国留学生中以作曲获此学位的第一

⊙《春思曲》1933 年初版封面、版权页及扉页

人。1929年8月底,黄自回到上海,应聘为沪江大学音乐教授,还在国立音乐专科学校兼课。贺绿汀、陈田鹤、江定仙、刘雪庵、谭小麟、钱仁康、张定和、邓尔敬、林声翕等一批出身科班的音乐界栋梁之材,均受其教。

黄自从事音乐创作虽然时间不长,前后不到10年,但卓见成效,且对中国现代音乐文化的发展做出了多方面的历史性贡献。他在音专初创时期集教务和教学于一身,是当时理论作曲组唯一的专任教员。同时他还兼授西洋音乐史和音乐领略法两门全校性课程。黄自作为一位作曲家,自身功底扎实、修养全面。他一生留下了107首(部)声器乐作品,其中除15首(部)作于留美期间外,其他均在国内创作。黄自的作品涉及面很广,其中既有交响音乐,室内乐、复调音乐、清唱剧等;又有可供合唱、重唱、独唱、齐唱的歌曲,具开拓性。

《春思曲》作为"国立音乐专科学校的丛书"之一。黄自创作的艺术歌曲在他的声乐作品中所占比重极小,但是都写得极为细致考究,富有细腻的感情表现力。此书中的《春思曲》《思乡》《玫瑰三愿》及《点绛唇·赋登楼》等可谓作者艺术歌曲的经典之作,当时一经问世就不胫而走,而且具有久唱不衰的生命力。书中的《春思曲》《思乡》两首,由韦瀚章作词,《玫瑰三愿》由龙七作词。

⊙《春思曲》内页二幅

渔村之歌

《渔村之歌》,陈光楣作,黄自校,上海音乐公司(南市外马路六八〇号)发行,民国二十三年(1934)十二月初版,不知印数,每册实价大洋1角。生活书店、科学仪器馆、大上海书店、中华艺术教育社、晶华书店经售。此书

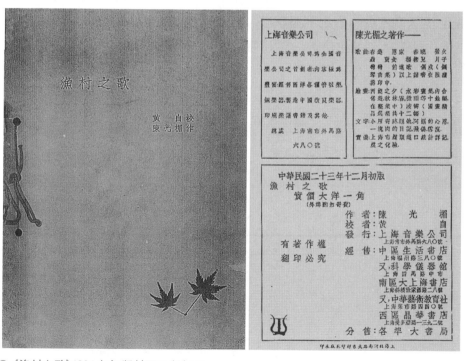

⊙《渔村之歌》1934年初版封面及版权页

封面简洁,丝线穿孔装订,右下印两片连枝的枫叶,不解其意。

此书虽非黄自所著,只是一个"校者",而陈光楣者,据笔者所知,他是画家陈子佛之子,毕业于东京美术学院,他的水彩画作相当出名,曾见过画册不少。在版权页的上方印有陈的著作,除绘画、歌曲、文字外,还有一项是"实业",经营的是"煤之化验",也不知何意。从此意义讲,陈作曲只不过是在"玩票",请黄自这个行家"校正",也算是"门当户对"。

在版权页上,还印有上海音乐公司的"自我广告":为全国音乐公司之首创者,内容极为丰富,经售西洋各种管弦乐铜乐器,制造中国改良乐器,印刷乐谱书籍及其他。

书前有陈光楣1934年12月写于上海的《关于渔村之歌的话》,其中说道:"这是一首富合东方情调,有美丽的旋律底歌曲。……这个,并以后陆续发印的几个曲子,本不预备出版;自己觉得太幼稚了!经不起几个学校里学生们的催促,天天吵着向我要;还有朋友们的催促,更加以先生们的鼓励,所以大胆地付印了,自知有许多乖谬不妥之处,那末只有请先进们不吝赐教了!我所敬爱的黄自先生,启发我不少的地方,很是感激,诚心地在这儿谢谢他!我的学生张定和君,为我作封面,也在这里便附一句'谢谢!'"

爱国合唱歌集

　　《爱国合唱歌集》，"国立音乐专科学校丛书"，五线谱歌曲集，黄自作曲，商务印书馆印刷发行，发行人王云五，民国二十三年(1934)十二月初版，初版时地址上海河南路；1940 年 5 月三版时的地址长沙南正街。不知印数，每册定价大洋 6 角。

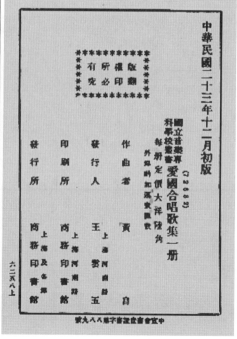

⊙《爱国合唱歌集》1934 年初版封面及版权页

"国立音乐专科学校丛书",商务印书馆出版于 1930 年 9 月至 1935 年 1 月,笔者所见包括黄自的《春思曲》和《爱国合唱歌集》在内的总共 9 种,其他 7 种是:《大提琴教科书》《中国韵文史》《乐学纲要》《乐话》《诗琴响了》《音乐会的波兰舞》和《音境》。

除商务版,还有上海音乐公司的"国立音乐专科学校丛书",仅一种《音乐小史》,陈洪译,1941 年 9 月初版。

全书 33 页,收爱国歌曲 5 首:《抗敌歌》(混合四部合唱)、《国庆献词》(混合四部合唱)、《青天白日满地红》(混合四部合唱)、《军歌》(男声四部合唱)和《旗正飘飘》(混合四部合唱)。

⊙《爱国合唱歌集》1940 年三版版权页

⊙《爱国合唱歌集》目录及内页

黄自全集

《黄自全集》，第一册《长恨歌》（清唱剧），黄自遗作，黄自全集出版委员会（书史社、乐志社、中国音乐研究会、中国音乐史研究会）出版，黄自先生遗作整理委员会（杨荫浏、杨仲子、吴伯超、陈田鹤、刘雪庵、江定仙、胡然、颜标）编辑，民国三十二年（1943）五月出版。封面题字：杨仲子，封面设计：朱金楼，根据徐悲鸿先生藏唐吴道子八十七神仙卷。上海良友图书印刷公司发行。此书是重庆中国音乐研究会为纪念黄自逝世五周年，在《音乐月刊》

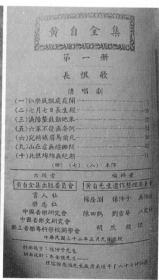

⊙《黄自全集》（第一辑）封面、目录及插图

第二卷第一期上首次出版的《黄自遗作——〈长恨歌〉专号》。而正式成书则是1957年由上海音乐出版社出版的《长恨歌》。

书前有黄肇昌刻的黄自先生遗影，旁注：江苏省川沙县人，一九零四（光绪三十年）生，一九三八年（中华民国二十七年）五月九日卒。另有照片多幅。

《长恨歌》收韦瀚章作词，黄自作曲，共10章，其中第四、第七、第八章未见，仅留第一章《仙乐风飘处处闻》、第二章《七月七日长生殿》、第三章《渔阳鼙鼓动地来》、第五章《六军不发无奈何》、第六章《宛转娥眉马前死》、第九章《山在虚无缥缈间》和第十章《此恨绵绵无绝期》，皆为五线谱曲。除此剧外，还刊登有良友版音乐方面图书的广告。

《黄自全集》笔者只见第一册，是否出版过第二册或更多，详情不知。

这部作品是中国音乐史上第一部清唱剧，也是黄自创作生涯中较为大型的声乐作品。虽然其中缺了第四乐章《惊破霓裳羽衣曲》、第七乐章《夜雨闻铃断肠声》和第八乐章《西宫南内多秋草》，但已经完成了7个乐章的主要场景：骊宫歌舞，爱情盟誓，边关警报，军士怨愤，临死诀别，幻想仙境和无边哀思。在未完成

⊙《黄自全集》内页

⊙ 良友音乐名著广告

的三个乐章中两个是男声朗诵，另一个是叙述"夜雨闻铃"的混声合唱。1933年上海音专初次演出了这部未完成的清唱剧，而几十年来在音乐会上这两个乐章是保留曲目。

《长恨歌》的词作者韦瀚章，1906年生。在沪江大学师从王子桢、林朝翰、吴遁生等研究诗词。他自幼爱好文学与书画，并一生写作歌词，是新音乐歌词的开拓者之一，人称"香水词人"和"野草词人"。黄自在音乐创作生涯中，与韦瀚章共合作过13首声乐作品和1部清唱剧《长恨歌》。这也是他唯一的清唱剧，在创作过程中他借鉴了元曲《长生殿》和白居易叙事诗《长恨歌》。后以10段歌词定稿，每乐章皆取用白居易原诗作标题。在合作过程中，他对黄自的音乐创作水准，尤其是词曲结合的造诣评价相当高。

⊙《黄自全集》广告页

音乐

《音乐》，复兴初级中学教科书，黄自、张玉珍、应尚能、韦瀚章编著，商务印书馆印刷发行，发行人王云五。以笔者所见版本，此书共六册，版本有分有合，分者为第一册至第六册单行本，合者为精装本，合六为一，574页，1935年10月初版。

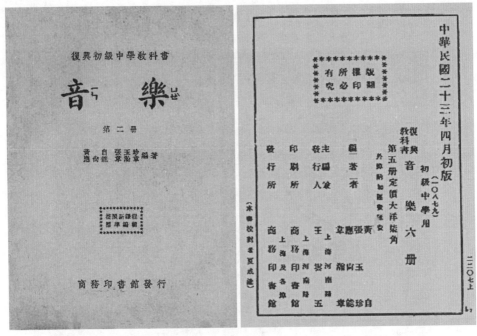

⊙《音乐》1934年初版封面及版权页

以每册单行本出版的,时间有先后,如第五册,民国二十三年(1934)四月初版,不知印数,每册定价大洋7角。

第一册收36课,收歌曲16首,其中黄自作曲7首:《青天白日满地红》《九一八》《花非花》《雨后西湖》《峨眉山月歌》《农家乐》和《新中国的主人》,附录收《乐器图》和《欣赏课中需要的唱片》。

第二册收36课,收歌曲16首,黄自作曲7首:《睡狮》《游戏》《南乡子》《燕语》《农歌》《四时渔家乐》和《卜算子》。

第三册收18课,收歌曲10首,黄自作曲4首:《国庆献词》、《秋郊乐》(二部合唱)、《本事》(三部合唱)和《踏雪寻梅》;附录收《音乐名家像》和《欣赏及乐理课中需要的唱片》。

第四册收18课,歌曲9首。

第五册收18课,歌曲10首,黄自作曲者3首:《秋色近》(三部合唱)、《卡农歌》(二部合唱)和《淮南民歌》(二重赋格曲)。

第六册收18课,歌曲8首,黄自作曲4首:《总理逝世纪念》《点绛唇》《蝴蝶》和《摇篮曲》(三部合唱)。

书前有编者写于1933年6月的《编辑大意》,其中说道:"本书完全依照二十一年十二月教育部颁布之《初级中学音乐课程标准》编辑。共分6册,供初中三年(六学期)之用。本书教材分四部:(1)普通乐理,(2)音乐欣赏,(3)基本练习曲,(4)歌曲。……采用的歌曲大半是特为本书写的,所以适合学生程度。作曲者在可能范围内力求音乐与诗的意义、章节完全吻合。这一点很值得注意,因为大多数的音乐教本都很忽略这事。……本书乐理部由张玉珍编辑,欣赏由黄自编辑,基本练习曲由应尚能编辑,歌词由韦瀚章编撰,至全部设计与编订由黄自担任;此外刘雪厂,陈田鹤,江定仙三君,予各方面工作上的帮助很多特此申谢。"

音乐杂志

　　《音乐杂志》，易韦斋、萧友梅、黄自主编，音乐艺文社编辑，良友图书印刷公司（上海北四川路八百五十一号）印刷发行。这份每季出版一期的音乐刊物到底出版了多少期，笔者心中无数。而看到的仅仅几种，封面设计划一，竖琴与钢笔的构图，直通上下，感觉有音乐的旋律。

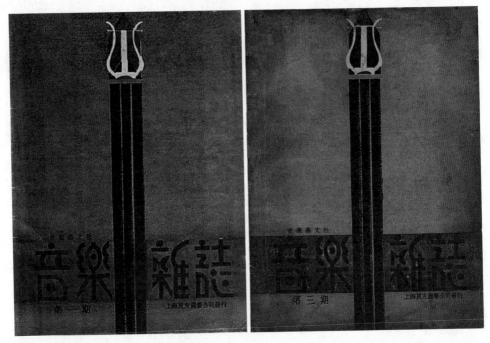

⊙《音乐杂志》第一期、第三期封面

如以所见的第一卷第二期为例,那是 1934 年 4 月 15 日出版的,每册实洋 4 角。版权页上还透露了一个信息:预定全年国内达邮 1 元 6 角,国外达邮 2 元 4 角。如以一年四季计算,国内订户是免了邮费。

从这刊物的出版时间看,是黄自于 1930 年辞去沪江大学职务,应上海音专校长萧友梅博士的聘请任教授兼教务主任之时。他在担任学校工作之余,从事创作和理论的研究,还参与主编音乐艺文社的《音乐杂志》。

⊙《音乐杂志》版权页

冀野歌集

《冀野歌集》，"歌谱丛刊"，黄自等作曲，国立福建音乐专科学校编印，1942 年版。

全书收"冀野歌集"7 首：《本事》《拉丝行》《碧血》《三励》《国殇》《兵农对》和《接新年》。

所谓"冀野歌集"之"冀野"，即卢冀野。也就是说，此集所有的歌曲皆由卢冀野作词。作曲者，除黄自外，还

⊙《冀野歌集》封面及内页

有多人,如应尚能等。

　　卢冀野,1905 年生,原名卢正绅,后改卢前。在东南大学时,师从国学大师吴梅学曲,是其最重要的学生之一。大学毕业后在金陵大学任教,升为教授,是国内著名的词曲教授,人称"江南才子"。笔者最早认识卢冀野的是他的新诗集《春雨》《绿帘》和小说集《三弦》等,之后才见旧体诗集《梦蝶庵绝句》、词集《中兴鼓吹》等,至于散曲集《饮虹乐府九卷》和剧曲《饮虹五种》等,只是耳闻,从未见到过版本实物。

黄方刚（1901—1944），江苏省川沙县（今上海市浦东新区）人，其父黄炎培。1915年至1923年在清华学堂学习，与梁思成是同学，后赴美国卡尔登大学留学获文科学士学位，并获哈佛大学哲学博士学位。1928年回国，先后在马君武创办的广西大学任英文教师，后赴东北大学（当时张学良任校长）任文学院院长。"九一八"事变后，先后在北京大学、四川大学、金陵大学等任教。1938年东北大学（时在四川三台）改文学院为文理学院，继任文理学院院长。1939年应聘武汉大学（时在四川乐山）哲学系任教。一生致力于哲学思想研究，对老子研究颇深。著有《苏格拉底》《道德学》等著作。1944年1月因心脏病逝世于四川乐山，年仅44岁，仅留下遗稿数篇。同年1月安葬于今四川省乐山市九峰乡鞍山村的山窝。黄炎培为其题写墓志："一生清正，抱道有得，言行一致，诚爱待人，取物不苟，著书讲学，到死方休。虽其年不永，亦可以无愧于人，无愧于天地。"

苏格拉底

《苏格拉底》，黄方刚著，商务印书馆（上海宝山路）印刷发行，发行人王云五（上海宝山路五〇一号），笔者所见两种版本。

第一种，"万有文库"，王云五主编，民国二十年（1931）四月初版，不知印数与售价。

⊙ "万有文库"《苏格拉底》1931 年初版封面及版权页

书前有编者 1930 年 12 月 21 日写于沈阳东北大学的《苏格拉底序》。编者留存的文字较少,此序值得一读:"凡是研究苏格拉底 Socrates 的都取材于柏拉图 Plato 与蔡诺芬 Xenophon,其余不过旁证而已,蔡诺芬是一个将军兼史家,对于哲学几乎是门外汉。但是他既投于苏格拉底门下,而于苏格拉底死后写了一部传记叫做 Memorabilia,替苏格拉底辩护,他一定与苏格拉底有点亲近。柏拉图当然有充分了解苏格拉底的人格的能力与机会,但他却去借了苏格拉底的嘴替他自己说话,弄得两人的学说与主张无从绝对的分别。大概西洋十九世纪以前的学者多信蔡诺芬而疑柏拉图,后来的学者又倾向于疑蔡诺芬而信柏拉图。总之,在柏拉图的文集里我们还有法子抽出一个苏格拉底的人格来,不过我们不敢深信他就是真的苏格拉底;在蔡诺芬的书里要找一个整个的哲学的人格我们竟找不出。这就是现在的情势。我们现在只能承认不知道苏格拉底的真相,或者全部的容纳柏拉图所给我们的苏格拉底而拿蔡诺芬的零碎的记载做参考。这部小书既已写出,我们的态度与主张亦自然明白了。本书第二与第三两章大部分根据于伯纳 John Burnet 的 Greek Philosophy, Part I, Thales to Plato,间或

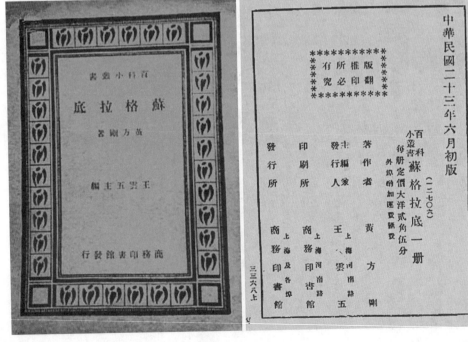

⊙ "百科小丛书"《苏格拉底》1934 年初版封面及版权页

参用《大英百科全书》第十四版里太勒 A. E. Taylor 所写的《苏格拉底》一文。第一章前三节的材料大部分取自狄金生 G. Lowes Dickinson 的《希腊的人生观》The Greek View of Life。这三种书用得最多,至于柏拉图与蔡诺芬的原著当然必须检查,其余别的参考书则不能都开列了。有一点或值得读者注意——无论如何,值得纪录:我写这小册始终没有参考过一部中文的关于苏格拉底的书。"

全书 128 页,收 3 章:《导言 苏格拉底前及苏格拉底时之希腊》《苏格拉底传》《苏格拉底之哲学》。每章分若干小节,如第三章内收:《知识论》《伦理学》和《苏格拉底的影响》。

第二种,商务版"百科小丛书",王云五主编,民国二十三年(1934)六月初版,不知印数,每册定价大洋 2 角 5 分。除了封面不同,全书内容相同。另有 1945 年 2 月版,未见。

道德学

《道德学》,黄方刚著,世界书局印刷出版发行,发行者世界书局有限公司代表人沈知方,民国二十三年(1934)八月初版,不知印数,售价被抹去。另有1935年7月再版,未见。

此书实属张东荪主编的一套"哲学丛书"之一种,

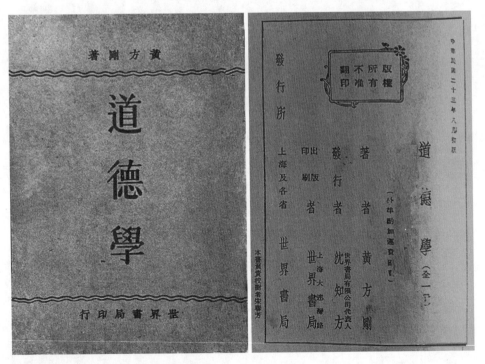

⊙《道德学》1934年初版封面及版权页

世界书局从 1934 年 3 月至 1935 年 7 月出版,共 13 种。除《道德学》外,还有《中国思想》(杨大膺纂述)、《认识论》(张东荪著)、《价值哲学》(张东荪著)、《进化哲学》(瞿世英著)、《现代哲学》(张东荪著)、《柏拉图》(严群编著)、《美学》(李安宅著)、《洛克巴克莱休谟》(郭本道著)、《哲学与近代科学》(张抱横纂述)、《笛卡儿斯宾挪莎莱伯尼兹》(施友忠著)、《康德》(南庶熙著)、《黑格尔》(郭本道著)。

书前有张东荪写的《哲学丛书缘起》,其中说道:"我们相信中国必须充分吸收西方文化,而西方文化之总汇不能不推哲学。所以西方文化之输入不能不以哲学为先导。因此我们主张在盛大欢迎西方科学的时候决不能把哲学加以排斥或拒绝。我们又相信人而生于现在的世界必须放大目光,看一看各方面的主张。哲学对于我们的贡献,至少可使我们免去拘墟之见。在这一点上,正助以补助科学。……因此发刊这部哲学丛书。想把西方文化泉源渊的哲学为真面目的介绍。同时对于将来的如何形成一个新文化亦想略略加以指示。这区区微意便是本丛书的缘起了。"

另有黄方刚写于四川彭县之白鹿顶的《序》:"这部书自己会说话,不用我来替他多方解嘲。读者如果觉到本书参考得太少,对于各派学说亦讨论得不够,这是因为作者亟于要说明自己的意思的缘故。这部书的思想的不成熟与组织的不完备亦可以归结到这个原因。本书的命名亦许要引起误会,所谓'新义'(按本书原拟命名道德新义由主编者改如今名)并不是指新的思潮,只是由于作者自己觉到这点意思还没有被人完全说破,但是这或者是自己孤陋寡闻的妄想。无论如何,这点意思已积蓄了十几年,始于民国五年的研究陆王的理学,继而研究道家哲学,由道而释,由释而复归于儒,当时对于伦理的原料已大致粗备;然后于民国十一年至十七年专门研究西方哲学,自谓哲学方法的心得大都在此,而本书的主要主张遂发现于《'应当'二字所包含的几个意义》一文(见《哲学评论》第一卷第四期)。此次承张东荪先生的督促居然把本题的大意草就,照作者的本意却还要等几年才发表,那么姑且拿他作为自己继续研究的备忘录何如?"

全书 202 页,收五章并附论:一、《导言》;二、《伦理观念之发达》;三、《道德之定义》;四、《道德标准之内容》;五、《道德生活与论理世界》;附论《伦理上其他诸问题解决》。每章又分若干,层次繁复,比如第一节"一",第一节中第一小节,则标以"——",以此类推,眼花缭乱。版权页后有世界书局版、李石岑著《哲学概论》(精装)的书目广告。

形意拳初步

　　《形意拳初步》，笔者 2002 年曾在上海文庙旧书市场
中见到，因当时同去的书友是"拳迷"，专收民国时期出版
的"拳经"及相关图书。这种《形意拳初步》，难逃他的"法
眼"。当时所见，笔者只记得书名和此书的编辑者之一的
黄方刚。黄是川沙人，笔者在编辑浦东地方志时曾对其
稍有印象。时隔 15 年的今天，虽仍在怀疑此"黄"是否

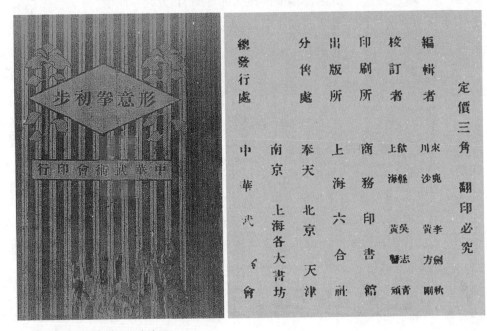

⊙《形意拳初步》封面及版权页

"彼黄"？总感到一个研究哲学与老子的学者,怎么会与"形意拳"搭起界来。但在版权页上,明明印有"川沙黄方刚",可见"此黄"即"彼黄"。此书出版于1922年8月,可见这是"黄"的早期,还在清华学堂读书未出洋留学时期。

在版权页上,还印有编辑者李剑秋及校订者吴志青和黄警顽。前两者不识,后者"面熟陌生",后翻到商务印书馆的一些史料,就讲到过这位黄君。他在商务的历史上是个很特殊的人物,人称"公关大师"。可读的资料不少,读者可从容阅读。至于为何他是校订者而且在此书前写有《发刊形意拳初步宣言》,虽未有很直接的资料作为佐证,但从其他信息中获悉一鳞半爪。比如,他曾说道:"二十年来,虽自愧才力有限,但敢说无日不在努力帮助别人,对于社会公共团体之发起创立,自问也颇尽力。"事实上也是如此,据研究者称,黄君创办的社会团体不胜枚举,前后大约计50种左右,其中就有印行此书的中华武术会。其他还诸如广智流动图书馆,启民新剧社,育美音乐会,平民夜校,全国武术运动会,儿童图书馆,华侨教育协会,海外职业介绍部,盲哑学校,友声旅行团,职业教育社,摄影通信社等,不是任董事、委员,就是干事等要职。

另见一则信息,讲黄君为徐悲鸿想方设法找工作,并让徐悲鸿画黄君等练武功的谭腿图,之后由中华图书馆印行了《谭腿图说》。黄把30元稿费交徐悲鸿,徐硬要给黄20元酬谢,黄坚辞而分文不取。可见,黄是一位乐于助人而且是有武功的人。

从这些信息看,黄警顽校订《形意拳初步》,是适得其所。至于编辑者黄方刚与校订者黄警顽是什么关系,笔者至今未弄清楚。黄警顽是地道的上海人,黄方刚则更是本土之人,两者是否黄姓同门,不知内情,不敢胡说。

黄培英（1913—1983），曾用名静汶，上海浦东人。其父黄士焕，号伯文，耀山公黄守楠之独子，黄炎培之族叔。即黄培英是黄炎培之堂妹。伯文公生于浦东高行镇，13岁丧母，家道中落，随父到浦西，寄居姐家，后进私塾念书，后在衣庄学徒。1903年上夜校苦读英文。1907年考取甲等邮务员，后调大连海关任职。黄伯文之女黄培英，童年时就爱好绒线编结，并掌握了绒线编结技艺，后应聘上海丽华公司、荣华和安乐绒线厂教授绒线编结技法。1930年开办培英编结传习所。此后参加上海市工商部举办的中华国货展览，展品获特等、一等奖，得金银质奖章，同时获得绒结代针机专利执照。后又在中西、市音等商业电台讲授绒线编结知识。在30年代独创的桃、李、梅、蔷薇等花型镂空毛衣，成为当时女士的时髦外套。黄也便成了30年代知名绒线编结专家，所编《培英丝毛线编结法》发行量达30万册，打破了当时出版界的纪录。

培英毛线编结法（一）

《培英毛线编结法》，二册，分初集、二集，黄培英著，民国二十三年（1934）出版，天耳无线电股份有限公司总经售。内页横版，170页，配插图几十幅。吴铁城题书名。

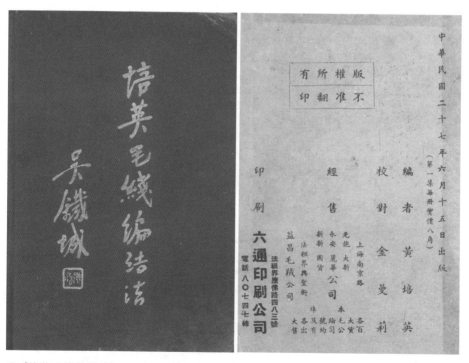

⊙《培英毛线编结法》1938 年版封面及版权页

书前有太仓徐天劬的《序》。徐天劬对黄培英颇加赞赏："培英力矫其弊。独于政府提创新生活之际。崇尚国货。发明新制。刊行巨篇。出以寿世。为闺中指南。为海内导师。其挽救于家庭社会者。岂小补哉。古人睹五纹锦绣。奉薛灵芸为针神。今余得玩是编之五光十色。不禁欢培英为当代灵芸也。"

今天司空见惯的丝线、绒线编结服饰，始从西欧传入，在当时还是一种极为新鲜时尚的东西。黄培英悉心研究西方、日本的编结方法，融入中国元素，形成了独特的海派风格花样。

黄士焕也为爱女培英作序，其中讲道："爰命女培英。向海外从师学习编结。参考西洋各种编结书籍。制成新出品教授法数十种。用照像制成铜板。以便学者仿效练习。民国十八年。培英自制绒结代针机。加以改良。由工商部特许专利。国货展览会将给金牌。此届制成培英编结法一书。聊以贡献社会。为研究编结者。作参考之用也……"

在本书未出版前的几个月，黄培英每天接到不少封来自各地寄来的函件，大

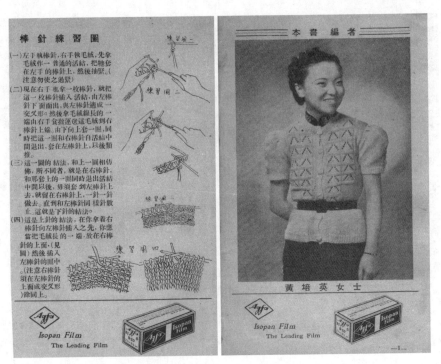

⊙《培英毛线编结法》内页及插图

半都是前数年培英编结传习所的顾客,信的内容呢? 又如订了合同似的,都是要求她编一本关于编结法的书籍。黄曾婉言谢绝,但实在是不抵传习所顾客的热情。于是"才决定了我的意志"编著此书。在书中,黄培英还对为此书拍了不少照片的朱秋痕、潘文霞、周璇、黄素惠等表示谢意。

在第二集书前,还刊有吴铁城、严独鹤、林康侯、胡西园等的题字。两书中分别刊有潘文霞、周璇、袁美云、白虹、梅琳等当时歌坛、影坛的明星,以及周志道、汪汉文等男士身着不同款式毛线服饰的照片。

在绒线编织方面,最早的大师是鲍国芳,可以称为是中国第一个绒线编织师。当时,在上海滩大名鼎鼎的绒线编织大师是冯秋萍。还有一位就是黄培英。

其实,黄培英编著的丝线、毛线编结书籍,在当时已成一系列。有赞助商承办印刷、制作、发行,并有大量明星着装留影。如民国二十七年(1938)六月十五日六通印刷公司出版的《培英毛线编结法》;上海绒线公司赞助、培英编结公司、中西印刷公司民国三十五年(1946)联合制作的版本;恒源祥绒线号民国三十六年(1947)赞助、培英编结公司、中西印刷公司联合制作的版本等等。在这些版本中,参与拍照宣传的明星众多,如童月娟、袁美云、陈燕燕、顾兰君、谈瑛、周璇、白雪、白光、杜骊珠、言慧珠、焦鸿英、云燕铭、梅影、莎莉、陈娟娟、苏惠华、叶剑秋、朱莎、张莺、王燕春、刘英伦、陈静、韩菁清、童芷苓、于素莲、白玉薇、白杨、范雪君、王丹凤、李红、黄宗英、徐慧琴、华香琳、上官云珠、李丽、徐玉兰、李玉明、顾兰君、尹桂芳等。

　　《编结特刊》，黄培英编著，中西印刷公司印刷，国华煤球厂事务所发行，本埠百货公司各大毛绒号及各大书局均售。民国三十五年（1946）国庆节初版，时隔5天，10月15日再版，不知印数，每册实售4 000元。封面印《编结特刊》，版权页印《培英毛线编结法》。校对者赵蕙芬。

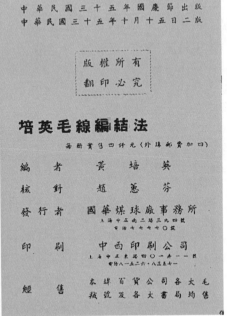

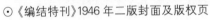
⊙《编结特刊》1946年二版封面及版权页

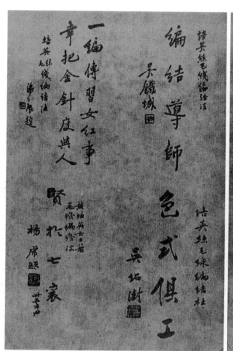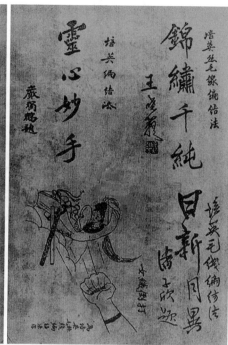

⊙ 扉页题词手迹

⊙ 仁昌绒线广告及专利执照

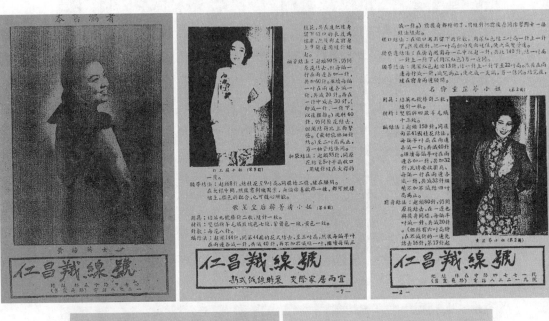

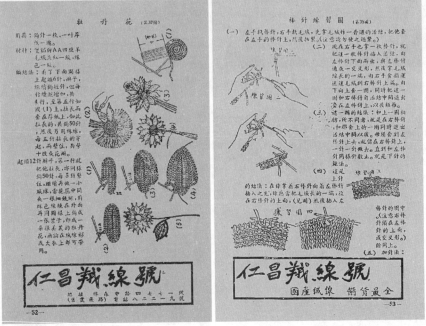

◉ 书前广告及内页

书前有仁昌绒线号的广告。另外汇集了当时沪上各界名流、社会贤达、演艺界名伶等多人的题词手迹和照片,使一本专门介绍毛衣编结法的小册子呈现出光辉的异彩。

封面是京剧名伶童芷苓身着黄培英亲手织结的最新款式毛衣的靓装照,封二是名伶曹慧麟照,封底是大华绒线公司愚园路支店全景彩图。扉页是当年上海滩声名显赫的要人名流题词手迹,潘公展的"一编传习女红事,幸把金针度与人",吴铁城的"编结导师",杨虎的"贤于七襄",吴绍澍的"色式俱工",王晓籁的"锦绣千纯",严独鹤的"灵心妙手",潘子欣的"日新月异"等,可谓星光熠熠。

书中身穿各款新颖毛衣的模特,大多为当时大红大紫的各界明星,并附详细编织方法文字说明,最后有在毛衣上刺绣图案花样参考资料及说明。

培英毛线编结法（二）

《培英毛线编结法》，黄培英编著，中西印刷公司印刷，国华煤球厂事务所和培英编结公司发行，民国三十五年(1946)十一月五版。在版权页上印有从初版至四版的出版时间，四版与五版之间仅隔 25 天，可见此书受欢迎的程度。书名由黄炎培题写。

书前有编著者肖像，穿着自己编结的绒线马夹。并有编著者 1946 年 9 月 30 日于沪上的《自序》："编者以前曾经在民国二十四年一月间出版了一本《培英毛线编结

⊙《培英毛线编结法》1946 年五版封面、版权页及作者肖像照

法初集》,在二十五年十一月间出版了二集,继而又在二十七年六月间又出版了全集,在这三本书里,罗列了许多当时的最新式样,详细说明各种做法。针数,并且用许多铜图显示各种花式。阅者可以按图索骥,无不得心应手,一时销行很广,前后计七版之多,而求者尚接踵而来,但编者认为服装式样日新月异,拟另出新著。以应需要,不料抗战事起,毛线来源断绝,市上日见缺乏,故发行新书亦因之停顿。自抗战胜利后,上海人口突增,毛线需要日广,而欲求编结法书者,皆不合潮流之陈旧老书,编者应各界仕女,及毛线公司要求,依照欧美最新服装式样,编著新书,于国庆日出版。因时间局促,篇幅有限,未能尽量贡献,待日后有充分时间,当陆续编著发行,以供各界仕女参考。但这本书距以前出版的三本,时间太久了,服式的风尚,变迁得很厉害,编者在这书里只采取最时代最新颖最美丽而切合实用的式样,并且不加入丝线的编结法,所以与以前出版的三册,不相连续,另成一本,以为各界仕女的参考。这本书里的铜图,得陈德珍先生代为邀请好几位小姐穿着编者手结的毛线衣拍摄的,风姿婀娜,相得益彰,为本书生色不少,特在这里附笔道谢。"

看了这篇《自序》,才了解了这本很平常的编结书的来龙去脉。一本销量很好的书,出版的版次极多,而留存下来的版本实物却见到得很少,因此要把各种版次的版本都说个清楚,看来有着极大的困难。如果编著者不在书中留下一些关于版次的文字,那么后世的研究者就会丈二和尚摸不着头脑了。黄培英在《自序》中留下了各种版次的文字,实在是做了一件大好事,否则笔者根本不知在1946年国庆节(10月10日)之前还出过三种版本,因为这三种版本笔者至今未见过。

据说此书之后还出过多版,如1947年儿童节出版的,封面人物是"平剧王后"曹慧麟;同年9至10月所出的书,封面是由职业教育家黄炎培题写书名的;1949年版的封面人物是电影明星周璇,等等。黄炎培题写书名的《培英毛线编结法》,主要是为了南京的义昌绒线公司所印,作为买毛线的赠品,普及推广毛线编织法。书的扉页是黄培英的照片和《自序》。黄培英有着深厚的文学素养,书中每款毛衣都配有当时影星名伶着装照,款式与明星气质巧妙搭配,除了图片,还用语言文字表达。如"锚链花"结法,她为影星上官云珠写道:"白色给人有崇高的印象,加上有红色图案的花色,更有雍容华贵的感觉,对一个高贵的少妇,可以增加她的气度,如果在宴会上,也将是受人瞩目的贵妇。"

黄协埙（1851—1924），字式权，原名本铨，号梦畹，别署鹤窠树人、海上梦畹生、畹香留梦室主。江苏南汇（今上海浦东新区）人。早年博学工诗词，尤长骈体文。清光绪十年(1884)进《申报》馆，每日著论，声名大噪。光绪二十年(1894)主笔何桂笙逝世，总编纂钱昕伯年迈，遂继任《申报》总编纂，先后主持《申报》笔政20年。但因思想较为保守，不合时宜而辞职。暮年乡居，诗文自娱。续修《南汇县志》任分纂员。1923年，姚民哀办《世界小报》，连载40年前他写的《淞南梦影录》，署"黄梦畹遗著"，其时年七十有三，为此寄生讣诗十首提出抗议。其著作有《鹤窠树人初稿》《粉墨丛谈》《黄梦畹诗抄》等。还有《海曲诗钞一集》三册十六卷，《海曲诗钞二集》一册六卷，皆冯金伯辑，《海曲诗钞三集》四册十二卷，黄协埙编，后附香光楼同人唱和诗。《牡丹曲》，鸣社课作，众文人为民国雏妓所作诗词，黄协埙毛笔手书，稿本，十六开毛装，红竖格本，二十七叶五十四面，书法绝伦。

海曲诗钞

　　《海曲诗钞二集》，在南汇历史上先后曾选纂过两次，第一次是在清乾隆末年至嘉庆年间，由冯金伯选纂，第二次是在清末民初，由黄协埙选纂。后人为区分此二者，曾将前者称为《初选海曲诗钞》，将后者称为《再选海曲诗钞》或《续选海曲诗钞》。

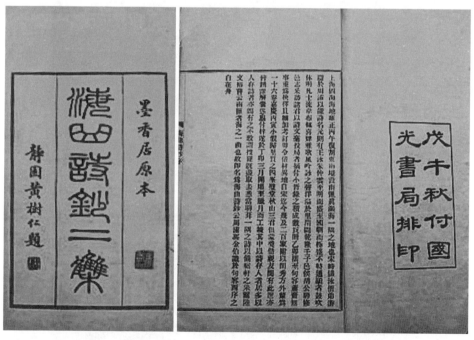

⊙《海曲诗钞二集》封面及版权页

　　1917 年夏历六月望日(十五日)，南汇城厢镇(今惠南镇)荷花坞北岸的香光楼中曾举行过一次盛会，名"祭诗会"。到会者有徐素娥、徐耐冰、黄报廷、黄协埙、陶元斗、倪绳中、叶寿祺等 31 人，他们都是当时南汇县知名的文人雅士、绅董名流。这次集会名为"祭"，这是为庆祝《再选海曲诗钞》的出版和《初选海曲诗钞》的重印而祭祀南汇诗灵的一次盛会，它给当时久已沉默的南汇文坛带来了一脉生机，推动了南汇文化事业的发展。

　　明代文学家、书法家上海人陆深(1477—1544)曾有"南汇嘴者，海之一曲也"之言。冯金伯当时所选的却也正是以此地域内作者所撰的诗作为限，《海曲诗钞》之名因此而得。

　　《海曲诗钞》是有地域性的，而且在某种意义上来说还带有一定的文献性。因为所选诗作并不只限于南汇某个历史阶段内的某个特定的作者，而是以南汇地区发展历史过程中尽可能把众多作者的作品有所反映，并要求入选的诗作必须是作者的代表作，是能充分反映其风格和水平的，在质量上也是上乘的。因

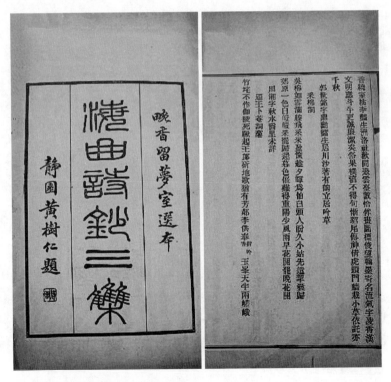

⊙《海曲诗钞三集》扉页及内页

此,这项工作无疑是十分艰巨,冯金伯真不愧是南汇的一位杰出英才,他承担起此重任,且圆满完成。

冯金伯,字南岑,号墨香,周浦镇人士,生于清乾隆三年(1738),卒于清嘉庆十五年(1810),享年73岁。他博学多才,性耽风雅,善书、画、诗,时人谓其具有"三绝"之才,其中以诗歌上的造诣为尤高。

《海曲诗钞初集》问世于清嘉庆十二年(1807)腊月。同年他又开始了《海曲诗钞二集》的选纂,翌年告成。至此《初选海曲诗钞》工作终于全部竣工。那时,冯金伯已经是71岁高龄。《初集》分16卷,集诗及200家,约1 000首。《二集》6卷,集诗及70余家,约300首。两集涉及时期,前后达700余年。

《初选海曲诗钞》出版后,随着南汇文教事业的继续发展,继续编纂《海曲诗钞》也就成了南汇文化界的共同心愿。在以后的年代里,百曲人火文焕、太平乡人丁宜福、上海人秦炳如等先后作过努力,可惜最后都未成功,但他们的工作却并未白费。火文焕留下来的遗稿《续辑海曲诗钞》80家,丁宜福的《海曲诗话》11卷和秦炳如的《续海曲诗钞》20余家,之后成了清末民初黄协埙选纂《再选海曲诗钞》的重要组成部分。《再选海曲诗钞》3集12卷,集诗300余家,诗1 000余首。这是《初选》后南汇历史上又一部具有文献性的诗选。

以下再对《海曲诗钞》的版本作一详细介绍:

《海曲诗钞》共8册,35卷,国光书局戊午年秋印本,线装,开本,高27厘米,宽15厘米,双黑线框,每页13行,每行33字。黄树仁题写书名。诗钞分为3集:《海曲诗钞》3册16卷,补编1卷;《海曲诗钞二集》1册6卷;《海曲诗钞三集》4册12卷。

《海曲诗钞》《海曲诗钞二集》清嘉庆戊辰年前冯金伯编次,《海曲诗钞三集》民国初黄协埙编次。据冯金伯《序》中所述,其编《海曲诗钞》"……乾隆壬子。邑侯胡公聘修邑志。采访诸君。以诗文稿投局者。摘付小胥录之。积成数巨册。……"后冯金伯往句容为官,将所积诗文稿携带至句容。"……无事重为抉择。且细加考订。……自宋迄今几及二百家附以闺秀方外厘为一十六卷。……"嘉庆丙寅年,冯金伯小假回故乡南汇,以此诗钞视于友人四峰、璧堂、秋山三君。亲友闻有此本诗选,皆踊跃解囊,鼓励冯金伯付梓。于是冯于嘉庆丁卯三月托人开雕,至腊月竣工。《海曲诗钞》收入早期诗人有南宋储泳、元代王泳、朱仲云,即合为一卷。明清两代十五卷。其中明代诗家八十一人,四卷,清代诗家为十一卷。其中以诗存人者居多。以人存诗者亦间有之。"……不敢谓搜罗既尽。取去悉当。聊葺一隅之诗。以备轺轩之采尔。……"

《海曲诗钞》在编竣之际,"……诸相好又各以诗稿寄示。计得七十余家。细心披览。或以古澹为上乘。或以沈著为三昧。或以雄浑为神枢。或以蕴藉为堂奥。纵横奇正。不一其体。珂珺圭璧。不一其形要。皆得温柔敦厚之意。无愁苦嗟叹之音。此固诸君子恪守乡先辈流风余韵。……"于是,冯金伯在嘉庆戊辰年又编纂了《海曲诗钞二集》。《二集》收诗家八十九人,六卷。较著名诗家有吴省兰、顾镛、姚伯骥、祝文澜等。

冯金伯编纂《海曲诗钞》《海曲诗钞二集》后,历经百年,国难、兵灾频繁。乡人恐前人遗著日久散佚,于是由学人黄协埙主持编纂《海曲诗钞三集》。

《海曲诗钞三集》12 卷 4 册。黄协埙编,民国七年(1918)国光书局排印。线装,书高 27 厘米,宽 15 厘米。开本,高 19.3 厘米,半页宽 13.3 厘米,双线框,单鱼尾,黑口。半页 13 行,满行 33 字,收诗人 361 家。《海曲诗钞》所收录的地域范围为南汇县全境,当时的南汇县包括 1949 年 10 月以前的川沙县全境。

黄协埙在《自序》中说道:"南邑夙称海滨邹鲁,家诗书而弦诵,文教盖甲于东南焉。自嘉庆初元,墨香冯氏选刊《海曲诗钞》后,阅百余载无踵行者。中更丧乱,向之觥觥大集半化劫灰。即仅有存者或子孙不善保存,渐至尘封蠹食。续选之举,子其毋辞,仆当任蒐采之役。不佞虽不敢自谓可与言诗,然累世侨寄此邦,熟闻数十年前风雅之盛,而并世诸师友平日又多赓唱迭和,觞咏流连。爰诺其请,相与网罗散佚,择其尤雅者编为诗钞三集。体例一遵冯选,篇什亦无甚差池。是役也,经始于乙卯孟夏,告藏于丁巳仲冬。蒐集至三百余家,分卷为一十有二,各于姓氏里居下节录序跋题词或撰诗话以表张之,犹冯志也。其与冯选异者,附采名宦寓公诸诗于后,并以铅锡易枣梨。编辑既竣,则举冯氏初二集合付手民,我固不敢袭迂谬之谈,劝少年子弟之趋时者,舍欧西蟹行书,一意从事吟咏,亦睢曰诗教之盛衰关于风俗淳否。莘莘学子毋徒务致通显立功名,而将我数百年先哲之流风余韵一切尘芥视之也。"

黄协埙把诗歌与民风之淳朴联系在一起,一地文风之盛,其民风自可清,这也是他续编诗钞的目的之一。此诗集的刊印流传也得到了里中贤士大夫的资助,共得洋 978 圆。捐资人名单附于书末。黄协埙也十分重视闺秀和僧人的诗作,收录 22 位闺秀和 5 位僧人的诗歌。

　　《海典诗钞三集》编辑完成后,文人雅士在南汇县城香光楼举行"祭诗会",到会者 31 人,约而未到者 28 人。到会者又吟咏创作几十首诗。这些诗以《香光楼同人唱和诗》附录在《海曲诗钞三集》末。有关香光楼雅集盛况,由顾忠宣撰成《香光楼祭南邑诗人记》,也附于《海曲诗钞三集》。

鹤窠村人初稿

《鹤窠村人初稿》,《鹤窠村人初稿宾红阁艳体诗》一册,黄协埙(式权)著,上海国光书局戊午年(1918)秋排印出版。开本高 27 厘米,宽 15.1 厘米,纸质封面,线装。内页为双黑线框,竖版印刷。每页 13 行,每行 33 字。书名由静园居士彭仁题写。

此书为黄式权所作诗词的集稿,分为两部分,其一为鹤窠村人初稿;其二为宾红阁艳体诗。此书成稿应在光绪三十三年(1907)前,书前有当时南汇文人于邕所撰序。

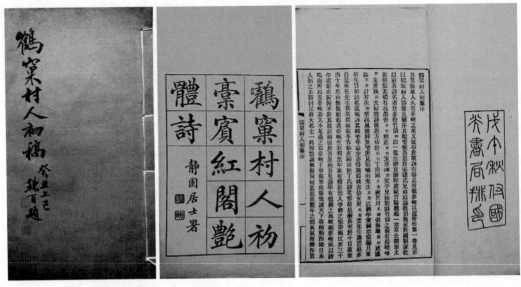

⊙《鹤窠村人初稿》封面、题词、序及版权页

于邕在序中说道:"吾里无风人久矣。梦畹之来又从事于歌咏。空谷足音哉。梦畹以近所作写一卷。见示曰。鹤窠村人诗稿。……"对于黄协埙的经历,序中如此写道,"……梦畹生石笋里。早岁有声于世。人争聘之。橐比沪江亦三十年。道穷而归。归不于其故居。而僦于吾里。殆吾里诗学有复兴之兆欤。顾梦畹夙以诗鸣。而所以重梦畹诗。又不足尽之。当梦畹主申报笔政。慷慨谈天下事。倾动四陬。……"黄的为人气节,序中例举,"……日本人招之去。称曰。江苏大名士。一时声价诚无与伦。何意。近在数年之间。风气炱变。作放诞之说。目为豪杰造颠倒之论。自诩英流。梦畹思以一人力抗制。其间持之者亦有年。终以世衰道微。孤不敌群。甚有恨之至。欲得而甘心者。兹梦畹所以穷也。虽然其穷自穷也。假使梦畹能稍贬志。则今日犹故日。何至于此。然而梦畹卒不肯略。……梦畹以重伦斥邪正世端本之道与今日天下争其志。……"至于黄氏之诗,于邕给予很高的评价,"……且夫诗非无济物也。将以激人之善心。创人之佚志于重伦斥邪。正本端世之道……梦畹诗颇讲家数而运之以性灵。济之以鑪

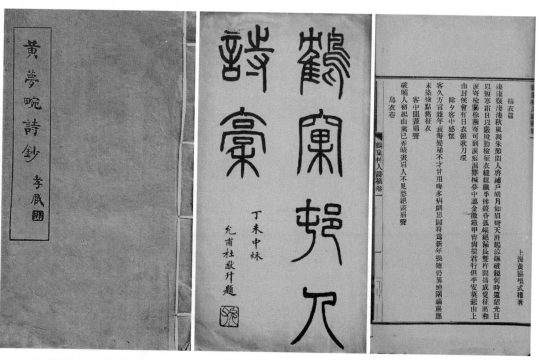

⊙《黄梦畹诗钞》封面、题词及内页

火。模拟而不见其迹。感事伤时时亦有焦桐。爨下之音而尊君亲上之忱。乐道安贫之意常流露行间。""……至于柔情旖旎之篇。尤梦畹所夙擅。而今已寥寥矣。""里子弟而能是也。因诗以求志。学梦畹诗而并学其人。不亦伟欤。"这最后一句可见于邑对于黄式权的诗格人品颇为推崇。

集中有些诗多显式权诗及人之风格，如《别内》："才说将离泪似澜/怕伤心绪强为欢/飘零书剑归何日/贫贱夫妻别更难/漫折柳丝萦懊恼/早传竹素报平安/天涯芳草无情碧/莫便登楼几度看"。又如《辑宾红阁艳体诗成自题二律于后》："春风吹雪白盈颠/渐觉邱迟锦不鲜/偶吐笔花传绮恨/间排筝柱数华年/樱桃写影屏山曲/豆蔻缄愁镜月圆/任住佛桑香世界/岂因啼鸟破清禅　自拨铜弦唱六幺/无聊情绪可怜宵/冷招碧月辞银汉/碎翦晴霞织绛绡/留枕未明甄后怨/投梭曾拒谢郎挑/从今骑蝶花天去/浣破春衣粉不消"。

另有《黄梦畹诗钞》，全书包括鹤窠村人诗稿 8 卷，宾红阁乐府 1 卷，据校勘记，推定为 1930 年刊本。

黄炎培（1878—1965），字楚南(一作号)，后改韧之，一作讱之，又改任之，别号观我生，笔名抱一。川沙镇(今浦东新区)人，早年父母双亡，随外祖父发蒙。1899年在松江府以第一名中秀才，1901年入南洋公学，选读外文科，受知于中文总教习蔡元培。1905年参加同盟会。先后创办和主持广明小学、师范讲习所和浦东中学等。辛亥革命后任江苏都督府民政司总务科长兼教育科长，后任江苏省教育司长，规划建设省立高、中等学校和县立小学。1913年发表《学校教育采用实用主义之商榷》，提倡教育与学生生活、学校与社会实际相联系。以《申报》记者身份在安徽、江西、浙江、山东、北京、天津等地考察。随中国游美实业团体在美国考察，尤注重美国职业教育。先后赴日本、菲律宾、南洋和英国等国家和地区考察，考察均有记录，并结集出版。1917年在上海发起成立中华职业教育社，任理事长。次年创建中华职业学校。1921年被委任教育总长，未就职。参与起草1922年学制，进行乡村建设实验和筹办东南大学、上海商科大学、厦门大学等。"九一八"事变后投入抗日救亡运动，创办《救国通讯》，宣传爱国主义。1941年与张澜等发起组织中国民主政治同盟，一度任主席。1945年又与胡厥文等发起成立中国民主建国会，同年应邀访问延安，著有《延安归来》。1946年在上海创办比乐中学，探索兼顾升学和就业双重准备的普通中学。1949年出席中国人民政治协商会议第一届全体会议。建国后任中央人民政府委员，政务院副总理兼轻工业部部长，全国人民代表大会常务委员会副委员长，政协全国委员会副主席，中国民主建国会主任委员等职。

考察日本斐律宾教育团纪实

　　《考察日本斐律宾教育团纪实》,黄炎培、陈宝泉、韩振华、张渲、郭秉文、蒋维乔同著,商务印书馆印刷发行,民国六年(1917)九月初版,不知印数,每册定价大洋7角。封面由颜昌峣题签。版权页上方印商务版"教育丛书"广告。发行者商务印书馆,是机构而非个人,这是商务早期版权页的格式,因第一个发行人王云五,是到1921年才经胡适推荐出任商务印书馆编译所所长,之后担任总经理的。

　　书前有袁希涛写于1917年6月的《缘起》:"向者黄君任之。赴美国巴拿马博览会。乘便考察教育。于会中见斐律宾教育成绩。大为惊异。盖斐律宾者。昔为西班牙属地。其教育事业。绝少建设。自隶属美国后不及二十年。而教育发展。一日千里。为东亚新进之少年。是果由何道而致此。非亲履其地。周览博考。殆莫能历历道之也。黄君归国。乃倡考察斐律宾教育之议。余韪之。然窃意我国教育制度。向多取法日本。欲更取美国方法移植我国。容有未尽适当者。故不若以日本斐律宾合观而比较之。乃有所折衷而节取。且考察教育。尤以身任学校事业者。为亲切有味。易收直接设施之效。于是乃有京宁鄂高等师范职员亲往考察之动议。黄君为倡议者。固欣然愿同行。蒋君竹庄愿加入。而考察日本斐

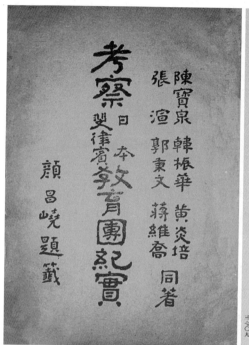

⊙《考察日本、斐律宾教育团纪实》1917 年初版封面、版权页及照片

律宾教育团。遂组织以成。团员为北京高师陈君筱庄、韩君诵裳、武昌高师张君绶青、南京高师郭君鸿声以及黄君蒋君六人。于今岁一月。集合上海。八日出发。先至日本。后至斐律宾。三月九日归国。考察之期。凡二阅月也。诸君归后既于京津宁沪交通便利之处。开会演说。诏告国人。并分任撰述文字。而以蒋君竹庄总其成。名曰考察日本斐律宾教育团纪实。书中于教育行政、职业教育、师范教育、社会教育。皆详言之。所附图表。尤朗若列眉。以二阅月短促时间。而有此成绩。诸君之勤既可佩。而得此以供我国教育家之研究。其功尤不可没也。将付刊时。诸君以余始终预闻其事。嘱叙其缘起。余不敢辞。乃援笔而述之。"

写《缘起》的袁希涛,是清末民初的教育家,上海宝山人,曾应北京政府教育总长蔡元培之邀,任教育部普通教育司司长,后任教育部次长,以次长代理部务,1919 年代理教育总长后辞职。

全书 249 页,内收《考察教育团团员摄影》《考察行程图》《教育部函电》《考察教育机关一览表》《游程日记》《斐律宾之概况》《斐律宾之教育行政》《日本及斐律宾之师范教育》《斐律宾学校之编制教授训练》《日本之军国民教育》《斐律宾之体育》《日本及斐律宾之职业教育》《斐律宾之农业教育》《斐律宾之工业教育》《斐律宾之商业教育》《日本及斐律宾之社会教育》《华侨教育》《对于斐律宾华侨教育意见书》和《名人谈话》。附录:《斐律宾嘉年华会记》和《斐律宾百震亭瀑布游记》。其中《游程日记》和《日本及斐律宾之职业教育》由黄炎培所撰。

东南洋之新教育·前编日本

　　《东南洋之新教育·前编日本》,书名肩题是《黄炎培考察教育日记第四集》,黄炎培编纂,商务印书馆印刷发行,民国七年(1918)六月初版,不知印数,每册定价大洋7角。

　　书前有编纂者写的《弁言》,4页,其中说道:"记者既写东南洋之新教育讫。欲乘读者诸君未读吾记之先。撮其要点以告。而先贡三言曰。一、此所谓日本斐律宾之新教育。为中华民国七年一二月间之教育。读者应注意于其时。二、此所记载与所评论。乃直抒记者个人之所见。他人有异同。弗问也。三、考察限于时与地。凡所记载与所评论。究有当于其真相否。所不敢知。但以忠实之心写吾所接触所感发而已。记者所认为要点如次。一、日本之教育。殆可以军国民教育代表之利用古来武士道之遗风。其国势上政体上易于统一之优点。以军国民主义为其骨干,萨满教一切设施。万变不离其宗。试本此以观察。随在可得其证佐也。……斐律宾之政治组织。大都本于美人所极意提倡之增进效能主义。观其各机关设置之分合。与其内部支配之灵活。凡立一部。设一员。全应于其时其事之需要。而不凭乎理论。斯为之组织。而教育制度其一也。斐律宾之教育。以扶助其独立为政策。故励行职业教育。将发达其生计。以植独立之基础。……"

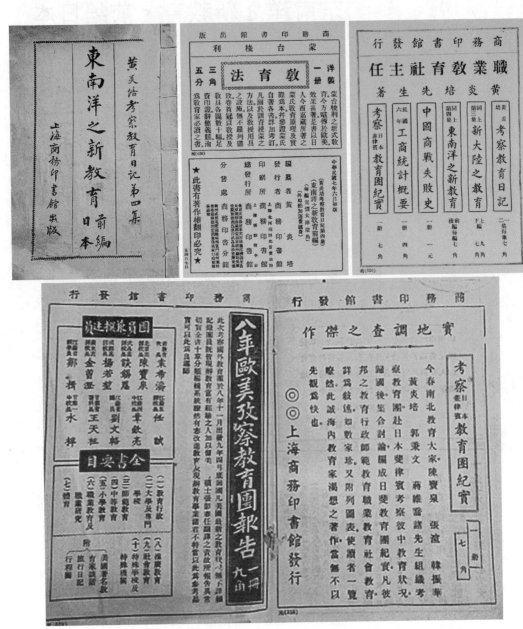

⊙《东南洋之新教育·前编日本》1918年初版封面、版权页及书目广告

　　全书 179 页,收文 38 篇,如《日本航海事业》《三高师学级表》《上田万年氏之言》《商店之陈列法》《大相扑》《西川顺之氏谈》《东京高等工业学校》《千叶女子师范学校》《大阪育英学校》《游金阁寺诗》和《长崎》等。

　　版权页后有邳县刘仁航撰《乐天却病法》的书目广告。之后还有职业教育社主任黄炎培先生著作书目 6 种:《考察教育日记》《新大陆之教育》《东南洋之新教育》《中国商战失败史》《工商统计概要》和《考察日本斐律宾教育团纪实》。

同游者东京摄影

⊙ 书中照片

东南洋之新教育·后编斐律宾

《东南洋之新教育·后编斐律宾》，书名肩题是《黄炎培考察教育日记第四集》，黄炎培编纂，商务印书馆印刷发行，民国七年（1918）八月初版，不知印数，每册定价大洋7角。版权页上方印"职业教育丛书"第一集"工业之部"书目5种，如《金木工及玻璃细工》《工作图及制造法》等。

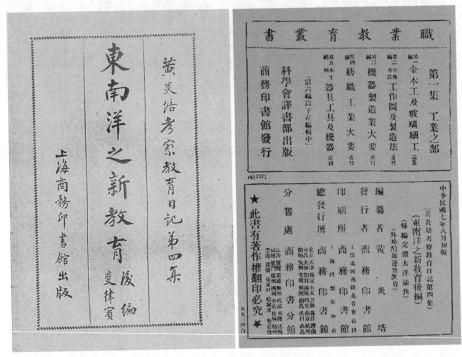

⊙《东南洋之新教育·后编斐律宾》1918 年初版封面和版权页

⊙ 版权页后图书广告二幅

⊙ 书中照片

　　全书 154 页，收文 61 篇，如《斐律宾概况》《嘉年华会》《小学分科时间表》《马尼拉中学》《华侨设学缘起》《露思班诺斯特卫生浴》《斗鸡》《斐岛风俗》《儿童感化院》《斐律宾大学》《阅书报社演说》和《侨商捐金之踊跃》等。

　　版权页后有"实地调查之杰作"的《考察日本斐律宾教育团纪实》和"研究职业教育者请读"的《新大陆之教育》两书广告。

黄炎培考察教育日记

《黄炎培考察教育日记》，黄炎培著述，商务印书馆印刷发行，笔者所见第一集和第二集，第一集封面未标明考察范围，第二集封面标明"山东直隶"。

第一集，民国三年（1914）十二月初版，不知印数，每册定价大洋 7 角。版权页上方印书目广告：朱元善编《实用主义问题》。

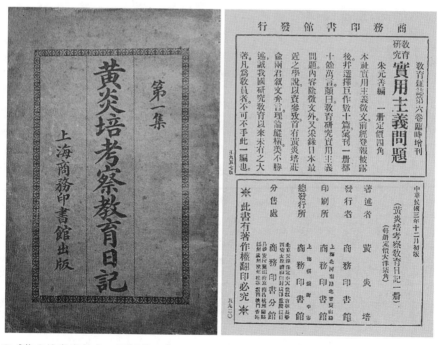

⊙《黄炎培考察教育日记》（第一集）1914 年版封面及版权页

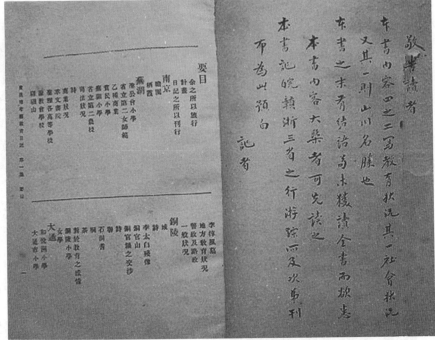

⊙《黄炎培考察教育日记》内页及照片

书前有"记者"手迹《敬告读者》："本书内容四之二写教育状况其一社会状况又其一则山川名胜也本书之末有结语苟未获读全书而欲惠本书内容大概者可先读之本书记皖赣浙三省之行游踪所及次第刊布为此预白"。

全书 219 页，收考察地 23 处：《南京》《芜湖》《铜陵》《大通》《安庆》《东流》《望江》《彭泽》《湖口》《九江》《庐山》《吴城》《南昌》《饶州》《景德镇》《屯溪》《黄山》《歙》《淳安》《严州》《桐庐》《富阳》和《杭州》。

书前有《余之所以旅行》，其中说道："余之本国旅行。积梦想者有年矣。此念之发生。盖亦有自。方庚戌辛亥间。余尝调查江苏地方教育状况。全省六十县。足迹及三之二。斯时便私自发愿遍游各省。未几而武汉义旗起。余则承乏江苏省教育行政机关二年。此二年间。未尝一日置此念也。以谓吾辈业教育。教育此国民。譬之治病。外国考察读方书也。内国考察寻病源也。方书诚不可不读。而病之所由来与其现象。不一研究。执古方治今病。执彼方治此病。病曷能已。每遇自外国留学卒业归者。辄以之相怂恿。顾鲜有能省。去岁十一月。省遣俞君子夷陈君容郭君秉文赴欧美考察教育。一年而归。余则锐以此役自任。异时彼此归来。各举所得。互相质证。以解决今兹教育上种种问题。是则余之愿望也。"

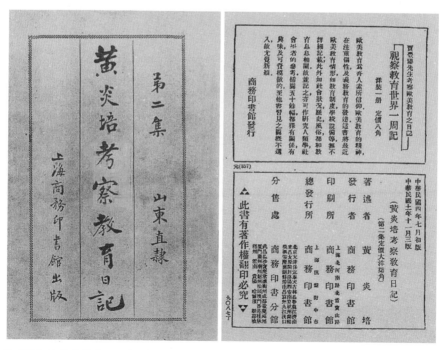

⊙《黄炎培考察教育日记》(第二集) 1922 年三版封面及版权页

书中有不少照片,其中 1 幅(见图)是著者与家人在一起的,相当珍贵。

第二集,民国十一年(1922)十一月三版,不知印数,每册定价大洋 7 角。版权页上方印书目广告:贾丰臻先生考察欧美教育之日记《视察教育世界一周记》。

书前也有"记者"手迹《敬告读者》:"本书内容略如前集但记教育现状与对于教育意见处较多若社会现状山川名胜仅占其四之一本书记山东直隶两省之行维时青岛战云已由肤寸而弥满本书所记则其时津浦胶济两线沿途状况也本书之末最此行闻见与感想括为结语如干则如前集例"。

全书 167 页,收考察地 7 处:《济南》《博山》《泰安》《曲阜》《北京》和《天津》。每处还收有若干小节,如《曲阜》内收:《泗水》《曲阜全城》《熊知事》《县立高小》《孔庙》《孔子手植桧》《杏坛》《诗礼堂》《鲁壁》《金丝堂》《乐舞生》《第二师范》《附属小学》《山东之公私经济》和《人民生活程度》等。

新大陆之教育

　　《新大陆之教育》，上编，肩题为《黄炎培考察教育日记第三集》，黄炎培著述，商务印书馆印刷发行，民国六年（1917）正月初版，不知印数，每册定价大洋 9 角。版权页上方印《余日章先生教育演说》书目广告。

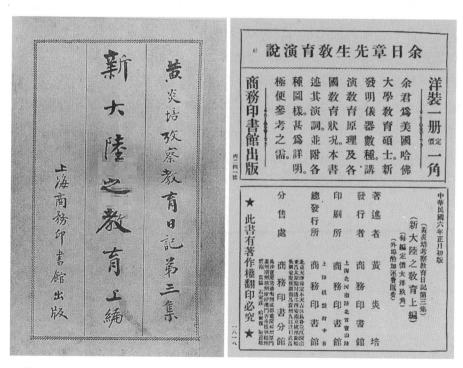

⊙《新大陆之教育》1917 年初版封面及版权页

全书 269 页,收文 170 篇,如:《游美缘起》《行程大概》《参观学校统计》《出发》《夏威夷》《演讲礼节》《耆儒傅兰雅》《斐伦家茶话》《美中小学制之变更》《泼雪腾那中学》《中学分科得失谈》《山市博览会》《公共体育场》《鲁省与纽省教育状况比较》《圣路易市》《密查里植物园》《低能儿学校》《芝加哥市立中学课程》《宰牲场》和《香槟市》等。

正文前有著者写的《游美缘起》,其中说道:"吾行之缘起。往岁归自燕齐。作考察教育日记第二集。既脱稿。忽农商部来书。谓部方组织游美实业团。欲余偕行。任笔墨之役。以余好游。又好为记。当不负此行也。得书犹豫弗决。余方从事考察内国教育。将俟既毕。续游外国。此虽好机会。如乱我理想的顺序之规定何。余所谓好机会。将藉是以观新大陆文化。与夫一切教育上设施云尔。顾又与实业团目的不类。奈何。方踌躇间。部第二书至。促行益力。则遂感而诺之。此行私拟。苟为实业团服务与被迫于团体行动外。余必尽力谋所以观教育。第不欲预定方针与事项以自画。何也。我之所欲观。未必彼之所注重。一也。彼之所注重。或亦我之所相需。而却为吾所未及预计。二也。所可言者。注重中等以下学校。而略其所为高等教育。非高等教育之不欲观也。时间有限。宁约毋滥。亦以余夙昔所研究。未或离此也。此外则彼所谓实用教育。其精神若何。其设施方法若何。其适合于我国现在时期与程度。而可以为法者何在。此则吾所急欲一觇盛况。将以其所获多少。悬为此行考绩之准者矣。……"

中国教育史要

　　《中国教育史要》,黄炎培著,商务印书馆印刷发行,笔者所见两种版本。

　　第一种,"万有文库",王云五主编,民国十九年(1930)十月初版,另见1939年12月简编印行本,均不知印数和售价。

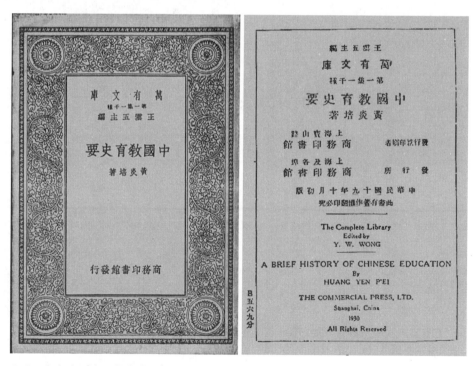

⊙ "万有文库"《中国教育史要》1930年初版封面及版权页

　　书前有著者写于 1930 年 7 月 31 日的《序言》,8 页,其中说道:"王云五先生要我写一本《中国教育小史》,最好不要过四万字,那时候是民国十七年六月。那时候,我写《朝鲜》才脱稿,笔头还余下不少勇气。教育史是我平时很想研究的,也很注意材料的,觉得这件工作,还有接受的兴趣,也许有接受的可能,足足考虑了三天。社会是整个的,就从无数社会工作中间,单提到一部分教育工作,至少也须用全社会的眼光,来看教育,讲教育。世界是整个的,就使单提到中国,单提到中国的教育,至少也须把全世界做立脚点,来看中国的教育,讲中国的教育。所以不明了全人类进化史,而单讲教育史,或一国的教育史,是万万不行的。那样一想,这种工作,简直非同小可。就要写小史,至少也须把大史写成,然后撮要录成小册子。考虑又考虑,踌躇又踌躇,鼓着最后的勇气,来干一下。……一个人围在书城里,大概七百五十个半末,只会多不会少。到如今,大小两史,都算勉强交卷。可是大史还待补充,整理和修饰一下。"

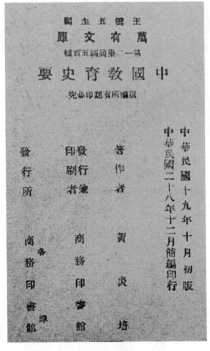

⊙ "万有文库"《中国教育史要》1939 年简编本版权页

⊙ "百科小丛书"《中国教育史要》封面

全书 160 页,收 5 章:《传统时期的教育》《德治时期的教育》《混战时期的教育》《科举时期的教育》和《欧化时期的教育》。

第二种,"百科小丛书",失版权页,据悉为 1931 年 10 月版,待查。所收内容同"万有文库"本。

这两种丛书均为王云五主编,"万有文库"第一集一千种,"百科小丛书"的数量也多达四五百种。在王云五主编的商务版"百科小丛书"前,还有王岫庐所编"百科小丛书"一二百种,1923 年 1 月至 1931 年 6 月出版。由此可见,虽署名不同,但前后两期是相连的。前期署名"王岫庐",即王云五,"岫庐"是其号。

黄炎培君调查美国教育报告

《黄炎培君调查美国教育报告》，黄炎培演讲，敦延谟笔记，北京教育部 1915 年 12 月印行。

全书 29 页，书前有教育部未标明序的《序》："黄君炎培于教育经验最富上年春间以实业团名义赴美游历曾由

⊙《黄炎培君调查美国教育报告》封面

汤前总长委托调查美国职业教育状况既职业教育与普通教育联络之方法此次来京报告经本部邀请演讲出其考察心得以为学界贡献至可佩慰吾国方思提倡职业教育以裕国民生计聆黄君所言足资观感爰将演稿付之铅印藉供海内教育家之研究　中华民国四年十二月教育部"。

美利坚之中学

　　《美利坚之中学》，黄炎培、周维城、秦之衔编辑，江苏省教育会发行，民国六年（1917）八月出版。线装，铅印版。国光书局（上海六马路吉庆坊内）印刷，沈恩孚校订。封面印"实用教育丛书第五种"。到目前为止，此丛书笔者仅见这一种。

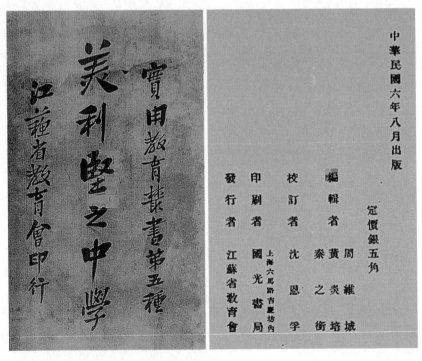

⊙《美利坚之中学》1917年版封面及版权页

书前有黄炎培写于 1917 年 5 月的《序》,文言,无标点:"前岁游美所见学校以中学为最多良以我国现制之不良无过于中学而求解决之亦惟此为独难电乃者情见势绌全国抨击之锋既集中于中学而行政当局采纳众议遂有设第二部之计划上下方虚已以求世界最良善之中学制度以为之准吾安敢不悉其所见于美利坚者以献此编之所为作也或曰脱如美制中学皆分科将与早种农工商学校奚择答之曰予非决欲采美制者第美制亦自有长处有普通科以备升学有专科以备谋生同校而多途以待学者之择一地方但立一校而已足给种种之要求则需费省利一专科设备必较完普通科与之同校有较完之设备而课业亦归切实利二世人视夫升学者与就职业者每不免上下其手而同校则尽化之利三今普通中学偏各地甲种农工商较寥寥其多寡之数恰与其需要相反既不能彼此互易以剂平惟有中学酌设职业科无甲种实业之名而备其实各校仍留一普通科以为升学者地较之特设甲称实业而又务分农或工或商认定而不得并设者不较便乎是皆有待干当局者之虚已以求也"。

全书 179 页,收文:《概论》《各省中学制》《中学行政机关》《中学视察事宜》《中学经费》《中学教授》《中学选择科制》《中学六年科制》《芝加哥市诸中学》《圣鲁易中学》《必珠卜市诸中学》《费城中学》《波士顿市诸中学》《春田实业中学》《春田商业中学》《纽约市诸中学》《克利和兰实业中学》《白飞罗实业中学》《白飞罗专门中学》《朴洛维腾专门中学》和《泼雪腾挪市诸中学》等。

南满洲朝鲜职业教育之一斑

《南满洲朝鲜职业教育之一斑》,民国十六年调查报告,黄炎培著,中华职业社民国十七年(1928)一月出版,失版权页,不知印数和售价。封面印"(附)游历满朝以后对于职业指导所几点小贡献"。

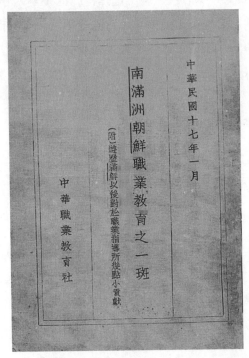

⊙《南满洲朝鲜职业教育之一斑》1928年版封面

　　书前有著者写的《弁言》："途次乘便调查职业教育,觉有下开若干特点:一、日本以全力开发地利,故实业勃兴,人才录用之途甚广,同是办理职业教育,其毕业生出路问题,殊无何等困难。二、政府对于教育,事前通盘计划,临事有监督,有指导,有补助,故人人乐尽其才能,于职分范围以内,故政无不举。三、集中的精神,系统的组织,科学化的设施,随处可见。因此种种,就职业教育言,虽无特色,而效率自高。"

实用主义小学教育法

　　《实用主义小学教育法》，杨保恒、黄炎培辑译，江苏省教育会教育研究部（上海西门外小菜场外）发行，民国三年(1914)三月出版，不知印数，每册定价5角。国光书局印刷所印刷，上海商务印书馆及各省分馆寄售。封面印"附黄炎培学校教育采用实用主义第二回商榷书"。

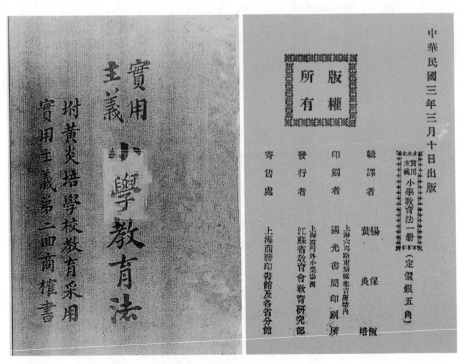

⊙《实用主义小学教育法》1914年版封面及版权页

书前有《例言》:"本书之旨在发挥小学校之实用主义。编辑大体。以日本竹原久之助所著小学校实用的设施为准据。而内容则大加损益。不事直译。以求适切于吾国今日之实用。本书所述种种方法。可依地方及学校情形而斟酌取舍,庶无背乎实用之道。本书以职务馀暇编成。如有疏误。尚祈谅恕。本书译文。曾得江阴何梅梦扬吴廷策亮卿之襄助。附此纪实。读者诸君对于本书。如有意见。请随时函告辑译人。以便再版时斟酌修改。"

全书 136 页,收文 15 章:《实用教育之必要》《实用教育所当注意之事项》《实用教育之关系事项》《实用教育与各方面之关系》《实用教育与教员之关系》《实用教育与教授之关系》《修身科之实用教育》《国文科(读法)之实用教育》《国文科(作文)之实用教育》《国文科(书法)之实用教育》《算术科之实用教育》《理科之实用教育》《技术科之实用教育》《其他教科目之实用教育》和《各种之实用的设施》。附《黄炎培学校教育采用实用主义第二回商榷书》。

学校教育采用实用主义之商榷

《学校教育采用实用主义之商榷》,黄炎培著,江苏省教育会出版,民国二年(1913)八月出版,版权页印"非卖品"以及"惠书可寄下开地址之一　江苏省行政公署教育司　上海西门外江苏省教育会"。

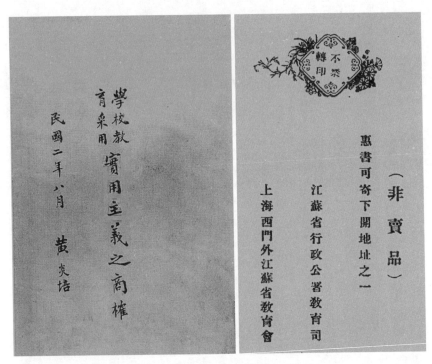

⊙《学校教育采用实用主义之商榷》1913年版封面及版权页

全书45页,书前有类似序的文字:"教育界诸君子鉴之。吾今借此短□。欲与诸君子有所商榷。间尝窃议今之学校教育。殆未尽善。教育者。教之育之。使备人生处世不可少之件而已。人不能舍此家庭。绝此社会也。则亦教之育之。俾处家庭间。社会间。于己具有自立之能力。于人能为适宜之应付而已。析言之。即所谓德育者。宜归于实践。所谓体育者。求便于运用。而所谓智育。其初步一遵小学校令之规定。授以生活所必需之普通知识技能而已。乃观今之学子。往往受学校教育之岁月愈深。其厌苦家庭鄙薄社会之思想愈烈。捍格之情状亦愈著。而其在家庭社会间。所谓道德身体技能知识。所得于学校教育。堪以实地运用处。亦殊碌碌无以自见。即以知识论。惯作论说文字。而于通常之存问书函。意或弗能达也。能举拿破仑华盛顿之名。而亲友间之互相称谓。弗能笔诸书也。习算术及诸等矣。权度在前。弗能用也。习理科略知植物科名矣。而庭除之草。不辨其为何草也。家具之材。不辨其为何木也。此共著之现状。固职教育者所莫能为讳者。然则所学果何所用。而所谓生活必需者。或且在彼不在此耶。"

以笔者见,此乃"学以致胜"之论,不管何朝何代,皆为至理名言。

中国职业教育三十年来大事表

《中国职业教育三十年来大事表》，黄炎培等著，中华职业教育社发行，民国三十六年（1947）五月出版，不知印数和售价。封面除印书名外，还印"中华职业教育社三十周年宣言"和"中华职业教育社三十年简史"。封底印总经售处：国讯书店，上海雁荡路八十号。

所谓"三十年"，是从民国六年（1917）五月至民国三十六年（1947）四月。

书前有中华职业教育社黄炎培、孙运仁、麦伯祥三人署名的《弁言》："职业教育，在过去三十年间，进步可云甚微，然因经过世界两次大战，与中国八年抗日苦战，物质的毁坏，民生的凋残。愈感到今后教育方针，万不该忽略到这一点。同时人类思潮的演变，觉悟到多数人的苦痛，往往成于少数人专断的行为，于是基于人道主义的呼吁，和民主主义的要求，重新提出政治方针，将生活不虞匮乏的保证，列作国际间公共信条之一；于是人民职业，不仅仅看做个人或家庭生计关系，而扩展做民主政治执行人的重要课题与现代化国家的公民基本自由权利。从此，职业教育的意义更辉煌了。职业教育者的使命更庄严了，更伟大了。世界是整个的，社会是整个的。国与世界不可分，教育与政治不可分，这些大原则，早给眼前种种事实，予以有力证明。职业教育，当然更无孤立的可能。

因此制成本表,分列一般教育,国内大事与世界大事于职业教育之下,断自民国六年五月中华职业教育社之成立,而冠以期前概况。这三十年事迹,横里可以看出演进速度,直里可以看出因果关系。可以检讨过去,还可以策勉将来,如有疏舛,希望读者教正。"

全书 12 页,收文 8 篇:《抗战八年中之艰苦奋斗》《复员以来之总社》《留守西南之洁具川渝三处》《建基上海之中华工商专科学校》《复兴中之中华职业学校》《新创办之比乐中学》《中华职业补习学校》和《上海职业指导所》。

书末有《本社之事业》多项:甲,本社直属事业(四川办事处、云南办事处、重庆办事处、中华工商专科学校、中华职业学校、比乐中学、上海职业指导所、上海中华职业补习学校、职业教育研究所);乙,本社代办事业(中国标准铅笔厂补习学校、重庆大成大明纺织厂员工福利区、昆明布业公会商业补习学校);丙,本社合作事业(重庆中华职业学校、四川都江职业学校、上海中华业余图书馆)。

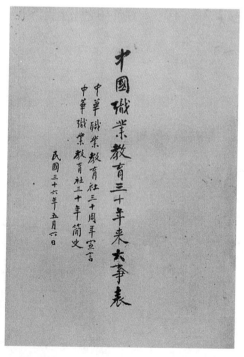

⊙《中国职业教育三十年来大事表》1947 年
版封面

促成中国自力生存的"九一八"

　　《促成中国自力生存的"九一八"》，黄炎培演讲，中华职业学校印行，1934年9月版，无版权页。有照片多幅。

　　正文前印：《促成中国自力生存的"九一八"》（《团结》《生产》《国防》《铁的纪律》《金的人格》），最后署"二十三年九月十八日黄任之先生讲"。

　　收文两篇：《"九一八"之经过》和《德国人在国难中的生活》。

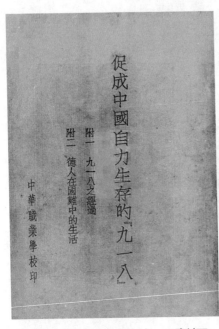

⊙《促成中国自力生存的"九一八"》封面

《促成中国自力生存的"九一八"》照片

民国元年工商统计概要

《民国元年工商统计概要》，黄炎培著，商务印书馆印刷发行，印刷人鲍咸昌，发行人印有模，民国四年（1915）四月初版，不知印数，每册定价大洋4角。此书属商务印书馆前期的出版物，还是创办人"鲍咸昌时代"。

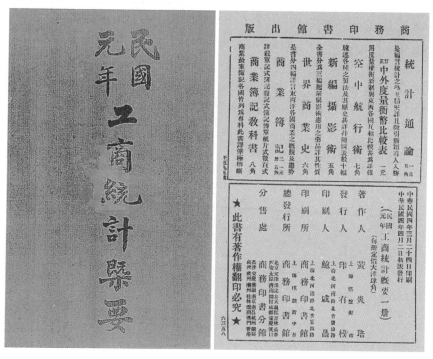

⊙《民国元年工商统计概要》1915年初版封面及版权页

版权页上方印商务版图书书目，其中有《统计通论》《空中航行术》《新编摄影术》《世界商业史》等。

书前有未标明前言或序的文字："三年十月。至京师。吾友农商部参事秦君瑞玠以第一次农商统计表上卷见赠。且诏余曰。子读之。宜有所言。余曰诺。出都南下。海舟遇风。泊之罘成山间一昼夜。倚舷枯坐。意无聊赖。出此册遍读之。钩决微芒。斠别盈朒。时为之喜。时为之惧。要之我国民经济界消息。跃然于十数亚刺伯数目字间矣。我国统计。句萌初出。为之良困。读者犹稀。余幼好此。而未尝学。披览是表。有所感发。不敢自秘。笔而记之。以示未获读是表者。俾唤起其喜且惧之同情。且冀曾读是表者。各抒其所见以相贺。且是正之也。统计之本。系乎调查。今兹吾国。人才大难。机关弗备。以支准确。盖有难言。矧其为事。至纷且赜。纵横排比。动见匠心。敬缺精研。易滋乖错。余于斯表。读焉而已。匪欲有所评也。此农商统计表上卷者。实工商统计表也。所谓第一次。则中华民国元年度而三年印行者也。"

全书 95 页，收《工业门》《商业门》和《矿业门》三部分。每部分内收若干文，如《工业门》收：《工厂数》《工厂创立年期》《职工数》《工厂种类》《各省工厂种类》和《中央院部直辖工厂》等等。

南洋华侨史

　　《南洋华侨史》，李长傅著，黄炎培等校正，国立暨南大学南洋文化事业部出版发行，民国十八年（1929）六月初版，不知印数，每册定价大洋4角。大东书局印刷所印刷。封面由郑洪年题署。上方印"南洋丛书第四种"，左侧印作者赠黄炎培（抱一）的题字。

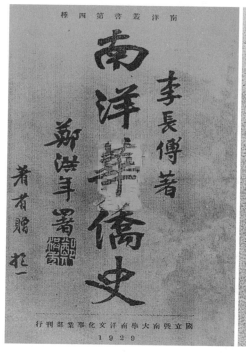

⊙《南洋华侨史》1929年初版封面及版权页

书前有《柳序》(镇江柳诒徵)、《黄序》(黄炎培)和《顾序》(顾因明)。

《黄序》写于 1928 年 9 月 21 日,4 页,其中说道:"民国六年春,始游斐律宾,同年五月,有新加坡,马来半岛,槟榔屿,苏门答腊,爪哇之游,八年春,有安南,马来半岛,苏门答腊,缅甸之游,十年春,有斐律宾,暹罗,马来半岛,苏门答腊之游,自此'南洋'之名,入余脑海,日缭绕不去。重以筹复暨南学校,数与侨南人士接,粗知其繁荣所由来,与受病现状,思笔之于书,人事卒卒,未克就,然心至今耿耿也。章太炎尝为湘乡易本羲序《南洋华侨志》,称其拓迹史传,于诸国形势风教及与中夏交关之事,略得梗概,亟旁求之,乃知易于书成年馀,病肺遂止,书印于日本,去今二十年,存否不可考矣。近于暨南《南洋研究》杂志,屡读李君长傅文,心仪之,渴欲特色其人,李君乃以吾友天放为介,见示所为《南洋华侨史》,而索为序,有心哉李君也。……"

中国商战失败史

　　《中国商战失败史》，黄炎培、庞淞编纂，沈恩孚审订，商务印书馆印刷发行，民国六年(1917)五月初版，不知印数，每册定价大洋1元。封面另印："中国四十年海关商务统计图表"，把其置于封面，可见其重要性。版权页上方印徐宗稚、周葆銮译《世界商业史》书目广告。

⊙《中国商战失败史》1917年初版封面及版权页

　　书前有黄炎培 1916 年 11 月所撰《自序》："往岁偕农工商界同志组织实业团。为新大陆之游。既定计。颇欲稍稍调查国际贸易之历史。与其现况。以为之备。案头历年海关册不全。则四出乞借。纵横披览。憾其端绪繁复。辄思着手纂辑。昔之比事乎此者。就所及见。若归安钱氏青浦沈氏南通张氏。顾不数年迹陈矣。关册译汉自清光绪二年始。迄于往岁。恰四十年。以谓可从而断之也。行期既迫。乃略定程式。标义例。以属庞生淞。庞生肄业南京高等师范学校。而毕业于浦东中学校者。能综核。锐于思而果于力。耗两年暑期休假之光阴。稿成。相与反复商榷增损。以示沈君信卿。匄其审订。君曰是非无所值者。盍印以行也。遂取抽象之义。名之曰中国商战失败史。更从而诠之。具体立名。以为之副。曰中国四十年海关商务统计图表。凡为图三表五十四。表尾白其余幅。苟有心者。岁录其数。更十年虽名五十年海关商务统计图表可也。所冀者更十年而商况一变。相与致病夫抽象名之不复可用。则吾中华其有豸矣夫。"

　　后有编者的《凡例》,其中说道："关册译汉自光绪二年始。二年以前之商业状况无可考。本表之辑。断自光绪二年迄民国四年。凡四十年。"

朝鲜

　　《朝鲜》，黄炎培著，商务印书馆印刷发行，民国十八年(1929)九月初版，不知印数和售价。

　　书前有著者写于 1928 年 5 月 31 日的《开卷语》，2页，其中说道："本书以今年三月脱稿，不两月而济南惨案作，益感本书有贡献于吾国人之必要。日本对大陆之野心，至神功皇后而一现；至丰臣秀吉而再现；而皆取道朝鲜。明治初年，征韩论蜂起。末年大功始成，而日人不以

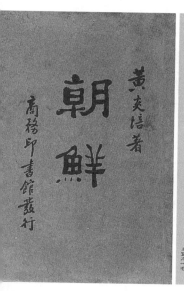

影小者著

《朝鲜》1929 年初版封面、版权页及作者照片

为成功也,志不尽在朝鲜也。一九一四年,乘欧战之机,攫取德所占青岛,胶济而有之,志不限于青岛、胶济也。水尽渤海,陆尽满洲、蒙古,骎骎乎且并黄河流域而括诸囊中,狠矣哉;山东其外缘也,朝鲜则其起点也。故诚欲研究日本大陆侵略史者,不可不首研朝鲜。"

全书 360 页,收 5 章:《序言》《天然的朝鲜》《过去的朝鲜及朝鲜人》《现在的朝鲜》和《现在的朝鲜人》。每章再分若干节,每节再分小节,以甲乙丙丁……分之,条理清晰。附章是《朝鲜之中华侨民》《朝鲜参考图书一览》,另收插图 28 幅,正文中插图 27 幅。

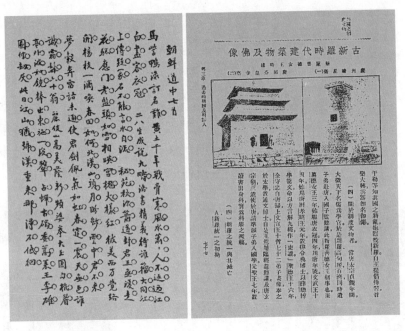

⊙《朝鲜》内页及插图

一岁之广州市

《一岁之广州市》，黄炎培编纂，商务印书馆印刷发行，民国十一年(1922)五月初版，不知印数，每册定价大洋4角。版权页上方印书目广告：贾丰臻先生考察欧美教育之日记《视察教育世界一周记》。另有1922年8月再版，1926年2月三版和1927年8月四版，皆未见。

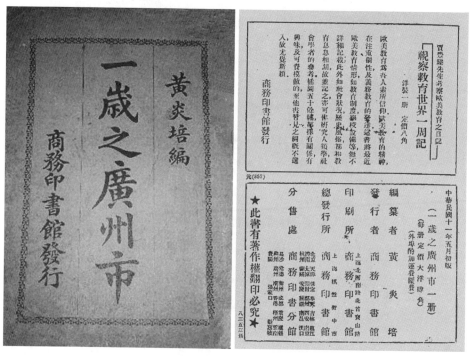

⊙《一岁之广州市》1922年初版封面及版权页

　　书前有《一岁之广州市》的广告词:"广州市政自十年改革为委员会制后一切锐进是书为黄炎培先生代表江苏省教育会加入全国教育联合会在广东开会时实地调查之记载留心地方自治者不可不阅　一册定价四角　上海商务印书馆发行"。

　　另有"记者"写的《敬告读〈一岁之广州市〉者》,其中说道:"依吾人旧有之法律常识,不言自治则已,一言自治,若非有议会不可者,顾广州市现制则无议会之自治也。读者或将惊为创举,顾广东当局覆省议会文,盛述欧美先例,由议会变为委员制,甚且变为经理制。广州市犹是所谓委员制耳。余愧未获调查欧美自治。诚如彼言,欧美以不得已之故,舍其向行之议会制而从事变革,而就吾国各

第七届全国教育联合会代表公祭黄花岗摄影

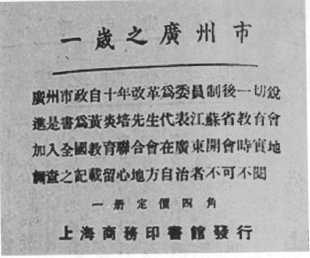

⊙ 书中照片及广告词

地自治经过情形，得谓无变革之必要乎？然则吾人正宜以极空洞极平直之思想研究此题。而吾书固愿以供诸君极空洞极平实的研究之资料者也。……"

全书119页，收12章：《市沿革》《市制度》《市组织及人物》《市行政委员会》《市财政》《市工务》《市公安》《市卫生》《市公园》《市教育》《市参事会》和《市审计》。附章是《汕头市》。

机关管理一得

　　《机关管理一得》，黄炎培著，商务印书馆印刷发行，笔者所见两种版本。

　　第一种，发行人王云五，民国三十二年(1943)五月初版(重庆)，不知印数，每册定价国币 1 元。封面由黄炎培自题。

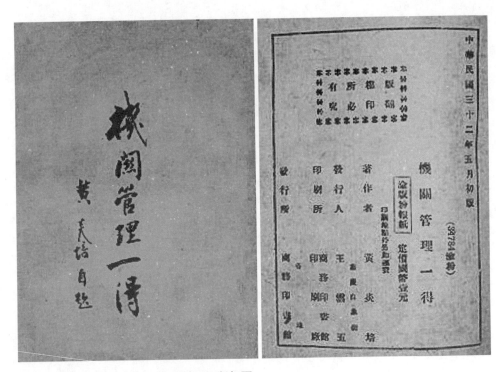

⊙《机关管理一得》1943 年初版封面及版权页

全书 101 页，书前有著者写于 1944 年 12 月的《再版卷头语》："《机关管理一得》出版后，时时被邀演讲问题，限于时间，只能为撮要之讲述。自觉我所为撮要语，有一并贡献给读本书诸君之必要。因录如下：机关管理，必须（一）有定职、有定位、有定时、有定量、有定式、有定程。（二）没有一事、一物、一人、一地、没人管理。（三）也不许有同事、同物、同人、同地、由同地位二人以上管理。（四）二人以上，对同一事、同一物、同一人、同一地，惟有就时间来划分管理。（五）若同一时间，惟有就空间来划分管理。（六）对人重于对事。精神控制、重于时间、空间一切控制。（七）看大环境重于小环境。所谓大环境，特别注意于——一般的生活，共同的义务。（八）修己重于治人。本身作则，屈己为群。以此为本书再版卷头语，并就正于读者。"

封底印"重庆市图书杂志审查处安图字第四九〇号审查证"。

全书 101 页，分 18 章：《引言》、《关于事》（上）、《关于事》（中）、《关于事》（下）、《关于人》（上之上）、《关于人》（上之下）、《关于人》（中之上）、《关于人》（中之下）、《关于人》（下之上）、《关于人》（下之下）、《关于地》、《关于物》、《关于时》

⊙《机关管理一得》1946 年再版封面及版权页

中华民国三十六年二月上海三版

中华民国三十二年五月重庆初版

ⓒ7.619.761.乙藏版

★★★★★★★★★★★
★★ 有所權版 ★★
★★ 究必印翻 ★★
★★★★★★★★★★★

機關管理一得一册

定償國幣貳元

印刷地點外另加運費

發行所　商務印書館各地

印刷所　商務印書館印刷廠

發行人　朱經農　上海河南中路

著作者　黃炎培

⊙《机关管理一得》1947年三版版权页

（上）、《关于时》（下）、《关于经费》、《关于修养》、《余义》、《综解和纵论》。附录收：《我之人生观》和《一封公开的信》。每章再分若干节，如第三章《关于事》（中），内收：《效能标准》。其内再分小节：《完成》《正确》《迅速》《经济》。虽繁复，但条理相当清晰。

书末有姚维钧1943年3月12日写于"陪都"的《书后》，2页，其中说道："《机关管理一得》全书的内容，在没有脱稿以前，维钧已深深地领略了。第一次去年九月间，黄师在中华职业教育社事务管理训练班讲述时，我去听讲，并写笔记，印象很深。第二次最近整理讲稿，预备付印时，黄师的意思，觉得有许多地方需要修改和补充，于是重行口述，由我笔录，因此对本书的了解更透彻了。在此维钧不再介绍和批评，读者自能'见仁见智'。所要说的是从这本书观察黄师的为人而得到的印象。……"

写此后记《书后》的姚维钧，即黄炎培第二任妻子，祖籍安徽黟县，宣统元年（1909）生于上海南汇县周浦镇。1942年从贵阳大学文学院毕业，同年有缘结识黄炎培，二人意气相投，志同道合，同年结为夫妇。黄炎培一生出过的三部诗集中的《天长集》和《红桑》皆由姚作序，集中还收有不少黄姚唱和诗。姚是才女，擅诗文且写得一手好字。

第二种，"新中学文库"，发行人朱经农，民国三十五年（1946）十一月上海再版，不知印数，每册定价国币1元6角。另有民国三十六年（1947）二月上海三版，每册定价国币2元。1946年6月上海初版，未见。

此书内容同初版。书末增《黄炎培所著书目》21种，不妨留存：《实用主义小学教育法》（黄炎培、杨保恒合著，商务版）、《黄炎培考察教育日记》（一二集，商务版）、《新大陆之教育》（商务版）、《东南洋之新教育》（商务版）、《读第一次全国工商统计》(商务版)、《中国商战失败史》(黄炎培、庞淞合编，商务版)、《一岁之广州市》(商务版)、《朝鲜》(商务版)、《白桑》(香港国讯书店版)——(以上版毁)。《最近之五十年》(申报馆版)、《中国教育史要》(商务版)、《黄海环游记》(生活书店版)、《之东》(生活书店版)、《五六境》(生活书店版)、《断肠集》(生活书店版)、《蜀道》(开明版)、《空江集》(生活书店版)、《苞桑集》(国讯书店版)、《蜀南三种》(国讯书店版)、《抗战以来》(国讯书店版)和《天长集》(国讯书店版)。

民主化的机关管理

　　《民主化的机关管理》，黄炎培著，商务印书馆发行，1943 年 5 月重庆初版；1946 年上海先后初版和再版，1947 年 9 月上海增订第一版，定价国币 3 元 5 角。

　　该书原名《机关管理一得》。封面书名由黄炎培自题署名，并盖有 1 厘米见方的白文印，印文是："黄炎培印"。

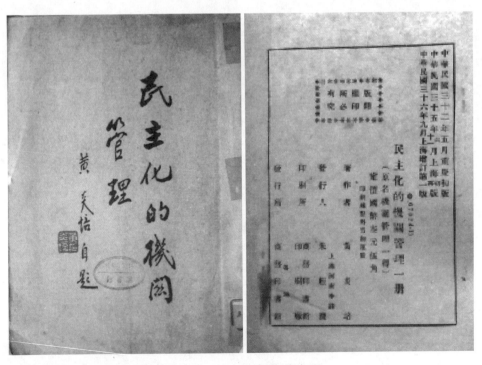

⊙《民主化的机关管理》1947 年上海增订第一版封面及版权页

全书 103 页，书前有《自序》、郭沫若和张东荪《序言》。全书 18 章：《开卷语》《引言二章》《关于事三章》《关于人六章》《关于地一章》《关于物一章》《关于时二章》《关于经费一章》和《关于修养一章》等。

在《开卷语》中，作者列出该书 10 个要点，提纲挈领，颇具新意：一、依共同的信仰，来创立或参加同一目的的工作集团，对每一工作分子，相互间承认对方的地位。尊重对方的意见。二、依共同的意思，来计划工作进行，而以协同一致的精神执行之。三、有定职、有定位、有定时、有定量、有定式、有定程。四、不使有一事、一物、一人、一地没人管理。也不使有同事、同物、同人、同地由同地位二人以上管理。五、二人以上，对同一事、同一物、同一人、同一地，惟有就时间来划分管理。若同一时间，惟有就空间来划分管理。六、不使缺乏，亦不使虚设一事、一物、一人、一地，应有尽有，应无尽无。急其所急，缓其所缓。七、对人重于对事。八、看小环境，不可忽略大环境。看大环境重于小环境。九、修己重于治人。各个修养，不如共同修养的效力更大。十、归结两句话：真理都在眼前，一诚通诸万有。

这 10 个要点的核心是重视人在管理中的作用。人是管理中的决定因素，正如郭沫若在《序言》中说："每个人都应详读这一本书，但也不是每一个人都有读这一本书的资格。任之先生声明得很清楚：'若是人生观不正确，乃至只晓得自私自利，绝不会了解这些，接受这些的。即使勉强接受，深信决不会获得许多人赞助，取得圆满效果的'。这是说，在民主化的机关管理之前，须得有民主化的自我管理。要把自我管理成为民主的战士，然后才有资格来管理机关。这层没有做到，那就是'人生观不正确'的'自私自利'之徒，即使标榜'民主化'，骗人的伪民主而已。'舍己为群'和'向大众学习'是民主的真精神，是科学的真精神。我们的少数人之所以腐化无能，就是因为自私自利，不能用众。"

对于民主的推进，黄炎培在《自序》中认为："我不担保民主一定顺利，不出岔子，但吾们已从源头上认识清楚，下手把住基本要点，怕什么？学泅水的不能怕入水，但从陆地上联系，行么？吾们下一个决心，宁使学习民主而失败，决不希图独裁而成功。"黄炎培所说的基本要点是"主办者绝对公正，一切公开，纯粹为大众谋福利，取得民众坚厚的信仰"。这些民主思想在今天仍有借鉴作用。

对于本书的出版背景，黄炎培写道："我写这本书的念头，蓄之已久，第一回民纪二十八年五月二十四日在西昌军事委员会委员长行辕讲述'治事一得'三小时。第二回同年八月二十日在重庆巴蜀学校礼堂公开演讲前后七小时。第三回二十九年五月六日、六月三十日在国防最高委员会讲述大意,每次一小时。第四回三十一年九月十四日至十月七日在中华职业教育社事务管理训练班全部讲述,改名'机关管理一得',共讲十六次,都付《国讯》发表。三十二年五月加以修正和补充,始付商务印书馆正是刊行,先后经过四版。第五回中华工商专科学校全部讲述,最近加以改造,采用今名。"

虽然这是一本专讲如何管理的职业技术类图书,但在当时却相当畅销,可见此书的魅力。

黄炎培作为著名教育家和民主人士,在民国年间出版了不少有影响的图书。在此书之末,附有"黄炎培所著书目"23 种。

一甲记

　　《一甲记》，黄炎培著，无版权页，不知何处出版与价格（估计是非卖品），出版时间印在封面上：民国二十四年（1935）三月。

　　全书仅 18 页，第一部分是"甲记"，透露了黄炎培的几种理想，相当有深意，值得留存：

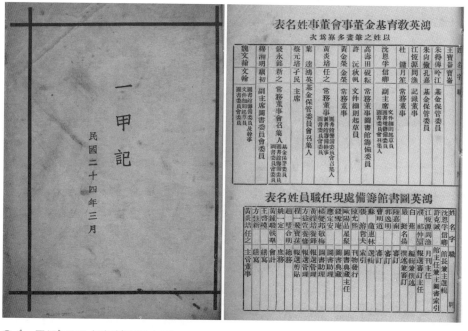

⊙《一甲记》1935 年版封面及内页

"民国纪元十三年,岁星在甲子,七月,同人议创甲子社,十一月二十五日,偕马君隽卿,史君量才,为劝息内战,留滞金陵,啜茗城北鸡鸣寺,座间,余发议:余尝怀抱几种理想:其一,人群是演进的动物。对于未来的改进,无非根据其对于过去的回忆。而当演进过程,发见急剧的变化时,则其对于过去益不胜其珍视。其二,吾人所身接之事事物物,苟不惮烦琐,一一为之别择记载,更就所记载,一一为之审订排比,汇集庋藏,循是不已,积几十百年,其所以留赠后人,于修学治事上发见之效能,必且出于当时从事诸人意料之外。其三,古今中外,专门名家,往往耗毕生精力于一种学术,苟就其所努力,分析计之,则用之于收集材料,审订排比之功,必远超过于理论之探讨与判断。苟有人焉,取所应用之材料,预为之收集,审订,排比,使学人节其大部分精力,悉用于本题之研求,必能助成进一步或数步之贡献。其四,人生最高意义,在为群服役。一群中大多数人,亦既奔逐于纷华绚烂之场,从事于"应时妙品"之制作,苟有人焉,闭户端居,以极端冷静和整饬的手脑,为人所欲为而不暇为之事,将来结果,后者之所贡献,其价值必且不下于前者,或竟超过于前者。以是,主张在甲子社设人文类辑部,从事上开工作,二君深深地表同意。马君且慨任筹费。十四年三月六日,赁屋上海静安寺路一七一七号发表通启,开始工作。此通启,同事支君伟成所草。"

这段"甲记"很重要,其实此书还有一处更为重要,是难得的史料:书末印有"鸿英教育基金董事会姓名表"和"鸿英图书馆筹备处现任职员姓名表",两份表格中董事会的表格内容分"姓名"、"字"和"职务"三栏,可以留存:王宝仑(宝仑),朱得传(吟江,基金保管委员),朱尚俭(孔嘉,基金保管委员),江恒源(问渔,记录董事),杜镛(月笙,常务董事),沈恩孚(信卿,副主席,文件细则起草员,图书馆筹备委员,图书委员会召集人),高寿田(砚耘,常务董事图书馆筹备委员),许沅(秋帆,文件细则起草员),黄金荣(常务董事),黄炎培(任之,常务董事,图书馆筹备委员会召集人,图书馆筹备干事,图书委员会委员),叶遒(鸿英,基金保管委员会召集人),蔡元培(孑民,主席),钱永新(新之,常务董事会召集人,基金保管委员,图书馆筹备委员,图书委员会委员),穆湘玥(藕初,副主席,图书委员会委员),魏文翰(文翰,图书筹备委员及干事,文件细则起草员,图书委员会委员)。

鸿英图书馆的主事者有:沈恩孚(馆长兼主述辑),许克诚(馆主任兼主图书索引),江恒源(月刊主任),濮祁(报选审订主任),欧阳品(图书典藏主任),黄炎培(主管董事)。这名单中还有一识者:白蕉,时任编辑兼职撰述。

有关"鸿英教育基金董事会"以及"鸿英图书馆"等,有一段资料可记:1933年4月3日,上海实业家叶鸿英捐款100万元,设鸿英教育基金董事会,专办图书馆和乡村教育。董事会决定人文图书馆全部图书归入鸿英教育基金董事会所拟办之鸿英图书馆。6月,人文图书馆改称鸿英图书馆,暂租屋霞飞路(今淮海中路)1413号开展工作。1942年10月鸿英图书馆正式对外开放。日本宪兵曾三次以检查抗日书刊为名,将部分图书资料劫走。1946年12月8日,因图书馆主任辞职,黄炎培则自愿以董事身份兼任,进行查阅与整理工作。据贾植芳的回忆,当年他潜居在西郊法华镇,撰写论述清王朝兴亡史的《近代中国经济社会》,是叫太太任敏到鸿英图书馆查找资料的。此书由棠棣出版社初版,其中丰富扎实的史料,主要是得益于鸿英图书馆。

七年以来之人文社

《七年以来之人文社》，黄炎培著，无版权页，在封面的书名左侧印有出版时间：民国二十一年（1932）七月，其他版权事项不清。

全书仅 14 页，只能算是一本小册子。分为略史、史料、索引、出版、图书和设备诸部分。在"索引部分"讲到

⊙《七年以来之人文社》1932 年版封面

有关杂志、副刊和报纸的索引，作为一种例子留存："现所选取之杂志及副刊，计得一百七十种。（最多时尚不止此数）。申报，新闻报，时事新报，民国日报辍种，报端均有提要。为供史料审订上之需要，从十八年一月迄十九年七月，依其要目，制成索引楷片。嗣后以史料随时分目，不复需要，乃止。杂志要目索引楷片六万零四百五十九片，日报要目索引楷片一万四千九百七十八片，统计七万五千三百七十八片。"

有关人文社，先得从甲子社说起。1924 年 7 月，黄炎培与史量才、马士杰等人发起创办专门搜集史料、编辑图书杂志索引的人文类编辑出版机构甲子社。注重收藏过去和当时的重要报刊，编制报刊要目索引，成了甲子社的一大特色。1930 年，甲子社编印出版《人文月刊》和丛书（以现代经济史料为中心），《人文月刊》从此成了全国首创的检索刊物。1931 年，甲子社第六届年会议决，把甲子社改名为人文社，设人文图书馆筹备处。1932 年计划建筑馆舍，并在第七届年会上议决：如有私人独力捐助购地建筑费及基金者，即以其人之名命名图书馆。1933 年 4 月 3 日，上海实业家叶鸿英（1861—1937）捐款 100 万元，设鸿英教育基金董事会，专办图书馆和乡村教育，蔡元培为主席，穆藕初等为副主席，黄炎培、钱新之等为常务理事。董事会决定人文图书馆全部图书归入鸿英教育基金董事会所拟办之鸿英图书馆。

《抗战以来》，黄炎培著，国讯书店（上海华龙路，重庆张家花园）发行，民国三十五年（1946）五月再版，不知印数和售价。封面由黄炎培亲署。1942 年 5 月初版，未见。

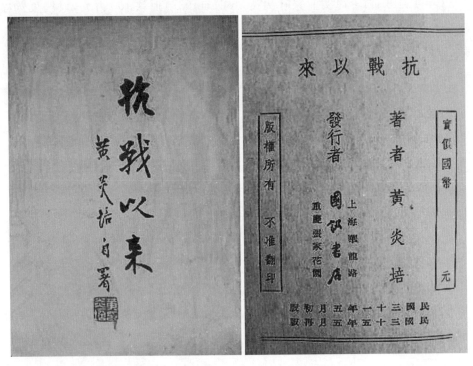

⊙《抗战以来》1946 年再版封面及版权页

书前有作者 1942 年 1 月 28 日写于渝州张园寓楼的《序》，2 页，其中说道："抗战以来，由上海而南京，而武汉，而西南诸省，迄于陪都，其间前方后方，国内国外，虽奔走不遑，对国家民族，所为稍稍自效，一舌与一笔而已。凡所笔之书者，诗则为《苞桑集》《天长集》，集长篇文与诗，则有《蜀南三种》，至所为散文，仅分见于《国讯》与其他刊物，初未尝聚以示人也。窃以为人生苟有一事一物之知，必尽记之以贻诸后人，后人以为不足存，则火之。否则珍受焉，从而掉益焉，以递贻其后人，人类社会之日进，有不以此也夫！我生无似。以先人之教诲，师友之薰育，略知天爵之贵天职之严，日以自修而自惕，丁此环宇作战空前大时代，今后全人群之大现光明，与或长坠而不能自拔，将取决于每一人之自修与自惕，因矢以勉己者进而勉夫人人，口舌之效微，则一托之文字，乃者，国讯社鉴于战时读物之奇贫，无以餍青年智欲，而试办书物出版，我则取抗战以来所为文，厚自芟汰，得三十首，而以亡妻事略附焉，以付我社印行；火诸，珍诸，将壹听诸读者……"

全书 190 页，收文 30 篇，如：《抗战以来》《抗战问答》《悼徐新六先生》《我之人生观与吾人从事职业教育之基本理论》《雷鸣远》《一封公开的信》《心》《致会理四校男女诸学友书》《从内地视察收到民众热烈爱国的事实》《我所见一百一龄马相伯先生之生平》《怎样欢迎二十九年抗战最后胜利》《我师蔡孑民先生哀悼辞》《我对于新县制之认识和努力》《说食》《我和许地山先生仅有的一席话》《国讯自白》和《我之对于中国民主政团同盟》等。

附录是《先室王纠思夫人行略》，黄炎培衔泪撰于 1940 年 12 月 22 日"夫人既殁之七日"，这是篇难得一见的文字，其中说道："夫人姓王，纠思其字。以公历一八八二年清光绪八年生于江苏省南汇县之周浦镇。父裔，号筱云，附贡生。母谢。幼读书家塾。年十八来归。时余家川沙城。先父母早逝。祖母在堂。无兄弟。有妹二。从兄弟多同居。夫人周旋其间，无违忤。……夫人至爱余所作诗文及字，余之获俪夫人，盖由先外舅睹余所作。谓此儿异日非无望故也。夫人生子女各六，而殇其三。长男方刚，治哲学，今武汉大学教授。次敬武，治经济学，服务中央银行。三万里，治水利工程，方督涪江工。四大能，治土木工学，助教复旦大学。五必信，肄业中央工业专科学校电机科。长女路，修毕金陵女子大学文科业。婿张心一。次小同，燕京大学肄业。婿王国桢。三学潮，肄业沪江大学。四素回，肄业成都树德中孚。孙男十九，海川，岷江，观鸿。孙女路舍，且圆。外孙男张孔来，王实方，王平华。夫人以民纪廿六年秋，患脑溢血，经年略愈。语余：在抗战中，苟非病者，东南西北，恣从君所之耳。廿九年十二月，在沪病复发，仅三日，家人电告以十五日下午四时殁。年五十有九。余友王君艮仲自沪来渝，十三日，谒夫人于病榻，经常坚嘱勿以病告，亲检取豆一器，手帕三寄赠，鸣呼！夫人往颖。此物以永相思，吾泪其胜搵邪！余略夫人生平既竟，痛念夫人平日恒言：君之生非为国乎！我则为君耳。今夫人一生所以助我者至矣。而我之所以报国何如者？"

中华复兴十讲

　　《中华复兴十讲》，"国讯丛书"，黄炎培著，国讯书店（重庆张家花园五十六号）发行，民国三十三年（1944）一月初版，不知印数和售价。封面书名由黄炎培自题。并印有"国讯丛书"印章标记。

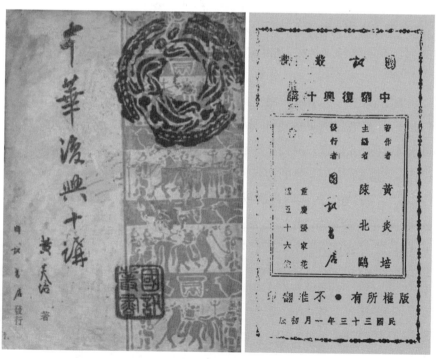

⊙《中华复兴十讲》1944年初版封面及版权页

　　书前有著者 1943 年 11 月写于重庆的《介词》(中华复兴讲座启事)："中华复兴讲座,是民国三十一年夏天在成都举行的。这十次讲稿,先陆续发表于国讯,时时有人来索单行本,最近覆阅一过,觉中外战局的变化,当时所预测,经过一年多,到今天添了不少确证。而对于抗战建国大问题,当时的主张,到今天认为更有大声疾呼的必要。因检原稿,付印单行,乞读者诸君赐教。至四川当局诸公,社会领袖诸公的鼓励,金陵大学农学院章鲁泉院长,主持讲席,听讲者罗成基先生即席记录,始终不懈,合并志谢。"

　　另有听讲员罗成基的《纪录的话》："黄炎培先生在成都设中华复兴讲座,黄先生根据长时间的准备,作有系统的演讲,计分十次。从民国三十一年六月三十日起,至七月四日止,每日晨间晚间各讲一次。每次讲两小时乃至两小时半。讲者不辞劳苦,而听者更是不怕劳苦。每次青年学生,工商界从业员,军政人员,各机关公务员,有从十里外步行来听者,几次大风雨中,听众绝不畏缩,到末讲时,主席金陵大学农学院章院长之汶,令听众填表,自述感想,加以统计,对所提方法表示完全同意者,占百分之八十一,表示愿意实行者,占百分之八十三。"

　　全书 124 页,共 10 讲,第一讲《中国当前之艰险与死里求生之可能》,第十讲《如何恢复国魂?》。封底左侧印"重庆市图书杂志审查处审查证安图字第一五〇八号"。

　　"国讯丛书",是由陈北鸥主编,重庆国讯书店出版于 1941 年 10 月至 1944 年 8 月,目前笔者所见版本 4 种,黄炎培占有 3 席:《蜀南三种》《抗战以来》和《中华复兴十讲》,另外一种是陈北鸥著《宪政基础知识》。属"国讯丛书"的《抗战以来》,是指 1942 年 5 月的初版,1946 年 5 月再版已不列入丛书。

　　以"国讯"为名的还有两种丛书,其一"国讯文艺丛书",其二"国讯学术丛书",前者笔者所见书目 6 种,后者仅见一种《近代经济学说大纲》,沈志远著,1944 年 12 月初版,可惜从未见到过版本实物。

川沙县志

《川沙县志》,川沙县修志局纂修,国光印书局印行,民国二十四年(1935)一月出版。封面由沈恩孚题签,小篆。

全书共 12 册 24 卷。第一册:卷首《图》;第二册:卷首《目次 序文 职名 例言 导言》,卷一《大事年表》,

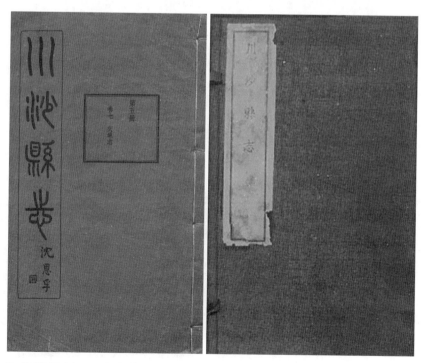

⊙《川沙县志》1935 年版封面及函套

卷二《舆地志》,卷三《户口志》;第三册:卷四《物产志》,卷五《实业志》;第四册:卷六《工程志》;第五册:卷七《交通志》;第六册:卷八《财政志》;第七册:卷九《教育志》;第八册:卷十《卫生志》,卷十一《慈善志》,卷十二《祠祀志》;第九册:

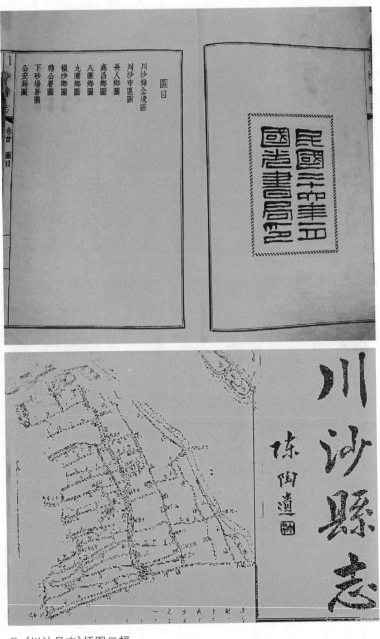

⊙《川沙县志》插图二幅

卷十三《宗教志》,卷十四《方俗志》,卷十五《艺文志》;第十册:卷十六《人物志》;第十一册:卷十七《职官志》,卷十八《选举志》(上下),卷十九《议会志》;第十二册:卷二十《司法志》,卷二十一《警务志》,卷二十二《兵防志》,卷二十三《故实志》,卷二十四《叙录》。

作为志书,内容为首,但序文是可看出志书真正水准处。此志书有序文四篇:《序文一》是吴县方鸿铠撰,《序文二》是湘潭李冷谨叙,《序文三》是川沙县县长昌平王任民序,《序文四》是邑人陆炳麟撰。而此志书最"光辉"处是《导言》,由著名学者黄炎培撰于川沙真武台连城别墅。《导言》副题是《述本志纂修经过与微旨,本县大势与略史》。在修志界,历有"黄志"之说,且成修志之一大理论。此志所以好,好就好在有黄炎培的《导言》,此《导言》之要点,即开创了今后修志的一条新路。

《导言》重要且长,不可全录,只得截取头尾,管窥见豹:

"掇拾里闻,余幼好此。长而驱驰海内外,不自量度,辄思于国于群,稍稍有

⊙《川沙县志》照片两幅

以自效,对吾乡川沙,虽尝数度服务,为教育,为教育行政,为筹备自治,类皆月计有余,年计不足,此外,仅趁岁时归省,供里老咨询。至于收辑一方文化、经济、政治、诸掌故,与夫其地,其人,其物,悉所见闻,勒为成书,垂之奕禩,匪不感发兴趣,辄复不知老至,留为后图。乃者,吾川沙父老兄弟殷勤督责,于情于义,两匪敢却,则遂窃取余闲,勉肩斯任焉。"

"炎培不学,随诸父老兄弟后,奋为此役。诚以我川沙小小之区域,短短之历史,未敢以辱当世大人君子。然犹欲稍稍试行我对于方志之主张,藉以求正有道,幸荷不弃,大加匡海,摘其谬误,绳其阙失,炎培随诸父老兄弟后,谨受教。"

卷二十四《叙录》,其中有两幅较为珍贵的照片,一为"民国二十三年一月编纂县志偕涛园摄影",二为"川沙县纂修县志完成纪念摄影 民国二十五年一月"。其中注明:陆炳麟(蘅汀)为修志局主任,黄炎培(任之)为主纂,张志鹤(伯初)为协纂。这些照片保存到如今,绝对是"文物"了,其珍贵程度可想而知。

此书存世极少,笔者曾供职的浦东新区史志办仅存一部,品相极好。据说原有两部,另一部"黄鹤飞去",不知去向。

此志书,是在20年前从一位熟悉的摊主处获知,但对方说不清是否12册,且品相不佳,从此也未再次提起。后翻阅从单位借来的《川沙县志》,才知是12册,即肯定是由黄炎培撰写《导言》的县志。后从摊主处看到了品相不佳的《川沙县志》,正是黄撰《导言》的《川沙县志》,心中窃喜,决定收下。但仔细看过,发现有几册封面破损,连题签和各卷内容的标识也失。尤其是第十二册从封面到卷二十《司法志》部分或全部破损。虽此志书存有部分缺点,价格也不菲,但笔者思考后仍坚持收进,只感到如失去这次机会,也许就再也见不到面了。

这部志书,虽非黄炎培的专著,但他在编纂过程中所起的作用,以及"黄志"的影响,故仍把此书作为"黄著"而介绍。

黄山

　　《黄山》,"中国名胜"第一种,旅行兼编辑黄炎培,旅行兼摄影吕颐寿,商务印书馆印刷发行,民国三年(1914)十一月初版,不知印数,每册定价大洋1元。

　　版权页印商务版的图书书目广告11种:《学校成绩写真》《学校游艺画》《孔林遗迹》《中国名胜》《北京宫苑名胜》《西湖名胜》《西湖风景画》《上海风景》《中国风景画》《共和人物》和《美术明信片》。

　　书前有编者写的《弁言》,其中说道:"黄山。昔徐霞客遍游海内名山独叹为观止者。六十年来。游踪几绝。余以民国三年五月自赣赴浙。道出皖南。遂登兹山。叹自来词人墨客。竭其挟声奖气之才。刻骨镂形之技实莫

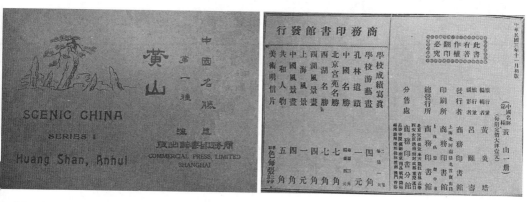

◦《黄山》1914年初版封面及版权页

能写奇妙于万一。既摄影如干片。不敢自閟。并志大略如次。藉以公诸当世好游者。欲得其详。异日请读我旅行日记。"之后分述"山之位置""山脉""山之高""余之游程"和"游客须知"。

其中"游客须知"颇有意趣:"(一)游客不宜过少。山深林密。往往数十里无人迹。行宜慎。(二)宜多携御寒衣服。袁简斋游记称五月犹拥重裘。虽不至是。然余游时。山头杜鹃尚含苞。其高寒可想。宿文殊院之夜。华氏表仅四十七度。视山下差二十度。(三)上山宜携米蔬等食料。紫云庵狮子林。供客颇不恶。再上。宜自携食料。山巅人少。百物匮乏。有时供不给求。且防僧人居奇婪索。余此行稍稍尝此味。(四)每人必携磁针。山头作云。顷刻间对面不见。路转峰回。林深菁密。无从辨识归路。非人携一磁针不可。(五)宜准备芒鞋竹杖。海马海驹。不可复得。即有之亦拘挛无趣。其况瘁且不减于徒步。杖宜竹。取轻。鞋必芒。防滑也。"

⊙《黄山》照片四幅

　　笔者曾赴黄山游了两次,如今之游,非同往昔,那时人迹稀少,如今接踵相拥;昔时无食可取,如今沿途摊店林立,不愁无食也。唯气候似乎无变,山下与山上绝然不同,不携羽绒衣,冻死无异。然游历之趣,或在人迹稀少,或食不果腹,唯此,一旦奋力至山巅,其情其乐无穷尽矣!

　　全书30页,收照片32幅:《紫云庵》《青龙潭及小补桥》《紫云峰下温泉》《紫云峰下瀑布》《慈光寺》《自慈光寺望天都峰》《天都峰绝壁》《天门坎》《迎客松与石》《松与石》《自文殊院望天都峰》《文殊院》《天都峰》《莲花峰》《莲蕊峰》《云门峰》《九龙峰》《自莲花峰绝顶望天都峰》《鳌鱼峰》《自天海望天都莲花峰》《自天海望莲花峰》《自天海望北海门》《狮子林》《狮子林前松坞》《清凉台》《自狮子林望始信峰》《始信峰》《江丽田琴台》《揽龙松》《接引松》《萝松》和《九龙瀑》。

庐山

《庐山》，"中国名胜"第二种，编辑者黄炎培、吕颐寿，商务印书馆印刷发行，民国五年(1916)五月再版，不知印数，每册定价大洋1元。1915年2月初版，未见。

版权页印商务版的图书书目广告12种：《山水扇面集》《名人书画扇面集》《索靖书出师颂》《裴将军诗卷》《兰亭绢本真迹》《怀素自叙》《昆阳城赋墨迹》《天际乌云帖真迹》《宋拓米襄阳行书》《明宝遗墨》《吴昌硕花卉画册》和《宋人花果真迹》。

书前有黄炎培写的《弁言》，其中说道："民国三年三月。余以考察教育至九江。遂游庐山。恃顽健之腰脚。芒鞋竹杖。不假篮舆。周历诸峰。穷探胜迹。欢喜赞

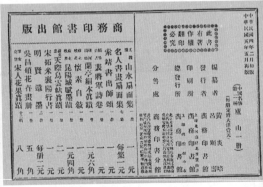

⊙《庐山》1916年再版封面及版权页

叹。莫可名状。同游吕君天洲。携摄影镜以从。欲摄其面目以公诸世。游既讫。得如干片。为题而付之珂罗印。并志大略。……二十年来。倏焉大开放。东南名胜。一旦广鲁于天下。以高人嘉遁之窟。仙灵来往之地。忽变为五洲裙履环荟杂沓之场。不可谓非庐山景物一大革命。此其故可得而言焉。当有清光绪中叶。有美国人李德立者。向庐山某秀才以银百圆购地一方。不立界址。用李名向官厅纳契税。官厅谓是华人李姓德立名

⊙ 封底商务印书馆出版标记

也。允之。既念其误。大悔。亟与交涉。无效。久之。案阁置。外国人乃续续购地。是即今日牯牛岭租界所由来也。此牯牛岭租界居留者之国凡七。英、法、德、美、意、恼威、日本。而俄则别辟地若干为界。今之游庐山者转以是地为中心矣。……志庐山者。明桑乔有庐山纪事。清吴炜有庐山志。厥后星子县令毛德琦。取两书会合增补。别成庐山志。九江市肆有出售者。图则仅于毛志得写景画如干幅。不足据。亦未见有实测者。"

全书 28 页,收照片 28 幅:《神龙洞》《娑罗树》《御碑亭》《佛手崖》《犁头尖》《三峡水》《栖贤寺》《金井》《玉渊》《秀峰寺》《万杉寺》《五爪樟》《青玉峡之一》《青玉峡之二》《鹤鸣峰及二瀑》《香炉峰》《双剑峰》《归宗寺》《金轮峰及归宗寺》《王右军洗墨池》《温泉》《五老峰》《白鹿洞》《白鹿洞书院》《白鹿洞朱文公祠》《海会寺》《三叠泉》和《牯牛岭租界》。

⊙《庐山》照片四幅

在"中国名胜"这套丛书的封底正中皆印有商务印书馆另一枚不常见的出版
标记。

泰山

《泰山》，"中国名胜"第六种，黄炎培、庄俞编纂，商务印书馆印刷发行，民国五年（1916）七月再版，不知印数，每册定价大洋1元。1915年12月初版，未见。

版权页印商务版的图书书目广告12种，同《庐山》版权页。

书前有黄炎培写的《弁言》："岁癸丑春。游黄山庐山。各摄影若干片。秋。复游泰山。战云扰扰中。未获携摄影器。既归。友人出所摄泰山影片数十。以余才洗眼云水中。所得较新且确。命为之编次。且加题焉。泰山山脉。自辽东渡海而来。其说发自清圣祖。虽意在尊满洲。然后之谈地理者。亦未有以难之。域中有五岳。

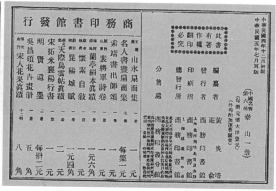

〇《泰山》1916年再版封面及版权页

⊙《泰山》照片五幅

而泰山为之长。此盖上古神权时代。天子行巡方之典。就其姜索。因其便利。指一二名山大川。为燔柴瘗玉之举。所谓因巡狩而祭告举。巡狩为主而祭从之。青兖徐扬诸州。以泰山为最高。故望祭及焉。实则论今日域中。若泰山者。正不敢谓足压倒一切。然而泰山泰山。固已深中于一般妇孺之心理。凡欲状其人或其物之尊崇有势力可倚托者。莫不资泰山为罕譬。则亦山之有幸有不幸也。论泰山。其秀不如匡庐。奇不如黄山。然而浑厚磅礴。气象万千。一时亦未有以伦比。聂剑光道里记。谓泰山结体。惟鲁颂岩岩一语。足以尽之。良信。若后石坞者。万松如海。幽秀苍寒。大足以移我情矣。其高。则明张五典以竿实测得三千六百八十三尺四寸。视庐山四千五百尺。黄山七千尺。不无逊色。泰山赖历代君主之权力。以人功制胜天然。就其正南。筑为辇道。石级层叠。稳固修平。虽摛埴冥行。可以造极。一路坊表碑碣。亭台寺观。随在足以流连憩息。登山有轿。俗名爬山虎。络索以坐客。两人舁之。横行如蟹。每上下山价一圆二角至二圆不等。山顶寒甚。中秋夜步。已御大裘。他时可想。岱庙有汉柏。有唐槐。有大殿画壁。皆稀世宝物。不可不观。敢述所经。以告读者。"

全书 28 页,收照片 32 幅:《泰山全景》《岱宗坊》《一天门》《白鹤泉》《万仙楼》《水帘洞》《经石峪》《回马岭》《御帐坪》《五大夫松》《万丈碑》《泰山道中》《远望

⊙《泰山》精装版封面

南天门》《十八盘》《南天门》《碧霞宫望云海》《玉皇顶》《泰山绝顶》《没字碑》《日观峰》《泰山顶观云海》《孙仙人》《洗鹤湾》《后石坞》《后石坞东望》《后石坞外景》《秦松》《岱庙》《岱庙表门》《岱庙大殿》《汉柏》和《唐槐》。

关于"中国名胜",笔者虽见到过不少版本,但大多平装,唯《泰山》一书还见到了精装本,封面墨绿,文字图案烫金。至于这套丛书是否都出过平装和精装,因未见所有版本,无法断定。

这套丛书总共见到过22种,除本书介绍黄炎培等编纂的《黄山》《庐山》《泰山》和《西湖》4种外,还有《普陀山》《避暑山庄》《衡山》《孔林》《虞山》《雁荡山》《天台山》《恒山》《五台山》《西山》《盘山》《大房山》《华山》《武夷山》《天目山》《云台山》《莫干山》和《劳山》。还有一种《泰山及孔子林庙》在书目中缺漏,实见23种。如果从"山"的角度看,有些"山"还够不上"中国名胜"的身价。

西湖

《西湖》，"中国名胜"第四种，黄炎培、吕颐寿编纂，商务印书馆印刷发行，民国四年(1915)十二月再版，不知印数，每册定价大洋1元。1915年4月初版，未见。

版权页印商务版的图书书目广告12种，同《庐山》版权页。

书前有黄炎培写的《弁言》："余于丙午六月尝一至西湖。同游七八人。宿孤山读书楼七日。比者。既纵览赣之庐山皖之黄山。泛新安江。顺流而东。遂至于杭。荏苒八年之间。景物一变。濒湖四望。若公园若图书馆。若南京阵亡将士祠。若陶烈士祠。若徐陈马三士墓。若鉴湖秋女祠。皆巍巍新建筑。丰碑画栋。气象万千。而

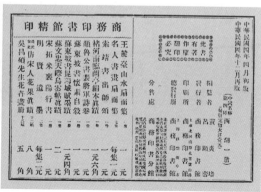

《西湖》1915年再版封面及版权页

有清功臣祠宇。与其诗歌联语之留题。虽欲求零墨残缣。而不可得。更寻所谓读书楼者。棂纱蚀雨。楹帖封尘。渺焉几不复可识矣。俛仰陈迹。结想方来。人物代兴。湖山无恙。摄而记之。敬告读者。此西湖者。乃中华民国三年五月之西湖也。"

全书28页,收照片30幅:《涌金门外》《涌金门外待渡处》《表忠观碑》《表忠观外景》《宝石山》《保俶塔》《鄂王墓门内景》《鄂王墓门外景》《白沙堤》《断桥》《断桥远望》《西泠桥》《白堤望孤山》《孤山》《林处士墓》《放鹤亭》《曲院风荷》《柳浪闻莺》《双峰插云》《苏小墓》《苏小青墓》《公园》《文澜阁之石》《三潭印月(其一)》《三潭印月(其二)》《苏堤春晓》《湖心亭》《先贤祠》《平湖秋月》和《孤山望保俶塔》。

⊙《西湖》照片四幅

白桑

《白桑》，黄炎培著，科学书店（桂林桂西路）发行，发行人宋乃公，总编辑俞颂华，民国三十二年（1943）六月初版，不知印数和售价。封面书名黄炎培自题。

书前有《序》，其中说道："我尝抱着两种志愿：一，作

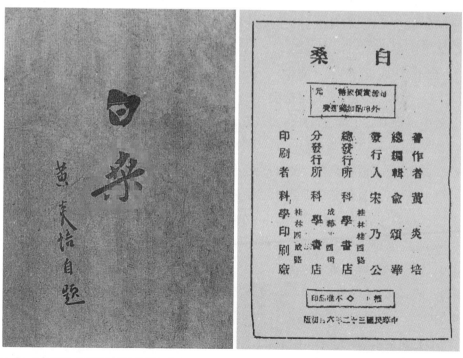

⊙《白桑》1943年初版封面及版权页

诗歌须与唱合；二，作诗歌和唱，须与话合。说到这里，我伤心了。有一侄儿今吾，名叫自，被人称为当今中国数一数二作曲家的。我尝对他说：我欢喜做诗，而不会唱。你能作曲，——他并且能诗，于古今人作品，研究得相当精熟，但不多作。——又能音乐，能唱。我们合作起来，完成这些志愿，不好么？料不到工作没有开端，他才过三十岁，便过去了。自从对日抗战以来，东西南北奔走着，积了不少见到的，听到的，和激触着的，写成几十首，几百首诗。中间却有一部分与话合的，一部分虽不相合，却打破规律而还与话相近的。本在要求人家了解，索性把这些抽出来，印成一单行本，请教。这些作品，我并没有都满意。因为除了一小部分以外，并没有都和白话合得拢来。有的，不过规律上解放些。要知道学过一些规律，回过头来学做不规律的诗，比做规律的诗，还要困难。可是不论规律的，非规律的，总得有些诗味。黄酒也好，白酒也好，总不可忘记加些酒母。到底酒虽有黄白的分别，没有酒母，不成为酒的。我常这样说：至于我所爱的，是加入酒母的酒，黄酒白酒却没有分别。我所爱的，是有诗味的诗，虽然承认非规律而合于白话的为合理，却并没有菲薄过规律的。这本小册子，不能不给它一个名字，就称做白桑，没有什么意义的，等于人们姓张，姓李，姓王赵，不一定都有意义的。"

全书88页，收《开篇·重做人三章》，分为第一类和第二类，每类各收文章若干。第一类收：《县宫叹》《留赠会理福幼幼稚园》《宜宾雨夜》《冬冬冬歌三首》《江船中》《打了三年游击》《还得努》《五十年前的今天》《通远门》《自觉了》和《思乡》。第二类收文20篇，其中有：《蜀南纪游二十九首》，最后一篇是《黄自不死》。此文少见，值得留存："黄自不死（作曲家黄自，字今吾，江苏川沙人，小字四由，既殁四年，其叔黄炎培听黄自之弟子奏黄自所为曲，哀其志。又其年之不永，因作此歌）碧海清天。波平如掌。一阵阵罡风卷起掀天恶浪。无数青年男女，在齐声高唱。吾师乎！吾师乎！无奈孤舟独桨，只留得琴声海上。海云开处，那个山顶；苍颜一叟，飘扬着国旗在手，是大中华护国老人长寿。唤出吾师小字，芳香满口。唤一声，浪回流，四由。唤两声，无低头，四由。唤三声，大中华万岁千秋，四由。"

版权页后有《黄炎培先生所著书目》，书目已存，参见《机关管理一得》篇。

苞桑集

　　《苞桑集》，黄炎培的文学作品，笔者最先见到的是《苞桑集》，久康印刷社印刷，民国二十九年（1940）十二月出版的，书无封，有扉页。扉页印书名和"抱一自题"字样，另有黄炎培赠"翰才兄"的题签。"翰才"即秦翰才，本书有介绍，在此不赘述。题签文字是："民纪卅一年十月

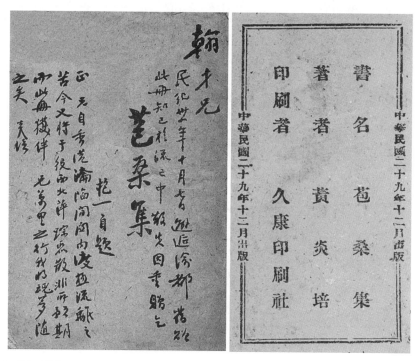

⊙《苞桑集》1940年版封面及版权页

七日邂逅渝都旧赠此册知已于流亡中散失因重赠乞正之自香港沦陷间□内渡□流遍之苦今又将于役西北萍踪聚散非所预期而此册获伴兄万里之行我将魂梦随之矣"。其中有两字难辨，只得留"□"。

书前有《序言》一篇，因土纸印刷，文字模糊，几字不清，也只好留以"□"：

"自京沪撤防，西南□转，三秋有获，□诗独丰。既两度印小册分贻友好，以当情话，岁月所积，又复成蠹。友好不绝见索，既印者早苦不给，则先后尽以付印，即总名之曰苞桑集。苞桑见于易，见于诗，易否之九五，'其亡其亡，系于苞桑'。此是古语，否卦爻辞援用之，而略其上文，致失主名。所谓其亡其亡，究指何物？意其羊乎！苞桑为将放叶之桑，羊系其上，不断得食而免□逃亡，恰象征中华垂危之国运，以天赋生活力之厚，于是焉托命，而免于灭亡，初苞之桑，尤象征新中华气象蓬勃，此余命名之微意也。诗以写所见所闻与所蓄感，正须充分发挥，而格以规律，言之小蛊，亦不畅，乃就不尽不畅中制胜，反虚入浑，余韵悠然，而欲从一般社会索解人，难矣。今所谓诗，其有前乐府，其后有词，有曲，体变而

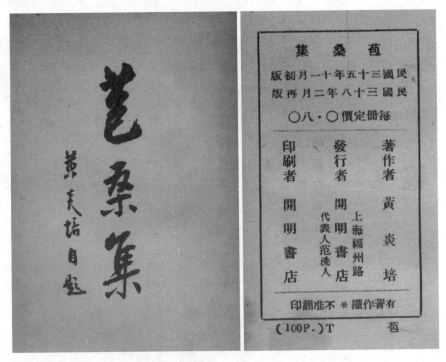

⊙《苞桑集》1949年再版封面及版权页

旨不变,窃以为规律不妨沟通,意味必求隽永。民廿八游康之宁,往返得如干首,本吾新认识而试为之,自余亦稍稍有作焉。今时何时?民犹吾民,国且不国。长日劳劳为谁乎?舍吾国其奚为?向谁致力乎?舍吾民其又奚向?服务余闲,藉□抒我所感,以示吾家诸儿女,且不尽能了,我愧□太傅多矣,而尚侈言向吾民致力乎!自六十初度,决心试写民众能读之诗,吾常有言:诗譬之酒,味所从出,乃在酒店母,或黄或白,其又奚择!不致力于母,而惟色是夸,其何足以语于诗!通俗之诗,其值自在。寄语时贤,其勿忘糁酒母。析诗之成分,一,思,二,术,三,韵。思,随年龄境遇而差。术,则其学力也。至于韵,大抵根于其人天赋,非尽可学而致。为语诸友好。思,我所欲掬以示者。术,愿有以教我,韵之有无多少,其谅我焉。民国廿九年十二月对日抗战三年又半　黄炎培渝州”

全书分 8 部,如第一部收诗 4 首:《民国廿七年一月偕张君剑知杨君卫玉舍弟朴奇自桂林之八步折之柳州将至梧州泛乎西江月在水成西江月一阕见意》《民国二十七年十月二十八日当阴历戊寅九月六日吾生及六十周岁矣写怀三首时自桂之渝次独山》和《重做人三章》《对日抗战——满江红》。题之冗长,并非优选,如以注释附后,可能更为清晰。

除“久康版”外,笔者还见到过开明书店版,民国卅五年(1946)十一月再版。纸质封面,平装。封面书名黄炎培自题。

在《自序》中,谈到了此书在付梓时的转折:民国廿七年,黄在广西曾印一小册。名“苞桑吟”。又在西江月夜写过一首西江月词。词中一句“担当家国匹夫肩。系住苞桑一线”,便取以为名。以后诗作越积越多。民国廿九年,泸州秦光银先生曾为之付印。即名《苞桑集》。这是黄炎培抗战以后第一部出版的诗集。叶圣陶见后,以为其诗尚有可存价值,于是在成都取名《苞桑集》重新排版,准备付印。后因种种原因未能出版。民国卅年,在马尼拉,黄炎培的旧友颜文初曾想重印《苞桑集》,不久菲律宾沦陷,颜文初殉国,诗集也未能付印。直到日本投降,黄炎培的诗作则积累更多了,叶圣陶和傅彬然希望黄扩大其诗的收集。于是黄炎培将抗战结束前历年的诗作,包括许多小册子收集的,经严格选剔,合成此集,总名谓《苞桑集》。诗集分为 3 卷,380 题,767 首诗词。其中最早的诗作,是作者26 岁所作的联句,诗集中诗作前后跨度达 42 年。

黄炎培自称,启蒙时读了唐诗三百首。9 岁,师出题“家在江南黄叶村”,命其演绎成四句。其得首二句:“处士家何在。江南第几村。”得到老师的褒勉。日后作诗,对句多得夸奖,从此对诗特别感觉兴趣。14 岁时,黄炎培的诗深得秦介侯师锡圭指点,告之学诗须从整饬凝链入手,命其读温飞卿、李义山一派诗。走上仕途后,黄做诗纯粹是工作之余的偶得,一有感兴,偶一为之也。待家国堪忧之时,情感涌发,无所宣泄,一齐写入诗里。黄天性爱好旅行,耳闻目睹,心所感想,也大多写进诗里。在这七百多首诗作中,古今各体咸备,且各体俱佳。黄的诗比较注重词藻,重凝炼,不主宗派,不立门户。其中沉郁顿挫一类诗作,据江恒源称:"似乎近于少陵的成分居多。而新奇飘逸一类。又似乎和太白东坡相近。"

"八一三"全面抗战发动,黄炎培初任国防参议会参议员,继任国民参政会参政员。从此奔走于西南各省市,时任政府劝募战时公债委员会常务委员兼秘书长。在这期间,黄炎培夫人王纠思不幸猝然去世,遭此打击,黄异常感伤,难抑之情均见于诗。所幸,后来续娶一位能诗能文而又善理家政的姚维钧女士。

蜀南三种

　　《蜀南三种》,"国讯丛书"第一种,黄炎培著,封面自题,国讯旬刊社(重庆张家花园 56 号之乙)主编,民国三十一年(1942)二月再版,土纸平装,不知印数,每册实价国币 4 元。1941 年 10 月初版,未见。

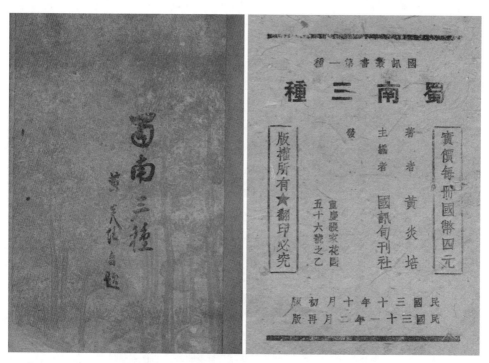

⊙《蜀南三种》1942 年再版封面及版权页

　　书前有作者手迹题词："自题蜀南三种再版本　飘泊干戈际。西南天地闲。手提一支笔。足踏万重山。毒花卉妨嘉种。长言间永叹。不堪殊餐战。乃春泪潜潜。"

　　全书174页，前有《自叙》："蜀南三种就是：（一）蜀南摄真；（二）宁远心影；（三）蜀南纪游诗。都是民国念八年我以国民参政会参政员川康建设期成会会员的资格，参加成会所组织的视察团，视察四川省南部一带，并由西康省雅属而达宁属，来回途中所写的。因为是同一区域，同一时期，而又一手写成，故辑印做一册。宁属原属四川，现虽划归西康，但地在川省之南，故并称蜀南，当然没有问题。当我六年前，初次游四川时，曾经整个的四川，下过三个字的评语：'美'、'富'、'惨'。这个区域的美和富恰够代表川康全部；而宁属之惨，怕当得全部之冠。现在，对日抗战已到第四个年头了。看后方物力的丰富，一般民众，尤其是青年纯洁忠勇的可爱，真使我热情像洪潮般，没法制止。吾可以老实说，吾写这些诗文，在极凄凄极愤慨或极兴奋的时候，不知淌过多少热泪，这不是寻常的游记呀！不是寻常的游记，是什么呢？中有地方政治问题资料，地方经济问题资

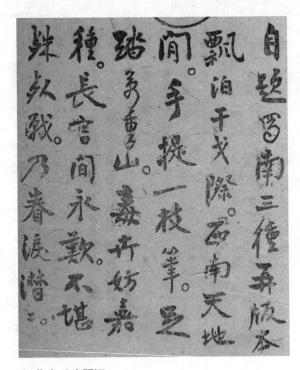

⊙ 作者手迹题词

料,边疆种族问题资料。我们花了这么多的时间,走了这么远的路,视察结果,当然有巨册报告,可是报告书的精华,都收在这里了。因为严严整整地说这些正经话,排列许多正经资料,给人家看,容易使得人家沉闷到'磕统'。还不如游记体裁,用轻松流利而通俗的笔调写出来的好。青年诸君呀!现在更是什么了?十来个国家,怎么地球上不见他们的踪影?偌大的法兰西,独立、自由、平等的祖国,往那里去了呢?一个头等海军国,和一个头等陆军国,在那里拼个谁死?谁活?无数壮士,为了争取他们祖国的生存和荣誉,在天空里,在海底里,拼他们的生命。我国呢?抗战到四年,前方几百万将士,到今朝还在那里浴血,后方几千万民众,还在那里埋头苦干,还没有哼过一声。青年诸君呀!做人的标准提高了,吾们今后怎样才配称'国民'呢?怎样才配称'人'呢?我所写蜀南纪游诗,为了要求青年诸君的了解,改变了旧时的面目,解放了旧诗的束缚,来和诸君相见。希望特别注意第十四首《敬告青年》,和末了《重做人三章》。这三种,都先发表于《国讯》,读了以后如提出什么问题,请函寄重庆张家花园五十号国讯社著者收,自当负责答复。民国三十年六月编后记,黄炎培。"

全书收:《自叙》《蜀南摄真》《宁远心影》(16 文)和《蜀南纪游诗》(28 首),附录:一、《重做人三章》;二、《既辞川康建设期成会第二办事处主任留赠蜀南诸友好二首》。

天长集

《天长集》,黄炎培著,封面自题,国讯书店(重庆张家花园 56 号之乙)经售,民国三十二年(1943)二月初版,土纸平装,每册实价国币 6 元。著作者和发行者均为黄炎培。

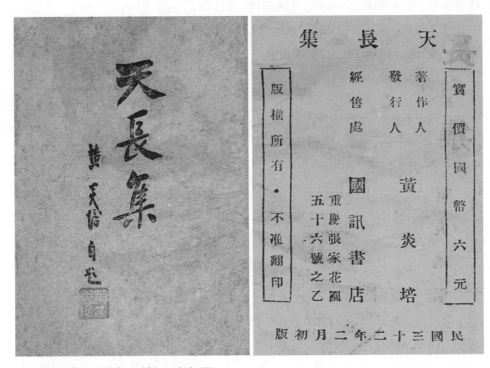

⊙《天长集》1943 年初版封面及版权页

全书仅 48 页，书末有"黄炎培先生近著三种"书目：《蜀南三种》《抗战以来》和《苞桑集》，皆国讯书店出版。

书前有姚维钧的《序》："我们结婚后第十天，外子黄师嘱维钧作天长集序。天长集是黄师在抗战以后的第二部诗集，自民国二十九年十二月起至三十一年八月止。这一时期，黄师的热情和血泪，总汇在这部诗集里。里边全部作品，维钧很荣幸地享受了拜读的优先权，深深感到它的缠绵，它的生动。从黄师的作品上，可以窥见他的抱负。他在社会上服务几十年，有理想，有计划，能实行，而也有若干见效的事业，'诗者志也，在心为志，发言为诗。'黄师的志愿，自然也涌现在他所发表的诗里了。黄师是富于热情，而又富于敏感的学者。他秉受着两种天赋，具有爱国爱人类的热忱，发表在笔和舌，就成为动人的文字和语言。一般人说应酬诗词，很难见长，内师天长集，其中除自感自惕的诗词外，颇多应酬作品。他的忠勇和真挚，横溢于字里行间，为公为私，都是热情的发舒，敏感的流露。由此知凡有感而发，因情而抒写的文艺，总不失为佳作。萧选诗多赠送酬答的作品，能够给千古人们的传诵，也是这个道理。天长集中有几首创格，黄师自注：'不拘曲调，直写情怀，意在去典就俗而无伤于雅'，这一点维钧对黄师抱有极大的希望。中国自五四运动后，虽然唱文学革命，然而至今没有找到一条新的途径。旧诗既难合时代的要求，新诗又乏易于遵循的轨迹。文学是领导社会的，是时代的晓钟，是民族的先锋。所以适合时代要求的作品，一方面是代表大众的呼吁，另一方面又是诉之于大众的意识。现代文学应领导着社会的一切趋向大众化，黄师的创格，在抗战以后第一部出版的苞桑集及目前将付印的这本天长集中，均载有若干首，这些并曾在香港印过专集，名曰白桑。惜付沦陷。这虽然是试作，它的形式和精神，尚近于时代的要求。希望黄师继续努力，在文学史是造好一条新的轨道。维钧写于陪都张园 民纪三十一年八月二十七日孔子生日"

此《序》由"维钧"撰写，《序》的开头第一句就有"外子黄师嘱维钧作天长集序"。所谓"外子"，即对人"称自己丈夫"的一种称谓，也就是说，此序由黄炎培的太太所写，太太称黄炎培为"黄师"，此乃敬重之语。

黄炎培的夫人姚维钧，祖籍安徽黟县，宣统元年(1909)出生于上海南汇县周浦镇。从 1942 年开始，姚投身革命到全国解放，始终跟随着黄炎培东奔西走，历尽艰辛，为推进中国民主救国大业，作出了巨大的贡献。姚维钧在姐妹三人中，排行老二，自小天资聪敏，才智过人，在家庭中或在学校里都是佼佼者。据说，她读过的书能过目不忘,与人交谈又能对答如流,因而备受双亲和师长的喜爱。1942 年,姚从贵阳大学文学院毕业,先后被聘于重庆巴蜀中学和上海比乐中学任教。此时,黄炎培正在重庆、上海开展中国民主政团联盟活动(1944 年 9 月后改称"中国民主同盟"),姚维钧便有缘认识了黄炎培,两人意气相投,志同道合,于同年 8 月结为夫妇。1945 年 7 月,姚支持黄炎培访问延安,并协助黄写成了《延安归来》一书。

全书收诗文 90 篇(首),最后附有《先室王纠思夫人行》一文。

延安归来

　　《延安归来》,黄炎培著,重庆国讯书店发行,民国三十五年(1946)三月上海再版。生活书店总经售,再版每册定价 60 元。1945 年 7 月重庆初版,未见。

　　全书 74 页,分三部分:一、《延安归来答客问》;二、《延安五日记》;三、《诗》。上海再版的《延安归来》共计发行 5 000 册,数量相当大。

⊙《延安归来》1946 年再版封面及版权页

1945年5月,国民党"六大"决定召开"国民大会"以拒绝中国共产党和其他党派提出建立联合政府的主张,中共声明不参加第四届国民参政会(中共有8个代表名额)。国共两党的严重对立,引起一些参政员的忧虑,希望中共做些让步,通过商谈解决矛盾。国民党方面也认为中共不出席国民参政会,使其有一党包办之嫌。因此,国民党当局希望寻找合适的人去做共产党的工作,促成中共出席参政会。于是,褚辅成、黄炎培、冷御秋、章伯钧、左舜生、傅斯年等人为此积极奔走。6月1日,黄炎培等六人面见蒋介石,建议恢复国共商谈;6月2日,黄炎培等向延安毛泽东、周恩来发电报,希望继续商谈;6月18日,延安复电,邀请他们到延安商谈国事;6月26日,黄炎培、褚辅成等又见蒋介石;7月1日,黄炎培、褚辅成等六人自重庆由王若飞陪同飞抵延安。在延安的五天中,黄炎培、褚辅成等6人与毛泽东、周恩来、朱德、林伯渠、陈毅、陈绍禹、吴玉章、丁玲、范文澜等进行会谈,参观了光华农场,观看了话剧《兄妹开荒》。

《延安归来》,是黄炎培访问延安五日的记录和感想。此书中有黄炎培与毛泽东"周期率"的著名对话:"有一回,毛泽东问我感想怎么?我答:我生六十多年,耳闻的不说,所亲眼看到的,真所谓'其兴也渤焉','其亡也忽焉',一人,一家,一团体,一地方,乃至一国,不少单位都没有能跳出这周期率的支配力,大凡初时聚精会神,没有一事不用心,没有一人不卖力,也许那时艰难困苦,只有从万

⊙《延安归来》中的照片

⊙《延安归来》其他版本(大连中苏友好协会、胜利出版社、大众书店、东北书店、韬奋书店)

死中觅取一生。既而环境渐渐好转了，精神也就渐渐放下了。有的因为历时长久，自然的惰性发作，由少数演变为多数，到风气养成，虽有大力，无法扭转，并且无力补救。也有为了区域一步步扩大了，它的扩大，有的出于自然发展，有的为功业欲所驱使，强求发展，到干部人才渐见竭蹶，艰于应付的时候，环境倒越加复杂起来了。控制力不免趋于薄弱了。一部历史，'政怠宦成'的也有，'人亡政息'的也有，'求荣取辱'的也有。总之没有能跳出这周期律。中共诸君从过去到现在，我略略了解的了。就是希望找出一条新路，来跳出这周期率的支配。毛泽东答：我们已经找到新路，我们能跳出这周期率。这条新路，就是民主。只有让人民来监督政府，政府才不敢松懈。只有人人起来负责，才不会人亡政息。我想：这话是对的。只有大政方针决之于公众，个人功业欲才不会发生。只有把每一地方的事，公之于每一地方的人，才能使地地得人，人人得事。把民主来打破这个周期率，怕是有效的。"

经过黄炎培、褚辅成、傅斯年、冷御秋、章伯钧、左舜生六人的延安之行，7月7日，第四届国民参政会第一次会议开幕；8月28日，毛泽东、周恩来、王若飞应蒋介石邀请到重庆会商国共问题，达成《双十协定》，国内和平出现转机。

黄炎培从延安回来后，即向中华职教社全体同仁和友好报告访问延安经过，并写成《延安归来答客问》和《延安五日记》，在《国讯》和《宪政月刊》上发表，后编成《延安归来》一书出版。

《延安归来》的出版，还引发了一场中国新闻史上声势最大的民主运动。重庆国讯书店在出版《延安归来》时，为了免遭国民党书刊检察官的删改，在其他进步出版机构的支持下不送检而自行出版该书。该书出版后，张志让、杨卫玉、傅彬然三人起草了重庆杂志界宣布拒检的联合声明，在征得《宪政》《国讯》《中华论坛》《民主世界》《再生》《民宪》《民主与科学》《中学生》《新中华》《东方杂志》《文汇周报》《中苏文化》《现代妇女》《战时教育》《国论》和《学生杂志》等16家杂志社的签名后，于1945年8月17日正式发表，宣布这16家杂志自9月1日起一致不再送检，并将这一决定正式函告国民党中宣部、宪政实施协进会和国民参政会。这个运动轰动整个文化界，得到了全国性的支援和声援。9月22日，国民党中央第十次常委会通过废止新闻出版检查制度的决定和办法。重庆杂志界首先发起的这场拒检运动，黄炎培《延安归来》一书的出版是个标志。

断肠集

黄炎培著，生活书店发行，民国二十五年（1936）五月初版，不知印数，每册实价5角整。生活印刷所印刷。封面由黄炎培自题。

书前有"黄炎培大病后留影　民国二十四年十月"的照片，色彩模糊。

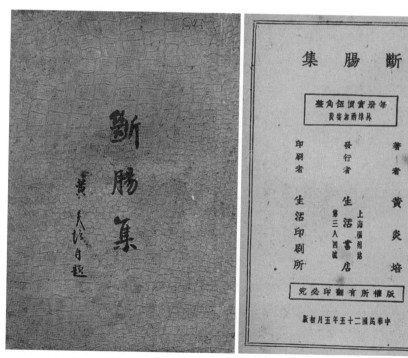

⊙《断肠集》1936年版封面及版权页

另有著者写的一段文字:"民国二十四年四月五日《扫先人墓诗》:'册载深埋骨,孤儿老断肠'。不到五个月,阑尾发炎,有《断肠续命记》之作。因辑是年所作文及诗之一部,命曰《断肠集》"。

全书326页,内收:《断肠贯命记》《河车记》(《杂诗》20首、《观泾惠渠》1首、《太华行》1首)……《日管后之青岛瞥记》《劳山纪游》12首),杂文(《申新问题的精讨》《怎样救济工商业》《今后女子走那条路》《女小同结婚赠言》《我之农村工作经验谈》《时代的长途大汽车中》《一群乘客》(虞山怀旧三绝)《戈公振哀辞》《题苗可秀烈士就义遗书》《戈公振先生纪念碑》和《诗》(9首)。

黄海环游记

　　《黄海环游记》,黄炎培著,生活书店发行,民国二十二年(1933)七月四版,每册实价 2 角 5 分。1932 年 1 月初版,未见。

　　全书仅 87 页,书前有《初序》《再序》《三序》和《四序》。

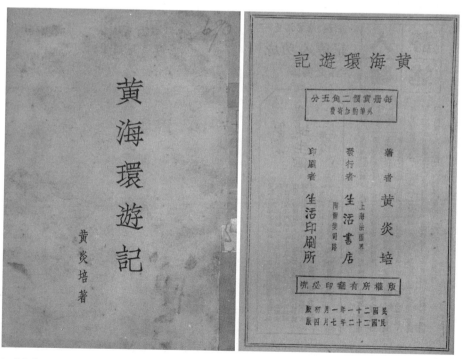

⊙《黄海环游记》1933 年四版封面及版权页

　　《初序》1931年11月23日写于上海，6页，开头两段是："这篇文字，先登过《申报》，从民国二十年五月十三日到六月十三日。我对于文艺的认识，以为除写实外，本没有多少好文章。平生足迹所到，凡是见到听到，随笔便写。像好游的我，写一篇游记，不算什么一回事。初不料这篇《黄海环游记》竟掀起空前壮阔的波澜，滴下无数读者热烈的同情血泪。……"

　　《再序》写于1932年7月1日，其中说道："吾文初登过《申报》，今单行本由初版而再版了，起来看看山河破碎到什么地步？寇氛深入到什么地步？吾文脱稿，在民国二十年五月，漫游初归，脑海间满载惊人消息，东奔西走，与人言辄不省，不多时，'九一八'祸作了。吾书初版作序时，辽吉虽去，锦州无恙，现在锦州怎样了？庄严灿烂之闸北与吴淞又怎样了？今吾再序吾书，耳中但闻彼方袭取平津之呼声。'国狗之瘈无不噬'，那里还有止境？……"

　　《三序》写于1932年12月7日，开头写道："吾书三版，写近作《义军行》，当做序文，可乎？"《义军行》共五首，第一首的开头两句是："男儿身许国，国破焉用家？"第五首的最后两句是："一从去辽西，生死今不详。"

　　《四序》写于1933年6月10日，开头写道："吾书四版之日，中国塘沽停战协定，早签字了。和泪写在下方……"

　　黄炎培的"黄海环游"，时间当在民国二十年(1931)三月十九日——四月二十四日，游程是：青岛，大连，沈阳，朝鲜京城，釜山，东京，箱根，碧海，西京，大阪，神户，长崎……第一节的第一段写道："好游，是我的天性，也许是我的遗传性，因为吾父就好游，四十年前，中国三大流域，早都有吾父的足迹了。"

之东

  《之东》,黄炎培著,上海生活书店发行,民国二十三年(1934)十一月初版,不知印数,每册实价3角。版权页左侧印"中宣会图书杂志审委会审查证审字第六八五号"。封面书名由黄炎培自题。

  书前有黄炎培的《卷头语》,讲明了:"什么叫《之东》?为什么写《之东》? 读了《之东》,自会明白。"接着又讲

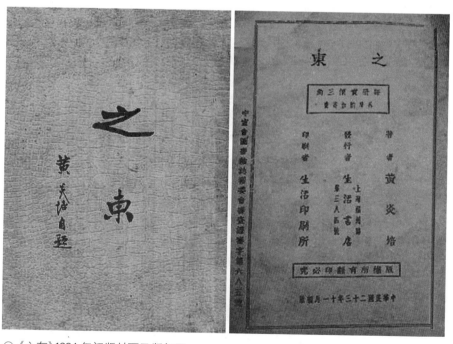

⊙《之东》1934年初版封面及版权页

到对"写文章"的态度："虽说'贪吟自己诗',到底文字这样东西,是写给别人看的。既然写给别人看,该想一下。那种文章人家好懂? 那种不好懂? 那种文章懂的人多? 那种懂的人少? 那种文章看的人多? 那种爱看的人少?"

虽然这些话近乎绕口令,但起码说出了要顾及读者阅读口味的大问题。写文,如果无的放矢,就等于白写! 虽然,黄先生在行文上还摆脱不了"文言"的腔调,"吾"、"我"并用等,但还是在争取写得通俗些,能看出有着自己的风格。

对黄炎培的认识,最早印象是在延安时他与毛泽东一起议论执政"周期率"的问题。其实这个问题早在历史上已经提出过,而在当时即将取得全国政权前夕,黄先生一针见血提出这个问题,实在是识时务者。也可见黄先生是个不同于一般的政治人物。对黄先生的第二个印象是,他曾主持编纂过《川沙县志》,他的一套编纂方法和编纂的志书,被史志界公认为是"黄志",并成了过去与现今编纂志书的一个范例。这两个特别深刻的印象,在笔者读到《之东》之前一直没有改变过。总认为黄并不擅长于写一些文学方面的小品,但读过《之东》,才知有误。其实,像黄先生这样的文人,虽然更偏重于政治或史学,但文字功底无疑是有造诣的。

⊙《之东》插图二幅

全书收文 18 篇:《开篇》《沪杭车中》《杭州》《绍兴第一天》《绍兴第二天》《宁波》《气象万千的溪口》《剡溪九曲》《桃花时节上天台》《天台第一天》《天台第二天》《天台第三天》《从天台到雁荡》《雁荡第一天》《雁荡第二天》《雁荡末两天》《归途》和《结束语》。文章内容接近于游记,但时时透出对政治的关注,特别是在《结束语》中更表达了这层意思。最后一句,甚至还这样说:"还有一点,使吾满意的,这番旅行所见不少很好的县长,和公安局长及公安分局长。"书中所收文字虽时而带有政治味,但游记文字仍有功力,有些句子虽还带有文言色彩,但读起来相当带劲! 时有咀嚼"青橄榄"的滋味。作者的国学底子实在深厚,文字表达像是在开一扇窗户,透出的是作者富藏着的文化内涵。

书前附有《之东著者的影》,那是 1934 年时的黄炎培。书中还收有照片 37 幅,有景物和人物,都相当有现场感。除此,还附有一些旅游地图。

五六境

《五六境》，黄炎培著，生活书店民国二十四年（1935）三月初版，不知印数，每册定价 3 元。版权页左侧印初审字样："中宣会图书杂志审委会审查证审字第一二〇六号"。

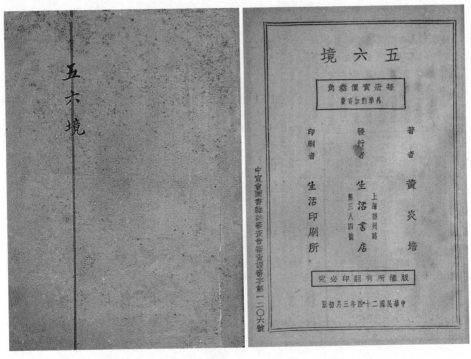

⊙《五六境》1935 年初版封面及版权页

书前有作者写的《自序》："民国二十三年间，不知不觉地，写了三十篇文章，九十七首诗。单行本《之东》还没有计及。我向来不随便写文章的。十五六年前，有一位朝夕相处最亲密的朋友，劝我少做些文章，多办些事。这句话，不知是勉励我少说空话，切实办事呢？还是发见我的才能不适于写文章呢？自从这句话深深地印入我脑海以后，更没有肯随随便便写文章。这位朋友是谁？是蒋孟邻。可是关于教育的文章，我还是不断地写的，《教育研究》、《教育杂志》，和《教育与职业》三种期刊发表我的作品比较的多。此外关于史料的文章，《人文月刊》亦有不少的发表。但从没有收拾合并起来印过单行本。民国十六年游朝鲜，写《朝鲜》，是我一生工作范围扩大的一年，到二十年。是我一生思想和行为急激地转变的一年，凡读过我《黄海环游记》的，都能知道我心事的。二十一，二十二两年，我还是偏重在工作，二十三年我惟有偏重在写文章了。二十三年就是全世界恐怖的一九三五年的前夕。东北边疆全年在纠纷与恐慌中。国内的不宁，并没有减少。而被旱灾的倒有十一个省，三百六十九个县，一万三千三百多万亩的田；被水灾的，还有十四个省，二百八十多个县，三千一百零二万多亩的田。（十月十五日《申报》载振务委员会统计）在全世界工商业不景气和农村破产声中，对

⊙《五六境》封面及作者照片

外贸易总额由十九万元降为十五万元,而入超还是四万多元。吾家山谷老人有"老境五十六翁,但可归教儿童"的诗句。我呢?并没有老的感觉,更没有敢把教儿童当做老年人无聊的消遣,而这小册子十几篇文章和十几首诗所写,确是五十六龄的我内藏的意境和外缘的实境,所以就名为《五六境》。"

全书 160 页,有些文章的题目相当有意思,还留有明显的"旧"的痕迹:一、《关于思想》(《笼统》《我的人生观》);二、《关于社会》(《牯岭》《避暑乎!趋炎乎!》);三、《关于教育》(《一个无名的山村学校》《对于久别后之南洋华侨教育》《地方收入锐减后如何解决普及教育经费问题》);四、《关于农村》(《从六年半的徐公桥得到改进乡村的小小经验》《关于农村改进几个小而扼要的问题》);五、《关于困难》(《促成中国自力生存的"九一八"》《二十二个十月十日怎样过去的呢?》);六、《关于史料》(《关于上海租界开始年期之史料》);《诗》(《蔚挺寄示柏庐三年前被拘南平之作及和作索和写三绝句却寄并寄柏庐》《里居闾修县志聚父老子弟宿观澜小学文照堂水榭七日》《川沙城西北隅真武台道观世住持尼谛香募成新筑借居修志三宿留题》《马相伯先生九十五岁同人赓续步游载洒恭祝是为千龄宴弟二集当先生九十一岁尝献七律以湛甘泉九十游南京为况下半首绝学口头秦劫火深心皮里晋阳秋艰难千里传薪事未许先生便白头时正笔录先生谈话竟有在也今岁宴罢先生填词一阕相示老怀清兴与岁俱增懽忓之余赋呈四绝》《江行》《广昌归来》《匡庐新谣》《四海》《小天池梁和甫手创翼之分寓庐招宿十日留赠》《赠劬丁》《重九西湖谢客读琴隐园诗寄秋水山庄主人》《题汤贞愍公雨生小像应其曾孙定之属》和《赵竹老人十马隽老七十李著公六十江问公五十集惜阴堂公祝》)。

诗部分的题目,其中有不少字已属古字,如"懽"即欢,如"忓"即悯。但为了不失当时的语境,还是尽量保持原样,虽看起来不太习惯,但不失作者的本意。

蜀道

《蜀道》，黄炎培著，开明书店发行，发行人章锡琛，民国廿五年（1936）八月初版，不知印数，每册实价国币 6角。美成印刷公司印刷。特约经售处有：重庆开明书店、成都开明书店和民生公司各轮船。封面由黄炎培自题。

黄炎培的《自序》，写于民国廿五年（1936）七月。1936 年春，时任国民政府参政员的黄炎培入蜀考察职业

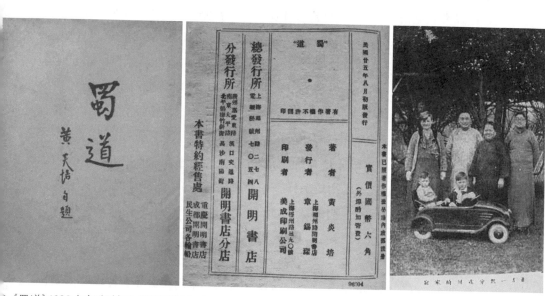

《蜀道》1936 年初版封面、版权页及照片

教育和乡村建设运动。其间卢作孚专程前去川西迎接，陪同黄炎培考察四川灌县和青城山，又在成都邀请黄炎培欣赏了川剧。此后到北碚参观指导各项工作，还到民生轮船公司参观。《蜀道》一书正是这段考察、游历经历以及所见、所闻、所感、所言的记录。

全书分为五大部分：一、《蜀游概念》；二、《蜀游百日记》；三、《留告四川青年同学书》；四、《改造新四川管见》；五、《蜀游百绝句》。在《蜀道》一文中，黄炎培一路见到"秀丽的山川，美富的天产，瑰奇的人物，殊异的风俗"，同时"过去和现在人民的痛苦，于蜀道中闻到而且见到"。这让他"深怜蜀过去所走之道，是乱道，即是死道"。所谓"走上致乱之道而蜀乱，走上致治之道而蜀治"。他"深望蜀今后所走之道，是治道，即是生道"。这些言语，真诚地流露出这位年近六旬的老人那份炽热的民族情结和爱国激情。

《蜀游概念》记录了蜀游概况：上海船行到夔门，船路——宜昌重庆间，公路——成都重庆间，成都灌县间，成都峨嵋间，成都嘉定间，成都剑阁间，未成公路，内江自流井间。并到过 24 个县，纵览山川险要：三峡、嘉陵江、峨嵋、青城山、剑门关。其间所得三个字"富""美""惨"。所谓"富"即物产之富；"美"则山水之美；"惨"实民生之惨。作者感慨"怎么办呢？我中国还得救么？我四川还得救么？如果大家觉悟，全国一定得救，岂但四川！否，则全国不得救，四川那里会得救！"《蜀游百日记》分为《入川境以前》《三峡》《自重庆飞成都》《灌县与青城山》《成都第一旬》《川北行》《重庆与北碚》《由内江自流井回成都》《峨眉》《再留成都两旬》《归去来兮》11 个部分。从脉络而言，这部分是比较典型的游记，前后按照考察、游历的路线次序记录。在书中，还收入了作者沿途有感而发的诗作多首。

书中《留告四川青年同学书》，是作者激情的表露。他这样告诉青年：一个国家和民族的生存，有若干条件，看他物产方面的天赋怎样？看他人民的智力怎样？体力怎样？看他民族的历史怎样？……就是看吾们人民对自己国家有没有真切的认识？能不能根据他们的认识，从自信心发为勇气？能不能从他们自信心和勇气中间，把各个人的聪明，陶铸成为统一的观念，把各个人的力量，锻炼成为整个的力量？换一方面说，就是看他们能不能把所有聪明和力量，不用在个人的功名、地位、权利种种的争夺，种种的打算上，而完全用在保养和发挥吾国家民族的光荣和生命上？要是他们能了解能实干的话，我中华民族一定不会灭亡。……

　　而《改造新四川管见》，则是作者充满智慧的论说。他提出：改造之必要有二，其一，四川连年兵灾匪祸，大伤元气，不改"后将无及"。其二，国难当头，蜀为后方重域，将成为全国核心，不改何以负使命。改造之可能（川省关系重要恰合中央方针；政权统一，权责分明；川省治安回复，国人所望，改造易得各方助力），从事改造两大先决问题，（川省与中央之密系；川省门户完全打开），民众是一切设施的主要对象。改造民众两大问题：民众中心问题（减轻人民经济负担；节省人民劳力负担）。改造川省的另一个问题，就是教育，并将教育建设联系在一起。

　　《蜀道》是黄炎培的代表著作之一，书中无论是游记、演讲、诗作，都体现出一个爱国者的民主主义的思想和精神。

空江集

《空江集》，黄炎培著，生活书店发行，民国二十六年
（1937）三月初版，不知印数，每册定价国币 4 角 5 分。封
面由黄炎培自题。

全书 268 页，扉页前有一页长纸，上有题跋三行，主
要谈三峡与五峡，从字体看，好像并非出自黄先生之手，
故不清楚写此题跋者为何人。把此题跋附于此，可作为

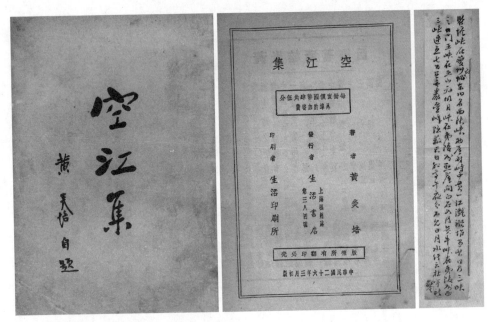

⊙《空江集》1937 年初版封面、版权页及题跋

此版本的一种附属物来鉴赏。

书前有署名"抱一"的《序言》，写于 1937 年 1 月："吓人的一九三六年，算过去了。意阿之役，继续着'九一八'而证明了国联非武力制止战争的无效。西班牙的内乱，证明了不负责任的战争，已获得国际间的默认。更证明了不从自身培养实力，徒欲藉外力制止外力，所获得的结果，惟有极度的悲惨。在这一年间，大家继续忙着一面备战，一面避战；大家认定不能备战，不能避战；越要避战，越要备战，而结果就为是大家避战的缘故，怕免不了遇到一二国家突然发动，而莫敢亦莫能制止。返观国内，两广问题，在极度紧张之下，终于和平解决了。西安事变，从全国国人深忧大恐的心理中间，忽焉获得不幸中的大幸，其发生，其归束，皆出一般人意料外。渐趋硬化的外交，九月廿三日遂有惊人的五项提议，为'九一八'以来所未见。而绥战的奋勇，与援绥的热烈，使中华民族的精魂，稍稍苏醒。在建设上占最要位置的铁路，颇有进展的期望与事实。也许'贪天之功'罢！在这一年间，居然没有闹成甚么大的水患，因而长江中部各省以丰年闻，使得衰落的农村，略略地抽动几口活气。国货工业到下半年来很有活跃的趋势。夹杂着种种原因，使民廿五年对外贸易总额由去年十四万万九千余元而增为十六万万四千余万元。输出由去年五万万七千余万元而增为七万万零五百余万元。对总额百分比，由去年二十二·九七减为一十四·三一（当然有走私关系，不少漏算。但总额已有加）。可是古人有句话'病加于小愈'。小愈怎么会增加病势呢？就是人人以为：好了，有希望了。精神一散失，便立刻送命。我个人呢？在这一年间，终算飞入八千八百里天空（自上海而汉口，西安，太原，绥远而太原，洛阳，上海，以及重庆成都间往返）。走了五千四百里长江（上海重庆间往返）。就把这一年间作品，编排起来，名曰《空江集》。"

"抱一"，是黄炎培的一个笔名，1947 年间，他在《国讯》周刊上发表文章时，大多用的是这个笔名。他的字是"韧之""任之"，号为"楚南"和"观我生"。

火雪明（1905—1982），诞生于召稼楼火家宅（今浦东新区陈行镇），14 岁从浦东中学肄业，在上海城的银行当学徒，由于为人机灵做事活络被提为练习生，从此白天工作，晚上学习，练就一手好字。2 年后到面粉交易所工作，先后担任科员、科长。因与上海城隍庙庙董同为陈行人，故 18 年皆住在城隍殿，并在那里开始文学创作。1926 年 19 岁时出版了短篇小说与散文合集《处女梦》，之后连续出版《蛤蟆》《上海城隍庙》《鹅》和《薏》等，以及与黄震遐合辑的散文集《辣椒与橄榄》。1937 年淞沪战争爆发，与邓散木、沈轶刘等仿效明末东林和复社组织哭社，写诗作文绘画，揭露黑暗现实，抗议日寇侵略。1929 年参加上海世界语学会，与巴金相识，并把巴金的作品介绍给上海《时报》连载，从而催生了巨著《家》。20 世纪 40 年代，火雪明到南市米市做秘书，建国后到银行工作，直至 1982 年病逝。

处女梦

《处女梦》,火雪明著,短篇小说集,上海群众图书公司印刷出版,民国十七年(1928)二月再版,不知印数,每册定价 4 角。1926 年 11 月初版,未见。发行者无锡方东亮。

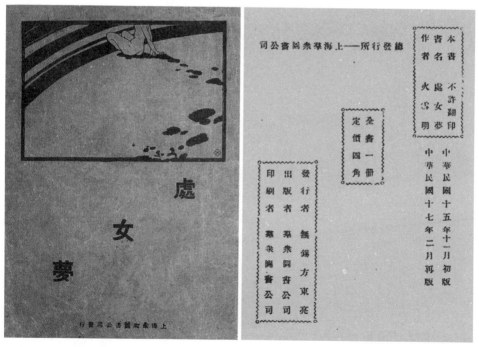

⊙《处女梦》1928 年再版封面及版权页

　　书前有作者写于 1926 年 5 月 25 日的《卷头语》,其中说道:"这本小小的册子,都是我的试作,更不能算是有生命的文学作品。本来没有贡献在文坛上的可能性的东西,现在居然把它出版了。我自己也抱着一种惭愧的畏葸。所以外界的批评,是好是劣,是赞是骂;都非我所顾及的。……我是像只会唱戏而未尝登台试验过的艺员一样。出这本册子的动机,也就在这上面。有几篇是已经露脸过的,现在一齐置在集中。尽让评论界的批评,而再嚼劣点的所在和所谓优点中的缺憾,使这册子里的作品,好有改作的机会。"

　　全书 141 页,收小说 16 篇:《处女梦》《酒侣》《黄鞠》《朱竹垞的死》《清晨》《破茅屋》《两个引导者》《小路上》《快开门》《瘪三》《骄傲的鸡》《微波》《停车处》《清晨》《归鸦》和《长先生》。一书收两篇同名小说,有点失策。是不同内容的同名文章,还是误印,无法解读。

　　书末有上海群众图书公司印行的书目 10 种,其中有滕固著《银杏之果》、张静庐著《落英与狂蝶》等。

薏

《薏》，火雪明著，长篇小说，上海大公书店 1934 年 1 月初版，印 2 000 册，每册定价大洋五角。版权页盖"火雪明"版权印。封底印大公书店的出版标记，首见。

书前空白页印："给姜月贞女士——著者"。

⊙《薏》1934 年初版封面、版权页

⊙ 封底大公书店出版标记

另有著者写于 1933 年 5 月 5 日的《书引》，别具一格："'薏'，古字，胎于'苡'；广韵谓为莲实者，非是。莲实者，蒟□也。尔雅有云：'荷。即芙蕖。其华菡萏，其实莲，其根藕，其荷中的，的中薏。'曝书亭集注曰：'实为莲房，的谓子，薏谓莲子中苦心。'故有'红莲澈底心偏苦'之句。我书中莲姑娘之所遭，傥亦味同薏者非欤？爰名其书曰薏。"

全书 258 页，1933 年 5 月 3 日写毕，收 16 章，无标题。

鹅

　　《鹅》，火雪明著，长篇小说集，上海海风文学社 1930 年 1 月初版，印 1 000 册，每册实价大洋 3 角半。扉页印"陈秋草装帧"。

　　全书 129 页，收小说 5 篇：《寂寞的死之前》《鹅》《从游艺会回来》《甜蜜的苦味之杯》和《苍黄的落日》。

　　封底有火雪明所著《恋爱之认识》和《上海城隍庙》广告。其中《上海城隍庙》的广告词是："这是一部关于上海社会的一角写真。用浅显的笔，写出社会上各色各样不同的情形。在这部书里，可以寻出上海城隍庙的历史，风景，食品，出产，以及华美的建筑。如果不曾到过上海的人，可以读此当为卧游，要到城隍庙里游览的，仅可持此为导游的工具。而且有美丽的照片数十幅，名人的题序数篇。是一部独创的著作，每部洋装本订，售大洋两角。"

　　另一书《恋爱之认识》，只见书目不见版本。

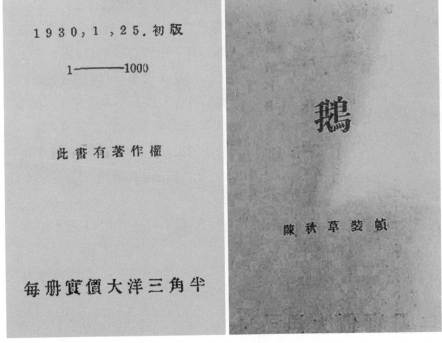

⊙《鹅》1930年初版封面、版权页及扉页

上海城隍庙

　　《上海城隍庙》,火雪明著,黄文农绘图,青春文学社
民国十七年(1928)四月三版,1927年版未见。上海小东
门内邑庙董事会总发行,不是正规出版社出版,定价每册
大洋4角。

⊙《上海城隍庙》封面及图片

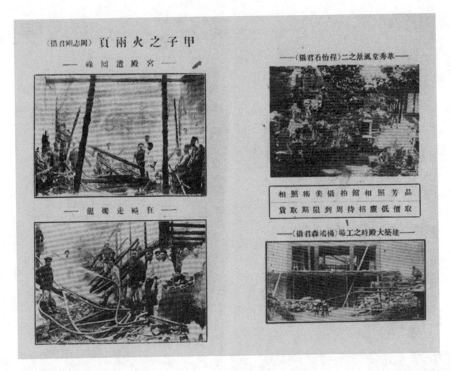

⊙《上海城隍庙》中图片

　　此书可在"上海邑庙内各商店及本外埠各大书坊"经销，可见是自印自销。此书虽属名不见经传的小书，但为封面题字的是袁克文，为封面制图的是黄文农，王一亭取名"豫园风景"，吴昌硕题写。还有 6 位文化名人为此书写序：邓散木《序一》，吴灵园《序二》，孔祥伯《序三》，秦砚畦《序四》，周瘦鹃《序五》，徐卓呆《序六》。一本小书由众多名人参与，确实增色不少。

　　这本小书也为后人留下了当时上海城隍庙的历史，资料性很强。而且此书写得通俗，能使今日游览城隍庙的人阅后会大吃一惊，其中的掌故传说一个接着一个，有可读性。更其珍贵的是照片，书前有照片 13 幅，分别是新城隍庙之大殿、萃秀堂风景之一和之二、建筑大殿时之工场、甲子之火两页（有当时救火之场景）、从大假山望小世界、大假山内神尺堂前、得意楼上看新湖心亭全景、旧九曲桥。其中，火雪明与建筑新城隍庙的王梅林工程师合影是幅很珍贵的照片，他处未见。

　　火雪明能如此熟悉上海城隍庙是有来历的：因城隍庙有位庙董，与火雪明是浦东陈行的同乡，因此他便一直住在城隍庙的殿里，与庙 18 年朝夕相处，岂有不熟哉?

此书另一特色是广告多,除封面未登广告外,封底登了一幅"大联珠香烟"广告。就连照片旁的窄小空间也登了小广告,如在作者与建筑师合影的照片旁,登有两幅小广告。一幅是"寓城内县南路红十字会隔壁的内科张杏荪先生的门诊和出诊"广告;另一幅是《处女梦》的书籍广告:"洋装一册只卖大洋两角 星宿殿下蔡得兴代售"。在另外一页上登有青春文学出版社出版的火雪明著《虾蟆》的目录及刻章的定例等,简直是"见缝插针",经济意识极强。由此推断,此书的自费出版靠的就是拉来的广告吧!书中的广告更多,只举两例:一是配有插图的"大丰绸缎局"广告:要添置新衣吗?新装的衣料必须要价廉物美的吗?那末请到上海三马路中大丰绸缎局挑选罢!……在此页中又有两幅框起的小广告:湖心亭广告:"要吃茶 请过来 坐半日 真快哉"。小说《虾蟆》的广告:"两角洋钿定一册"。这些广告很像城隍庙内的九曲桥,弯弯扭扭,像细水长流的小本生意。

此书所收内容丰富,除《绪论》外,还有《城隍庙本名金山庙之考证》《城隍神之考》《庙的沿革考》《稀奇古怪的神话》《金山神主之头》《城隍老爷上酒店》《两条九曲桥》《小世界之考证》《进香门径》《城隍庙小贩隐语》,等等,在文字间,还不时插入些小信息,如邑庙三多:"多笺扇店,多烧香客,多星相家",又如邑庙特产:"扯铃,蛇胆,弹弓"等,真是妙趣横生。

书籍是载体,印数是"风帆",广告搭载,乘风破浪,各得其所。这正如作者在《编辑以后》中说的:"初版只印一万册,二版至少要印五万册。使广告效力,发生更大的力量。"二版已印到五万册,三版不知又印到了一个什么数值?

笔者有个收藏专题是"上海史",包括上海的风土人情,历史掌故等,正史野史都收,这本《上海城隍庙》不管它有多少"分量",都属必收的。因为只有资料的极为丰富的积累,才可能使研究发生一个"质"的变化。反过来说,要使研究有独到的成果,必须从搜集资料开始,舍此没有其他捷径!

江丰（1910—1982），原名周介福、周熙，笔名江丰、江烽、高冈、固林，川沙（今浦东新区）人。中学肄业，到铁路上做工，加入白鹅画会学习绘画。1930年加入左翼美术家联盟，成立上海一八艺社研究所，参加鲁迅举办的木刻讲习会。"一·二八"事变后发起成立春地美术研究所（即春地画社），筹办春地画展，同年加入中国共产党。和郑野夫等发起成立铁马版画会，出版《铁马版画》。1937年离开上海参加抗日救亡运动。1938年到延安在八路军总政治部主编《前线画报》。1940年起历任鲁迅文艺学院美术系主任、陕甘宁边区政府文委委员、第八路军后方留守兵团文委委员、陕甘宁边区美术界抗敌协会主席、华北联合大学文艺学院美术系主任、晋察冀边区党委委员等。建国后历任中国美术家协会主席、第一届全国人大代表、政协第五届全国委员会委员、中央美术学院代院长、国家文化部顾问等。著有《意大利文艺复兴的美术》《西洋名画欣赏》和《江丰美术论集》等。

铁马版画

　　《铁马版画》，第三期，野夫编辑，铁马版画社 1936 年 8 月 10 日出版，不知印数，每册定价大洋 3 角。生美印刷所印刷，中国图书杂志公司总经售。此书佚封面，封面图为野夫所作《高尔基与儿童谈论集团著作的方法》，扉页为由江烽所作《义勇军》。

　　这本版画集，虽非江烽（江丰）所编，但凝聚着他的心血，彼此有着千丝万缕的联系，因此也作为江丰的一种著作版本来介绍。

　　书前有编者写于 1936 年 7 月 28 日的《编后记》（未标明）："这里是几句《铁马版画》是如何出身的话：在第一回'全国木刻联合展览会'前后互相认识了温涛沃渣力群新波等好几位木刻同道的朋友，继着又碰到了一个离散了好几年的朋友江烽，这自然给我不少的快乐和兴奋！从此大家常常在一起玩，谈起木刻，大家都觉得木刻运动之声浪日高，木刻出版物却很缺乏，于是由江烽提议，决定出一种版画期刊。'铁马'这名字也是江烽起的，他还讲给我们所以用这个名字的理由和意义，就是：苏联的农民们在革命未成功以前，耕田是用马耕的，到了革命成功以后便改用机器，于是农民们一看见机器来时，就喊着'铁马来了，铁马来了，'这自然是一个很有趣味的故事，我们却深愿这小小的刊物也负起像'铁马'同样的使命，

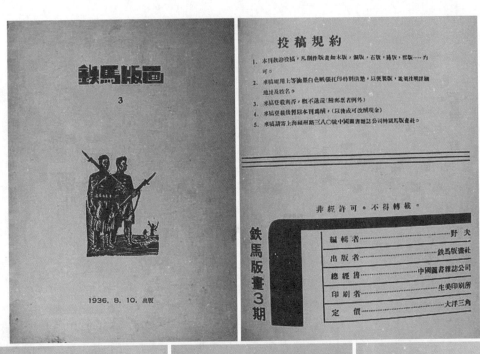

⊙《铁马版画》1936 年版封面、扉页、目录及内页

对目前中国那乌烟瘴气的艺园,尽上部分耕耘的责任!《铁马》最初的计划本预备每月出一本,并为了要保持原版印托的真趣,决定用手印,但出了两期之后,因手印实在太困难,所以经过了很多的周折才改用机器印刷,同时还因了种种的关系不知不觉的停了很长的时间,这是最抱歉的事! 现在第三期总算于千辛万苦中出现了,这在我们自己是觉得十二分的快乐和安慰,在外却希望各位爱好的朋友给我们不客气的批评和指教!"

全书收版画 14 幅:《巴比塞像》(杨堤)、《战士》(高冈)、《恐怖》(沃涛)、《六月廿一日(北站)》(一凡)、《死亡线上》(温涛)、《友人的像》(力群)、《集会》(新波)、《卖地》(绍洛)、《女性的呼声》(野夫)、《囚》(固林)、《缴租》(温涛)、《劫后》(绍洛)、《采集》(力群)和《中国的妇女》(沃涛)。其中有两幅为江丰所作,用的是笔名"高冈"和"固林"。

笔者曾在拙著《民国版画闻见录》中记载过铁马版画会,有些信息可在此留存:

铁马版画会,也称"铁马版画社",由江丰、郑野夫、力群、温涛、黄新波、程沃渣等木刻青年的"实力派"发起,成员还有杨澹生(杨堤)、王绍络、郭牧等。会址在上海法租界拉都路(今襄阳南路)一家裁缝店楼上。后因经济拮据难以维继,1936 年冬停止活动,前后只有半年多"生命"。三期《铁马版画》分别出版于 1936 年 1 月 30 日、2 月 1 日和 8 月 10 日。前两本手印,第三本机印,每期除封面木刻外,均收会员木刻作品,唯一一篇文字是野夫的《编后记》。版画集创刊后,是由野夫寄给鲁迅的。鲁迅与铁马版画会"实力派"成员很早就保持了密切关系。从鲁迅日记看,他与这些青年都有过通信交往,不少人还当面见过鲁迅。《铁马版画》创刊后,鲁迅对铁马版画会曾寄于极大希望。鲁迅的这种希望曾对李桦主持的广州现代版画会有过。他希望《铁马版画》能发展成为全国性的木刻阵地,担负起团结全国木刻界的任务,曾在给郑野夫的复信中说道:"所以我想,倘有一个团体,大范围的组织起来,严选作品,出一期刊,实为必要而且有益。我希望铁马社能够做这工作。"可惜,那时的形势,铁马版画会难以承担,"铁马"只是鲁迅生前所见的最后一个木刻团体。

民间剪纸

　　《民间剪纸》，"长城美术丛书"，延安鲁迅艺术文学院美术系搜集，艾青、江丰编选，中华全国文艺界协会张家口分会出版，张家口华盛印刷厂印刷，张家口新华书店经售，1946 年 8 月出版。这套丛书到底出了多少种，不见书目资料，笔者只知道长城书局出版过"长城文艺丛书"，仅见尘无著《浮世杂拾》一种。

⊙《民间剪纸》1946 年版封面及扉页

书前有艾青写于 1946 年 7 月的《序》，其中说道："剪纸是流行在中国各地的民间艺术，各地的用处不同，这集子里所收的七十二幅，是在陕、甘、宁边区搜集的窗花中挑选出来的。这些窗花，大都出于农村家庭妇女之手，她们在临近年节的时期，利用最简单的工具（剪子）和材料（色纸），捉摸出自己所熟悉和欢喜的事物和形象，这些剪好了的家禽和家畜、人物、用具、水果、菜蔬……常常用来装饰纸糊的窗子，以迎接一年最初的日子。……这些窗花显得比较粗犷、单纯，却也是更生动、天真，是农民妇女的艺术和智慧的表现，也是中国人民艺术珍贵的产物的一部分。"

全书收剪纸 72 幅，如：《金鱼》《老鼠偷西瓜》《鲤鱼跳龙门》《公鸡和母鸡》《鹰捉兔》《犍牛》《老妇》《夜读》《秦琼卖马》《刘海戏金蟾》《蒙古人牵动骆驼》《妇人骑马》《出牛》《旱船》和《轿车》等。

⊙《民间剪纸》作品四幅

西北剪纸集

　　《西北剪纸集》，延安鲁迅艺术文学院美术系搜集，艾青、江丰编选，晨光出版公司印行，1949 年 9 月初版，印3 000 册，道林纸本每册基价 30 元。另一种是"普及本"，与道林纸本同时出版，价格是其一半"15 元"。晨光出版的剪纸集，除这一种外，笔者还见到过一种是《波兰剪纸集》，一晃而过，没有什么印象。

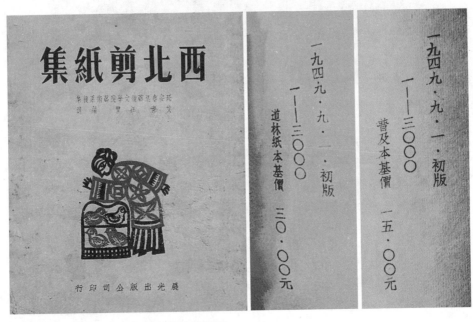

⊙《西北剪纸集》1949 年初版封面及版权页

书前有艾青写的代序《〈窗花剪纸〉——西北剪纸集》,其中说道:"在西北许多老百姓家的窗纸上,常常可以看见贴着红红绿绿的剪纸,每张约四五寸见方大小,有的一张占一格窗格子,有的几张相连占几格窗格子,剪的是老百姓熟悉的东西;家畜、家禽、花、鸟、虫、鱼、水果、蔬菜、盆、篮、茶壶、酒壶、武器,人物以及故事。这种剪纸也叫做'窗花',是中国各处都有的民间艺术,是老百姓自己的图案画;这种窗花在西北特别流行,而且比较别处所见的更富有艺术趣味。……"

全书分上卷和下卷,上卷收民间剪纸 80 幅,下卷收木刻窗花 20 幅。如上卷收:《福禄寿》《白菜》《蔓菁》《柘榴》《茶壶碗》《茶壶》《青蛙》《金鱼》《鲤鱼跳龙门》《蛇》《老鼠偷西瓜》《老鼠偷葡萄》《毛猴猁》《喜鹊》和《麻雀》等。

从剪纸图案看,《民间剪纸》和《西北剪纸集》所收剪纸或窗花的作品似有重叠。

⊙《西北剪纸集》作品四幅

解放漫画选

这是一篇综合文字,把几种版本合在一起介绍。

江丰编辑出版的著作,有很大一部分是在建国之初,带有明显的两个时代的"过渡痕迹",这一现实存在,对研究版本者必须加以正视。如截然以建国之年"截断"的话,那么也便把版本的"承继"忽略了,这是不符合事实的。正因为如此,在这篇文字中,笔者选择性地掇取三篇,时间跨度在 1950 年至 1954 年(一般版本的研究者,大多认同把版本"承继"的时间截至 1956 年),这从版本研究的角度讲是符合实际且有一定的科学依据。

第一种,《解放漫画选》,中华全国美术工作者协会上海分会编辑,大众美术出版社发行,1950 年 5 月出版。扉页印"美术创作选集",并"1949—50"字样,说明所选作品跨越两个时代。全书收漫画 100 幅,如《肃清隐藏匪特》《阳光下的雪人》《支前第一》《条条大路通上海》《在人民法律之内》《粉碎封锁》《我们要战胜灾害》《一条道路一个方向》《胜利的果实》《建设新中国》《炮口上的装饰》《美国的民主》《美帝扶日大阴谋》和《光荣属于斯大林》等,时代的"印记"相当鲜明。作者大多不识(或因使用笔名),识者有:赵延年、洪荒、米谷、江有生、张文元、张乐平、可扬、黎冰鸿、陈烟桥、吴耘等。书末有编者写的《编后记》,其中说道:"这本画册所收集的作品,都是曾在上海各报

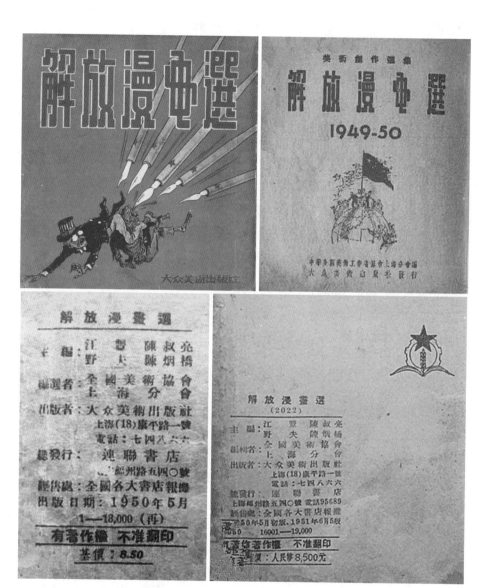

⊙《解放漫画选》1950 年版封面、版权页

⊙《解放漫画选》漫画四幅

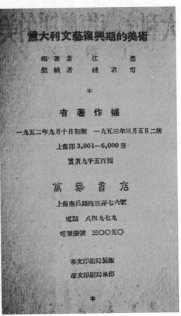

⊙《意大利文艺复兴期的美术》1953 年二版封面及版权页

《意大利文艺复兴期的美术》插图 3 幅

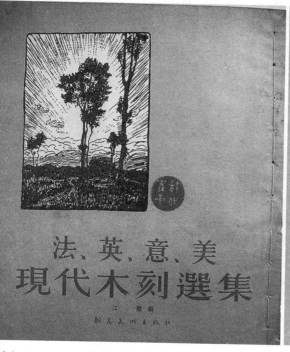

《法、英、意、美现代木刻选集》1954 年初版封面及版权页

⊙《法、英、意、美现代木刻选集》插图四幅

纸各杂志上发表过的。这些作者,除了极少一部分是在苏州,杭州等地区工作的美术同志之外,其余十之八九就是上海美协分会和上海漫画工作者联谊会的会员了。由于我们没有计划要出版这本画册,所以许多曾在各书报上刊载过的好作品的原稿大都遗失殆尽。我们为着避免印刷品重新制版,使作品走样起见,不敢将它们补充起来。这是使这本画册减色不少的主要原因。"最后署名是"上海美协编辑出版部"。

第二种是《意大利文艺复兴期的美术》,江丰编著,上海万叶书店 1952 年出版。全书收三章:《佛罗棱萨的人文主义美术》《威尼斯的享乐主义绘画》和《罗马的纪念碑式的美术》。每章又收若干小节,如第三章收:《罗马美术的特色》《达·芬奇和他的〈最后晚餐〉》《市民英雄的创造者——迈开兰哲罗》和《现实和理想的调和者——拉腓尔的艺术》。收插图 40 幅。书末有 1952 年 8 月写于北京的《编著者后记》:"这本小册子,是《近代西方美术简史》的第一部分,打算供给美术学校讲课用的。编写中间,虽屡经修改,但由于能力的限制,以及所得的史料不多,又很零碎,在论点和根据方面,不妥和不足之处,一定还是不少的。希望读者予以指正。"

第三种是《法、英、意、美现代木刻选集》,江丰编,朝华美术出版社 1954 年 5 月初版,印 3 000 册。全书分为《法国之部》《英国之部》《意大利之部》和《美国之部》。每部收版画若干,《法国之部》收 25 幅,如《老妇人头像》《丰收》《高山上的兵士》《我的母亲》《风景》《小溪》和《朗德港》等,而以书籍插图为多,如《〈罗马乡下〉插图》《巴风著〈马〉插图》和《〈伊维林十景〉插图》等。

金照（1915—2005），原名启明、永康，江苏南汇（今上海浦东新区）人。1937年创办《后方民众》。1938年至1939年先后参加牺盟会和民青等组织。1940年后历任《边区群众报》编辑、副主编，《群众日报》副总编辑。1941年加入中国共产党。建国后历任西北人民广播电台台长、西北行政委员会新闻出版局局长等，以及中央广播事业局副局长、党组副书记，局总编室主任和中国国际广播电台台长，中国电视艺术家协会主席、中国广播电视学会副会长等。

列宁的故事

《列宁的故事》，通俗文艺读物，金照著，大连日报社出版发行，1946年7月初版，不知印数和售价。

全书57页，收文8篇：《列宁是怎样学习的》《墨水瓶是可以吃的》《临机应变》《列宁受了伤的时候》《给小娃娃买了一只小船》《"我宁愿五年不刮脸"》《蜜蜂引路》和《列宁和铁匠》。

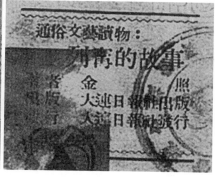

⊙《列宁的故事》1946年初版封面及版权信息

怎样写新闻通讯

　　《怎样写新闻通讯》，金照著，笔者前后所见此书有各种不同出版机构出版的版本约近十种，有的一晃而过，有的稍作记录，记录者有 4 种：

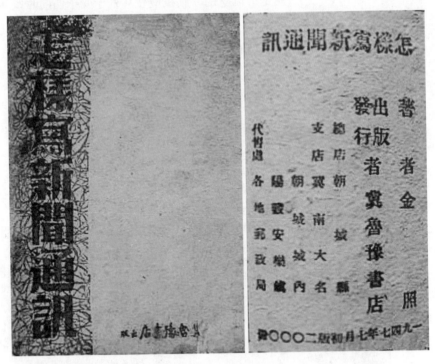

⊙《怎样写新闻通讯》1947 年初版封面及版权信息

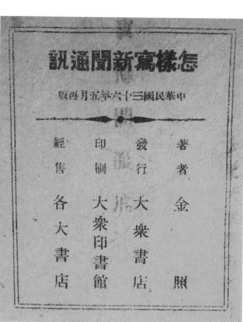

⊙《怎样写新闻通讯》1947 年大众书店再版封面、版权页

⊙ 东北书店 1946 年出版《怎样写新闻通讯》封面

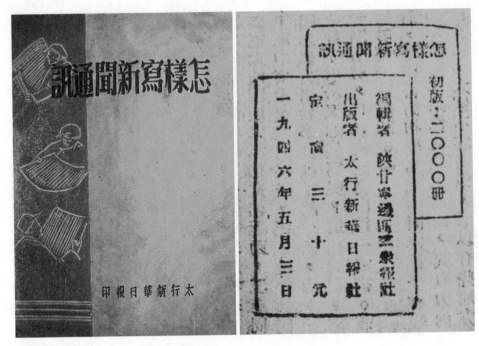

⊙《怎样写新闻通讯》太行新华日报 1946 年 5 月版封面及版权页

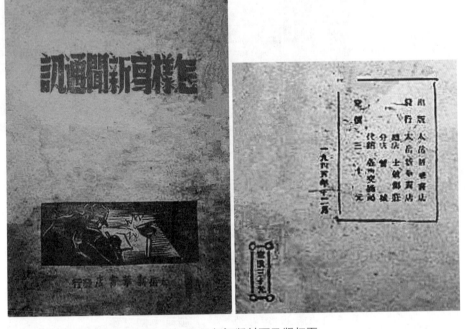

⊙《怎样写新闻通讯》太岳新华书店 1945 年初版封面及版权页

第一种，冀鲁豫书店出版发行，1947 年 7 月初版，印 2 000 册，不知售价。封面左侧花纹底，上印书名。

第二种，大众书店（大连）发行，1947 年 5 月再版，不知印数和售价。另一种东北书店 1946 年 10 月出版，封面与"大众版"相同。封面是剪纸图案"工农兵学习"。

第三种，陕甘宁边区群众报社编辑，太行新华日报 1946 年 5 月初版，印 2 000 册，每册定价 30 元。封面左侧印图案，从右至左横排书名等。书前空白页印"纪念边区群众报创刊四周年并献给工农通讯员同志们"。《边区群众报》诞生于 1940 年 3 月 25 日。书前有新闻通讯科写的《前言》，其中说道："毛主席早就号召'大家办报'，要大家都给我们的报纸写稿子。这几年来，工农同志写稿的就越来越多了。现在，我们要更大的开展大众化文化运动，工农同志写稿子也就要更大发展，很多同志也下了决心要给党报写稿子，连不识字的同志，也在找人代写。这是很好的事。不过，同志们在开始学写稿子的时候，总有些困难，比如该写些什么呢？怎样找材料呢？找好了材料又怎样写呢？这些问题，都是很多人想知道的。为了从这方面给同志们一点帮助，我们决定写出这一本书。我们希望对工农同志们在开始写稿子的时候，能够有一点帮助。"

第四种，太岳新华书店出版发行，1945 年 12 月初版，不知印数，每册定价 30 元。封面从右至左横印书名，下方有"灯下写稿"的图案。空白页印"献给工农通讯员同志们"。

4 种版本的封面图案或空白页虽有不同，但作者与正文内容却相同，可见此书在当时出版量极大，受到欢迎的程度也可想而知。

全书收文：《工农同志要学习写稿》《怎样搜集材料》《写稿的过程》《写的方法》和《其他》等，每章分若干小节，如第一章内收 6 小节：《利用自己的报纸帮助自己的工作》《给党报和〈群众报〉写稿是每个同志的责任》《工农干部要学习写稿子》《写稿子并不是一件难事》《不登出来也不灰心》和《成立一个通讯组》等。

李杕（1840—1911），字问渔，原名浩然，号大木斋主。江苏川沙(今上海市浦东新区)人。咸丰六年(1856)加入天主教圣母始胎会。清同治元年(1862)毕业于上海徐汇公学，入耶稣会，同治十一年(1872)晋司铎。光绪五年(1879)在上海创办天主教刊物《益闻录》。光绪十三年(1887)创办《圣心报》。光绪三十二年(1906)接任震旦学院院长，兼哲学教授，仍兼两报编辑。曾任南洋公学教师。编纂、翻译《福音书》及天主教读物六十余种，著述主要有《徐文定公集》《理窟》《墨井集》等。作者虽属"民国前"人物，但他的不少著作版本出版于民国初年，并产生过不小的影响，这类"跨代"人物和书籍，仍可作为特例加以留存和介绍。

古文拾级

　　《古文拾级》,李柷著,宣统元年(1909)三月仲春土山湾印书馆排印,铅印线装版。

　　此书是笔者最早见到的李柷的著作,第一印象不在版本,而在他的名"柷",一时还念不出,默念"达",实际完全错了。回家马上翻《辞海》,才弄清这位清末的大名人。"柷"有两种读音,一为"di",二为"duo",前者形容树木孤立,后者同"舵"。当年刚看到此书时,真的还不知李柷

⊙《古文拾级》1912 年版封面、版权页及目录

即李问渔。待弄清楚时才恍然大悟："噢，原来李问渔就是李杕！"——知识，往往是在误读之后正读才真正获得的。

书前有通州张謇写于宣统元年己酉五月的《序》，5页，最末说道："李君方以宗教教世。晤交数年。而识其不谨笃质厚之君子也。为序其书。"

之后有南徐马良《序》，4页。

著者的《序》，4页，句点，写于宣统元年春："岁乙酉。余从倪公怀纶。会议汉皇。舟次。无所事。尝遵畔一巡。公谂余曰。人心之所得。殆以巨舰为最奇。不观其驶行乎。排猛浪。破惊涛。风疾星驰。瞬息千里。越天堑之万险。绕地员而一周。交通百族。联络五洲。迁天下之有无。张强国之权力。皇皇巨制。莫与京矣。余闻之以为然。既而思之。有不尽然者。舟之所载人物而止耳。而道德不与焉。舟可以及远。而欲其达上下。贯古今。则不能焉。然则人所作最大之业。果何在乎。曰惟文辞而已矣。溯自文象立而结绳移。鸟迹明而书契作。迄今数千百年间。道统昭垂。教化流行。治术沿革。故实留存无一不寄于文字。故文辞者。缆八方。悬千古。系万事万理之一大纲维也。人心之所得。孰有大于斯哉。虽然。文之体。迥不相侔。不可以不判。自来骚人韵士。艺坛雕龙。骈俪之词。满楮月露。浓艳之作。下笔珠矶。皆可以娱性情。而无裨于实用。故维持世道。启瀹人心者。惟雄畅清利之辞。此古文之所以尚。学者不可不读者也。然而读之实难。名人佳著。累万盈千。欲尽披观。望洋兴叹。于是有选本出。而唐氏翼。储氏七种。吴氏观止。浦氏眉诠。茅氏文钞。姚氏类纂等。脍炙人口。由来旧矣。近岁朝廷改制。科学多门。童子束发就傅。其致功于古文者为时益尠。遂觉诸家之选。过繁且深。非中才所能从事。己酉春张君士泉。理学汇庠。见诸生涉猎无定程。良用慨然。因言于院长崔公。拟另选古文。为操觚者法。公善之。以事委余。余不学。何敢擅自纂辑。乃谋于王鉴林金淮秋两孝廉。择清劲易法者百篇。釐为八卷。分上下二册。颜之曰拾级。取拾级而升之义。又偕孙鉴秋副车。略加注释。以便启蒙。夫前人之说。间有不合纯正哲学者。予赏其文。不取其义。愿读者亦知所从焉。"

另有《凡例》8页，其中说道："古文气骨笔力。悉从经史沉浸而出。读之不特能解他书。而启奏文移简牍记事寿章墓志等。皆取法于是。则人之所需于古文者最多。学者可不致功于斯文哉。自来风气迁移。文体与之渐变。说者谓左氏文章有佳处十一。一老健。二风华。三变化。四波澜。五接渡。六双收。七空中预理。八闲情照应。九陡然而住。十详略有方。十一若断若续。可合可分。司马子长文。为古今第一。其天资高迈。又能博记群书。故笔秀神清。措词雄劲。昌黎文如巨浪排空。怒涛卷雪。时而迥环重复。时而佶屈聱牙。百体备具。不落窠臼。柳文则劲悍□寥。泂千载以来之旷音。欧文则光焰外烁。可方于汉之晁错贾谊。唐之陆贽文雅正而密最合奏疏体裁。宋之老苏文有质实处。有跌宕处。有深奥处。有驰骋处。有安徐处。投之所向。无不如意。大苏文。如长江大河。滔滔不竭。开阖纵横。松爽俊快。虽至难辨之事理。至难状之情形。一经阐发。无不了然言下。跃跃欲出。明文国朝文。亦多醇厚之作。然大抵清丽者居多,由是观之。时代愈远则文体愈高。读者不可躐等焉。……"

此书为上册,190 页,收 4 卷,每卷收文若干。如卷四收:《代滕甫辨谤乞郡书》《乞常州居住表》《乞校正陆贽奏议进御劄子》《课灵浙灯状》《养才》《审势》《管仲论》《义田记》《谏论》《上韩枢密书》《上田枢密书》《任相》和《上欧阳内翰书》等。

目录页后有正误文字:"是编上册误字颇多。未经校出。深以为歉。兹特标示于左。愿读者自行改正。然后披诵。庶无鱼鲁之虞。"

拳祸记

　　《拳祸记》,上下卷,李杕著,土山湾印书馆光绪三十一年(1905)岁次乙巳,姚大司牧准刊。

　　上卷书前有著者(南沙李杕识)1905 年 3 月写的《序》,4 页:"古人有言。无平不陂。无往不复。循环之

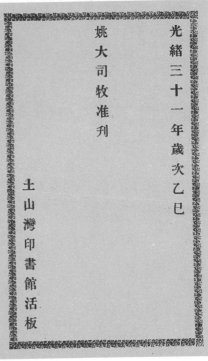

⊙《拳祸记》1905 年版封面及版权页

理。千古不磨。故八埏无常治之民。五洲无永安之国。灾害流行。何代蔑有。以尧之神而有九年之水。以汤之圣而有七年之旱。他若螟蝗疫痢。内寇外仇。聿考古今。何堪悉数。大抵祸之生也。非天宰之降殃。即人心之乖正。远则强邻侵偪。近则边省诡谋。从未闻事起朝臣。初无贰志。以忠义为美名。以宗社为孤注。直至大难不可收拾。如光绪庚子之祸之巨且异者。何谓巨。曰来攻者八国。被灭者十省。京师沦陷。乘舆播迁。人民死者十数万。官吏亡者千余员。举国惊惶。勤王劳瘁。褒大内为军营。割禁城为租界。停州县之考试。撤津沽之炮台。赔款之繁。四百余兆。竭四十载民膏。始足以填此壑。鸣呼。民力惫矣。国耻张矣。谓为巨祸。谁曰不宜。何谓异。曰当此之时。太后无纵匪之意。皇上无专制之权。惟三四愚臣。素志仇洋。一闻拳匪神术。克避炮子。不畏刀锋。以为洋人所恃。火器已耳。今能挫其所恃。何不可逞我欲为。遂思用民力以逞私念。张民气以壮国威。不知邪不胜正。人尽知之。况以不教之民。突列行伍。无械之众。深入枪林。非人至愚。皆云不可。而执意上而王公。中而官绅。下而民庶。其以拳术为可恃者。十居六七。以故喧动一时。决意与洋人为难。不自量力。冒昧造灾。谓为异事。谁曰不宜。今幸转环有日。和议早成。特恐痛定思痛。不久即忘。故其祸不可以不记。记之而卧薪尝胆。今日之祸。即他日振作之机也。记之而伪术愚人。咸知鉴戒。覆于前不复蹈于后也。记之而匪徒仇教。教民无悖乱之迹。可以明也。所惜者措词不文。无以供法眼。加之各省来稿。雅俗不同。虽曾僭墨。不获驱入一轨。世有知我者。其亦谅我也夫。"

另有《凡例》一篇，其中说道："是编载光绪庚子年拳匪之祸。因名拳祸记。按祸之巅末。事端叠出。乱若积麻。兹分上下二集。上集专记国难。颜以拳匪祸国记。下集专记教难。颜以拳匪祸教记。是书宗旨。录天主教被难情形。与教中致命事迹。但不载国事。后人不知教难之由来。故二者兼及之。庚子被难有天主耶稣希腊三教。希腊教人数无几。被难亦鲜。故不必志。耶稣教被难。彼教已有专书。不待予赘及。是编录天主教诸难。最祥且确。……"

全书 357 页，收文 28 篇：《拳团始原》《拳祸缘起》《奸臣祸国》《政府被惑》《拳匪伪术》《拳党横行》《客使被戕》《华洋决裂》《大沽失陷》《薛军败绩》《华兵攻天津租界》《聂士成殉难》《津城失守》《忠臣冤戮》《南数省相约保护》《军士勤王》《使馆被围》《俄侵东三省》《联军进京》《官绅殉难》《联军剿匪》《惩治罪魁》《中外

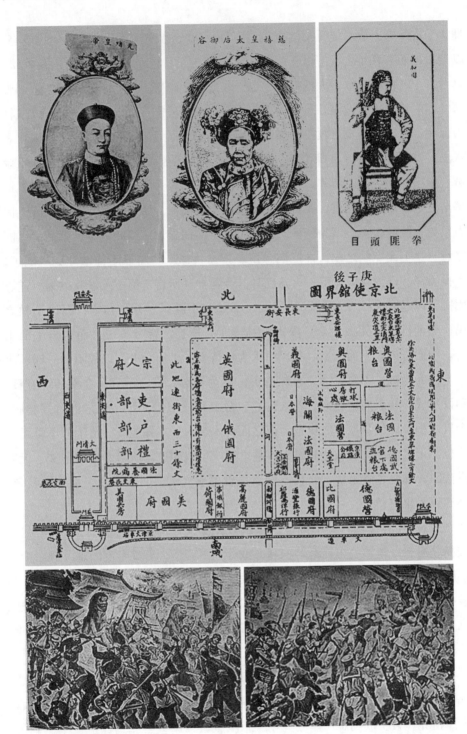

⊙《拳祸记》插图6幅

议和》《会议赔款》《议定约章》《中俄新约》《国书》和《回銮志盛》。

收插图 37 幅,其中有光绪、慈禧、拳匪等像,相当直观。

下卷也出版于光绪三十一年岁次。书前有《拳匪祸教记序》,6 页,其中说道:"试观庚子之祸。被害亡者。主教五。教士三十。教民二万。当是时。朝廷有出教之谕。官吏有出教之令。匪执教友。必问出教与否。出则生之。否则死之。存亡关系。只在一言。我意佛老之徒至此。未有不唯唯从令。暂为苟活之谋者。巨教友不然。无论男女老幼。大抵之死靡他。视刀枪如乐事。等性命于鸿毛。教苟不真。何由至此。教既真。信之宜也。非迷信也。我教于乾隆间。亦遭大难。时以教士被驱。教民离散。虽或毅然赴难。伟行可录。特以记载无人。至今湮没。良可惜焉。庚子之难异于是。拳乱不过数月。教士多未出境。消息灵通。愈于曩昔。爰自二年以来。柽驰函遝迩。访问难情。承各省主教司铎。惠及然肯答。因得都为一编。名之曰拳匪祸教记。与前编祸国记。并出齐行。一以供教内外之观览。一以存致命人之芳踪。祈诸君在天之灵。默为援拔。俾鄙人亦能升陟。则将感激于靡穷矣。"

全书 470 页,收文 30 篇,如:《直隶北境教难》《满洲北境》《中蒙古》《山东北境》《河南南境》《湖北东境》《浙江》《厦门》《云南》和《广西》等地的"匪祸"。每文另收章节,有小标题,如《南海县沙头堡大教难》和《桐堡教难》等。

理窟

　　《理窟》,上下册,基督教文献,一函四册九卷,李杕著,慈母堂活字刊本,江南主教姚准印,天主降生一千九百二十年(1920)第六次印,上海土山湾印书馆活板。

　　书前有安庐滁和道,南昌丁竣所撰的无标题之《序》,开头说道:"益闻录者海上李问渔先生博学多闻仿新闻日报之式创行于世曾录以益闻名志辄其事之有益于世道人心使天下之人皆乐于闻见也……"

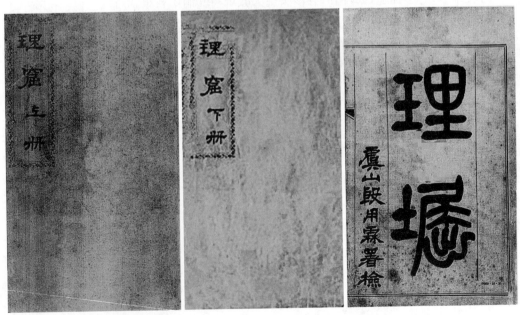

⊙《理窟》1920年版上下册封面及扉页

之后是著者写于光绪十二年(1886)夏的《理窟序》,3 页:"夫教以理为本,理之曲直,教之邪正所由分也,吾中国地处东方,富庶甲天下,文字之兴,为时最占,自汉魏以迄今日,上下数千年,三教并行,靡然一辙,佛氏尚空无,说多荒诞,道家尚仙真,事皆穿凿,儒士诚意正心,学问中正,而昭事之典,修省之功,身后之报,皆略而不明,平心衡量,每叹阙如,惟我天主正教,创自乾元,垂自太始,炎汉时大造降凡,重仲旨令,修己淑人之学,至于此而大成,较三教昉于古人,相悬不啻天壤,某也幸,自先祖奉教以来,业已八世,目染耳濡,所知确切,夙欲著一阐道之书,刊行问世,而秉铎之后,奔走于皖江淞水间者,寒暄八易,酬应纷如,莫遂所愿,己卯春,上游设益闻馆,命予掌馆政,遂将教中要旨,作为论说,按期分类,登列报章,迄今阅八稔,计三百余篇,就简删繁,仅存百首,分九卷,一主宰论,二耶稣传,三天主教论,四儒教论,六佛教论,七异端辨,八敦俗说,九魂鬼论,书成颜之曰理窟,盖自信不文,词锋莫竞,而理则出自正教,千古不磨也,愿阅是书者,会其理而略其词,则崇正绝邪,肇端乎此,而予之奢望,亦尽于是矣。"

全书 205 页,四册分九卷,上册卷一至卷四,下册卷五至卷九。九卷文章一百零四篇。

卷一《主宰论》,收《万物必有主宰论》《主宰无形论》《六经上帝与天即言主宰说》《万物一体辨》《太极不能生万物论》《天地元质考》《形天无灵论》《地舆无灵论》《地中异石考》和《地震解》。

卷二《耶稣论》,收《耶稣传》和《耶稣赞》。

卷三《天主教论》,收《耶稣为主宰降凡论》《耶稣推广天主教说》《答友人问教律书》《天主教非西洋教说》《读景教流行中国碑颂书后》《天主教为主宰真教说》《天主教化俗论》《天主教被诬辨》《教士部娶论》《天主教禁娶妄论》和《天主教禁出妻论》。

卷四《道教论》,收《老子谱系考》《道教本旨辨》《道教起于黄老辨》《书张道陵传后》《仙人辨》《八仙考》《尸解辨》《论养生》《论道家理所》《论道士》《斋戒论》《符箓辨》《道场论》《道家上帝辨》《城隍神论》《西王母考》《三清辨》《关壮缪论》《张仙考》《王灵官考》和《书三茅君传后》。

卷五《佛教论》,收《佛考》《千佛论》《论佛性》《劫数辨》《佛法入中国考》《论辟佛》《观世音论》《僧考》《方丈说》《尼说》《僧衣说》《僧徒受戒说》《参禅辨》《梵书考》《佛说观无量寿佛经书后》《诵佛经论》《佛经须弥山辨》《塔考》《释家道场说》

《因果无凭论》《天道辨》《人道辨》《阿修罗道辨》《畜牲道辨》《饿鬼道辨》《地狱道辨》《地狱问答》《戒杀生论》和《放生论》。

卷六《儒教论》，收《儒教论》《古儒真训多失真传说》《历朝遗书考》《大学中庸论》《孟子考》《毛诗考》《小戴礼论》《今儒论》《文昌主科第辨》和《三教堂论》。

卷七《异端辨》，收《风水》《测字论》《相术论》《推命论》《择日论》《祀灶说》《回煞辨》《雷斋辨》《乌鹊吉凶辨》和《烧衣烧纸论》。

卷八《魂鬼说》，收《原魂》《人各一魂说》《阳气为鬼辨》《人死魂散辨》《说鬼》和《病家舍药求神说》。

卷九《敦俗说》，收《论女子守贞不嫁》《创设女学论》《溺女论》《保婴说》和《购买奴婢说》。

《理窟》，实为李杕之文集。1886 年，他把自己发表在报刊的文章集为一书，名《理窟》。所谓"理窟"，有两个意思，一是"义理渊薮"，比喻才学之丰厚，"理窟未穷，词源渐吐"之意；二是指义理奥秘，如清黄宗羲《征君沉耕岩墓志铭》中说的：为文深入理窟而出之清真。"

笔者还见到过该书 1936 年的第七版，为上下册合集，416 页，内容同上。

续理窟

《续理窟》，下册，李杕著，上海主教惠重准，土山湾印书馆天主降生一千九百三十六年（1936）第三版。1915年初版和1926年再版，皆未见。

书前有上海吴馨手迹《叙》，写于民国三年（1914）九月，10页，其中说道："续理窟一书南沙李问渔先生遗著也友人为之搜集编次既竟索叙于予予受而读之全书睹

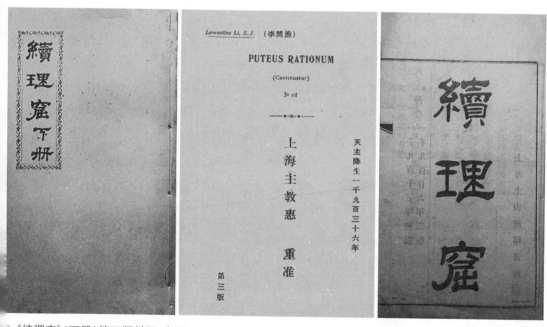

〇《续理窟》（下册）第三版封面、扉页

十万言阐微探隐说理透彻洵乎能深入显出名赴其实者矣综厥立言本旨要在正风俗破迷信贯穿科学归本真铨卓然成一家言值此共和初建谈论改革者多昧于自由真义而矫枉过正者又欲一扫而空之社会视线群集于法政问题而道德风纪之改良与否几成为不急之务。是书冀恢复人人之良知……"

之后有王念俭手迹《序》，7页。

全书449页，收文110篇，有标题，如《物数推原说》《万物受业于神灵论》《盘古论》《灵迹解》《真教十戒说》《求雨论》《释相》《斋素论》《古人狂言述》《戒醉酒说》《释怒》《论施舍》《天下通病说》《古今大戏场说》《天神论》《交友论》《心有怪疾说》《巫说》《图书宜知辩理说》和《多设公事室议》等。

李问渔逝世后，友人将其余作结集成书《续理窟》，民国四年（1915）出版，所收文章大多发表在他主编的《圣心报》《益闻报》上。大致可分四类，第一类，自然科学类，如《物数推原说》《达氏变类之说绝无凭证说》《猴不能变人论》《元质非自有论》《盘古论》等。这些文章介绍了西方科学知识，同时也用天主教的传统观点"解说"或反驳违教之学，映照出李问渔立场保守的一面，某些观点甚至比外籍传教士还保守。第二类，教义辩护类，如《天下真教独一无二论》《论辩教三法说》

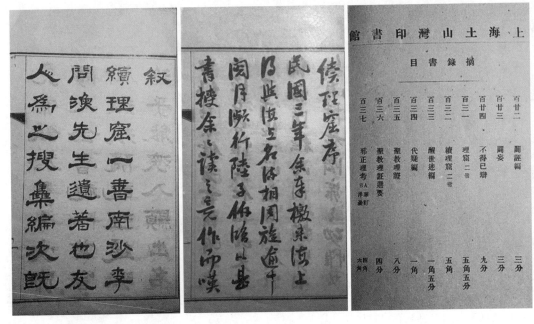

⊙《续理窟》内页及所附上海土山湾印书馆摘录书目

《人人当奉真教说》和《立国不可无真教说》等。第三类,时政类,如《苏报教案论书后》《辩沪报民教论》《驳新闻报五茸秋讯之非》和《图富强必须崇真教》等。针砭时弊,呼吁改革,具时代强音。第四类,杂论,如《停棺不如薄葬说》《作事益凭良心说》《傲为首恶论》《戒淫说》《论淫词小说之害》《释懒》《戒贪财说》《戒裸体说》《慎言说》《古今大戏场说》《论祭祖》《论冥婚》和《多设公书室议》等。文章主旨是尊崇中国传统文化的道德议论。

问渔先生好友,清末民初教育家吴馨在《序言》中说到此书:"旨要在正风俗,破迷信,贯穿科学,归本真铨,卓然成一家言。"

备终录

《备终录》，李杕著，上海土山湾印书馆印，江苏主教姚重准，天主降生一千九百二十六年（1926）上海土山湾慈母堂第五次印。

书前有作者写于光绪乙未冬的《备终录序》，3页：

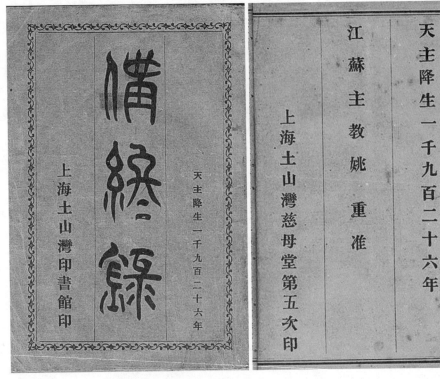

⊙《备终录》1926年版封面及版权页

"《备终录》一书,圣利高烈撰也,凡三十六首,首三端,端二节,先说道,次激情,通编论世事之幻,神魂之贵,后福之当求,永殃之宜避,言词恳挚,意义醒豁,细阅而玩索之,觉怦然心动,喟然自咎,善念之萌,不期然而自然,信士日阅一首,终而复始,必畏罪情殷,不犯大过,一旦危来仓猝,可无永陷之虞,书名《备终录》以此故也,按是编本意文,西海各邦,争相翻译,传诵万方,家喻户晓,自著成迄今,历一百四十稔,默化士庶,多类恒沙,惜中国未有译本,循绎无由,每为怅惘,山西田司铎文都与余作翰墨交,十有余载,公为教中书,不尚辞丽,当用方言,俾妇孺均能领会,故其著《前进略说》《守贞规范》《炼狱圣月》《仰合天主圣意》等书,皆清浅而不文,质朴而理实,光绪壬辰,公译《备终录》仍用俚语,奈功未竟而病殁,慨念人琴,曷胜浩叹,乙未夏,太原赵子让司铎,以公遗稿,邮寄抵余谓若续成而梓行之,益人非浅鲜也,余展缄阅之,见每端次节,遗而未翻,三端后,增祷语一则,每端首节,间亦稍删,窃意想书非《圣经》之比,何妨稍事损益,况西文与华文迥异,如必尽合西文,华文反滞而不顺,爰仍公之格,译其遗而削其烦,既成,上游准付梓,因述其缘起,为后有告云。"

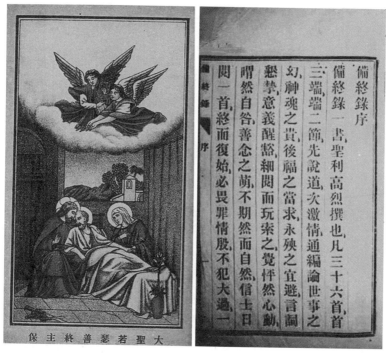

⊙《备终录》插图和内页

全书 302 页,收 36 首,各称之为"第一日"或"第三十六日",有标题,如第一日为《想人死后形象》;第十日为《想预备善终的法子》;第十五日为《想大罪的凶恶》;第二十日为《想罪人的糊涂》;第二十五日为《想公审判的威严》;第三十日为《想祈祷妙功》;第三十六日为《想仰合天主圣意》等。

书末有上海土山湾印书馆摘录书目 10 种。

徐文定公集

　　此文把《徐文定公集》和《增订徐文定公集》合述，以便明晰前后。

　　《徐文定公集》，清光绪二十二年（1896）上海慈母堂白纸排印本。它是上海地区最早被天主教徒称为"圣教三柱石"之首的著作。一册四卷，书首有徐文定公（徐光启）与利玛窦谈道图一幅。笔者所见，书前 20 余页，页下污损，风化掉屑。

⊙《徐文定公集》1896 年版扉页、插图及版权页

徐光启(1562—1633),字子先,号玄扈,天主教圣名保禄,谥文定。大明南直隶松江府上海县人,明朝末年西学、数学、天文、机械、水利、农学、军事学者,思想家、政治家、军事家,官至崇祯朝礼部尚书兼文渊阁大学士、内阁次辅。徐又是中西文化交流的先驱之一,是上海地区最早的天主教基督徒,作为热心和忠贞的教友领袖与护教士,被誉为明代"圣教三柱石"之首。

经查相关资料,此书曾有几种版本:一、光绪二十二年李杕《徐文定公集》四卷本;二、徐光启十一世孙徐允希在李杕著作的基础上重编五卷;三、(明)李文藻撰、徐允希辑、上海慈母堂清宣统元年(1909)铅印本。研究者更倾向于徐允希在李杕基础上重编的五卷本。

书前有南沙问渔李杕写于光绪丙申秋的《徐文定公集原序》:"圣教肪行一国。率有圣哲挺生。以非常之才。立德立言。彪炳一世。或又起死肉骨。不药瘵病。以耀人目。以警人心。于是所言必信。有感斯孚。过化存神。教泽深远。父传之子。子传之孙。虽遇艰难困厄。而信志坚贞。历千百年不变。如班有圣雅各而俗美。法有圣勒米而化行。印度有圣方济而崇正。皆明证也。我中国圣教始行。犹在元代。时有和德理者。亦圣贤中一人。宣训燕京。都士向化。后以遣返西邦。教未垂久。论者惜之。明季利子玛窦。航海来华。上海徐文定公与之友善。闻其教。首先崇奉。用其不世之才。力为推广。撰论说。译经书。陈奏朝廷。阐扬大义。教之所以行。公之力居多。迄今三百载。传二十余省。溯厥由来。讵容忘本。然延至今日。知公者其谁。丙申春。高司铎镐鼎。以法文著传教志。载公事颇详。皆宗古西人函牍。蒙读而悦之。译以华语。又录徐氏家乘。暨明史。畴人传等。都为一卷。以公之文。得像赞三。原道一。行述四。序与书各二。又奏稿如干。皆论火器历法。可见西学东来。教士为先导。而公实为译祖。噫。公诚伟人哉。文名盖当世。功业留简编。尤能信奉真教。簪笏立朝。绝不隐讳。若今之稍识之无。辄毁我圣教。刺刺不休者。何其不自量欤。"

在《增订徐文定公集》(李杕著,四百年诞辰纪念重刊)的书前,有《增订徐文定公集序》,李杕写于光绪戊申十二月:"徐文定公明季名臣也。秉浩荡刚大之气。抱凝粹雄杰之资。其为文闳博奇玮。峥嵘磅礴。其为学。网罗中外。阃究天人。其立身处世。沉浸乎道德之府。痛绝乎门户之心。稽其生平著作。有奏章。有经义。有诗艺。有徐氏庖言。有四书参同。有通宪图说。有兵事或问。

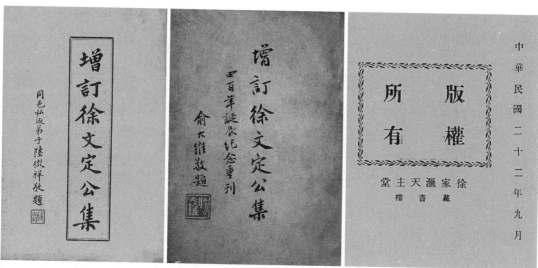

⊙《增订徐文定公集》1933 年版封面、扉页及版权页

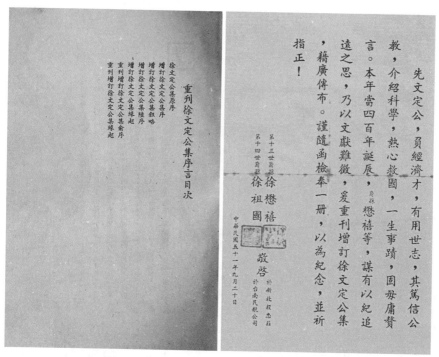

⊙《徐文定公集》内文二页

有西法历书。有农政全书。屈指二百余部。亦云富矣。惜哉兵燹频仍。辗转散佚。迄今所存十不一二。光绪丙申。余辑文定公集。惟得像赞原道书序奏稿各如干。读者兴叹阙如。不见全豹。戊申春公十一世孙。允希司铎。搜其家藏抄本。又得屯盐练兵等疏。各数万言。忠义之忱。跃跃于言表。公之时有李太常之藻。亦我教中名人。其文雄劲。大抵遗亡。允希君搜得十余篇。以附于公集。所以遂其追慕之意。亦以飨同人快睹之心也。"

另有《增订凡例》一篇："是书从明史。畴人传。上海县志。徐氏宗谱。明末教士函牍。编次辑译而成。事事率真。无稍穿凿。阅者可据为信史焉。原集不分部类。兹编篇目倍增。以类分订五卷。各卷篇次。俱按年月。以便稽核。屯盐疏稿。出诸家藏旧抄本。蛀蠹过半。治历疏稿。得诸泰西。残缺字页。无从考补。兹编悉仍其旧。以昭信实。文定公练兵治历。俱以各部推荐奉敕而行。故以敕谕部奏。冠于本卷首。李天经继公治历。完公之业。因附刊其疏稿数篇。以资考镜。李太常之藻。与公交最善。译有名理探。圜容较义。浑盖通宪图说。同文算指等书。其文雄劲。明世罕觏。兹集附录其文十篇。用明追慕先执至意。明季海禁未弛。西商不得入内地。邦交约款。悉未举行。其时称西人多用夷字。文定因之。幸勿误会。"

⊙《增订徐文定公集》封面及徐文定公像

　　之后还有《陆序》,民国二十有二年(1933)春,后学上海陆征祥识之于比国圣安德肋修院之慎独斋。另有《增订徐文定公集缘起》,由第十二世孙孙宗泽于民国二十有二年岁在昭阳作噩仲秋之月谨识。

　　全书 478 页,分为卷首上和卷首下。卷首上收:《本传》《年谱》和《诰命》等;卷首下收:《文定公行实》《附寿文二》《附利子奏疏》《附利子碑记》和《附墓志铭》。再分卷一至卷六,每卷收文若干。最后是补卷目录。书末还附有《正误表》12 页。

心箴

　　《心箴》,李问渔著,笔者所见两种版本。一种是上海慈母堂版,1905 年经江南主教姚重准重印;另一种是上海土山湾印书馆 1930 年第五版。

　　书前有插图多幅,另有作者(署"耶稣会后学李杕问渔氏识")写于光绪十六年(1890)的《序》:"夫人情易恶而难善也。欲撼之而志惵。境役之而神往。魔感之而心

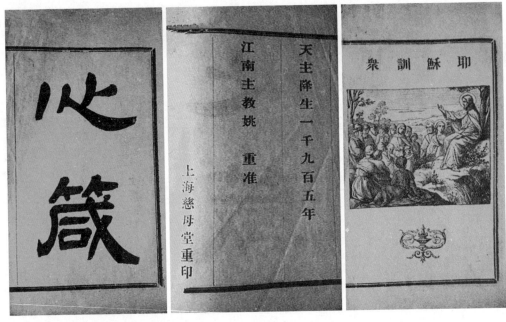

⊙《心箴》1905 年版封面、版权页及插图

怯。圣贤人卓尔自立。蒙宠特隆。不为三仇困。且能奋然兴起。猛然致力破鬼祟之计。积远大之功。若夫庸碌之徒。心志柔懦。一经诱引辄顺私情。奚啻倦眼闭而渐入黑甜。非闻大声疾呼。殊难觉醒。昔天主命依撒意亚曰发尔洪声。指责民罪此之谓也。杖著箴训廿四首。用为醒心之一助。名之曰心箴。词固浅俚。而理皆出自圣贤书。信人各置一编。随时披阅。殆可为座右箴也。"

全书 167 页,收 24 箴,第一箴《救你自己的灵魂用心么》,第二十四箴《儿女生徒你好好教训么》等。

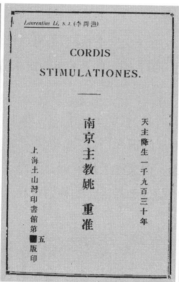

《心箴》1930 年版封面、版权页及插图

亚物演义

　　《亚物演义》,李杕撰,上海慈母堂经江南主教姚重准重印于1911年。据悉此书初版于清光绪十七年(1891),未见。

　　书前有"救世主一千八百九十一年耶稣会后学李杕识"的《亚物演义序》:"亚物贺词也。以其冠经首。故以名全经。西文称天使贺词。于经义为最合。华文名圣母经。似与他经易混。顾称谓虽异。旨意皆同。除天主经

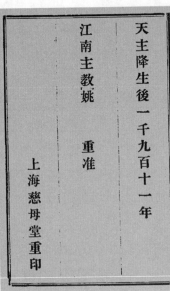

⊙《亚物演义》1911年版封面、版权页、插图

与圣事经外。无有如亚物一经缘起最尊。恩赦最多。裨益最大。传诵之广。亦当首屈一指。惜信人多不辨其妙。而喃喃者。徒尚唇舌。获报因之以寡。杕念及之。每为喟然。爰撷大圣利高烈前哲玻亚赉近人辣鲍尔特。与夫他名家之作。辑译一编。颜曰亚物演义。措词粗俚。何足披观。第念经义绝美。鲜偶少双。因忘颜汗下流。敢以公诸同好。如卷中有当削语。悉凭圣教主之。"

全书 91 页,收文 11 篇:《亚物原始》《亚物宝贵》《亚物奇效》《亚物》《玛亚利》《满被额辣济亚者》《主与尔偕焉》《女中尔为赞美尔胎子耶稣并为赞美》《天主圣母到利亚》《为我等罪人今祈天主》和《及我等死候亚孟》。不是教中之人,连这些题目都难以读通。

通史辑览

《通史辑览》，汇学课本，又名《万国史》。意国翟彬甫司铎原著，南汇李问渔司铎重译，土山湾慈母堂印行，天主降生一千九百十五年（中华民国四年，1915）第二次出版。

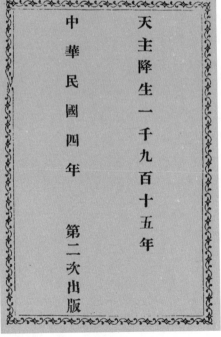

⊙《通史辑览》1915年版封面及版权页

　　书前有《通史辑览　总绪》:"释名　通史一名万国史。乃五大洲古今统史。泰西文人。记述纷如。繁简不一。兹惟译其简而易悟者。以便学生披读。故是编乃学堂中书。非寻常史乘比也。纪年例　史无论中西。必以年月纪事。西人以百年为一世纪,以耶稣降生之年为纪元。纪元后一百年为第一世纪。纪元后二百三百年。为第二第三世纪。直至今二十世纪。后世亦如之。其在耶稣生年之前。逆推而上。去生年愈远。则年数愈大。如纪元前二百三百年。一千二千年等是也。分卷　通史分四卷。曰上古史。曰中古史。曰近代史。曰今世史。自初生民至纪元后第四世纪。为上古史。自第五世纪至第十四世纪。为中古史。自十五世纪至十八世纪。为近代史。自十九世纪迄于今日。为今世史。读史裨益　读史之益多不胜言。扩胸怀。增识见。知胞与之责。免坐井之观。见前人之事业。奋发之心生。视蛮野之陋风。戒慎之意起。为车鉴。为祖鞭。明镜高悬。遇事易于审断。言行相顾。不敢缅越规箴。又国之盛衰。根于人心。人心之邪正。本乎宗教。宗教不正。何怪其立品不良。宗教而正。则民志迁移。化行俗美。国家之强盛。可拭目待。此皆于史中见之。译例　是编为翟彬甫司铎 P. Candide Vanara 所辑。原本法文。因中西文字。如风马背驰。予译之。不得不略为损益。又于人名旁加△。地名旁加▲。译音语与引证语。旁加密点。注之上下。隔以横线。以资醒目。(除华文已有定名外。地名人名。俱按法音译出。)"

　　全书 395 页,除总绪外,还收有上古史 11 课,中古史 10 课,近代史 10 课,今世史 8 课。每课皆有标题,如今世史中有:《今世总论》《法国革命》《法国及欧洲自一八零四年至一八十五年事》《一千八百十五年后欧洲国界》《东方问题中国十九世纪大事》《新兴诸国》《十九世纪工商学艺》《十九世纪国计民生宗教》《今世表》《各国别史》和《世界大事表》。

耶稣受难记略

《耶稣受难记略》，李问渔（Lanrenlius Li. S. J）著，上海土山湾印书馆天主降生一千九百二十九年（1929）经南京主教姚准第四版印刷。

全书仅 26 页，通篇如同"讲故事"，详述耶稣的受难。

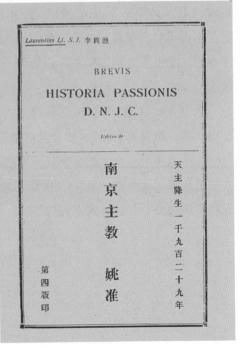

⊙《耶稣受难记略》1929 年版封面及版权页

砭傲金针

《砭傲金针》,李杕著,江南主教倪准,天主降生一千八百八十四年(1884)慈母堂印。

无封面,扉页盖有一章,属徐家汇藏书楼之藏书。"金针"之"针"为繁体"鍼"。

书前有"耶稣会后学李问渔识"于光绪九年(1883)仲冬的《砭傲金针原序》:"今天下有通病焉,人无论古今,地无论中外,位无论尊卑贵贱,无一人不染是病,染而死者,不知凡几,染而自知其病者,千万中一二,其病维何,傲是也,傲之生也,根于自爱,自爱甚,则安乐是图,而迷色贪饕懒惰之恶生矣,自爱甚,则善不与人同,而嫉妒之恶生矣,自爱甚,则私其所有,而悭吝之恶生矣,自爱甚,则不能含忍困厄,而忿怒之恶生矣,推而至背弃。上主,致害他人,失宠恩,坠地狱,无一非骄傲兆其端,所谓染而死者此也,予夙知西国有金书一卷,虽奇零小本,而其言克傲良规,最不深切,曾偶一见之,未尝竟读,今春本省主教倪大司牧方披阅是书,执以示予曰,此善本也,译而公之同好,当必有益于身心,予曰诺,谨闻命矣,退而阅之,觉书旨以治傲为本,无异金针之可以砭疾,爰撮其意,译其文,将曲折过多,难于翻译之处,略为删易,书成,名之曰砭傲金针,所以治天下通病也,夫人有是病而不欲去之,固莫如之何,有是病而必欲去之,则非砭刺不为功,所谓克傲

⊙《砭傲金针》1884 年版封面

是也,予今出此金针,公诸天下同染傲病者,至其砭与不砭,则由其自主焉尔。"

另有著者光绪九年冬月写于益闻馆的《重镌砭傲金针序》,三页:"善书之益人心,犹药石之治人疾也,药不贵繁多,而贵灵验,亦不贵验于一病,而贵验于百病,苟有一良剂出,购之甚易,携之甚便,服之又甚灵,无论外创内恙,均能力到春回,吾知士庶官商,皆将争购之以藏身畔,意谓仓猝不测,将于是乎赖矣,予去年译砭傲金针一书,其意旨宏深洵万恶药石也,又系奇零小本,得之易,携之便,藏诸身畔不嫌其累赘也,当时排印颇多,深恐久储高阁,讵不胫自行,遝迩索取,未一载架上已空,无以供求阅之愿,爰将是书改易数十字,重付手民,刊行问世,惟恐人不知其由来,因弁以数百言,用志重镌之本意云。"

全书 74 页,收近百则,每则说一理,如第七十七则:"一言既出,驷马难追,未出言前,当思合理与否,合则出,不合则止,括囊无咎,言不可轻易出也。"实际这是中国的一个成语。又如:"判人功过,乃天主之事,非我所能僭,故人有过恶,概当箝口而勿言。"又带有了明显的宗教意识。

李平书（1854—1927），改名钟珏，字平书，一字君玉，号瑟斋，60岁别号且顽，宝山县高桥（今浦东新区高桥镇）人，光绪十一年（1885）考得优贡生，以知县用，署理陆丰、新宁、遂溪三县事，后任湖北武备学堂提调、江南机器制造局提调、通商银行总董、上海城厢内外总工程局总董、上海城自治公所总董等职。在辛亥革命上海光复中发挥重要作用，被推为上海民政总长和江苏民政司长，上海地方建设上颇多建树。73岁谢世，葬于浦东二十二保二十三图高桥北印家桥，上海城隍庙九曲桥旁塑有铜像。撰有《新嘉坡风土记》等。

且顽老人七十岁自叙

《且顽老人七十岁自叙》,李平书著,中华书局聚珍仿宋版宣纸线装,未印出版起由和时间,但据推算,出版于民国十三年(1924)。

全书 4 册,半页版式,高 15.5 厘米、宽 10.5 厘米,10 行、每行 20 字,粗黑框,单鱼尾。书式高 28.5 厘米、宽 14.5 厘米。封面由唐驼题字,内页由俞复题签。书内收录有许人后、耿道仲、何维朴、金武祥、黄炳辰、冯迥、冯

⊙《且顽老人七十岁自叙》内页、插图二幅

超然、翁缓琪和吴昌硕等人的祝寿书画与诗文,李平书与友人的合影,书未有助印该书者名单。

作者在书末有段话,似跋语,文言,无标点:"且顽老人作七十岁自叙毕乃言曰余少年孤露习贾不成还学举业年十七一衿幸获自谓取青紫如拾芥蹭蹬十余年始贡成均廷试以知县用壮心未已犹两下南北闱始绝玉堂之望己丑掣签到粤既为俗吏誓矢清心初绾县符谬邀嘉奖再三摄篆益懔冰渊既而罢职归田未遂初服鄂垣佐幕武学兼提量移沪滨十年制造梓乡服务自治肇基逮乎光复之初摄行民政勉力期年仔肩获卸癸丑一役保卫闾阎嫌疑蒙难居东三载始返故邦近岁以来两折雁行鸰原抱痛强颜欢乐壮志消磨日月不居忽觉七旬已届回念阔壮如在梦中爰溯生平作一结束事皆实在语不铺张庄子曰大言炎炎小言詹詹余之所叙皆詹詹之言也阅者作一种小说观可尔"。

封面书名《且顽老人七十岁自叙》,扉页及书页书名为《且顽七十岁自叙》,虽有小异,但无大碍,且后者更准确。

书名所说"且顽",是李平书60岁时所取别号。李平书以编年体自叙70年生活经历。先专学举业,30余岁始得入仕,擢署陆丰、新宇、遂溪县事,但因调集民团抵抗法军侵占广州湾一事被革职;后奉张之洞令,调赴湖北,历办文案和武

⊙ 题词及肖像图

335

备学堂。其间他接触西学，游历新加坡，逐渐接受了西方资产阶级民主政治思想，从清王朝的一名地方官吏转化成了资产阶级维新改良运动的一员主将，团结上海绅商，致力于社会改良和地方自治而多有贡献，进而转向革命，助成上海"光复"，并任上海民政总长和江苏省民政司长。"二次革命"失败后，他绝意政治，专注于书画和金石古籍。70 时，李平书"回念少壮，如在梦中"，故本"事皆实在，语不铺张"之旨，"爰溯生平，作结束"，更浓墨叙述了己亥时遂溪县务和辛亥上海光复两件事之始末，以明真相。

对于 19 世纪末，20 世纪初的上海历史来讲，李平书是一位不能忽略的人物。作为绅商代表人物，李的坎坷经历使他具备了"审察情势，以为进止"的自觉，对上海城市近代化多有创世之举和推助之功。沿着李平书的活动轨迹，《自叙》展示清末政府的腐败劣迹、民众的生活状态、学子求仕的艰难经历，展示了上海中西文化交汇的历史进程及西学东渐引起上海社会意识形态、市井风尚变迁的过程。《自叙》对于上海地方自治和市政改良，包括修路、筑桥、办学、医疗等一系列实业、文教、卫生、警务与市政事业的建设与规划；对于上海辛亥起义的源起、过程和结果，包括上海商团的设立、壮大、绅商政治倾向的转变及其与中部同盟会、光复会人物的联络合作，对清政府官员及军队的宣传策反，都有着详细的叙述，从中可看到自来水、电灯、电车、西医、西药等在上海县城"华界"的产生和发展，看到拆除已成为城市发展桎梏的旧城，对后来上海发展所产生深远影响的历史进程。

李平书出生于中医世家，对医学很有兴趣，著有《读素随笔》两卷，医道也相当高明。曾与陈莲舫一起为盛宣怀、岑毓英治病。李平书在上海还创办了上海医院、沪南神明医院和粹华制药公司。该书附录中还附有李平书所集中医药方。李还是位收藏家，擅书法，晚年在江苏昆山建"平泉书屋"，书屋藏有珍贵书画作品，《自叙》中还录有几幅书画和碑刻拓片。

平泉书屋书画目录

　　《平泉书屋书画目录》,平泉书屋收藏,三光堂(东京市神田美土代町二丁目一番地)印刷,中国古书画东京出张所(东京市总町区有乐町一丁目三番地)发行,大正二年(1913)十月出版。

　　全书收晋顾恺之至明940件书画作品。如唐褚遂良长笛赋小楷卷(纸本),唐王维江干雪霁图卷(绢本),唐李思训青绿山水卷(绢本),唐周昉百美图卷(绢本)等。

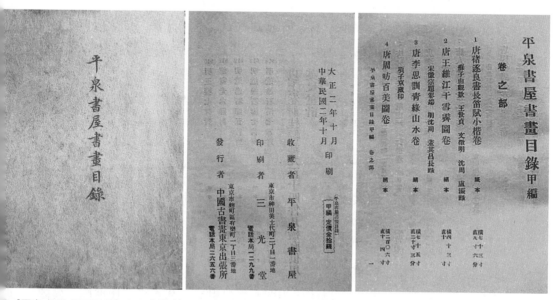

（）《平泉书屋书画目录》1913年版封面、版权页及目录

337

李平书，斋号"平泉书屋"，擅书法，终生嗜古，晚年尤甚。尤钟情书画金石，收藏唐宋元明清名画法书丛帖颇富，不乏稀珍。他常邀海上名家共赏，还经常参加各种美术社团活动，交友甚广。1910年上海书画研究会成立，李平书任第一届总理（会长）。首任会长汪洵去世后，由吴昌硕出任会长，哈少甫、王一亭任副会长。1918年春，75岁高龄的吴昌硕赠李巨幅《古雪梅花图》（此画现藏杭州西泠印社）。李为了收藏这些瑰宝，设立了"平泉书局"，自购最先进的珂罗版印刷机，精印其中的珍品。如《晋右军将军王羲之墨宝》一册，收草书24页，附唐代虞世南、元代赵孟頫等的鉴赏跋文，首页盖有"李钟珏所得金石书画鉴赏印"，扉页印"平泉书屋藏真、不许复印"，盖"平泉书屋珍藏书画之章"，每页皆盖"平泉书屋李氏藏真"骑缝红印，前后有10种不同印章，可见对珍品之喜爱。1912年，李意外得到一部全字本《娄寿碑》，引起当时学术界很大反响。"经诸书家审定，确为宋拓"（郑逸梅语）。为使该拓流传，李平书请来日本人丰仓氏为技师，经反复实验，最终印成精装平泉书屋藏足字本《娄寿碑》240部，印制精美，数量极少，时至今日，不知还留存多少。

1914年11月，李平书避难日本，在神户中华会馆展览其收藏的唐宋元名画，并将其中20件稀世珍宝刊印成《平泉书屋古画第一集》，图册售价银10余元，得者珍而藏之。除画册，还编著《平泉书屋书画目录》，至今罕见，弥足珍贵。

书中有平泉书屋主人写于癸丑初冬的《平泉书屋书画目录甲编例言》，其中说道："自魏晋六朝，以迄清代。凡以书画著称者。不知凡几。自宋宣和著录，以至近世收藏家。凡记载书画之书。亦不知凡几。然而前代记载之书。今存者已寥寥。况古书画乎。物以罕而见珍。愈珍则愈秘。秘之久而或毁于火。或沈于水。或为愚鲁子孙，置之故纸堆中。渐以渐灭。聚之愈多。其毁亦多。盖古今宝物之毁。大都毁于秘藏。凡物皆然。不独古书画也。须知天下之宝。当与天下共之。与其一人珍而藏之。何若天下人共珍而共藏之。余持此义。故愿以所藏书画公诸同好。爰编目录。并为例言如左。鄙人素好书画。自辛北岁宦导粤东。渐次收藏。至辛亥光复后。投者愈多。竟有美不胜收之憾。今年六月。统计所得。卷八百件。册七百件。挂幅二千余件。邀请名家陆廉夫、吴昌硕、裴伯谦、俞粟庐、沈雪庐、何熙伯、诸君。鉴别淘汰。存卷七百。册六百。挂幅千五百。拟编目录。未果。此次东游。行箧所携。明以上名迹居多。故今编次目录。以明代为断。名曰甲编。其前清一代书画。俟邮寄到日。另辑乙编出版。……"

新嘉坡风土记

《新嘉坡风土记》，李锺珏著，长沙使院刻本，光绪年乙未(1895)仲夏刊于长沙使院。

书前在作者写的《新嘉坡风土记叙言》，署名"上海李锺珏"，全文无标点："光绪二年丙子六月锺珏始游京师识青浦席淦翰伯因翰伯识元和汪凤池药阶凤藻芝房昆仲暨汉军左秉隆子兴药阶以乙亥举人供职

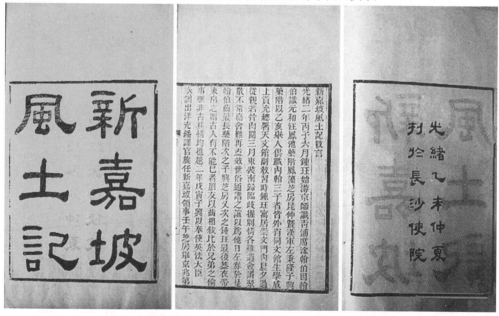

⊙《新嘉坡风土记》1895 年版封面及内页

内翰三子者皆外省同文馆生学成上贡充总署天文馆副教习时锺珏寓居崇文门内

晨夕过从亲若骨肉阅三月束装南归临歧握别情各难遣金谓聚散不常嘉会难再盍
效世俗通谱之谊以为他日左券于是翰伯齿最长药阶次之子兴芝房又次之锺珏最
后盖衣带束帛之赠古人有不能已者朋友以齿相叙比于兄弟之伦事虽非古其情均
也越二年戊寅子兴以奉使英法大臣　奏调出洋充翻译官旋任新嘉坡领事壬午芝
房举京兆第二明年癸未入词林翰伯药阶亦已晋级独锺珏佗傺如故每以青云难致
良朋相见无期用怀惭愤丙戌以优贡北上恭应　廷试获与翰伯药阶芝房重话旧好
中酒辄言曰今日欢乐不减畴昔顾安得飞身天南复与子兴把臂乎八月出都家居无
□时动南游之念请于吾母曰可十二月航海至粤先以书达子兴约来岁二月赴新嘉
坡丁亥正月杪至香港得吾母病耗折而归疾已痊可居一月母将成子之志促装戒行
三月中旬重至粤东游澳门旬日四月下旬始门香港乘轮船南发行九日而至盖后四
月朔也昔张敏与高惠友每相思不能得见敏于梦中往寻但行至半途即迷不知路故
沈约诗曰梦中不识路何以慰相思今锺珏一岁之中（编者注：此后有二十二字不
清）事大抵然矣既与子兴见下榻公署谈论不辍如班尹之永夕并乘遨游如郭李之

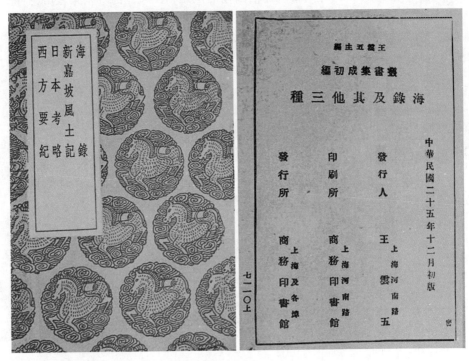

⊙《海录及其他三种》1936年版初版封面及版权页

同舟视昨岁京中与翰伯诸子欢乐不更有加耶居币月杂记风土若干则录而存之以志鸿爪叙其缘起如此亦以见斯游之非偶焉尔"。

　　光绪十二年，李平书以优贡资格参加朝考，获得一等第十名。随即赴广州、香港、澳门及西贡、新加坡等地考察政治、经济状况。此书记载或写成，就是在这一时期。到光绪十九年，他先后署任广东陵丰、新宁、遂溪的知县。在遂溪任职时，曾组织团练击退法军入侵，后反遭革职处分。

　　另见一种《海录及其他三种》，内收《海录》《新嘉坡风土记》《日本考略》《西方要纪》，商务印书馆民国二十五年(1936)十二月初版，属"丛书集成初编"。因《新嘉坡风土记》列于其中，故在此附带记之。

陆诒（1911—1997），江苏南汇（今属上海浦东新区）人，字翼维，笔名陆诒、静芬、芬君。1931年进《新闻报》画刊编辑室实习，历任上海《新闻报》《大公报》记者，汉口、重庆《新华日报》记者、编委，上海《联合晚报》《联合日报》编委、记者等。淞沪抗战爆发后，采写十九路军抗击日军的事迹。日军进攻热河，上前线采访，发表《热河失陷目击记》等通讯。抗战期间，足迹遍及全国，及时翔实记录和报道中华民族反击侵略者的消息。曾访问过毛泽东、周恩来、朱德、彭德怀、邓小平等领导人，采访过蔡廷锴、冯玉祥、张自忠等抗日爱国将领，为宣传中国共产党的政治主张和抗日决心，宣传抗日民族统一战线作出过重大贡献。1949年后历任上海《新闻日报》编委、副总编辑，中国新闻社理事，复旦大学兼职教授。中国共产党党员，中国民主同盟盟员。代表作有《前线巡礼》《火线上的五路军》《热河失陷目击记》和《战地萍踪》等。

热河失陷目击记

　　《热河失陷目击记》,陆诒著,参考资料编译者中外出版公司编译所,中外出版公司(上海麦赛而蒂罗路90号,现今兴安路)出版,发行人明耀五,民国二十二年(1933)五月初版,不知印数,每册实价1元。封面、扉页和版权页印"附关于热河参考资料"。

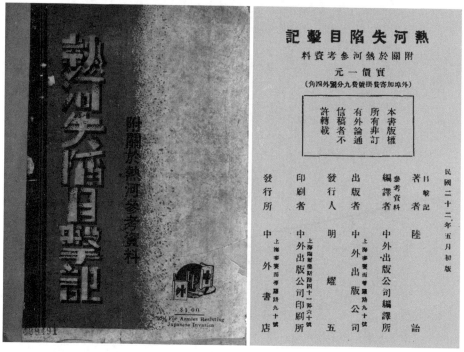

⊙《热河失陷目击记》1933年初版封面及版权页

封面右下角有中外书店的标记。中外书店与中外出版公司同址,看来是名称不同的同一个出版机构。在版权页中的框内,印有一行文字,较少见:"本书版权所有非订有外论通信稿者不许转载",也就是说,订过外论通信稿者可以转载,不受版权的制约。

全书 263 页,内有插图多幅,有史料价值。

此书作者陆诒,应该说是个大名鼎鼎的记者,然而不在新闻界者也许并不熟悉。除这一版本,笔者曾经还在上海文庙旧书市场中见到过陆的另两种版本:《前线巡礼》和《津浦线荡寇记》,可惜当时均未收入囊中。

中外出版公司的创办者明耀五,更是一个陌生者。笔者是在偶然翻阅良友公司创办人伍联德的资料中发现的。明是伍联德的广东同乡,伍在创业初,就是约请了同乡余汉生和明耀五来协助的。至于,后来明是如何去办中外出版公司的,则是空白,由知情者填空。

另有一页,印有致购买此书读者的文字:"□□先生惠购热河失陷目击记一

⊙《热河失陷目击记》插图二幅

册以半价五角捐助抗日各军除填发收据并俟捐款汇到前方取得印收再行登报公布外谨先志谢并恳广为介绍俾国人咸认识热河而激发收复失土之决心将士得沾厚惠而完成抗日御侮之大业是所感盼　中外出版公司"。

书前空白页印:"谨献于九一八以来抗日卫国及今后矢志收复失土之诸将士"。

全书 374 页,收有三序:陈彬和《序一》,袁殊《序二》和明耀五《序三》。

前线巡礼

《前线巡礼》陆诒著,大路书店(汉口交通路四十一号)发行,民国二十七年(1938)二月初版,不知印数,每册实价国币2角5分。开明书店、生活书店、上海杂志公司经售。封面书名由陆诒亲笔题写。

封底和扉页皆印有大路书店的出版标记。

书前有潘梓年写于1938年2月14日夜的《序言》,3页,其中说道:"陆诒先生这一本通讯集子——前线巡礼,其实是用不到什么人来介绍的。因为陆先生自己就是很

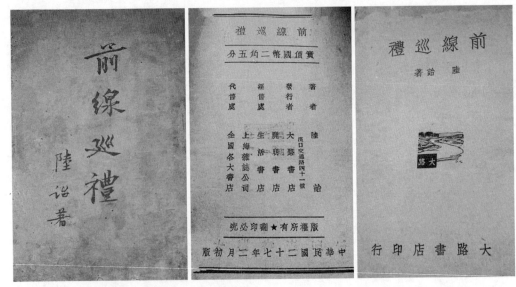

⊙《前线巡礼》1938年初版封面、版权页及扉页

好的介绍者;他在新闻界已是一个无人不知的名记者,他的通讯早就人人赞赏。那里还需要人来介绍。而且这里所写到的,又是从晋北而陕北而宁夏那样引人注意的地带上的形形色色,所以各篇的通讯题目,也够自己介绍了。如果一定有介绍的话,那么,只好讲一点题外的东西吧。陆先生是中国战地记者之一。在中国,战地记者的受人重视,恐怕不能说不是长江,秋江,陆诒等等几个人的劳绩。这不是没有原因的。不只是由于这几位记者文字受人欢迎,主要的还是由于他们的取材,观点,作风等都有其特异之处。原来,在我们争取民族生存的抗战上,战地记者是有其主要意义的。我们只看几条简单的战讯,对前方情况还不够了解;我们不只要知道前方的胜负,我们还需要知道胜是怎样胜的,败是怎样败的,更需要知道战地一般人民的活动与情绪以及武装队伍的动态。这就非有战地记者向我们有系统,有分析,有批评的报导不可。因此,我们记者不只要有进步的思想,而且还要在军事上,政治上,民情风俗等等学问上有相当的素养。陆先生他们几位记者的受人景慕,原因就在于此。……这本书取名前线,其实所写的是前线一部分即西北线的景象。这一方面的写作,如果长江先生的西线风云是第一本,那陆先生这本就是第二本。这两本书都在整个国防上有着不少的价值,而陆先生似乎又有他自己的特色。……"

这篇《序言》写得朴实,叙述平稳而有逻辑,令人钦佩。潘梓年,1927年加入中国共产党,是《新华日报》的创办者,有"中共第一报人"之称。他最早创新党报管理方法,并提出"编得好、出得早、销得多"的九字方针。

全书101页,分3章,每章收文若干:《走上西战场》(《娘子关血战记》《从寿阳到临汾》《冀察晋边区的游击战》《旧关之战》《今日的西安》);《陕北之行》(《延安进行曲》《毛泽东谈抗战前途》《彭德怀谈前方游击战争》《周恩来谈抗战新形势》);《宁夏之行》(《平凉巡礼》《甘宁道上》《骑兵门师的战绩》《暂时沉静的西线》和《国防前线的宁夏》)。

台儿庄血战记

这是一篇综合文字,把陆诒与他人合著的版本放在一起介绍。这些版本是:《台儿庄血战记》(陈诚、陆诒合著)、《中原大战的序幕》(陆诒等著)、《毛泽东会见记》(陆诒、史诺著)。

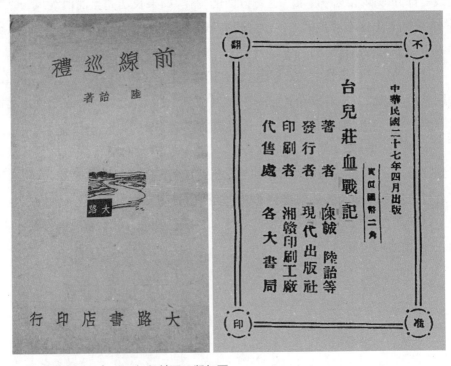

⊙《台儿庄血战记》1938年版封面及版权页

《台儿庄血战记》，陈诚、陆诒等著，实际是多人合著。现代出版社发行，民国二十七年(1938)四月出版，不知印数，每册实价国币2角。湘赣印刷工厂印刷。封面除书名等外，还在细框内印有六条口号标语，其中有"杀尽倭奴！"等。此书虽署"陆诒"名，但书中只收有他的两篇文章：《踏进台儿庄》和《胜利前夜的台儿庄》。另外有郭沫若的《鲁南胜利的外因》，汪精卫的《台儿庄胜利的意义》，王平陵的《光荣的台儿庄大战》等。

《中原大战的序幕》，陆诒等著，所谓"等"，人数不下20人。在此书中收陆诒文章2篇：《信阳两日》和《从信阳到六安》。在这20多人中有朱德、陆定一、长江，以及不知名者如汪铿、刘尚均、清涛、易明等，有些是笔名，不知真名实姓。此书为战时出版社刊行，属"战时小丛刊八二"，分为四编：一、《战局论》；二、《北线战影》；三、《活跃的游击队》；四、《前方的后方》。这套丛书出版于1937年至1939年，到底出了多少种，不知。但据笔者所知的书目有89种(估计在百种)，第1种是赵景深的《战时大鼓词》(1938年1月初版)，第89种是丁三编的《抗战中的郭沫若》。

⊙《中原大战的序幕》封面及版权页

⊙《毛泽东会见记》封面、版权页及扉页

　　《毛泽东会见记》，陆诒、史诺著，汉口新人书店出版，民国二十七年（1938）一月再版，不知印数，每册实价国币 1 角 5 分。此书虽为两人所著，但实际只是两人各自的单篇，陆诒的《延安访问记》和史诺的《保安会见记》，只不过两篇都谈到了对毛泽东的访问。这种"拉郎配"式的图书，在当时也属正常，虽缺乏版权意识，但在书荒时期仍不失为一种"变通"的办法。

　　除此，还有一种陆诒、顾执中合著的《到青海去》，已经选入本书，读者可参见《顾执中》篇，此处不再赘述。

　　另外还有一种，只见书目资料，未见版本实物的《西线战绩》，由陆诒、秋江、侬非和季云合著，吕菲编选，汉口大时代书店 1938 年 5 月初版。其中收有陆诒的《保卫绥西的重要性》和《骑兵门师的战绩》。这类编选的版本，大多"炒冷饭"，一篇文章会在多种图书中采用。

　　其实，笔者对其中所提"秋江"感兴趣。潘梓年把他与范长江、陆诒相提并论。据笔者在当记者时所知，新闻界外勤记者"三套马车"即此三人。秋江，即孟秋江，生于 1910 年，原名孟可权，江苏常州人。1935 年和范长江在西北采访，发表过大量旅行通讯。1936 年曾以上海《新闻报》记者名义赴绥远前线采访。1937 年任《大公报》记者，写过名作《在南口迂回线上》《大战平型关》等战地通讯。1937 年访问延安，受毛泽东接见。1938 年任《新华日报》记者，与范长江等发起成立国际新闻社。1941 年加入中国共产党。

陆培亮（1888—1969），字叔昂，江苏川沙（今上海市浦东新区）人。陆炳麟三子。上海龙门师范学堂毕业，给奖师范科贡生，加训导。1912年任川沙县视学。1913年任川沙县立高等小学校长。1923年任川沙县教育局督学。后随黄炎培、江问渔等主持赵家渡、徐公桥等地乡村改进会，任善人桥乡村改进会顾问。抗战前夕，到武汉、湘西、成都等地，历任多处中华教育社分社主任。抗战胜利后到上海纺织厂工作，主总务。代表作有《川沙县教育状况》《民国六年上海三区教育概况》和《川沙乡土志》等。

川沙县教育状况

　　《川沙县教育状况》第一期,编纂于民国四年(1915)八月,陆培亮、陈有恒、杨承震编辑。书长 260 毫米,宽188 毫米,相当于 16 开本,纸质平装。封面书有"中华民国四年八月""川沙县教育状况""第一期"等字样。内页正文分上下两栏竖排,另有插页 8 面。

　　根据《川沙县志》(上海人民出版社 1990 年版)记载,此报告编者——陆培亮(1888—1969),字叔昂,川沙城厢镇人,陆炳麟三子。民国四年前后,陆培亮正在川沙从事教育工作。

　　另一位编者陈有恒(1877—1952),字久余,也在川沙长期从事学校建设和教育文化工作。《川沙县志》记载,陈有恒"杨园乡上游村人。曾历任高昌乡乡董、议长、松属七县慈善款产董事等职。修民国《川沙县志》任分纂兼审查。……杨园小学、振北小学、三益小学及惠北小学等创办均为发起人"。

　　还有一位编者杨承震(1886—1960),也是川沙合庆乡人,"幼随父就学,光绪三十年(1904)入广明师范,毕业后先后在浦东中学附属高小、杨园小学等校任教,后历任区学务委员、县视学等职二十年,曾代理教育局长张志鹤主持局务。……民国四年,与陆培亮一起于城厢镇积谷仓(今北门集市贸易市场所在地)创办私立川沙中学"。

　　《川沙县教育状况》是陆培亮的重要著作之一，此外他还著有《民国六年上海三区教育概况》《徐公桥乡村改进会情况》和《川沙乡土志》。陈有恒除参与此书编辑，以后还参与陆炳麟主持、黄炎培主纂的民国《川沙县志》，任分纂兼审查。杨承震还著有《东游日志》，由中华书局出版，可惜未见版本实物。

⊙《川沙县教育状况》(第一期)1915 年版封面及插页

此书收有:《摄影》《宣言》《统计》《经费》《职员》《规程》《报告》和《会议》等部分。在《摄影》部分,除有三位编辑的照片外,较有价值的是"川沙县第二次教育成绩展览会陈列室"照片和张志鹤穿洋服照片。《宣言》部分主要阐述对本邑今后教育的意见。《统计》以表格形式,突出川沙学校、学生资助、学生得奖等方面的具体信息。《经费》和《职员》两部分,也以表格形式列出学校经费、县市乡教育经费、行政人员职教员和嘉奖教员的数据。《规程》收录学务委员会章程、校长规则、教育款产实施细则。《报告》通过县视学、学务委员会、成绩展览会、参观笔记,多角度呈现川沙县教育状况。《会议》主要是一些重要会议以及讨论记录。

综观此书,编者力图著成一份较全面、完整反映川沙县教育的资料。正如编者在《编者识》中所说的:"不敢云备但求于过去之状况将来有所稽考而已"。

书中有张志鹤穿洋服的照片,在照片上方贴有一段重排的文字:"张君志鹤字伯初川沙九团人历任川沙劝学所总董兼厅视学光复后任县署学务课课长兼县视学本境教育规画之功张君居多民国三年慨捐银一千余元于九团三甲创办三甲初等小学校一方子弟得以普沾教育(备注)此段被手民漏排补填于此"。

川沙县乡土课本

本文属综合文字，把有关川沙"乡土"方面的两种版本一起介绍。

《川沙县乡土课本》，陆培亮编著，川沙县署第三科发行，民国二年(1913)八月出版，铅印线装本，不知印数，每册实价大洋 3 角。书名为《川沙县乡土课本》，版权页左

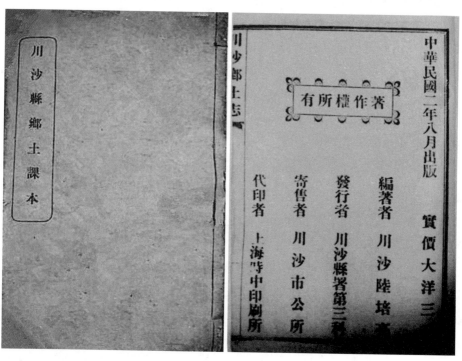

⊙《川沙县乡土课本》1913 年封面及版权页

侧印《川沙乡土志》。川沙市公所寄售，上海时中印刷所代印。

　　书前有川沙县知事公署第三科写的《序言》，无标点："民国肇建教育为先环顾列邦文化竞进今之学者诚宜通晓世界之大势矣查教育部定章初等小学不设地理课童蒙入学欲令稍知大势固无由以资启发然遽授以地理课究未足与语高深此乡土课本为教授初等小学所不可阙也川邑僻处海隅乡土向未编有成本民国二年本境各小学咸以编印分发为请本公署爰商由县视学陆君培亮担任编者乡土志共凡六十课其中于地方疆域形势风俗人情靡不悉备书成略加参校即付印分发各校俾童蒙读之得以由浅入深循而课以地理即通晓世界之大抛不难矣则是书之关系非浅也爰序数语以并简端"。

　　全书收 60 课，如《建置》《城垣》《疆域》《河道》《遗迹》《习艺所》《救火会》《商团》《方言》《户口》《钱粮》《坟墓》《商业》《交通》《地方光复》《岳碑》和《杨斯盛》等。

　　《川沙乡土志》，缺书影等图片。陆培亮编，民国二年(1913)八月上海时中印刷所竖排铅印本一册。版式为双栏框、单鱼尾，版高 16.3 厘米，宽 11.4 厘米，单页 9 行，满行 21 字。全书共 23 版面 46 页。版权页除标明"著作权所有"外，还标有发行者为川沙县署第三科，寄售者为川沙市公所，售价标明为实价大洋 3 分。

　　该书为民国初年小学讲授乡土地理之教材，共分 60 课，篇目与《川沙县乡土课本》同。因此书为小学教材，故每课文字不足百字，最少者仅 36 字，如第二课城垣："明嘉靖间，倭夷时来内犯，乔镗建议筑城以御之，境宇遂安。城广四里，高二丈八尺，门凡有四。"尽管文字简要，但 60 课的内容基本勾勒出了当时川沙县的基本乡土历史概况，也可见当时对一地乡土历史的重视，重视的是对一地历史文化的启蒙教育。

　　该书的序言有别于一般图书，序言的作者署名为"川沙县知事公署第三科识"，而不是具体某一人。序文详见《川沙县乡土课本》篇。

　　由《序言》而得知本书的编写者陆培亮为当时川沙县的视学。在黄炎培主编的《川沙县志》卷十五《艺文志》中著录有《川沙乡土志》一卷。

　　此书文字浅近易读，是民国早期出版的一种较为翔实的乡土教材资料，是一份研究清末民初浦东地方的重要参考文献。此书出版两年后，由作者修改后再版，故形成 60 课和 72 课两种版本。浦东档案馆中藏有 60 课的第一种版本《川沙乡土志》。陆培亮在再版时的《序言》中称"欲善成儿童爱国之思想，当先善成爱乡之观念"。此言今日仍可作育人之准则。

幼稚国文

《幼稚国文》,陈有恒、陆培荣、杨承震、陆培亮著,中华书局(上海静安寺路一九二号)印刷发行,民国九年(1920)三月六版,不知印数,每册定价银5分。1915年12月初版,未见。

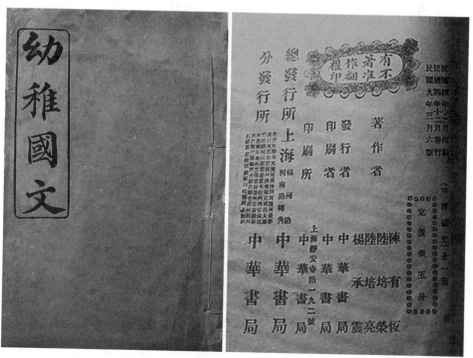

⊙《幼稚国文》1920年六版封面及版权页

　　这是一本民国早期的学龄前儿童的国文读本,也就是如同现今的识字读本,区别在于文字的繁简,或有无拼音文字。

　　在书前印有一段文字:"本书专供幼稚班之用书中凡一百二十字每周授国文三课每课授二字足供二十周之用"。幼儿读这些并不通俗简易的文字,完全需凭口诵熟读,诸如"羽爪上下""大小伯叔""人山石泥""铜铁锡铅",等等,即便是如今的小学生,也未必全识能读,可见有着一定难度。

　　此书著者 4 人的有关情况,可参阅《川沙县教育状况》篇。

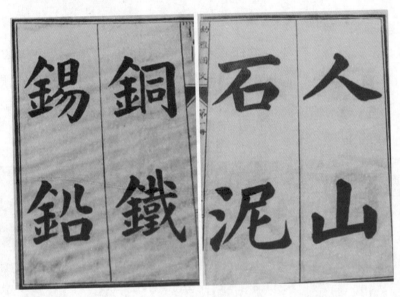

⊙《幼稚国文》正文二页

陆绍云（1894—1988），原名陆培基，江苏省川沙城（今浦东新区川沙镇）人，1910年考入上海龙门师范学校，毕业后在江苏省常熟县模范高等小学任教员。1915年东渡日本留学，考入东京高等工业学校攻读纺织技术，学习五年，获学士学位。回国后，任职宝成第一、第二纱厂，在天津创办宝成第三纱厂，在济南鲁丰纱厂、常州大成纱厂任总工程师、厂长。1937年去重庆，合资创办维昌纺织厂，任董事长兼经理，后又任上海第七棉纺厂厂长兼总工程师。1988年在上海逝世，享年94岁。编著有《纺织日用手册》等书。他又是一位画家，20世纪20年代参加由吴昌硕等组织的豫园书画善会、海上书画会。30年代在日本举办个人书画展，出版过珂罗版画册。他从未卖过字画，故市场少见，名气不大。但在书画界广受尊重，曾与钱振锽、张大千合作书画，谢稚柳称他为"师兄"。

《纺织日用手册》，陆绍云著，笔者所见为两种精装版本。

第一种，布面精装，封面灰绿色，民国三十四年（1945）一月初版，川沙陆绍云著，无锡吴中一校阅，溧阳黄希阁发行，中国纺织染工程研究所出版，中国科学公司出版。

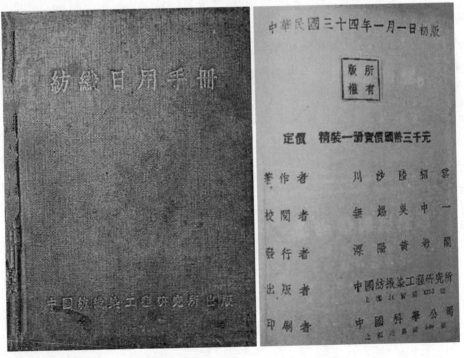

⊙《纺织日用手册》1945年初版封面及版权页

第二种,纸面精装,封面紫绛红,民国三十六年(1947)一月三版,陆绍云著,黄希阁发行,中国纺织染工程研究所出版,中国纺织图书杂志社发行。版权页上印有1943年1月初版和1946年8月再版。此处所标初版时间,与初版本所标时间(1945年1月)有异,笔者推断1943年1月应为1945年1月。初版与再版的出版时间相隔一年属正常。

书前有吴中一的《序一》和黄希阁的《序二》,前者为校阅者和后者为发行者。《序二》1945年1月写于研究所,值得一读:"凡百事业之兴替,无不以人才为转移;人才之多寡,无不以学术为依归;而学术之盛衰,又无不以专门书籍为论断。考诸古今中外,莫不皆然。我国纺织事业之不振,纺织人才之不足,纺织学术之不昌,究其主因,亦由于纺织专门书籍之缺乏。我国提倡纺织工业,凡数十年,惟纺织专门书籍仍不多见。欲求其有相当价值而切合实用者,更如凤毛麟角。川沙陆绍云先生为我国纺织界先进。学识经验,均甚丰富。少时留学东瀛,专攻纺织学科。归国后,服务各纱厂凡二十余年。兹以平日研究心得,实地工作经验,成此巨著。堪称纺织专门书籍中之一伟大贡献。书中对于各种纺织工程学术无不论述精详。凡从事斯业者,允宜人手一册。不论作为个人参考,或工厂备查,均有实用之价值。而于整个纺织事业之发展,纺织学术之贯输,纺织人才之造

⊙《纺织日用手册》1947年三版封面、版权页及插图

就，尤有莫大之伙助。希阁不敏，全书读完，至深钦佩。谨缀数语，藉作序言。"

全书收 30 章，有标题，如《棉花的化学组织》《棉花之等级》《中国棉花配花之一例》《棉花之包装》《棉纱纱支计算法》《普通棉纱之设计》《纱机各部标准速度》《清花机之隔距》和《梳棉机之隔距》等。

本文另附一图，是陆绍云的作品，就其绘画，不作详述，以一画代之。感慨于能"跨越"两个行业，却又都能成其行家。民国时期这类人物还不少，如果有研究者对此感兴趣，足可开拓出一片新的处女地。

织布工场之合理化与成本计算

《织布工场之合理化与成本计算》，喜多卯吉郎原著，纺织周刊社（上海斜桥制造局路馀庆里）译述，陆绍云校阅，发行人钱贯一。民国廿二年（1933）十月出版，不知印数，每册定价大洋5角。封面印"纺织周刊社丛著"，版权页印"纺织周刊社丛著第一种"。

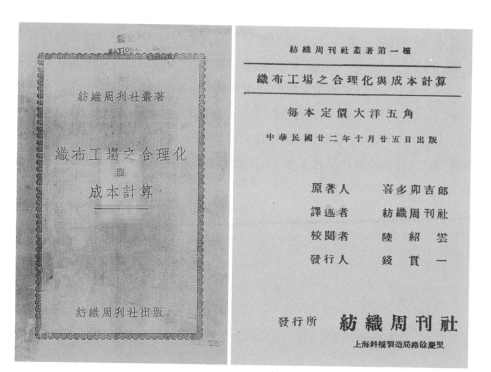

⊙《织布工场之合理化与成本计算》1933年版封面及版权页

此丛著实际是由钱贯一主编,据笔者所知,在书目资料中只见该丛著一种。

书前有钱贯一写于 1933 年 10 月 1 日的《纺织周刊社丛著第一种弁言》:"纺织周刊社既以少数私人之力,发行周刊,于兹三载,复深感于事业界专门著作之少,与夫学术研究倡导之不易,更愿奋其余力,编印单行本刊物,以贡献于斯业,此其第一种也。然吾人自问能力至薄,所以贡献于斯业者,其为功殆亦有限,倘蒙技术名家,惠赐著作,同情志士,助以经费,使其志愿,稍稍得展,是则尤所望于当业贤哲邪许以助我也。"

另有校阅者陆绍云写于 1933 年"双十节"的《序》,2 页,其中说道:"几何之原理,曰积点成线,积线而成面,纺织之工程,亦无异于此,由点而线,纺之事也,由线而面,织之事也,由质而文,染之事也。织介乎两者之间,为我国数千年来手工业之大宗,今则物质文明,日臻发达,手工业一变而为机械化,机械化一变而为自动化,其进步之速,骎骎乎有一日千里之势。……合理化之理论,学问家之事,合理化之实际,技术者之事也。理论与实际,合而为一,斯能发挥其效率;然则合理化应以何者为标准,技术当以何者为根据耶? 曰:以经济为体,以技术为用,方足以探悉其价值;而经济之基础,不外乎成本之计算,本书之作,所以解析织厂之成分,明了经济之状态,并详述科学管理之方法,如动作研究,时间研究,更多实例,非特可供办厂者之借镜,抑亦为技术家研究之好资料也。……纺织周刊社主编钱贯一先生,寄示《织布工场合理化及成本计算》之译稿,嘱为校阅,并问序于予,予不敏,固辞不获,因略抒所怀以归之如此。"

全书 121 页,收 9 章,有标题:《绪言》《织布工场的一般问题》《织布工场之特殊问题》《作业经费计算》《工资及工费之计算》《制造成本计算》《工费之偏差修正》《工业簿记》和《收益计算》。

陆渊雷（1894—1955），别名彭年，江苏川沙（今上海浦东新区）人。1912年就读江苏省立第一师范学校，毕业后先后在武昌高等师范学校、江苏省立师范学校、南京国学专修馆、上海国医专修馆等任教。授课之余，阅读大量医书，研究中医各家学说。1925年恽铁樵创办医学函授学校，拜恽为师，并协助办校。又师从章太炎学古文学及中医。提倡中西医汇通，主张治中医宜积极吸收西学。1928年在上海开业行医。1929年创办上海国医学院，以"发皇古义，融会新知"为宗旨。聘章太炎为校长，自任教务长，讲解《伤寒论》《金匮要略》，编写《伤寒论今释》《金匮要略今释》教材，以学识广博，蜚声医界。临证以西医方法诊断，运用经方治疗。擅治伤寒等流行热病、慢性肝炎、肿瘤等病。应各地学者之请创设遥从部（函授部），函授中医理论。1931—1933年被中央国医馆聘为学术整理委员会委员。1934年创办《中医新生命杂志》。1955年在上海逝世。著有《陆氏医论集》《中医生理术语解》《中医病理术语解》《流行病须知》《伤寒论概要》《脉学新论》和《舌诊要旨》等。

伤寒论今释

上下册八卷,线装,川沙陆渊雷著,上海国医学院发行,民国二十年(1931)十月初版,不知印数,每册定价国币 10 元。华丰印刷铸字所印刷。封面印"伤寒论今释",版权页印"伤寒论今释八卷"。版权页上方,印《自强医刊》的广告词,由上海国医学院出版部介绍并代售。

⊙《伤寒论今释》1931 年版封面、版权页及扉页

　　另见该书 1940 年 10 月订正再版,平装。版权页下方印"陆渊雷招收遥从弟子函授医学"的广告。其中说道:"采用书籍五种。自编讲义八种。国文请通之人修习完毕。已得内科儿科妇科之必要知识技能。加以实习。可以正式治病。又于医学已得门径。可以自行研读中西医书。再求深造。原定三十个月修毕。但讲义出至半数时。因战事蔓延。不得不暂停编印。今将于三十年份起计划续出,其已出而邮递可通者。仍照常寄发。函索章程。附邮五分　上海牯岭路人安里陆渊雷医室。"1932 年,陆渊雷应各地学者之请,主办"遥从部",以函授形式教授中医学,报名者众,一时遍及国内与南洋。不少名医如姜春华、岳美中、樊天徒、范行准、谢仲墨、唐丽敏、赵锡宽等皆为陆氏"遥从"弟子。另有 1935 年订正四版,未见。

　　《伤寒论今释》写于 1930 年,是陆渊雷综合前人注疏,参考日本人的学说,对《伤寒论》用较为浅析的理论分析、归纳和诠释,特别是选注精到。

　　全书分为 8 卷,书前有《序》《叙例》和《后叙》。每卷分有若干章节,如《伤寒论今释卷一》,内收《辨太阳病脉证并治上》《桂枝汤方》《桂枝加葛根汤方》《桂枝去芍药汤方》和《桂枝去芍药加附子汤方》等。

　　《序》由章炳麟写于 1931 年 8 月,其中说道:"伤寒今释者。陆子渊雷为医校

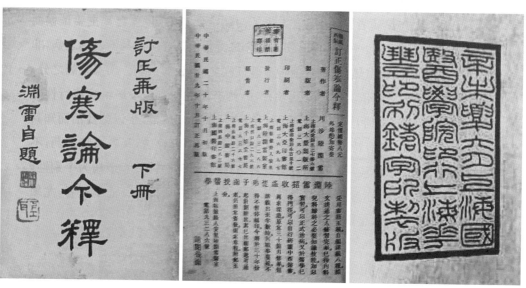

⊙《伤寒论今释》(下册)1931 年初版封面、版权页及插图

在版权页下方印有《陆渊雷诊例》，开列了内科、妇人科、小儿科的门诊和出诊的费用，同时说道："鄙人持菩萨戒。学菩萨行。贫病求诊者。虽不名一文，亦一律诊治。无分别心。但既以医为业。不得不随俗取资。虽定此例。仍随人给予。并不争论也。"

书前有其妻沈本琰写的《序目》："中医之不亡乎。五运六气。十二经脉。三部九候。无一非凿空玄说。玄说则安得而不亡。中医其亡乎。刺灸之精。方药之用。施之苟当。其效如响。治疗既效。则安得而亡。吾故谓中医之名义面貌不能必存。中医之治疗方药必不灭亡。何则。医以疗病为志。彼科学家殚精竭虑。以求医学。然其治疗之效。曾不若我一针之入。一剂之投。彼必采用我针剂以济其穷。针剂既行。则中医之名虽亡。而实乃不亡。虽然。一针一剂。必附有运气经脉之玄说。玄说不去。人犹恶其诞而不乐用也。摒去玄说。探寻得效之故。而说以科学。乃所谓整理中医。亦所谓沟通中西。存其可存。而不存其不可存。捍卫中医。功莫大于此矣。此其事。盖肇始于王清任。继起于唐容川。至于今日。言者益多。顾求其中西明确认识。不偏执。不附会则渊雷夫子

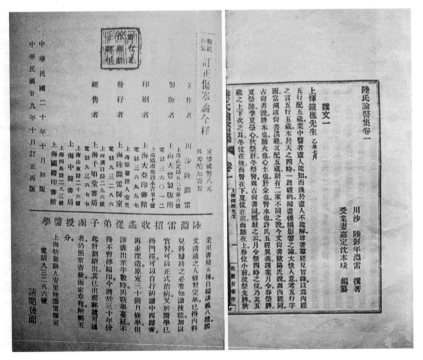

⊙《陆氏论医集四卷》1940年再版版权页及内页

之所见。殆非王氏唐氏之比。中医苟不亡。其必由斯道矣。夫子所著书。已梓者伤寒今释。将梓者金匮今释。其他生理补证。病理补编。诊断治疗学。内科。妇科。小儿科。凡授遥从弟子者。皆将次第成书。惟友朋辩难。以及医报杂志诸作。或商榷主张。或讨论学理。虽不专一义。而片玉碎金。弥可宝贵。平时多不留稿。去年以来。琰助给笔札。辄为之搜罗眷写。起自乙丑。至于今兹。釐为四卷。首二卷为杂文。次二卷为长篇专著。皆以岁月为次。命之曰陆氏论医集。目次具如左列。其未及搜罗。以及今后之著作。当并作续编。期之异日。今国医馆方整理医学。而新旧之争纵然。则不知此书之出。为息争之调人乎。抑为启争之祸首乎。"

　　全书分为四卷,卷一卷二为杂文,卷三卷四为长篇专著,每卷收文若干。比如卷一杂文,收:《上恽铁樵先生　附得书》《清代名医医案精华序》《答曾毓英君驳　附原文》《与王君宇高论肝病传脾　附原文》《日本人研究中医之趋势》《论中西医学之争与杏林医学月报社》《为中央卫生会议废止旧医案宣言》《上海国医学院课程说明》和《整理中医学说刍议》等。就一事论一事,不求完整,但求析理,类似"断想"。也可看作是民国时期中医的时事类文字,颇有史料价值。

释》，是原有的，还是后人写上去的，无法断定。但版权页标示极为明确，与上述1935年8月发行的版本相同，出版时间为民国廿四年（1935）二月发行，如果1934年10月是初版的话，1935年2月和8月可能就是再版与三版。仅为猜测，不足为凭。另外每册定价国币12元。

在《金匮今释》书前有《金匮今释序》，因缺页故不知何人所写，只见"施序"两字，待查。序文说道："予早岁奔走革命。民国肇造。乃弃政治而业医。时医学中西之争方烈。予以为科学出自实验。而人体之为病。中西宜无二致。阴阳气化之空论。宜不可以易科学实验之说。然中医按证施药。其效又往往出西医上。则数千年经验。所得之药法。非惟不可忽弃。且应证之科学。求其所以然之理。使大白于中外也。今欲中医不被淘汰。而公其药法于天下。以策世界医疗之进步。以救中外民生之夭札。必求通贯中西之人才。为之抓梳讲证而后可是。以耳所及。舟四所至。常虚心特色。然二十年未能数数觏也。岁己巳得一人焉。曰陆子渊雷。时上海有国医学院。渊雷长教务。予读其文于院刊。而心识其人。其年冬。因事至上海。亟往访。三返而后获遇。其容穆然。其词湛然。似不称其文之风。发踔厉者。是时予所得医学人才。……"

在《金匮要略今释》书前有《金匮要略今释序》，因缺页，仅知"徐序"，其中说道："往在故都。闻上海设国医学院。主教事者为陆子渊雷。心仪焉。而未悉其详也。方是时余窃疑我国医术。渺漠寡效。非融会远西实验之学理。推阐汉唐

⊙《金匮要略今释》卷一至卷八封面及内页

遗籍。驯释海内灵秘方药。树坚固独立之基。终不足自存。逾岁始草医学平论十篇。揭其宏旨。亦未敢自炫于人。施君今墨适见而韪之。遽驱车造访。得此印证。心稍稍慰。金陵奠都。遂返故山。戊辰之冬。遭逢冠警。短衣蹀屦。与悍寇相角于林莽闲者。三越月。翼年乃走南昌。悬壶自给。偶览渊雷伤寒论今释。折衷历代注家。益以东邦诸师之说。而以融会远西学理为归。不图平论之旨。渊雷竟先我而成伟业。此心此理之同。不必待诸异代也。去夏检草寄渊雷。渊雷狂喜。题语崇饰逾分,冬初始相见于新都。其心虚甚。而容简穆。而思沈刻。居数日别去。……"

关于《金匮要略》的版本,如今大致认为不下 5 种:宋本、赵开美本、邓珍本、俞桥本和徐镕本。宋本,即宋朝校正医书局校定刊行的版本。赵开美本,是以人命名。赵开美,常熟虞山人,官刑部贵州司郎中,受奉政大夫,好藏书刻书。把《伤寒论》《金匮要略方论》《伤寒类证》《集注伤寒论》四书合为《仲景全书》,刊行于明朝万历二十七年(1599),这便是赵开美本,简称赵本。邓珍本,是直接由宋版本刊行,即元刻本,内有杨守敬跋,是现存最早的《金匮》版本。俞桥本,俞桥,明代医家,浙江海宁人,嘉靖时以名医被征,累官太医院判。注意搜集古代名家言刊刻,现存有日本仿明俞桥本,称日本皮纸本,前有日本人两序,后有俞桥序。

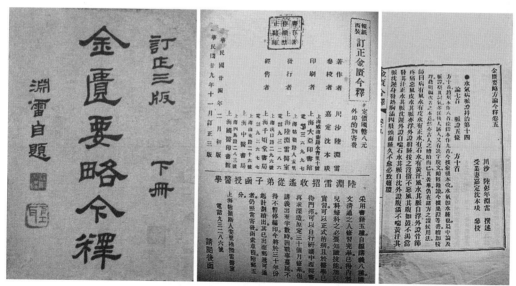

⊙《金匮要略今释》(下册)1940 年订正三版封面、版权页及内页

徐镕本，徐镕，号匿迹市隐逸人，应天（今江苏南京）人。业医数十年，惟推崇仲景书，研究《伤寒论》和《金匮》颇深。后与吴勉学为《金匮》校梓，收入《古今医统正脉全书》，明朝万历二十六年（1589）刊行，世称徐镕本或医统正脉本。

之后出现的版本就比较多了，如明万历吴勉学校刻本、明万历金陵古堂重修本、清朱文震校刻本、清维新书局刻本、清京师医局修补江阴朱文震重印刻本、北京中医学社 1923 年补刊本、商务印书馆《新编金匮要略方论》、中华书局的《金匮玉函要略方论》、上海涵芬楼影印明刊《古今医统正脉》，等等。

中医新生命

  《中医新生命》，虽非书籍，但这本杂志在中医界相当出名，刊名由陆渊雷题签，这本杂志的主任和发行人就是陆渊雷，总编是谢诵穆。这份杂志到底出了多少期，笔者心中无数，因所见版本不全，但起码是见到过第三十号，有人说就出了 30 期，因未见所有版本，故难以断定。

  在这本杂志中，每期设有多个栏目：《小言论——卷头语》《研究栏目》《诊法》《中医脉学之检讨》《中医伪书

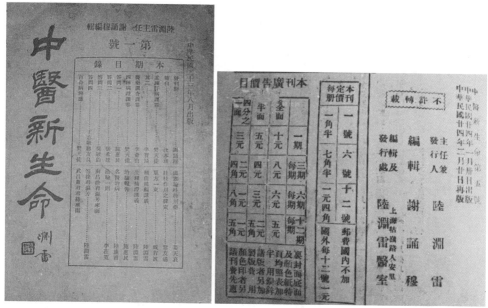

⊙《中医新生命》(第一号) 1935 年再版封面及版权页

考《诊余漫话》《治验》《医案》《怪病质疑》《答问》《邮筒》和《讲义鳞爪》等。外行内行都说,此杂志在普及中医知识和临床应用上有着不小的功劳!

在创刊号中有一篇谢诵穆写的《发刊辞》,残缺,其中说道:"英伦之鄙谚曰:'世界无尽之宝藏,悉为进取者而埋。'故有志改进中医者,皆当奋其力,以求中医之宝藏;然昏庸冥顽者,不足以语此;腐败自安者,不足以语此;丧心溃气者,不足以语此;无己,则求诸青年;青年之思想,纯洁而锐利;青年之志愿,远大而雄伟;青年如烈焰之蓬勃,青年如旭日之飞升,青年如巨海之狂涛,青年怒号之长风;凡当青年之锋者无不摧;凡当青年之锋者无不毁;中医之改进,惟青年能之;中医之复兴,惟青年能之;荒渺不实之学说,辞而辟之;玄诞无伦之臆想,锄而去之;惟青年乃能肩如斯之重任,惟青年乃能负如斯之巨责;此渊雷夫子,所以涣汗大号,再接再厉,愿与天下青年相更始,而有遥从弟子之设也。虽然,年青者谓之青年,此社会之所谓青年也;若夫皙面朱颜,裙屐洒然,而乃陈腐其头脑,顽固其思想;则其青年虽青,其志已老,菲是者,吾必谥之曰老年。反之,虽白髯飘萧,顽童齿豁,而仍踔厉风发,一往无前者;则其年虽老,其志则青。若是者,吾谨尊之曰青年。……"一本讲中医的杂志,却开口闭口在谈"青年",视之为青年杂志的《发刊词》,才名正言顺。留此数言,以博一笑。

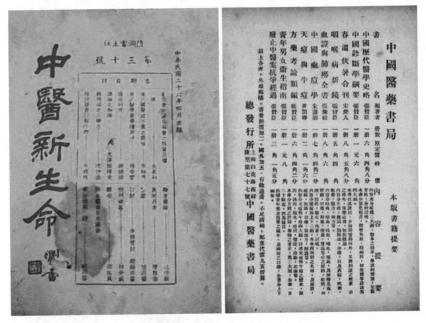

⊙《中医新生命》(第十三号)封面及版权页

陆志庠（1910—1992），江苏川沙（今上海市浦东新区）人。1927年毕业于苏州美术专科学校，开始创作《随时随地》《无情的重量》《贫困到了极点》和《流民劳力的俭德公寓》等漫画作品，并在《上海漫画》和《时代漫画》等刊物发表，得到漫画家叶浅予赏识，聘其编辑《时代画报》。抗战爆发后投身抗日，为《救亡漫画》供稿。1938年在南京参加漫画宣传队，后赴重庆从事漫画创作。1941年到香港参加新美术社工作。建国后，到北京任人民文学出版社编辑，是中国美术家协会会员。有《志庠素描》和《社会素描》等画集。

志庠素描集

《志庠素描集》，陆志庠著，独立出版社（上海四马路
三八〇号）出版发行，出版时间不详，不知印数，精装每册
实价 4 角，平装 3 角。封面和版权页皆印"漫画丛书第
三种"。

陆志庠的漫画作品，大多散刊于各种报刊之上，无法

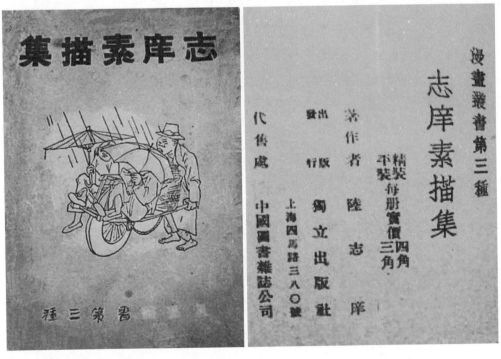

⊙《志庠素描集》封面及版权页

聚拢。而这些单幅的漫画作品,最后都汇集进了这本素描集。而他在建国后出版的版本也不少,这些版本大多能见到。

全书 50 页,每页一幅漫画,有文字说明。

书前有作者写于 1936 年 1 月的《序》,漫画家的文字,确实与一般的作者不同,另有一功:"看到繁华处的尖端,贫困的尽头,包罗万象的面目,以及与社会分离不开的民众,跟一切一切的事物,全有在这里。这是我在生活过程中把它记录下来的一大堆真实的社会上的情景。这时代是文明的近代社会,在在表现得极其礼貌,使人深信不疑。一块地皮的价值几十万元,一处游息的地方,成千累万是人。大饭店,宴舞厅,几十层高的摩天大厦,更有服务和非服务的汽车在那里穿梭形成了全埠几十条大街上的动脉;同时几个或几十个涂脂抹粉的女人,便能风靡地使全埠变成琉璃世界。而有这等宠幸的人,无非是些和有独占的行为等等,攫取人权的利益,和食粮色欲的享用而已。在另一面,使我将信将疑,却是出售身体气力的男女,他们没有生活的保障,替人作工,供人差;生活在阴暗处的屋檐下面,生活在污泥里边,凄惨和龌龊,同耕耘的水牛没有两样,从没有啮啃过几

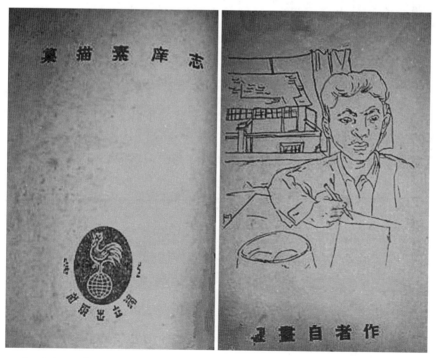

⊙《志庠素描集》扉页及作者自画像

十元筵席的鱼头肉骨，不懂得淫靡消费的快乐岁月。他们'永久得不到热心公益先生们的赞助，慷慨消耗小姐们的怜悯'，本其牺牲的精神，慈善的心肠，让饥馑跟随他们，寒苦逼迫他们，任其自生自灭，到一个永久的时期为止？"

食色之外又一種活動

破壞蹂躪肉體的地獄

平民的賣血這些人的生活粗這種消費去維持

無價值的體力的使用

⊙《志摩素描集》插图四幅

穆藕初（1876—1943），原名穆湘玥，穆湘瑶之弟，浦东杨思人。1889年入上海棉花行当学徒。1900年考入江海关任办事员，后在上海龙门师范学校及江苏省铁路公司供职。1909年赴美留学获农学硕士学位。归国后投身棉纺业，先后集资创设上海德大、厚生纱厂，设立郑州豫丰纱厂任经理、总经理、董事长等职。投资上海中华劝工银行、恒大纱厂、维大纺织用品公司，组织华商纱厂联合会及上海华商纱布交易所，多次连任交易所理事长，人称为"棉纱大王"。1928年任国民政府工商部常务次长，后任实业部中央农业实验所筹备主任、行政院农产促进委员会主任委员、经济部农本局总经理等职。穆藕初重视改良棉种和改进企业管理，出版《中国花纱布业指南》，供同业借鉴。创办穆氏植棉试验场，示范试种美棉。办厂采用西方经营管理方法取得成效。德大纱厂产品在1916年北京赛会同类产品评比中名列第一；厚生纱厂曾一度成为同业观摩的对象。1943年在重庆病故。

中国花纱布业指南

《中国花纱布业指南》，美国克赖克著，穆湘玥译，无锡九惜阴校，上海自来水桥南堍三和里德大纱厂批发所发行，发行者上海厚生纱厂，上海新申报馆代印。民国六年(1917)三月初版，不知印数，每册实价大洋8角。

书前有贝润生写于1916年冬月的《序》，2页，其中说道："吾友穆君藕初。游学美洲。究心工业。睹此情状。怒焉忧之。因本其所习。从事于工场。曩者尝译工业管理法矣。一册流传。风行海内。今又译日本棉业

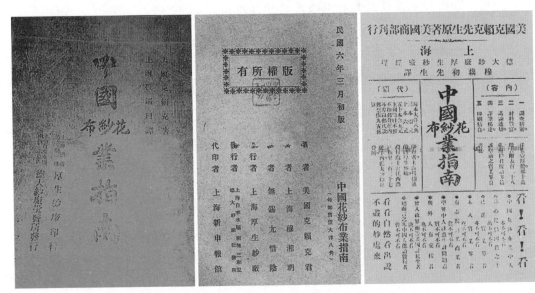

⊙《中国花纱布业指南》1917年初版封面、版权页及广告

调查书。条分缕晰。详加按语。以见吾实业界受病之由。虽然吾实业界受病岂徒棉业为然哉。借此镜彼。若合符节。诚所谓仁者见仁。知者见知也。译成。定名曰中国花纱布业指南。问序于予。予何人斯。滥竽商界。学识谫陋。又何能赘一辞。惟撮举大要。粗观大义。觉其中抉摘利害。指陈得失。皆能洞见症结。纤悉靡遗。世负提倡实业之责。具振兴实业之志者。各手一编。会其适而究其变。因其利而祛其弊。行见如遵大道。盲者皆知所适从。跛者皆得所趋向。他日排斥外货。畅销国货。咎于是编操其券也。爰不自揣。略缀数言。为实业前途贺。至弁诸简端。则吾岂敢。"

写序者贝润生，生于 1872 年，大穆藕初 4 岁，原名贝仁元，字润生，苏州人。1912 年任上海总商会协理，1915 年任全国商联会副会长。1927 年任谦和靛青行总经理。投资滋康瑞记、瑞昶盛记、宝丰安记等钱庄，任崇信纺织公司董事。

另有穆藕初 1916 年写于厚生纱厂的《译者序》，最后说道："谨本诸希望我国百业竞之微意。遂定名为中国花纱布业指南。见仁见智。一在阅者。玥不文。当译述此本之日。正厂务非常繁冗之时。草草劳人。仅求达意。于修辞功夫上。不遑致力。旧友尤君惜阴为我分记述之劳。俾早竣事。以供快睹。海内大雅。诚能不吝珠玉。匡所不逮。使成善本。尤所馨祷盼者也。"

⊙《将来之农业》封面

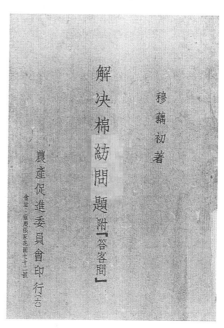

⊙《解决棉纺问题》封面

全书分 15 章,如:《日本进口棉花之盛况》《日本棉业发达史》《棉纱出数及消数》《日本进口纱》《日本出口纱》《股线与废花之贸易》《棉布之出数及出口》《进口布匹》《线结物》《棉布贸易之撮要》《日本纺织律》《纺织业之工人及工资》《厂律》《纱厂资本及利益》和《满洲市场》,并有附总按语《对于华商纱厂联合会之推测及希望》。每章收文若干,如第一章《日本进口棉花之盛况》,内收:《日本棉业所占之地位》《日本进口棉花之来源》《棉花来源之变动》《华棉与日本纱布业之交易》《华棉掺水之结果》《华棉之性质及用途》和《日商采办华棉之地段》等。

封底印《注意》,介绍穆藕初的《植棉改良浅说》《上海穆氏植棉试验场第一次报告》以及译作《学理的管理法》。

在其他版本中,还见到过刊登有此书的广告,广告中称:"美国克赖克先生原著美国商部刊行 上海德大纱厂厚生纱厂经理穆藕初先生译""看看看 看看自然看出说不尽的妙处来"。广告词的"妙处",感觉像是在看西洋镜,而非看一本专业性极强的书籍。

另有两书:《将来之农业》和《解决棉纺问题》,与此书基本属同类,再者所知版本情况甚少,故合并于此书一起略述。

《将来之农业》,是穆藕初的一篇讲演稿,由王希贤记录,全书 17 页,无版权页,封底印:"农产促进委员会印行",会址在:重庆张家花园。

《解决棉花问题》,副题是"答客问",穆藕初著,农业促进委员会印行,全书仅 14 页。

植棉改良浅说

　　《植棉改良浅说》，留美农学硕士，上海穆氏植棉试验场主任穆湘玥著，失版权页，据悉为 1915 年 1 月初刊，1917 年 6 月再版，笔者所见为再版。中华书局新记印刷所代印。封面标明"非卖品"，并印："附试验场第一次报告（每两年一次）"。

　　穆藕初致力于振兴中国的纺织业，并从根本抓起。当时国内植棉产量低，棉质差，在原料上就比不上西方国家的纺织业。因此，穆便积极引进美国的棉花良种，对国内的棉花种植进行改良。1915 年 1 月在杨浦德大纱厂附近的引翔乡二十三保八图蔡家楼房，向老公茂洋行买办郁屏翰租地 60 亩，建立上海穆氏植棉试验场，自任主任，从事植棉改良，历时五年。

　　为配合植棉试验场的棉种改良工程，穆藕初撰写《植棉改良浅说》，全书 46 页，分《棉种》《气候》《土质》《治田》《播种》《选种概论》《选种方法》《肥料》和《御旱法》等章。

　　穆藕初在序文中说道："查美国最近出版之农业报告，谓全世界产棉之额，美国占百分之六十七，而中国仅占百分之五。吾中国拥有数十万万方里宜棉之地，而仅仅焉占此至微之数，已大可愧歉矣。且同一棉花，以吾华产与美产较，则相对失色甚。美产细长而韧，华产丝短而粗；华棉仅能纺二十支以下之纱，美棉能纺极细之纱。自

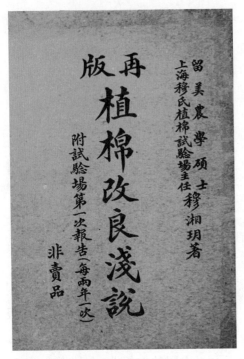

⊙《植棉改良浅说》(再版)封面

学理上推算之,与吾华纱支数相比伦,不啻十与一之相差也。此何故哉? 非吾华气候、地力之不若人,实智力之不若人,地力与人工多有所未尽也。夫芸芸之众,衣布者占大多数,一年以内,衣服料适用之时又占大部分,以故每岁洋布、洋纱之进口,恒在一万万以上。循此以往而不思补救,即此一项已足使我陷于破产之地位,其余姑不备论。爰作《植棉改良浅说》,以资有志振兴国内农产诸君子之借镜,努力进行,正在吾辈,阅者幸勿以浅近而忽之。"

除广泛分发这本小册子进行宣传外,穆藕初还先后到浦东三林、杨思、大团等农村进行农作改良演讲,足见其植棉改良的坚定决心。此书一印再印,先后出六版。1917 年 6 月第二版,在第一版的基础上附了《上海穆氏植棉试验场第一次报告》和《为植棉试验场事上农商总长书》;同年 7 月出第三版;1919 年 3 月出第四版,除附《植棉试验场第一二次报告》(每两年出刊一次)外,还附有《棉花进口表》《全国纱厂表》和《全国纱厂及海关地址图》;同年 11 月出第五版;1921 年 12 月出第六版,附《植棉试验场第三次报告》等。先后出了六版,构成了一个植棉改良完整的记录。笔者只见过第二版和第四版,其余皆未见。

为了引起更多人来关心植棉改良,1917 年 8 月 28 日的《申报》还发表了《穆藕初广赠〈植棉改良浅说〉通告》。穆藕初在通告中阐述了棉业对我国的重要性,并说:"振兴棉产,非甚难事,欲知梗概,请读拙著《植棉改良浅说》。玥以时势需要,特复印万册广赠海内外有心人,欲得此书者,请向上海宁波路凤鸣里豫丰纱厂驻沪办事处函索可也。"

1917 年,穆藕初与聂云台、吴善卿、黄首民等还建立了中华植棉改良社。在他的积极推广下,江苏省省长公署于 1919 年 9 月发布了"扩充农业,改良棉种"

的训令,在浦东三林乡南积善寺设立占地 40 亩的农场,试种美棉及青梗棉。后来还在江、浙、鄂、豫、湘等地设立植棉农场 16 处,广泛开展植棉改良试验,同时还出资万元,向美国购买良种棉籽,分发给各农场进行植棉改良之用。

穆藕初虽然不是中国植棉改良活动的首倡者,但他采取科学方法、聘用专门人才、发动社会力量,从而把中国棉产推广改良活动从言论倡导进入到实践试验阶段。到 1936 年中国的洋棉种植面积和产量已达全国植棉面积和产量的 52% 和 51%。在这当中,《植棉改良浅说》所起作用之巨大显而易见。

参与太平洋商务会议日记

  《参与太平洋商务会议日记》,毕云程编,穆藕初校阅,民国十二年(1923)印行。全书 160 页,有照 14 幅。日记从 1922 年 8 月 16 日记起,至 12 月 9 日止,共记62 天。

  该日记前有一《例言》,对记录体例和内容作了说明。《例言》全文是:"一、本书以参与太平洋商务会议中国代表团中文书记资格编辑。故书中叙述,各代表称谓一律。二、本书以吾国推派代表之日为始,至代表团回国之日止。其各处欢迎演说见于报纸者,亦一并编入。三、本书系日记体裁,所记未能详备,将来太平洋商务会议英文报告出版后,拟将各代表演说另行编译,以窥全豹。四、本书编辑时,原意将中国代表演说一律编入,现因赵晋卿君之汇兑问题、彭棣桐君之燃料问题均未将演说稿交下,致有遗珠之憾,甚为抱歉。五、本书承穆藕初君校阅,赵桂芬君、郑希陶君襄译,书此志谢。六、本书匆促编成,谬误在所不免,倘蒙阅者加以指正,甚为欢迎。"

  1922 年 5 月,美国商会向上海总商会发出"请派代表参加太平洋商务会议的邀请函"。此会议由美国商会和太平洋地区国家发起,上海总商会推派穆藕初、赵晋卿、赵桂芬、毕云程、郑希陶为代表出席。9 月 19 日,黎元洪总统正式任命穆藕初为太平洋商务会议中国首席代表。

10月6日上午,中国代表团在上海乘坐太平洋轮船公司的"威尔逊总统号"轮船赴檀香山。轮船先至日本门司、神户、清水、横滨等地,10月18日晚达檀香山。26日上午会议开幕式在檀香山总督府举行,穆藕初被选为太平洋协会副会长。11月6日会议结束。8日中国代表团启程回国,22日到达上海港码头。在为期10天的会议中,中国代表团广泛开展了商务交流活动,多次发表演讲。旧中国国际地位低下,在国际活动中受辱之事屡见不鲜,这次会议也不例外,作为首席代表的穆藕初以敏锐的洞察力,有礼有节的外交艺术,为维护中国的声誉作出了不懈努力。太平洋商务会议通过议案23件,中国代表团提出了5件。

日记中收录了穆藕初的多次演讲概要,其中有10月24日在循环俱乐部作的《现中国政治地位之背景》演说,25日在檀香山大学俱乐部向华侨青年作的《如何为祖国服务》演说,26日在开幕式上作的《中国商务与太平洋》主题演说,还有《发展中国之天产与商务》和《航业与文化及商业之发展》等演说。《中国商

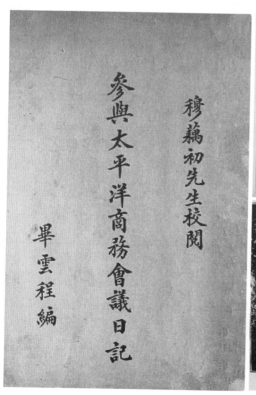

⊙《参与太平洋商务会议日记》封面及照片二幅

务与太平洋》主题演说全文收录在日记中,后由上海商务印书馆代印单行本,《密勒氏评论报》则出版英文版单行本。

这次中国派代表参与太平洋商务会议,被商界称之为"国民外交",是一次成功的活动。该日记可以说是这次"国民外交"的一份珍贵档案,对于研究当时上海商界团体的作用和著名实业家有着重要的参考价值。

藕初五十自述

《藕初五十自述》,穆湘玥(藕初)著,商务印书馆印刷
发行,发行者商务印书馆,民国十五年(1926)八月初版。
书名由黄炎培题写,书前有穆藕初50岁时的肖像。

全书409页,此书虽名《藕初五十自述》,实由3部分
组成:第一部分《藕初五十自述》;第二部分《藕初文录》
(上),收文61篇;第三部分《藕初文录》(下),收文35篇。
在目录中把《藕初文录》作为附刊,但在今天看来,附刊部
分却是非常重要的文献资料,集中保存了穆藕初撰写的

《藕初五十自述》1926年初版封面、版权页及作者像

各类文章。

从穆藕初的《五十自述》中可以看到：其早期习棉业，后考入江海关，又任铁路警务长；年近四十从美国留学获得农学硕士学位；从美国回到上海后，致力于经营德大纱厂、厚生纱厂和豫丰纱厂，翻译了泰罗的《工厂适用学理的管理法》和《中国花纱布业指南》；在经营实业的同时，又筹办劝工银行和上海华商纱布交易所，并担任理事长，在事业上可谓成功。穆藕初还积极参与各项社会活动，如办职业教育、支助北大学生留学美国、扶持昆曲，创办昆曲传习所。1922年，47岁时被任命为中国出席太平洋商务会议的首席代表，在会上多次发表演说，后编印穆著《中国商务与太平洋》一书。在此期间，穆藕初对佛教产生了崇敬之意，出资印发弘一法师（李叔同）的论佛经之书，听弘一法师讲经等。他在自述中说："觉佛教自可以纠正人心，安慰人心，使人提起精神，服务社会。本诸恶莫作，众善奉行之主意，做许多好事于世间。故余深信佛教于人生有大益。"

在自述的结束语中，穆藕初以几句韵语阐述，让人深思，其语云："世界原无事，吾人自扰之。痛心由失者，追悔已嫌迟。一切凭谁造，贪瞋更带痴。咸疑生恐怖，性海浪翻时。好事成残局，艰难双手支。机缘来莫喜，世味耐寻思。寄语当途客，咸宜慎设施。前车应借鉴，补益有毫丝。"这多少带有点禅意的诗句，或许就是自述主人对人生的一种感悟。

在《藕初文录》所收的96篇文章中，直接论述浦东的有《对于浦东电气公司之平议》《对于浦东电气实业之主张》《致某君为浦东设电车公司（一）》和《致某君为浦东设电车公司（二）》。作为一个浦东人，穆藕初积极参与了浦东同乡会的活动，与同乡黄炎培创办了中华职业教育社，与其兄穆杼斋等在浦东杨思镇开办了恒大纱厂，等等，对家乡的经济发展可谓尽心尽力。

此书除著者撰有《自序》外，尢惜阴、聂其杰和黄炎培都作了《序言》。黄炎培的《序言》值得留存："余之识穆君恕再，实先识于藕初。当清光绪辛丑壬寅之际，恕再共余读书南洋公学，日常称道弟藕初不去口。某日，一白皙少年入恕再室，就而询之，恕再扬其手以答曰：'此即余弟也'。余之识藕初自此始。夫手足之爱，本乎天然。而世乃有因人事而漓其天性者，十之九则财产为之也。恕再、藕初各以无产而跻于有产，且皆厚自殖，皆善自散。一以其经验，一以其学理。虽二君各负其卓然自立之才，而以互助故，俾其成功也捷，其植基也大，此友于之报也。天下有为人兄若弟者宜鉴此矣。厥后，余被革命嫌，亡走日本。既而潜归，就沪南赁斗室以居。时恕再已以办学往中州，独藕初朝夕过从，相与话食贫况味。一日，藕初谓然曰：'以余辈之不学，苟国家昌明？人才辈出？行且受淘汰耳'。余性顽甚，笑而言曰：'果余辈受淘汰，吾国其兴矣夫'。复奚憾。讵知忽忽二十余年。以君之歉然不自足，终获学成以归。兄弟崭然，各以实业为社会效用。而如余者，亦且觍然随诸同志后。未获窃一日之间，回首前尘，感不绝于余心矣。藕初长余二龄，乃者以五十初度，为书自述。而先以稿示余。余虽无似，亦各中之一人也。急受读，既竟，敢为继余读者告曰：'此书也，可以识五十年来社会现况，可以识青年立身处世之方，企业成功之术，若仅藉此以知作者之为人，抑狭矣。'民国新纪元十五年三月六日，自北京返上海舟次，黄炎培。"

军火商人

《军火商人》，恩格尔比勒黑得（Engelbrecht）、汉尼根（Hanighcn）著，穆藕初译，商务印书馆印刷发行，发行人王云五，民国二十七年（1938）十一月再版，不知印数，每册实价国币8角5分。1937年11月初版，未见。

全书330页，无序跋，收文18章，如《军火制造商》《美国的军火商》《旧的军火》《炮王克虏伯》《军火的高级推销员》《军缩的威胁》和《前途展望》等。

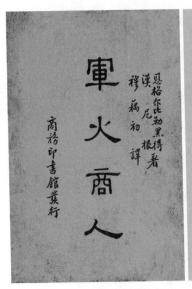  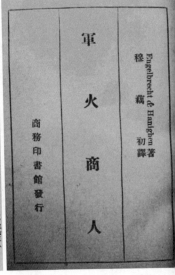

⊙《军火商人》1938年再版封面、版权页及扉页

　　此书最珍贵的是收有不少的插图,实际是当年拍摄的新闻照片,相当清晰,极具史料价值。穆藕初的译作,大多是与实业有关,如美国戴乐尔的《工厂适用学理的管理法》,泰罗的《科学管理法原理》以及克拉克的《中国花纱布业指南》等。虽也有传记文学的译作,如写拿坡仑的《近世之怪杰》,以及这种《军火商人》,但笔者总感到有点儿"玩票"的味道。

　　此书《中国现代文学总书目》失收。

⊙《军火商人》照片三页

近世之怪杰

　　《近世之怪杰》,"通社丛书"之一,英国约翰耨著,穆湘玥(藕初)译述大意,穆湘瑶修辞文字,通社(上海三马路胡家宅)发行,澄衷学堂印书处(上海虹口)印刷,光绪二十九年(1903)四月三十日印刷,同年五月初一日发行。平装铅印,不知印数,每册定价银6角。版权页印"不许

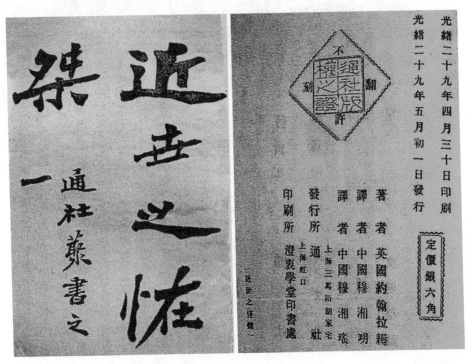

⊙《近世之怪杰》1938 年版封面及版权页

翻印"，并贴"通社版权之证"隶书标签。封面印"通社丛书之一"。

此书实为拿破仑传记，共有 7 章，译述拿破仑之一生，第一章《拿破仑之幼时》；第二章《拿破仑之将军时代》；第三章《拿破仑之主政时代》；第四章《拿破仑之为王时代》；第五章《拿破仑之流放时代》；第六章《拿破仑之百日时代》；第七章《拿破仑之末路时代》。书末附有《中西人名对照表》和《中西地名对照表》。

书末还有穆藕初所作后记《译者余论》。余论对拿破仑的历史功绩给予了高度评价，其中说道："呜呼！拿破仑真近世之怪杰哉！夫哥西嘎一地中海之小岛耳，地势不足为全欧之轻重，而拿破仑竟生于是，且竟生于是岛之干戈戎马谋独立、倡自由之时。一若拿破仑生平，与革命相始终也者。此一怪也。在昔强权之伯王，若亚历山大，若该撒，若沙厘曼，若亚勒腓，若得胜伟良，若沙力，若少言伟良，语其事也莫不轹古震今，留光副墨。然其凭籍之始，或起于皇统，或起于世家，未有如拿破仑以小岛一律师子，猎取法兰西皇位而据之，如所固有者。此一怪也。当拿破仑崭然见头角之时，欲法兰西轰然糜血肉之日，丘氏一怒，矢集独夫。党派分张，举棋不定，而拿破仑若与此时会相契约者，外捍强敌，内弭大乱，遍国欢呼，遂跻主政。设使当时无拿破仑，吾不知法兰西之命运果何若乎？此一怪也。一将功成，枯者万骨，亦帝国主义之不得已耳。拿破仑不惜举数百万勇壮活泼之法兰西少年，投之于枪林炮雨之中，以重法兰西之荣誉。论者或以为罪，然其治国也，求平等，许自由，举数百年来专制之余毒，一扫而空之。其编纂之法典，多合于公理之范围，绝不类好大喜功、不惜民命之枭雄之所为者。此一怪也。拿破仑之权力功名，虽磋于末路，而困苦无聊以死，然其扩旧日之成势，开民智之先路，使全欧人民之心目中，知有自由，知有平等，因果递嬗，以造成第二之革命、第三之革命驯至各国俱为立宪国而止，穷源竟委，不得不归功于拿破仑也。此一怪也。设使当时无拿破仑，吾知今日各国文明之程度，万不能发达至此。吾非无所见而臆断也。观夫拿破仑既败，法兰西之民政旋仆，各国之民罢专制之毒者，又三十余年。夫经拿破仑民政之鼓荡，承其后者，死灰尚足以复燃。无拿破仑，则亦长此昏昏世界而已矣。吾于以知专制之毒之未易去也。然欧洲之六次合从也，亦惧自由平等之说，渐输于国民之脑中而生抵抗力也。故不惜出全力以搏之，非恶拿破仑也，恶民权也。幸而获胜，欣然高枕，积薪厝火，而卧其上，庸有幸乎？又以知民权之说之终必胜也。吾愿阅是书者，勿以相斫书为诮，熟察夫当时之大势，而知拿破仑为革命之功臣也，是则予之微意也。"

　　穆藕初在《译者余论》中称拿破仑为五怪,实在是别有新意。在 20 世纪初,中国出现多种关于拿破仑传记的译本,光绪二十九年(1903)益新译社发行的赵必振译《拿破仑》,东来译局出版的起宗正译《拿破仑传》,文明书局出版的胡元润、泰国璋译《拿破仑》。这些译本各有特色,但穆藕初的译本,正如其广告语所说:"今以生龙活虎之文字,写震天动地之英雄,原本既奇,译笔尤妙。《项羽本纪》遂为《史记》百三十篇之冠,持此较之,其实其文,均莫谓古今人不相及也。"

　　该书当时的发行量不大,少数图书馆藏有此书。据笔者所知,南京图书馆藏有此书。

工厂适用学理的管理法

　　《工厂适用学理的管理法》美国管理学权威戴乐尔（泰罗 F. W. Taylor）所著,上海穆湘玥译述,中华书局发行,发行者无锡陆费逵,无锡俞复印刷,不知印数,每册定价银 3 角。版权页印印刷者为个人,不解其意,猜想是私人出资印刷,或是私人印刷厂印刷。

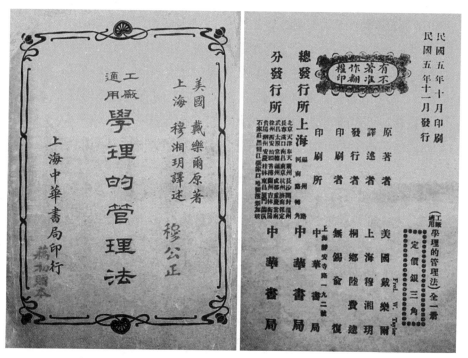

⊙《工厂适用学理的管理法》1916 年版封面及版权页

　　此书 1911 年由纽约哈珀兄弟出版公司出版,原名《科学管理原理》(*The Principles of Scientific Management*),1915 年由穆藕初译成中文,以《工厂适用学理的管理法》为题,先在中华书局发行的《中华实业界》1915 年 11 月第二卷第十二期至 1916 年 3 月底第三卷第三期连载。1916 年 11 月由中华书局出版单行本。

　　1909 年至 1914 年,已过"而立"之年的穆藕初留学美国伊利诺大学,攻读农科、植棉、纺织和企业管理,并有幸结识被称为"科学管理鼻祖"的泰罗博士,他们时常在一起探讨工厂的管理法。1914 年 4 月穆回国不久,便写信给泰罗,正式提出将《科学管理原理》一书译成中文的设想。泰罗同年 5 月 4 日回信表示赞同。信中说:"敬重先生拟将拙著《科学管理原理》一书译成华文,深为欣喜。兹附奉他项拙著数种及日本文《学理的事业管理法》一书,请即检入,想该书等亦能助先生之兴趣。鄙人亦愿闻尊处译务之发达也。设或先生公便道经斐城,务请惠临舍间一叙,鄙人当指引先生参观现在斐城之实施学理管理法之各工厂,籍供同志之研究。再者,拙著《科学管理原理》一书已译成意、法、德、俄、勒(巴尔干岛之一小国)、荷兰、西班牙及日本文矣。"

　　1914 年夏,穆回国后一面创办上海德大纱厂,一面翻译泰罗的《科学管理原理》。泰罗原著分《引言》和《科学管理基本原理》两章,译本分为《绪论》《科学管理法之根源》《科学管理法之原则》《科学管理法之实例》和《余义》五章,各章又分成若干节。泰罗管理法的要义是提高工作效率,对工厂而言,提供效率就是降低成本,可以获得更多的利润,使工人增加工资。围绕这一中心,泰罗提出了工作定额原理、第一流工人原理、标准化原理、差别计件工资制、行政控制原理等科学管理的方法。

　　这本译著刚出版时,只销售 800 本,其中 100 本还是穆藕初购销后赠送同行好友的,一些企业经营者还没有认识到它的价值。10 年后此书开始热销,中华书局在短期内卖出三四千册。科学管理理论成为社会各界谈论关注的焦点。这本译著走红时,穆藕初正担任国民政府工商部常务次长。

　　此书 1916 年 11 月第一版,1925 年 1 月第二版,1928 年 4 月第四版,由南通张謇作序。

　　泰罗的《科学管理原理》出版于 1911 年,而时隔 5 年后在中国就有了中译本《工厂适用学理的管理法》。在当时传播速度下,落后的中国工商界超前得到这种"不对称"的信息,正是穆藕初的功劳,可称之为中国管理科学界"开眼看世界"第一人。穆藕初在该译文的《自序》中称:"此书系新管理法之鼻祖,出版未几,风行全球,各国均有译本刊行于世,惟吾中国尚未有人为我一般实业家介绍焉。此书所载事实虽借钢铁业发端,用其道以施之各业,无不推行尽利。虽然,此《科学管理原理》岂第适用于改进凡百实业而已,诚得一般有志改进家,熟按此书所载方法,引申触类变通,化裁而妙用之,无论个人与家庭,社会与国家,种种事业,参用此项新管理法,无不立收奇效,是又私衷所馨香祷祝者矣。"穆藕初也深感中国工业之不幸,主要是缺乏管理人才。因此他回国后第一件事便是把泰罗的书介绍给工商业者,目的在于振兴民族经济。

书前有戴乐尔(泰罗)小像。封面书名用红色印刷,笔者所见的《工厂适用学理的管理法》系 1916 年 11 月的第一版,是购赠的 100 本之一,封面盖"藕初赠本"红印。

除张謇的《序》外,穆藕初也写了一篇《译者序》。张謇的《序》写于 1915 年,值得留存:"企业者之要素二,资本与劳力而已。资本有率者也,有时而无率,则金融之消息是。劳力无率者也,有时而有率,则管理之操纵是。泰西各国,当十八九世纪之顷,固以商战称于世,今且以工战矣。工战之动力,机械与劳力而已。机械尚已,机械之变而益进。视劳力工作之贵贱迟速为张弛,而机械断不能尽脱乎劳力。夫劳力者,佣其力以得值,天职也。惰其工以图逸,劣性也,而时虑佣主之驱逼迫压。于是乎有工党以固其势,而同盟罢工之举动,且为惟一无二要挟之资料。佣主之所业,以资本原料为营利之母,而所以成之者则劳力也。佣主日逼劳力者之加工,以增进产额,而权其赢羡。于是乎有工场之管理,斯二者盖普通之惯例。而佣工与佣主之所需,必欲其趋于同等之轨。实难。盖劳动力者之肉体,其动作之度,亦必如机械马力之有定率,过其量以要求,其不出于反抗之一途,则亦必有不能继续之时。于是乎管理者之必有法。法之必依学理也明甚。盖亦善用其力而已。吾友穆君藕初游泰西而习工者,归译其所习《学理管理法》行于世。而问序于予。夫予经营工厂二十年矣。指臂之助,职在有司。而间亦研极其理,乃有时知其弊之所至与所生,而处之穷于法。则于科学固未之学焉耳。革新以来,吾国之工日有进行之势,而劳力者动作能苦之富量,则且冠誉全球。窃愿有管理之责者,能手此一编,使劳力者尽其长而全其誉,是所深望者也。"

交易所周刊

⊙《交易所周刊》
（上、下）书脊书影

《交易所周刊》，是一份经济类杂志，虽非书籍版本，但由穆藕初任主编并兼发行人，也便与穆藕初的人生交结了起来，说到穆，也便非谈这本《交易所周刊》。

这份杂志创刊于民国二十四年（1935）一月五日，曾出版过"创刊特大号"。到民国二十五年（1936）十二月三十一日，出至第二卷第三十期时停刊，并发表了《停刊词》，全部存活期是整整两年。出版发行者是交易所周刊社（上海爱多亚路二百六十号四楼），总代售是上海杂志公司（上海四马路望平街口三二四号）。周刊经中宣会图书杂志审查委员会审定。审查证审字第一四二八号。

创刊特大号的《发刊词》未署名，其中说道："我国近年以来，研究经济问题之定期刊物，日益增多；最著者如中央银行月报、中行月刊、社会经济月报、国际贸易导报以及各种关于农村经济问题之定期刊物，均能切实注意中国经济问题，已足证此问题之迫切，而非少数人无病之呻吟。或者谓：中国国产工业之如此屡弱不振，农村经济又复日益崩溃，而此等研究经济刊物反呈异常活跃之状，实属矛盾，其说误矣。一 中国国产工业屡弱不振，而列国在华之经济势力，则实有惊人之发展，日本在华经营之工业其最著者也。故不能因中国国产工业之不振，遂忽视中国全部工业之畸形发展；盖今日中国已成列强角逐之地，彼巩经济势力已由都市而深入中国农村。二　列强既由我城市而深入我农村，则我国之经济命脉，即不得不完全操之于人，一切皆听客之所为。吾人日处水深火热之中，不能不思有以自救，譬彼病者之不能不求医药，亦理这常也。上述各种经济刊物，虽其注意点各有不同；然其对于我国今日之贫困衰沉之源有所探讨，对于我国今日兴利除弊去旧布新之谋有所商榷则同。此等刊物宁谓之太少，不宜谓之太多；其产生也宁谓之过迟，不得谓之过早。然而亡羊补牢，犹未为晚，此亦即本刊今日出版之唯一动机也。"

除了《发刊词》，还刊有文章多篇，如穆藕初的《中国交易所之历史及其价值》，卢作孚的《最有希望的国家》，章乃器的《中国民族工业的前瞻》，吴力生的《交易所论》，汤斐然的《中国之银恐慌与日货输入》，穆藕初的《一九三四年中国经济的回顾》，以及《伪组织金融市场之概观》（长春通信）和《交易所联合会经纪人公会请求中央暂缓征收交易税文件汇录》等。

可惜，此刊物的停刊号始终未见，尤其是不见那篇《停刊词》。见到的是其要

⊙《交易所周刊》创刊特大号 1935 年版封面及版权页

目,如尚林的《经济建设之着眼点与重工业建设之可能性》,华德的《国家及地方财政划分之理论与实际》,君煌的《近年我国之土地改革与土地整理》等。

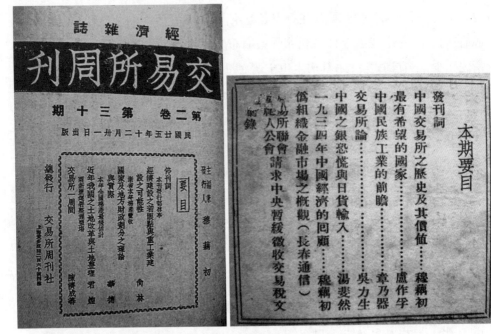

⊙《交易所周刊》(第二卷第十三期) 1936 年版封面及本期要目

秦伯未（1901—1970），名之济，号谦斋，上海浦东陈行镇人。出身中医世家，祖父秦笛桥、伯父秦锡田、父亲秦锡祺，皆通儒精医。受家庭熏陶，自幼酷爱文典医籍，凡经史子集、诸家医典、诗词歌赋、琴棋书画无所不涉。1919 年至 1923 年在丁甘仁创办的上海中医专门学校系统学习中医。1923 年至 1928 年任上海中医专门学校教师并悬壶应诊，诊余执教并著述，曾在上海国医书局（后改中医书局）编纂"国医小丛书"，整理中医书籍。1928 年与章成之、王一仁等创办中国医学院，主编《中医世界》，创立中医指导社，主编"中医指导丛书"和《中医指导录》杂志，函授中医。1930 年至 1949 年上海开业应诊。

他不仅是著名医家，还是集诗书画印于一身的艺术家，早年加入柳亚子创立的南社，诗律之细，构思之速，常为人所颂，曾有"南社题名最少年"之誉。30 岁著《秦伯未诗词集》，40 岁时增订补辑为《谦斋诗词集》七卷。他的书法气势奇新，如今上海城隍庙大殿一副对联就是其早年墨迹。他的绘画颇见功力，尤喜荷花。对金石文也有研究，且有《印谱》刊印。从医 50 余年，论著 60 余部，论文数百篇。其他一些自撰、编辑、校阅的有《难经注疏》《难经古义》《秦批全生指迷方》《日本汉医信守名著合刻》《秦批医学见能》《重楼玉钥喉科指南》《群经大旨》《内经病机十九条之研究》《秦氏内经学》《痨病指南》《中医指导录》等。

国医小史

　　《国医小史》，"谦斋医学小丛书"之一，秦伯未著，学海书局（上海老北门内穿心街东七十七号）出版发行，发行者四明钱季寅，民国十五年（1926）八月岁次丙寅秋七月初版，即1927年7月初版。代售处有6处：上海四马路校经山房、海左书局、棋盘街文瑞楼、望平街中西书局、三马路千顷堂书局、石皮弄中医学会。

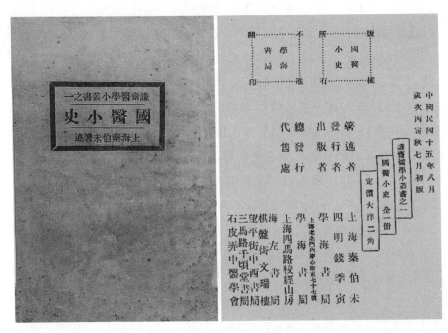

⊙《国医小史》1927年初版封面及版权页

书前有作者写于乙丑七月的《国医小史导言》："往昔无国医专史。史所以记历代政治文化学术之变迁。用资考证。医亦学术之一。乌可以无。余掌教于中医专校有年。士子恒以不知医学源流相询问。夫为医而不知源流。将何以溯本而寻支。矧复历代标新。学说不谋。温凉异守。攻补相诋。昏夜无烛。能不陷于荆棘丛者几希。爰追平日问答。次第先后。葺国医小史一书。曰小史者。愧未详尽也。脱稿即付手民。以应急需。"

后有《国医小史例言》："本书采用问答体。词句务求简明。先论一代之大概。次述著名医家。末示学医之方针及其他。著名医家。以有关于一代变迁者为限。古今书籍颐繁。兹举其重要者。附于医家之后。本书所论。自上古至清代为止。民国以后。暂不列入。本书专论国医源流。西医学派。概不录取。匪存排斥。恐越范围。"

如问："我国医学之鼻祖何人?"答："炎帝神农氏。当时不知耕种畜牧之法。以自然产生之植物。为生活资料。草木中含有吐泻之性质者。亦径取食之。神农辨别某也催吐。某也促泻。某草某木不可作食料。并用催吐之草木。以治心胸苦闷之患。促泻之草木。以治腹胀便闭之患。实为医学知识所滥觞。宋刘恕通鉴外纪曰。炎帝始味草木之滋味。神而化之。遂作方书。以疗民疾。而医道立。可证也。"言简意赅,一目了然。

全书 55 页,书末有学海书局刊登的医书广告两页,其中有秦伯未所著《实用中医学》。在其广告中说："本局鉴于中国医学。精微莫名。而卒至衰落者。由于医籍汗牛充栋。瑕瑜互见。致学者无所适从。不能得循正轨。爰有上海秦伯未君编辑实用中医学一书。举凡伤寒温病时疫杂证女科幼科外科。四诊本草莫不俱备。共约五万余言。含英咀粉。去芜戋杂。学说方济。可法可行。名曰实用。不同浮泛。真学者之津梁。病家之宝笈。医校采为课本。尤属相宜。发行在即。谨此预告。"

另有一则颇有意思的《上海秦伯未鬻书篆刻例》(甲子三月订)。可作留存:
中堂四尺二元　五尺三元　六尺四元;对联三四尺二元　五六尺四元　丈疋六元;寿屏每条四元;册页每件半元　扇面名刺同值;碑版三百字内每件二十元每加百字加十元;手卷每方尺一元;立轴每件一元　横幅同值;屏条匾额三四尺每条一元　五六尺每条二元　一尺内字每字一元加一尺递加一元;招牌半尺内字每字半元　半尺以外同匾额;题跋每件二元;篆刻每字半元。附例:篆隶真草随

点　金笺加半劣纸不书　磨墨划格费各加一元　篆刻石章为限　书报题眉均不取润　先润后墨约日取件。收件处：上海西门内石皮弄中医学会　上海老北门内穿心街书画保存会　上海小西门内尚文路县教育局。

读内经记

《读内经记》，秦伯未著，笔者所见三种版本，估计还有不少未见的版本。

第一种，新中医社审定，新中医社出版部（上海小西门外）出版发行，民国十七年（1928）四月出版，不知印数，每册定价洋 6 角。千顷堂书局（上海三马路中）、文瑞楼书庄（上海棋盘街中）寄售，著易堂印书局（上海中石皮弄）印刷。封面由吴昌硕题签，盖朱文印，章太炎题署扉页，并盖朱白两印。书中有一幅《内经图》，字迹有些模糊，看不清由谁所画。

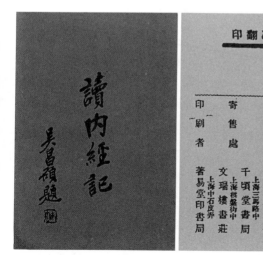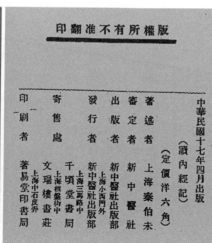

⊙《读内经记》1928 年版封面、版权页及扉页

　　书前有《许序》，"许"即吴江许半龙，生于 1898 年，字盥孚，又名观曾。上海中国医学院创始人之一，任训育主任、教授、院董等；南社成员，中国近现代儒医。他在序中说道："淞沪多名医。充塞乎闾巷。独秦子伯未。潜研内经。不欲以医鸣。黠者斥内经为废书。比之搜麝香于牛溲。而西医复备极丑诋。殊途者异议。理固然欤。伯未端静明哲。无夸毗之习。与余通缟纻之惧有年矣，读其所著读内经记如干卷，古思今情。考证精详。提纲挈领。美尽于是。一洗历来笺疏之陋。夫内经之名。始见于班志。或据阴阳五行之说。类公羊家言。指为汉人所作。或谓书出战国先秦。或以篇首多道家言。与鸿烈解相类，似淮南厉王所为。疑不能明。要其书多假借字。如卑滥之作卑监。洲渚之作州都。与汉文为近。以故子长作五帝纪略无称说。称黄帝者。以祖述言之耳。慨自梁全元起注本以来。数千年间。分合经文。各便臆说。卷目次第。漫无定本。后之学者。将何所折衷焉。鸣呼。此即内经所以废置。医者所以日趋简陋乎。医固易为。稍稍涉猎药性。皆足以问世。于是淞沪间以医名者。充塞乎闾巷。其间高尚自负者。复率以轻清淡渗。托为慎重。本之则无术可知。虽举俗盲从。而去古益远。此倘伯未之所以不欲以医鸣乎。嗟乎。内经乃行医之大法。为实验之定律。惜从来注家。望文生训。强作解人。致古人独到之见。不得施诸实际。

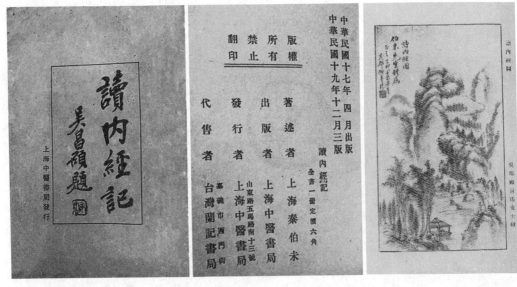

⊙《读内经记》1930 年三版封面、版权页及插图

狙伏气之说者。更从而谬误之。此又伯未所为踌躇审顾而不容已于撰述者。然而伯未以此鸣矣。"撰述时间所列中国医历：四千六百四十一年。

后有秦伯未写于戊辰二月的《自序》："读内经记将付刊。伯未自书其端曰。内经之真伪。吾不暇辨。且不必辨。古人之辞简。虞夏之书。可证也。要其综核病原。精研治法。固自有不可磨灭者存。独惜年湮代远。传钞伪谬。注释句逗者。益复望文生训。失其原旨。遂使后之学者。终身旁皇歧路。莫知率从。可悲也已。伯未从事于斯。垂及十载。平时将私心所情悟。校补卷岍。更旁采俞樾胡澍诸家考订。积久得如干则。别为三纲。曰文字。曰训诂。曰句逗。而总名读内经记。尝以语吴丈缶庐。丈目为整理中国医学之内功。含毫署检。督促印行。然藏之篋笥。终惴惴不敢问世。今岁同道中。转相借钞。碍难周命。不获已。检付削青。知音未稀。谨俟大觉。"

全书 102 页，分上中下 3 篇，每篇收文若干，如上篇收：《人将失之邪》《醉的入房》《肾气独沉》《春必瘟病》《从欲快志于虚无之守》《一阴俱博十日死》《外无伸官之形》《容色看上下左右》《冬脉如营》《不可挂的发者》《逢风寒如灸如火者》《神

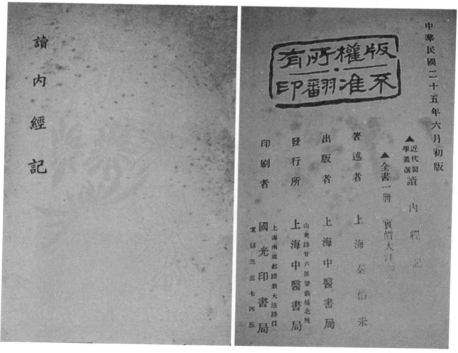

⊙《读内经记》1936 年初版封面及版权页

不足则悲》和《湿性燥》等；中篇收：《恬淡虚无》《天气清净光明者也》《愚者佩之》《汗出偏沮》《病之形态也》《色青如草兹者死》《形施于外》《虚静自保》和《人身非常温也非常热乎》；下篇《句逗》，内收：《天自古通天者生之本本于阴阳》《有伤于筋纵其若不容》和《知病所生以治则无过以诊则不失》。

正文前标明：上海秦之济伯未著述。封底有"新中医"的出版标记。书末有"新中医社最近出版各书广告"，内有三书：《清代名医医案精华》《内经类证》和《中国历代医学之发明》。前两者为秦伯未所著，详细内容将在各篇叙述，此处不赘。

第二种，上海中医书局（山东路五马路南十三号）出版发行，民国十九年（1930）十二月三版，不知印数，每册定价6角。台湾兰记书局（嘉义市西门街）代售。封面由吴昌硕题签，与新中医社版相同。封底有上海中医书局的出版标记。

全书122页，内容同上。书末有"上海中医书局书目提要"，其中有不少是秦伯未的著作：《实用中医学》《读内经记》《内经类证》《百病通论》《瘰病指南》《药性提要》《清代名医医案精华》《清代名医医话精华》《膏方大全》《验方类编》《丸散易知》《诊断大纲》《国医小史》《饮食指南》和《中医世界》等。

第三种，"近代医学丛选"，上海中医书局（山东路廿六号带钩桥北块）出版发行，民国二十五年（1936）六月初版，不知印数，每册实价大洋4角。国光印书局（上海南成都路新大沽路口）印刷。封面衬底纹，排印书名，无题签。

全书110页，与上述两书内容同。书末有新出书目广告，其中有秦伯未著：《清代名医医案精华》《清代名医医话精华》《秦氏内经学》和《实用中医学》。

有"秦内经"美称的秦伯未，在中医领域内博览群书，尤对《内经》有着深刻研究。认为是总结了前人的实践经验，表达了古代医学思想体系，研究中国医学必从《内经》始，然后涉至其他，否则无法开启中医之门。他对《内经》进行细致分析、归纳、整理和研究，著有《秦氏内经学》《读内经记》《内经病机十几条之研究》《内经知要浅解》《内经类证》和《素灵辑粹》等专著。在临床实践中，更是广泛应用《内经》理论做指导，取得良好疗效。

在一些中医书籍中，往往刊登有《读内经论》的广告，如在《内经类证》中刊有的广告词是："伯未先生潜研内经凡十载。常恨年湮代远。传钞伪谬。注释句逗者。益复望文生训。失其原旨。遂使后学。终身旁皇歧路间。莫知率从。乃将平时心得。校补卷端。更旁采各家考订。得数百则。别为三纲。曰文字。曰训诂。曰句逗。以内经篇次编纂。俾便检阅。脱稿于丙寅春。尝以示吴昌硕先生。叹为整理中国医学之内功。一时同道中转相借钞。真有纸贵洛阳之势。其价值盖可想见矣。今由本社出版发行。精装一册。定价大洋六角七折。"

同书另一篇广告词则说:"内经一书。在中医界之价值。无用申述。惜年湮代远。传写训诂。诸多错误。遂使学者不易领略真义。是书为秦君十年来读内经之结晶。考订正误有如拨云雾而重见青天。真轩歧之功臣。后学之导师也。书分三篇。上篇为文字之考订。中篇为训诂之考订。下篇为句逗之考订。由章太炎吴昌硕题签。许半龙作序、卷首并附顾青瑶女士读内经图铜版。尤觉名贵。"

内经类证

　　《内经类证》，秦伯未著述，上海中医书局（山东路Ａ字一号）印刷出版发行，民国十八年（1929）七月出版，不知印数，每册定价6角。上海千顷堂书局分售。

　　书前有同学弟谭泽民所写的《谭序》。并有作者的《自序》："内经类证之作。昉于民十二。成于民十四。修正于民十五。镂版于民十六。被爨于民十七。今盖烬余之文也。中医学说。建筑于实验。故余之治医。以实验

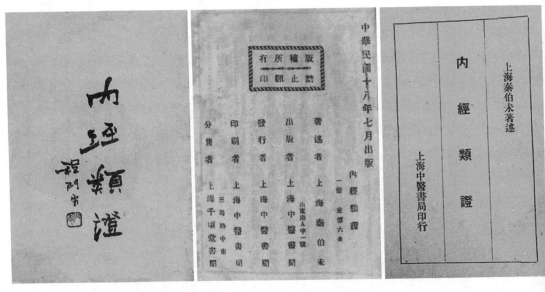

⊙《内经类证》1929年版封面、版权页及扉页

为主。伤寒论有是症。有是方。实验之书也。内经有是病。有是症。亦实验之书也。余初治内经。继治伤寒论。觉其叙列。多本内经。则复肆力于内经。盖为实验之书之祖也。居尝择其关于病症者。又摘录专册。为之类别。得五十病。三百五十七证。一千二百六十八条。名之曰内经类证。以便稽考。更于篇末附以后世学说。及一得之见。藉资汇通。书成。会承乏内经教授于各医校。学者苦无适当之参考书。乃付著易堂印行。俾供观摩。不意削青甫半。遽遭火灾。稿尽毁佚。所存者仅箧中内经白文初稿而已。□乎。余欲导学者以勤研古训。归于真朴。而横遇奇厄。殆亦数欤。而同道闻余有是书之刻。竞相访问。不获已。即就初稿。略加校订。重付手民。至原文之谬误。已详拙著读内经记。兹从阙。其篇末附论。则请俟诸异日。又当时承刘一鸣汪隐峰诸君题序。兹仅存谭君一文。民国十八年四月六日。镫下记此。以志始末。发数茎白矣。"

全书 168 页,分为 50 类(病),如《伤寒类》《温暑类》《热病类》《中风类》《寒热类》《霍乱类》《痰饮类》《痹病类》《癫狂类》《疝气类》《水肿类》《腰痛类》《头痛类》《齿牙类》《口舌类》《眩晕类》《呕吐类》《便血类》《遗泄类》和《痛疽类》,等等。

书末有"本局新出的各种实用中医书籍",其中有秦伯未校阅的两书,皆许半龙著的《药薮启秘》和《鸟瞰的中医》。另有秦伯未的《读内经记》和《内经类证》。其中后书的广告词是:"本书内经论病各文。分类编纂而成。凡五十篇。六百余目。夫内经一书。为中医界中最古而最有价值之作。惜卷帙浩繁。学者每苦不能领悟。秦君研究内经凡十载。历任中国医学院上海中医专校等内经教授。本其经验。宣阐古学。学者得此。即可知内经中有何种病。每病有何种症候。盖能以科学的方法。加以整理者也。"

另录在其他书中关于此书之广告:"本书系秦伯未君集内经论病各文。分类编纂而成。凡五十篇。六百余目。夫内经一书。为中医界中最古而最有价值之作。惜卷帙浩繁。学者每苦不能领悟。秦君研究内经凡十载。历任中国医学院上海中医专校等内经教授。本其经验。宣阐古学。学者得此。即可知内经中有何种病。每病有何种症候。淘医者不可不手一编也。全书一册。定价六角。"

清代名医医案菁华

　　《清代名医医案菁华》，根据所见书目广告，此书分为甲乙两种，甲种为"布面金字洋装"，即精装本烫金。乙种为"平装四册　加赠锦匣"。此书到底出过多少版次，因未见所有版本，故不清楚。所见有 1928 年 10 月版、1933 年 4 月版和 1947 年 1 月版。

　　无论精装还是平装，封面题签（包括书脊）者是杨了公，扉页题签者是黄炎培。内有三幅题字，分别是钱季寅的"蔚为大观"（吴铗珊书），天生我虚的"聚精会神"（尹兰书）和钱龙章的"后学南针"。

　　后有《编辑大纲》："中国医学。至清代而阐古启新。可谓极盛时期。本书专就清代名医医案择尤选辑。故名清代名医医案菁华。惟民国以来著名医家。每与清代有关。则亦附选于末。本书自清叶天士薛生白吴鞠通以迄近人金子久丁甘仁辈。凡二十家。他若喻嘉言张石顽徐灵胎陈修园辈。虽著盛名。而医案不传。或传而体例不合。概不入选。本书以内科为限。外科医案。姑俟异日另辑。兹从割爱。医案之价值。固在用药之切合。及施治之效验。但案语之阐发病理。亦宜透辟精警。故本书所辑。理法并重。凡医案观其变化处。最耐寻味。是以本书于复诊方案。足供研究者。悉数采取。而以又字为标识藉明原委。用药分量。前人每多遗漏。盖分量之多

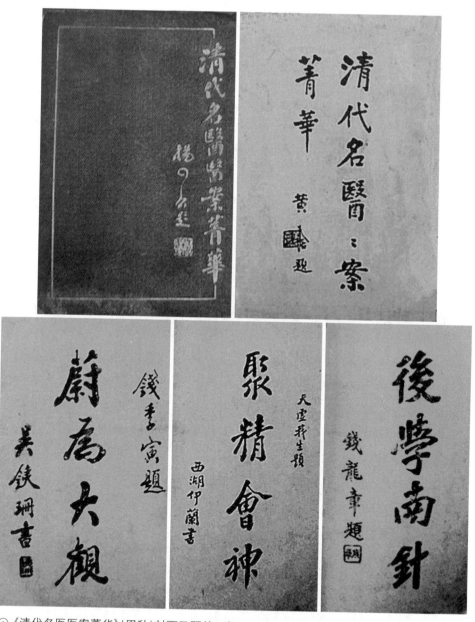

⊙《清代名医医案菁华》(甲种)封面及题签四幅

寡。因病之轻重而定。原非一致。本书概行删除。以昭一律。本书以人为纲。以证为目。俾便阅者寻译。而每人更冠以小传。藉于师承经历。及当日渊源。有所稽考。本书搜罗选辑。费时三十有六月。其中不免失当。尚希阅者教正。"

全书包括《自序》在内共有 7 篇序文，其他 6 篇分别是：黄豀陈无咎《陈序》、皖歙王一仁《王序》、泰县王润民《王序》、川沙陆渊雷《陆序》杨宗凯的《杨序》和许半龙的《许序》。

在此，以《陆序》、《许序》为例。陆渊雷在"戊辰大暑"写的序中说道："秦君伯未辑清代名医医案精华。索余序言。因妄论清医之短长以报之。秦君先后执教于中医专校中国医学院。独辟伏病温病之谬。故书中不列伏气门。自有卓见。而删芜杂去。撷精存华。为后学开迷茫大道。固又整理清代医学之功臣也。"许半龙在 1928 年 7 月 12 日写的序中说道："友人秦伯未以手辑清代名医医案精华示余。叹其选材精。分类明。不仅革薛案之悖谬而已。除叶案之肤泛而已。且胜于之瑢之选案。素宝之问斋多矣。伯未诚医学实验之导师。而结账式之医案

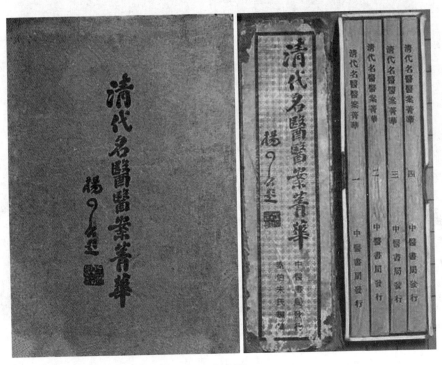

⊙《清代名医医案菁华》(乙种)封面、书脊书影

整理家也。间接医病人。而直接医医者。新中医之使命当然尔。予岂好标榜也哉。"

之后是作者写于戊辰四月的《自序》，两页："伯未辑清代名医医案菁华成。自序其端曰。人之论医者。动称内难伤寒。夫内难。论病书也。伤寒，诊病书也。何谓论病。推阐疾病之原理。以明证象及传变。所谓病理学者是。故内难不详方药。何谓诊病。研几疾病之驱除。以定法则及程式。所谓治疗学者是。故伤寒绝鲜理论。合病理治疗于一。而融会贯通。卓然成一家言。为后世法者。厥惟医案。此医案之所由辑也。医者应具时代精神。适合世界趋势。中医萌芽于神农黄帝。历春秋战国两汉名师哲匠。而渐臻发达。下此六朝隋唐。其光又微。宋代兢尚虚玄。金元继之。好言五行。说者因讥唐后无医书。及至有清。大椿元御肆力复古。天士鞠通则重温热。玉田出。力辟蚕丛。独开新境。咸同间西学输入。医风又一变。承往古。启来今。于是大彰。此先有清代之辑也。医非学养深者不足以鸣世。书非选抉严者不可以为法。清代医家之盛。远胜于前。然宣阐古蕴。发明心得。正复可数。而所传医案。大半门人。编纂驳杂不纯。若是者乌足光前哲而裨后学。此又所以名医是尚。而菁华是撷也。近贤章太炎氏曰。中医之成绩。医案最著。梁任公氏曰。治学重在真凭实据。夫医案皆根据病理。而治疗之成绩。亦中医价值之真凭实据也。此书之辑。倘足钳西医攻讦之口。为中医临诊之助乎。至有以此为终南捷径。而不考古训。不求新知。则非吾志焉。"

全书1103页，收医案20篇：《叶天士医案》《薛生白医案》《吴鞠通医案》《尤在泾医案》《曹仁伯医案》《王旭高医案》《张仲华医案》《何书田医案》《赵海仙医案》《马培之医案》《王九峰医案》《巢崇山医案》《张千里医案》《张聿青医案》《陈莲舫医案》《秦笛桥医案》《凌晓五医案》《陈良夫医案》《金子久医案》和《丁甘仁医案》。每篇医案前皆有介绍，文言。如《叶天士医案》说道："叶天士（桂）又号香岩吴县人幼承家学年十四父殁从父门人朱某学闻人善治某证即往师之数载中凡更十七师故淹有众长名著朝野生平未尝著述临诊指南乃后人所辑。"

另录其他书中刊登有《清代名医医案菁华》的广告："本书为上海秦伯未君所编纂。集有清一代名医医案。凡叶天士、薛生白、吴鞠通、尤在泾、曹仁伯、王旭高、张仲华、何书田、赵海仙、马培之、王九峰、巢崇山、张千里、张聿青、陈莲舫、秦笛桥、凌晓五、陈良夫、金子久、丁甘仁等二十余家。含英咀华。选辑精富。为临诊者添不鲜资助。天虚我生目为聚精会神之作。洵非虚誉也。由陈无咎、王一仁、王润民、陆渊雷、杨宗凯、许半龙诸君题序。价值益可想见。今由本社印行。分甲乙两种。甲种布面金字洋装一厚册。计八百余面。定价大洋三元四角。乙种平装四册。加赠锦匣。定价大洋三元。"

另一种广告版本是："本书为上海秦伯未氏所编纂。集清代二十余名家之精华。如叶天士、薛生白、吴鞠通、尤在泾、曹仁伯、王旭高、张仲华、何书田、赵海仙、马培之、王九峰、巢崇山、张千里、张聿青、陈莲舫、秦笛桥、凌晓五、陈良夫、金子久、丁甘仁等。全书一千余面。四十余万言。洵未有之巨著。洋洋乎大观也。由杨了公、黄任之题签。陈蝶仙、钱龙章、钱季寅、陈无咎、王一仁、杨宗凯、许半龙等题词序跋。尤觉价值可贵。夫医案之作。玲珑活泼。最足增人慧思。而切实说理。对证用药。尤属不同空泛。实为医者不可不人手一编。以作临证指南。不知医者。亦不可不人手一编。以备不时参考。全书装订。分平装精装两种。平装四册。附增锦盒。精装一巨册。布面金字。加实洋四角。外埠邮资每部一角四分。又按本书自发售预约后。远至安南台湾南洋东三省等处。均纷纷前来订购。一月内销达三千部上。实中医界书业界所仅闻。兹已再版出书。购者尚希从速。"

还有一篇广告列举了《清代名医医案菁华》的十大特色：一、搜集之富可谓医案中未有之巨大著作；二、撰辑精严理论与实验并重与薰获不别者不可同日而语；三、所采医案大半坊间未见谓为秘录亦无不可；四、以人为纲以证为目极便检查不同凌乱无章者；五、医案观其换方变化处最耐寻味而增巧思故本书于覆诊方案足供研究者悉数采纳；六、精华所聚学者得此可免选抉之劳亦无房价之弊；七、各家卷首附刊小传俾知其师承及经历；八、有诸大名家题序价值概可想见；九、印刷精良校对准确；十、病床美观携带尤便。

清代名医医话精华

　　根据所见书目广告,《清代名医医话精华》同《清代名医医案菁华》同,也分甲乙两种,甲种为"布面金字洋装",即精装本烫金。乙种为"平装四册　加赠锦匣"。此书到底出过多少版次,因未见所有版本,也不知底细。所见有1929年版和1933年4月版。

⊙《清代名医医话精华》封面及书脊书影

⊙ 本书广告

无论精装还是平装，封面、扉页和书脊题签皆是谢利恒。另有柳亚子的题签："清代名医医话精华"。还有张天方和方公溥的题字。

后有《编辑大纲》："中国医学。至清代而阐古启新。可谓极盛时期。编者既辑清代名医医案精华一书行世。兹以中有体例不合见遗者。因另辑关于笔记体者。续纂本书。名曰清代名医医话精华。本书自喻嘉言张石顽徐灵胎王孟英以迄程观泉吴东旸魏筱泉辈。凡二十家。本书体例。一遵医案精华。以内科为限。选辑目标。以切实效验为归。务必叙述一病之始终症候治疗详明者。方行录入。空泛议论。概从割弃。本书仍以人为纲。以证为目。俾便阅者寻绎其派别。每人冠以小传。藉于师承经历。及当日渊源。有所稽考。亦旧例也。本书搜罗钞胥之劳。承钱君季寅分任附此志载感。书中不免失当之处。尚希阅者有以指正。"

此书除收《自序》外，还有6序，分别为：无锡丁福保仲祜的《丁序》、武进顾实惕生的《顾序》、上海蒋文芳的《蒋序》、时逸人的《时序》、沈仲圭的《沈序》和宁海严云苍山的《严序》。

秦伯未的《自序》写于戊辰仲冬："清代名医医话精华。继清代名医医案精华而辑也。余于前书序中。谓医案为中医价值之真凭实据。兹请更从价值二字申言之。研究哲学者曰。人类思想。不免冲突。而思想之冲突。属于事实问题者少。关乎价值问题者繁。以事实问题。俟真理一出。百喙止辩。而价值问题。恒视人之评衡器官相应而定。即有心理作用存乎其间。终难一致。斯言也余甚韪之。然以语医学。则当以事实为前提。一切价值。视事实为转移。自物质由原子构成之事实。一经发明。所谓五行四大或水或火之说。其价值即因之低降。可以为证。盖医为治病之学。能本其学说。于事实上使疾病痊愈。即为真

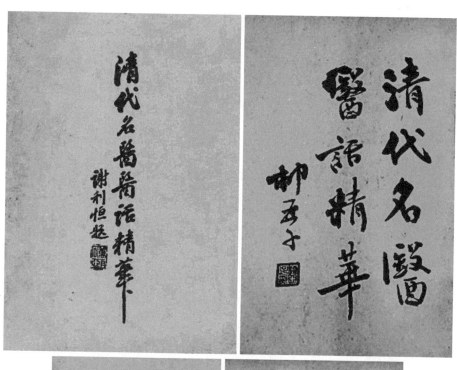

⊙《清代名医医话精华》题签四幅

价值。不能因人之评衡器官相歧而异议也。进言之。价值既根据事实之效验。而事实之效验又根据学说之如何。则中医既有真切之价值。其学说亦自有相当之位置。虽一部分受理学哲学之影响。似多空洞。然真理所在。正不能全行鄙视焉。余治中医几十载。觉中医之学说之事实之价值。非西医所能明所能及所能企望。爰积岁成清代医案一书。今复嫌其为体例所拘。未能详备。爰择笔记体者。另辑是编。诸先贤苦心积虑之成绩。即吾侪临诊处方之指南。愿同道其珍视之。"

全书 251 页,收 20 家医话精华:《喻嘉言医话精华》《魏玉璜医话精华》《张石顽医话精华》《徐灵胎医话精华》《何鸿舫医话精华》《林羲桐医话精华》《王孟英医话精华》《李冠仙医话精华》《齐有堂医话精华》《许珊林医话精华》《徐玉台医话精华》《程观泉医话精华》《许恩普医话精华》《余听鸿医话精华》《吴东旸医话精华》《李修之医话精华》《张畹香医话精华》《姚龙光医话精华》《张希白医话精华》和《魏筱泉医话精华》。每篇医话前有人物小传,如《喻嘉言医话精华》有:"喻嘉言(昌)新建人博极群书精力过人为清初三大家炎一往来南昌靖安间后又移寓常熟所至皆以善医名精心妙术冠绝一时著有医门法律尚论篇寓意草等。"

在此书的一则广告中说到八大特色:一、搜集丰富集医话之大成;二、选辑精严理论与实验并重;三、叙述病症均有系统;四、精华所聚可免抉选盲从;五、纲举目张极便检查;六、所采医话大半坊间罕有;七、定价极低;八、印刷装订精良优美。

在其他书中,还有一些关于此书之广告:"本书为秦伯未先生整理清代医学之第二部巨著。伯未先生前著清代名医医案精华一书。既已洋洋大观。风行国内外。惟尚有多种医案。均属笔记。与该书体例不合。未曾采入。兹特编纂本书。以期完满。采入者。如喻嘉言、张石顽、王孟英、徐灵胎、魏玉璜、林羲桐、齐有堂、程观泉、何鸿舫、张希白、李修之、余听鸿、李冠仙、姚晏如、张畹香、潘兰坪、吴东旸、魏小泉等二十余家。由丁福保、顾惕生、蒋文芳、沈仲圭、严昌山、柳亚子、方公溥、张天方等题序。选择精严。洵属医家之秘箓。况医话之作。将病症前后状况。及用药变换程序。均行叙列。学者得此。对于一病之经过详情。可以了如指掌。倘能合医案精华并读。则更于临诊之时。既可胸有成竹。而处方之际又能随机应变。所谓二难并者。盖独具焉。兹已出版。全书装订。分平装精装两种。平装四册。附赠锦盒。定价大洋三元。精装一册。布面金字。加实洋四角。外埠函购。加邮费每部一角四分。"

另见新中医社出版部一则有关此书的启事:"秦伯未先生编纂本书。既属洋洋大观。惟据伯未先生称。清代名医。尚有喻嘉言张石顽徐灵胎王孟英李冠仙等二十余家。以所著医案。皆属笔记。体与朽体例不合。未曾采入。本社为更求完美计。特表伯未先生再行编纂《清代名医医话精华》一书。庶珠联璧合。相得益彰。已蒙伯未先生俯允。着手编纂。定本年内脱稿出版。除届时当登报通告外。先志于此。务希阅者留意。"

膏方大全

　　《膏方大全》,秦伯未编著,普宁方公溥参校,中医书局印刷发行,发行者四明钱季寅,民国十八年(1929)九月印行,兰记图书公司(台湾嘉义西门前市场街)分售。不知印数,每册定价大洋 3 角。封面由陈小蝶题签:膏方大全　秦伯未辑。

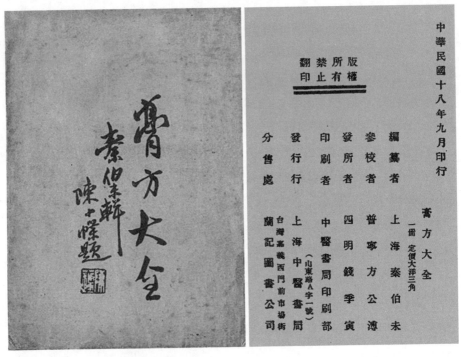

⊙《膏方大全》1929 年版封面及版权页

　　书前有上海沈衡山其宇写于 1929 年 7 月的《沈序》："衡山善病。病无微甚。必乞诊于秦先生伯未。垂今七载。过从之密。在旁人观之。将疑为非先生之诗友。即先生之酒徒焉。初衡山病咯血。延海上所称名医者治。随愈随发。凡十余次。病已经年。既而就治于先生。先生曰。此血不归经也。当使之就轨。若以凉药抑伏。血得寒而止。寒去而血又涌。宜病之缠绵不已也。投侧柏叶汤而验。又病后易罹外邪。月必四五起。但拥絮卧周时即愈。以询先生。先生曰。此气血不充也。内经有言。体弱者善病寒热。当补益之。嘱服参芪。各尽三两许而不复作。其识病之精。用药之神。实时下莫与京也。今者有膏方大全之辑。抒平日之经验。作世人之津梁。持以示衡山。受而读之。议论既可法可师。选方又惟纯粹。不仅贡献医林，抑且有功社会。夫世人自信多虑。医者更以虚阿其好。于是因虚而误服补剂。因补而变生他患者。以平日所闻。不可胜数。先生斯作。正不知惊醒瞌睡几许矣。辱命撰序。衡山其何敢。敬以心所景仰而感慨者。略陈一二。聊资侑酒云。"

　　全书 64 页，分上下两编，上编《通论》，下编《选方》。《通论》收 10 文：《膏方

⊙《膏方大全》扉页

之意义《膏方之效力》《膏方之性质》《膏方之组织》《膏方之用量》《膏方之时期》《膏方之煎熬》《膏方之服食》《膏方之禁忌》和《膏方之经验》。《选方》收 16 章,如《咳嗽》《吐血》《失眠》《产后》《耳鸣》《白带》《遗精》《瘕聚》《经带》和《求嗣》等。

书末有秦伯未编辑的"家庭医药常识丛刊"第一集《验方类编》、第二集《百病通论》的出版预告。广告词是:"融化学说经验于一炉　不啻家庭医药之顾问"。另有《中医世界》广告,称之为中医界之生力军,秦伯未方公溥主编,中医书局发行。还有《妇女白带丸》广告,上海姜衍泽堂发记老药铺(上海小南门外大街新建洋房)制售,内科专家秦伯未先生制方。其末有《秦伯未医家著述批校各医书》,实为书目 13 种:《清代名医医案精华》《清代名医医话精华》《读内经记》《内经类证》《难经注疏》《膏方大全》《全生指迷方》《本草诗笺》《本草分经》《医经原旨》《医学见能》《国医小史》《温热类编》。

家庭医药常识丛刊

　　这是一套丛刊，虽在版本中未标明，但在《膏方大全》一书中刊登的广告中披露，丛刊由秦伯未编辑，名为"家庭医药常识丛刊"，广告刊登了第一集《验方类编》和第二集《百病通论》的出版预告。广告词是："融化学说经验于一炉　不啻家庭医药之顾问"。

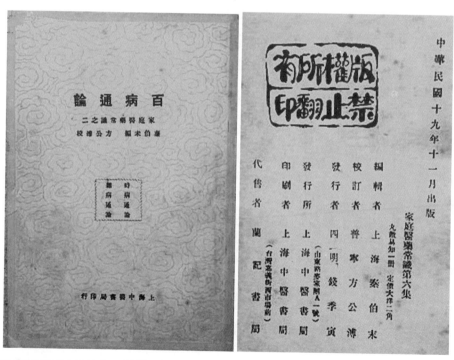

⊙《百病通论》1941年三版封面及版权页

全套丛刊 6 种，分别是《百病通论》《验方类编》《药性提要》《诊断大纲》《丸散易知》和《饮食指南》，从所知的两种版本的版权页看，分别由中医书局出版于1930 年 1 月和 11 月。全套丛刊封面设计划一，衬底为祥云图案，每书书名各异，并列出主要栏目内容。

在介绍这套丛刊时，中医书局的广告说得相当明确："本局专行发售中医书籍。宣传中医文化。对于医界之贡献。可谓不遗余力。惟于病家方面。殊鲜顾及。深引为憾。窃念病家之需要凡二。一为灵验方剂。以备急救。一为医药常识。俾资摄养。爰特聘请中国医学院教务主任秦伯未先生。从事编辑。秦君学识既高。经验又富。而此书之作。更愿以十年心得。尽量披露。自当倍见精彩。切合实用。不日可以脱稿。决定年内出版。为普及起见。定价特别从廉。初版印一万册。如有愿附印赠送者。请即来局接洽。当照成本发售。特此布告。"

每本书也刊登有广告词，分别罗列于下：

《百病通论》："分外感及杂病二大门。每病分原因诊断治疗经验四大纲。屏弃浮泛之理论。独抒临诊之心得。学医者最切实用之书也。今中国医学院等已

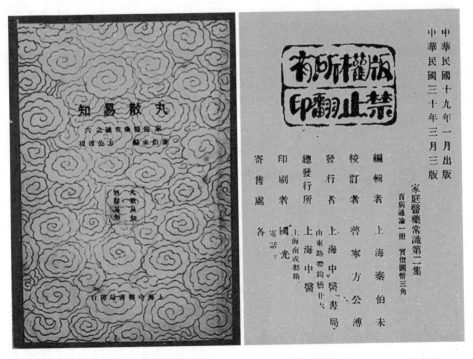

⊙《知易散丸》1941 年版封面及版权页

采取为教材。价值可见。"

《药性提要》:"专录之性味。主治用量。使施用时。得有精确之标准。凡分补益、收敛、发散、利尿、涌吐、泻下、理气、理血、温热、寒凉、化痰、驱虫等二十门。录药四百余种。与百病能论诊断大纲验方类编饮食指南丸散易知同属实用之书。家庭之宝库也。"

《验方类编》:"本书就个人经验之成剂及单方汇编而成。分内妇幼外急救五大类。家庭得之。轻病可以自疗。医家得之。肘后更多妙药。"

《丸散易知》:"就药肆中备有之丸散膏丹。择其常用有效者。分内科妇科儿科外科等纂辑。以便一般病家之采购。同时并知其主治何病。所用何药。能得彻底之明瞭。"

《诊断大纲》:"辨症与赖于精密之诊断。是书分脉诊舌诊问诊杂诊四大纲。杂诊中有体温测定及证候辨别等法。尤能补各种诊断书籍所未及。而切合于临床诊察之用。"

《饮食指南》:"饮食之适宜与否。与增减药力及病势。有绝大之关系。本书分饮料食料为二编。饮料中如水酒。花露。食料中如粥饭果蔬禽兽等。莫不分析叙述。家庭得之。可免口腹之患矣。"

以《诊断大纲》为例,详述之。

☉《饮食指南》《药性提要》《验方类编》封面

　　笔者所见为 1934 年 7 月的再版，秦伯未编，方公溥校，上海中医书局印行。校阅者方公溥，为当时上海之名医。

　　书前有张益明为家庭医药常识丛刊第三、四集所作的序。文中回顾了丛刊第一、二集出版，阐述了第三、四集出版的意图和作用。此后，有程子敬为《诊断大纲》所作的序。《序》中作者从主题入手："昔之言诊断者。曰望闻问切。然其言古奥。其书繁博。不适合于一般之参考。"又介绍此书特点："秦师乃有诊断大纲之作。先之以切脉，分形状主病兼脉。次之以舌诊，分提要分辨。次之以问诊，分要旨辨论。终之以杂诊，分测体温、审面色、视呼吸、听声音、察杂证。词简而当，义约而精。"。

　　《诊断大纲》的确是一本言简意赅的书籍。如"脉诊大纲"的每种脉相，编者均分为"形状""主病"，或加入"兼脉"等两三个方面解说，词句精炼，便于记忆。"舌诊大纲"中的"白苔舌""黄苔舌""黑苔舌""灰苔舌""红舌""蓝苔舌"，则通过"提要""分辨"两方面说明。"提要"简练，"分辨"透彻。"问诊"中的"寒热""汗"

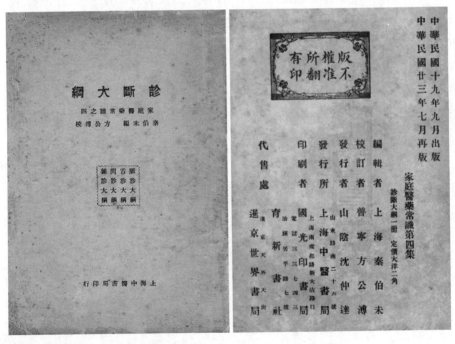

⊙《诊断大纲》1934 年再版封面、版权页

"头身""二便""饮食""胸""聋""渴"八征以"要旨""辨别"展开。其中"辨别"分类清楚,区别关键明了。而"杂诊大纲",综合"测体温""视呼吸""望面色""审五官""听声音""察杂症"六个因素帮助判断。全书用大号字印刷,便于读者快速查阅。

书末,还刊有国医出版界最近出版的课本书籍、影印古本医学丛书以及日本的汉医名著介绍。封三为版权页,刊明编辑者、校订者、发行者之名。此书国光书局印刷,汕头育新书社和暹京(泰国)世界书局为代售处。

⊙ 中医书局出版标记

伤寒六书

《伤寒六书》，原著陶节庵，此书是秦伯未的校正断句本，藏版者江浙庐，上海中医书局、国光印书局联合出版发行，民国廿年（1931）三月出版，不知印数，每册定价1元。封面印"校正断句"，版权页印"重校伤寒六书"。

陶节庵，明代医家，名陶华，字尚文，号节庵（又称节庵道人），余杭（今杭州市）人。生于明代洪武二年（1369），卒于天顺七年（1463），享年94岁。陶习儒精医，于伤寒尤有研究。史称其治病有奇效，治伤寒一服即愈，

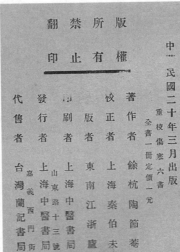

⊙《伤寒六书》1931年版封面、版权页及内页

名动一时。其著有《伤寒六书》、《伤寒全书》五卷、《伤寒治例点金》二卷、《伤寒治例直指》二卷、《伤塞直格标本论》一卷、《伤寒段段锦》、《伤寒全生集》四卷。其中所著《伤寒六书》(又名《陶氏伤寒六书》)六卷,流行较广,颇有影响。陶氏所著,受朱肱影响较大,在治法、分证等方面,有所发展,但前人对其论说褒贬不一。

此书成于明正统十年(1445),作者时年 77 岁。全书收:一、《伤寒琐言》;二、《家秘的本》;三、《杀车槌法》;四、《一提金》;五、《截江纲》;六、《明理续论》。

在《伤寒琐言序》中,陶华以为医之为道,君子之道也。"吾固为君子之道也。予晚年得子。方逾弱冠。柔软多病。习懒不能自强。必非能受此道者。日夜痛心。惧夫吾殁之后。有病委之庸医。足可以伤生灭性。""桑榆之日,岂能久照。日夜用心,以缉成伤寒明理续编。论法虽略备,非有师承口诀不能融会贯通于心。又著琐言一卷,文虽鄙俚,然言简意到。其中包括仲景不传之妙。皆世所未尝闻见,剖露肺肝以馨其蕴奥,实升高之梯阶,当宝之如珠玉。潜心玩绎搜索。以尽阙旨。有疑辄问,不可因循,务期日进高远。"这些话正道出了作者对为医之道的认识和身为人父的拳拳之心。"汝宜服膺此训,敬慎而行之。他日倘能以斯道济人,亦君子也。若存心不古。以吾言为妄谬,反以斯道杀人,负吾之用心,非吾之子也。"这些言语则又说出了一位长者对后辈真切的希望和要求。

在《明理续论序》中,作者还叙述了《明理续论》成书之经过:"庚寅冬,予病足不出户庭数月。因观成无已明理论,止五十证,辨究详明,惜其未备。于是乃集所见所闻,比类附例,斟酌而损益之,遂成一书,名曰明理续论,姑以自备遗亡,非敢传诸人也。"可见,作者对于学术之谨慎态度。

在此书的封底,印有"清代名医医案医话精华合刻"的广告,实际是把名医医案和名医医话两书合二为一,成合刻本。

鸟瞰的中医

《鸟瞰的中医》，吴江许半龙著，秦伯未校，新中医社出版，民国十七年（1928）三月初版，不知印数，每册定价大洋 2 角。中国医学院（上海小西门外）和千顷堂书局（上海三马路中）寄售。封面由秦伯未题签。

⊙《鸟瞰的中医》1928 年初版封面及版权页

此书最为珍贵处是有著者与校者的合影，长衫马褂，颇有几分相像。

书前有吴江许太平写于"中国历四六四〇年九月"的《序》："或谓：处此科学昌明之世界，中国人之生命，非外国人不能保。中国人之疾病，非外国法不能治。非服外国产之药物，病必死。非雇外国式之看护，疾必培。何必昧学术之沿革，逆世界之潮流，而研究中华国性的医学。为亡国化骗子化之西医所讥笑？其见解之是否蔑公理，无是非，姑不具论。即其于医药学上，惟一的立场。并未有中国两字之认识。盖研究中医之目的，在求中国人之健康长寿。但健康长寿，本为全人类所共同要求者。苟就空洞的，而求全人类之健康长寿。而不求一立

⊙ 著者、校者合影

场，必大而无当，劳而无功。故孙中山先生，认定中国民族，现在决非讲求世界主义之时，又决非打破国界之时。要求平等自由，何论如何不可忘中国两字之立场。民族主义三四两讲，对于此点，阐发极明。有云：'近来的学生，也提倡世界主义，这个论调，如果发自英国美国或发自我们的祖宗，那是很适当的。但是发自现在的中国人，这就不适当了'又云：'世界主义，不是受屈民族所应该讲的，我们受屈民族，必先要把我们民族自由平等的地位。恢复起来之后，才配得来讲世界主义。'然则我中医界，应该如何将世界之医学，包含于中医。及恢复国性之医学，及中医之地位？然后推而及于世界。抱斯宏愿，于兹有年。余季半龙新就国性的医学，篆为概说。颜曰鸟瞰的中医将就正于当世。因弁数言以张之。"

全书 40 页，收：《绪言》《定义》《范围》《目的》《价值》《源流》《与西医之比较》《论教育之关系》《整理与推行》和《外人之信仰》。

医林初集

　　《医林初集》,浦东医界同仁著,新浦东报馆、浦东星报馆采集,秦伯未编辑,上海中医书局(山东路带钩桥廿六号)出版发行,民国二十三年(1934)二月出版,不知印数,每册定价大洋6角。林记书庄(广州双门底)和育新书社(汕头居平路七号)寄售。

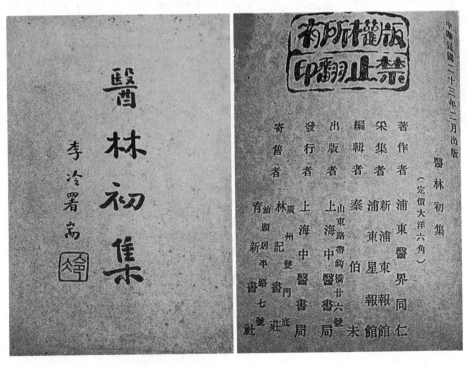

⊙《医林初集》1934年版封面及版权页

本书是汇集本,汇集了在《新浦东报》和《浦东星报》中刊出的中医论文。内载内科、妇科、儿科、医药、验方、卫生、临床笔记等8类,论文54篇,医案6则。论文包括编辑者秦伯未所著《释暑》《妇人不孕之种种》和《妇人经闭症》,张友琴的《谈谈病暑》《泄泻证泻》《月经病证和治疗》和《昏厥急救法》,秦又安的《水痘》《生葱可治伤风》和《肺痨之食物治疗法》,丁济苍的《治大脚风方》和《鳖甲龟板可治白带》等。

关于暑病,秦伯未认为:暑病不可以阴暑、阳暑分之,暑即《金匮》之中暍。张友琴则认为:"阴暑之名非是则可,若谓阴暑之病必无则不必。"

关于月经和不孕,张友琴认为,月经期超前原因有三:血虚有热、血瘀有热、虚寒中气不足;月经经期逾期原因有四:寒者、血虚有寒、血寒夹湿、气不条达血阻有瘀。秦伯未则认为,妇人不孕原因种种,则有身体性躁多火,肥胖之妇气虚湿滞,怀抱素恶,肝气郁结,骨蒸夜热、口干舌燥、胞中伏热以及胞胎伏寒等。

此书的一个显著特点是"不存门户之见,兼收并蓄",反映了当时中医学术界百家争鸣的概况,对于研究近代医家学术思想及近代学术发展史有着重要的参考作用。

书前有秦伯未写于1934年1月的《医林初集弁言》,其中说道:"二十二年五月。新浦东报辟一角地曰医林。浦东星报踵之而有医学院之建设。均延伯未司编辑。盖欲艾人民于健康。而供同道切磋之益。意至善也。伯未世居浦东。为梓乡效劳。焉敢辞。吾浦东界跨五六县。地广数百里。业医者何止千余人。言其人才。若重古何氏。珠家阁陈氏赖氏。其以专科长者。又若九团秦氏之伤科。徐贤桥于氏之眼科。大竹园吴氏之喉科。莫不蔚为一时之秀。夫学术以研究而深造。此为自然原则。而尤以医学。随天时地理历史习惯等变迁。漫无止境。然则欲期发挥光大。取长补短。非互相讨论。何以自精。此其一。中医学术。在德日各国研究甚力。盖理论之精。药产之富。为全世界所不及。乃在本国西医。反目为卑不足道。其弊在未加深刻之研究。而盲从无稽之传说……光阴荏苒。今各报均出至三十期矣。报中主事韩君尚德汤君梦吾等。念医学稿件。不同于新闻。愿汇选印行。俾传久远。爰就六十期中略加选辑。成医林初集。分若干类。以便检阅。此吾浦东医界未有之盛举也。尤有进者。中西医效私党之排挤。于今为烈。本集不存门户之见。欷收并蓄。此又浦东医界独能融会汇通之先声也。削青日。书此以志始末如右。"

实用中医学

　　《实用中医学》，秦伯未编纂，上海中医书局（山东路五马路南十三号）参校、印刷、发行，发行者四明钱季寅，民国二十年（1931）七月再版，不知印数，平装每册定价3元，精装每册另加实洋4角。1930年7月初版，未见。台湾兰记书局（嘉义市西门街）代售。封面和扉页，分别由黄溪陈无咎和黄任之题签。另有潘公展题字。

　　书前有6序：《张锡纯先生序》《蒋文芳先生序》《张

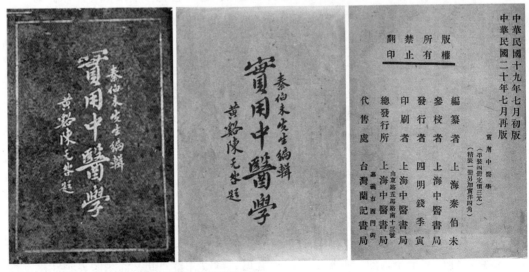

⊙《实用中医学》1931年再版封面、扉页及版权页

山雷先生序》《吴克潜先生序》《钱季寅先生序》,以及编纂者的《自序》。

全书收 12 编,每编内收若干章节:第一编《生理学》(《脏腑》《经络》《形体》和《九窍》);第二编《病理学》(《疾病概论》《病源论》《六淫七情论》《内经之脏腑病理》《巢氏病源提要》和《先哲之病理学说》);第三编《诊断学》(《切诊》《问诊》《望诊》《闻诊》和《附小儿虎口纹诊法》);第四编《药物学》(《宣剂》《通剂》《补剂》《泻剂》《轻剂》《重剂》《滑剂》《涩剂》《燥剂》和《湿剂》);第五编《治疗学》(《一般治疗》和《汤液治疗》);第六编《处方学》(《组织法》和《立案法》);第七编《内科学》(《淫病》和《杂病》);第八编《妇科学》(《经带》《胎产》《乳疾》和《前阴》);第九编《幼科学》(《初生》和《杂病》);第十编《外科学》(《外伤》和《内痈》《附证治概说》);第十一编《五官科学》(《目病》《耳病》《鼻病》《齿病》《口舌病》和《咽喉病》);第十二编《花柳科学》(《内症》《外症》和《附西医诊治要略》)。

每章皆有文字说明,如第九编《幼科学·初生》中的《不啼》:"儿生落地。啼声即发。形生命立矣。有不啼者。俗云草迷。多因临产时生育艰难。以致儿生气闭不通也。急以葱鞭其背。使气通则啼。又有时值天寒之际。儿气为寒所逼。亦不能啼。宜用熏脐带法。急为挽回。庶气通而啼声出也。若气绝无声。面青甲黑。是形虽存而命已不立。安望其生。"这些描述,对于非专业人士而言,也一目了然、豁然开朗。

在《读内经论》中刊登有《实用中医学》的书目广告,其中说道:"秦伯未先生前著清代名医医案医话精华等书。早经有目共赏。传诵医林。本书着手于民国十二年。时先生与李平书氏同任编辑江苏全省中医联合会月刊。感受医学为实用之学。而中医出版界。极少实用书籍。且中医教育渐次普及。而中医课本。久无成就。爰嘱先生编辑本书。分类明晰。取材警严。不特学校中采用为教本。最属合宜。即社会人士之研究中医者。得此有无师自通之妙。自序中谓。得其至精。可以为医行道。得其大概可以充满常识。洵非虚语。"

另有一幅广告说得更为明白:"最近名著 实用中医学 秦伯未先生著述 得其至精,可以为医行道。得其大概,可以充满常识。全书七百余面用大号铅字精印 分甲乙两种兹为普及起见定价特别从廉 甲种平装四厚册 定价三元七折 乙种洋装一厚册 实价二元五角"。并列数"医界名人之评语"。中西汇通医社张锡纯氏曰:"实用中医学一书。荟萃国医数千年之精华。融会一己十余年之心得。乃有关医学盛衰之名著。非偶然也。"全国医药总会蒋文芳氏曰:"按部就班。分门别类。依课本之编制。作忠实之指导。不特贡献于医界人士。且使民众得以咸明医学之常识。"兰溪中医专校张山雷氏曰："不侈高深。不谈空理。在在以实能应用为归宿。与诡异奇僻之不近人情者。不可同日而语。杰作也。"医药新闻报社吴克潜氏曰："网罗丰富。悉以经验有用为归。盖深有慨夫空谈之徒。徒足以欺世而无裨于实际者作也。所以续坠绪而启来兹者。其在斯乎。"

秦翰才（1895—1968），名之衔，字又元，号翰才，浦东陈行乡人。秦翰才半岁时父亲亡故，受祖父母钟爱。早年就读三林学校、省立松江第三中学，学业成绩名列前茅。毕业后经黄炎培介绍任江苏教育会文书，1917年入上海中华职业教育社总务科任秘书、通讯主任。1927年后经黄伯樵聘为上海市公用局第一科科长，以及京沪、沪杭甬铁路管理局档案股主任。抗战爆发后内迁，任重庆交通部专员。1939年赴香港参加编纂《中国经济建设资料》。1942年赴兰州甘肃水利林牧公司任主任秘书。抗战胜利后任上海中国纺织机器制造公司秘书处长，1956年被聘为上海市文史馆馆员。著有《左文襄公在西北》《满宫残照记》等。郑逸梅在《艺林散叶》中称："翰才早有左癖，后有谱癖。所谓左癖者，搜集左宗棠史料；所谓谱癖者，搜集古今中外年谱。"曾整理、汇集的年谱多达2090种。

左文襄公在西北

　　这是一本讲述左宗棠执掌西北军政大权，治理甘肃新疆等地的历史传记。文襄是清王朝给左宗棠的谥号。

　　该书由浦东陈行人秦翰才著于民国三十二年（1943），民国三十四年（1945）四月由商务印书馆初版于重庆，1946 年、1947 年由商务印书馆在上海再版。不知

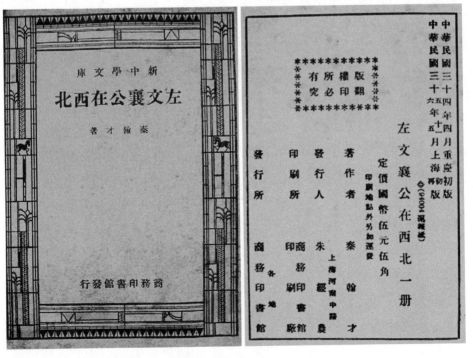

⊙《左文襄公在西北》1947 年再版封面及版权页

印数,每册定价为国币 5 元 5 角。笔者所见《左文襄公在西北》,系商务印书馆于 1947 年 5 月作为"新中学文库"之一印行的,2008 年 1 月从上海旧书店购得,标价人民币 150 元。

左宗棠,是晚清军政重臣,湘军统帅之一,洋务派重要首领。同治五年(1866)他奉命调陕总督,后又以钦差大臣身份督办陕甘军务,至光绪六年(1880)十二月离兰州回京城,在西北十几年,左宗棠在军事和政治上均取得不少成功业绩,对西北边塞防务和建设作出过历史性贡献。1877 年率军收复除伊犁地区外的新疆全部土地,因功晋封二等侯。在西北创办甘肃制造局和中国第一个机器纺织局——兰州机器织呢局。对于左宗棠在西北的成就,秦翰才认为"军事多于政治",但"文襄公对于文治也很有一番作为"。

关于编写此书的目的,秦翰才以为"只为满足下列几种旨趣:一、表扬左公经营西北的功业;二、阐发左公认识西北的事实;三、唤起今人研究的兴趣,鼓励今人建设西北的精神,并不预备写成一部谨严的史传"。"以文襄公的丰功伟业,该有一本写得十分精彩的传记"。

那么是什么原因促使秦翰才动笔为 70 多年前的一位历史人物写传记性的史书呢? 用他自己的话来说:"这本书可说是成于一个缘"即从读《文襄公手札》《文襄公家书》等书后,对于文襄公认识也渐多,这是一个缘。秦翰才有一位伯父,在兰州住了八九年,秦翰才的祖母以 65 岁的高龄也去过兰州。当民国三十一年(1942),沈君怡聘请秦翰才去甘肃水利林牧公司任职时,秦翰才就欣然赴任,这便有了西北之缘。当时,正值抗日战争,国民政府发动建设西北,于是引起人们对历史人物文襄公事迹的回忆,大家争着研究文襄公。甘肃省政府主席谷纪常知道秦翰才写过关于文襄公的一本书,要求他对于文襄公生平作个有系统的讲演。但秦自觉短于口才而手写要比口说便利些,于是从 1943 年 4 月开笔,至 10 月完稿,写成了《左文襄公在西北》。

该书共分 12 部分: 一、《左公是怎样一个人》;二、《为甚来到西北》;三、《怎样经营西北》;四、《用兵陕甘的准备》;五、《平定陕甘》;六、《用兵新疆的准备》;七、《收复新疆》;八、《军事设施》;九、《财政设施》;十、《民政设施》;十一、《经济设施》;十二、《教育设施》等最后一节为结论。每一部分再用"天干"编成若干小节,如《财政设施》部分分成(甲)《西征经费的分析》、(乙)《整理田赋》、(丙)《整理盐务》、(丁)《整理茶务》、(戊)《整理厘金》、(己)《举办捐输》、(庚)《举办外债》、(辛)

《整理布制》等小节。在《教育设施》部分中,写有刊发书籍一节。左宗棠在运用武功的同时非常重视文治,重视有关书籍的刊刻和流通,除设立专门书局外,在他的行营中跟有刻工。"文襄公刻书的机构,似有两个:一在汉口,附设崇文书局,归西征后路粮台经理;在西安,附设关中书院,归西征总粮台经理。但西安的刻工,一部分也由汉口雇去。西处刻书费用都在文襄公俸项下拨付,没有开支公款。""文襄公刻书似乎还有一个流动的组织,随着文襄公走。辟如他编的《学治要言》一书,原版于同治十一年正月在西安行营开雕;又重刊《吾学录》,于光绪六年三月在肃州行营开雕。"秦翰才在兰州图书馆看到过当时所刻的《四书》《五经》的书版:版纵二百十公厘、横二百八十公厘;字正文阔十五公厘、长十公厘,注占正文之一半。每种刊明"同治十年夏月重雕"字样。字体和句读都很正确。对于刻书,左文襄公非常注重选校刊精良的版本,并谆谆嘱咐:校对工夫,最要详慎。在刊印《六经》时,他亲自参加校勘,当时第一批印一千部,他说:"《六经传注》,读者少而刻者亦少。此次影刊鲍氏善本,即前浙所刊旧式而又重加覆校者也。当为海内孤本。以视浙刻尤精。但愿边方髦俊熟读深思,庶延关学一线,老夫亦不枉此一行也。"左宗棠在西北如此注重刊刻图书,当为中国古籍史中的一段佳话。

秦翰才在该书《弁言》中讲到,他对大西北的了解是从其伯父开始的,他的伯父就是秦锡圭。秦锡圭(1864—1924),光绪二十一年(1895)中进士,授翰林院庶吉士,出任山西省寿阳县知县。光绪二十七年(1901)因教案而革职,遣戍甘肃凉州,当时,叶昌炽督甘肃学政,叶奏请朝廷让秦锡圭留在兰州襄助校勘试卷。叶任期满后离甘肃,陕甘总督升允延秦锡圭入幕府。光绪三十一年(1905)秦锡圭奉命至上海采办学堂用品并考察造纸币的方法,第二年(1906)奉母至兰州。宣统元年(1909),秦锡圭受委于江、鄂等省调查商务,便奉母从兰州归浦东陈行。伯父秦锡圭在兰州的八九年中,曾多次往家中寄西北的土特产,使秦翰才在七八岁时便吃到了西北的葡萄干和杏脯等物,听到了伯父所讲的西北风土人情。有意思的是,在其伯父到兰州之后的41年,秦翰才也到了兰州,并写出了《左文襄公在西北》一书。

其实,秦翰才早在民国十年(1921)便开始研究左宗棠,在以后的40多年中一直注重收集和研究左文襄公的资料,编著有《左宗棠全传》《左宗棠外记》《左宗棠逸事汇编》等书。

满宫残照记

　　《满宫残照记》，秦翰才著，中国科学图书仪器公司印行，发行人杨孝述，民国三十六年（1947）五月初版，不知印数和售价。有图照22幅，并印有图画目录。版权页未印售价，只有"税五〇〇〇"字样，是否印数为5 000册？不解。书后贴《勘误表》1张，纠错23处。封面是"长春满宫保康门雪景图"，张守成作。书名用红色套印，颇醒目。

）《满宫残照记》1947年初版封面、版权页及照片二幅

全书由 26 篇记文组成:《读罢宣统政记》《满洲的老祖宗》《道光皇帝的一支》《一家人》《过去的四十年》《学问一斑》《嗜好一斑》《性情一斑》《生活一斑》《财产一斑》《平津的留恋》《手足间的温情和谐趣》《和关东军的关系》《和日本贵族的联姻》《宫中的建筑》《宫中的机构》《宫中的衣食住行》《宫中的娱乐》《宫中的图书》《宫中的字画》《宫中的祭祀》《宫中的典礼》《两部巨籍》《三位老臣》《零缣断简中的秘密》和《墨余小感》。

图照有溥仪与泰戈尔、溥仪在天津张园、溥仪在长春满宫西花园、溥仪的字画和长春满宫园同德殿等,史料价值极其珍贵。

从这些图照和文字看,可知晓秦翰才著书的基本内容。1945 年 11 月,秦翰才第一次到长春,1946 年 1 月 24 日,第二次到长春,读到了一部《宣统政记》的书,参观了满洲宫廷。他又从朋友处见到溥仪收藏的图书字画目录、溥仪弟妹的家信,还有许多从宫中流出的文物珍玩。于是动了一个给溥仪的一人一家写本书的念头,作为客中的一种消遣。1947 年 1 月 24 日,回到已阔别了 8 年多的故乡上海,一个多月后,终于写成此书。

据作者在书中所说,写此书所据材料来源,第一为实地调查所得,作者先后五次踏访满宫,又到天津看过溥仪所住过的房屋;第二为访问人物所得;第三为有关书籍记录所得,其中有《近侍处日记》《溥佳日记》《毓崇日记》和《内廷司房函电稿》等。此书的书稿大部分是在天津和北平写成的,在北平住在钱粮胡同 9 号,传说川岛芳子曾在此住过。

有关写此书的动机和书名的来历,作者在第一篇文章中作了说明:"我写这本书的动机,只预备记述溥仪一人一家之事。所以有关满洲国政治问题,避去不谈。也因为这是范围太大了,不知从何说起,而在我也没有兴趣。然而光是溥仪一人一家之事,因限于手头所有材料,也不过一鳞一爪罢了。满洲国是伪组织,溥仪是伪执政,伪皇帝;郑孝胥之流也是汉奸,是叛逆。人们在文字上的表示,照例冠上伪逆等字样。但我写这本书,为求行文的便利,就没有来这一套。我游满宫,都在下午三时左右。其地在市□之外,积雪笼罩了一切,车马之迹几绝,鸡犬之声无闻,固已寂寥如墟墓。其时又值冬天暑短,西边黯淡的斜日,格外映出一片凄凉景色。这些都正象征了满洲国的末日,所以这书也就叫做满宫残照记了。"

秦翰才以亲身走访的经历写成此书,史料价值显而易见。在第二十三篇《两部巨籍》中，记述了溥仪修玉牒之事，玉牒是皇家的族谱，溥仪委派熙洽重修，并改称宗谱。书中录有序文一篇，略记其修谱之事，颇有意趣，现录于后："恭修爱新觉罗宗谱序：汉司马迁世典周史，习闻掌故，所撰《史记》十表，昉于周之谱牒，与记传相发明。然其诸王与王子侯表，皆离而不属，难于考见世次。《唐书》有宗室世系表，而玄宗以后，诸王不出阁，不分房之子孙，皆缺而不书。《宋史》亦列宗室世系表，所记支子而下，各以一字别其昭穆，而宗正所掌，有牒有籍有图有谱，以叙其系而著服属之远近，故其表载各房之子孙，视历代为最多，足为后来之法。我朝纂修玉牒，始于顺治八年。嗣后每越十年，则续修一次，开馆举行，典礼隆重。定显祖以下子孙为宗室，兴祖景祖之子孙为觉罗。宗室载入黄档，觉罗载入红档。玉牒之内，帝系自为一帙。凡宗室觉罗生卒年月，以及出身之有无，爵秩之升黜，以直档详记之。至其世次辈分，则备录于横档中，横档即今之横表。意至周，法至善也。辛亥国变，三次停修。大惧宗族之离析，世系之失考，支派之无稽，上无以副敬宗收族之盛心，下无以解数典忘祖之至诮，驯致莫名服属，误为婚姻；昧厥本源，视同陌路。族之明达，□然伤之。以官修玉牒，举办无期，不如变通旧章，改为私办。易玉牒之名为宗谱，省缮写之劳而印行。昔以尊藏金匮，为敬礼之源；今以传布人间，示亲疏之谊。因于康德二年春，合词上闻，仰蒙嘉许。当与宗人府宗令贝勒载涛，往复商榷。于北京、盛京，分设爱新觉罗修谱处。族人中有热心此举者，分别担任调查户口之增减，人事之推移。在北京总其成者，为宗人府理事官朴厚、副理事官钟继、溥瀛；在盛京总其成者，为礼部主事斌瑄、满洲炭矿会社监事金松乔、奉天维城学校校长庆厚。于是三十年来同族之事实，十有八九，得所据依。先仿照玉牒格式恭画帝系图，次记录列后之大事，以妃嫔皇子皇女附，名曰'星源集庆'。并由盛京皇宫请出光绪三十三年分玉牒，鸠工照录成帙。乃变更成式，将直档所记者，统行编列档表之内，复以此次新调查者继续添入。事阅两年，始见告成。虽续添者不无遗漏，而同族人士藉以因流溯源，报本追远，当思何以承先泽，启后昆，争相奋励濯磨，庶几葛藟庇其本根，而枝叶有蕃衍盛大之美，是则臣等恭修宗谱之本意也夫。康德四年十二月，勋一位、宫内府大臣、臣宗室熙洽，勋一位、宫内府顾问、臣宗室宝熙谨序。"

巴黎和会秘史

《巴黎和会秘史》，美国狄隆 E. j. Dillon 博士原著，秦翰才译，世界书局（上海四马路中市红屋）印刷发行，分发行所有北京、汉口、广州和杭州。民国十年（1921）十一月出版，不知印数，甲种每册定价洋 5 元，乙种每册定价洋 4 元。版权页书名前印肩题"世界大战"。版权页上方印

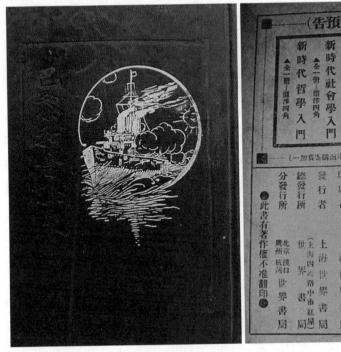
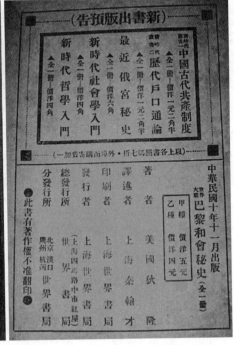

（告預版出書新）

▲全一冊▲價洋一元二角半 中國古代共產制度
▲全一冊▲價洋一元二角半 歷代戶口通論
▲全一冊▲價洋六角 最近俄宮秘史
▲全一冊▲價洋四角 新時代社會學入門
▲全一冊▲價洋四角 新時代哲學入門

（以上各圖書照七折·外埠函購請加費一）

中華民國十年十一月出版

世界 巴黎和會秘史（全一冊）
大戰

甲種 價洋五元
乙種 價洋四元

著 者 美國狄隆
譯 述 者 上海秦翰才
印 刷 者 上海世界書局
發 行 者 上海世界書局
總發行所 〔上海四馬路中市紅屋〕世界書局
分發行所 北京 漢口 廣州 杭州 世界書局

●此書有著作權不准翻印●

⊙《巴黎和会秘史》1921 年版封面及版权页

"新书出版预告"，其中有《中国古代共产制度》《历代户口通论》《最近俄宫秘史》《新时代社会学入门》和《新时代哲学入门》。

扉页书名由颜惠庆题签，此人生于 1877 年，字骏人，上海人。1912 年任北洋政府外交次长。后出任德国、丹麦和瑞典等国公使。1919 年任中国出席巴黎和会代表团顾问。1926 年任国务总理并摄行总统职务……

书前有"下浣嘉定顾维钧"1921 年 10 月写于驻英使署的《巴黎和会秘史序》，其中说道："民国七年冬德军既覆协约各国群焉谋所以善其后遂开和会于巴黎各国派赴与会者多一时贤豪才智杰出之士当是时惊心动魄之战争尚未尽忘诸怀兵燹之余疮痍满目繁盛之域夷为沙场毁瓦颓垣遍地皆是痛定思痛未尝不憬然大悟欲从此铲除战祸共策治安终以各国间利害冲突形势牵制不能不隐忍迁就世人所期于和会者甚奢而卒乃大失所望呜呼人类各顾己私之弱点先未能祛除而欲骤跻世界于康乐和亲之域不亦难哉然巴黎和会要为世界一大事载笔之士从事纂述者无虑数十家其中以美国 Dillon 博士所著 The Insolde Story of the Pense Confcrenco 一书记载最日期详核诊断尤多独到秦君翰才近以白话体译成华文

⊙《巴黎和会秘史》扉页及题签

颜曰巴黎和会秘史意欲使国人之读是书者知晓□世虽号称文明尚未能尽脱曩时纵横捭阖之习而吾国之发愤力强不容稍□也钧曾从诸君子之后执役和会于会务大端当能知其涯略属为弁诸简端爰僭书数语归之"。其中两字模糊不清,以"□"代之。另有狄隆的《弁言》,省略。

全书 553 页,分上中下三卷,上卷收五章:《和会所在的都会》《时代的特征》《代表》《检查和秘密》和《目的和方法》;卷中收四章:《小国》《波兰的未来观》《意大利》和《日本》;卷下收七章:《对俄态度》《鲍尔雪维主义》《鲍尔雪维主义怎样养成》《和约的别种表示》《对德和约》《对保加利亚条约》《盟约和少数民族》。

第一次世界大战结束后,战胜国在法国巴黎召开"和平会议",拟定对战败国的"和约"。参加会议的有 27 个国家,中国作为战胜国参加会议,由陆征祥(北京政府外交总长)、顾维钧(驻美公使)、王正廷(参议院副议长、南方军政府代表)等 5 人为全权代表出席巴黎和会。巴黎和会召开后,中国人民强烈要求废除二十一条,取消中日间的密约,收回山东主权。对日本帝国主义的无理要求和恫吓,中国人民无比愤慨。学生、工商业者、教育界和许多团体纷纷通电,斥责日本的蛮横,要求中国政府坚持国家主权,呼吁国民"发抒义愤,以为外交后援"。由于英美法等国在中国都拥有特权和利益,因此,对中国提出的废除二十一条要求等,以"不在和平会议权限以内"为借口不予讨论。最终由英美法三国决定,将德国在山东掠夺的权利全部让予日本,并写进《协约和参战各国对德和约》,即《凡尔赛和约》。中国在巴黎和会上的失败,成了"五四"运动的导火线。

这就是"巴黎和会"的背景,也是狄隆所写的《巴黎和会秘史》的主要内容。据笔者所知,这个狄隆生于 1897 年,是美国籍方济会会员。但又一直怀疑,此"狄"是否彼"狄",至今仍无法确认。另一位是约瑟芬·狄隆,生于 1886 年,女演员,曾与其弟在第一次世界大战中参与对土耳其的人道主义救援行动,之后创立道夫股份公司。她是否是《巴黎和会秘史》的作者,也难以确定。故只得存疑,祈望知情者释解。

笔者一直只知秦翰才是个"左癖",对左宗棠的研究颇有成就,而在译事上似乎是个空白,尤其是在未见译作版本之前。其实不然,他在省教育会和中华职业教育社工作时,随襟兄刘人法学过英语,之后便译出《巴黎和会秘史》和《英国海军秘史》等著作。他还协助黄炎培编译《美利坚之中学》和《欧美职业教育》等著作。

开心集

　　《开心集》，秦翰才著，上海普通书店发行，民国二十四年(1935)十二月初版，失版权页，不知印数和售价。封面简洁，除书名等，还有小图案，似是两头慢慢行走的大象，抽象而有意趣。

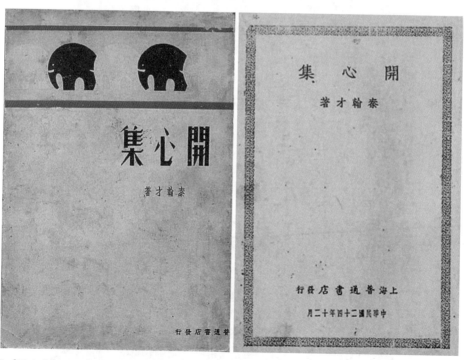

⊙《开心集》1935 年版封面及扉页

　　书前有《作者附志二则》："一　《范文正公》与《东坡在西湖》两文所用参考书,各不下数十种,遂一注引,未免太繁,故概从略。二　本集在进行编印前后,多承师友协助,或借以图书,或代为校订,敬谢盛章。"

　　目次之后是《开心集自序》："此集所录文,皆余最近一年读书之所记也。凡七篇,曰:《范文正公》《顾亭林先生》《读王文成公全书记》《读林文忠公政书记》《读左文襄公家书及年谱记》《读翁文恭公日记记》和《东坡在西湖》。论其性质,

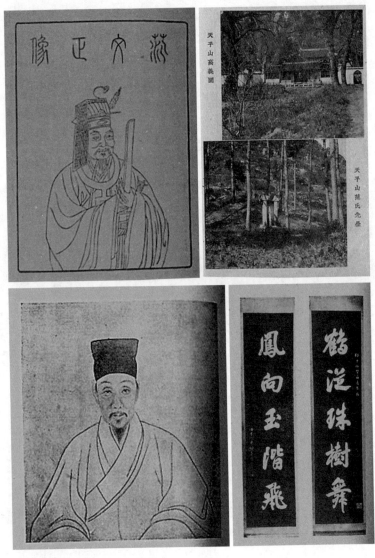

⊙《开心集》插图、照片、题词

虽多载先哲言行；而按其体裁，又约分三类，其为文之动机亦不一也。范文正公曰：'士当先天下之忧而忧，后天下之乐而乐。'顾亭林先生曰：'天下兴亡，匹夫有责'。此两言也，垂今数百年，虽童稚犹能称道；然而范文正果何如人乎？亭林先生果何如人乎？则恐深知之者鲜矣！抑当今之世，果犹有如范文正，亭林先生其人乎？余则弥有感焉。于是每读书，辄于有意无意间，顾留意此两人之事实，积有岁月，先后写成两文。以较有系统之评述，综括其人整个之生平，此为一类。余读书，于文艺外，最嗜名贤日记，年谱，家书，以及奏议，书牍之类。上自政治学术，下至治家律己，意兴所至，则为文以记之。王文成，林文忠，左文襄，翁文恭四文，即其中一部分。摘叙其人生平之片段，而间系以私人之杂感，此又为一类。余每游西湖而过苏堤，未尝不默颂'欲把西湖当西子，淡装浓抹总相宜'之句，而想像东坡先生当时在西湖之风流韵事。一日者，既归自湖上，忽感《东坡在西湖》一类，可作一篇有趣味之文字。于是有若干时日，专阅关于东坡及西湖之闲书，文卒以成，而于东坡在西湖之功业，亦非无所感也。专写其人生平在某一地之事实，此又何别为一类。昔人有言：'读书所以开心，明目，利于行耳。'余虽常藉读书以开心，惜所读无多，开心有限。今以余读书开心之所得，刊为一集，亦冀能供读者之一开其心，且因此而益引起读书之兴趣，使其心大开，目大明，而大有利于行耳，于是此集也，遂以开心名焉。"

全书收图 23 幅，如《范文正公像》《天平山高义园及范氏先茔》《亭林先生中年以前像》《王阳明先生遗像》《阳明先生祠及龙山书院》《林文忠公遗像》《左文襄公遗像》《翁文恭公日记之一页》《东坡与人书》《东坡题名》等。

《档案科学管理法》，秦翰才著，笔者所见两种不同封面和不同出版时间的同名版本，实际是版次的不同，封面也随之改变。第一种，科学书店1942年版，失版权页，不知版权事项。第二种，中国科学图书仪器公司印刷发行，发行人杨孝述，民国三十六年(1947)四月初版，不知印数

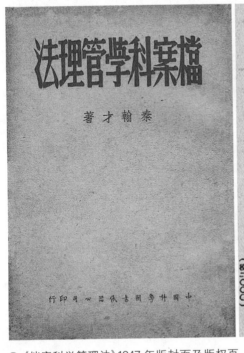

⊙《档案科学管理法》1947年版封面及版权页

和售价。此书的"初版"，到底是哪一年，从版权页上似乎看不明白：如1947年版属"初版"，那么1942年版是什么版呢？虽出版机构不同，但版本内容并未有所改变，在这种情况下，版本的延续性的先后是一种客观的存在。这正是版本研究所要揭示的一个道理，但往往因无法看到所有版本而中断或夭折。

现在以1947年4月初版为例作一介绍。

书前有联合实业投资公司写于1942年4月的《介绍词》，其中说道："本书系由秦君翰才与顾震白、吴芳孙两君交换意见后主编而成。秦君前任上海市公用局第一科科长，曾以两次

⊙《档案科学管理法》1942年版封面

改良之结果，创订一种档案管理方案，详载秦君所纂《上海市公用行政管理实况》一书。上海市公用局，经局长黄伯樵氏之倡导，首先以西方之科学管理方法，传入吾国之行政机关。此项管理档案方案亦为应用科学管理原则之一种。张群氏在上海市长任内，稔知其事，既任湖北省政府主席，即向上海市公用局调用管卷人员一人，先就秘书处，参酌上海市公用局方案，革新管卷办法，嗣推行之于各厅。后张氏改任中外要职，复常命所属酌采此项管卷方法，以为增进行政效率之一助。吴君前任京沪沪杭甬铁路管理局档案股主任，时黄伯樵调任京沪沪杭甬铁路管理局局长，故所用管卷办法，亦系仿照上海市公用局，详见《一个五年间之京沪沪杭甬铁路管理局总务行政》一书。吴君嗣又引用京沪沪杭甬铁路管理之办法，在经济部资源委员会国外贸易事务所，整理其原有案卷。顾君前任津浦铁路管理局秘书，尝主持局中二十余年全部旧档案之整理，并纂成《铁路文书处理之设计》一书。此书所设计，现已在湘桂铁路管理局应用。顾君并曾在上海市公用局与京沪沪杭甬铁路管理局服务，故其中所列管卷之设计，亦系参酌两局办法，融会其整理旧案所得之知识而拟就。此外又有不少机关采用上海市公用局

所行管卷方法之全部或一部,故该项方法实已著有成效。兹秦君复本其历年在京沪沪杭甬铁路管理局任秘书,在交通部任专员时继续注意档案管理之心得,以及基于此次大战所生之新意见,会商顾吴两君,各本其经验,各抒其理解,修正以前之方案,整个的发表其对于档案管理之思想与方法。三君对于档案一问题及其有关系各问题,确有深切之体会与实际之经验,故本书所包涵各种建议,诚能切合应用,且适应战时环境;并非徒逞臆见,专凭理想;亦洵有其中心与系统之主张,绝非抄袭陈篇,盲从新说。……"

所述内容较为专业,且附带顾、吴两君简历,但从中也可窥见秦翰才的经历及在其中所作出的贡献。

全书收 5 章,有标题:《档案性质之新认识》《档案工作之新组织》《档案编管之新方案》《档案人才之新标准》和《档案用品之新设计》。另附《档案编管用品目录》,共 19 项,以"格式一""格式二"等名称,如《格式一 收文登记簿》《格式十 收发文与案卷号数对照表》《格式一九 调取机密案卷记录》等。最后有附录三:《旧档案整理办法》《划一适合档案之文书用纸办法》和《甘肃水利林枚公司整编档案经过》。

另有一篇 1935 年 5 月 27 日作者写于重庆的《三版附记》,说明了增加以上《附录》的内容。

文书写作谭

　　《文书写作谭》,秦翰才著,耕耘出版社印行,发行人黄新,所见两种版次的版本。第一种1945年7月渝版,出版社地址在重庆冉家巷十三号,不知印数和售价。第二种民国三十六年(1947)三月沪一版,耕耘出版社地址在上海华隆路。不知印数和售价。发行人黄新,即女中豪杰黄宝珣。

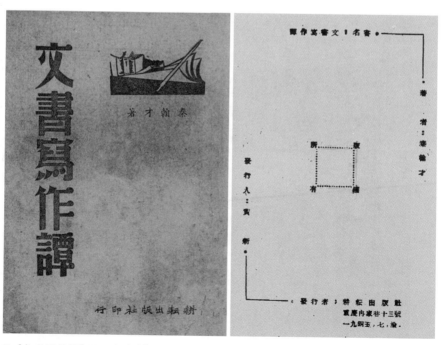

⊙《文书写作谭》1945年版封面及版权页

书前有作者写的《前记》，因缺页，故只见前面一部分，其中说道："民二十八年春夏之交，吴省三博士主编铁路文书处理的设计一书，教我参加意见。我用一个书后的体裁，提供若干商榷事项。特别对于撰拟一点，大胆的发表了我个人见解。后来，这本书修订时，其中撰拟部分，大体上就把我这些材料，充实了进去。我最初还感觉撰拟这部分工作，不在文书处理范围之内，或许不宜列入。有些人见了以后，却表赞同，但是我想说的，还很多。市上很多讲述公文撰拟的书。可是他们只讲呆板的方式，只讲烂熟的字句，甚至还讲起承转合。这有些蹈入从前人揣摩八股文的窠臼，不够满意。我总以为公文程式，只要看几次，就明白，可以不学而能的。并且稍有出入，稍加变通，并没有多大关系。至于怎样撰拟，要有根柢，要有素养，要有见解，还要有权力，不是光凭这种书可学而能的。在这地方，我也还有多种拘墟之见。我生平最恶官气，而公文书中最饱和着官气。不幸流风所及，便是银行和学校的文书，也是官气十足。不很通的字句，不合理的体裁和称谓，我以为很多应该尽量揭穿他们的丑态。希望把现在官气还十足的文书大大革新一下。还有文书上多少惯用的字句或方式等等，大家只知其当然，不知其所以然，而这当然实在也有错误的，更有不必当然的。这些，我也将剖析

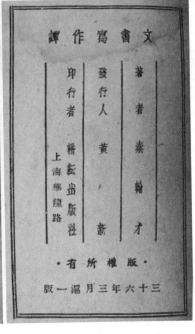

⊙《文书写作谭》1947 年版封面及版权页

给大家认识。……最近,我用闲话和杂感的方式,偶然写成了一本讲事务管理的小册子——琐事琐谈。接着心想何不就用同样的方式,把我对于文书撰拟的意见写出。既是比较容易,或许大家看了,这感觉有些趣味。于是随想随写,便成这本小册子,内容虽不全限于文书,总是和文书有多少关系,但仍没有系统,故叫做文书写作谭。"

　　全书151页,无目录,分109章,以"一、二……"标示。如"三十"说道:"现在官文书,像呈,令,函,批都在文前,摘列事由,这于对方大为方便。我以为布告也得在文前摘列事由。就一般情形说,官厅的布告,很少有人耐着麻烦看去的。现在先把事由写了出来,使人在一瞥之下,觉得这个布告和他有关,就非看下去不可;不然,和他没有关系,也就可不看,省却许多时间。再说现在的布告,就是前清的告示;前清的告示,开首只称'为出示晓谕理事',但也有加上事由的,桂林花桥上有一块石碑,载着一个前清官厅的告示,开首即说:'为出示晓喻,永禁刊山伐木事,'便是一例。"文字很简洁,而且通俗,这也可见秦翰才的文才与个性。

成功人鉴

　　《成功人鉴》，中华职业教育社编辑，秦翰才编译。1931年7月版，另有1928年4月版和1933年4月版，封面内容相同。

　　书前有编译者写于1926年11月的《弁言》："曩编教育与职业杂志，间采录西方今世成功巨子传记，著其立言行事，指示我国青年成功之途径，读者善之。兹因选取十二篇，重加整理，辑为一帙，名曰成功人鉴。此十二篇之

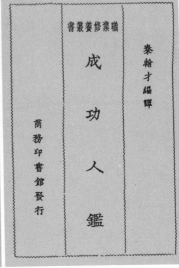

⊙《成功人鉴》1931年再版封面、版权页及扉页

主人,有学者,有教师,有经济家,有实业家,有发明家,类以寒微致身通显,其所凭藉以成功虽各殊其途,而莫不具有窍要,读者可自玩索而得焉。惟文成一二年前,人事不无变迁,如嚣俄施丁纳史,今已作古,即存者其功业亦当视前更有进展。故既于各篇题次注明取材之所自,更系以脱稿年月,俾免事实上之误会。又当时行文或用语,或用文言,并非一律,顾各篇自为起讫,似亦无害耳。"

全书 92 页,收文 12 篇:《博士与猴子同居》《实业界之凯撒》《全世界第一私家银行》《汽车大王》《八十岁之大学毕业生》《女教师给工人做饭》《屋顶上之富豪》《最忙都市中最忙之一人》《资本家和发明家的合伙营业》《从仆人升到总理》《儿童作业俱乐部》和《退化民族中之农工生活》。

秦锡田（1861—1940），字君谷，号砚畦，上海浦东陈行镇人，浦东同乡会常务监事。1879年入县学后，辗转三林、周浦、召楼、川沙城等地办学，主张教育救国。协助杨斯盛创办浦东中学，任监督、校董20余年。为陈行、杨思、三林三乡教育事业出力尤多。先后在陈行兴办正本女子学堂、本立小学，在三乡分设七所初等小学，筹建50余间高小校舍等。1906年充上海劝学所学董、学务审查长。提出"根本之计在兴农学，以新法耕植，遣农家子弟留学外国习农科技术，归设农业学堂造就人才"，改三林学校为中华农业学校，开办农业中学预科。1931年创设三林初级商科职业学校。从1921年起历任上海县公款公产管理处总董、处长、主任，上海慈善团常务董事，同仁辅元堂、普益习艺所主任、上海游民习勤所、上海残疾院、公立上海医院、邑庙董事会等董事长。秦锡田在官在野，体恤民困，恪守"清、勤、慎"。对吴地水利、地方史志等继承家学，有深刻研究。著《松江水利说》，1920年与姚文楠纂修《民国江南水利志》十卷，辑《河工志》五卷，助父秦荣光校勘《晋书》，撰《补〈晋书〉王侯表》等，收入开明书店版《二十五史补编》。1914年受聘为上海县修志局分纂，编修《上海县续志》。助姚文楠纂民国《上海县志》。1923年受聘民国《南汇县续志》总纂。另著有《享帚录》八卷、《享帚续录》等，编《梓乡丛录》《上海掌故录》。唐文治作传，称"先生所著书，志在扶植世道，非苟作也"。1940年3月16日病逝。

陈行乡土志

　　《陈行乡土志》,沈颂平、秦锡田编纂,民国十年
(1921)春印行。未标明出版者和印刷者,手写体,石印,
线装本,书高20.2厘米,宽13.3厘米,共38张,76页。
书中有地图3张,插图3张,记文手迹5种。

⊙《陈行乡土志》封面

凡例

一本志采新旧县志者什之七述闻里见闻者什之三

一第十三四五六七课不转属于本乡唯国民义务不可不知故述之较详

一第十九二十二十一二三四课皆係旧时习惯民国改用阳历他应渐改革姑俟来者

一本志编辑于民国九年而付印于十年之春故事实从十年为限

陈行乡土志

第一课 位置

陈行乡隶上海县居县治东南陆路二十四里水道三十六里西濱黄浦遥接浦西塘湾乡之廿一保即俗称南三北一保西南北皆界南滙县之廿一保故本乡向称东廿五图者也　廿四图廿六图廿七图十八图廿一图廿二图廿三图在五图北　宿属周浦市之中心河区

第二课 沿革

序

空谈变国之士黄各田书聲晚一世阴其本乡主二三章欢别瞠月不联劈夫赏土荣情主生荣如不知吴乡何能索乡不爱其乡何能变其海外各国春戌如雄生之变图精神之将其本乡之历史地理风俗物产平高於西歌舞郷恩物之中袭其美威用其信仰使兄章躭物之中以公共之乡土著其各佃松育之乡础砥毗主然後擢之邑剧一邑之历史地理风俗拗産皆其再知可爱者矣推之一郷一

第六十课 古蹟九 冢墓二

元浙西權辦便秦良顥墓在题橋市南子裕伯亨伯祔焉墓田二畝二分五釐明萬曆九年免粮墓上黄茅如帶不生雜草俗呼黄泥壙清同治十一年其裔孙某端泰誦我等興修墓道建坊植碑掘地得石人石虎石羊各二復重立如儀

⊙《陈行乡土志》序及内文四页

陈行乡位于浦东周浦塘入黄埔江口一带,北与三林镇相接,南与召家楼镇相连,东至周浦镇,西至浦江边。陈行镇依周浦塘而建,镇街位于周浦塘北岸。当时陈行乡东西广约 13 里,南北袤约 5 里,隶属于上海县(现为闵行区浦江镇)。陈行镇形成于明代,繁荣于清代后期,镇上大家族为秦氏和胡氏。该志为学校用乡土教材,初由沈颂平编写了 10 余课,但未成书。当时陈引人秦锡田正编纂完成《上海县志》,沈颂平找到秦锡田把乡土志补充编印成书,在同里人胡祖德的支助下,有 60 课之多的《陈行乡土志》终于印成书本。

该书参照方志的编写体例,设有凡例、位置、沿革、市镇、村落、水道、桥梁、户口、赋额、选举、风俗、特产、教育、慈善、交通、名人、古迹等类目。其中风俗有 6 课,教育有 4 课,名人有 13 课,古迹有 9 课,这 4 类占了全书的一半多,可见此书对人文内容记载之重视。

编写该书的目的在于对学生从小进行乡情教育从而激发起爱家乡爱祖国的热情。对于这一目的,孔百祥在该书的《序言》中讲得很清楚:"空谈爱国之士,读各国书睥睨一世。问其本乡土一二掌故,则瞠目不能对。夫爱生于情,情生于知,不知其乡,何能爱乡? 不爱其乡,何能爱国? 海外各国养成幼稚之爱国精神也,将其本乡土之历史、地理、风俗、物产早寓于唱歌、舞蹈、恩物之中,发气美感,固其信仰,使儿童胸中脑中以公共之乡土。若其各个私有之乡土基础既立,然后推之一邑,则一邑之历史、地理、风俗、物产皆所知所爱者矣。推之一省一国,则一省一国之历史、地理、风俗、物产皆其所知所爱者矣。知之明,故爱之切;爱之切,则必有以发扬而光大之改造焉,建设焉。""为我乡造成爱国国民者当以是编为之基本,为之导源,以俟地方文物进化重订增广,一编再编,先河后海,我要有望于本乡土之后起者。"编者的这一番用心良苦充分体现在所编的 60 篇课文中。

这 60 篇课文虽十分简要,但勾勒出了陈行的基本历史主线和主要人文内涵。编者所希望的"编再编",则在 60 多年后实行了,1987 年一本新的《陈行志》编印出版了,再编写过程中,《陈行乡土志》是一份重要的参考文献,起到了一个"导源"作用。这是地方志所具有的独特功用。

书后附有秦锡田撰的《创建度民桥记》,胡祖德撰的《课勤院始末记》《陈行汇善堂记》《秦温毅先生铜像记》和《陈行警察派出所建屋记》等 5 篇记文。这几篇文献全赖于该书得保存至今。

另一值得注意的是第 59 课所记载的 11 通金石记碑,今天所能见到的只有

《上邑七图免役周浦塘记碑》和《创建度民桥记》两块石碑。

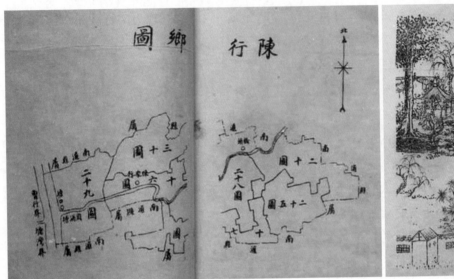

⊙《陈行乡土志》插图

享帚录

　　《享帚录》,秦锡田著,民国十九年(1930)刊印,八卷四册,铅印,线装本。书高 25.4 厘米,宽 15.4 厘米,书版高 14.4 厘米,半页宽 12 厘米,单鱼尾,黑书口,下书口内印有"适庵藏版",半页 12 行,每行 25 字。该书系秦家自费印刷,无版权页。

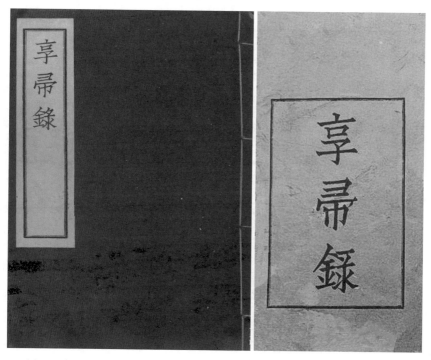

⊙《享帚录》封面及扉页

　　书中前三卷为文,卷四至卷七为诗(诗一卷、周浦塘棹歌一卷、怀旧吟一卷、征诗杂咏一卷),卷八为七十自述,后附录有《前后汉书儒林传搜遗》,该书为秦锡田所著诗文汇集,诗文大多是三十岁以后所作。

　　此书的编印正逢秦锡田 70 岁生日,1930 年 3 月,亲友和同人们为他祝寿,集资编印他的诗文稿,秦锡田坚拒不允。但款已集成,却之不得,至 9 月,诗文集编成,定名《享帚录》。

　　秦家老屋在陈行镇东市,宅院几经扩建,但兄弟五人,子女渐多,住房渐缺。1914 年兄弟们析产,锡田得宅东旧屋,遂改建楼屋 3 间,平房 3 间,房后小菜圃植树种花,颇饶野趣。并取适者能生存之意,名小宅院为适庐,并由松江闵瑞芝题"适庐"二字,并集名家书法题堂名为"敬简堂"。适庐旧屋现尚存几间,当时所植的树木,也存有一二株。秦锡田在适庐中生活了 25 年,并致力于教育及地方公益事业。

　　秦锡田在关心地方公益事业的同时,还积极参与地方志书的编纂工作,在这一点上他与其父秦荣光一样,都致力于地方志的编修。七十自述中他讲到此事:"先君子著《同治上海县志札记》、《光绪南汇县札记》,皆已行世。民国三年,本

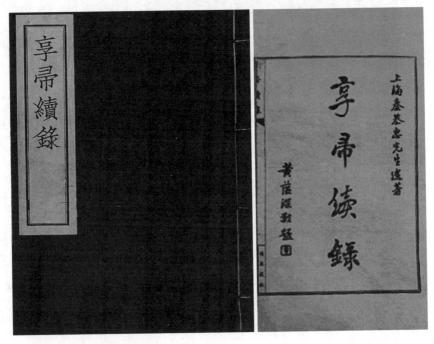

　　⊙《享帚续录》封面及扉页

邑修志局聘余为分纂,余纂水道志、艺文志,修订名宦志,其交通志稿成而为梓。续编民国县志,余赓续交通志旧稿,又纂政治志、财用志。十二年,南汇县修志局聘余为总纂,纂《南汇县续志》,体例悉准光绪志,起光绪四年,讫宣统三年九月,为书二十二卷。中间因事停顿者三,至十七年六月书成。其水利志、艺文志、官司志之宦绩、人物志之游寓、风俗志之风俗,皆余纂稿。"

秦锡田总纂了《南汇县续志》和参与编纂《上海县续志》。而其父虽未参与修纂县志,但对《同治上海县志》和《光绪南汇县志》进行了考证补订纠错,写出了两部札记,这比修志更不容易。《享帚录》出版后不久,民国二十四年(1935)《民国上海县志》开修,秦锡田以古稀之龄又参与该志的修纂并总阅全志。一人能在三部县志编纂中担任主纂之一的角色,这在浦东人中是不多的。

秦氏父子还致力于《晋书》的研究,秦荣光著有《补〈晋书〉艺文志、学校志、水利志》,秦锡田著有《补〈晋书〉王侯表》《补〈晋书〉异姓封爵表》《补〈晋书〉僭国年表》,锡田之弟锡圭著有《补〈晋书〉执政表》《补〈晋书〉方镇表》《补〈晋书〉宣景文三王年表》。有关这些内容在《享帚录》中有多处记载。秦锡田还"搜集资料,仿裴松之注《三国志》例撰《晋书校证》二十四卷,写成清本者十六卷,余则仅具草稿,牵于人事,未暇缮录"。这些珍贵的书稿现不知存于何处。当年秦家必定藏书满架,《晋书》的各种版本尤多。

秦家所著的这些书,大部分自筹款项印行,故存世不多。1931年又出版了《享帚续录》,收文2卷,诗1卷,以及《适庵文稿》、《适庵文稿外编》、《适庵吟草》、《补〈晋书〉异姓封爵表》、《补〈晋书〉王侯志》、《补〈晋书〉列国年表》(《二十五史补编》作《补〈晋书〉僭国年表》)、《补〈晋书〉宗室封爵表》(刊入《二十五史补编》)、《〈晋书〉校正》二十四卷(《秦砚畦先生年谱》载有《〈晋书〉补注》二十卷)、《〈汉书·儒林传〉搜遗》、《考试琐述》、《鄂闱纪事》(唐文治《秦砚畦传》)、《癸卯鄂闱杂咏》40首(秦翰才《秦砚畦先生年谱》)。

秦景容先生事迹考

《秦景容先生事迹考》,为上海城隍神秦裕伯事迹的考证,由秦裕伯的裔孙浦东陈行人秦锡田著。书成于民国二十二年(1933)十月,线装,书高26.5厘米,宽15.5厘米;书板框高17.3厘米,宽11.5厘米;一粗一细比线框,单鱼尾,上下黑口,中间白口,半页11行,每行30字,有行线,小字双排。全书47张,94页。王蕴章用篆书题书名。

全书分5个篇章:《家世篇》《仕履篇》《遗事篇》《遗著篇》和《遗迹篇》等。书前有一组图照,书后附《上海城隍神灵异记》。图照中有秦景容遗像,大通桥图,秦公墓道照片,秦公祠内外景照片,上海知县祝大夫之碑拓片等。书前有作者自撰序文,对秦裕伯的生平事迹提出了6个不可解,并博采群书,以作考证。

浦东陈行镇是秦裕伯后裔的集居地之一,在浦东九团龚路镇北也有一支秦氏后裔居住,当地有秦家港。浦东的秦家出了许多著名人物,并建有秦家大祠堂。秦裕伯,字惟饶,又字景容,号葵斋。秦景容是秦少游的后代,其谱系为:秦少游——秦湛——秦进——秦世总——秦天佑——秦知柔——秦良颢——秦景容。宋咸淳末年,秦知柔与弟秦知立、秦知彰奉先世图像、诰命、说谱牒从扬州高邮渡江定居沪渎,知立定居赵屯村,知彰定居浦东

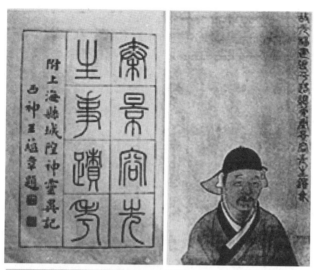

⊙《秦景容先生事迹考》封面及插图

九团。秦景容生于元贞元二年(1296)六月十二日,卒于明洪武六年(1373)七月二十日,葬于上海县长人乡长寿寺西,即今浦东陈行镇。秦景容于元至正甲申年中进士。官至福建行省郎中。秦景容生于元代,官于元代,进入明朝后,明太祖朱元璋三次请其出山为官,他都加以拒绝,当太祖闻其逝世,震悼而曰"生不为我臣,死后卫吾土",着即敕封为本邑城隍神,追谥"显佑伯"。秦景容因此当上了上海县的城隍神,后清同治皇帝又钦加裕伯为"护海公"。

秦锡田从小饱读四书,博闻强记,对地方文献十分关心,也收集了许多地方史料,他还任南汇县志的编纂。对祖先秦景容的事迹提出6方面的疑问,积极寻找各种文献资料,加以考证解释。本书所引用地方文献有:明万历《上海县志》、清乾隆《南汇县志》、清嘉庆《上海县志》、明嘉靖《上海县志》、清乾隆《高密县志》、清光绪《南汇县志》、《山东通志》、《江阴县志》、《松江府志》、《上海县续志》和《明史》等,另外还有《淮海宗谱》、清《秦氏重修家谱》、王逢《梧溪集》、陆深《豫章漫抄》、王士悦《尊鼎堂诗抄》等。秦锡田根据这些文献,来判断对秦景容的记载和详解的真伪,在《仕履篇》中,有一段案语:"《大名府志人物志》有先生传,全录《明史》原文。清康熙五十二年(1713)陇州知州钱塘罗彰彝纂《陇州志》官师不载先生之名,可证先生并未到州任事也。至乾隆三十一年(1766),知州南丰吴炳撰《陇州续志》,其凡例云:《官师志》多遗漏失载,如秦裕伯明初知陇州,卒于官,列《明史文苑传》,竟未登入云云。是过信官书而未根据事实也,兹故不录。"案语实际是考证文字,此类案语在书中共有24处。

该书还摘录重要文献多篇,其中有《明太祖高皇帝御制礼请元臣秦裕伯书》《明太祖高皇帝御书再请秦裕伯书》《太祖高皇帝三请秦裕伯书》《秦裕伯上中书相国书》《秦裕伯再上丞相书》《重修长寿里秦公墓祠记石碑》《上海县城隍说》等。这些文献对研究上海城隍神秦裕伯都具有重要的参考价值。

秦锡田曾往秦裕伯墓地观墓祠修复工程。时在清同治十一年(1872)夏,书中对此有记载,其中说道:"壬申夏日,先温毅公督工治墓道,锡田日往观之。启土三尺,见翁仲、羊虎横列土中,其北忽露石板,启之则中有石匣,长约二尺余,宽约尺余,高约二尺,石质甚细洁。……匣有盖,封固甚坚。……以热醋石碎如粉,盖虽可启,然匣中之物恐难完善,因加土掩覆之。土中又得残砖,皆镌花纹,锡田曾携归藏之,今皆跌矣。观石匣封固之严似不容后人开视者,殆中置殉葬之物欤。"

　　20 世纪 90 年代,研究者曾往陈行镇寻觅该墓祠踪迹,但已荡然无存,碑石和石人石马等石刻件也不知去向,世事变迁真是让人无法预想。好在此书还保存了几幅秦景容墓祠的照片,也保存了秦景容书写的《上海知县祝大夫碑》,才使后人看到了他的书法手迹。可以说,这也是此书的珍贵之处。

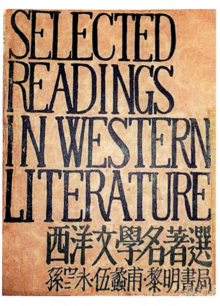

⊙《西洋文学名著选》1930 年版封面

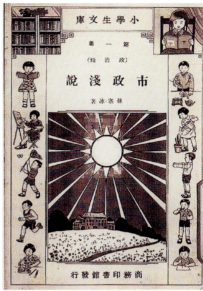

⊙《市政浅说》1933 年初版封面

⊙《文艺通论》1933 年初版封面

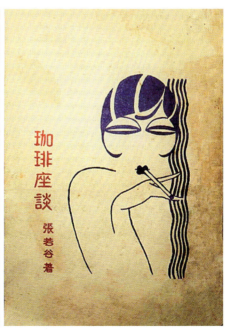

⊙《珈琲座谈》封面

⊙《新都巡礼》1929 年初版封面

⊙《英国绘画》1948 年初版封面

⊙《北方游击战争的战略》封面

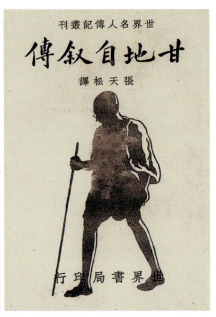

⊙《甘地自叙传》1948 年版封面

⊙《张舍我说集》1927 年版封面

⊙《舍我小说集》1926 年再版封面

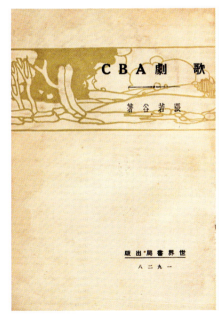

⊙《歌剧 ABC》1929 年再版封面

⊙《当代名人特写》1941 年初版封面

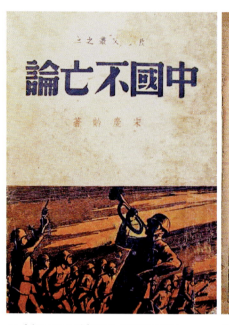

⊙《中国不亡论》1938年再版封面　　⊙《儿童音乐入门》1933年初版封面

⊙《膏方大全》1929年版封面　　⊙《满宫残照记》1947年初版封面

浦东文化丛书

张泽贤 著

五十浦东人
的
民国版本

上海远东出版社

五 十 浦 东 人 的 民 国 版 本

新中國向前邁進
——東北旅行印象記

下卷

宋庆龄（1893—1981），祖籍广东省文昌县（现海南省文昌市），关于出生地有两种说法：一、生于上海公共租界虹口东部朱家木桥（今东余杭路 530 号）；二、生在川沙厅城。父亲宋嘉澍是监理会传教士及富商，母亲倪桂珍。从上海中西女塾（今上海市第三女子中学）高中毕业后赴美留学，获卫斯理安女子学院文学学士学位。1913 年回国，任孙中山英文秘书，1915 年 10 月与孙中山在日本东京结婚。孙中山去世后，当选为中国国民党中央执行委员会委员。1927 年在如何对待共产党的问题上，坚决继承孙中山"联俄容共"政策，反对清党。发表《为抗议违反孙中山的革命原则和政策的声明》，与蒋介石决裂。汪精卫发动清党后，和陈友仁等赴苏联莫斯科，后旅居欧洲多年。1931 年因母去世回到上海。"西安事变发"生后，主张国共两党合作，停止内战，一致抗日。抗战期间，宋氏三姐妹再度联合。1941 年"皖南事变"，通电谴责国民党政府。1948 年 1 月，中国国民党革命委员会第一次代表大会选举宋庆龄为名誉主席。1949 年中华人民共和国成立后，担任中央人民政府副主席、中华全国民主妇女联合会名誉主席。1951 年获斯大林和平奖。任全国人民代表大会常务委员会副委员长，中国人民政治协商会议全国委员会副主席，中华人民共和国副主席。宋庆龄因病逝世后，遵其遗言，骨灰安葬在上海万国公墓父母陵墓东侧。邓小平题词"宋庆龄纪念碑"。

中国不亡论

　　《中国不亡论》，"救亡文丛"之二，宋庆龄著，生活书店（上海福州路第三八四号）发行，民国二十六年（1937）十二月初版，不知印数和售价。生活印刷所印刷。封面和版权页皆印"救亡文丛之二"。1938年3月再版和12月三版，皆未见。

　　全书64页，无序跋。收文6篇：《中国不亡论》《两个"十月"》《致英国工党书》《中国走向民主的途中》《国共统一运动感言》和《中国应当干什么》。

⊙《中国不亡论》1938年再版封面、版权页及书目广告

　　书末有生活书店发行的"救亡文丛"书目广告，称此文丛为"救亡文献与抗敌史料的总汇"，讲"总汇"似乎讲得过头了。广告词是："本丛书以有计划地系统地，陆续选刊关于今日抗战问题有重要意义的言论和主张。其中包括中心切要问题的时论和抗战正确理论的阐发，以及具有历史价值的重要文件等等。下列各册，现已出版。三十六开本子，五号字排印。读此可以认识今日抗战的意义和最后胜利的关键。"

　　与宋庆龄的《中国不亡论》同时出版的还有：蒋介石的《抗战到底》、潘汉年的《全面抗战论》、胡愈之的《抗战与外交》和李公朴的《民众动员论》。

宋庆龄自传

　　《宋庆龄自传》，"抗战小丛书"，宋庆龄著，华光出版社发行，民国二十七年（1938）一月初版，不知印数和售价。特约经售处有四：香港世界书局，上海北新书局、上海杂志公司和厦门开明书店。

　　封面书名《宋庆龄自传及其言论》，版权页书名《宋庆龄自传》；封面还印"附载　布克夫人论宋氏三姊妹"。

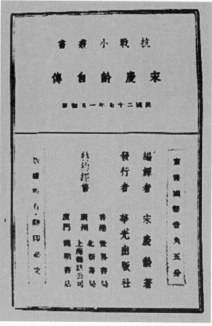

⊙《宋庆龄自传》1938 年初版封面及版权页

扉页印"抗战丛书",版权页印"抗战小丛书";版权页印"编译者　宋庆龄著"。罗列以上不同的表述,无非想说明此书的出版相当"粗糙"。虽在抗战时期这类问题比比皆是,但仍感觉在对待出版的事宜上过于轻率。

书前有宋庆龄的个人照,另有宋庆龄之妹宋美龄和之姊宋霭龄的照片,各人的"限定词"分别是"蒋委员长夫人"和"孔院长夫人"。而在目录上刊登的却是"之妹"和"之姊"。彼此的不统一,说明是由两个互不通气者在排版印刷,而且也无人去复核。

全书 67 页,收文:《孙宋庆龄自传》《中国不亡》《中国当前的急务》《国共统一运动感言》《(附录一　中国共产党公布国共合作宣言》《附录二　蒋委员长对中国共产党宣言的谈话》)《中国走向民主的途中》《致英国工党书》《你的生命并不是你个人的》和《两个"十月"》。

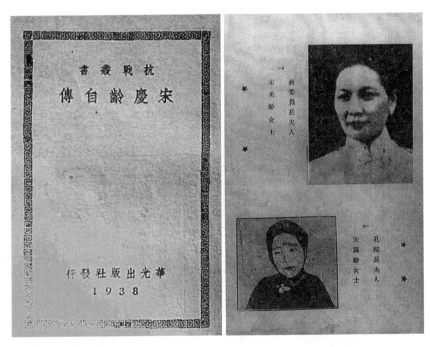

⊙《宋庆龄自传》扉页及照片

第二次世界大战前夜

　　这是一本"宋庆龄等著"的合编本。

　　笔者所见版本两种,其一《第二次世界大战前夜》,其二《妇女与抗战》,皆为战时出版社出版发行,前者民国二十七年(1938)二月出版,不知印数,每册实价 2 角 6 分。上海北新书局驻粤办事处总经售。收宋庆龄一文:《致英国工党书》。后者失版权页,从书目资料知悉,出版于

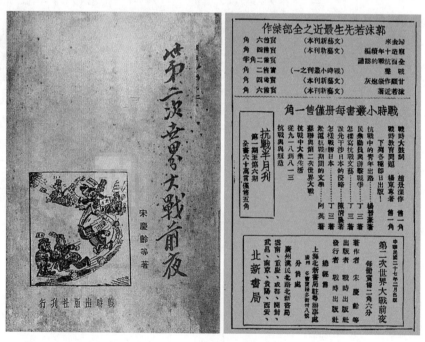

⊙《第二次世界大战前夜》1938 年版封面及版权页

1938 年。收宋庆龄一文：《向全世界的妇女申诉》。

战时出版社曾出版过两种丛书，一种是"战时小丛书"，出版于 1938 年 1 月至 5 月；另一种是"战时小丛刊"，出版于 1937 年至 1939 年。也就是说，"战时小丛刊"出至 1938 年时，"战时小丛书"才出版，只出了 5 个月。从目前所知它的版本残缺不全，能见到版本书目者大约只有 5 种，其中有赵景深的《战时大鼓词》、郭沫若的《战声》、阿英的《抗战期间的文学》等。而"战时小丛刊"却出了大约有 90 至 100 种，如今能见到书目的有 89 种。由宋庆龄等著的《第二次世界大战前夜》和《妇女与抗战》皆属于"战

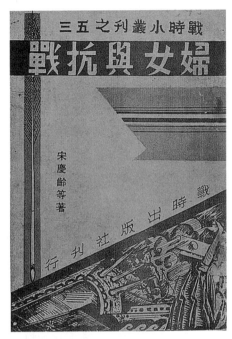

⊙《妇女与抗战》封面

时小丛刊"。前者属第 33 种，后者属第 53 种。其中较为著名的有郑振铎等著《飞将军抗战记》、田汉等著《八百孤军》、邹韬奋等著《抗战总动员》、王芸生等著《劫后的上海》和长江等著《名城要塞陷落记》等。

战时出版社的这两套出版于抗战时期的丛书，在叙述时往往搞错，不是把小丛书说成小丛刊，就是把小丛刊说成小丛书。虽无甚大碍，但毕竟是两种不同的丛书，在版本的叙述上是不应"张冠李戴"的。

新中国向前迈进

　　这是一本出版于建国初期的合集。此处收录两种不属于"民国"的版本,那是为了顾及版本的延续性,尤其是在改朝换代之时,版本印刷发行往往有着藕断丝连的关系,更何况宋庆龄的一些文字大多是写于早些年,因此在研究版本时这种割不断的现实不容忽视,有必要作一还原。

　　笔者所见版本两种,其一《新中国向前迈进　东北旅行印象记》,人民出版社 1951 年 7 月北京初版,新华书店发行,印 40 000 册;其二《为新中国奋斗》,人民出版社

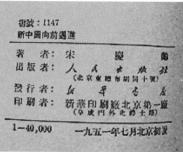

⊙《新中国向前迈进》1951 年初版封面、版权页及扉页

1952年十月上海第一次印刷（北京第一版同时出版），印 30 000 册，每册定价18 000元。

在《新中国向前迈进　东北旅行印象记》的书前有一篇宋庆龄写的《序言》，其中说道："最近我同林伯渠同志和另一些同志到新中国的东北作了一次视察。我们旅行了整个东北，深入地接触到人民生活中所起的各种变化。我们所经历的，是这样地感动了我，使得我要将我的印象向全国和全世界报道，也就是报道正在铸造中的新中国的前途，而我们的东北正走在这个铸造过程的前头。这里并不企图给东北做一个全面的、详尽的分析。这里毋宁是简单地概括了我们在东北境内行经四千二百六十公里的时候，给我印象最深刻底一些景象……"

在《为新中国奋斗》的书前有宋庆龄写的《序言》，其中说道："中国革命是一个长期的、艰苦的和复杂的斗争，为了这个斗争而牺牲的是很多很多，它错综在全体人民的生活之内，交织在祖国的大地上。中国革命的胜利是历史上最重大的事件之一，与伟大的十月社会主义革命具有同等的重要性，在争取民族独立和世界安全的斗争中，它们曾共同创造了许多宝贵的经验，它们也共同规划了未来的世界，到那时候人剥削人的思想将成为历史的记载，而原子弹也将与棒槌和土炮同样地变成博物馆的陈列品。从很多方面来说，中国革命是有它的独特性的。因此，关于它的事迹写得越多，从它的经验中所徒获的好处也越多。陈毅将军和

 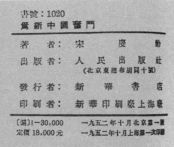 

⊙《为新中国奋斗》1952年版封面、版权页及周恩来题签

另外几位朋友都对我说,如果我能把我从一九二七年以来所发表的演讲,文章和声明编印出来,我可以在这方面有所贡献。因为他们认为这些著作反映了历年以来的革命潮流,反映了人民力量的消长,反映了人民的力量最后冲破一切,取得胜利。……"

孙寒冰（1903—1940），原名孙锡琪，又名孙锡麟、孙锡麒。江苏省南汇县周浦镇(今浦东新区周浦)人。1919年由上海公学考入复旦大学商科，1923年毕业后赴美国留学，获华盛顿大学经济学硕士学位，后转入哈佛大学攻读经济学与文学，涉猎广泛。1927年回国后在复旦大学社会科学系、劳动大学经济系、暨南大学政治经济系任主任和教授。1931年任黎明书局总编辑。1937年1月1日创办中国第一本《文摘》，曾发表斯诺访问延安的第一篇报道《毛泽东自传》，引起轰动。孙说："文人上不得前线杀敌，办一个刊物来向日寇作战。"一生著作颇多，代表作有:《合作主义》《西洋文艺鉴赏》《价值学说史》《政治科学与政府》和《社会科学大纲》等。

一个陌生女子的来信

　　《一个陌生女子的来信》，笔者所见两种不同出版机构出版的同名版本；其一，商务印书馆；其二，三通书局。

　　商务版，属"世界文学名著"，萨伐格（Slefan Zwoig）著，孙寒冰译述，商务印书馆印刷发行，发行人王云五，民国二十四年（1935）八月初版，不知印数，每册定价大洋 3 角。版权页下方印被审字样："中央宣传委员会图书杂志审查委员会审字第二〇四〇号审查证"。封面、扉页和版

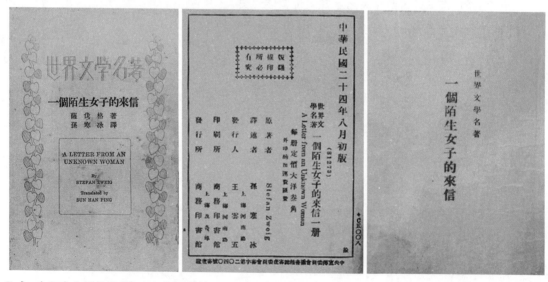

⊙《一个陌生女子的来信》1935 年初版封面、版权页及扉页

权页皆印"世界文学名著"。另有 1945 年渝第一版,渝版熟料纸定价为国币
8 角。

商务版的这套丛书,出版于 1928 年 4 月至 1950 年 2 月,未编号,共计 154
种,笔者猜想可能还有缺漏。

全书 89 页,书前空白页印:"献给无畏"。另有《译序》一篇,其中说道:"他虽
然缺少系统的人生观念,但他幻想丰富而又不平凡;他已被列入大陆作家的前
茅。作品已有多国语文的译本:法文本的有罗曼罗兰(Romain Rolland)的序;俄
文的已有全集,由高尔基(Maxim Gorky)作序。本文译自 Eden and Cedar Paul 的
英译本(一九三三年出版)。他的其他重要作品,除短篇小说集外,有《冲突》,是性
心理的研究;《三大师》,述评 Balzac, Dickens 和 Dostoievsky 的生平与著作;
《Amok》,短篇小说,描写一个白种人在荷属东印度遭逢的惨剧;Paul Verlaine,
Emile Verhaeren, Romain Rolland, Joseph Fouche, Marie Antoinette 等评传。"

还有一种属"三通小丛书"之一的同名版本,1940 年 10 月初版,不知印数和
售价。全书 89 页,内容与商务版相同。

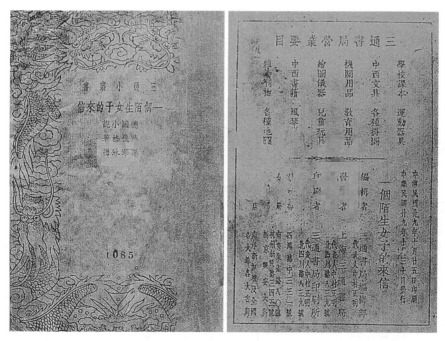

⊙《一个陌生女子的来信》三通书局 1940 年版封面及版权页

政治科学与政府

　　《政治科学与政府》，"大学丛书"，副题《绪论　国家论》，迦纳（James Wilferd Gnrner）著，孙寒冰译，商务印书馆印刷发行，发行人王云五，笔者所见两种版本，一为精装本，紫绛红底，文字烫金，外有护封（封套），封面印"绪论　国家论"，民国二十四年（1935）四月三版，1934年7月初版，未见；二为平装本，式样如护封，封面印"第二册国家论"，民国三十七年（1948）六月九版，1934年9月初版，未见。实际情况是，4册合一者为精装本，609页；4册分册为平装本，315页。

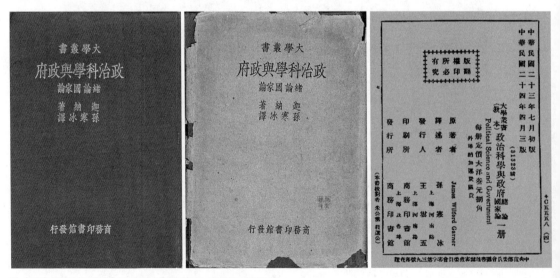

⊙《政治科学与政府》1935年三版封面、扉页及版权页

此处有一点无法弄清：同为商务版，初版时间不同，一为 1934 年 7 月，一为 1934 年 9 月，是弄错了，还是两个系列，各出各的初版？从封面标示的"绪论 国家论"与"国家论"看，属两个系列较为说得通，但在版权页上却又印着"绪论 国家论"，不可否认两者存有差异，仍使人感到无法自圆其说。

两书的扉页相同，在扉页上印有"意科诺大学政治学教授迦纳著""复旦大学 法学院院长孙寒冰译"。另有一页与扉页纹饰设计相同的"大学丛书委员会委员 名单"。此名单在所有"大学丛书"的版本中都有，54 人，可看作是当时中国文化 界的精英或翘楚。

书前收有译者写的《译者序》，其中说道："此书系译自 James Wilford Garner 之'Political Scicence and Government'（一九二八年出版）。著者为美国当代著 名之国际法学家与政治学家，其学术渊博，为学者所共知。原书观点，虽不尽与 余同，然其论述政治之理论与实际，精微宏辟，凡一学说，一问题，莫不既往综今， 旁征博引，意赅言简，不遗巨细，诚为一比较完善之政治学教本。民国十八年间， 余在复旦大学及国立暨南大学讲授政治学，即采此书为教本。惟学生大半觉原 文艰涩，阅读时不免晦蒙，乃徇学生之请，随讲随译，油印为讲义，半载成十二章。 嗣后即以此项油印译稿为讲义，两年中分发达千份。外间有向余函索此项讲义

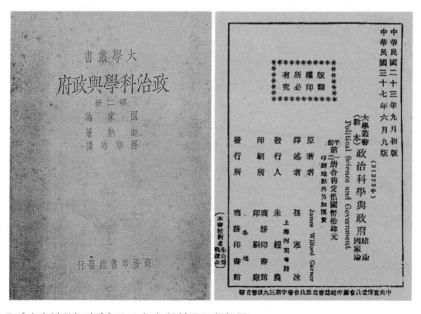

⊙《政治科学与政府》1948 年九版封面及版权页

者,亦有劝余付梓以飨读者者,因于二十年将译就之十二章交商务印书馆出版,并拟将未完诸章继续译竣。斯时适有林昌恒君,穷三年之力,已将全书译完,亦请商务出版,商务以已纳余稿为谢。林君遂商之于余,欲将十二章后余所未及毕译者,采用渠译,并恳余为之校阅。余读其稿,深佩其译笔忠实,明晰无疵,遂允诺焉。沪战突起,日人肆虐,商务厂屋,悉付一炬,而此书未及出版即同遭浩劫。迨商务复业,乃将旧稿重加整理,仍付铅椠。原书虽分《政治科学》与《政府》两编,惟究其内容,似应划为三编,较合逻辑,故毅然分为《绪论》《国家论》及《政府论》三编。译事之艰,尽人皆知。余译此书,大体试采直译法,虽一无关紧要之形容字或疏状字,亦尽译无遗。惟西文字句,往往有长至数十字或百字者,其间句逗意义,看似间断,实则相承,此等处间亦采用意译。然而晦涩生疏,时或不免,译者自承力绌,惟祈阅者谅之。"

　　另收《原序》,4页,最后说道:"本书只是提供此项材料的有限仓库,如能帮助学生去评衡各种政治制度之优劣以及关于政府之组织与职权的各派理论之得失,则著者将引为莫大之荣幸。本书所论究者自属有限,为读者深究特殊问题之

⊙《政治科学与政府》扉页及内页

利益计，著者于每章之首，冠以关于研究该章所论列的问题之最佳参考书目，并于注脚中尽量援引其他各种资料。本书有几处系取材于余之旧作《政治科学大纲》(Introduction to Political Science)之某一部分，惟皆略加变动。同事 John A. Fairlie 教授曾校读本书之某数章，并予余以聪睿的批评，获益匪浅，至足铭感。"

全书收：第一编《绪论》；第二编《国家论》，内收 9 章，以第四章《国家的性质》开始，接着是第五章《组成国家的要素和属性》，第六章《国家、族国与民族》，第七章《国家、族国与民族(续) 民族的权利》，第八章《主权》，第九章《主权(续)》，第十章《国家学说》，第十一章《国体及国家之类别》，第十二章《国家的联合》；最后有译者附言：《国际联盟之结构与活动》《人名地名汉译检查表》和《索引》。

西洋文学名著选

《西洋文学名著选》，"复旦大学丛书"，伍蠡甫、孙寒冰合编，黎明书局（总批发所：上海南成都路大德里；总发行所：上海望平街时事新报馆内）印行，1930 年 3 月初版，印 2 000 册，每册实价 1 元 2 角。此书有多种版次，笔者所见 3 种：1930 年初版，1932 年 8 月四版和 1932 年 12 月五版。再版与三版，未见，是否还有六版等，不知。

初版与四版、五版的封面不同，初版书中英文书名、作者名和书局名布满封面，衬底为绛红色，感觉温暖。四

⊙《西洋文学名著选》1930 年版封面、版权页及扉页

版与五版,封面正中上下两红线,中间印中英文书名及作者名和书局名,与初版的风格截然不同。

初版的扉页简洁,从上至下分别印书名、作者名和书局名,并突出"复旦大学丛书"字样。可见此书属"复旦大学丛书"之一。经查,以"复旦大学丛书"之名的丛书有三种,分别由上海东南书店(1930 年)、上海黎明书局(1930—1931 年)和上海商务印书馆(1944—1949 年),本书属黎明版,除这种外,还有一种是叶法无著《文化与文明》,1930 年初版。

四版与五版的扉页基本相同,仅"增订四版"与"增订五版"的差别,另外是出版时间不同。扉页皆印黎明书局圆形出版标记,并注明两位编辑者的身份:伍蠡甫——复旦大学文学院教授、暨南大学文学院讲师;孙寒冰——暨南大学法学院院长、复旦大学高中部主任。

三种版本的最大差别是版权页上标明的出版时间,以及刊登的广告文字,几乎完全不同。因与各自的版本有着直接的关联,故悉数留存。

初版版权页上的文字是:"本书的内容,宗旨和功效 本书所选,有欧美的论文,小说,诗歌,童话,书札等名著三十几篇,内容精湛,文辞优美。每篇并首列小序:略述作者的生平,思想,作风,和他的重要著作;末附注解:凡难字,奥句,习语,废辞,发音等,详解以外,间附例证。原书大半已用作复旦大学预科英文文学

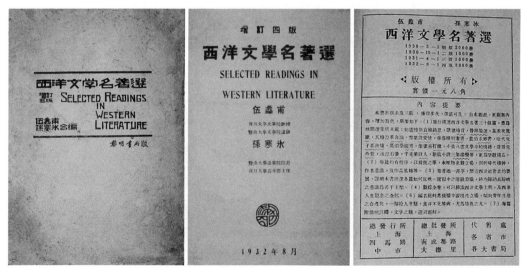

⊙《西洋文学名著选》1932 年四版封面、扉页及版权页

一课的教材,经过两年以上的试验,实能促进学生了解英文的能力,阅读英文的兴趣,和他们对于文学的爱好。现在重加整理,以付剞劂。它非但是大学预科,和高级中学极为适用的课本,或补充读物;也是自修英文的人最好的侣伴;而爱好文学之士,如果手此一篇,更远胜读那一般形骸仅存的中译文学呢!"

四版和五版版权页上的文字虽不同,但都是"内容提要",内容基本相同,主要谈及:"本书出版未及三载,重印多次,价值可见。自本版起,更刷新内容,增加特色。"有 7 个方面,如:重行精选西洋文学名著 30 余篇;每篇均有短序;卷首有一长序,述西洋社会史的发展,等等。

书前有孙寒冰、伍蠡甫 1930 年 2 月 11 日"同识"的《卷头语》,所列 19 条,其中说道:"向来选文排次,恒以文体,作家,时代,或国别为标准。本书例仿柯伯兰氏文选(The Copeland Reader):首列英译各国文学,次及英国文学,美国文学;其每一类中,则以各篇作者之时代为先后。但因限于篇幅,故不及柯氏之完备。本书所选,间有非全篇者,但尽系菁华,读者不难于此窥测全豹。凡一名著而有数种英译本者,多就可能范围之内,较其译笔之优劣,以定取舍……"。

在增订四版之后的版本,书前增加了一篇伍蠡甫写的代序《西洋文学的赐

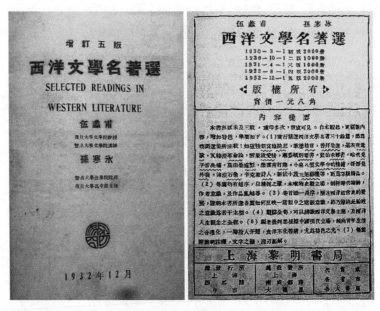

⊙《西洋文学名著选》1932 年五版封面及版权页

予》，开头说道："一个中国人大抵只有在学生时代，为了升学、文凭、吃饭等等的关系，或者不能不和西洋文学相接触；不过这浅尝的滋味，不久便从他满装许多别种杂碎的口味中，渐渐地淡了下去。那时西洋文学所给他的，只是一串串作家的姓氏，若干漂亮美好的句子、几个意外惊人的节目、电影幕上一般的刺激、家喻户晓的滥调。……"

在这几种版本的书末，大多印有黎明书局版的图书广告，如增订四版的书末印有：《西洋文学鉴赏》《新哀绿绮思》《旧欢》《福地》和《疯了》，以及其他文学名著和新著及重版书籍的书目广告。

西洋文学鉴赏

《西洋文学鉴赏》，伍蠡甫、孙寒冰合编，黎明书局印行，失版权页，不知其他版权事项。扉页标明"1931"。并标明两位选集者的身份。孙寒冰：复旦大学法学院教授、暨南大学法学院教授兼高中部主任；伍蠡甫：复旦大学文学院教授、中国公学文学院教授、暨南大学教育学院讲师。与前书所标身份有所改变，增加了一些头衔。

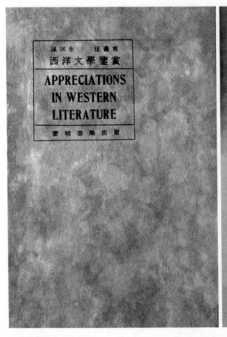

⊙《西洋文学鉴赏》1931 年版封面及扉页

　　书前有《例言》，其中说道："本书选西洋文学精品二十八篇，期于最少的篇幅里，造成最低限度下西洋文学鉴赏底领地。本书试用一贯的，系统的方法，实现一最低限度的鉴赏；以注释，插图，分序，总论，题词等协助鉴赏底成功。……"

　　之后有《总论》，首段为："本书的目的　本书不是光选几十篇作品，每篇加上帽脚，分卷印了出来，就算完事。在例言上已说过，它还有它系统的编制，和一贯的用意，要在这篇总论上说明。所谓文学鉴赏，或一切艺术鉴赏，常含玄学或美学的意味。有时更因学派繁杂，所论细琐，读者读了许多思索，还是徘徊在文学底门外，看不见门里究竟是什么？本文很想不沾玄秘的色彩，诉诸常识以寻西洋文学鉴赏底新诠。"

　　在此书的广告中则说得更加明确："本书特色繁多，举要如左：（一）以文学史立场精选西洋历代文学名家代表作品。（二）每篇皆有序文，动辄数百言。（三）篇尾有极为清扼之注释。（四）长序一篇，综论各篇，演绎西洋文学思潮之系统。（五）插图多幅，或系作家画像，或系与作品有关之名画。（六）全书分而观之，不啻一部名家别案；合而观之，又若一部文学总集。（七）求选文，注释，分评，总论，插图，数方，一同合作，共趋'鉴赏'之的者，当以本书为滥觞。"

　　此书实可看作《西洋文学名著选》之姊妹篇，两书一起阅读，别有滋味。

金威廉的合作思想

《金威廉的合作思想》，"合作小丛书　研究之部(2)"，孙寒冰著，中国合作学社编辑，中国合作学社出版部(上海四川路工商银行转)发行，发行者中国合作学社，民国十九年(1930)三月初版，不知印数，每册实价大洋1角。华丰印刷铸字所(上海浙江路)印刷。代售处几乎遍及全国各地。

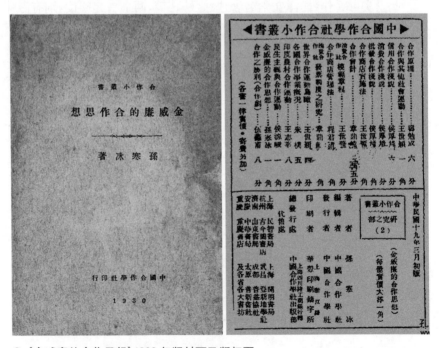

⊙《金威廉的合作思想》1930年版封面及版权页

在版权页上方，印有"中国合作学社合作小丛书"书目广告 16 种，其中有王世颖著作 4 种，如《合作与其他社会运动》等，朱朴的《各国合作事业概况》，王志莘的《印度农村合作运动》和伍蠡甫的《合作之胜利》（合作剧）等。

书前有未标明前言的文字，实际是一篇序："九年前从我们的薛仙舟先生的谈话中，听到这位合作先驱者金威廉的名字。过了一年，又在《一九一三年国际合作年鉴》中读到韩漠勒博士（Dr. Hans Muller）介绍这位合作先驱者的《金威廉博士及其在合作史上之地位》一篇文章。当时就根据了该文写了一篇《合作先驱者金威廉博士传略及其学说》，在《东方杂志》上发表。这是我把这位在合作史上遗漏了的合作先觉者的名字介绍给国人的第一次。但我始终未曾读到金威廉所写的《合作者》的原文，每引为憾事。去年在中国合作学社藏书室中借到一本谋瘦（T. W. Mercer）所编的《金威廉博士和一八二八年至一八三〇年的合作者》（Dr. William King and the Cooperator 1828—1830）一书，把《合作者》的原文完全重印出来，大喜过望，如获珍宝；当时就答应世颖将该书完全翻译出来，作为合作学社丛书之一，使我国研究合作者得窥学说的全豹。近来世颖为新生命月刊社主编《合作专号》，再三来函促稿，无以应之，不得已根据《合作者》和我阅读《合作者》的心得，仓促草成此文。对于博士学说有兴趣者可将本文与拙著《合作主义》一书第四章参读。"

合作主义

《合作主义》，"新智识丛书"，孙锡麒（琪）著，商务印书馆印刷发行，民国十八年（1929）八月再版，不知印数，每册定价大洋 2 角。封面和版权页皆印"新智识丛书"。版权页上方印《社会主义之意义》书目广告。

此书分上下册，封面皆同，有意思的是正中的小图案，看似奔马，也似浪涛，又似裸者，反正看什么"像"什

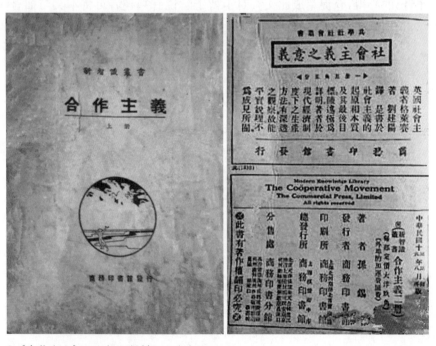

⊙《合作主义》1929 年再版封面及版权页

么。但此图与"合作主义"有何关联，或有什么隐喻，笔者一直弄不清。

书前有译者 1923 年 8 月写于上海的《例言》，其中说道："著者因鉴于我国尚无合作专书——即有一二部亦不过为部分的——爰于去年竭其所得草成此书，计定稿适一年。本拟多搜集材料以期获比较的完美之果，惟以急于赴美，不克如愿；且于文字上亦不暇多所修饰，读者谅之。本书除叙述欧美各国之合作状况外，并末附《中国合作运动》一章，备供今日留心本国合作运动者之参考，及日后研究者之借镜。……"

全书 349 页，收文 14 章，有标题：《合作主义底定义》《合作萌芽时代》《罗勃涡文》《威廉金》《罗虚载尔之先驱者》《消费合作社底组织及其经营》《批发合作社》《全国合作联合会》《各国消费合作运动概观》《生产合作》《信用合作》《农业合作》《国际合作》和《中国合作运动》。

对于"合作主义"，笔者虽有耳闻，但不甚了解。经查资料才知：这是五四时期的知识分子和青年学生倡导和开展的运动。宗旨是：人类社会的不平等和资本主义向社会主义的过渡，可以通过宣传和组织各种合作主义的小团体来逐步

⊙《合作主义》的扉页与所附书目广告

实现。方法是通过集资个人股份,开办银行或信用社、合作社等,补助小本经营、提倡互助互利,鼓励个人储蓄、解放平民经济等。主要团体有上海的平民周刊社和国民合作储蓄银行,长沙的大同合作社和合作期成社,武昌的时中合作书报社和仙桃镇消费合作社,成都的普益协社,无锡的合作研究社等。虽曾风靡一时,但仍脱不了空想主义的窠臼,也便注定了最终失败。

孙寒冰在写作此书时,年龄不到 20 岁,之后严酷的现实打破了他的最初想法,并使他认识到,在阶级对抗的社会中,推行所谓的"合作",只不过是一种乌托邦的幻想而已。

社会科学大纲

由孙寒冰主编的《社会科学大纲》，黎明书局出版，版次较多，无法全部弄清，只能以所见为依据，并作简述。笔者所见版本3种，依次为：

第一种，民国十八年（1929）十月出版，分平装本和精装本，所见精装本。印2 000册，每册平装1元6角，精装2元。封面和扉页标明"孙寒冰主编"。

全书451页，书前有《撰文者》：孙寒冰（国立劳动大学经济系主任），黄维荣（澄衷中学历史教员），应成一

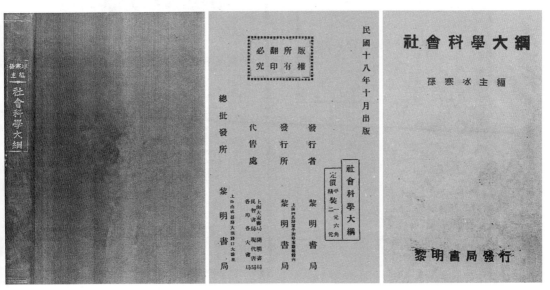

⊙《社会科学大纲》1929年版封面、版权页及扉页

（复旦大学社会学教授），章益（安徽大学文学院院长），李权时（复旦大学商学院院长），吴颂皋（复旦大学政治学系主任），端木恺（安徽大学法学院院长）。

全书分 7 章：《社会科学是什么》（孙寒冰）、《史学》（黄维荣）、《社会学》（应成一）、《社会心理学》（章益）、《经济学》（李权时）、《政治学》（吴颂皋）和《法理学》（端木恺），以及《西文人名泽译检查表》。

另有《例言》，其中说道："我们，鉴于现在国内大学一年级及高级中学课程内有'社会科学概论'一课，而坊间所售关于此类的教本，不是取材不当，即编制失宜，非徒不能启发青年学子对于研究社会科学的兴趣，且使初学者蔽于一人或一家之说，在思想上在知识上，容易发生错觉，因此相约，分任撰述，编成此书，以应一般青年之需要。这便是编辑本书的一个意思。近年来国内研究社会科学的风气日见发达，这原是深可庆幸的，但我们以为研究社会科学的人，其目的固在就一己之所好，专门研究一项，以求深造；可是同时对于各种社会科学之互相的关系，更应该加以充分的认识；其重要尤十倍于专门的研究。近来许多青年往往为肄习了政治学或经济学，便该专门研究这一门学问，而于其他有关系的各种社会科学仿佛看做无关重要似的；这便是根本忽视社会科学连带性的重要，所以才造

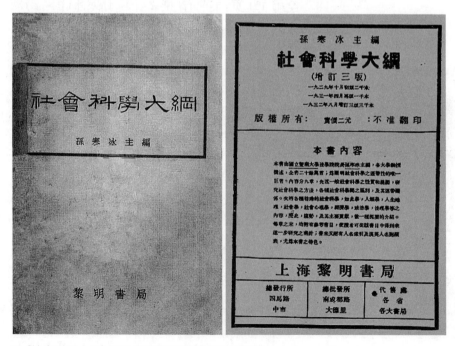

⊙《社会科学大纲》1932 年增订三版封面及版权页

成这样错误的见解。我们有鉴乎此,乃择取社会科学中比较最富有连带性的,最基本的几门科学,先行编述,辑成是书,以供一班青年欲习社会科学而苦不得其门径者参考。这便是编辑本书的第二个意思。本书的主编者虽只一人,而撰文者却有好几位;各篇文字当然由各人自己负责。"最后一句话,说得有点"推卸责任"。主编应负全责,作者文责自负,这样讲才有理。

第二种,1932 年 8 月增订三版,在版权页上方印有《本书内容》:"本书由国立暨南大学法学院院长孙寒冰主编,各大学教授撰述,全书二十余万言;为阐明社会科学之连带性的唯一巨著,内容分九章,先述一般社会科学之性质和范围,研究社会科学之方法,各种社会科学间之区别,及其连带关系。次将各种特殊的社会科学,如史学,人类学,人生地理,社会学,社会心理学,经济学,政治学,法理学等之内容,历史,趋势,及其主要贡献,做一种扼要的介绍。每章之末,均附有参考书目,使读者可从该书目中得到求进一步研究之南针;书末又附有人名索引及泽英人名对照表,尤为本书之特色。"

全书 585 页,书末有黎明书局的书目广告,如冯和法、陆国香合译、孙寒冰校

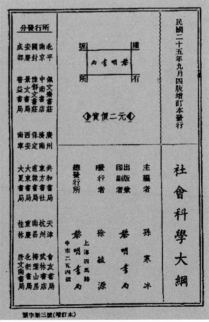

⊙《社会科学大纲》1936 年四版封面及版权页

的《近代政治思想史》,潘楚基、张国干合编、端木恺校的《法制》,孙寒冰、伍蠡甫合编的《西洋文学名著》和《西洋文学鉴赏》,Cilchrist 原著、吴友三译、孙寒冰校订的《政治学原理》,孙寒冰、区克宣合译的《近代欧洲经济史》。

　　第三种,民国二十五年(1936)九月增订四版,出版兼印刷者黎明书局(上海四马路中市二五四号),发行者徐毓源,分发行所遍布全国。全书 544 页,版权页后有孙寒冰主编的"社会科学名著译丛"书目广告,译丛总共 17 种,作者众多,如余楠秋等译的《近代欧洲史》,孙寒冰、林一新译的《价值学说史》,吴觉农等译《农业经济学》,郑学稼译的《社会主义思想史》和汪馥泉译的《马克斯主义体系之崩溃》等。

近代政治思想史

《近代政治思想史》，葛退尔（Gettell）著，陆国香、冯和法合译，孙寒冰校订，黎明书局印行，1930 年 4 月付排，10 月出版，不知印数，分平装本和精装本，平装每册 2 元，精装本每册 2 元 6 角。

书前空白页印："敬呈孙寒冰教授先生的鼓励先生的指导实为译成本书的最大动力。"

另有孙寒冰写于 1930 年 10 月 11 日的《校完后》，最后说道："Gettell 教授的这本书虽是长于叙述，短于批

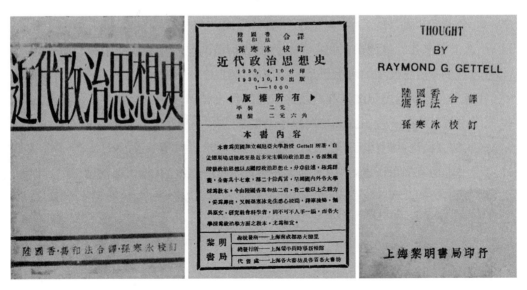

⊙《近代政治思想史》1930 年版封面、版权页及扉页

评,但其述理明晰,搜罗宏富,对于最近各种的政治思想,各派的政治学说,几乎无所不包,实为一本比较完善的,可读的书。在国内,就我所知道的,已有许多大学采用他的教本。陆、冯二君费二载的精力,用正确畅达的译笔,把它翻译出来,一方面在这金价暴涨的当儿,固然可以节省中国学生许多的钱,但一方面也可以解除中国学生和有志于研究西洋政治思想史的人,读英文原书时所发生的文字上有困难。对于目前无书可读,饥荒万分的中国学术界,这本译著未始不是一个很重要的贡献。"

译者在劳动大学写的《译者小言》最后说道:"本书原名 History of Poitical Thought,为加利福尼亚大学(University of California)教授葛退尔(Raymond G. Gettell)精心杰构;全书约四十余万言,叙述简洁,条理清晰,国内外各大学采为教本者颇众。我们在十八年春季,得孙寒冰教授的鼓励,便共同分章开始移译。后因校务过繁,以致时续时辍,到这年冬季,初稿才略告完成。其中曾有数章,脱稿后即发表于十九年上季之《国立劳动大学周刊》。我们以为政治思想史到卢梭的《天赋权利说》的兴起为一大阶段,研究政治思想史者对于近代部分比较古代部分更当注意;又为印刷上方便起见,于是先出版了后半部,前半部于最近也可相继出版。这里我们所当声明与引为欣幸的,便是对于孙寒冰教授的感谢。孙先生为本书精心校订,又为介绍出自所以,本书对于读者如有少稍贡献,那全为孙先生之功。"

全书 510 页,分 17 章,有标题:《孟德斯鸠与卢梭》《经济发展与政治思想》《十八世纪末叶的道德学家和法学家》《美法革命的政治学说》《唯心伦理的政治思想》《革命后之反动的政治思想》《英国的功利主义派》《民主立宪的政治学说》《社会主义的政治思想之兴起》《政治思想的历史学派》《国家有机体说》《联邦国家学说》《民族主义帝国主义与国际主义的学说》《心理学对于政治思想的影响》《多元的主权论》《近代无产阶级政治思想》和《政治思想是一般的》。

书末还有书目广告,其中有孙寒冰所著所校所主编的《近代政治思想史》《西洋文学名著选》《西洋文学鉴赏》和《社会科学大纲》,以及潘楚基、张国干合编、端木恺校的《法制》。

国际联盟

孙寒冰编著《国际联盟》《国家浅说》和《市政浅说》3种，同属商务印书馆"小学生文库"，分别为"国际类"和"政治类"，现作综合叙述。

此文库由王云五和徐应昶主编，全套丛书包罗万象，多达 500 种，这两书分别是第 10、第 13 和第 14 种。这些小册子，每册都很薄，皆由著名作家和学者担纲撰写，可

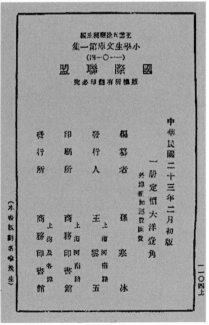

⊙《国际联盟》1934 年初版封面及版权页

谓"大家写小书"。

《国际联盟》，民国二十三年（1934）二月初版，书前有《编辑人》的名单，10人：王云五主编、徐应昶主编、周建人、宗亮寰、沈百英、沈秉廉、黄绍绪、苏继顾、赵景源、殷佩斯。全书59页，收6章：《引言》《国际联盟的起源》《国际联盟的组织》《国际联盟的盟约》《国际联盟的》和《结论》。

《市政浅说》，民国二十二年（1933）十月初版，每册定价大洋1角5分。全书57页，收10章：《什么叫做市政》《市政府》《市政会议和市参议会》《市财政》《市公安》《市社会》《市工务》《市教育》《市公团》和《市卫生》。

《国家浅说》，民国二十三年（1934）三月初版，每册定价大洋1角5分。所见版本目录页只剩第一页，收：第一章《国家怎样发生的》、第二章《国家是什么》，每章分节，每节分小节。如第一章收《国家发生以前的人类社会是怎样的》《狩猎民》《农业民》《游牧民》《海渔民》等）和《国家怎样成立的》等。是用一种浅显的语言讲述复杂的事物，要达此目的，非厚积薄发也。

⊙《市政浅说》1933年初版封面及版权页

这套丛书的封面设计基本统一,即四周所围之图案相同,而其中的一幅图案各有不同,但基本上是以类别划分,如此文介绍的《国家浅说》《国际联盟》是属于同一类的,中间的图案也相同。

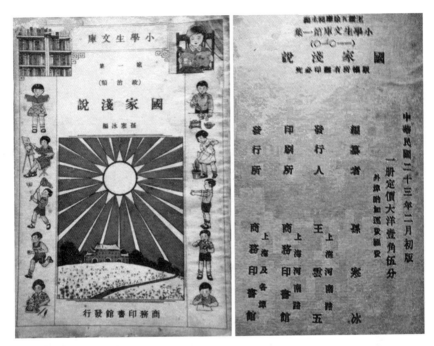

⊙《国家浅说》1934 年初版封面及版权页

文摘

在讲到孙寒冰先生时，1937 年 1 月创刊的中国第一本《文摘》是不能忽略或遗忘的！

1931 年，孙寒冰与一些朋友，包括伍蠡甫等，一起创办了黎明书局。在抗战前夕，在他担任复旦大学教授时，又创办了一种被他称之为"杂志的杂志"：《文摘》，并任主编。这份杂志是把国内外各种杂志、文章的精华摘录、翻译并刊登出来，通过一本达 200 页左右的杂志，让读者了解各家之学说，从中纵观世界大势。纵观所见《文摘》版本，可见其在复杂多变的形势之下，能够保持相当清醒的头脑，分辨是非，正确处理来稿，恰当而有艺术性地回答问题，所有一切都显出了他的学人风度和政治家的智慧。

在抗战前夜，孙寒冰非常明确地确定了《文摘》的编辑方针："暴露敌人的阴谋，促进全国团结，为抗战做准备。"当年的创刊号，一版再版，共出了五版，发行量达五六万册。《文摘》原为月刊，每本约四五十万字，出至第 8 期，发生了"七七事变"，抗战随即爆发。《文摘》为适应形势变化，由月刊改为旬刊，每期 20 页左右，编辑方针定为"宣传抗战必胜，日本必败"，改《文摘》之名为《文摘战时旬刊》。在 1937 年 8 月 1 日，《战时旬刊》的第 2 卷第 2 号上编辑出版了《卢沟桥浴血抗战特辑》，以快速和敏感

⊙《文摘》封面

⊙《文摘》创刊号封面

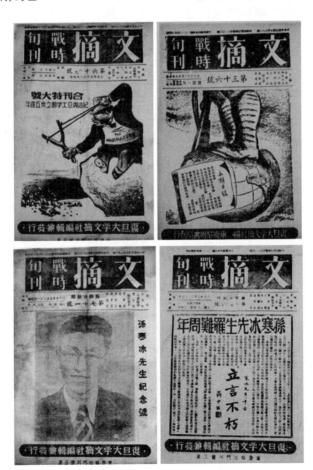

⊙《文摘战时旬刊》的封面

的政治嗅觉昭示于国人，引起了震动。随着战事的发展，《战时旬刊》迁至武汉、广州，几经周折才到达重庆，就是在资金、人力和资料奇缺的情况下，孙寒冰与同人一起成立了复旦大学文摘出版社，继续与《文摘》共存亡。孙在当《文摘》主编时是分文不取，甚至还腾出自己家的住房作为编辑部，还从自己教书的薪金中拿出钱来解决夜间工作的食用开销……时任复旦大学校长的吴南轩这样称誉道："孙寒冰便是《文摘》的灵魂。"

1940年5月27日，日机轰炸重庆时，孙寒冰教授和复旦大学其他六名师生不幸罹难，其中有《文摘》工作人员汪兴楷以及同学朱锡华等，贾开基教授还被炸断了一条胳臂……当时伍蠡甫的夫人周炜等，立即用急救的强心针抢救，也未从死神中把孙寒冰救出，时年37岁。《新华日报》发表文章《悼念孙寒冰先生》，称他为"文化界战士，青年的导师"，胡愈之说："他是一个真正的学者，一个为真理而奋斗的文化人才！"郭沫若写下悼诗："战时文摘传，大笔信如椽；磊落如肝胆，鼓吹动地天；成仁何所怨，遗留正无边；黄桷春风至，桃花正灿然。"在重庆举行的追悼会上，国民党监察院院长于右任、行政院长孔祥熙及黄炎培、沈钧儒等均出席。1941年10月1日，复旦大学在重庆北碚东阳镇新建的校园中，特为罹难者立有纪念碑。

其实，在《文摘》的历史上，最具光彩的是刊登了斯诺访问延安的第一篇报道《毛泽东自传》。当年孙寒冰在阅读英文《亚西亚》月刊时，发现这篇报道，便让学生译出全文，自己逐字逐句推敲修改，还拿着稿子到南京见大学老师、时任国民党中央宣传部部长的邵力子，邵在原稿上亲笔批"准予发表"并署名。此文刊出后轰动全国，后又由黎明书局出单行本并一再重印。

⊙《文摘》刊头二幅

沈亮棨（生卒年不详），字戴仪，川沙县高昌乡虹桥（今浦东新区唐镇）人，曾担任过清末川沙学务公会调查员和北九学区（龚家路）议员。黄炎培筹办川沙公立小学校时，沈亮棨予以支持，捐款并写长信给黄炎培。沈亮棨的父亲沈成浩（1838—1886），肄业于上海龙门书院，与上海梅溪小学创办者张焕纶是莫逆之交，在该校任事10年。沈家祖上曾有为官至知府者，建有大宅院，被当地人称为"高房子"的沈家大厅尚留旧屋。

国耻演说

　　《国耻演说》，沈亮榤撰，笔者所见两种版次的版本。第一种，民国元年(1912)六月初版，商务印书馆印刷。书高 20.1 厘米，宽 13.4 厘米；书版高 15.8 厘米，宽 11.5 厘米；四周双边，单鱼尾，半页 20 行 27 字，14 版 24 页，铅印线装本。

⊙《国耻演说》1913 年版封面

该书为白话时事形势演讲小册子,版权页上标明总发行所是国民教育实进会、商务印书馆,寄售处为文明书局和时中分局,每册实价洋7分。

全书分7节:《总论》《国耻一,鸦片之战》《国耻二,马江之役》《国耻三,中东之战》《国耻四,庚子拳匪之祸》《国耻五,日俄之战用东三省作战场》和《国耻六,南北各军港之被人侵占》。每小节有附图,有林则徐烧烟土图、中法之战中的马尾港海战图、马关立约图、八国联军进北京图、俄日在东三省交战图和德俄英法占我军港图等。

书前的《说论》,表现了作者爱国主义的一番苦心:"我共和民国的众同胞,大家发愤起来,齐心合力,扶持自家的国度,那就可以不再吃那些比黄连更苦的滋味了,所以我今天拿我中国以前所受的羞耻,逐件逐件的讲给诸位听听。我今天讲给你们听的,共有六件大耻辱事情。你们诸位听了,必定是激动得了不得,忿恨得了不得。但是一味的忿恨,不知道加增自家本国的实力,那就一点儿不中用,国耻还怕要加上去咧。什么叫做加增实力,就是兴办许多学校,加增人民的知识;兴办各种实业,加增中国的财产;从习练武力,增添海陆各军,严修武备;这三项叫做实力。"

⊙《国耻演说》1920年8月三版封面及版权页

　　作者想通过对国人讲解中国所受外国列强欺负的六大国耻,唤醒国人发奋图强,增强中国的实力,改变民众的苦难生活。

　　中华民国建立之初,中国的经济还十分落后,民众的生活十分苦难,外国列强更是不断掠夺中国的财富,中国一批有识之士积极投入到图强抗争之中,"教育救国、实业救国、武备救国"等主张在当时成为一种思潮。就教育而言,当时兴办的一批学校对以后的建设发挥了不可低估的作用。该书尽管是一本薄薄的小册子,但作者的一番苦心和为国家强盛而演讲宣传的奔波,在今天看来,其爱国之心可敬可佩,这些仁人志士们所打下的基础不容磨灭。

　　第二种,绘图官话本,上下两卷一册,与线装本不同,属平装铅印,民国九年(1920)八月三版。此三版应该是相对于线装本的初版而言,再版本未见。每册售大洋2角5分,广告词写得相当明确:"十部以上八折百部以上七折大宗批发另议"。编辑署名"江苏川沙沈亮棻戟仪",戟仪是其字,地址是"上海老北门石皮弄建康里"。著易堂书局(上海老北门穿星街)印刷,国民教育突进会(上海棋盘街)总发行,商务印书馆、中华书局和著易堂书局分发行。封面有图并有文字说明:"树倒巢倾覆巢之下必无完卵"。书中有插图多幅,如同连环图画,配有文字。所刊3幅的文字说明,从左至右分别是:"前清林文忠公烧毁烟土于广东之虎门英人恼羞变怒攻我沿海各省";"中日战后两国钦差在马关立约换地赔款深堪痛

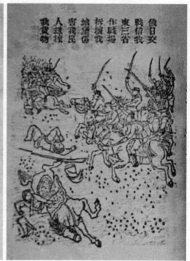

⊙《国耻演说》插图三幅

愤";"俄日交战借我东三省作战场拆坏我城堡伤我民人劫掠我货物"。实为列举三种国耻。

除沈亮榮的两种不同版本外，还见到过一种与之同名的版本，由冯国强编辑，中国宣传讲习所印刷发行、1926 年 5 月三版的《国耻演讲》，那是同名不同作者的版本。

王成组（1902—1987），字绪昌，原名绳祖，号成组，南汇县城（今浦东新区惠南镇）人。1916年考入北京清华学校。1923年毕业后自费去东南大学（今南京大学）历史系进修中国史、东方史等。1924年留学美国，先后就读于芝加哥大学、哈佛大学和克拉克大学，获哈佛大学历史学硕士学位和芝加哥大学地理学硕士学位。1929年应聘任清华大学专职地理教授。1932年任厦门大学历史系教授。1934年任大夏大学史地社会系教授兼系主任。抗战后随校到庐山、重庆、贵阳教学。1943年应聘上海圣约翰大学历史系教授。1947年应聘清华大学地理系任教，主持地理组工作。著有《地理学》《复兴高中本国地理》《更新初中本国地理》和《英文版中国年鉴东北篇》等。他曾用一句话概括一生："教学兼史地，写作重地理。"为中国地理学的发展作出重要贡献。

地理学

《地理学》，作者所见两种版本，一种是"万有文库"版，另一种是"新中学文库"版或"百科小丛书"版，后两种版本的丛书名互为混乱。

第一种，"万有文库"，王云五主编，王成祖著，商务印书馆（上海河南路）印刷发行，发行人王云五，民国二十二年（1933）十二月初版，不知印数和售价。封面和版权页

⊙《地理学》1933 年初版封面及版权页

皆印"万有文库"。文库如封面所言"第一集一千种",但如今似乎只见第一集,书目较为完整,但是否能全部看到版本实物,无法断定。此书是"万有文库"一千种中之第九百零二种。

第二种"新中学文库"或"百科小丛书",之所以如此称呼,那是因为所见标示两种丛书的版本,往往是封面称"新中学文库",但版权页却称"百科小丛书",或者反之。从这种情况看,也许两种丛书属于一种,只是称呼不同而已。民国二十三年(1934)一月初版,民国三十六年(1947)二月三版,笔者所见为三版。从初版时间看,与"万有文库"的初版不一致,因此可以断定,两种丛书皆以自己出版的时间来确定初版。这种情况,即使像由同一家出版机构出版的丛书,民国时期虽有,但为数并不多,不过确为后来者"添"了不少"需考证"的麻烦。

两书的内容基本相同,书前有一段未标明《序》的说明文字,作者写于 1933 年 2 月 27 日,其中说道:"这一篇关于地理学的说明,注重在介绍现代的地理学,因为在国内一般人地理学还缺少正确的观念。解释地理学的性质不是一件容易的事,社会上对于这问题很有成见,而地理学本身又有派别的歧异。所希望者,经过一番解释,非但对于地理学能得到一种新了解,而且还可以见到他的重要,

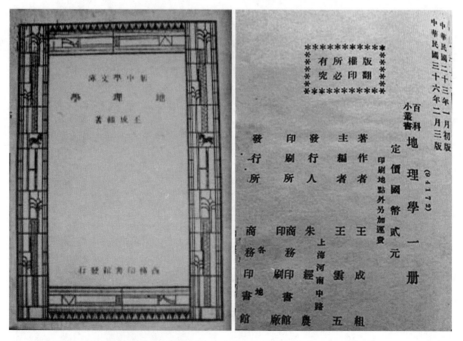

⊙《地理学》1947 年三版封面及版权页

帮助他的发展。本篇第一章曾经得到中央大学教授黄国璋先生的指正,作者极为感谢,但是文稿以后又删改过,当然完全由作者负责。"

全书 103 页,收 6 章,有标题:《地理学的领域》《地理学的对象》《地理学的理论》《地理学的方法》《地理学的派别》和《地理学的功用与发展的途径》。

本国地理

　　《本国地理》，上中下三册，王成祖编著，商务印书馆印行，所见版本的版次较多，但不全，也不知何为全。笔者见到的版本实物三四种，只能从中窥探版本的某些变化。封面印"依照教育部修正课程标准编辑　复兴高级中学教科书"。民国二十五年（1936）八月改编本第一版，所见两种上册为民国三十八年（1949）九月改编本第五十四版，每册定价 6 角 5 分；中册为改编本第七十六版，每

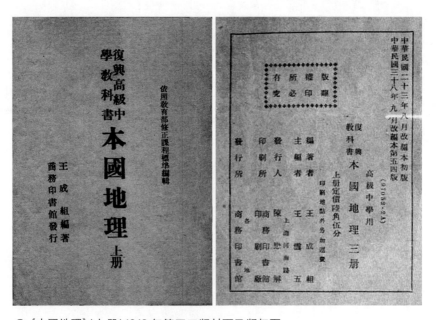

⊙《本国地理》（上册）1949 年第五四版封面及版权页

册定价国币 8 角。所见最高版次为第九十四版,至于最后一版是什么,无法弄清。除此还见到过类似民国三十一年(1942)十二月赣县第三版,民国三十二年(1943)渝第十二版,等等。这说明,抗战时期在全国范围内可能都在依次出版此书。

书前有编著者写于 1936 年 6 月的《序》,2 页,其中说道:"本书依照最近修正课程标准的规定,编制方法以注重区域地理为原则。先由观察各种景象在全国的分布情形入手,以便学者明了普遍的大势,以及分区的根据。以后再分别叙述各区域的特征,以及他对于邻近各区域的关系。前者分述各种景象的公布,而后者综述各种景象的联系,互相印证而详略不同,循序而进,分别的叙述,凡是情形相近的,合并于同一地带,以求清晰。初版问世以来,将有两年,一切情形,不无改变。当时匆促付印,草率之处,也在所不免。现在都已经详细订正。全书分成三册,以便适合现行学制,分三学期应用。上册材料,单就百数言,似乎较中下册略为繁重。但这个差别,一则因为就题材分段落,不宜削足就履;二则上册第三编中,图表两项参考资料,所占地位较多,教材多少的差别,实在不能完全以页数比较。……"

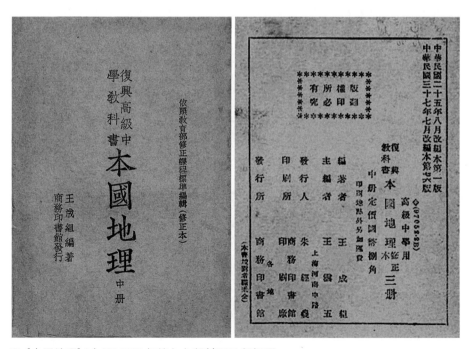

⊙《本国地理》(中册)1948 年第七六版封面及版权页

文末还有"三十六年修正版补白",其中说道:"本书曾于二十六年修正一次,迄今恰好十年,国内许多情形,变化多端,但是因为遭遇八年抗战,屡欲删改,无从着手,这一次得以再加修改,虽则由于改排不易,只能就近年的重要变化,去旧更新,总可以适合现状。……"

另外还见到建国之后 1950 年版和 1952 年版,这两种版本都是与先前的版本有着内在的关联,故一并介绍。在 1952 年版的版本之前印有一篇《一九五二年改编说明》,其中说道:"本书原系解放前所编,其中中下二册被指定作为高中参考用书;因为只有区域地理的部分,对于全国的情况,仅能作极概括的叙述。划分地带的名称,其中原用的华北是与华北大行政区的简称相同,所以华北华中华南三地带,改称为北部、中部、南部。新中国的各种建设,正在飞跃地进步。本书只能举例说明解放后的重要发展。而且限于篇幅,说明没有能很详细。就所在地的本区域来讲,恐怕更其易于感觉到不够,希望各地老师酌量补充讲授资料。……本书前两次的改编,仍然遗留着许多资产阶级地理学的环境决定论的毒素,而另一方面,没有充分地发扬爱国主义。承蒙好几位读者,公开地或直接地,提出许多宝贵的意见,帮助我更好地为人民服务,没有能个别答复,请容许我在这里表示衷心的感谢。这次的改编,虽则尽力纠正了不少错误,缺点恐怕还是

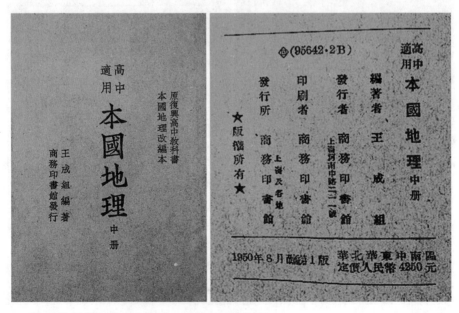

⊙《本国地理》(中册)1950 年第 1 版封面及版权页

难以尽免,希望读者能继续予以严肃的批评。"

　　一种跨越两个时代的图书,在继续出版的同时,还必须在立场上"摆正"位置,并有批判性的表述,否则也便失去了"新鲜感"。从 1948 年至 1951 年间,在出版领域,这类情况比比皆是,形成了一道相当别致的风景线。

　　全书以编、章、节排列,条理相当清晰。如第三编《全国之人文地理》,内收:第一章《人口》(第一节《人口》、第二节《人口之流动》);第二章《生产》(第一节《农业发展概况》、第二节《粮食之重要及其分布情况》、第三节《其他农产品》、第四节《农作以外的生产业》、第五节《对外贸易》),等等。

⊙《本国地理》插图二页

王小逸（1895—1962），名次鑫、鑫，字榕生、雄声、小逸，上海川沙镇人。笔名有捉刀人、春水生、爱去先生、何家支、乙未尘等。1912年上海东亚法科大学读书，同年写出处女作《痴情花》。毕业后执教于上海豫园萃秀堂小学，成立文友社出版月刊。与张恂子、顾佛影一起被称作"浦东三杰"。后办《浦东旬报》，发表长篇连载小说。1924年创刊小型报《显微镜》，出至十六期停刊。同年《海报》创刊，刊王小逸长篇小说《众生相》。同时参与《金钢钻报·金钢扶轮会》编务。1925年《春水微波》在周瘦鹃创办的《紫罗兰》半月刊发表。1926年弃文从军，担任过北洋政府淞沪警备司令部办公厅参议，1927年随军至赣粤，1928年返沪，并脱离军界到天津任中华电讯社分社主任，结识武侠小说家宫白羽。王小逸成名后，以笔名"捉刀人"为报纸写连载，震华书局还为他出版了大批小说。据不完全统计，从1938年到1944年，王小逸在《社会日报》共发表19部连载小说，居各报发表小说数之首。除刊印单行本外，还为35家小报写了近百部连载小说。建国之后，弃笔从教，一直在上海市南中学当教员。

春水微波

　　《春水微波》,长篇社会小说,全4册,王小逸著,上海
玫瑰书店(交通路九十八号)发行,民国十九年(1930)一
月初版,不知印数,每册定价大洋2元5角。封面除书名
外,标示第几集,4册封面图相同。封底印骆无涯著的
《荒唐梦》广告,书中有插图多幅。

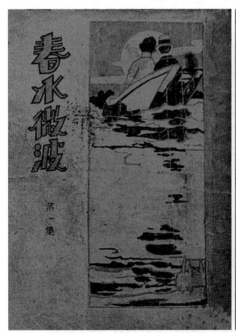

⊙《春水微波》1930年初版封面及版权页

1930 年 3 月,《紫罗兰》第 4 卷第 17 期中刊登《春水微波》广告:"千万言长篇巨著　哀艳热烈　动人情感　社会小说","今日霹雳一声　动人名著春水微波出版　处处可使老看小说的人们着迷","读春水微波　可知社会狂热的真相　读春水微波　可知阿翁偷媳的手段　读春水微波　可知人妖现形的丑史　读春水微波　可知市侩陷人的毒计","春水微波的魔力!　能使社会群众心弦飞荡　能使青年情侣神经紧张　能使薄命儿女涕泪滂沱　能使失恋男子吞声苦笑"……为介绍一本小说,广告做到了极致。

在 20 世纪 30 年代,王小逸被称作上海通俗小说界"浦东三杰"之一,另两杰是张恂子和顾佛影。1925 年 11 月,周瘦鹃创办《紫罗兰》半月刊,随即王小逸在刊物上连载长篇小说《春水微波》,至第二年因其弃文从军而中断。之后王担任过北洋政府淞沪警备司令部办公厅参议,还以此生活见闻写了短篇小说《军中妇人》。后随军至赣粤,直到 1928 年才随军返沪。不久脱离军界,到天津当了中华电讯社分社主任,结识了武侠小说大家宫白羽。王在《写作四始》中说道:"我在天津多暇,便把在《紫罗兰》上一部发表而中断的《春水微波》,一口气续完,邮寄周瘦鹃先生,等我从天津回沪,《春水微波》已然由大东书局出版单行本了,以后

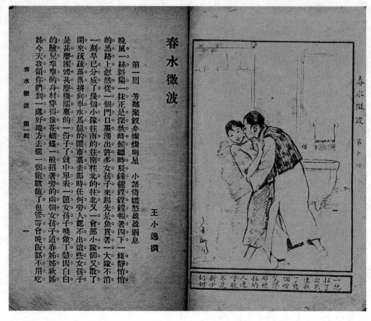

⊙《春水微波》内页

中央书店的《神秘之窟》和《金钢钻》的《众生相》随之出版,所以《春水微波》是我出版单行本小说的开始。"《春水微波》引起了不小的轰动,范烟桥评价道:这部小说是从欲开始(金钱欲和肉欲)展开描写,反映了市民的"新人学",故此小说被时人誉为"自李涵秋、毕倚虹之后"的"警人名著"。

书中的内容相当平凡,然而却吸引了时人:一个花容月貌的女学生丁慧因情窦初开,幻想着浓郁、甜蜜、浪漫的爱情。结果成了阔少叶兆熊的小妾,后又被叶老太爷奸污。正当伤痕累累之际,偶然的机遇又使她走上银幕。然而,世态炎凉,黑暗无比,制片人色狼般的魔爪又一次伸向她……于是她便带着对社会的愤懑和对爱情的幻想,扑向大河的怀抱……

全书以章回体小说布局,共收 32 回,第一回:《芳邻聚钗弁灿灿明星　小语倚娇憨盈盈弱息》,第三十二回:《柳暗花明乡添佳话　风流云散春水漾微波》。

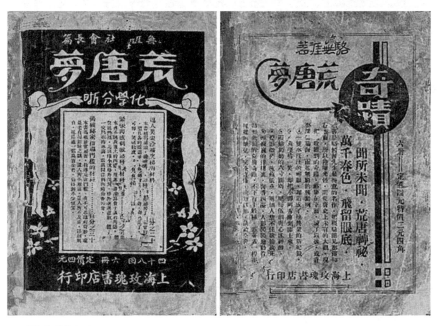

⊙《荒唐梦》广告

小说的写法相当平淡,但清新素雅:"晚风一丝,斜阳一抹,正是深秋时候。听时辰钟'镗镗镗镗'报着四下,一条静悄悄的马路上,忽然从一个门口里涌出许多女孩子来。起先是鱼贯着一大队,不消一刻,早已分成了几个小队,往南的往南,往北的往北。又一会,那小队却又散了开来,疏疏落落挤向车水马龙的闹市里去。……"

⊙《春水微波》广告

如今此书能见到的版本实物仅玫瑰书店版,至于最早出版的大东书局版,始终未见。除这两种版本外,是否还有其他,更不得而知。

神秘之窟

　　《神秘之窟》,社会长篇香艳小说,全书 4 册(集),王小逸著,毛寒鸦校订,大光明书局印刷出版发行,民国二十三年(1934)四月再版,何时初版,不清。至于中央书店1935 版,更是不见。不知印数,全书 4 册,定价大洋 6 元。新文化书社(西马路中市)总经售。封面图案为裸女和蜘蛛网,其意难解。书中有插图,并标明第几回。

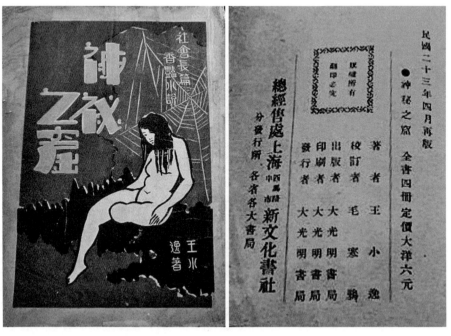

⊙《神秘之窟》1934 年再版封面及版权页

此书为章回体，40回，分为4册，每册10回，其内容无非如此这般，并无惊人之笔。但笔者对每回的题目颇感兴趣，作者的文才，大多在此表现，故值得留存：

第一集第一回至第十回目录：《香温玉软昼寝忘餐　蛾绿脂红宵征遇艳》《醉醇醪朱颜上酒晕　沐膏泽旧侣话风情》《引狼入室如此名医　减烛登床俨然新妇》《梦高掌玉体乍横陈　献小乔花枝招展》《翠袖归来神驰卫玠　青蚨飞去泪洒徐娘》《重黄金残絮悯沾泥　歌赤凤爱河遭灭顶》《冰簟银床不堪回首　晚风斜月添个知音》《赌呼卢莫玉避轻怜　错嗔莺觚犀窥浅笑》《雾花看虚痴惹游丝　莎雨听时双逃淫网》《警芳心娟愁娟此豕　勾艳魄粥粥聚群雌》。

第二集第十一回至第二十回目录：《燕语呢喃有谁不嫁　蝶魂离合无限相思》《探香巢娇女索痴爷　释疑团雏娃交腻友》《汛泛桃花几分春色　酸含梅子一寸柔肠》《谋嫁杏佳土喜同衾　遗留髭侍儿羞荐枕》《野渡横舟载将爱火　密云不雨化作馋涎》《擅专房巫峰迷别径　观胜会歇浦涌新潮》《药堂小集语啭莺声　锦帐低垂魂销鸭视》《数佳丽自己空余子　住温柔身弃老是乡》《鸡虫得失醋海微澜　蛮触纷争情场小史》《慕双飞妖姬夸白璧　甘一死好梦醒黄粱》。

 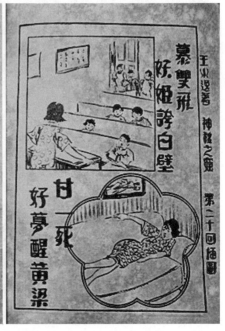

⊙《神秘之窟》插图

第三集第二十一回至第三十回目录：《汗漫游征鸿翔天外　流浪情别鹄话闺中》《画眉有笔笑逐颜开　避债无台泪随声下》《赤裸裸楼台看月上　意绵绵洞口问津来》《变生肘腋玉殒香消　病入膏肓桃僵李代》《泣媒孽凭空陷绝境　困樊笼蓦地遇冤家》《报之琼玖秋波欲流　愿作鸳鸯罗襦乍解》《藏春坞新陈成代谢　近水楼左右喜逢源》《求一得两反唇相讥　暮四朝三食指大动》《慑淫威孤雏拜乱命　炫新装独艳觅欢踪》《蜂媒长技大言炎炎　鸦婢多才小心翼翼》。

第四集第三十一回至第四十回目录：《起狐疑弱女拒狂且　工蛊惑妄人慕少艾》《梦结同心颏归乌有　盟寒割臂辄唤奈何》《摧肝肠泪雨冷珠帘　现须眉遗风镜殿》《有妇颟顸谋及藏获　为郎憔悴恨抱衾裯》《效绸缪幺凤赴幽期　苦呻吟媚猪呈曲线》《牛鬼蛇神大千世界　杨花水性又一沧桑》《丈人峰巨眼识妍皮　娘子关纤腰支弱腕》《秋菊经霜含苞待放　春蚕织茧除死方休》《怀远虑宠妾解围城　诉前尘瞀佣揭秘幕》《禹鼎温犀妖魔一扫　锦衾角枕琴瑟终谐》。

同功茧

　　《同功茧》,冯轶著,街灯书报社(山东路二九〇号)出版发行,笔者所见为民国三十二年(1943)七月再版(初版何时,不知),不知印数,上下册,定价 15 元。上下册封面设计相同,最为醒目者是"蚕茧"。署名"冯轶",即王小逸的一个笔名。

　　此书有两个关键点值得解读,一个是"同功茧",另一个是"笔名"。

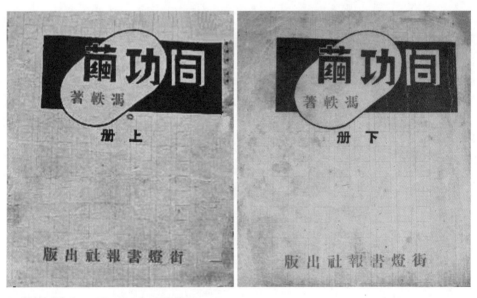

⊙《同功茧》上、下册 1943 年再版封面

第一，何为"同功茧"?《尔雅翼·释虫一》中说道:"其独成茧者,谓之独茧;自二以上,谓之同功茧。"郑逸梅也曾说道:"两蚕共一茧,一作同宫茧。"然而把此词用于书名,也便有了隐喻。阿英曾经指出:王小逸"是善于运用一切新旧的,以及从军政到日常生活的术语,而使之色情化,就是把一切的名词,运用来形容性行为,使读者能得到一种新奇的感觉"。也许"同功茧"就有了这种感觉。另有学者认为:王小逸在敌伪时期的通俗作品,可分为三类。《石榴红》是一类,直接写"孤岛时期"上海郊县;《北雁南飞》《明月谁家》和《蝶恋花》是一类,仍以性关系为基础,写社会生活,但笔墨更多田园气息;《同功茧》等是一类,大致可称之为"色情小说"。

第二,王小逸的笔名,据笔者所知约有六七个,大多有其来历。王小逸,是其本名,小逸是其字,以字行名。起用"捉刀人"之笔名,源自小说《王公馆》。当年《时代日报》请王小逸写长篇连载,于是便有了署名"捉刀人"的《王公馆》(原名《来公馆》)。阿英(钱杏邨)在《论新的色情小说》中说道:"捉刀人作品之所以风行一时,实由于投合了我军退出淞沪后一般幻灭颓废读者的心理。他们对于战争胜利前途的信念发生动摇,走上了消沉享乐的路。捉刀人作品,恰好是迎合了他们的需要,使他们在跳舞、跑冰、玩女人之外,更能得到一种文字的享受,一种

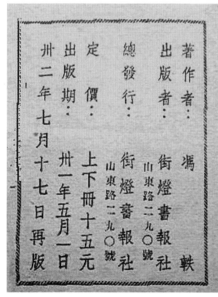
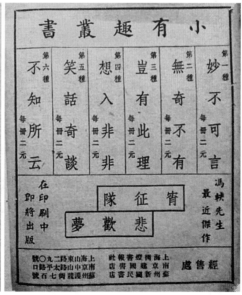

⊙《同功茧》版权页及书目广告

性的新刺激。"在 20 世纪 40 年代后期,刊登署名"捉刀人"小说的报刊有八九家,王小逸一个月的稿费收入达三四百元,相当于一个大学教授的收入。

另外在为《金钢钻报》撰稿时,署名"爱去先生",源自小说《骚来女士外传》,是对应于"骚来女士"的。研究者称,在王小逸之前的"鸳鸯蝴蝶派"作家大多扬州籍或苏州籍,写的是吴语小说,而王是地道的上海人,上海方言小说无疑占了先天优势,难怪时人有"有报皆'捉'(捉刀人),无刊不'爱'(爱去先生)"之说。

至于笔名"何家支",那是因为王曾住在沪南路何家支弄。另外署名"李乐山",那是与"张恨水"为对。署"秦稚鹤",是与秦瘦鸥"别苗头"。还有王写小品散文时,署名"大安""长宁",就乃是"小逸"之对词。

全书上下册,上下册各 6 回,总共 12 回。每回的题目是"点睛之笔",不妨一留:上册,第一回至第六回目录:《嫁后光阴强为欢笑 愁边滋味误尽聪明》《此夜穷锦传眼角 斯人憔悴瘦到鞋尖》《驼子跌翻祸移兰质 娇娃出走客述萍踪》《隔帘花好一饮喃喃 排阖青来群雌粥粥》《南国相思酒阑灯炬 东方既白云散风流》和《翦取淞波输君捷足 差池燕尾慰成痴心》;下册,第七回至第十二回目录:《乍识庐山群倾热情 重逢沪市互责寒盟》《凌晨变卦愿怨断欢 向晚登门独怜故公》《告朔争羊折衷有法 还巢遗凤缄口无剑》《技止黔驴威加少妇 吠如桀犬骂尽诸言》《白眼无情红颜痛哭 黄金有力不袖殷勤》和《峰回路转异客思观 地久天长同功作茧》。最后一句点明了此书的要旨。目录页印得不清,有些字模糊只好猜度,估计会猜错,还望读者诸君见谅。

书末有街灯书报社的书目广告,其中有"冯轶先生最近杰作 正在印刷即将出版"的两种版本:《宵征队》和《悲欢梦》,不过始终未见,估计从未出版。另有"小有趣丛书"6 种书目,其实这套小丛书共有 14 种,基本都能见到版本实物,四字书名,依次分别为:《妙不可言》《无奇不有》《岂有此理》《想入非非》《笑话奇谈》《不知所云》《莫名其妙》《自说自话》《胡言乱语》《皆大欢喜》《可发一笑》《别有滋味》《自得其乐》和《欢天喜地》。所见书目资料大多不全,甚至连上海图书馆编辑的《中国近代现代丛书目录》中也只收录 4 种。

陌上花开

　　《陌上花开》，长篇社会言情小说，王小逸著，校阅者崔咏华，新村出版社印刷发行，民国三十二年（1943）三月出版，全书两册，不知印数和售价。

　　书名《陌上花开》，实际源于一个典故：五代十国吴越国的君王钱镠，是个横刀立马的乱世英雄，然少读书，

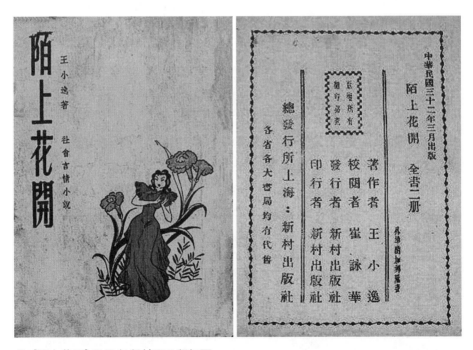

⊙《陌上花开》1943年版封面及版权页

◎《陌上花开》扉页

他之所以被人铭记，是缘自一个风情万种的故事。宋人笔记和明人话本小说《西湖二集》均有记载。吴王妃每年寒食节必归临安，钱镠甚为想念。一年春色将老，陌上花已开。钱镠写信道："陌上花开，可缓缓归矣。"意即"田间花开了，你可慢慢看花，不必急回"。确实表达了丈夫对妻子深沉而内敛的爱。此书用此作为书名，其意也许也在"爱"字上。

之后还见到过一份当年《陌上花开》的电影广告，由范烟桥编剧，周璇主演。此片被称之为"哀情歌唱巨片"，"新歌七阕　价值连城"。至于此电影是否根据王小逸的同名小说改编，似乎也找不出任何佐证，也许只是同名而已，无法判定。

◎《陌上花开》同名电影广告

明月谁家

《明月谁家》,长篇社会小说,王小逸著,陈冠英校阅,春明书店(四马路中昼锦里口)印刷发行,民国三十五年(1946)十月再版(何时初版,不知),不知印数和售价。封面印"长篇言情小说",版权页印"长篇社会小说",虽无大矛盾,但"社会"与"言情"毕竟有所区别。扉页由马公愚题签。

王小逸写此书可能与其一段经历有关。

20世纪30年代,王在上海定居,住在沪南路何家支

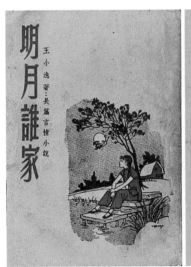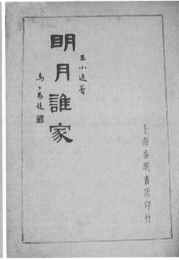

⊙《明月谁家》1946年再版封面、版权页及扉页

弄,家有 11 人,父亲、姨母、弟弟次炎夫妇、妻陆氏、女尔安、尔白、尔南、尔庆和子尔基。全家人的生计,都赖他和弟弟维持。他一面在中学教书,一面为小报写稿。抗战爆发后,一家人分居五处,生活困忧不堪。弟弟暴卒后,生活重担全要靠他的一支笔维持。王在《明月谁家·序》中说道:"民二十六秋,大战起。余仓皇自沪南何家支弄避难。拆家人为五处,母妹返王溪继志桥故宅;长女尔安挈其二妹尔白尔南,投铁沙西南外家陆氏;内子率次女尔庆、儿子尔基舍于马浪路金君家;弟次炎与其妇,仍留何家支弄;余则奉父至名远旅馆。……余语之曰:'苟有不幸,无五处共遭不幸之理也。'后数日,望月有感,念月在碧空,普照大地,我望月,散处之家人,亦必望月,因潸焉出涕。自诗:'共看明月应垂泪,一夜乡心五处同。'古人已先我言之。其后毛君创《小说日报》,陈君主笔政,刊余旧作《隽倡榜》毕,谋所以为继者。余憬然于向之望月有感,乃拈'明月谁家'为篇名与之。自此日撰四五百言,绝少中辍,凡是一年而又若干月而毕,《小说日报》亦停版。又逾年,春明书店主人陈君辄请付之,因有单行本之发行。然五年来已尽人事之变迁矣,先大夫弃养,长女远嫁,尔基生一岁而殇,去岁,同母女弟次梅卒,余扶其遗孤尔答以为子,其后吾弟复暴卒……五年,一瞬耳,其不可测也已若是,及今望月,月其在谁家耶? 固之月之无所不在也,然其为欢为愁,又何如耶?"

全书分为 16 章,有标题:《大柳村夜话》《情网》《意外的收获》《两全难》《平地的风波》《自病后以迄病愈》《春云乍展》《海上行》《纳宠之敬》《许多的告一段落》《佳人已属沙吒利》《风云变幻》《寄书邮与盗》《公宴》《室迩人遐》和《几家欢乐几家愁》。

石榴红

　　《石榴红》,长篇小说,王小逸著,万象书屋出版,中央书店发行,出版人平襟亚,所见两种不同封面的版本。一种是万象书屋版,民国三十五年(1946)三月再版,印2 000册,不知售价,封面图案为双天鹅,此书属"万象丛书之三"。

⊙《石榴红》1946年再版封面及版权页

另一种是中央书店版,民国三十六年(1947)三月三版,印 2 000 册,不知售价,封面有装饰图案,上下各有大象和纹饰以及枝叶。至于此书何时初版的,不清楚。这两家出版机构实为一家,当家人就是平襟亚。因此,两书的版权页是相同的,稍有分工,一个是出版者,另一个是发行者。

两书皆为 124 页,收文 16 章,有标题:《燕归来》《卢队长万岁》《两副面目》《惊人的附带条件》《寄人篱下》《道是无情却有情》《消夏绿》《来鸿》《不知者不罪》《石榴红候教》《会客程序》《晴天一个与霹雳》《赴宴》《话里情人》《血》和《新闻和信及其他》。

⊙《石榴红》1947 年三版封面及版权页

骚来女士外传

　　《骚来女士外传》，王小逸著，署名"捉刀人"，所见 3
种不同封面，出自同一家出版机构"万象书屋"（中央书
店）的版本。其中一种有版权页，其他两种皆无。第一种
为精装本，红底白字，除书名外，还有作者名、丛书名，右
上还有一幅裸女的小图案。万象书屋出版，中央书店总
代经售，不知出版时间、印数和售价。据悉为 1947 年版。
另两种封面图案与《石榴红》相仿。

⊙《骚来女士外传》（精装本）封面、版权页及扉页

　　在 1947 年版的版权页上，显著地印有"现代新型长篇　热情小说库　第一辑十六种"：《恼人春色》（汪仲贤）、《小楼春暖》（金小春）、《春华露浓》（冯蘅）、《野花香》（捉刀人）、《燕双飞》（孙长虹）、《天外奇峰》（捉刀人）、《艳琴血泪》（茜蒂）、《魂断斜阳》（冯玉奇）、《唐小姐》（李阿毛）、《凤还巢》（孙长虹）、《春水情波》（艾珬）、《恋火情花》（捉刀人）、《燕剪春愁》（冯玉奇）、《骚来女士外传》（捉刀人）、《相思草》（陈灵犀）、《玉笑珠啼》（张恨水）。署"捉刀人"者 4 种，版本实物仅见 2 种。

　　全书 144 页，书前有《前记》："捉刀人·王小逸先生之著作，文笔恣肆，天才横溢，早为海内读者所惊服。王先生日试万言，而其才如抽蕉剥茧，尤写尤妙，为一般作家所莫能企及。兹为刊行其早年作品，《野花香》一稿成之最先，其他如《天外奇峰》《人体展览会》《骚来女士外传》等，皆其早年经心之作。尤以别裁小说《鸳和散辑》《桑中人语》二书，可为先生生平代表作品。当刊行于报章时，传诵众口，苟有一日辍载。读者催询之书，往往盈几积案，是可见王先生之小说，深入人心，足以引起阅者之嗜欲，有如此焉。此《野花香》一书，文笔轻松活泼，尤为其他各书所未及。文中随处有想入非非之'妙语'，'隽语'，令人意味无穷，读之醇醇如饮醇醪。《天外奇峰》《人体展览会》《骚来女士》等，故事之曲折，描写之细腻，均非一般作者所可几及也。兹为满足读者嗜欲起见，次第刊行，公诸同好。"

　　这篇《前记》在《野花香》中也刊有，文字全同。

⊙《骚来女士外传》另二种封面

姊妹淘

《姊妹淘》,王小逸著,署名"捉刀人",上海书报联合出版社出版,失版权页,不知其他版权事项。封面印"奇异名作"和上海书报联合出版社印览,用"印览"两字,似乎既有印又有阅读之意,是否有必要,实在不解。

此书书名《姊妹淘》,在不少书目资料上都称作"姐妹淘","姊妹"与"姐妹"意思相同,表达不同而已。至于

⊙《姊妹淘》封面及广告诗

"淘"字作何解，不少非上海本地人或者上海的年轻人，大多不解其意。其实"淘"字只是上海本地方言的一种说法，用通俗的话讲就是"群"，或者说是关系亲密的一群姐妹，用时尚的话说便是"闺蜜"。

书前有"粪翁"写的序诗（未标明），"粪翁"者，即邓散木，生于1898年，上海人，与王小逸是同龄人，小其3岁。序诗写道："当年绝笔 绝笔犹绝世绝代并非临终之绝笔 王公馆 万册风行'姊妹淘'！今喜'三迁'描玉臂，又来'十嫁'写穷骚。教书一向工操粉，宰肉平生惯提刀？此日相逢携谢豹（途遇捉刀人赠谢豹），欣知活计未糟糕。"

另有作者所写《姊妹淘小引》，开头说道："捉刀人自从在世界晨报写了一篇歪嘴吹灯录，又在时代日报写了一篇王公馆之后，好像是这一家铺子，专门卖这些东西；凡是需要这些东西的，都得上这一家铺子来零拆薹批。据读者报告报馆老板，又据报馆老板报告我，说还可以看看，何不再来一个。我自己想着，现在还给另一张报写有一篇夜来香，又有些七弗搭八的俗务，说起来，没日没夜逃不过一个忙字：做稿子做死了，报馆老板是于法不偿命的，就是读者们也那一个视死如归的肯偿命呢！所以在写完王公馆后，想趁便休息……"由于读者的需求，又由于生活所迫，"捉刀人"还是一再地出现在不同的报纸上，连载着一篇又一篇"还可以看看"的东西……《中国近代小报史》这样评价道："王小逸成名后，便引起了小报界的注意，来岚声是这时的小报界名人，他本是通易银行的职员，手下却办有《世界晨报》和《时代日报》，还有一书局，名'震华书局'。来君手下负责社会版的朱惺公，很赏识王小逸，请他在两报上撰写小说，王小逸便以'捉刀人'的笔名写了《歪嘴吹灯录》《王公馆》《蝶恋花》《迷人词》《乱红飞絮》等多部香艳小说，他也是从这时开始使用'捉刀人'这一笔名，除了在两报连载外，来岚声的震华书局出版了大批王小逸的小说。"

歪嘴吹灯录

《歪嘴吹灯录》，长篇小说，王小逸著，署名"捉刀人"，上海书报联合出版社出版，因失版权页，不知其他版权事项。

笔者所见两种不同封面的版本，一种外有护封的版本，左侧竖印书名，这是护封，扉页是一幅画，画有两女子

⊙《歪嘴吹灯录》两种封面

头像,相对而视,中间有一缕发红的烈焰,书名从右至左横排。另一种封面只印书名《吹灯录》,且缺了前面两字"歪嘴",似乎是另一种图书版本,其实在内页还是印有书名的全名《歪嘴吹灯录》。至于是否还有其他封面的版本,估计有,未敢断定。

此书最有意思的地方是目录,全书收有 24 回,但又不用数字,而是用"天地元黄"等来标示。这种有趣,值得留存:

第天回《仙子凌波自成曲线 郎君急色独闯空房》、第地回《意缠绵邻妇羡伊人 兴阑珊今宵无战事》、第元回《眉挑目语各显神通 凤倒鸾颠乍闻艳秘》、第黄回《三分戴孝云雨荒唐 七次敦伦虎狼年纪》、第宇回《羞答答黚婢几时来 笑盈盈柔乡何处是》、第宙回《诗惊海内曼妙无双 春至人间风流第一》、第洪回《鸳鸯梦稳缘定前生 翡翠衾寒祸延下部》第荒回《绮罗香苦恨醒南柯 脂粉队坚辞探北极》、第日回《伺秋波夜开面首会 荡春魂风送麝兰香》、第月回《胡天胡帝喜获千金 如琢如磨难为二艳》、第盈回《恋馀欢凉茶解渴会 赴密约软语销魂最》、第昃回《琼楼尺艳浆乞蓝桥 碧玉留髡被翻红浪》、第辰回《奇方子秘戏横陈 居处无郎春光烂漫》、第宿回《识字一夜姊兼师 试新月砚两情浓又富》、第列

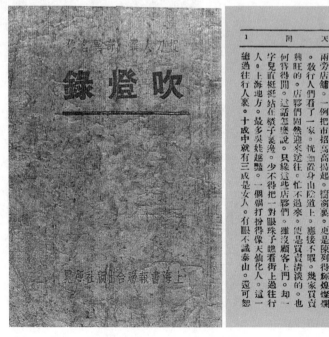

⊙《歪嘴吹灯录》扉页及广告

回《咽馋涎人是镜中花　怀利器卿为砧上肉》、第张回《花娇月媚顷刻摧残　凤去台空居停伤感》、第寒回《满坑满谷排日为欢　疑雨疑云无奇不有》、第来回《奸情目睹宛似投壶　淫学家传譬如掷弹》、第暑回《脚扑朔双美献鸿沟　眼迷离一夫遏兽性》、第往回《开夜宴求凤肯挥金　博欢心探骊期中的》、第秋回《避干娘暗暗燕成双　会群雄眈眈人近百》、第收回《玄之又玄登堂入室　错中有错作奸犯科》、第冬回《绣口锦心鬈龄可爱　回肠荡气晚节难全》、第藏回《乍同衾低鬟轻一笑　再移家搁笔结全书》。

野花香

　　《野花香》，王小逸著，署名"捉刀人"，笔者所见为万象书屋版和中央书店版，实为一家。

　　此书的版次较为繁多，弄不清来龙去脉。所见三种版本的封面，第一种精装本，文字烫银，估计外面有护封，但搞不清何种封面是其护封。此书失版权页，据悉为1941年版。书前有《前记》，与《骚来女士外传》的《前记》相同。全书收40回，有回目标题，取其中5回：第一回《香温玉软昼寝忘餐　蛾绿脂红宵征遇艳》，第十回《惊芳

⊙《野花香》1940年版封面、版权页及扉页

心娟娟愁此豸　勾艳魄粥粥聚群雌》,第二十回《慕双飞妖姬夸白璧　廿一死好梦醒黄粱》,第三十回《蜂媒长技大言炎炎　鸦婢多才小心翼翼》,第四十回《禹鼎温犀妖魔一扫　锦衾角枕琴瑟终谐》。

　　第二种是 1947 年版,无版权页,只见 20 回,估计是上册。第三种也无版权页,无法确定是否有下册。这类版本元素残缺的版本,只见其一,不知其二或其三,更无法用比较完整的词汇来构建形象。

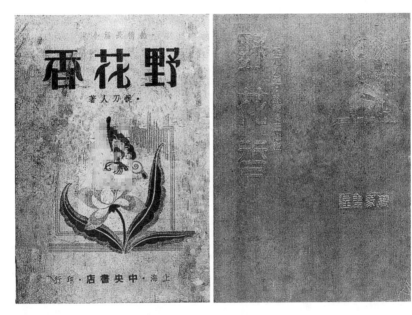

⊙《野花香》另一种封面和扉页

夜来香

《夜来香》，王小逸著，署名"捉刀人"，上海书报联合出版社印览，失版权页，不知其他版权事项。封面由大郎题签，并注明"奇异名作"。

全书 145 页，收 13 回，不过并未称"回"，而是称"夜"，即第一夜等。目次不妨一记：第一夜《浅草平沙海滨留艳影　钿车深巷狭路遇冤家》、第二夜《偷偷摸摸被

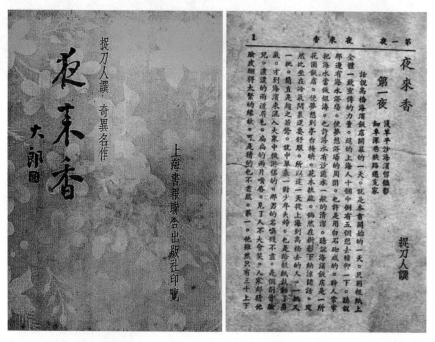

⊙《夜来香》封面及内页

底趁蜂狂　两两三三街头聚鸳侣》、第三夜《密爱轻怜娇娃谈勇气　雷声雨阵浪子释窝心》、第四夜《摧残惊一瞬春色欺人　肉体待三年枯鱼索我》、第五夜《雨云阻巫峡火起无明　蜂蝶恋花丛神传阿堵》、第六夜《丑姑娘吓倒娇小姐　不速客化作未婚夫》、第七夜《一场空眼里出西施　两头源码榻前来南郭》、第八夜《住旅馆初劳五虎将　游舞榭乍睹一蛇神》、第九夜《泄春光闺友论交情　夺头彩少爷喊救命》、第十夜《翻旧案渡浦索厨娘　得新讯约期晤邻女》、第十一夜《东阁登床闻言得真相　南山有乌问罪出奇兵》、第十二夜《出言无状破口骂穷爷　穴隙相窥踰墙搂处子》、第十三夜《一枝欣有托鸾凤换巢　半夜始闻声鸳鸯逐队》。

王公馆

　　《王公馆》，王小逸著，署名"捉刀人"，上海书报联合出版社印览，失版权页。据悉，此书可能有版本三种：1934年1月版，1936年9月版，还有一种不知出版年月。版次上根本无法弄清楚。笔者所见的两种版本皆无版权页，一种封面印"奇异名作"，另一种则印"第一集"，猜想还有第二集或第三集。

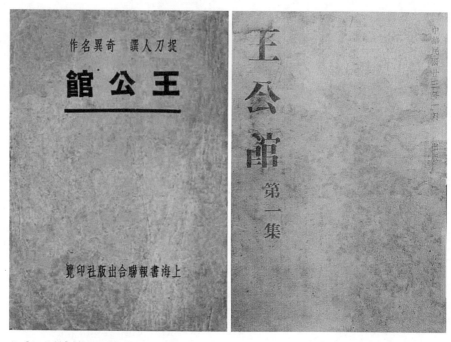

⊙《王公馆》封面及扉页

　　此书第一集收 6 章,以第几时期分类:第一时期《傀儡登场》,第二时期《乐园》,第三时期《多事之秋》,第四时期《发见新大陆》,第五时期《一片降幡》,第六时期《落花》。封底右下印:"谨以此书献给我们许多亲爱的读者! 当作了新年的礼品!"

　　作者写此书还有一段来历:当年《时代日报》来岚声找王小逸写长篇小说连载,并指定内容须写韩庄。王小逸说:"饮食男女,人之大欲,何必韩庄? 我以写韩庄之法写家庭可也。因戏拈'来公馆'为书名,拈'捉刀人'为笔名。来君以海上姓来者不多,名'来公馆',则人将按图索骥,查电话簿上姓来者几家,天下从此多事矣。乃依'张王李陆,天下大族'之谚,易名为《王公馆》。"自是"捉刀人"之名遂大噪,每有所作,皆署此名。

众生相

《众生相》，笔者所见版本仅见封面，失版权页。据笔者所知，此书为金钢钻报馆民国廿二年（1933）十月初版，社会小说，王小逸著。此书《中国现代文学总书目》失收。

全书 262 页，收文 40 回，第一回至第二十回后相隔一页再排第二十一回至第四十回。第一回《迟芳躅情影

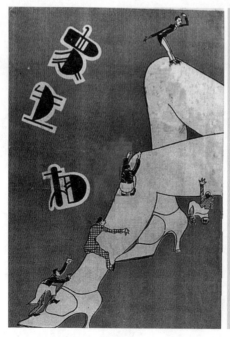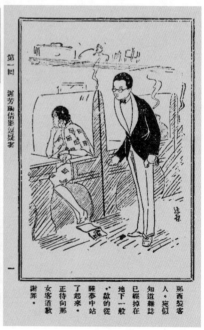

⊙《众生相》封面及插图

逗疑云　记小名空花幻孽海》,第二十回《绿鬓青娥有情眷属　前尘影事无限低徊》;第二十一回《花烛夜狂奴萌故态　艺术社狎友耸危词》,第四十回《泣血椎心满腔怨愤　轻颦浅笑万种缠绵》,等等。

其实,此书最为精彩者是书前的三序:严独鹤的《严序》,网蛛生的《平序》,施济群的《施序》。

严独鹤生于 1889 年,名桢,字子材,别号知我、槟芳馆主,笔名独鹤、老卒、晚晴。浙江桐乡乌镇人。"独鹤"是早年丧偶后取的笔名,代表作有长篇小说《人海梦》等。《新闻报》副刊原名《庄谐录》,严独鹤接编后更名《快活林》,张恨水的《啼笑因缘》就连载于此,并一举成名。网蛛生即平襟亚,生于 1892 年,名衡,赘于沈家,又名沈亚公,笔名秋翁、襟霞阁主、网蛛生等,江苏常熟人。施济群生于 1896 年,号花好月圆、人寿室主,别署冰庐主人,上海人,曾主编《游戏新报》,之后编《红杂志》,创办《金刚钻报》《金刚钻月刊》等。三位皆是王小逸的朋友,严为长,次为平、王,施最小。

这些序都写得极有意思,舍去可惜,悉数留存。

《严序》写于 1929 年 5 月:"众染合生。是曰众生。离合违顺。是曰四相。五浊恶世。众生芸芸。生老病死爱别。五苦必经。色声香味触法。六欲常扰。呜呼唼食众生。是八寒八热地狱因。是为众生相。岂能尽如世尊八相。自住胎婴孩。既生爱欲。而乐苦行。而降魔成道。而转法轮入灭耶。又岂能如过去九十一劫。有好学广博之婆罗门。常教众生。普度彼岸耶。吾友王君小逸。著众生相一书。都五十万言。凡分百回。以小说家言。写浊世一切众生。净斗虚诳。贪嗔爱欲。种种弊恶。俾阅是书者。知所憬戒。藉以唤醒痴迷。而觉其迷梦焉。呜呼。此有功世道人心之作也。岂徒仅如寻常小说。以供人消遣娱乐而已哉。盖往事堪师。写过去一切众生相。即所以警未来一切众生也。然则王君固好学广博。其过去九十一劫后之一婆罗门欤。是为序。"

《平序》1928 年 12 月 10 日写于吴门:"王子小逸。作众生相。将刊行于世。予虽未窥全豹。已知为小逸杼情写世之作。或疑小逸亦众生相之一相。予曰不然。赵子昂画马对镜伏地挥毫。而马状毕肖。固未能指子昂为马也。吴道子画鬼。探思冥索出之。而狰狞可怖。固未能指道子为鬼也。小逸说部。传神阿堵。何以异是。然小逸之笔。能状人之相。而独不能状己之相。予为小逸补不逮焉。予读小逸文。意境绵邈。笔致研华。疑小逸之相。为齐桓公。(小白)之流。即不能。亦必类于百花生之粉庞玉齿。孰知订交伊始。视小逸一恂恂学者。衣大布之衣。御小结之帽。对客呼皮丝烟。时抖其膝。几使予不信其为众生绘相者。昔孔老二以貌取人。失之子羽。今我以文取貌。失之小逸。然小逸固文坛善才也。小逸尤不甘埋首于槁项黄馘之中。竟投笔事戎轩。习为骑马试剑之豪。是则我侪讵可以文坛善才论之耶。说稿一集。为龙之遗鳞。麟之留趾。弥足珍也。是在善读者之玩索焉。"

《施序》己巳孟夏写于花好月圆人寿之室："安得发宏愿。普度世间一切众生。脱苦厄。除烦恼。而达彼岸乎。我佛六波罗密。其将以檀那波罗密乎。愧我非石崇邓通。何从布施。我将以尸罗波罗密乎。愧我非维摩生公。何从止恶得善。我将以羼提波罗密乎。愧我非娄师德。忍辱无益于当世。我将以毗黎那波罗密乎。愧我非达摩。精进无补于时艰。我将以禅那波罗密乎。愧我无人定胜天之功。胡以挽回运数。然则我其将何为。文士何所有。有不律。有般若。我将般若波罗密。我将以智慧度众生。我党健者。王君小逸。具慧根。秉慧命。既挥慧剑。破烦恼贼。斩断万缘。复用慧觉。自觉觉人。普度众生。于是施慧目。见一切众生实相。发慧心。幻一切众生弊恶。运慧力。写一切众生贪嗔痴爱。成兹说部一集。蔚然大观。命其名曰众生相。固不啻运广长舌而现身说法也。允当天花乱坠。世间一切众生。其有不阅此而大澈大悟大解脱。放下屠刀。悉登彼岸者乎。我不禁为之合十欢喜赞叹。南无般若波罗密。"

幽默古文选

　　《幽默古文选》,储菊人校订,中央书店印行,民国二十四年(1935)六月再版(不知初版时间),不知印数,每册定价大洋 1 元。封面印"王小逸编",封底有两枚标记,一枚瓦当形,另一枚中央书店出版标记。一书印两枚标记,少见。

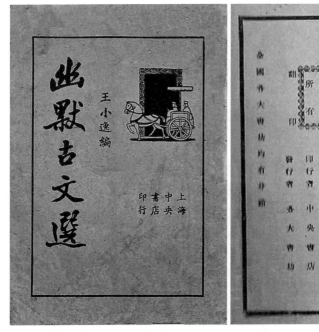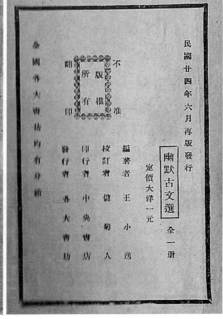

⊙《幽默古文选》1935 年再版封面及版权页

⊙ 上海中央书店出版标记

书前有编者在"所谓国货年三月某日"写于上海的《序》,行文自有风格:"或曰:'幽默二字,非纯粹国货也。'诚然。不知谁氏子,定中华民国二十二年为国货年。此二十二年之一年,宜若非国货不用也,非国货不谈也;然而仍用之,仍谈之,竟用之,竟谈之者,其不得已也。何言乎不得已也?自黄帝杀铜头铁额的兄弟七十二人之蚩尤,以至东洋同胞以铁鸟杀中国同胞血肉之躯,是所谓历史也;自民妇某某氏登报驱逐其螟蛉子某某,以至明治大号告人'枕戈待旦请缨讨贼长期抵抗通航计划,'是所谓政事也;自'窈窕淑女君子好述'以至'妹妹我爱你,'是所谓文学也;自山水花卉翎毛走兽之古画,以至在黑漆大门上以白粉笔制成之'小五车'之漫画,是所谓艺术也;历史也,政事也,文学也,艺术也,自善观者观之,皆有其幽默之意在也。然则幽默二字,纵非国货,我大中华民国上溯至大中华帝国,固未尝以其非国货而遂废幽默也。此犹中国人帽外国帽衣外国衣,横看之侧看之前看之后看之,依然中国人也;不以其帽外国帽衣外国衣而遂外国人之也。此倘所谓不得已也。襟霞阁主人,偶读龚定盦文而善之,豪绅为幽默,谓:'中国文人,岂仅一定盦也?'始欲以定盦文为囮,诱致其他之定盦也,复欲以觅帽外国帽衣外国衣者于中国人之中也;爰降大任于余,余诺之于前也。于是摊书于桌于几于椅于床于地于前后左右,凡如干日,得如干篇;非惟如前乎我者古人之獭祭鱼,直如大乎我者总司令总指挥之祭阵亡将士也。颜其书曰:《历代幽默文选》,曰历代,不敢同于现代也,曰文选。兄昭明而弟开明之也。书成,告主人曰:'是亦国货文章也,'因更字之曰:'国货文选'。此又倘所谓不得已也。"

笔者感觉:文欲幽默,然非幽默也!

全书 177 页,收文 158 篇,如:《晋侯奇梦》(左传)、《燕人还国》(列子)、《卜居》(楚辞)、《至言失时之喻》(秦战国策)、《晏婴为齐相》(史记)、《自祭文》(陶渊明集)、《马说》(昌黎先生文集)、《李氏鸠》(湘真阁稿)、《张禹论》(水田居文集)、《醉乡记》(南山集)、《与岳水轩》(水仓山房尺牍)、《论私》(定盫文集)和《饿乡记》(因寄轩文集)等。

另一种《刀笔诉状文选》,平襟亚编著,王小逸校订,中央书店印刷出版发行,民国二十四年(1935)五月再版,不知印数,每册定价大洋 8 角。全书收诉状、辩状 25 种:攻讦劣道、严禁贪婪、捉奸犯罪、避重就轻、追债书价、争执身份、索还原物、追诉宿债、惩治放火、妨害自由、请求赔偿、举发背誓、为盗被累、惩治土劣、鸡奸堂妹、私行卷逃、定货掉包、夫逃改嫁、遗嘱有效、宠妾欺妻、路旁小遗、惩奸脱逃、妨害建醮、嫖宿雏妓。

⊙《刀笔诉状文》1935 年再版封面及版权页

此文与《刀笔诉状文选》,虽非"鸳鸯蝴蝶派"言情社会小说,然也能从一侧面窥探到此派文人的真才实学。

王志莘（1896—1957），原名王允令，江苏川沙（现上海浦东新区）人，五岁父亡，家道中落，母亲以刺绣维持生活供其上学。后去南洋公学求学，毕业后在定海县中学、上海留云小学执教。后又到新加坡当教员和报馆编辑，经营过橡胶种植园。1921年回国，在中华职业教育社任编辑，同年陪同黄炎培赴南洋考察，为中华职业学校募款。不久考入上海商科大学。1923年经黄炎培推荐，在菲律宾华侨李昭北资助下赴美国哥伦比亚大学留学，攻读银行学，先后获学士和硕士学位。1925年在归国途中绕道欧洲各国详细考察银行业务。回国后在上海商科大学和中华职业学校任教。中华职教社创办《生活》周刊后，任主编一年。1926年任工商银行储蓄部主任，江苏省农民银行副经理、总经理。1931年任新华信托储蓄银行总经理。建国后，先后任华东财经委员会委员、上海市财经委员会委员、上海市各界人民代表会议代表、第一届全国人民代表大会代表、上海市金融业同业公会副主任委员、中国民主建国会中央委员、中国银行常务董事、中华全国工商联常委、财经出版社副社长等职。1957年因病去世，享年61岁。著有《中国之储蓄银行史》《合作金融》和《农村金融经营论》等。

青年与职业

　　《青年与职业》，"职业修养丛书"，王志莘编纂，中华
职业教育社出版，商务印书馆印刷发行，民国十三年
（1924）二月初版，不知印数，每册定价大洋 2 角 5 分。
1924 年 11 月再版，未见。版权页上方印蒋竹庄先生讲
演《青年之人生观》广告。

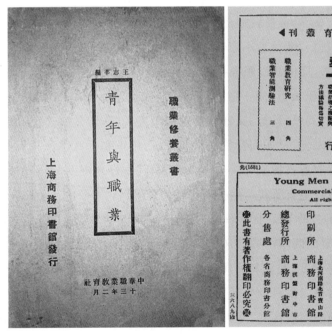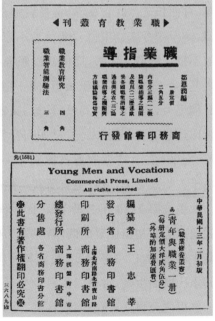

⊙《青年与职业》1924 年初版封面及版权页

⊙《青年与职业》1924年再版版权页

书前有沈恩孚写的《青年与职业弁言》:"王君志莘活泼而富有责任心之青年也与余共事者久余深佩之其所著青年与职业十章始以择业终以成功本所阅历经验达以诚恳之意为吾国青年助凡已有职业及未有职业之青年信奉为涉世之指针其获益无量书成余读之终卷而心惬焉为述其大意如此"。

后有黄炎培1924年1月26日写于中华职业教育社的《序》,3页,其中说道:"余于介绍本书之先,愿以本书著者王君志莘之为人,介绍于读者。良以著者之著本书,写其平居之感想为多。读其书实有知其人之必要也。志莘早年失怙。家况寒素。其母夫人以至苦之生涯,育而长之。既长就学,备受教师之优遇与扶助,故于其母与师之德,念念不去口,谓于吾身未能报也。惟每念不忘苦,故自奉啬而所得薄。亦惟每念不忘德,故不欲以服务索人报,而但知以服务报人。有此两种观念,以为其一切思想行为之基本,于是任事,锐于负责,淡于取利;待人,但戒我无负人,不计人或负我;而其体堪劳,其学堪用,其思,其行,又富有活泼机敏之天赋,皆其所长也。有人叩余以理想的青年服务之美材如何?答以精明干练,中正和平八字。吾所见之志莘,庶乎近之。志莘服务吾社五年。去岁八月,得其友好之资助,赴美留学。此后于人生观念上,或将更有所获。然吾信其基本思想到底不变也。……"

王志莘1923年劳动节写于中华职业教育社的《青年与职业序》,2页,其中说道:"志莘初出任事之两年,只知为生活所驱逼而谋职业,以为职业即所以维持我生活者;人以事务属我,我如其所属为之,此外不知有他,混混噩噩,颇能自乐其乐。既而生疑,常自问我只为生活而谋职业耶?职业只为解决我之生活问题耶?思之至再三,愈思而愈怀疑,终以'否'字答之。因思择定我之终身职业,既认定,又苦不能即达,每睡至午夜,剧然惊醒,时或作孤舟浮大海想,四顾茫茫,不知何日得达彼岸,愁肠百转;时或作只身入歧路想,顾所任职业不符所志,将愈走愈远,不知何日得归正路,悸怖万状;常展转达旦,此时身体与精神双方之不安宁,不言而喻。终至贸然改业,希图侥幸得遂所志,不幸不如愿以归;然一转瞬间,已蹉跎四年韶光。良辰负予耶?予负良辰耶?始憬然悟职业非只为谋生之具,当慎重选择;欲达到择定之职业,有一定进行步骤。非可侥幸得之。于是确定目的,一意进行,不问成败。身体与精神,乃一反以前不安宁之情态,而归于镇静快乐之境地。既尝其苦,乃得真乐。追思本源,无非出诸环境与爱我者之赐。是不可不以受之于人者与一般青年谈谈,俾未入苦境者,知所避免,已入苦境者,速自挣脱。苟或因此而一般青年稍得慰藉,则必将同拜此环境与爱我者之厚赐也。本书即我所欲与青年谈者,至于其中所言,多未能律己,遽以勉人。志莘本爱人爱己之心,愿自今后与诸青年共相策励。再阅十年二十年或三十年,安知我辈青年,不能尽如吾人今日之所期望耶?是则志莘为不妄言矣。本书节目,曾参酌哈立斯氏《青年与职业》下篇编列。F. S. Harris The Young Man and His Vocation 其内容摘拾中外名人言论不少,而得本社主任黄任之先生之指导为尤多,不敢掠美,用志简端。"

全书收 10 章,有标题:《职业与人生》《选择职业》《职业训练》《职业之价值》《勤业》《乐业》《安业》《职业效能增进法》《副业与休养》和《成功》。

中国之储蓄银行史

《中国之储蓄银行史》，王志莘编辑兼发行人，新华信托储蓄银行发行，民国二十三年（1934）九月出版，生活书店总经售，人文印书馆印刷，不知印数，精装每册实价3元5角，平装每册实价3元。

封面由冯耿光题签。冯生于1882年，字幼伟，广东番禺人。中华民国建立后，任袁世凯总统府顾问，曾任中国银行常务董事和总裁。1928年任新华银行董事长，1931年银行发生危机后，中国、交通两行拨

⊙《中国之储蓄银行史》1934年版封面、版权页及题签

款将其改组为新华信托储蓄银行,冯为董事长,王志莘为总经理,孙瑞璜为副经理。在冯的支持下,王、孙二人锐意改革,使其成为当时最富朝气的银行。

此书共有九序:《宋汉章先生序》《徐可亭先生序》《陈光甫先生序》《钱新之先生序》《戴立庵先生序》《张公权先生序》《唐寿民先生序》《陈健庵先生序》和《徐寄庼先生序》。一文九序,面子十足。

另有编辑王志莘写于 1934 年 9 月的《自序》,2 页,其中说道:"储蓄事业现代之产物也。其历史只有一百余年。英国产生最早,美国欧陆诸国继之,日本则仿自欧陆,我国又取法日本。故自世界储蓄事业史观之,我国实在后进之列。然自清季信成银行之设立,迄今亦已二十有八年矣。其间机关之成立者几何,失败者几何,业务得失进展之情形如何,政策变更之迹象如何,与夫现在之状况如何,尚无专书记其概略。办理储蓄事业者固无以资考镜,学术研究之士亦每引为憾事也。志莘研究储蓄素感兴趣,辄不自量,早有整理中国储蓄银行史实之志。平日对于储蓄史料,一鳞一爪每好收集。近年任事新华信托储蓄银行,各方友好以新华设立廿载,在我国储蓄银行中历史最久,颇有以我国储蓄银行史事相讨论者,于是益感此事之不容复缓。乃于去年起始,董率同事,周咨耆宿,搜集材料,辑成此书,乘本行二十周年纪念之机会出版问世。固知仓卒编次,谬误孔多,聊以供同好研究之资料而已。本书付印于今年五月,迨七月初储蓄银行法颁行时,卷首编例及第一编业已印竣,不及修改。其余各编涉及法规之处,则俱经补正。前后有不符处,即以此故。又统计数字在印刷期间仍随时增补,故第四编所列与首编间有不尽同处,要以第四编为准。……"

另有《编例》,其中说道:"储蓄银行有广狭二义。狭义之储蓄银行即经营储蓄业务之银行;广义之储蓄银行包括各种储蓄机关在内。本书从广义。间为行文方便起见,用储蓄机关四字以代广义之储蓄银行。本书有附录四,汇录我国有关储蓄事业之重要法令与草案。本书资料之来源有三:一为本行直接调查所得,一为前人与时贤纂著,一为各界供给之资料,而以取诸调查者为多。编有参考资料要目附后。本书记述之时期上自光绪季年,下迄民国二十三年夏。范围包括全国各种储蓄机关,惟办理储蓄之外商银行、外商信托公司、钱庄、中外保险公司四者,以材料收集特难,未及详述,再版时希望能增入之。……"

全书 558 页,收 4 编:《绪言》《各种储蓄机关史》《储蓄银行法规》和《总述》。

每编之下分章,4 编 12 章,并有附录《储蓄银行法令与草案》《邮政储金法令》《取缔有奖储蓄条例草案》《福建省政府颁布之小保险小储蓄法令》以及《参考资料要目》。

印度农村合作运动

　　《印度农村合作运动》，"合作小丛书"，中国合作学社
（南京马家街十六号）编辑发行，民国二十二年（1933）十
一月再版，不知印数，每册实价大洋 8 分。中国纺织印务
公司印刷。封面印"合作小丛书"，版权页印"合作小丛书
历史之部（3）"。

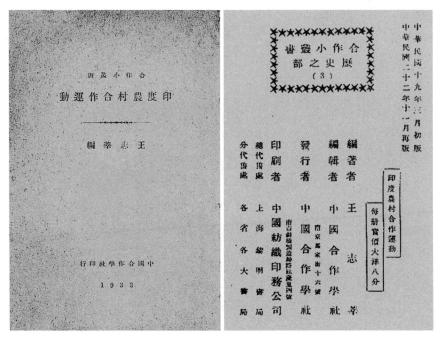

⊙《印度农村合作运动》1933 年再版封面及版权页

　　书前有中国合作学社出版物一览（"合作丛书""合作小丛书""通俗合作丛书"）。其中有陈果夫的《合作之初》，王世颖的《合作与其他社会运动》，以及朱朴的《世界合作运动鸟瞰》等。

　　全书 37 页。书前有一段文字，未标明前言或序："偶阅印度经济学者墨氏所著《印度合作运动》一书，觉印度二三十年前之农民生活底状况，与中国今日情形相仿佛，后经热心人士，提倡农村合作，始得改善之机。志莘办理江苏省农民银行，已逾岁半，以江苏省农民银行定竞，放款限于农民所组织之合作社，因得认识中国农民合作运动之真相（至少可以代表一部分）读墨氏书，而重有感焉！"

农业仓库论

这是一篇综合文字，把相关的几篇集中起来一起叙述，这些著作是：《农业仓库论》《日本之农业金融》《日本之农村合作与农业仓库》《农业金融制度论》《农业金融经营论》和《美国之农业金融》。其中有王志莘个人所著，也有与他人合作的，更有他人所著，王志莘主编，以合叙的方法，更能体现出一种系列。以下将依次介绍：

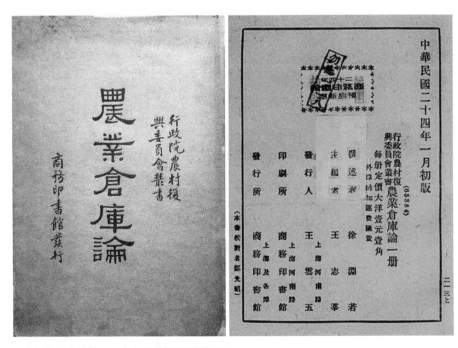

⊙《农业仓库论》1935 年初版封面及版权页

一、《农业仓库论》。"行政院农村复兴委员会丛书",王志莘主编,徐渊若撰述,商务印书馆印刷发行,发行人王云五,民国二十四年(1935)一月初版,不知印数,每册定价大洋1元1角。另盖加价蓝印。封面和版权页皆印丛书名。

此书为布面精装本,书前有彭学沛的《彭序》。

另有王志莘1934年7月1日写于新华信托储蓄银行的《王序》,2页,其中说道:"去年秋,志莘受行政院农村复兴委员会之委托,研究农业金融问题。当时决定计划,分三步研究。第一步研究各国农业金融制度,第二步研究本国农业金融之实际状况,第三步根据研究所得之实施方式,拟定中国化之农业金融制度计划。曾编农业金融制度论一书问世。近以各方对于农业短期金融之需要感觉非常迫切,故就农仓问题作一系统之研究,所以应实施者之需要也。"

全书317页,分上下两编,上编收5章,有标题:《农业仓库概述》《农业仓库之经营》《农业仓库之资金》《农业仓库之业务》和《联合农业仓库》。下编收2章,有标题:《我国原有之仓储制度》《我国现有家仓之实况》。另有附录20文。

此书由徐渊若撰述,其实以下的《农业金融制度论》《日本之农业金融》《日本之农村合作化与农业仓库》等,皆由徐所著,因皆由王志莘主编,故悉数收录在

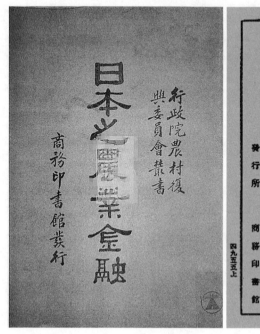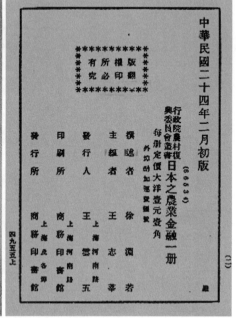

⊙《日本之农业金融》1935年初版封面及版权页

"王志莘篇"内，不忍舍去。笔者虽知徐曾担任过无锡县县长和龙泉县县长，且对龙泉哥窑颇有研究，所著《哥窑与弟窑》更值得一读。据说还有军事专著《空中战》等，反正信息零星，不成"气候"且一直怀疑此"徐"是否彼"徐"，实在值得探究。经笔者推断，两徐并非同一人。

农业仓库是美英法德日等国盛行的一种现代农业金融制度，20世纪20年代曾传入中国，30年代曾经风行一时。它是一种新型的仓储制度，通过对日常农作物的储押和流通，使农民避免因急需而被迫贱价出售农产品，并得到资金，再于粮价高涨时以低利赎回自用，从而缓解农村日益加剧的"谷贱伤农"现象。农业仓库还具有加工、包装、农产运销等业务，可起到活跃农村金融之效。与传统仓储制度重在储藏相比，更侧重于流通。对农业仓库的研究，除政府的行政院农村复兴委员会外，还有不少研究者在研究，如上海新华信托储蓄银行总经理王志莘所属团队的研究，其中就有徐渊若、吴敬敷、吴宝华等。

二、《日本之农业金融》。"行政院农村复兴委员会丛书"，王志莘主编，徐渊若撰述。商务印书馆印刷发行，发行人王云五，民国二十四年(1935)二月初版，不知印数，每册定价大洋1元1角。封面、扉页和版权页皆印丛书名。

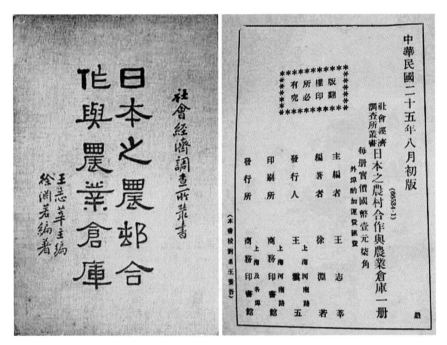

⊙《日本之农村合作与农业仓库》1936年初版封面及版权页

此书为精装本,外有封套,封面设计与平装本封面相同。

书前有彭学沛的《彭序》以及王志莘写于 1934 年九一八国耻纪念日的《王序》。《王序》3 页,其中说道:"莘受农村复兴委员会之嘱,研究我国农业金融问题。曾集同好,探讨经年,秋间已有《农业金融制度论》一书出而问世,对于各国之农业金融,试作一总括的叙述。序中言及将续撰分论,以供研究国内农业金融之一助,爰请徐君渊若先从邻邦日本着手,将其已设各农业金融机关之制度详加考究历年营业情形逐个分析;于其利弊得失也反复推寻;于其足供参考之处也剀切绍介;务求其成败因果之阐明,组织运用之清晰。关于其最近农村经济问题急迫而执行之施设,尤予以深切之注意。搜收资料,几经修饬乃付杀青,用飨关心于农业金融问题者。至于泰西制度,会当励从事,以期陆续贡献于国人之前吧。"

全书 318 页,收 3 章,有标题:《日本农业金融制度之沿革》《日本金融制度及机关》和《结论》。附录收 4 文:《农业金融关系各法规》《日本最近年代与西历换算法》《日本度量衡换算法》和《本书所应用之参考书名》。

三、《日本之农村合作与农业仓库》。"社会经济所调查所丛书",徐渊若编著,王志莘主编,商务印书馆印刷发行,发行人王云五,民国二十五年(1936)八月

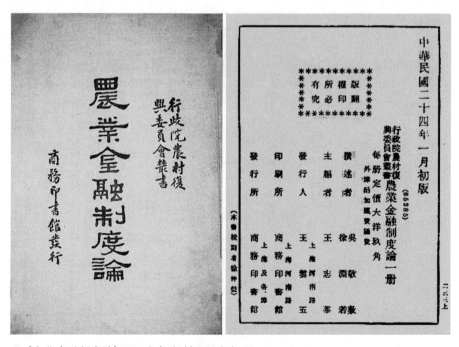

⊙《农业金融制度论》1935 年初版封面及版权页

初版,不知印数,每册实价国币 1 元 7 角。封面和版权页皆印丛书名。

　　此书为布面精装本,书前有《序》,4 页,其中说道:"徐君早年留学日本,彼邦之师友颇多,此行深得若辈之助力与指导,阅时两月,游迹几遍日本重要各城乡,余深信其所得必多,归编《日本之农村合作与农业仓库》一篇,将其所得各项资料与夫考察后之印象,扼要撰述,初编时本为'考察记'性质,后因与《日本之农业金融》一书作成姊妹篇起见,故改易行文方式,惟仍带记述体格式。又因其为普通叙述性质,故截止脱稿时止,凡最新资料,一概列入,原稿始于民国二十四年,成于二十五年,内中所云本年,悉以二十四年为准。稿成,以及量过多,复将最感苦涩之统计数字,抽去若干,经余复加校刊,乃付手民……"

　　全书收文 8 篇:《日本农村合作及农业仓库之概述》《中央组织》《各道府县郡联合组织》《各市町村之合作组织》《合作社扩充五年计划》《日本之反合作运动》《其他》和《结论》。另有附录 2 篇:《年代对照表》和《度量衡换算表》。

　　在对农业仓库研究中,徐渊若是个主要人物,他是王志莘的同事,早年留学日本,对日本农业金融问题和农业仓库有着精到的见解,在这方面的著述不少。他曾多次考察日本的农业仓库,并修正自己的研究成果,姊妹篇著作就是这本

⊙《农业金融经营论》1936 年初版封面及版权页

《日本之农村合作与农业仓库》和《日本之农业金融》。

四、《农业金融制度论》。"行政院农村复兴委员会丛书",吴敬敷、徐渊若撰述,王志莘主编,商务印书馆印刷发行,发行人王云五,民国二十六年(1937)四月三版,不知印数,每册实价国币 9 角。1935 年 1 月初版,未见。封面、扉页和版权页皆印丛书名。

此书为布面精装本,书前有《彭序》和《王序》。《王序》2 页,1934 年 5 月 30 日写于新华信托储蓄银行,其中说道:"客岁秋,行政院农村复兴委员会以研究农业金融问题相托。受托后,即计划进行研究之步骤。第一步先为各国农业金融制度之研究,注意其历史背景,发展程序;次考察其组织系统,资金来源及业务经营之现状;复综合各国制度之演化而观其趋势。第二步再为本国农业金融实际状况之研究,注意各地农民之需要,通融资金之习惯及其症结所在。然后根据研究所得之实施方式,拟定适合国情之农业金融制度计划。进行之步骤既定,遂约请吴君敬敷徐君渊若共事,分别作各国农业金融之研究,首先着重其制度特质之综合比较。六阅月而此书之草稿成,复由吴君删繁就简,编成此册。然此仅为第一步研究计划之大纲。各国制度之单独研究现已起始进行,一俟获得结果,当再

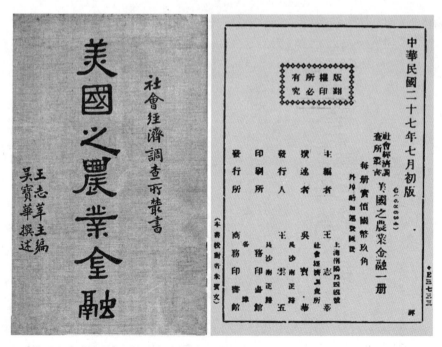

⊙《美国之农业金融》1938 年初版封面及版权页

公诸国人。他日全部工作告竣，对于我国农业金融问题之解决或不无些微之助也。"

全书171页，收4章：《绪言》《各国农业金融制度之发展》《各国农业金融制度之实施》和《各国农业金融制度趋势》。

撰述者之一的吴敬敷，只知他是程小青之女程育真的丈夫。曾编著过一本很出名的图书《蒋夫人游美记》，纽约中美出版社1943年版。

另外还有一种《农业金融经营论》，笔者未见到过版本实物，仅知是王志莘与吴敬敷合编，王志莘主编，属"行政院农村复兴委员会丛书"，商务印书馆1936年版。

五、《美国之农业金融》。"社会经济调查丛书"，吴宝华撰，王志莘主编，失版权页，据悉为商务印书馆1938年7月长沙版。

书前有王志莘1936年12月1日写于新华信托储蓄银行的《序》，其中说道："我国年来从事农业金融者，除一般商业银行兼营外，有中央政府创设之中国农民银行，有省县办理之省县农民银行，有政府与银行合组之农本局，复有农民组织之各种合作社，亦足见政府与人民注意于农业金融之一斑。顾管理未能集中，政策未尽融洽，业务犹欠调整，分配尚嫌不均，其需要整个制度之急切可知，是则本书对于我国今后农业金融设施上，或不无相当贡献也。吴君宝华在美专攻农业经济，而于美国农业金融制度，尤当研究，归来未久，因特约其将研究心得与新颖资料，撰成此篇，以实余所编各国农业金融制度分论之一焉。"

全书176页，收3章：《美国农业金融之发展及其概况》《农业金融机关》和《结论》。附录收2文：《美国农业金融管理局之分区》和《重要参考书籍目录》。

吴觉迷（1890—1934），字匡予，名中弼，号觉迷，江苏川沙县(今上海市浦东新区)人。早年在江南制造局兵工学校学理化，毕业后任上海化验室助理教师。1918年加盟上海家庭工业社，创制无敌牌牙粉。后创办中华国货出品社。爱好文学，编译撰写侦探、社会小说50余种。吴去世后，胡汉民曾题墓碣："小说家吴觉迷之墓"。一生著有《西药指南》《中国外交史稿》《上海外交史》《上海罢市救亡史》《中国文艺考据》《中国江湖志》《历代祥异志》《历代江湖术士考》和《历代大风雨及祁寒盛暑考稿》等，然所见版本不多。

西药指南

《西药指南》，吴觉迷编辑，天虚我生鉴定，新华书局（上海四马路麦家圈）出版，民国二十三年（1934）八月第五版。再版者为家庭工业社（上海南京路抛球场），上下两卷，全两册定价1元6角。正文版面双边框，11行，24字，上卷312页，下卷334页，合计646页。

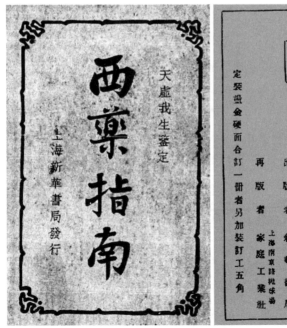

⊙《西药指南》1934年五版封面及版权页

书前有天虚我生"戊午七月双星渡河后七夕"写于家庭工业社的《西药指南序》，无标点，保留原样："自欧风东渐科学知识几为人生所必不可缺故各种医药及工业化学诸书移译日众读者如入山阴道上目几不暇给矣惟翻译名词人人互异同是一物彼此异名同是一名彼此异书读者苟非博览群籍融会而贯通之则必坠于五里雾中而莫知所适从是科学界之一大缺点也此缺点者于工业上固已感受不便而于医药上尤极困难医生处方或用拉丁文或用英德文至不一律由拉丁英德之文而译为中国之文字其结果乃大相径庭摘取书中所载药物特向药房求购往往不可得也夫医药所以疗疾关系生命利害最切苟不知其药性之如何贸然尝试其不生杯弓蛇影之疑者几希矣故愚以为西药一端宜仿吾国本草书例一一详考其性质功用著为一编以备查检庶有裨于家庭亦尝于申报自由谈中特设家庭常识工业须知两栏时披露其一鳞半爪顾为体裁篇幅所限辄不能尽其辞抱此宏愿而未能偿骨鲠于胸中盖已三年于兹矣年来海内之士每读家庭工业等栏所载药物时有举以为问因破工夫为之查考以答积稿亦且盈箧然未有暇一加编辑也吴君觉迷于理化之学亦尝三折肱者尝为予助爰于戊午岁首与之约尽举藏书百余种以供参考选择之用各依原质而分其类开始编纂而予为之审定凡历半截始竟厥功得此一编洵足为指南之助爰名之为西药指南其中列举同物异名同名异书之处灿若列眉不难一索而得豁然贯通所附方法尤多实验有效初非滥集陈编徒眩广博而于理化工业上之制作配合诸法亦多有所发明示以视寻常移译之书知其然而不知其所以然者直不可同日而语也书成发行者乞序于予爰述编译之本旨如此"。

另有《凡例》一则，其中说道："本书分上下二卷上卷专论无机物以原质分类下卷专论有机物以性质分类 西药名词有意译有直译有译自西文有译自东文故一种之药恒有四五名词以至十余名词本书一概列入并附西文原名而以最普通之名称为冠 本书于辨名辨性之外附有各方其中用分字者即份字之意……"

该书名为《西药指南》，实有药物辞典性质。上卷收：第一部《气类》、第二部《液类》、第三部《石类》、第四部《金类》；下卷收：第一部《酒精类》、第二部《酒类》、第三部《油类》、第四部《石碱类》、第五部《胶脂类》、第六部《糖类》、第七部《有机酸类》、第八部《动物类》、第九部《植物类》、第十部《杂录》。对每一药物的记载分为辨名、辨性、功用、制法和附记等五方面。

书末有天虚我生著《文苑导游录》和《栩园倡和集》(天虚我生四十初度)的书目广告。

该书编辑,起因于《申报》所开设的《家庭常识》和《工业须知》栏目,这两个栏目对当时的一些西药进行了介绍,叙述较为简单。

《家庭常识》是天虚我生开设,介绍生活科学知识,他一直想把该栏目的一些有关西药知识汇编成书,而好友觉迷懂得理化之学,于是就由觉迷仿照《本草纲目》的体例,对西药一一详考其性质和功用,从而编就此书。当时,有关医药、化学的西方书籍已经翻译介绍到中国,但对一些药物名称的翻译差异很大,同是一物彼此异名,同是一名彼此异书,医生处方或用拉丁文或用英文、德文,而译为中国文字的则又大相径庭。如以书中所载药物去药房求购时,往往不可得。该书的出版,一改这种局面,故几经再版印行。该书初版于民国七年(1918)至民国二十三年(1934)出第五版,可见其实用之工具价值。

天虚我生,就是陈蝶仙(1879~1940)的别号。陈蝶仙原名寿嵩,字昆叔,改名栩,字栩园,号蝶仙,浙江杭州人。陈蝶仙早负文名,工诗文,通音律。1906年创办《著作林》月刊。1918年7月在上海寓所创办家庭工业社。有著译近百种,如《栩园诗话》《续海上花列传》《福尔摩斯侦探案》《实业浅说》等。吴觉迷和陈蝶仙在文学上有共同的爱好,结为好友后,两人在家庭工业社中共同创制了无敌牌牙粉,并一致积极抵制洋货,在发展中国的民族工业方面做出过积极贡献。

上海罢市救亡史

《上海罢市救亡史》，觉迷编纂，亦痴分纂，李石之校阅，中华国货出品社刊行。上海著易堂书局印刷。民国八年(1919)七月初版，不知印数，每册定价大洋 3 角。版权页盖有中华国货出品社的椭圆形印章。

书前有《国货倡导章程》《无敌牌牙粉之十大功用》(总发行所上海西门静修路家庭工业社)以及《雄鸡牌擦

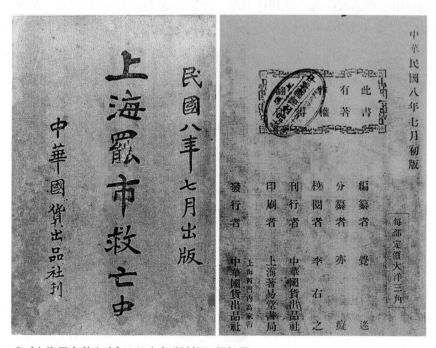

⊙《上海罢市救亡史》1919 年初版封面、版权页

石固齿牙粉》等广告。

书前有川沙吴中弼写于 1919 年 7 月的《序》："上海罢市救亡史既成。或问是书既定名上海。何兼叙他省。既定名罢市何兼叙他事。曰上海之激成罢市。为京津学生被捕也。京津学生之被捕。为山东交涉失败。激于义愤而然也。故是书即自山东交涉学生被捕始。且罢市之前。一致提倡国货。罢市之后。一致拒绝签字。提倡国货为根本计划。拒绝签字为保全国土。此恶得不书。至于他省。或闻风兴起。以为后援。或官吏阻遏、致使激动。此又恶得不书。而上海罢市。则使金壬同时去职。专使拒绝签字。国之不亡，不归之于上海罢市不可也。故以上海罢市救亡史名。且所以为异日借镜也。至于善善恶恶贤贤贱不肖。一本春秋之旨，不加褒贬。读者自得之矣。"

另有《上海罢市救亡史·例言》："山东存亡。中国存亡所攸决。上海商界继学生罢课而罢市。为救山东亡也。救山东亡。即救中国亡也。故定名上海罢市救亡史。而以山东交涉始。拒绝签字终。对于罢课罢市。尤三致意焉。史有编年传记两种。编年肇自孔子春秋。孔子作春秋。而乱臣贼子惧。是书谨从其例。孔子鲁人也。孔子不忘鲁也。是书从春秋例者。示人不忘鲁。即不忘孔也。国人皆指曹汝霖陆宗舆章宗祥为卖国贼。是书独书交通总长、币制局总裁、驻公使。何也。曰，春秋从实。不寓贬词。而善恶自别。"

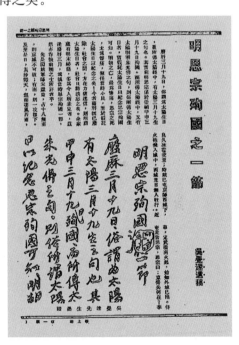

⊙ 吴觉迷遗稿手迹

夏炎德（1911—1991），江苏南汇（今属上海浦东新区）人。曾就读南汇县立第一高等小学、川沙县立小学等。1931年入国立上海暨南大学，先后入文学院外国语文学系和法学院经济系，1935年获法学士学位，同年赴英国留学，入伦敦大学经济与政治学院，以研究生资格师从罗宾斯教授。1938年回国后在国立暨南大学、私立大夏大学、国立中央大学经济系任教授。1945年发起组织中国民主建国会，被选为历届中央委员。1946年任教于国立复旦大学，另在大同大学经济系兼课，在江南大学任经济系教授兼主任。建国后在复旦大学任外国经济史教授。著有《经济学上数量研究论》《中国近百年经济思想》《文艺通论》和《法兰西文学史》等。

经济学之数量研究论

  《经济学之数量研究论》，"汉译世界名著"，凯塞尔
（G. Casscl）著，夏炎德译，商务印书馆印刷发行，发行人
王云五，民国二十六年（1937）二月初版，不知印数，每册
实价新法币 4 元（贴纸）。封面、扉页和版权页皆印丛
书名。

  "汉译世界名著"，是一套包括文化各门类的大型丛
书，商务印书馆 1932 年 11 月至 1950 年 4 月出版，从所
见书目看约有 230 多种，经济类图书约 20 多种，除这本

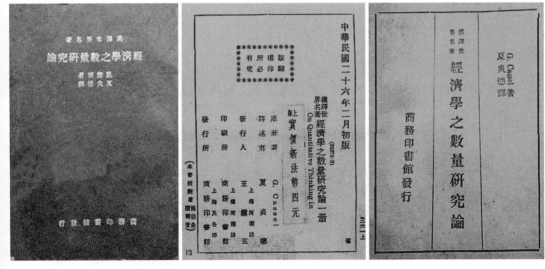

⊙《经济学之数量研究论》1937 年初版封面、版权页及扉页

外,还有诸如《现代经济思想》《经济计划原理》《经济学历史方法论》《经济学前史》和《经济通史》等。

书前有译者 1936 年 8 月 20 日写于伦敦的《译序》:"本书著者凯塞尔(Gustav. Casscl)氏,乃瑞典斯笃高姆大学(Stockholm)教授;提倡社会经济学,垂二三十年。其所著《社会经济理论》(Theoretiscne Sozialokonomie 有 L. S. Barron 英译本 The Theory of Social. Economy,一九三二)、《一九一四年后之货币与国外汇兑》(Money and Foreign Exchange arter 1914,一九二二)及《经济学之基本思想》(Fundamental Thoughts in Economics,伦敦大学讲稿一九二五)等书,主张经济学改造,卓然自立一家。氏之经济学说,以德国新康德派中马堡派(Marburg School)思想与英国之经验论及新个人自由思想为哲学背景,摒弃空泛之法则,注重经验与实证。研究对象着眼于现行交易经济,而以'稀少原则'贯通其全部学理。于价值论部分,推翻传统价值论而代以价格论。于分配论部分:利息方面,矫正庞巴卫克说;地租方面,矫正李嘉图说;工资方面,矫正社会主义等说。其他于货币、国际贸易、企业循环等,亦各有独到之见解;国外汇兑方面之'购买力平价说',更为一重要之发现。氏近年颇受各方面推崇,骎骎然成一经济学界之新权威矣。自世界经济恐慌以来,一时议论纷起。各派学者各以其所操之术,发为主张;致理多而乱,思想愈趋错杂。凯氏素以澄清经济学界思想之责自任,乃著本书,重申数量研究之严格标准,对于目为不正确之思想,不惮严词批斥。著者思想,固处处为现存制度辩护,而其观察之犀利与论议之透辟,则为当今经济学者中所仅见。是书原名(On Quantitative Thinking in Economics)(一九三五年在牛津出版),特意译为今名。内容说理虽力求通俗,然言简意深之处,所在多有;读者苟能于本书之外,再旁参氏著上列各书,对其中心思想,当更能融会而贯通焉。"

之后有《原序》,巨斯达夫·凯塞尔序于吉司霍(Djusholm)写于 1935 年6 月。

全书 155 页,收 7 章:《经济学系一数量科学》《生产》《价值与货币》《进款及其使用》《次第近似值》《生产物与生产要素之数量关系》和《均衡价格论》。

中国近百年经济思想

《中国近百年经济思想》,夏炎德著,商务印书馆发行,发行人朱经农,民国三十七年(1948)八月初版,不知印数,每册定价国币 5 元。

书前空白页印:"献给吾妻吕玉文女士"。

另有作者写的《自序》:"英游以还,在各大学担任讲席,极思对中国经济作进一步之研究,以觅取解决的途

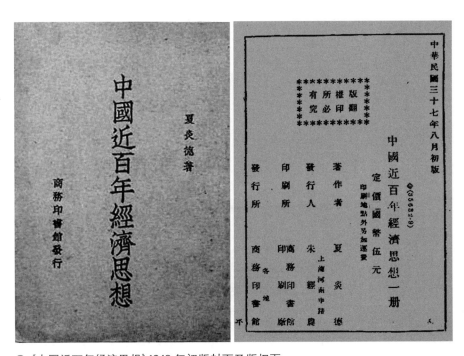

⊙《中国近百年经济思想》1948 年初版封面及版权页

径。从事此项工作,必须从新的角度,一方面看清世界经济的思潮与趋势,一方面参酌本国的环境,并针对人民的需要。同时对近百年来本国经济思想的演变,亦拟加以检讨,评论得失,以供日后建设的参考。著者蓄此意已久,民国三十年时,适值何炳松、杜佐周先生等,由中英庚款董事会拨款,在沪创办《学林杂志》,以《中国近百年经济思想》为题,向我征文。我即乘此着手撰述,费三月而成此,内凡八章,原第七章在野党魁的激进言论,详述陈独秀、李大钊等的思想,经编委会审查后劝我删去。方已排成一半,太平洋战争突然爆发,《学林》被迫停刊,我也离沪入川,原稿留置开明书店,存佚不暇计也。去秋(三十五年)复员东返,周予同先生为道此稿之幸存,承他好意代为检出。重加校阅一通,连夜在渝发表数文并置一起。内子吕玉文女士读了甚感兴趣,认为仍有公开的意义,乃改交商务朱经农先生发行,特记经过如此。"

全书 212 页,收 7 章:《绪言》《清代重臣的富强政策》《驻外使节的洋务献议》《维新志士的变法理想》《官商巨子的实业方案》《革命领袖的民主主义》和《结论》。每章收文若干。附录收文 3 篇:《中国经济思想之轮廓》《中国近三十年来经济学之进步》和《中国抗战期间经济研究之成绩》。

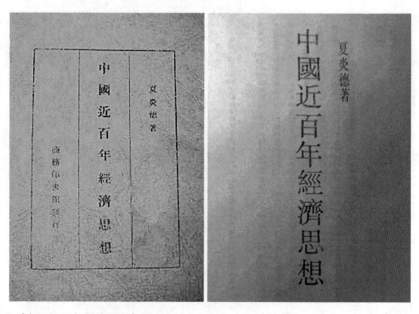

⊙《中国近百年经济思想》扉页

法兰西文学史

《法兰西文学史》，精装本，封面烫金。夏炎德著，商
务印书馆印刷发行，发行人王云五，民国二十五年（1936）
六月初版，不知印数，每册定价国币 4 元 5 角。扉页由于
右任题签。书中有不少人物肖像和各类插图。

　　书前空白页印："纪念吾友王艮仲先生"。据笔者所

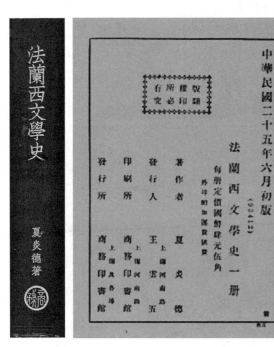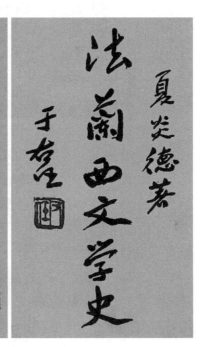

⊙《法兰西文学史》1936 年初版书脊书影、版权页及于右任题签

知，王艮仲生于 1903 年，逝于 2013 年，原名王师和，江苏省南汇县（现上海浦东新区大团镇）人。1929 年毕业于中央大学政治经济系。抗战期间曾任第三战区司令长官部高级参议，江苏省农民银行上海分行经理和省行襄理等职。

另有邵可侣的《邵序》，洪深的《洪序》和作者的《自序》。

邵可侣（Jacques Reclus）的序 2 页，其中说道："记得我当阴郁的二月天到了上海，看到的中国是比较乏味的方面；但在大学上了数星期的课后，我感到一种深刻的愉快，我看到劳动大学的学生多有坚实的同情与信心。可以说，这个学校的青年是勇敢的，而且不顾环境恶劣地奋斗，认清学校最终的目标是在解放祖国。这已经表示一种力量，尤其是一种精神的力量，因为有这种少见的凝固在一

⊙ 书中插图三幅

起的愿望,因为有这种理想,这种在我们所处的时代是十分珍贵的花。可以说这群热诚的青年已有了相当的成就。种子已长成起来:我是其中几位青年的证人,亲见他们努力的结果;我特别是您夏先生的证人,您这部《法兰西文学史》就是您初期成熟的收获之一种。……我还要以法国人的资格多谢您夏先生,有这样的好意,将我们国家的作者使您的国人认识。就是说,我祝您这部书成功,这书使两种思想方式接近,虽则微小,但对于世界的精神和一,必有其贡献。"

1928 年 5 月,邵可侣到中国,在中法大学执教,并从事创作和翻译,著有《太平天国运动》,译有中国古典文学作品《浮生六记》等。

《洪序》写于 1934 年 4 月 2 日,其中说道:"我觉得夏炎德君这部《法兰西文学史》,编写得着实可取。他将法国文学从古至今叙述论断的时候,对于社会成

○ 书中人物肖像四幅

分与个人成分,两方面都没有偏废;在社会方面,说明了时代的推移,解释了作者的意识形态;在个人方面,说明了作者的生平,解释了他底表现在重要作品里底特色。……这部文学史如果由我来写,对于作者底身体底遗传,非常经验,经济生活底背景,三者底交互影响,与三者底混和酝酿,或许说得还更详尽些。但就现书而论,这书的取材,可算是精审,态度客观而不机械;是中国近年来文学史著作方面,最有进步的作品中的一部新书;值得向读书界推荐的。"

作者的《自序》4 页,1933 年 12 月写于国立暨南大学,其中说道:"称为'欧洲之花'的法兰西文学,是世界文学府库中一部分非常的宝藏。法兰西人本着拉丁民族澄清的智慧与深远的理想在人类历史上所贡献于政治、思想、文化的奇迹,为我们所熟知。他们因为是神经质的民族,天性流动,情智兼富,精于修辞,长于社交,有爱美的心理,特别适于文学艺术的表现。我们在西欧文学的发展中可以看到,每个思潮或运动的兴起,法国不是占着领袖的地位,便是占着次重要的地位,没有一次是落后的。一部法兰西文学史处处充满着光与热,从来很少衰落的时间。而且以历史言,比利时与西班牙文学差不多是法兰西的附庸,德国与俄国是后进,在西欧诸国的文学中,除英吉利足以与之并驾齐驱外,也没有一个国家比他更悠久的。至就文学的各部分言,法国在诗歌、小说、戏曲、散文、批评与历史种种方面都会留下光辉的成绩。……这部《法兰西文学史》,编著者曾化了近乎二年的工夫,关于法国文学的重要主义、思潮、流派、作家等,大部分已尽了应有的介绍的责任。倘若由此而引起国内爱好文学者对于法国文学的兴味,或因发生兴味进而刺戟起新创造的动机,那末,编著者将引为精神上无上的报偿。"

文艺通论

《文艺通论》，夏炎德编著，开明书店发行，发行者杜海生，民国二十二年（1933）四月初版，不知印数，每册实价大洋 5 角。美成印刷公司印刷。

书前有《例言》，其中说道："本书在供给一点文艺上的基本知识，使初学者有一个研究的门径。本书对于文

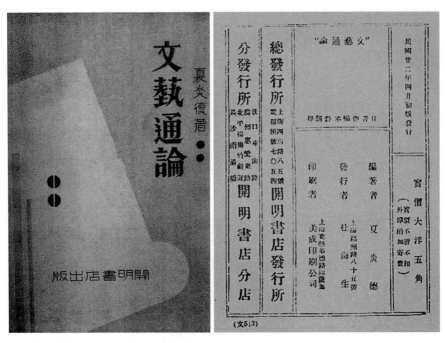

⊙《文艺通论》1933 年初版封面及版权页

艺上的基本知识,大部已包括无遗。前三章是属于文艺的本论方面,分论文艺的地位与人生的关系,特质,意义,要素等等问题。中三章属于文艺的各论方面,分论诗歌,小说,戏曲的重要原理及其法则。第七章是文艺批评,说明其重要的方法与学说。第八章是文艺思潮,说明历来文艺思潮大概的变迁与流派,并介绍几个有名的作家与作品。本书的系统是本西洋的文艺概论而排列,说明方面大都采用西洋的学说;但在可能范围也参入本国的论证,使对于中西的文艺理论,能融会而贯通。"

全书 189 页,收 8 章:《总论》《文艺的要求》《文艺上三种性的表现》《诗歌》《小说》《戏曲》《文艺批评》和《文艺思潮》。每章收若干文章,如第八章收文:《文艺复兴的前后与古典主义》《浪漫主义》《现实主义》和《现代文艺上的新浪漫主义及其他》等。

杨保恒（1873—1916），字月如，浦东金桥人，早年就读龙门书院和上海县学。光绪二十八年(1902)获官费赴日本东京弘文学院师范科留学。回国后在家乡社庄庙创办社庄小学堂,后任上海县公署学务科长、苏州第一师范学校校长。1915年奉教育部命至北京,会商编审教科书,后遭车祸,又患脑炎,终因医治无效逝世。

日本模范小学校要鉴

《日本模范小学校要鉴》，杨保恒辑译，陆永谟同译，江苏省教育会印行，民国二年（1913）八月出版，铅印，平装本，不知印数，每册定价银6角。封面书名印得硕大，版权页书名印得细小，一大一小，看出印务上的弊端。

全书308页，主要收录日本模范小学校的一些规章

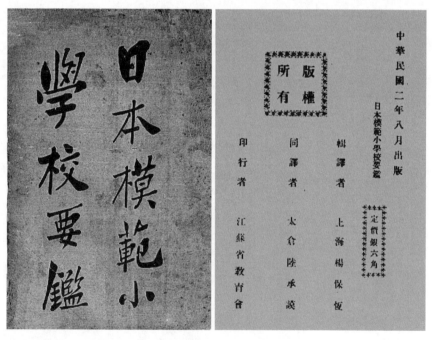

⊙《日本模范小学校要鉴》1913年版封面及版权页

制度,分为三编,第一编《施设状况》,分为《教育概览》和《学年历》;第二编《规则》,分为《师范学校附属小学校规则》和《师范学校附属小学校学则》;第三编《细则》,分为《学则施行细则》《事务内规》《日常管理内规》《卫生内规》《教生练习内规》《杂件》和《附录》。这些规章制度分得非常细,相当周详。在第三编《事务内规》中,共收制度规则 33 项,如《职员会内规》《校务交替内规》《授业法研究会内规》《研究事项发表会内规》《运动会内规》《远足内规》《校外教授内规》《学校园整理内规》《图书科事务分掌内规》《图书借贷内规》《公共图书阅览内规》《身体检查内规》和《职员当值内规》等。

杨保恒留学日本东京弘文学院师范科,对日本 20 世纪初的教育状况知之甚多,回国后致力于浦东家乡的教育事业,创办多所小学并编写教科书。杨保恒辑译该书就是要借鉴日本的小学办学经验,促进中国教育事业的发展。他在《序言》中对当时中国在办模范小学校上崇尚虚名不崇实的现象十分痛恨,而对日本教育的重实迹的精神甚为赞许。

他在《序言》中说:"模范小学教育,即师范学校附属小学校也。师范学校为地方教育之中心,其附属小学校又小学教员之苗圃也。日本各府县之优良小学校指不胜屈,而以师范学校附属小学为尤著。不特师范生取法于此,即地方小学校亦罔不取法于此,故人多以模范小学校称之。然在设立者不以模范自称也。即市町村立小学校历经文部省嘉奖者亦不以模范自称也。入是国者,苟欲指名模范小学校而参观之,则遍索不可得。盖教育贵有实绩,不尚虚名也。而吾国反是。亡清之季,当局者不知注重师范,急急焉糜钜款以创办模范小学校。京设模范小学校焉,省设模范小学校焉,府州县设模范小学校焉,标其名曰模范,而征诸实际未必有模范之价值。呜呼!此十年兴学之所以无效果欤。日本与中国隔一衣带海,比年以来,东渡考察教育者踵相接,既至彼邦必以一睹其师范学校附属小学校为快。夫日本小学教育之精神全在教员有研究心而力求改良进步。至设备如何?教授如何?管理训练如何?参观时得以窥见一斑者,皆学校之形式也。惟校中规则表簿乃办事之准则,形式也而精神寓焉。爰亟为辑译,以供参考。书以《模范小学校要鉴》名。冀吾国之任教育者以日本模范小学校实况为考鉴而急起赶追。非谓设立小学校可正名为模范以自翘于人。读者不以文害辞可也。"

杨保恒一生致力于教育事业,著有《师范讲习所用修身教科书》《师范中学修身礼仪法》《小学管理法》《小学直观教育法》《心理学》《欧美公德谈》和《实用主义教育法》等。上海图书馆藏有《日本模范小学校要鉴》一书,书上盖有仿宋体"非有斋藏"蓝色小方印,此印系黄炎培藏书章。黄、杨是好友,都为中国教育事业作出过贡献,两人曾合著《实用主义教育法》。

心理学

　　《心理学》，杨保恒编，沈恩孚和顾倬校订，中国图书
公司印行，民国二年(1913)三月七版，铅印，平装本，书版
仿线装本竖排，双边框 12 行 33 字。封面设计土红色，双
边框内用斜 S 形分成三行，书名用小篆体书写于中间一
行，第一行上部有"师范用"三字，表明为师范心理学，第
三行下部为出版者中国图书公司编辑印行。

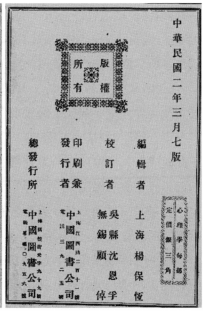

⊙《心理学》1913 年七版封面及版权页

全书120页，无序跋，有《编辑大意》1页，目录4页。全书分5编23章，第一编《总论》(《心理学之定义》《心理学之研究法》《心理学之分派》《心理学之分类》《心身之关系》《心意之发育》《意识》《注意》)；第二编《知识》(《知识概论》《直观》《观念》《思考》)；第三编《感情》(《感情概论》《感应》《情绪》《情操》)；第四编《意志》(《意志概论》《意志之原始》《知识感情发达后之意志》《行为》《品性》)；第五编《结论》(《心性之分期》《个性》《气质》《我及人格》)。

该书的《编辑大意》是："本书述明人心作用之大要，并及教育上之应用，以适合乎师范教科为目的。宋儒讲性理，及西洋古代之心理学，皆心体与心象并论。近世则分科研究，分心学为心体、心象、应用三大部。论心体者曰纯正哲学，论心象者曰心理学，论应用者曰论理、审美、伦理等学。故论心理学狭议之范围，当仅及心象，但教育上之心理学稍涉广义，心象外兼及应用，故亦称教育应用的心理学。本书第二编思考章，非参讲论理学，难于明晰。慈因师范科目中另有论理学专科，概从简略。"

从目录和编辑大意看，可略知此书的主要内容，这是一本民国早期的教育应用心理学。

民国二十四年(1935)出版的《上海县志》卷十五《人物》有其传记："杨保恒，字月如，洋泾区之社庄庙人。弱冠补附生，长于小学，时在清光绪季年。朝野竞倡变法，与邑人贾丰臻等东渡日本，毕业弘文学院。回国后，于二十二铺创设小学校一所。旋以龙门书院改为师范学校，又筹设速成师范及单级教授所等，一时学者云集，社会知名之士皆出其门。民国元年任省立第一师范校长，擘画周详，推为教育界先进。嗣就上海城市自治公所学务专员、上海县学务课长、教育部教科书审查等职，往来京苏间。对于本乡教育励精竭虑，不惮烦劳，洋泾各学校多于此时成立。民国四年应教育部聘编纂教科书，在北京旅次覆车，不及施救，民国五年殁于协和医院，年四十四。教育界咸痛惜不置焉。"

杨是民国早期上海较为著名的教育界人士，可惜英年早逝，但他留下的丰富且宝贵的教育著作，值得后人研究和借鉴。

该书时价银三角，版权页上未标明该书初版时间，据民国二年(1913)时已出版的现实，至第七版推断，其初版时间当在清光绪末年(1908)和宣统年间。

师范中学修身礼仪法书

　　《师范中学修身礼仪法书》,上海杨保恒编辑,华亭张公屿校订,中国图书公司印刷(上海四马路东二十一号)发行,民国二年(1913)十月初版,不知印数,每册定价银1角5分。

　　书前有《例言》:"修身学科。贵能躬行实践。本书依此旨趣。列举礼仪法之形式及心得。以供师范学校中学

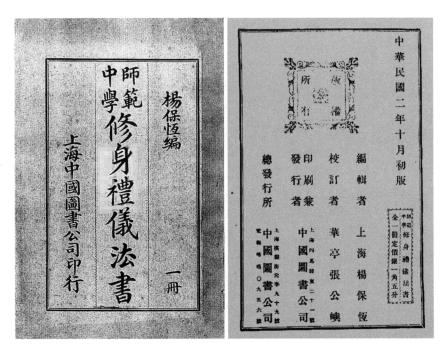

⊙《师范中学修身礼仪法书》1913年初版封面及版权页

校学生(男学生)修习之用。本书所载各要项。不过略举标准。应用时。可依地方情形而斟酌损益。道德之精神。千古不变。而形式则古今异宜。但曲礼少仪篇所载。有施诸今日仍可通行者。本书亦酌量采入。以见古圣贤注重洒扫应对之微意。……"

全书仅 49 页,收 15 章:《居常之心得》《姿势》《坐作进退》《敬礼》《服装》《授受荐撒》《饮食》《应对》《通信》《访问》《招待及迎送》《赠客》《集会》《交通及行旅》和《祝祭及庆吊》。

单级教授法

　　《单级教授法》，上海杨保恒、镇洋周维城编译，吴县沈恩孚校订，中国图书公司（上海小南门外陆家滨）印刷，江苏教育总会发行，宣统元年（1909）七月印刷发行，不知印数，每册定价银3角。封面印"杨君月如所赠"。

　　书前有编者写于宣统元年（1909）五月的《序言》："己酉春。江苏教育总会委赴日本调查单级小学。既抵东

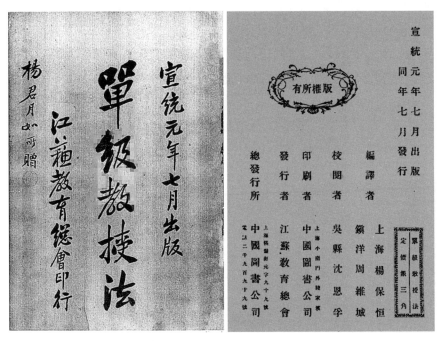

⊙《单级教授法》1909年版封面及版权页

京。适值春假。旅居赋闲。乃先广搜单级书籍。悉心研究。越旬。各校开课。每日至师范学校附属小学校参观其实地教授。或访教育实验家晰疑问难。晚间归寓。从事编译。历三阅月。调查葳事。而是书亦成。回国亟谋印行。藉广流播。现欧美日本。已由单级而进于二部教授。而吾国之单级教授。仅如教育界之新发明。则斯编之成。亦可悯也已。"

后有《凡例》，其中说道："单级学校。为编制之变则。一切规划。当因地制宜。是书虽取材东籍。而仍以吾国社会情形为本体。日人研究单级教育。经验最深。著作最富者。为黑田定治氏及加纳友市氏。是书采自二人之书者居大半。其余参以平日多级教授之经验。及在东京考察期内参观各校或访问教育家之所得。……"

全书128页，收10章：《总论》《分班》《坐位》《时间表》《教科书》《校舍及校具》《教授法概论》《各科教授法》《训练》和《结论》。每章收文若干，如第七章《教授法概论》中收文3篇：《单给教授之方针》《儿童自动》和《助手法》。

其实，杨保恒所著所编和所校的著作还不少，但大多只知概貌，未知详情。这类图书足可开列书目，以供研究者参阅：《儿童心理学》（太仓周维城编辑，杨保恒校订），《复式教授法》（嘉定范祥善编纂，杨保恒校订），《论理学》（太仓张毓骢编纂，杨保恒、武进蒋维乔校订），《实用主义理科答问》（常熟陈熙辑译，杨保恒、松江张景良校订），《吴江巡回讲习笔记》（嘉定范祥善编辑，杨保恒校阅），《师范学校新教科书心理学》（杨保恒、武进蒋维乔校订）等。

袁殊（1911—1987），又名怀云，化名严军光、曾达斋等。生于上海浦东，原籍湖北蕲春。1928 年留学日本早稻田大学新闻系。1931 年创办《文艺新闻》任社长。此刊曾首次披露"左联"五烈士被害消息，属"左联"外围刊物。与范长江一起组织"青年记协"，经潘汉年等介绍加入中国共产党，奉命搜集情报。"西安事变"后，打入日伪组织。1940 年办《新中国报》，开展情报工作。抗战胜利后，在李一氓、杨帆等领导下赴解放区。

工场夜景

《工场夜景》，"曙星剧社脚本丛刊第一种"，袁殊、楼适夷合著，曙星剧社 1931 年 11 月出版，不知印数，每册实价 1 角 5 分。文艺新闻社（上海四马路五一二号）总代售。"曙星剧社脚本丛刊"只见这第一种，独此一家。

书前有袁殊和适夷署名的献辞："这本小册子，奉献

⊙《工场夜景》1931 年版封面及版权页

于努力于新演剧运动,踊跃地参加曙星剧社的全体同伴。"并在空白页印有版权声明:"本剧本版权归曙星剧社所有。各剧团上演者,请先通知本社,更希望把演出的经过及结果,也告知我们——曙星剧社编纂部"。

曙星剧社,是"九一八"事变后在左翼剧联的支持下,在上海《文艺新闻》读者联欢会演剧部的基础上成立的,后改名为移动剧社,主要演员有石凌鹤、唐晴初、陈波儿、易洁、许幸之等十多人。曙星剧社与著名的大道剧社(南国社化名),虽存世时间不长,但都在中国话剧史上留下过足迹。

此书书名虽为《工场夜景》,其实并非只此一出独幕剧,还有另一独幕剧《活路》。

书末有《作者后记》,由袁殊和楼适夷分别所写:

"《工场夜景》,是想从正面描写的方法,从工场表现工人生活,在水灾,失业恐慌,日帝国主义者的暴行这三个大的主题下,推动着场面的展开。地方是以上海为对象的,所以在剧词里安插了颇多的上海劳动者所惯说的既非南方又非北方的特种方言,这在上演时,是可以领会得到的。我不是文学者,对于剧作技巧是一点也没有的。此剧在曙星同人首次集议审查时,于林二君给我了两点颇可宝贵的意见,但因须牵动全剧,所以没有增进去。不过,他们的意见,在我腹稿中的另一剧作里,那将是很有用的——袁殊。"

"为着曙星剧社的第一次公演,在很忙的生活中,以两个晚上临睡前的余暇而赶制起来的,便是这篇活路。在这以前,我没有写过剧本,更没有些微的舞台经验,此篇的得以完成,完全是坐在我的案旁,每句剧词都贡献了他的宝贵的意见的毅夫的助力。编剧本仅只是演剧工作中很微细的一部门,如果这个剧本能够如作者的意图,成为一个动的力学的群众 agitetion 剧,这一定是我的共同劳动者的力量。——适夷。"

全书 41 页,书末还印有"本剧第一次公演主要演员表",其中有:阿成——严僧,老李——罗凤,阿成妻——祖芸,阿巧姐——慧中,袁殊还是一个"演出者",装置:王平。

其中的主演阿成,原名孙亨斌,艺名严僧。楼适夷曾说:他是一个"有经验与成就的戏剧工作者,别号叫做'阿猴',长得活泼精干,又沉着勇猛,虽只是一个瘦小的身材,却发出咆哮如雷的歌喉"。严僧是曙星剧社的剧务部主任,后转到大道剧社。

郁达夫也特别赞赏袁殊所编的《工厂夜景》："演员之中，尤以演四爷的罗风，演阿成的严僧与演李二哥的国彦为出色。"

一种旧版本，往往能从它的背后看到一些零星的信息，虽残缺，但很有血肉。

最初的欧罗巴之旗

  《最初的欧罗巴之旗》，"世界文学名著译丛"，四幕八场剧，一名《鸦片战争》，日本村山知义著，袁殊译，湖风书局出版，民国二十年（1931）十二月付印，民国二十一年（1932）一月初版，实价大洋5角。在版权页上的标示是："20 12 20 付印 1 1 21 初版"。这样的从右至左的"数字"标示法，让人实在摸不着头脑。

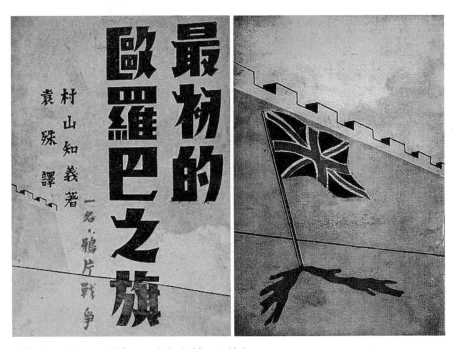

⊙《最初的欧罗巴之旗》1932 年初版封面和封底

此书的封面设计，可以说是在民国时期出版的文学图书中的佼佼者，封面与封底是一个整体，书名等文字竖排，红黑相间，图案为长城和英国国旗以及一摊鲜血，喻意十分明确。

书前有华蒂写的《村山知义小传》、《村山知义访问记节录》(录自《文艺新闻35号》)，以及村山知义的《致中国读者》。另有著者像与手迹，以及舞台剧照两幅。书籍应有的各种元素齐备，让人看得相当舒服。

书末有袁殊1931年12月6日写于曙星剧社的《译者后记》："本年初，为了补习日文，由郑君介绍认识了居留上海的日本朋友林守仁君，拿了《阿Q正传》，我拿了《最初的欧罗巴之旗》；作为相互交换补习的课本，经常的交往了一个多月的时间后，我们各人就把这'课本'译出了。附在后面的《在沙漠上》，还是去年夏天在东京市外西荻洼住着的时候，得了朝鲜朋友李初发君的帮助而译出的。虽然这译本曾得了他们的帮助，但为了要便于上演起见，对于台词，我曾有过很多的斟酌；这是难免有错误的。所以，读者发现其中不妥之处，务乞指正。村山君特地为这中文译本绘封面，作序，并寄来他的近影，这是要表感谢的。"

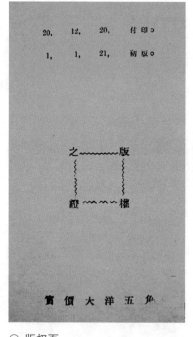

⊙ 版权页

⊙ 扉页

全书 111 页，书前有"曙星剧社脚本丛刊"书目 7 种：《工场夜景》（袁殊、适夷译）、《最初的欧罗巴之旗》（袁殊译）、《第一张号外》（适夷译）、《左手》（袁殊著）、《全线》（华蒂译）、《震撼中国的三日》（适夷译）和《虫的生活》（不知何人译）。

此书所属的"世界文学名著译丛"，到目前笔者所知共有 14 种，书目不妨附带一记：《地下室手记》（洪灵菲译）、《我的大学》（杜畏之、萼心译）、《青年烧炭党》（穆木天译）、《重回故乡：非战小说集》（蒋怀青译）、《胆怯的人》（原名《福玛·哥蒂耶夫》，李兰译）、《恶党》（适夷译）

作者像（上）及笔迹（右）

⊙ 原作者像及手迹

、《夏娃日记》（李兰译）、《隐秘的爱：外三篇》（华蒂、森堡译）、《最后底一叶》（许子由译）、《最初欧罗巴之旗》（袁殊译）、《赌徒》（洪灵菲译）、《夜店》（李谊译）、《饥饿的光芒》（蓬子译）、《勇敢的约翰》（孙用译）和《大地的女儿》（林宜生译）。最后两种，不见版本实物。

鸦片战争舞台面 2.

1929, Feb 剧团筑地小剧场

⊙ 筑地小剧场的演出剧照

学校新闻讲话

《学校新闻讲话》,袁殊著,湖风书局1932年6月付印,7月初版,不知印数,每册实价大洋7角正。封面印"1932湖风版"。

书前有任白涛写的《写在袁著〈学校新闻讲话〉的白页上》,其中说道:"大约是四五年前的事:我在西湖深山的寺中,看到S埠×日报的副刊上,望有一个S埠印象记式的长篇的写得很是清晰的文章,我就十分郑重地把它的含有深刻批评意味的关于S埠的'报屁股'的一段剪下

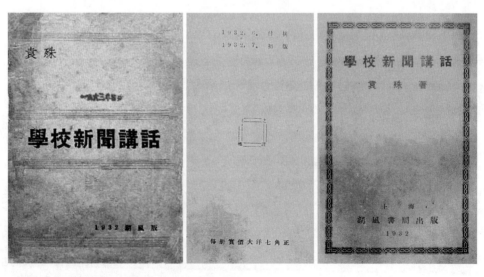

⊙《学校新闻讲话》1932年版封面、版权页及扉页

来保存住了,那篇文章题目下面'……'的署名,也就同那篇文章一样地清晰地,深刻地印入我的脑中。不久我来到S埠,在一个艺术的集团中遇着一位短小精壮,年纪不过二十上下毫不认识的青年,他得悉我的姓名之后,居然向我问关于新闻学的事。我万想不到在这第一个艺术的集团中竟有对Journalism深感兴趣的人!尤其出我意料的:他原来就是被我剪下一段的上述的印象记的作者啊。尤其出我意料的,他竟然想离开这个艺术的集团往三岛去修习新闻学。从空话到实行,没有多时,我便接到他自三岛发来的同我讨论新闻学的通信。——又过半年多,他便回国,据说是经济能力不允许他再继续下去;但是我看他带回的新闻学书,就量上说,已经很是可观了。不单止此,他除写了一小本《现代新闻学》的原稿,还有许多关于新闻学的短稿;经我介绍给老友W君所编的杂志一两篇,随后他便陆续地在诸处发表;给一九三一年份的中国的新闻学界造了不少的新纪录。此人是谁?就是本书的著者!……这部书的原稿有好几篇在未发表前我曾一度入目,现在著者又把全部校样拿来叫我看,我觉得除有一个半字要修正外,很少更动的可能。单就这本书的编辑技术上说,也差不多算是达到美满的境地。……最后还有要声明的,我同这本书著者的关系完全如本文开首所述,换言之,我和他完全是具有新闻学的同好的朋友。他叫我给这本书作序的意思,照他的《后记》中所说,也完全是因为他同我有过如本文开首所述的一段学问上的因缘;而我所以乐为他作序的意思,更不待说了。总而言之,这篇序文的写作,完全是站在极公平的,客观的学问的立场,是不含有何种偏见的。……"这种"辩解",似乎想说明什么,然而却无法看透背后的秘密。

写序者任白涛,生于1890年,河南南阳人,原名任洪涛,笔名冷公、一碧等。1916年留学日本早稻田大学政治经济科,参加日本新闻学会,与周恩来相识。回国后在上海自费出版《应用新闻学》,在杭州创办中国新闻学社,完成专著《综合新闻学》。

全书258页,收文10篇:《学校新闻讲话》《学校新闻的编辑与经营》《日本的学校新闻》《早稻田学校新闻遗话》《英美的学校新闻》《上海报纸之批评——由学生读者的立场出发》《向街头的女性——略论女性之社会的出路并谈女记者》《向Journalism之道》《现代学生与现代新闻》和《中国学校新闻之片记》。另有代后记《"综合集纳研究大系"抄目》。

书末有作者写的《后记——附"综合集纳研究大系"抄目》,其中说道:"《学校新闻讲话》,是我个人从事'集纳'研究的处女出版、经过颇不少的苦难,到这白热的盛夏及百忙的生活中,才将这部稿的印样校对完毕。在校对时,见到文中流露了不少的对过去中国新闻学之不满;而同时又发现自己作文中,更多次欠妥之处。生活和工作的环境,始终未容许我有过'埋头向学'的机会,对于这仅仅是一些潦草、杂乱的材料的贡献,是深深认为自憾的!……在中国研究新闻学的人,我相识的很少;在一般的表现上,我认为最具有见地而且有真实精神的只有白涛。我和白涛的相识,是一九二九初夏在闸北宝山路××演剧部,在许多朋友中,他年龄最比我长,后来尤以从学的同道,他爱护我而成为我的甚于师长的益友。××演剧部的旧址,现在,已在'一·二八'的浩劫中化为灰烬了,我追忆当初犷野活泼的聚会,某夜在晚餐中和白涛关于新闻学研究的谈话;坚强了我的志愿。所以当此书出版,我特地请他写一篇序记。这不仅是我个人,而且于集纳运动上,都是有意义的。"

新闻法制论

　　《新闻法制论》,榛村专一原著,袁殊编译,杭石君校阅,群力书店出版,发行者陈宪章,民国二十六年(1937)二月初版,分精装本和平装本,不知印数,精装每册实价国币 2 元,平装每册实价国币 1 元。华丰印刷铸字所印刷,大公报代办部(上海南京路大陆商场六三〇号)总经售。

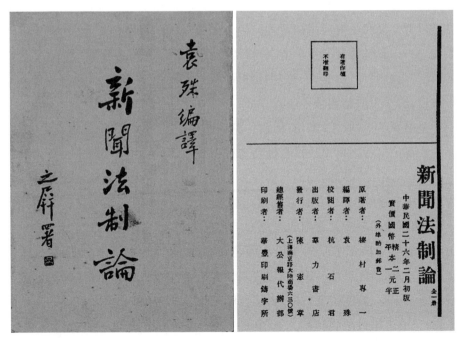

⊙《新闻法制论》群力书店 1937 年初版封面及版权页

⊙ 袁殊新闻学著作的广告

书前有杭石君写于 1922 年 11 月 25 日的《序》,3 页,其中说道:"在这个'自由还是统制'的争论中,为中国新闻政策找出一条比较应该遵循的道路,对各国新闻法制的研究和比较批判,的确是非常重要的。我们在出版法修正的过程中,虽然看到许多高论,但是具体提供详尽的国外材料,和对这些材料加以正确批判的著作:还是没有。这确是新闻界的缺陷。现在有了这一册的新闻法制论,可以来弥补这个缺陷。这一本书,它不单可以告诉我们新闻统制和言论自由在理论上及事实上的得失,还正确地指出中国新闻事业应该走的道路。"

这位写序的杭石君,曾是 1931 年 11 月 6 日,由上海新闻记者联欢会、上海日报记者公会和上海通讯社记者公会合并成立的上海新闻记者公会 15 位执行委员之一。袁殊为获取更多情报,就是经杭石君介绍,成为青帮"大"字辈曹幼珊的弟子,与杜月笙、黄金荣、张啸林同属"通"字辈,并加入洪帮,同时兼任复旦大学教授,给学生讲新闻学……

全书 607 页,收 15 章,有标题。第一章《序论》:一《言论出版自由之是非》[(一)《言论出版之自由　报道批判之自由》、(二)《自由与统制——新闻法制之目的》],二《检阅制度的理论与实际》[(一)《印刷术之发明与检阅制度——事前检阅与事后检阅》、(二)《检阅制度之原则的废止》、(三)《检阅制度之起源及废止》、(四)《检阅制度之变则的施行》],三《宪法上之保障与法律之限制》,四《言论出版之取缔与非常时》,五《言论出版之取缔与国情》,六《言论出版自由之政治意义》;第二章《新闻纸法》;第三章《法制论上的新闻纸》;第四章《法制论上的新闻事业》;第五章《新闻记者》;第六章《新闻记事》;第七章《记事之消极的限制》;第八章《记事之积极限制》;第九章《新闻广告——特殊的新闻记事》;第十章《新闻纸之发行及其条件》;第十一章《新闻纸之责任者》;第十二章《对于新闻纸之行政处分》;第十三章《司法处分一般新闻犯》;第十四章《各种违反新闻纸法罪（新闻犯）》;第十五章《新闻纸之一般犯罪与不法行为》。书末有《勘误表》,声明此书错误很多。另有书目广告一页,内收袁殊著《集纳文稿》和《记者道》。前者的广告词是:"作者是努力于新兴新闻学运动的一人,本书是他几年来在各报章杂志上所发表的关于新闻学的文论总集。对于集纳本质,有很多的理论阐述;对于苏联和美国的新闻现况,有兴味的介绍;对于帝国主义的新闻政策,有详实的摘发。可谓系作者自出版《学校新闻讲话》以后向新闻界的又一贡献。"

本书的书目广告刊登在《记者道》上,一并移植过来:"本书系一部研究新闻出版法制的图书,对于世界各国新闻出版法制的特点,变迁沿革及其实际的效用与判例,都有详尽的引证和比较研究。搜罗的材料极为丰富;对于言论出版自由,有详尽的解释。每一个新闻的经营者,记者,新闻学者,文化运动者,及立法者所必须的书。去年全国新闻为立法院新出版法草案,发生了广大的讨论,因是引起编译者编译此书的决意。尤其书后附录了我国各种重要的新闻法令和规则,更便于读者的检查,参考,究竟是新闻统制呢,还是言论自由？对这文化上的根本问题,我们可以从这部书中得到整个的认识。"

⊙《新闻法制论》言行出版社 1938 年版封面及版权页

　　此书另见一种同名者,袁殊编,言行出版社 1938 年 11 月出版,属"大学文库"第一辑,全书 602 页。版权页的价格标明:"全部十六元　本册一元六角"。也就是说这套丛书全套 16 种,《新闻法制论》是第一辑,可以分册零售。两书的内容大致相同,不再赘述。

记者道

《记者道》，"新闻学丛书"，袁殊著，上海群力书店出版，发行者陈宪章代理，民国二十五年（1936）十一月初版，不知印数，每册实价国币 3 角。上海群众杂志公司总代售。

上海群力书店出版的"新闻学丛书"，《中国近代现代丛书目录》失收，到目前为止笔者仅见这一种。出版过

⊙《记者道》1936 年初版封面及版权页

⊙ 袁殊著译新闻学著作广告

"新闻学丛书"的出版机构不少，如上海文化服务社、光华书局、现代书局、联合书店、文通书局等，其中不乏名著，如张静庐的《中国的新闻记者与新闻纸》，卜少夫的《战地记者讲话》等。

书前有恽逸群写的《记者道序》，其中说道："在三年前的一个夏夜，上海霞飞路上的一个小小餐室里，偶然地聚着几个职业记者，从闲谈之中发觉大家都有生活忙碌而缺乏进修机会的共同感想，于是互相约定每星期聚谈一次，有时候无忌惮的分析时事，有时候无忌惮的探讨集纳理论，或批评任何一方面新闻纸上的言论编辑等等。这样经过几个月以后，又借得大美晚报的一角，每星期出版《记者座谈》，一直出到本年四月里，我们既不愿做别人的代言人，而大美晚报的环境，又不许了我们说自己要说的话，于是座谈虽继续举行，刊物只好暂时休息了。怀云君是座谈同人中最热心于集纳运动的一员，他在百忙之中，几乎每期都为座谈写稿译稿，我们——编辑委员会——在出版的前一晚，每逢到稿荒的时候，打一个电话通知他，他无论如何忙，不管一点钟二点钟甚而至于三点钟回家，一定当晚为座谈写稿或译稿，到出版的一天早上，一定有稿子送到报馆。就是在他失去自由之后，他还是尽可能的为座谈写稿。他这样努力于集纳运动，使座谈同人——尤其是我们几个编委，非常感动和钦佩的。现在，《记者座谈》暂时休刊了，我们预备把九十期，'座谈'的文字，选辑出版。因为大家都为着生活忙碌，不能很快的出版。怀云恢复自由之后，他首先把自己先后发表在《记者座谈》的文章，辑成一本专集，题名为《记者道》。两个月前，他交给我校阅一遍，要我写一篇序。我除了代他删去几篇之外，为着生活忙碌，序却一直没有动笔写。现在书快出版了，不能再延挨，而《记者座谈》休刊到现在，也快要三个月了，我就趁此讲一些新闻从业员当前应做的工作和应取的态度……"

写序的恽逸群,曾先后在上海《立报》、香港《生活日报》、上海《导报》和《译报》任编辑、总编辑。建国后任上海《解放日报》社长、总编辑。生前著有《新闻学讲话》《外蒙问题考察》《中国内幕异闻录》和《蒋党真相》等。序中所说"怀云",应该就是袁殊,然而据笔者所掌握的资料看,在他笔名中好像并无"怀云"之名,估计是漏记了。

书末有作者1936年5月写的《后记》:"本书所辑的杂稿都是自一九三四年秋至现在(一九三六春)这期间内所写,系全部发表于《记者座谈》的。在这一两年之间,笔者完全投身在职业记者的生活中,接触所及,当然不仅是这里零芜片断的一点杂感而已;不过因为晨夕工作忙迫,没有更具体的发表意见或研究心得的可能。就是这些乱稿,也每都是在发排之前匆促的草起的。其中有一小部分,是去年失去自由以后写的,那时的时间虽很充裕,可是环境与情绪都改变了,所以作稿甚少。这些稿子,在发表的当时,为了许多事实的顾虑,所以用了各色各样的署名。现在'座谈'休刊,我亦暂非在职记者,为了钱要将此集出版,乃用统一的名字。但有署名为林云,伍宜,李仲尧的文字,却不是我作的;他们也不是'座谈'中人,只因他们是我的好朋友,由我介绍寄稿。把他们的稿子也录在这里,是我觉得失散了可惜;并且这样也更保留了我和他们的友情。新闻记者歌,曾经施谊改过;原来已由聂耳带到东京去作曲。不料我们这位青年音乐家竟溺于海,此歌迄无曲谱,引起记者对他的哀悼!"

版权页后有袁殊的两书广告:《新闻法制论》和《集纳文稿》。而在《新闻法制论》一书上却刊有《记者道》的广告词,属"互换式"广告:"这是作者在实际记者生活中所写的短文集子。记者生活的待遇与修养问题,新闻界的风纪问题,记者职业的组织问题,中国新闻事业的出路问题等,都有敏感的观感和意见,是一册记者生活的告白,也是一册记者从业的体验实录。"

兴亚建国论

　　此书很早就在上海文庙旧书市场中见到过,在一大堆旧书中,红白封面的《兴亚建国论》相当醒目,当时第一感觉此书与日本人有关,但搞不清来龙去脉;再看作者"严军光",陌生,不知何人,直到很久后才把"袁殊"和"严军光"联系在一起。"严军光"即"袁殊",被人称作"五重谍报王"。即从1931年至1945年,袁以多重身份从事中共地下情报工作。

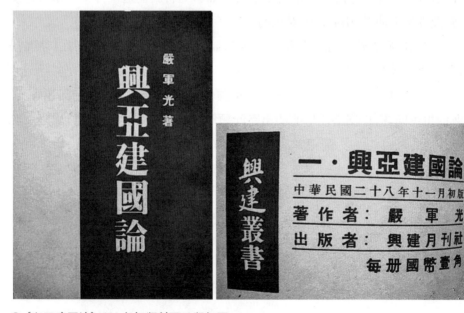

⊙《兴亚建国论》1939年初版封面及版权页

　　此书由兴建月刊社作为"兴建丛书"出版于 1939 年 11 月至 1940 年 11 月，是"兴亚建国运动本部"成立之际。从目前所知的信息看，"兴建丛书"共 10 种，所见书目 9 种，缺第七种：1.《兴亚建国论》(严军光著)；2.《最近的时局与我们的态度》(严军光著)；3.《中日合作论》(陈孚木等著)；4.《东亚协同体论丛》(余立三著)；5.《中日文化结合论》(杨鸿烈等著)；6.《抗日统一战线的崩溃》(李蒙政著)；8.《欧洲形势与远东前途》(严军光著)；9.《兴亚建国理论的根据》(曹翰等著)；10.《兴建运动的革命性》(上海记者联谊社播音演讲集之一，上海记者联谊社编)。其中严军光(袁殊)一人独占三席。

　　对于袁殊的评价，长期来褒贬不一，而最具权威性的评价应该是中央文献出版社出版的《中共党史人物传》(2002 年第 77 卷)中的袁殊专章："袁殊是 20 世纪 30 年代左翼文化人，1931 年加入中国共产党，在文化战线和情报战线上功勋卓著……他历尽艰险，几遭不测，不顾个人的毁誉完成了党交给的特殊使命，是一位把自己的一切都献给了党的革命事业的无名英雄。"

拙政园记

《拙政园记》,袁殊编,江苏省立教育学院研究室民国三十三年(1944)六月出版,不知印数,每册定价50元。版权页印:"著者 梁鸿志·袁殊"。梁鸿志,生于1882年,福建长乐人。抗战时沦为汉奸,出任伪中华民国维新政府行政院长。抗战胜利后被国民政府以汉奸罪逮捕,1946年被处决。

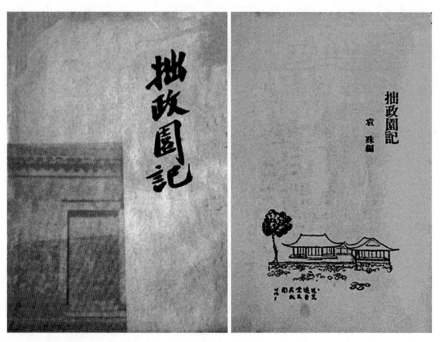

⊙《拙政园记》封面及扉页

其实，以"袁殊编"更为准确，因除梁鸿志和袁殊的《拙政园记》外，还编入有顾公任的《拙政园论》和汪正禾的《曲园记》，并收插图多幅。

此书总体感觉素雅，与苏州园林的风格相当吻合。

拙政园始建于明正德初年，距今 500 多年，是江南古典园林的代表作品，位于古城苏州东北隅。拙政园现有建筑大多是清咸丰九年（1850）成为太平天国忠王府花园时重建，至清末形成东、中、西三个相对独立的小园。据史籍记载，最早是王献臣委托画家文征明做的设计，存有《拙政园图》《拙政园记》和《拙政园咏》，较为完整勾画了拙政园的面貌。

此书另收一文《墨戏》，颇有意趣，其中说道：先生于著述之余，拈弄笔墨，集字象形，成"墨戏"一种，都二十幅，皆具题志，其目：（一）"一团和气"（篆书，成圆形）、（二）"福寿"（成正方形）、（三）"畜道德能文章"（篆行草杂糅，如魁星像）、（四）"如南山之寿"（草书，如寿星像）……（十九）"曲园"（如圭璧）、（二十）"曲园俞俞""右台山鬼"（篆书，二印）。此种字画合一之文字，似属游戏一时，然观其序端"自字与画分，而其义不明矣。自画与字分，而其道不尊矣。"与夫题志之或含

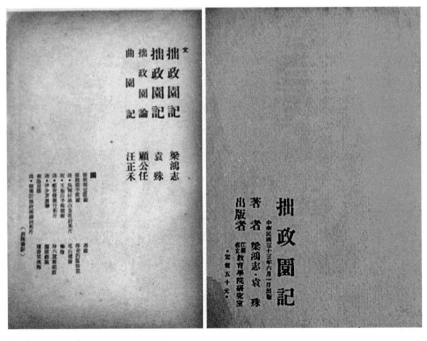

⊙《拙政园记》目录页和版权页

⊙《拙政园记》插图

箴规，或寓哀思，或寄风雅，固不仅戏之一字能尽也。此番过曲园，见春在堂前有一板似匾，覆洗衣木盆上，掀视之，赫然"一团和气"刊其上。想当初必经髹刷，今则已成一片白木板，且用以为涤具矣。不出一二年，朽败无疑，能无慨乎。曲园虽历劫无恙，然而保存之道，正宜急起图之。

这类文字丢之可惜，存之悦人耳！

日本人二宫尊德

此书实际为袁殊和曹晔著译，因此封面书名《日本人二宫尊德》并不准确，而扉页书名《日本人二宫尊德及其他》就相对准确多了。

此书属政治月刊社出版的"政治丛刊"第七种，武者小路实笃著，曹晔、袁殊著译，政治月刊社（上海河南路三〇八号）出版，民国三十二年（1943）六月初版，街灯书报社总发行，苏州新国民书店经售。不知印数，每册实价10元。

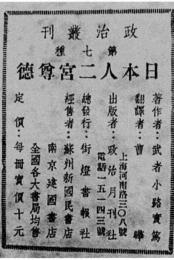

⊙《日本人二宫尊德》封面、版权页及扉页

书前有袁殊所写代序《关于二宫尊德》,12 页。除代序外,全书另收文 4 篇,除曹晔所译 2 篇,另有袁殊 2 篇:《日本是怎样的国家》(袁撰)和《大西乡语录》(袁译)。

政治月刊社是由袁殊所创办,其中出版的"政治丛刊"较为著名,全套丛刊到底有多少种,不清。到目前为止能见编号的丛刊仅 6 种:第 1、第 3 种《新政治论丛》(上下册,政治月刊社编辑);第 4 种《国民政府政纲之理论与实施》(伍澄宇著);第 5 种《日本二千六百年史》(雷鸣译);第 7 种《日本人二宫尊德及其他》(曹晔译);第 8 种《全体主义之原理》(曹晔译)。

新闻大王哈斯特

  《新闻大王哈斯特》，"一角丛书"第46种，传记，赵家璧主干，袁殊著，良友图书印刷公司1932年10月初版，印3 000册，每册实价1角。封面图案是哈斯特漫画像。

  全书66页，收文10篇：《哈斯特系独占新闻企业之机构》《鬼才哈佛大学开除生》《黄金万能主义》《Yellow-Jouynql的面像》《战争的制造家》《哈司特系企业之平视》

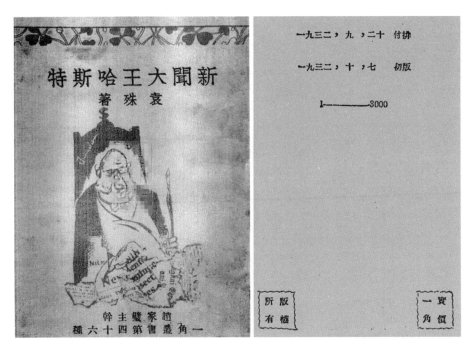

⊙《新闻大王哈斯特》1932年初版封面及版权页

《Juurnalism 文化泛滥》《诡谋的独裁统制》《在国际政治的舞台上》和《努力·发展·膨涨》。

书末有丛书第 47 种《神经衰弱症》(任一碧著)的预告广告。以及分类的传记广告 5 种:《史太林》《白里安》《希特拉》《高尔基》和《开末尔·哈斯特》,并附有一句广告词:"读传人传记是修养身心最上之方法"。在预告广告中的书名,与实际出版的有些出入,如《高尔基传》与《高尔基》;《新闻大王哈斯特》与《开末尔·哈斯特》,这种变动是可以原谅的。而有些预告了却又因各种读者不知的原因而未出,那倒可以称之为在开读者"玩笑"。

其实,由袁殊所著或所编的版本不少,可惜笔者所见还不多,只记得另有一种较为著名:《汪精卫主义读本》,江苏省教育厅编辑,袁殊校订,政治月刊社发行,1942 年 2 月 15 日出版。可惜此书一直未见,在此留存书目,以备查考。

张礼千（1900—1955），江苏南汇召稼楼（今浦江镇）人。早年自学，毕业于英国多利大学函授算学专业。1930 年至 1937 年，在马六甲培风中学任教，后在新加坡华侨中学任教务主任。1939 年至 1941 年在新加坡《星洲日报》社任编辑，1945 年至 1950 年在国立东方语文专科学校任教务主任兼教职，之后代理校长兼东南亚研究室主任。1955 年自沉未名湖，终年 55 岁。主要著作是东南亚地理与地名的考证。译著 7 种，并有论文多篇散见于南洋学会会刊《南洋学报》及《东方杂志》等学术刊物上。

英属马来亚地理

张礼千编纂,商务印书馆印刷发行,发行人王云五,民国二十七年(1938)七月初版,不知印数,每册实价新法币6元5角(贴纸)。封面和扉页印"张礼千编"。

书前有作者写于1936年4月18日的《序》,4页。

另有一篇《编辑大意》,其中说道:"本书编制悉照W. T. Cherry 所著之英属马来亚地理(Goography of

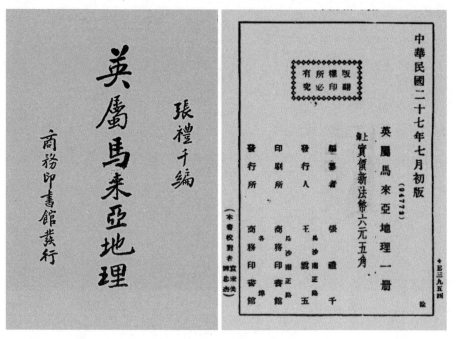

⊙《英属马来亚地理》1938 年初版封面及版权页

Brtitsh Malaya），其内容之十分之七亦取自此书，其原著在马来亚之英文学校中，普遍采用，凡自第六级（Sixth Standard)起之英文学生，均以此书为必读之课本，则原著编制之适宜，已无待言。本书共分五篇三十章，第一篇为马来亚总论，对于地形、生物、交通、物产、历史等项，均有详细之叙述。自第二篇起，于每章之前，均附有简明之历史，次述政治、教育、交通、物产、河流、山脉等等，俾读者得深切明瞭各地之详情。末附《马来群岛》一篇，叙述非常简括，聊备读者之参考。……"

全书 259 页，收文 5 篇：《马来亚总论》《海峡殖民地》《马来联邦》《马来属邦》和《马来群岛》(附)。每篇收文若干章，总计 30 章。附录收：《一九三一年马来亚人口统计表》《一九三一年马来亚人口分配表》《专名对照表》和《地图》（九幅）。

⊙ 扉页

倭寇侵略中之南洋

《倭寇侵略中之南洋》，上编，张礼千著，南洋研究所编纂，商务印书馆印刷发行，发行人王云五，民国三十二年（1943）一月重庆初版，不知印数，渝版浏阳纸每册定价国币1元9角。另有一种1944年3月版，封面与初版同，出版地不同：赣（江西）。

全书162页，分为4部分：《南洋之范围》《越南》《缅

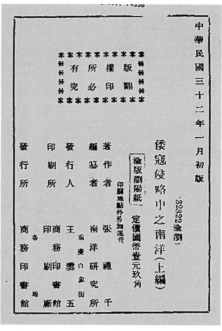

⊙《倭寇侵略中之南洋》1943年初版封面及版权页

 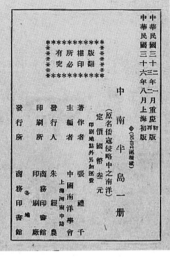 

⊙《中南半岛》1947 年上海初版封面、版权页及扉页

甸》和《暹罗》。内收若干章节,如《越南》收:《东京(北圻)》《安南(中圻)》《南圻》
《柬埔寨》和《老挝》等。

　　封底印:"重庆市图书杂志审查处世图字第二九一九号审查证"。

　　下编未见,不知其内容。

　　《中南半岛》,原名《倭寇侵略中之南洋》,故置于一文介绍:张礼千著,中国
南洋学会主编,商务印书馆印刷发行,发行人朱经农,民国三十六年(1947)八月
上海初版,不知印数,每册定价国币 3 元。1943 年 1 月重庆初版和 1944 年 2 月
重庆再版,书名皆为《倭寇侵略中之南洋》,到上海初版时才改名《中南半岛》。此
书内容与《倭寇侵略中之南洋》相同,读者可参见。

槟榔屿志略

　　《槟榔屿志略》,姚楠、张礼千著,中国南洋学会主编,商务印书馆印刷发行,发行人朱经农,民国三十五年(1946)六月上海初版,不知印数,每册定价国币 1 元 4角。1943 年 7 月重庆初版,1945 年 5 月重庆再版,皆未见。但这两书的封面,与 1946 年 6 月上海初版相同,皆为手迹书名,题签者"陈□□",后两字不清不识。至于1947 年 2 月商务版,则是"新中学文库"的版本了,但内容无异。

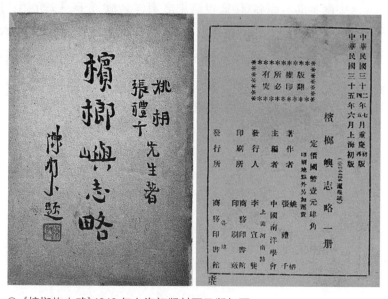

⊙《槟榔屿志略》1946 年上海初版封面及版权页

全书 115 页,收 5 章:《释名》《历史》《地志》《行政》和《华侨》。附录收 3 篇:《邻邦考释》《极乐寺记》和《赖德遗嘱》。

封底左侧印:"重庆市图书杂志审查处世图字第三四三七号审查证"。

⊙ 扉页

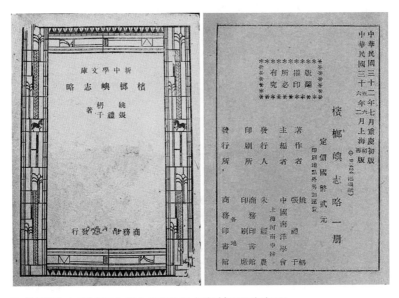

⊙《槟榔屿志略》"新中学文库"1947 年版封面及版权页

马六甲史

　　《马六甲史》,"南洋历史丛书",张礼千著,郑成快先生纪念委员会编印,商务印书馆发行,失版权页,不知其他版权事项。

　　全书收 5 章:《马六甲王国》《葡萄牙统治时代》《荷兰统治时代》《英国统治时代》和《华侨》。附有插图多幅,如《速鲁檀无答佛哪沙御用之龙剑》《苏丹阿老瓦丁黎耶

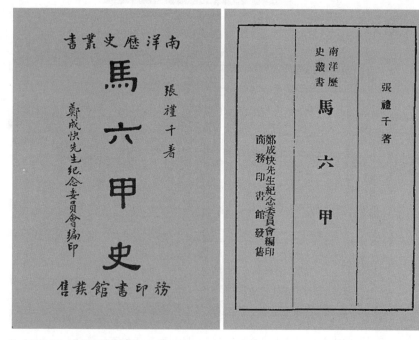

⊙《马六甲史》封面和扉页

沙之墓群》《一六〇六年麦铁烈夫登岸时之马六甲》《一七〇〇年左右之马六甲》《一六一三年前之马六甲城市全图》和《马六甲王国时代之南海地图》。另附参考书目。

张礼千在为马六甲侨领郑成快先生纪念委员会编写《马六甲史》的时期,还为周满堂先生纪念委员会编译过一种《新嘉坡开辟伟人雷佛士传》,不过此书一直未见。

华侨与文化

　　《华侨与文化》，"南洋小丛书"，张礼千著，刘士木编辑，南洋编译社出版发行，民国二十九年（1940）五月出版，不知印数，每册实价叻币 2 角。版权页印有南洋编译社的通讯处地址：上海法租界姚主教路大同坊九号、南洋槟榔屿锺灵中学图书馆转交。封面印编者刘士木，未印著者，版权页则两者并列，不解其意。

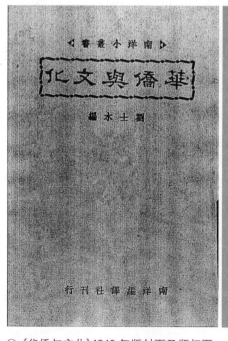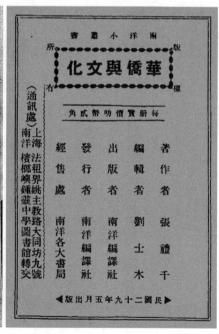

⊙《华侨与文化》1940 年版封面及版权页

对刘士木的认识几乎为零，查到的信息是：他是研究南洋及华侨问题且有成绩的第一人，不仅是南洋研究的首倡者，还是暨南大学南洋文化教育事业部的创办者。

至于他所编辑的"南洋小丛书"，在《中国近代现代丛书目录》中失收，故不知全套丛书到底出了多少种。

书前空白页印："谨以本书献给锺灵中学董事诸公，编者士木敬志"。

全书仅 33 页，收文 3 篇：《华侨与文化》《有关南洋问题的著述》和《南洋古史研究之重要》。书末有《本书著者译著其他书目》9 种，不妨一记：《英属马来亚地理》（香港商务印书馆）、《马来亚历史概要》（香港商务印书馆）、《马来亚华校会考算学试题详解》（新嘉坡中华书局）、《马来亚史地补充读本》（新嘉坡中华书局）、《新嘉坡开辟伟人雷佛士传》（槟城周满堂纪念委员会）、《马来亚农业大纲》（槟城周满堂纪念委员会）、《华侨学校算学教科书》（侨务委员会出版处）、《实用游戏数学》（上海商务印书馆）和《南洋果品志》（出版处未定）。其中大多不见版本实物。据笔者所知，还有一种缺漏：《东西洋考中之针路》（南洋书局）。

星洲十年

　　《星洲十年》，星洲日报十周年纪念特刊，星洲日报社编纂，关楚璞主编，编委7人：郁达夫、姚楠、张礼千、锺介民、许云樵、张匡人、李葆贞。星洲日报社发行，发行人胡昌耀，民国二十九年（1940）一月初版，不知印数，每册定价叻币6元。星中日报承印部印刷。版权页盖有"星洲日报之版权印"。

⊙《星洲十年》1940年初版封面及版权页

叻币,是马来西亚、新加坡与文莱在英殖民地时期由英殖民地政府所发行的货币。华人俗称"叻币",因马来语"石叻"为海峡之意。1939年虽发行新货币马来亚元,但民间仍沿用"叻币"指称当地货币。

书前有"上海姚楠谨识"的《例言》,其中说道:"本书编辑旨趣,一在纪念本报创刊十周年,一在搜集星洲及马来亚各地历年各种事业之兴废概况,以供国内外关心南洋问题者作一般参考之用。本书分政治,市政,经济,文化,社会五编,除第二编市政专论星洲外,其他各编之编制,均以星洲为主,旁及马来亚各地,章节款目,依次列述。本书除搜集一般参考材料外,对于马来亚之重要学术机关如莱佛士图书馆博物院皇家亚洲学会等,未为常人所注意而对于马来亚文化有特殊贡献者,特不厌求详列为专章,

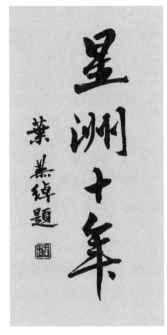

⊙ 叶恭绰题签

述其沿革,组织,及近况等,以资借镜。尚有星洲辟埠以来吾华侨可歌可咏之伟大事迹,为近人所遗忘者,宜予表扬,故于第五编中另列先贤傅略一章。……"

莱佛士爵士像

⊙ 插图二幅

《星洲十年》，是指 1929 年至 1939 年，这是一本近百万言的年鉴性书籍，卷帙浩繁，资料丰赡，内容以新加坡为主，旁及马来亚，书末附《新加坡 120 年大事记》及《胡氏事业史略》。对马来亚和新加坡重要学术机构，对当地有贡献的华人事迹、名胜古迹以及风俗习惯辟有专章详述，不失为研究战前马新史不可多得的书籍。

所见此书为精装本，红底白字，烫金，相当醒目。书前有叶恭绰的题字"星洲十年"。另有南海关楚璞写于星洲日报编辑部的《序》。

全书 1 388 页，收 5 编，另有附录：《新加坡一百二十年大事记》，特载：《胡氏事业史略》以及插图 39 幅，史料价值相当丰厚。书末有永定胡昌耀写的《跋》。

张若谷（1905—1960），江苏南汇（今上海浦东新区）人，原名张天松，字若谷，圣名马尔谷。笔名除张若谷外，还有摩炬、马尔谷、百合、南方张、刘舞心女士、虚斋主等。自幼受父母良好的宗教教育。早年就读天主教徐汇中学，深受马相伯思想熏陶。1925年毕业于上海天主教震旦大学，后任上海艺术大学教授，南京《革命军日报》编辑，古巴驻华公使馆秘书，上海《大晚报》记者，后至比利时天主教鲁汶大学农学院学习社会学和神哲学，1935年回国任上海《时报》记者以及南京《朝报》主编，后改任上海《神州报》记者，创办大上海人社、并任《大上海人》半月刊主编。抗战期间，在《中美日报》上用中英两国文字发表大量抗日救亡文章，后因"抗日救国罪"被日本宪兵会同法国警务当局逮捕，经营救出狱。抗战胜利后，任南京教区总主教私人秘书，天主教《益世报》南京版编辑。他一生致力于文学评论和翻译，试图把法兰西文化的精髓介绍到中国。

异国情调

《异国情调》,张若谷著,世界书局(上海四马路)印刷出版发行,民国十八年(1929)四月初版,不知印数,每册定价银 6 角半。

书前有献辞:"献给本书序者　东亚病夫先生　张若谷"。"东亚病夫"即曾朴,生于 1872 年,江苏常熟人。

⊙《异国情调》1929 年初版封面和版权页

"东亚病夫"之名见于《小说月报》第十卷中的译剧《银瓶怨》,法国雨果著。除此笔名外,还有病夫、病夫国之病夫等。

另有东亚病夫 1928 年 1 月 12 日写于马斯南路(今上海思南路)寓所的《序》,其中说道:"我友张若谷君辑集了近年所作的论文和笔记,定名《异国情调》,自大做了一篇长叙。我翻读了一过,砰砰然心有所触,有不能不说的几句话,随随便便的写了出来。我的朋友很多,就是近来在文艺界里所结交的朋友,也不在少数,但觉得我和若谷的交谊,似乎有些特别,这是什么缘故?凡外世界有变异,必然受内世界的转移,这是心理学的定律。譬如我们看一座山,临一泓

⊙ 献辞

水,忽似有意识地生了哀乐;这座山,这泓水的重罩里,一定包含着我的灵魂……"

另有作者写的《写在卷头》,其中说道:"两三年来在报纸杂志上随便写成了几十万字的文章,因为舍不得丢掉,就当敝帚一般地珍藏起来,打算选印成几本集子。第一种《文学生活》,已由朋友开的金屋书店出版了。现在能够有出版第二种的机会,在我真觉得非常地荣幸与感激。关于我与文学发生趣味的因缘,与我执笔为文的经过,都在《文学生活》的自叙中说过了,不必赘述。但是似乎对于这本随笔文集,也有说明几句话的必要,就写下了这篇东西。这本集子的内容,同《文学生活》有许多不相同的地方。《文学生活》里的文章,都偏重于读书方面,'只是我对于鉴赏文学趣味所留下的一点痕迹。''看了几部好书之后,心灵上顿时感觉一阵子的欢喜慰乐,有时兴之所至也,就随着笔儿记写下来,''只是十几篇的读书札记而已'的东西。在这里收集的九篇文章,却稍微脱离了书卷气息,倾向到生活享受的一方面了。……说起来也惭愧,在这本随笔文集里,除了从异国文字翻过来的两篇文章之外,只有三篇勉强可以说是我在这个上海都会中所享受到异国情调的生活纪念,其余的都是纸上空谈而已。所以敢把这本随笔集,

题名为《异国情调》者，因为集里第一篇随笔的题目就是《异国情调》的缘故。在最近的将来，我希望能够有外游的机会，可以写成一些真正'异国情调'的作品，以就正于本书诸位读者之前。听说，我所敬佩的曾孟朴先生，明年有到欧洲去的动机，这本小集子，就呈给他当做一个小小的饯别礼物。"

全书收文 9 篇：《异国情调》《都会的诱惑》《刺戟的春天》《忒珈钦谷小坐记》《巴黎的咖啡店》《纸门里的风味》《同文秋季音乐会》《初次见东亚病夫》和《五月的讴歌者》。

作者在此书中写道："我们凡是住在位居世界第六大都会的上海，就可以自由享受到一切异国情调的生活。我不敢把龙华塔来比巴黎铁塔，也不敢说苏州河是中国的威尼斯水道，但是，马赛港埠式的黄浦滩，纽约第五街式的南京路，日本银座式的虹口区，美国唐人街式的北四川路，还有那夏天黄昏时候的淮海路，处处含有南欧的风味。"研究者认为，这是张若谷从文学的角度在描写上海。

珈琲座谈

　　《珈琲座谈》，张若谷著，上海真美善书店发行，1929年8月出版，印2000册，每册实价4角5分。

　　封面、扉页和版权页的书名皆印作《珈琲座谈》，而从书的内容看，实为"咖啡"，书名应为《咖啡座谈》。"珈琲"与"咖啡"，从字的形态看也不同，从字义上看更不同，

⊙《珈琲座谈》封面二种

"珈"是古代妇女的一种首饰,"琲"是成串的珠子。从字音上看更是"悬天八只脚",根本不搭界,"珈"音 jia 平声,"琲"音 bei 去声。因此可以断定,书名是印错了;另有一种可能是法语的一种"理解",而中国人却不理解,猜想。为尊重原著,书名不改,仍为《珈琲座谈》。

此书所见两种不同封面的版本,一种封面图案是女子抽烟;另一种是咖啡杯碟。扉页、版权页皆相同,扉页图案是穿高跟鞋的女人腿。从作者的《代序》中获悉,封面是由周大融所绘。

书前有作者 1929 年 1 月 21 日从 Café Renaissance 回后写完的《代序——致申报艺术界编者》,10 页,其中说道:"应鹏兄:'请你哂纳着这本小书吧,这是我贡献给你的一点小礼物。因为没有你,它决定不会产生的。我并没有想在一种报纸上做起批评来,当你要我为时报作稿的时候,我很诧异你的选择,怎像你那样有敏捷活跃合群的精神,会容纳起像我这样迟钝孤独者的思想来呢。我知道你有一种制人的魅力,你依你所要的去做,你已使我成为一个按期合规的著作人了,你已胜服我的懒习了,你已利用我的幻梦鼓铸我的精神了,这真是使我钦佩你的一件不可思议事。你有很好的性情,你从来没有责备过我,所以我很能自

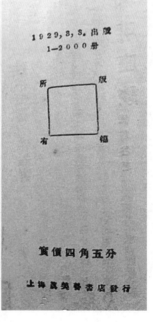

⊙《珈琲座谈》1929 年版扉页及版权页

由地在报纸上发表东西。我不敢自己恭维说这本小书有什么可取的地方。但是人们可以在这里找到一个整个的挚诚心，许多的宽容和一点对于美与善的自然友爱。这是我敢献给你的一点表示感谢与同情的小小敬礼。'以上是从法郎士《文学生活》第一卷卷首写给巴黎时报主笔 Hebrard 一封信中节抄过来的，现在我大胆把他来当作我这本小书的代序。请你应许我把这本小书献给你，当做表示历年来你鼓励我在申报艺术界做过文章的一点小小敬礼，与我们文字因缘的纪念物。……三年来的艺术界，可以分三个时期？初期只是刊载艺术评论，除介绍一般的艺术常识外，并注意及音乐，

⊙《珈琲座谈》扉页

绘画，舞蹈等的消息与批评；我那时专门担任撰写关于音乐歌剧方面的文章；第二期增添了书报介绍一栏，专门介绍新出版的文学刊物，那时我正热衷于读国内新出版的西方文学作品——直到如今，我只还喜欢读翻译品而不大喜欢看创作物，或许这是我的偏见拗病，但是实际上历年内文学创作出版物方面可以使人满意的作品也实在太少了。——有时读了几部好书以后，兴之所至，就随笔写下一点感想寄给你在申报艺术界上发表。关于这一类的文章，大半已收编在我的随笔文集《文学生活》与《异国情调》里面了。第三期，倾向于世界文坛消息及书报介绍，这时期中，我已没有从前一样的起劲了，只随便写了一点杂记及几封信札。但是有汪倜然，查士元，查士骧三位兄长仍在继续努力，使艺术界日呈生动活泼的气象。汪倜然兄每月担任做'新书月评'极吸引一般出版界与读书界的注意，他个人还办了一个《读书界》周刊，不幸不久就告休刊。最近你又辟出一块小小园地，设立了一个咖啡座：'为读者诸君随便聚谈之所，无论谈文艺也好，谈见闻也好，谈社会问题也好，谈一切都好。'你常常要求我加入谈话，可惜我近来没有从前那样好的执笔兴致了，除了坐写字间，到书店渔猎之外，空闲的时期，差不多都在霞飞路一带的咖啡店中消磨过去。我只爱同几个知己的朋友，黄昏时分坐

在咖啡座里谈话,这种享乐似乎要比绞尽脑汁作纸上谈话来得省力而且自由。而且谈话的乐处,只能在私契朋友聚晤获得,这决不能普渡众生,尤其是像在咖啡座谈话的这一件事。你与傅彦长,邵洵美,徐蔚南,叶秋原,周大融,黄震遐,诸位兄长都是有资格的咖啡座上客。最近又新得到东亚病夫父子两人,参加进我们的团体。大家一到黄昏,就会不约而同地踏进几家我们坐惯的咖啡店,一壁喝着浓厚香淳的咖啡以助兴,一壁低声轻语诉谈衷曲。这种逍遥自然的消遣法,'外人不足道也'。……我现在谨把这本书捧呈给你,一则表示我对于你鼓励我写成这许多文程的感谢。二则纪念我们的一群坐咖啡店的乐事。……"

全书 161 页,收文 11 篇:《珈琲座谈》《郁达夫与一女侍》《创造社访问记》《圣奥斯定的忏悔录》《世纪病与忏悔录》《我的回忆一叶》《关于艺术三家言》《新都巡礼归来》《为文学生活辩护》《关于漫郎摄实戈》和《浪漫主义与南欧文学》。另有附录 4 篇:《一封关于忏悔录的信》(邵洵美)、《柬若谷洵美》(胡乌衣)、《写给文学生活的著者》(徐景贤)和《谁都免不了有错》(赵景深)。

新都巡礼

　　《新都巡礼》，张若谷著，金屋书店出版，民国十八年 (1929)六月初版，不知印数，每册实价大洋4角。金屋书店，由邵洵美创办，存活期在1928年初至1930年底，地址在上海静安寺路(今南京西路)邵宅对面。张是邵的朋友，为朋友出书，理所当然。

　　全书127页，收文10篇，四字标题：《上海出发》《沪宁道上》《初次入都》《图画标语》《沿途所见》《国民旅馆》《总司令部》《秀山公园》《怪信二封》和《巡礼归来》。

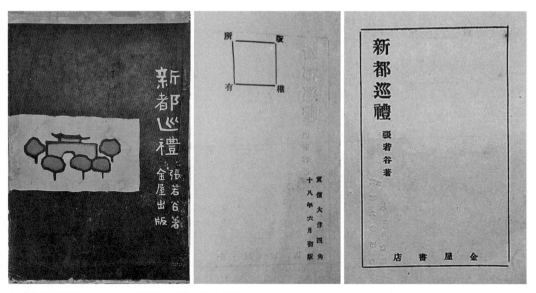

⊙《新都巡礼》1929年初版封面、版权页及扉页

书前有作者写的《前奏曲》，其中说道："从小生长在上海的我，素来没有作过一回异乡客，即使连与上海最毗邻的西子湖边，都没有留过我的踪迹。对于一般浪人游客所谓颠沛流离的生活，也从来没有亲身经历过，现在总算破题儿第一遭暂别了那座生动活泼大都会的上海，巡礼到这座破落的新都来了。在这里，虽则还没有住到两个月，但是这素有'帝王之都''天府之雄'之称的金陵，已给我了许多奇特的印象。在这里，当然没有如大都会里一般的繁华景象，更没有一切可以眩人眼睛，蛊惑人心的人物，妆饰，建筑，物具；同时社会间的鬼蜮技俩与刑事犯案，也远不如在大都会间一般地层出不穷，光怪陆离；那么所谓刺戟人间生活的都会空气，在这座石头城里，自然是很黯淡怪薄的了。像一般久享受惯都会生活的人们，一朝蛰居在这种毫没有什么刺戟性的空气与环境中，在他们的趣味感兴与抒情上，那里会引得起什么意味来呢？换一句话：像这样一座凄凉灰澹的城市，似乎决不会使他们能感受到多大的印象了。……"

此书很早就经手，记得当年拿到此书见到封面书名后，马上想到了四川的新都，这种联想很自然，尤其是曾经亲临过的。后来才发现是自己弄错了，这里的"新都"是金陵南京。

战争·饮食·男女

　　《战争·饮食·男女》,张若谷著,良友图书印刷公司(上海北四川路)印行,民国二十二年(1933)三月初版,印2 000 册,每册实价大洋 8 角。

　　这是张若谷写的一本散文集而非小说集,以此为书名,并非"战争饮食男女",而是彼此分隔、互不搭界的"战争·饮食·男女"。见到此书名,也便自然而然想到《礼记·礼运》中所说:"饮食男女,人之大欲存焉";《孟子·告子上》也说:"食色性也。"看来,人生存的基本需要是

⊙《战争·饮食·男女》1933 年初版封面、版权页和扉页

吃，也是人之基本欲望。描写"食""色"的作品多如牛毛，而这本以"饮食男女"为书名的著作，却是较为严肃的散文集，也可见作者的品味。

书前有《代序》，分几章叙述，第一章《日本兵开火了》，第二章《不堪一战》等。

全书分为3编，上编《抗日战争素描》，收文16篇：《从军乐（小引）》《一二八之午夜》《在吴淞炮火线下》《吴淞第二次冒险》《不怕死的同志们》《无情的钢鸟蛋》《神勇三连长》《白衣女郎礼赞》《在救护院里》《沪西巡礼》《吊今战场》《第二道防线》《蓝衣的弟兄们》《战地之雪》《哈尔滨炮火线下》和《李杜丁超的访问》；中篇《灵与肉的饮食》，收文16篇：《饮食男女（小引）》《文学家的趣味与娱乐》《刺戟美与破坏美》《现代艺术的都会性》《赛会与竞技》《到民间去》《苦生意》《巴黎书店渔猎记》《诗人的女儿》《刘大白及其遗书》《送志摩升天》《俄商复兴馆》《上海酒店巡礼》《饮冰室巡礼》《电影与文学》和《古典主义与浪漫主义》；下编《男女两性的苦闷》，收文9篇：《对于女性的饥渴》《热情》《初恋》《处女的心》《忧郁的女诗人》《加茶诺华》《恋爱八段经》《秋四娘上演序曲》和《私奔》。

所见目录字迹较模糊，有些字只好猜度，有一二个字简直无法看清，只得存疑。

游欧猎奇印象

　　《游欧猎奇印象》,张若谷著,中华书局(上海福州路)印刷发行,发行代表人路锡三,所见民国二十五年(1936)十二月初版和民国二十八年(1939)一月再版,两者封面相同,版权页不同,再版版权页右侧印:"国民政府内政部注册二十六年五月十七日执照警字第八六八四号"。两书皆不知印数,售价相同:每册实价国币 8 角。再版时

⊙《游欧猎奇印象》1936 年版封面及版权页

版权所有　翻印必究

國民政府內政部註冊二十六年　五月十七日執照警字第八六四號

民國二十五年十二月發行　民國二十八年一月再版

游歐獵奇印象（全一冊）

定價國幣八角（零售國貨分別）

著者　張若谷

發行者　中華書局有限公司　代表人路錫三

印刷者　上海澳門路　美商永寧有限公司

總發行處　廣州漢民北路　中華書局發行所

分發行處　各埠　中華書局

（一〇九七）

⊙ 1939 年再版版权页

中华书局的总发行所已在广州汉民北路。

书前有作者写于 1936 年五四纪念日的《序》："在这一本书里所收集的，是我旅行欧洲的游记，曾发表于国内数种报纸，如《申报》的《欧罗巴洲巡礼》，《时报》的《欧游记》，《大晚报》的《游欧印象》，《时代画报》的《世界都会猎奇记》，《小晨报》的《欧陆猎奇记》等。其中所记的地方，都依我的游踪，先后列为顺序。我于民国二十二年五月十二日出国，去今恰满三年，在欧洲作客共将两年。启程的当初，在二十二天的海行中，先经香港，新加坡，锡兰，印度，埃及；横渡南洋，印度洋，红海，地中海，直达意大利。在罗马淹留一月，朝觐教皇，凭吊人兽圆场，考察法西斯的文物，及新意大利的民俗。六月避暑地中海滨，游摩那哥小王国，观尼斯嘉年华会。七月取道马赛，经里昂，抵法京巴黎。后又折往比利时，在鲁文大学研究社会学及政治学。二十三年的初冬，渡北海至英京伦敦，自苏格兰南旋，经爱尔兰，渡大西洋，沿葡萄牙，西班牙，北非洲各海岸，复经苏伊士运河，仍依原道回到上海。统计这一次我到欧洲去旅行，海行五万里，陆行二万里，旅途中随时笔记所闻所见，这里所发表的，仅限于一部分猎奇的材料。此外还有许多关于政治，社会，文学，艺术的文献资料，将来打算另外加以整理发表；深愿能获安心执笔的机会，把两年来观察所得，公诸国内学术界作为借鉴。"

全书 313 页，收 10 章，有标题：《猎奇开篇》《海外印象》《欧洲都会猎奇》《法兰西巡礼》《蒙德卡罗赌城》《小巴黎白露塞》《雾之国伦敦》《维也纳新横颜》《从柏林寄来的信》和《从比国回到上海》。每章又分若干文章，如《猎奇开篇》收文：《游园会中一席话》《放浪海外的欲望》和《做了两年自由人》；《海外印象》收文：《再会上海》《同舟的旅伴》《小小世界》《自满与九龙》和《英国旗下的香港》等；《欧洲都会猎奇》收文：《星期日在罗马》《教皇与新闻记者》《三位中国主教》《人兽斗场与殉教墓道》和《天主教的发迹地》等；《从比国回到上海》收文：《第一次在外国过圣诞》《山诗归鸿》《别了鲁文》和《白露日与夏试场》。

文学生活

　　《文学生活》,张若谷著,金屋书店印行,民国十七年(1928)五月初版,不知印数,每册实价 6 角。封面与封底设计相仿,红黑双线框,内印书名(中文与法文)等,相当素雅。

　　书前空白页印:"呈献亡父之灵"。并印朱应鹏所画作者彩色肖像,虽不清晰,但能看到人物斜视的双眼。

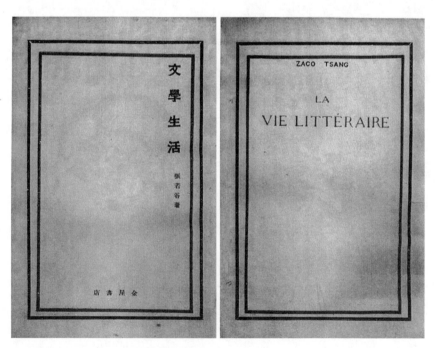

⊙《文学生活》1928 年初版封面和封底

全书 190 页,收文:《张若谷论》(傅彦长)、《第六个朋友》(邵洵美)、《若谷与我》(叶秋原)和《关于我自己》,以及《文学生活》《月曜讲话》《我们为什么悲伤》《出了象牙之塔》《芥川龙之介的中国游记》《你往何处去》《漫郎摄实戈》《少年维特之烦恼》《为预言者的艺术家》《异端》《一生》和《文学大纲》。

傅文长达 10 页,细读一过,感觉啰嗦,思维上缺乏的是一种简捷。其中说道:"张若谷先生把他近年以来所做成的文章,凡是其中有关于文学方面的,都聚在一起,集为一本书,名字叫做文学生活。在这两年多里面,日子似乎过得很快,我们两人差不多天天见面,见面之后就上天下地的无所不谈。为了有这层资格的缘故,他这本书几篇序之一,在我自然是义不容辞,很

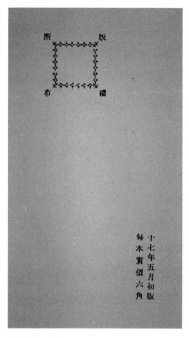

⊙ 版权页

不客气地自己要求来做一篇的了。后来一想,一篇颂扬式的序,或是一篇不关痛痒的卷头语,就是做好了也不是个道理。他为人和善,欢喜谈天,有许多朋友常在一起,我当然不过是他许多朋友之一,因此晓得他的地方很多,所以一篇很随便写下来的序是不合用的。加以常常有人在我面前问起他的一切,因此就决定来做现在的一个题目,张若谷论。"接着,便对张若谷归纳出了两点:其一,他是一位很虔诚的天主教徒,从小就受了很严格底拉丁文明系统的教育。其二,他是上海城隍庙里面的老土地。尤其是第二点,叙述繁复,让人读得不耐烦,也许这就是理论家傅彦长的风格。在论述最后写道:"前面关于张先生两个特色的说话,一点没有夸张,凡是认识他的人,当知我言的不谬。他除此之外,还深通音乐,欢喜收藏旧邮票与美术片,常在街上行走,勤于找寻朋友,这或者与他的文学生活也有关系的吧。"

邵洵美的《第六个朋友》,1928 年 2 月 26 日写于上海,写得颇有意趣,且留有不少他那个圈子里的"掌故":"天下的事情莫非是偶然的机会,我到今天更相信这句话,假使上海容得下我,我决不会去英国;假使我不去英国,我决不会认识纪文;假使我不认识纪文,我决不会去南京;假使我不去南京,我决不会遇到若

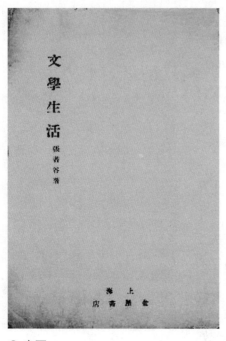

⊙ 扉页

谷；假使我不遇到若谷，我便决不会写这篇东西。世界上我最爱的是三样东西：(恕我在我国文字中找不到比东西更适当的字儿)那便是老婆，诗歌与朋友。我的老婆是盛佩玉；我的诗歌是史文朋的诗歌集第一卷；我的朋友是寿康，道藩，常玉，滕固，纪文与若谷。当然我的朋友还有数百，好朋友也还有数十；不过最具特征的便是这六个。六个朋友之中若谷与我认识最晚，所以我在这里称他是我第六个朋友。他是一个寂静而又热闹的朋友。寂静的时候，他好像在与上帝密谈；热闹的时候，他好像在宣传共产，舍生忘死地高谈阔论，虽然他所讲的话恰和共产相反。他是一个天主教徒，但他的议论有时竟会使我们疑心他是个无神论者；不过当我们更仔细地味嚼他的议论时，那么一处处还是见到他是个极虔诚的信徒。说到这样个矛盾的他时，每有人以为我是胡说乱道，但是了解他的还是一般能解他。我自认是能了解他者之一。我知道他的爱好，因此我想我也知道他的趋向。他好似一条蜓蚰，走过的所在，都留着闪耀的色彩。但他只是谨谨慎慎地慢慢前行，不想跑也不想跳，也不想去至他不应去的地方。不了解他的以为他是个怪物，了解他的也承认他是个怪物，啊他是个怪物。文学生活便是这条蜓蚰的痕迹之一，像虹一般的一切颜色都有。而这条痕迹的路线，却便是圣德伴物所走过的；法郎士所走过的；厨川白村所走过的。他也和克赖肖一般是个天主教徒而又是个希腊主义的崇拜者：我们知道前者是他的目的后者是他的步骤；前者是他的信仰，后者是他的同情。二者不可得兼，而他居然能兼之，且能使二者不相混也不相犯。啊他始终是个怪物。最使我佩服的，是他读书的本领，凡是他想读的而读得到的，他都去读。凡是他读过的，他差不多完全能记得。他又能尽量地应用他读过的书到他自己的文章中去。他常对我说，他的文章他自己至多做三分之一。我的确相信他这句话。但他决不是抄袭；他不过借了人家的脑子，灵魂是他自己的。啊他始终是个怪物。但是文学生活不过是他过去的痕迹,决不便是他的建设。若谷吓,我们远要你的建设。"

⊙ 作者肖像

叶秋原的《若谷与我》,写于 1928 年 3 月 1 日,4 页,其中说道:"说起,若谷与我的认识,是三年前的事。那时我还在美国仅有一华生的印第安那大学里读书。在静寂的白罗明灯城里,只有一个中国学生的大学里,我正在过我快活的昏迷生活。我的在国内的朋友因为要办一种刊物,从中国来信叫我做些东西寄给他们。我抽暇曾经写过几篇文字。因为他们办的刊物不幸的夭折,我写的文章就给他们转投到《艺术界》里去。编者若谷,就承他采用了。我所写的是介绍意大利文艺复兴期中的一位雕刻家 Luca delia Robbia 啊,忧郁悲凉的罗比亚,就做了我同若谷认识的姻缘,这是如何值得我们留恋的。我因此不得不感激罗比亚,不得不感谢我的旧友。"

张若谷写于 1928 年 2 月 24 日的自序《关于我自己》,37 页,只能摘录一些片断:"我的随笔文集之一《文学生活》将付印了,乘这个机会,来随便写几句关于我自己的话。……这本《文学生活》只是我对于鉴赏文学趣味所留下的一点痕迹,并非是一位什么伟大文学家的生活记录,也更不是一部讨论到'为生活而艺术'或什么'生活艺术化'学说的专门著述。在里面,读者们找不到文学家自传体裁的作品,也找不到透彻警惕的理论或批评,更找不到什么文学的创作,所有的,只是十几篇的读书的札记而已。这十几篇札记式的文章,题材方面都是偏趋于文学,差不多大半是讲到西方文学方面的,而且都是漫无统系,更没有作研究准备的零散东西,或难免要引起读者们的责难诘问,就来表白一番我与文学发生趣味的因缘,与我执笔为文生活的经过。"之后提到了他的四个"文学启示者":第一个是他的父亲;第二个是他的国文老师吴石钧先生;第三个是他的法文老师郑神父 P. Pierre;第四个是震旦大学的法文教授乔相公 P. Germain。除此之外,张若谷还提到了一些"予我以文学艺术上鼓励者的朋友们,表示我的感激与谢意"。其中提到了傅彦长、朱应鹏、徐蔚南、郑振铎、吴宓、周作人、鲁迅,以及邵洵美、叶秋原。讲到鲁迅时,这么说:"在将来见面的时候,我一定要要求鲁迅先生,把厨川白村的其余几部作品都译出来,最好能把全集六卷都译成中文。或至少把《走往十字街头》《近代文学十讲》(此书虽已有罗迪先生的译本,但我以为鲁迅先生不妨再重译。)因为我有些迷信,好像厨川白村的作品,只有他的译笔可以逼有原文的风味。"在此文的末尾,作者写道:"至于本书题名的来历,也没有什么旁的意义。因为开卷第一篇文章标题为《文学生活》,照普通出版者的习惯,就移用过来当做书名,想也未始不可以吧?"

都会交响曲

《都会交响曲》，张若谷著，上海真美善书店印行，1929 年 8 月出版，印 1 500 册，不知售价。

书前空白页印："给邵洵美"。

另有曾虚白写于 1929 年 8 月 17 日的《曾序》。曾是真美善的老板，老板为作者写序，应该说是不多见的，可算作一种佳话。笔者从其他一些文字中得知，曾与张是

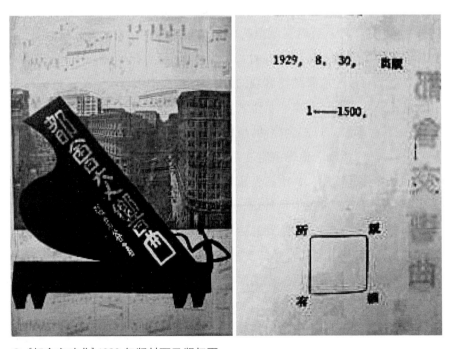

⊙《都会交响曲》1929 年版封面及版权页

⊙ 扉页

朋友,然而在张的《文学生活》中的《关于我自己》中并没有提及这位曾虚白,似乎是在朋友圈之外的人物,其实道理很简单:因为彼此尚未认识,认识而结交是后来的事。

这可从《曾序》中窥其端倪。《曾序》4 页,是从另外一个新朋友的视角看出的张若谷:"若谷把他最近的短篇创作汇成一集,命名《都会交响曲》,叫我给他做篇序。其实做序文的意义,只是把作者欲言未尽的地方,给他发挥一下,引申一下,使读者们对于作者有一层的了解。我跟若谷虽交谊的历史不久,可是能了解他的朋友中,似乎也可以算一个,那么,在这里给他赘上几句,或者也是可以的吧?我向来以为文学作品多少总是主观的表现,不论你是怎样客观的描写,总有时在字里行间会显露出作者的本来面目;所以,明眼的读者都能看过了作品就认识作者的。比仿这本《都会交响曲》中的四部小说,我知道作者下笔时都是取着纯粹客观的态度,可是我们跟作者熟稔了的人看了之后,只觉这儿那儿时时浮露出一个张若谷的影子来。不信你瞧:若谷是生长在都会中,从未有一天脱离过都会生活,所以这四部小说全都充分地表现出都会中的色彩,丰富,迷魅,活动。他是沉醉在都会生活中,眷恋着物质享受的,所以这部书可以算是都会的颂诗。从小在音乐环境中长大的若谷,在作品中,也给我们一种音乐性的魅力。音乐我本是外行,可是生就一种灵敏的受感性。每常在音乐会中听到交响乐,也会兴奋,听到悲调,也会恻然,虽一时指不出感动我的在什么地方,可常会莫名其妙地受音乐的支配,读着这本《都会交响曲》,我感到仿佛又在音乐会中听着一只只曲调顺序的演奏。再从技巧方面说。我觉得作者有两种特征:第一,他擅长着'裁缝的艺术'。裁缝能把人家做就的布正拿到手里凑起来就成了自己的创造。这件做就的衣服的确有新的灵魂,新的生命,决不是用剽窃伎俩者所可比的。若谷的作品每常要遇到他人的作品给他利用了创生出一种新的情调，这不是一种天衣无缝的神工吗？第二，他擅长着个性的表现。若谷是个深心的观察者，凡跟他接触过的人，他都能提出他异人的特点；因此在他作品中，每一个人物，都有他不类别人的地方，其实他只留在脑海中的种种模型搬到纸面上来表演一番而已。或者读者们要紧着音乐会的开始，讨厌我这开场者的絮絮不休吧？那么，大家静些，听作者自己的前奏曲吧！"

全书收文5篇：《前奏曲》《都会交响曲》《月光奏鸣曲》《寂寞独奏曲》和《中秋黄昏曲》。

笔者之所以对张若谷感兴趣，主要原因是他的音乐评论，从开始关注，一直到搜寻这方面的著作版本，大致见到过他所有音乐评论方面的著作，如《艺术三家言》（良友图书印刷公司1927年版）、《音乐ABC》（世界书局1929年版）、《歌剧ABC》（世界书局1928年版）、《到音乐会去》（良友图书印刷公司1926年版）、《都会交响曲》（真美善书店1929年版）等。一位作家，对音乐的感受，并把感受以文字方式表达，肯定是与他的教育经历有关。张若谷的音乐经历始于天主教学堂教育的背景，宗教音乐的启蒙，从而使他有着良好的音乐素养，再加上娴熟的法语能力，很自然地把他推到了介绍音乐的前沿，并开始在报刊发表自己对音乐的深切感受。据他的经历，从1925年至1930年，是他音乐评论创作的高峰，尤以《申报·艺术界》的"市政厅音乐会"系列和对上海音乐会盛况的报道与评论的数量为最多、内容最广、影响也最大。上述著作大多是由这些音乐文论积累成册，这些版本在本书中几乎全部都能读到。

真美善（女作家号）

　　《真美善》（女作家号），张若谷编，真美善书店（上海棋盘街五二五号）发行，民国十七年（1928）十二月付印，民国十八年（1929）元旦初版，国光印书局印刷，印3 000册，每册实价大洋8角。之后见到过1929年3月再版与1931年5月三版，印数依次是：初版1～3 000册，再版

⊙《真美善》（女作家号）1928年版封面及版权页

3 001～10 000 册，三版 10 001～13 000 册，印
到三版时已经是 13 000 册，数量之大在当时也让人
瞠目。

这是一本杂志型的书，准确的书名是《真美善杂
志一周年纪念号外女作家号》，封面由朱应鹏所画，
之后有扉页和卷头语，还有插图多幅。全书以诗歌、
小品、小说、戏曲、传记、忆语和评论分栏，每栏收文
若干。诗歌收：《赞美所见》（冰心女士）、《征者的恋
歌》（露丝女士）和《胜利者的泪歌》（露丝女士）；小品
收：《烦闷的时候》（绿漪女士）、《前途》（小蕗女士）、
《路程》（大璋女士）和《意外》（季美女士）；小说收：
《畸侣先生》（庐隐女士）、《血迹》（露丝女士）、《最后
的信》（学昭女士）、《疯了的父亲》（曙天女士）、《安
慰》（舞心女士）、《给哥哥的一封信》（绮潇女士）、《且
慢喝得醉醺醺的》（娜环女士）、《一个个性爱的失恋

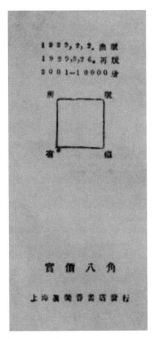

⊙ 1929 年再版版权页

者》（佳玲女士）、《不知为你洒了多少眼泪》（光楣女士）、《故家》（志筠女士）；戏曲
收：《蔷薇酒》（白薇女士）、《究竟谁是扫帚星》（昌英女士）、《贤良的母亲》（续新
女士）和《重逢》（慧深女士）；传记收：《莱加米儿夫人》（方于女士）、《希腊女诗圣
莎茀》（邵洵美）、《诺亚伊夫人》（病夫）和《才媛九条武子夫人》（崔万秋）；忆语收：
《因风想》（徐蔚南）和《女诗人石评梅》（孙席珍）；评论收：《梅脱灵克的青鸟》

⊙ 插图三幅

（雪林女士）、《创作与批评》（张娴女士）、《孔德实证哲学原理》（林宝权女士）、《以女性为中心的笔生花》（傅彦长）、《□山女作家》（病夫）和《中国现代女作家》（若谷）。其中一字不清，只好以"□"代之。

艺术三家言

　　《艺术三家言》,傅彦长、朱应鹏、张若谷合著,良友图书印刷公司印行,失版权页,据悉为民国十六年(1927)十一月初版,不知印数,每册实价大洋 4 元。

　　此书为布面精装本,大 32 开,精装本外应有封套,笔者所见版本失封套。从良友版的精装图书看大多有封套。此书有环衬、扉页,在封二和环衬上还印有图案,版

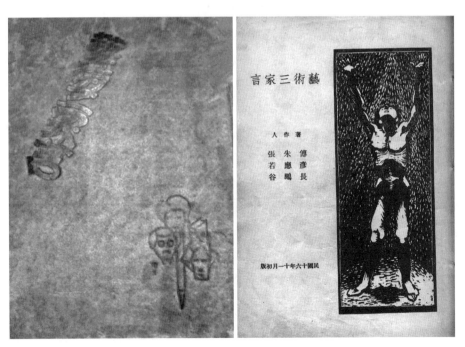

⊙《艺术三家言》1927 年初版封面和扉页

⊙ 上卷之前的装饰图

权页单独一页,背后有一小框,内印"我们谢谢 徐蔚南君为本书作序言万籁鸣君为本书作封面伍联德君为本书装饰"。从中可以得知封面设计与版面的装饰者。封面压模上印有书名,是美术体,从右上至左下斜印,右下角绘有三个人头,另绘有一书一笔,看来是象征傅、朱、张三作者。压模图案不清晰,这也从侧面可推断此书曾有封套,估计封套图案与压模图案相同。万籁鸣作的封面并不精彩,很一般。伍联德的版面装饰倒颇有意趣,伍当时是良友的老板,且自己是绘画出身,良友的出版标记就是他设计的。此书有装饰处,除扉页外,还有每卷之前的装饰图,中间竖排美术体书名和卷别、作者名,图案是四射的火焰,红红的,有动感,感觉炽热。此书设计的总体感觉相当规范与厚实,从一本书就可看出出版社的实力与理念。书中收有几十幅插图,而且印得极为精致,除了用纸较好外,印刷的水平也很高,可以看得出是在用心"做书"。

全书分上、中、下三卷,分别是傅、朱、张的文章,傅文收 37 篇,朱文收 23 篇,张文收 30 篇,其中还夹有其他作者的附录。三人所谈内容不一,有所侧重,对艺术各门类的阐述似有分工,但又很难截然分开。给人的感觉是各谈各的,特色不明显。有意思的是,在每卷的卷首图后,都有作者的画像一幅和照片一枚,所绘所摄都相当精致,水平很高。三位作者傅朱张的绘画肖像,分别由陈抱一、朱应鹏和周劲豪所绘。朱应鹏的一幅名为《海盗》,站着的裸男即朱应鹏,此画属自画像。

当年见到此书时,对这三位作者只是耳闻,陌生。这也不奇怪,不少作者在三四十年代相当走红,可到了建国之后便彻底销声匿迹,这是时代之使然。好在徐蔚南在民国十五年(1926)七月十六日写于江湾的《艺术三家言序》中略有所及,否则读者会连作者是何许人也不清楚,那才是悲哀。

在序中讲到傅朱张,因篇幅较长,只能摘其一二:他(傅)最喜欢看电影,但是有一个时候,手边却没有钱了,他便很爽快地向人讨二角钱去买票,人家给他三角钱去买楼上的票子,他却一定不要。……总之,傅君的思想行为,决不是平庸的,这是我敢告于读者诸君之前的。

朱君在艺术界蛰伏了好几年,这原来是运命啊!然而他终究是个勇往直前的青年艺术家。社会压迫他,他不怕;历史压迫他,他也不怕。他抛撤了他背上的历史的负担;他冲破了他四周的社会的包围。他不管人家的毁誉,在绘画一方面,他努力创作他的光明,同时在指导艺术进程一方面,他写出了他的警辟的思想。

张君对于研究学问既是虚怀若谷,他的对于朋友,也是如此。他见着人,脸上总是一片笑容;和人谈话,不傲不卑,总是从容不迫。所以无论那个人见了他,在他背后又都要说:"若谷这个人很有趣味,是活泼的少年"……但是他冷静起来也会像一个以前闺中的少年。

徐蔚南最后的总结很有意思:

> 傅,朱,张三君的思想,以我见,觉得是一贯的,没有多大的出入。傅君在三人中仿佛是运筹划策的大人物;朱君呢,是冲锋陷敌的勇将了;张君却是筹备辎重的要人。他们三人联合起来,就能成为艺术界的一支生力军;分散了,也不失为艺术界里的重要战斗员。

对于此书,很早就听说,据说在当时还有一定影响。鲁迅曾在给赵家璧信时

⊙ 三位作者绘画肖像

谈到过这本书："我希望二千部能于一年之内卖完（编者注：指鲁迅写序的《一个人的受难》），不要像《艺术三家言》，这才是木刻万岁也。"从这段话看，也由良友公司出版的《艺术三家言》，当时的销路好像并不好，至于详情如何，不清。但有一点是可以肯定的，鲁迅先生对这本书并无好感，认为这是一本没有价值的书。

在封三上盖有两章，一是方章，标明"上海四川北路旧书店，售价 2.00"。另一圆章，印有"供应□"，最后一字看不清。在封底与环衬页的左上方贴有一张上海旧书店四川北路门市部的发票，时间是 1959 年 1 月 30 日，时价 2.00。类似这样的夹带，有着一定的史料价值，起码能使几十年后的得书之人了解当时的书价。今日得书已是当时价格的 150 至 170 倍了，吓人一大跳。但是，回观 46 年的变迁，书价也融于时代而变化，并在说明一点：时代的车轮，带着书价突飞猛进！

歌剧 ABC

  《歌剧 ABC》,"ABC 丛书",张若谷著,ABC 丛书社出版,世界书局印刷发行,所见精装和平装两种版本,民国十七年(1928)九月初版,民国十八年(1929)四月再版,不知印数,精装本每册 6 角,平装本每册 5 角。精装本封面无书名,估计外有封套,已失。书脊处书名烫金。

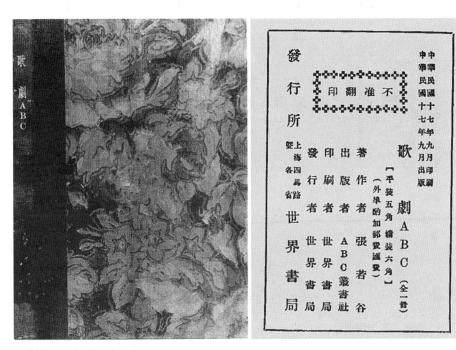

⊙《歌剧 ABC》1928 年版封面及版权页

"ABC 丛书"，由徐蔚南主编，ABC 丛书社从 1928 年 6 月至 1935 年 5 月共出版 152 种，包括社会科学和自然科学的各种门类，其中文学艺术类丛书 29 种。

全书 132 页，书前有徐蔚南写的《ABC 丛书发刊旨趣》："西文 ABC 一语的解释，就是各种学术的阶梯和纲领，西洋一种学术都有一种 ABC：例如相对论便有英国当代大哲学家罗素出来编辑一本《相对论 ABC》；进化论便有《进化论 ABC》；心理学便有《心理学 ABC》。我们现在发刊这部 ABC 丛书有两种目的：第一，正如西洋 ABC 书籍一样，就是我们要把各种学术通俗起来，普遍起来，使人人都有获得各种学术的机会，使人人都能找到各种学术的门径。我们要把各种学术从知识阶级的掌握中解放出来，散遍给全体民众。ABC 丛书是通俗的大学教育，是新版知识的泉源。第二，我们要使中学生大学生得到一部有系统的优良的教科书或参考书。我们知道近年来青年们对于一切学术都想去下一番工夫，可是没有适宜的书籍来启发他们的兴趣，以致他们求知的勇气都消失了。这部 ABC 丛书，每册都写得非常浅显而且有味，青年们看时，绝不会感到一点疲倦，所以不特可以启发他们的知识欲，并且可以使他们于极经济的时间内收到很大的效果。ABC 丛书是课堂里实用的教本，是学生必办的参考书。我们为要达

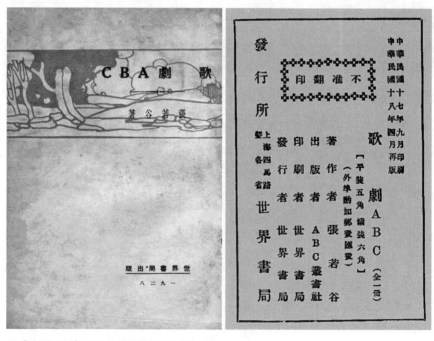

⊙《歌剧 ABC》1929 年再版封面及版权页

到上述的两重目的,特约海内当代闻名的科学家,文学家,艺术家以及力学的专门研究者来编这部丛书。现在这部 ABC 丛书一本一本的出版了,我们就把发刊这部丛书的旨趣写出来,海内明达之士幸进而教之!"

后有若谷 1928 年 1 月写的《例言》:"本书编著之动机,乃感于国内犹缺乏关于歌剧之专籍,冀补满其缺陷。本书之目的,在使一般时代民众能理解歌剧之观念。全书共分十五章,绪论一,附录一;先讨论歌剧之定名,要素,分类用与傍系戏剧之比较,使读者先得一清醒之概念;次分别解剖歌剧之组织:若伴奏之乐歌,若剧本之作法,乐曲之填谱,以及优伶之动作表演等,详细研究;再次则叙述歌剧进化之史纲,自希腊古代乐剧起,中经意大利之文艺复兴,德国乐剧之革命,歌剧霸王华格那之诞生,直经近代纷纷之各种主义以及现代各国国民歌剧派之成立;最后则介绍三十二大家之作品世界著名歌剧百种。使一般读者,无论对于西方之艺术有无兴味,能一目了然,认识所谓歌剧之为何物,或可不再强以中国之旧剧或时下流行之儿童歌舞比拟之为歌剧欤? 本书之目的,如是而已。其余则于绪论中详言之,恕不多赘。"

全书分 15 章,分别介绍歌剧的定义、分类、表演、起源、改革、派别等,最后一章是专门介绍各国名歌剧的故事,有可读性。书末有"ABC 丛书目录"。

笔者得到此书相当早,对张若谷一点也不熟悉,而且马上把"张谷若",与"张若谷"混淆了起来,属彻头彻尾的张冠李戴,后来才弄清楚两者风马牛不相及。为此,笔者在拙著《民国版本收藏断想及其他》中收有一文《张若谷与张谷若》,以供参考。

音乐 ABC

　　《音乐 ABC》，"ABC 丛书"，张若谷著，ABC 丛书社出版，世界书局印刷发行，所见精装和平装两种版本，民国十八年(1929)四月初版，九月再版，不知印数，精装本每册 6 角，平装本每册 5 角。精装本封面无书名，估计外有封套，已失。书脊处书名烫金。

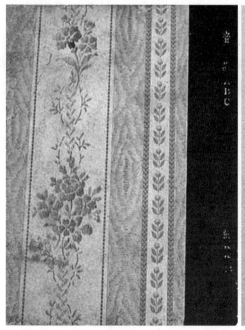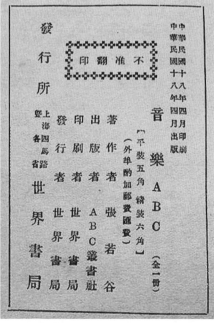

⊙《音乐 ABC》1929 年版封面及版权页

书前有徐蔚南写的《ABC 丛书发刊旨趣》。

后有编者写于 1928 年 8 月 5 日的《例言》，其中说道："本书除第一章绪论外，参考材料多取于末章所列举六十余种的中日德法音乐专著，间有借引东西文哲学者的吉光片羽为证例者，在每章后面都有注解。本书编纂目的，专在供给一般爱好音乐而未得入门径者，为一种必须准备的音乐知识自修书。内容除详细解说乐谱上的一切常识外，并兼重技奏的实习与鉴赏的指导。本书内容，包含音乐概论，乐谱常识，歌唱方法，乐器奏演技术，乐曲形式，乐曲组织，世俗音乐，宗教音乐，音乐史纲，音乐家传记，音乐会鉴赏法等等，都为初学音乐必不可少的准备知识。分八大章，提纲挈要详解说明，手此一册，胜读他书十编。……"

全书 149 页，收 8 章：《绪论》《乐谱》《声乐》《器乐》《乐式》《乐曲》《结论》和《文献》。每章收若干小节，如第一章《绪论》，内收《威廉第二的音乐论》《缪塞的音乐赞颂》《音乐的要素——和谐》《孔子和托尔斯泰的音乐论》《练习乐器的年限》《风琴在音乐上的地位》《音乐与人生》《达莱拉克的逸话》《音乐的美丽》和《本书的内容与目的》。如第七章《结论》，内收：《音乐史》《十大音乐家小传》和《音乐会》。

书末有"ABC 丛书"全部书目。

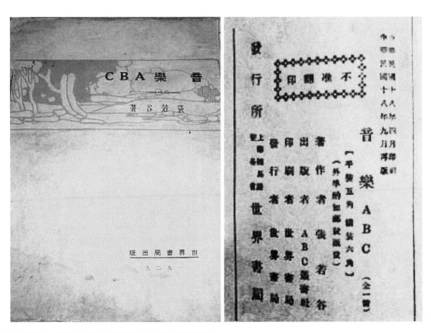

⊙《音乐 ABC》1929 年再版封面及版权页

到音乐会去

　　《到音乐会去》,张若谷著,良友图书印刷公司(上海北四川路)印行,1927 年 11 月初版,不知印数,每册实价大洋 8 角。

　　空白页印:"呈本书序者傅彦长先生"。另有"本书著者其他译著"10 种,可作为书目资料留存:《艺术三家言》《艺术十二讲》《文学生活》《音乐讲话》《新都巡礼》《革命

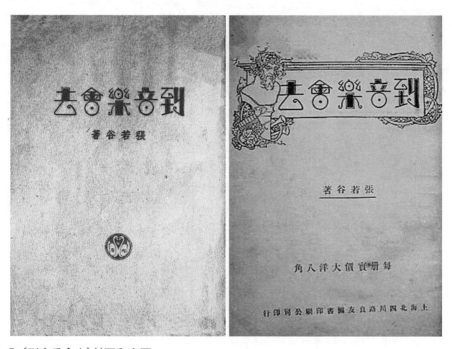

⊙《到音乐会去》封面和扉页

歌论《珈琲座谈》《拉风歹纳寓言》《茶花女研究》和《法国文学研究》。除《艺术三家言》已经出版外，大多标有"印刷中"或"编著中"，其实有不少书以后都问世了，但也有个别的估计未出，至今未见，如《拉风歹纳寓言》等。因此，此类书目只能作为参考，决不能以此为佐证。

书前有作者写于 1927 年 11 月 20 日的《卷头语》："本书题名译抄自法国现代女文学家高兰德 Colette 的小说：'L. Enyers du Music Hall'。本书根据自上海市政厅音乐会历年来的 Programe，并参考其他汉法英日的音乐专著而成。本书收编有西洋著名乐家七十人的传略，名曲解说，名歌剧本事，并附有四十乐家的肖像，及名画六幅。本书依各乐家冠首的罗马字母为次序。本书为上海艺术大学音乐系教本。本书承万籁鸣王文桢两君作插画，伍联德君装饰梁得所君题字，特此志谢。"

另有傅彦长的《傅序》，最后说道："至于张先生的这本书，是有目共赏，我也不必来多说。将来中国一定会有国民音乐学派出世，也是现在说得定的一件事。"

⊙ 插图二幅

张若谷的《代序》，4页，写于1927年4月1日，实际是旧文章的摘录，开头说道："我编著这本《到音乐会去》的目的，可以在下面从我旧文章节录下来的残句里看出。那些文章的原文，都已收集在《艺术三家言》里面。现在采用断章取义的偷懒法，勉强凑成这篇东西，就作本书的代序——"全文共节录旧文六节，选择其中的一节："我人试作客于异邦，若德之柏林，法之巴黎，英之伦敦，美之纽约等大都会，则每夕可出席音乐奏演会，彼邦仕女，几无夕不沉醉于幽悠谐和之音里；朝野歌舞，皆欣欣然有喜色。盖人生精神有限，终日仆仆风尘，身心俱劳，休息之余，得聆美妙音乐，可以浇块垒，振精神，宜其国人遇求学治事时，常有生勃气也。艺术之影响于人生，有如是者！反观国内民气颓废之状，令人凄然生我不如人之感⋯⋯"

全书收音乐家70人，如巴赫、贝多芬、斐利尼、皮才、勃拉姆斯等。

十五年写作经验

《十五年写作经验》,张若谷著,谷峰出版社出版发行,民国二十九年(1940)九月出版,不知印数,每册实价1元2角。总经售是"上海爱多亚路一六〇号四〇二号房间筱费君"。封面书名由柳亚子题签。

书前和封底皆印商业广告,如美丽牌香烟和《中美日报》的广告。

另有徐蔚南 1940 年秋写于泽人堂的《徐蔚南序》,其

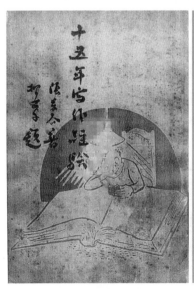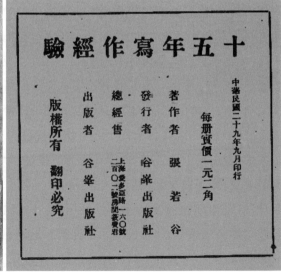

⊙《十五年写作经验》1940 年版封面及版权页

中说道："若谷张兄努力于写作，于兹十五年，孳孳孜孜，弥钻弥坚，而他在大中学校当教授也有多年，所以又极富于教育经验。今出其十五年来的写作经验，作有组织的叙述；写成《十五年写作经验》一书，内容分为四部：（一）叙述其学生时代的写作经过，（二）叙述其记者时代的写作，（三）为写作技术经验，特别注意于描写方面，以及叙述其如何从法国文学中获取写作方法，（四）为文体研究，举凡文学批评，文学随笔，音乐批评，写景文，游记，写真文，传记等作法，凡是他自己亲身经验得意的写作方法，都淋漓尽致地写了出来了。作法书籍最苦干燥，而若谷兄这部著作，读来却像读小说一样，津津有味，这不仅因为此书编叙述其'得意之笔'，一方面却想尽方法使读者获得写作的技巧，所以写得既有兴趣，而又恳切（或者可说是实用）。曾记得法国近代文豪法郎士的文学生活序中说，故事题材，岂仅限于男女间事，就是文学鉴赏也可作为故事的题材的。他的文艺批评，正是他所创作的文学故事。若谷兄这本著作，可说便是法郎士所说的写作故事集，一本绝妙的写作故事集！"

作者的《自序》写于 1940 年 6 月 9 日，4 页，其中说道："去年九一八纪念日，我得认识一位姓李的天主教传道士，他才从罗马教廷传信部大学毕业回国，到北方去教书，道经上海，送了一本书给我。在那本书的扉页上，他写着这几句话：'我平日最喜欢读名人的自传，尤其文学家的写作经验，因为从这里面我可以得到许多指导和暗示，我希望你也有一天能将你的文学生活描写一个轮廓给我看，那时我读书必定更觉亲切有趣。'十二年前，在拙作〈文学生活〉的卷首，我曾写过一篇〈关于我自己〉，是讲述我过去二十三年生活史上关于写作方面的事情。至于那一本〈文学生活〉，只是我对于鉴赏文学所留下的一点痕迹，在里面既找不到像文学家自传体的作品，也没有透彻的理论或警惕的批评，只是十几篇的读书札记而已。……回忆在我十五年的写作生活过程中，其中经过不少的曲折，阻碍，和磨难，曾在暗中摸索过，也曾在道旁彷徨过，幸得诸位师长友人的启示和指导，历尽艰程，终于在文艺的园地中，得到了一些小小的收获。如今虽不敢以'识途老马'自居，但是把个人十数年所经历的，作一次自我的检讨，同时或许对于学习写作的青年在参考方面，也不无小补吧？这就是我写这〈十五年写作经验〉的唯一的动机。……〈十五年写作经验〉是一种自我经验的报告，不能当作教科读本，因为他既不是〈文心雕龙〉，也不是〈文章作法〉，若使有人要走文艺正路或走捷径，读了我的报告，一定要大失所望。希望读者不妨当作闲书一样地看下去，你们或者会感到亲切有趣，假使看了乏味，那只好怪我的文字写得拙劣了。"

全书 172 页，分 4 辑，有标题：第一辑《学习时代习作》、第二辑《记者时代习作》、第三辑《写作技术经验》、第四辑《写作文体研究》。附录收《写作文体举例》。每辑收文若干章，如第一辑内收 3 章：《小学时代的习作》《中学时代习作》和《我的处女作》。在每章内再收文若干，如《我的处女作》中收《笔记航空演讲》的《〈圣教杂志〉与〈辛报〉》等。

书末还有一篇作者写于 1940 年 9 月 19 日的《跋》："中华民国二十九年之夏，我利用暑假空闲，闭户著作，写一部近乎自传和报告写作经验的书。在震旦大学举行暑期考试时，我开始执笔，从六月十一日起，逐日在中美日报副刊《集纳》上发表，一直到七月三十一日为止。本来打算再多写一些；但因为困居在这个黑雾妖氛笼罩下的孤岛，在阴谋，暗杀，恐吓，枪声的险恶环境中，一切都有朝不保夕的景象，为了职务的关系，我又不得不埋头于写作的工作。我的《十五年写作经验》就在这种情境之下而被挤出来的。……我在震旦大学担任教职，已垂三载，最近该校当局为了不堪环境的压迫，把我的职务解雇了。我虽提出抗议，也属徒然无用，我只得到该校'等到将来环境变更时震旦大门重为君开'一种含糊的答复而已！这样却可以更使人增进自力更生的信心，加强努力于本位工作的意志，及争取正义光明的毅力。《十五年写作经验》可以算是我的写作生活的一块纪程碑，同时或者也可以供给一般有志写作的青年作为参考之用，我谨以十二分的热诚，把这本小书捧献给你们。"

儒林新史——婆汉迷

《儒林新史——婆汉迷》，封面书名为婆汉迷，扉页书
名为《儒林新史》——《婆汉迷》，张若谷著，益华书局发行，
失版权页，据悉为1933年6月版，不知其他版权事项。

全书301页，分上下册，共收16章，有标题，上册10
章：《丧礼进行曲》《安乐王子》《大大娘》《大陆巡礼》《新
文化运动》《从离婚到结婚》《左派与右派》《浪漫诗人》《二

⊙《儒林新史——婆汉迷》封面和扉页

诗人游西湖》和《颓唐小说家》；下册 6 章：《艺术清党运动》《黄昏音乐会》《婆汉迷剧团》《三山五岳大会》《国民革命成功》和《戏法人人会变》。

笔者见到此书时已经很晚，那是因为看过鲁迅写的《不是责任的坦克车》才把事情联系了起来：鲁文讽刺张若谷躲在国民党言论自由的坦克车里放暗枪攻击民主人士，谁要上当，就会像赤膊的许褚遍体鳞伤……鲁迅写此文，是针对张若谷在《大晚报·辣椒与橄榄》上发表的《拥护》一文，此文声称："……拥护言论不自由……唯其言论不自由，才有好文章做出来，所谓冷嘲、讽刺、幽默和其他形形色色，不敢负言论责任的文体，在压迫钳制下，都应运产生出来了。"鲁迅原本想编一本《五讲三嘘集》，其中的"一嘘"即张若谷。

之后才引出张若谷在《大晚报》上连载长篇小说《婆汉迷》。据研究者分析，这小说是"恶毒"影射文化界的人士，以"罗无心"来影射鲁迅，以郭得富来影射郁达夫，等等。笔者以此为"推理"得出结论：罗无心，无心合为"忘"，而"罗忘"即鲁迅的一个笔名，而且"罗无心"与"鲁迅"谐音……更有人认为，《婆汉迷》写到了徐志摩的婚变，胡适的婚恋痛苦，郭沫若娶妻像只猩猩，愤而逃婚留学，变成浪漫诗人，郁达夫则是颓废小说家，长着老鼠眼睛，猫耳朵，偷看房东女儿洗澡，等等。做小说影射，历来如此，对号入座，也是家常便饭。围绕这一切，当年确实还打过不少笔仗，其中的是非成败，曲曲弯弯，如今的读者根本已无甚兴趣，甚至会觉得是窥看西洋镜，以博一笑而已。

而另外一些人，甚至包括当事者，都认为张若谷写过一篇关于巴黎穷艺术家生活的小说《婆汉迷》，这词是他从法文 Bohémien 翻译过来的，意为流浪汉或不拘生活小节的艺术家。有人认为当年在南京，叶浅予与梁白波便是欣赏和实践着这种"婆汉迷"的生活。黄苗子也认为，用"婆汉迷"形容当年他们在南京的生活非常贴切。与之相反，有人则认为，张若谷把"波西米亚"译成"婆汉迷"，这是个"香艳"的名字。凡此种种，说法各一。

这本《婆汉迷》，笔者只是粗略一过，并未细看其中的内容，也很难顺理成章或牵强附会地想像出什么"影射"对象，再说生活在社会中的人，即便被文学作品"影射"了，那又有何妨？！人以群分，物以类聚，这一群这一类去中伤诋毁另一群另一类，司空见惯，历来如此，看来更不必大惊而小怪。

从嚣俄到鲁迅

《从嚣俄到鲁迅》,《中国现代文学总书目》失收。

"新时代文艺丛书",张若谷著,新时代书局(上海武定路紫阳里)出版印行,版权页未印出版时间,据悉为民国二十年(1931)初版,印2 000册,每册实价5角。扉页印"新时代文艺丛书",封面和版权页皆未印,版权页也未盖作者版权印。

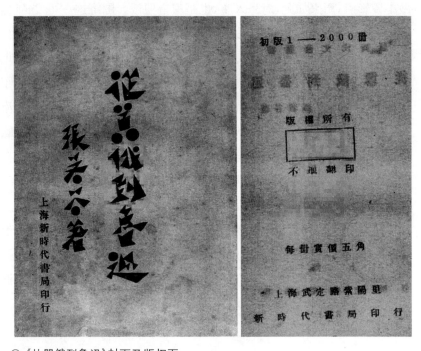

⊙《从嚣俄到鲁迅》封面及版权页

　　书前有作者 1931 年 2 月 15 日写于上海的《小叙》(即《〈从嚣俄到鲁迅〉序》),3 页,其中说道:"在这一本小书里所收集的,都是我在五六年来对于文学批评方面的文章。共包括中法德日四国的近代作家八人,代表作品八种:计小说四种,戏曲两种,论文一种,随笔一种。关于东西文学的介绍,除了曾在《文学生活》《异国情调》《咖啡座谈》,和本小书中发表过一部分文字以外,现在在这里所收集的,都是我自己认为尚能满意的近作。读者诸君可以从这些较有系统性的文字中,窥见我私人对于文学方面的一点意见。回想五六年来的文学生活,在当初我是抱着有多么的热情和切望,我也曾经努力过于写作的工作,多谢诸位师长和朋友们的指导和鼓励,使愚鲁的我,在文学的园地中,竟也得着一些小小的收获。我自己很明白,像我这样一个没有才情的人,对于中国现代的文艺界,没有什么成绩可以贡献,真是有说不出的内疚。尤其使我觉得惭作的,常常收到许多不相识的青年诸君们来信,要求同我做文艺上各种问题的探讨。我自己知道是识浅才短,决没有做他们导师或顾问的资格;不过因为我也正和许多有文学爱好的许多青年一样,我们对于今日出版界混乱的现象,常常发生彷徨道左,叫我们无从选读好的作品的感想。我们正是如何需要文学批评者的人才,来替我们做指导,希望他们在这大批生产的出版物中,替我们删剟选择,留下最好的作品介绍给我们诵读,为减去我们经济上的担负和可怜的头脑的困难。但是一直等到今日,我们还没有发见一个像我们理想中所要求的批评家来。如今,我不自量力先来做个冲锋小卒,把这样一个重大的使命来当十字架背。这里的几篇文字,都是为了这个目的而写成的,虽则没有什么特殊的价值,但在我自己却是煞费着一番苦心而写成的。若使给一般爱好文学的青年读了,能够多少会得到一点益处的话,那么我就谨以十二分的热忱把这本小书捧献给他们做一件小小的礼物。……至于我个人对于文学的意见,前年,我曾在文学漫谈会中,和日本普罗作家领袖前田河广一郎晤谈的时候,发表过一些。直到现在,我还没有变我的意见。我对于两年前所发表过的那一篇谈话,其中大部分我还承认它们有存在的理由,所以我附录在这一本小书后面,给诸位做一个参考。"

　　全书 143 页,收文 8 篇:《嚣俄和欧那尼》《小仲马的茶花女》《法郎士的女忧泰倚思》《谢多布良的少女之誓》《歌德的浮士德》《厨川白村的出了象牙之塔》《谷奇润一的富美子的脚》和《鲁迅的华盖集》。另加一篇附录:《与日本无产作家的对话》。

书末有"新时代文艺丛书"14 种,另有《法公园之夜》和《爱的三部曲》的广告词。

在这套丛书的版本中有此书的广告词:

新时代文艺丛书

从嚣俄到鲁迅

张若谷著　实价五角

张若谷先生是一个有名的作家,他出版的著作很多,用不着我们再来介绍的。《从嚣俄到鲁迅》是张先生的文艺论集,共包括中、法、德、日四国的近代作家八人,代表作品八种。著者在本书的序里说:"可爱的读者诸君:当你揭开这一本小书时,定要惊奇地发见着许多作家各人不同的思想才情,和东西民族不同的风俗意识。尤其当你们去披读他们的原作时,你们一定更会深刻地认识他们的天才,且痛切的渗进到他们的灵魂深处!"

留沪外史

《留沪外史》，驻华法国领事苏利爱莫郎著，张若谷译，上海真美善书店发行，1929 年 2 月出版，印 2 000 册，每册实价 4 角 5 分。

书前有王夫凡写于 1929 年 1 月 19 日的《王序》，从略。

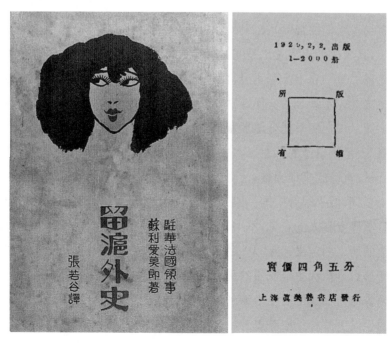

⊙《留沪外史》1929 年版封面及版权页

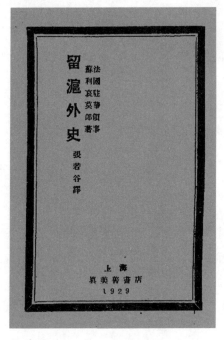

⊙ 扉页

另有译者 1929 年 1 月 7 日写于"上海法租界黄浦滩六号"的《译者序》，10页，其中说道："去年夏间，偶在上海某西书店买得法文小说一本，著者署名乔治苏利爱特莫郎 Georhe Soulie de Morant，原名《或人否认上海为乐城》Cequine savoue pas，Meme a Shanghai，ville de plaisir。适文友王夫凡先生，主持《时事新报》附刊《青光》笔政，缺少长篇小说，向我索稿，我就把这本小说介绍他看，他要求我翻译出来，每天在报上发表，当时很随便地答应了下来。每天在律师事务所中抽出一些空闲，陆续从事翻译。但是才译成四章，忽然害病，以致中断了两个多月。出了医院以后，应编者与读者们的督促，在四个月内，勉强总算把全篇译完。其实我自己只译了一半，其余的差不多完全是同学胡乌衣韩奎章两兄助译的，读者可在译文的修辞与笔风上分别看出。老实说，翻译法文的长篇小说，在我还是初次尝试，假如没有王夫凡先生天天的催促鼓励，同时没有胡韩两兄热诚的帮忙，难望本书有完成的一天。现在侥幸把全篇脱稿了，而且得到出单行本的幸运，译者谨向王胡韩三君，表示我挚诚的感谢。本书易名为《留沪外史》，有两层原因：一则因为原名太冗长，直译起来很困难；二则《时事新报》以前原登有春随的《留西外史》，外史这个名词，似乎很合中国一般读书界的口味，译者就老实不客气来袭用一回了。而且照译者私人的意见，本书题名《留沪外史》，是最确切不过的。以前人家对于外史的所下的定义：为'夫曰外史，原不自居正史之列也。'（见闲斋老人《儒林外史序》）只是指称史乘支流的稗官一类的作品；本书自然也是稗官小说的一种，但是内容恰巧描述侨居于上海外国人的生活，《留沪外史》，正可以当作留寓上海外人的生活史解释。原著者乔治苏利爱特莫郎，是一个'支那通'的法国外交官，曾任北京上海等处领事职，留驻中国约十余年，现任法国外交部。生平著作富繁，都是关于中国于文学艺术法律与学术方面的翻译或创作。……在中国出版界里已有过好多种的外史了。旧说部中的,《儒林外史》,李青崖译法国法郎士的《艺术外史》,(载《东方杂志》)二者虽以外史为名,但都不是异国外邦人的生活描述。近人小说中以异国生活为题材的,有不肖生的《留东外史》,陈春随的《留西外史》,黎锦晖的《留欧外史》,最近听说又有人正在著《留法外史》。《留东外史》到现在我还没有读过,听说还有《留东新史》,也未见过,不知内容如何。《留西外史》与《留欧外史》内容尚佳,但是有许多地方可惜还不能脱离低级趣味的描写。此外有陈辟邪的《海外缤纷录》,虽不以外史名,实际却是一部《留德外史》,描写还不坏,是章回体的小说。可惜作者自己当'这部书不是有益世道人心之作。我做着玩玩,无非是遣有涯之生'罢了,所以有许多不负责任不忠实的地方,迹近于市上流行的黑幕派小说。至于本书,我虽不敢估定它是第一流的作品,但是作者是法国近代文坛上有名作家之一。他的作品,常在法国有名的文学月刊 Mercure 杂志上发表的。就本书全体的艺术而言,有一种如在法国鲍特莱诗中可以寻到的所谓'企慕异邦之香气。'也如日本厨川白村所说浪漫主义的特色:'以崭新奇异的趣味,要耸动人心,所以贵狂热,爱妖艳,慕幽远,喜神秘的事。……'临了还有几个小小的声明:第一,本篇小说在《时事新报》上是用罗汉的笔名发表的,那时所以不用我的真姓名,有二层原因:一则因为我不愿意在翻译小说方面求名,二则在《青光》上做文章的大家都是用笔名的。但是朋友中与读者中已有不少的人早知道罗汉是我笔名了,现在又应了虚白兄的要求,就索性用了我本来的姓名来与读者相见。第二,原书有著者自己写一篇 Avant-propos,因为都是抽象隐晦的词句,太富于哲学意味,译者偷懒节去了。第三,书的原本,是根据一九二七年七月间由 Ernest Flammarion 出版第四版本。第四,原文中有许多地方,为了种种原因,不便发表,只好暂且删节了,这是译者应向读者们告罪的。"

全书 213 页,收文 22 篇,有标题:《夜饭后》《俄牧师的客厅》《圣救主堂》《夜乐会》《福州路》《四大金刚》《两人间的秘密》《可怜虫》《幻象》《西湖一夜》《密约》《忏悔》《女总会》《江西路》《骚扰》《礼查饭店》《结婚》《缴械》《大出丧》《自杀》《中毒》和《结束》。

中国孤儿

《中国孤儿》，五幕剧，福禄特尔（伏尔泰）原著，张若谷译，商务印书馆印行，发行人王云五，民国三十四年（1945）五月三版，不知印数，每册定价国币 4 角。

据笔者所知，此书的背景是：1939 年，张若谷将伏尔泰（Voltaire 1694—1778）著名剧作《中国孤儿》译成中文，先在上海《中美日报》连载，并于 1940 年出版了单行

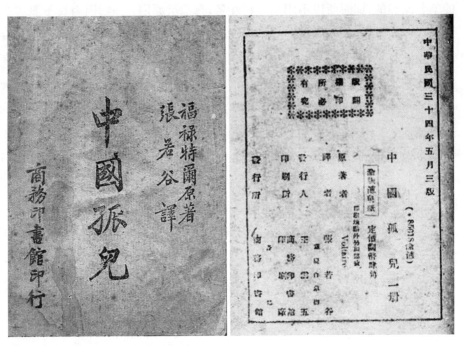

⊙《中国孤儿》1945 年三版封面及版权页

本,书名亦为《中国孤儿》。而在这之前,纪君祥元杂剧《赵氏孤儿》,先由传教士马若瑟(Joseph de Prémare,1666—1736)于 1735 年译为《中国悲剧:赵氏孤儿》,并传入西欧。伏尔泰是在此后(1755 年)把它改写为《中国孤儿》,从而使这一故事广为流传。由《赵氏孤儿》而成为《中国孤儿》,这便成了翻译界的一桩公案,为后人所议论,更成为国内外汉学界注意的议题。然而对于张若谷在抗日战争期间翻译的这一版本,留意者却极少。

全书 54 页,书前有蒋委员长的语录。随后是正文《中国孤儿本事》。此剧 1755 年 8 月 20 日晨巴黎初次上演,其中的人物有成吉思汗等。

封底印:"重庆市图书杂志审查委员会发给审查证世图字第二三三〇号"。

当代名人特写

　　《当代名人特写》,张若谷著,谷峰出版社出版发行,民国三十年(1941)八月出版,不知印数,每册实价 2 元。百乐印刷所印刷,总经售是"上海爱多亚路一六〇号四〇二号房间筱费君"。封面书名由马公愚题签。经售处不少:上海中国图书杂志公司、光明书局、兄弟图书公司、读者书店、北新书局、百新书局、东新书店、霞飞书局、

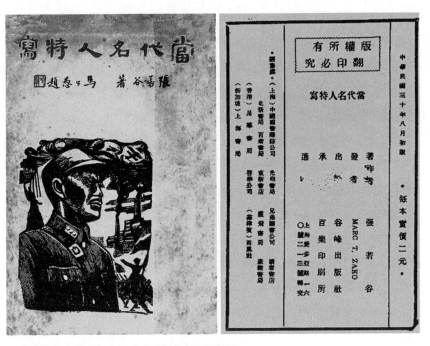

⊙《当代名人特写》1941 年初版封面及版权页

康健书局;香港星群书局、启华书局;菲律宾西风社;新加坡上海书局。

　　书前有多幅名人肖像,如林森、蒋介石夫妇、于斌主教、陆征祥神父、梅兰芳、郎静山等,皆此书介绍的名人。另外还有英王乔治六世邮票、张充仁作《饶神父造像》、巴特莱夫斯基造像、张善孖遗像。还有胡朴安的题字,插图 15 幅。最后介绍的人物是张善孖,此文原载 1940 年 10 月 26 日的《中美周刊》,文末说道:"除了老虎以外,张先生也间作其他的动物走兽。笔者曾看见过他取忠、孝、节、义所作的忠孝节义四维图。'忠'画着两匹马,题着:'汉家和议定,义马向天嘶;何日从飞将? 联翩塞上肥'。'孝'画三只羊,题着:'洁白孝子心,晨羞宜可献;嗟哉转蓬人,春辉负衣线'。"节"画的是一只虎,题着:'猛七气吞八荒,匹妇义谢侯王,君莫唱乌栖曲,侬请歌陌生桑'。"义"画的是两只狗,题着:'日夕汪猂猂,为酬一饭恩,跖尧虽不变,差胜鹤乘轩'。"介绍的内容颇有意趣。

　　其实,此书最耐看的是作者 1941 年七七后十日写于上海的《跋》,4 页,值得留存:"我为了职务上便利的关系,在国内,在国外,曾会见过不少当代著名的人物,或为一国的元首,或为政治家,或为学者,或为作家,或为艺术家,或为宗教家,他们都是对于国家民族有建树,对于人类文化有贡献的主脑者或策动者。他们的名字为世人所熟知,他们的言行为大众所关切,报章杂志上常有关于他们的

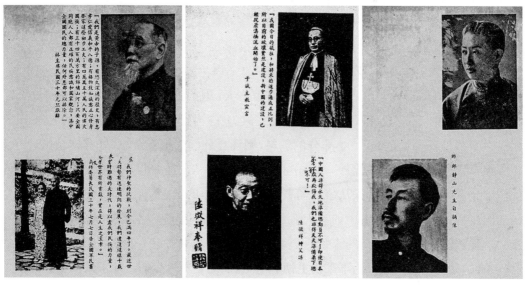

⊙ 名人肖像三页

记事,但是大半都是就他们的动态作简单的报道,至于对于每一个人物的气质性格等,往往是随笔滑过,极少详细和正确的描写。因此一般报纸的读者,对于那些知名的人物,也只留有一种浮泛的印象,而难于认识他们所关切着的人物的庐山真面,而常引为一种遗憾。不论是粗心的或细心的读报者,如果能够多少认识每一个新闻中心人物的本来面目,不但可以增进他的亲切感,而且还能帮助他对于人事的发展作正确的判断。因此人物访问记一类的特写文字便变成了今日新闻纸中不可缺少的主要材料了。根据我十数年来作新闻记者所获得的一点经验:当我每次访问一个比较知名的要人时,事先不但准备了一些问题,而且对于那位将作为访问对象的人物必先搜集好了关于他的过去的简要资料,尤其是关于他最近的动静也最好能探听得一个梗概,这不但在访问时可以抓住更多的谈话题材,同时在执笔时为了有丰富的资料,可使读者发生更多的兴味。因此我在写人物访问记时,除了新闻性的部分外,必还注意叙述每个人物的性情,和他过去的事迹,作一个有系统的对照。务使读者能从字里行间,窥见每一个人物的胸襟而想见其为人。我的人物特写,十之八九是用这种方法而执笔的。从民国二十一年我当大晚报本埠新闻编辑起到目前为止,我担任过四种报纸的编辑,我在国内外报纸杂志上发表过不少关于人物访问的特写文字,现在选出一部分比较没有失却时效而在私人认为值得重印的文字,印成这一本《当代名人特写》。里面包括国家元首五人:中华民国国民政府主席林森,英王乔治六世,比王雷奥堡三世,法元首贝当,菲列宾总统奎松;大政治家二人:蒋委员长,巴特莱夫斯基;文学家二人:林语堂,罗曼罗兰;艺术家三人:梅兰芳,郎静山,张善孖;宗教家四人:于斌,陆征祥,雷鸣远,饶家驹;教育家一人:马君武,共计国际著名人物十七人,其中四人不幸已于最近一年内先后亡故。在《当代名人特写》中所记的人物,大半都是我会见过的,一小部分的资料,则译自外国的报纸杂志,好有转录内地报章或刊物者,都附在篇外,并稳中有降注明出处。在这一部书里所集印的十几篇文章,只能算是我个人从事新闻事业的一些小小的纪念品,但不能作为人物访问或特写的范本。读者中如有人对于人物特写感到兴趣而也欲一试的,让我在这里顺便来谈谈关于访问人物所必须知道的几点基本知识。做新闻记者第一个条件,是要广泛交际。为了采访上便利起见,朋友是不可少的。除了跟同业多联络之外,更需要跟无论什么人都亲近。俗语说得好:‘阎王好见,小鬼难当’。所以在访问要人的时候,不但要和要人的左右亲信相熟,而且要对下级人员,汽车夫,侍者,仆役等多亲近。一个消息灵通的新闻记者一定要广于交际,而许多要人的材料,往往都可从要人的亲近的人们那里无意中透露出来的。第二个条件是要善跑腿。勤于职务的新闻记者,该当学取猎狗的精神,单有了一个感觉敏锐的新闻记鼻是不够的,非得要自己四出奔走不可。真确而又生动的材料必定是从实在采访而来的,决非闭门埋头所可杜造。'不入虎穴焉得虎子'因此一个新闻记者不但在求见达官贵人时须有踏进门禁森严住所的决心和方法,更须有出入战地或深入民间刻苦耐劳的精神。尤其是在贫民窟,工厂,教堂,庙宇,酒店,茶室,浴室,旅馆,舞场,都是能够获得很多新闻材料的地方,在这种新闻来源荟萃之区,只要是一个细心的新闻记者,便可以处处逢源,只要他善于跑腿,不要忧找不到新闻的材料。第三个条件,是要揣心理。新闻界前辈陈冷(景韩)先生曾说:'心理学为新闻家最要学问。'新闻记者在访问时,其成败的关键,大半系于发问技巧的优劣,发问者必须要善于观察对方的性格和当时的心理,更要善于揣摩对方的心理而随机应变,所谓'攻心为上',成功的新闻记者,一定都是善于观言察色而能把握住人们的心理的。此外还有几种次要的必备条件,就是要有敏捷的头脑,要有耳听四方的本领,还要养成随时随地在极短时期执笔写稿的技能。总之一句:恰如另一位新闻界前辈黄远生先生说的:'新闻记者须有四能:一,脑筋能想;二,腿脚能奔走;三,耳能听;四,手能写'。这是无论那一个新闻记者所不可不备的最低限度的条件,而在访问人物从事写特写文章的时候,更要在交际和揣摩心理这二点上特别加以注意。我出版这一本《当代名人特写》,没有别的用意,只是希望读者们能够更亲切地更透辟地认识当代对于国家社会和民族文化有贡献的十多位著名人物的真面目而已。"

读到这些话,引起笔者的共鸣。笔者曾做记者编辑近二十年,所能得出的经验,也无非这三四条,然而真的要付诸实施,也非易掌,其中的不少经验,看似简单,但却无法言传,只能亲为而自悟也。

　　《佘山》，张若谷编辑，合群印刷所印刷，上海城内天
主堂街龙兴园弄二号总发行，天主降生一千九百三十一
年、中华民国二十年（1931）五月一日印，不知印数，每册
实价小洋 2 角。封面题签者马相伯，时年 92 岁。封面绘
画者佘畚尼。

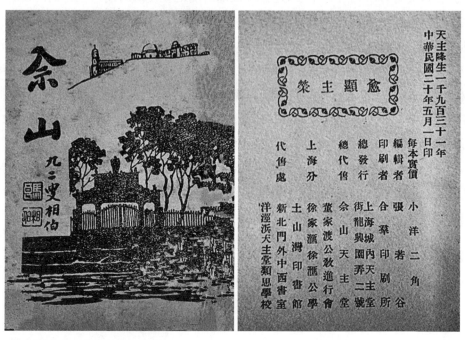

⊙《佘山》1931 年版封面及版权页

此处的币值是"小洋",相对"大洋"。笔者曾在拙著《民国版本收藏断想及其他》中写过一篇《民国版本的币种》,可惜未谈及"小洋"。根据相关资料:"小洋"是泛指同期发行、流通的各种小面额银币,不拘重量、成色,面值标示和称呼是:半圆(五角、中元、半开)、二角(二毫、双毫)、一角(一毫、单毫)、五分(五仙)等。实际情况是"大洋"与"小洋"并行流通,兑换关系较为复杂。

书前有《卷头献词》:"我谨把这一本小书献给/到佘山朝圣和游览的人/愿你们在巡礼的时候/发挥着高尚的精神/维持着严肃的态度/表现着热烈的感情/遵守着整齐的纪律/大家充满快乐和平/更希望你们的祈祷歌声/感化激动那教外的来宾 编者 二十年四月二十日"。

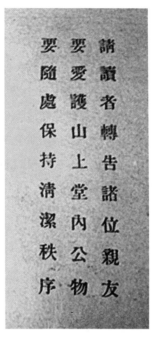

⊙ 书中的广告语

书前还有编者写于 1931 年 5 月的《编者缀言》,6 页,在文末说道:"编者自己是天主教民众集团中的一分子,在每一年的五月,我是要循例举行一回'朝山'的巡礼。民国十五年间,我在《申报》上写过一篇《朝佘山记》,那篇旧作的材料,只是我一个人去着手搜集调查来的,自然免不了有许多挂漏谬误的地方。当初我本来想写成一篇辑有统系的研究论文,或者做一篇有趣的随笔游记,但结果产生了一篇枯燥乏味的记账东西,真是无可奈何。我很希望以后能召集几位同志,大家集合起来做一些更有趣味和更有价值的作品出来,那篇东西,不过是一根引火线罢了。我那篇五年前的旧东西,居然会有编订成小册子的机会,真是觉得非常荣幸。现在我匆匆把它略加修改了一番,添加了三篇朋友们所写的《佘山游记》进去。同时为使读者们保留一些佘山的印象起见,插入几页风景影画,并附刊祈祷经文若篇,以备到佘山'朝圣'教中人的应用,同时也聊教供外人当做'游山'时的一种参考。"

封底印《佘山圣母歌》曲谱和歌词。据张的亲属回忆,1943 年佘山圣母大堂由罗马圣座册封为乙级圣殿,从而使其成为当时远东第一圣殿。为激励和方便教友到佘山朝圣,张若谷创作(作词谱曲)二首《佘山圣母歌》。一首是江南教友常唱的"圣母圣母听我祈祷、我要圣宠向你讨……"另外一首是:"佘山圣母我等尔保护降福一众教友，真是一个好母亲个个全被保佑……"据笔者所知相关天主教的图书还有《佘山导游》(南京出版社 1947 年版)、《梵蒂冈一瞥》(上智编译馆1946 年版)和《百龄老人》。

全书收文：《佘山史迹》、《教堂建筑》、《朝圣团体》、《山上景物》、《朝圣一瞥》、《佘山游记》(转录)、《草野周刊》(余贵生)、《旅行月刊》(赵鼎铭)、《申报自由谈》(陈伯英)、《佘山景物》(《圣母像前》《佘山全景》《苦路曲径》《上山旧案》《旧堂圣殿》《新堂工场》)和《祈祷经选》(《圣心亭前》《圣母亭前》《若瑟亭前》《苦路经》)。附图 14 幅。

梵蒂冈一瞥

《梵蒂冈一瞥》，张天松著，上智编译馆出版，笔者所见两种版本：1946年12月初版，1951年1月再版，不知印数和售价，大众文化服务社印刷厂印刷。封面由吴经熊题签，封面作者名"张天松"，即张若谷，这是他的一个笔名。版权页作者名"马哥"，从道理上讲应该也是张若谷的一个笔名，然而在相关的资料中却找不到张若谷的

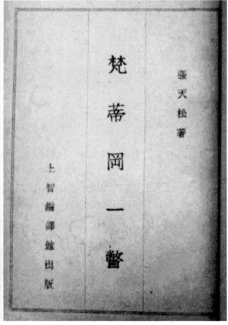

⊙《梵蒂冈一瞥》1946年初版封面和扉页

这个笔名，估计是漏记了。笔者记得，张若谷有个圣名叫"马尔谷"，"尔谷"与"哥"谐音，从此推理"马哥"即马尔谷，也即张若谷。不过，一本书上封面与版权页署名不同，总不是很规范，为何如此标示，不得而知。

封面的题签者吴经熊，生于1899年，原名吴经雄，字德生，浙江鄞县人。1920年赴密歇根大学法学院学习，获法律博士学位，后赴巴黎大学、柏林大学、哈佛大学访学。1937年皈依天主教，后吴经熊和妻子儿女移居意大利罗马，出任中华民国派驻梵蒂冈教廷公使。有此身份，请其题签顺理成章。

书前有杭县方豪1946年11月15日写于上智编译馆的代序《我国与梵蒂冈教廷之关系》，24页，其中说道："上智编译馆成立后匝月，张君天松以所著《梵蒂冈一瞥》自南京寄平，嘱为付梓，并索序于余。余以编译馆为我国首任枢机主教田公聘三所手创，枢机固梵蒂冈之重臣；而梵蒂冈驻华公使Riberi主教之发表，与我国驻梵蒂冈公使吴德生先生之任命，亦俱在编译馆成立之前后，胥旷古盛事；《梵蒂冈一瞥》之问世，正其时也。顾余于梵蒂冈所知绝寡，不能有所献替；幸民国三十一年我国与教廷通使成功之时，重庆国联同志会主办之世界政治约会为文，余草《我国与梵蒂冈教廷之关系》一文应之，载该志第七卷第十六期。时执

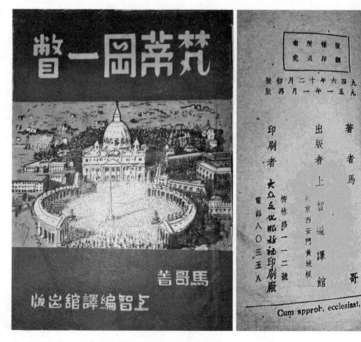

⊙《梵蒂冈一瞥》1951年再版封面及版权页

教遵义浙江大学，参考书之贫乏，不言可乔，文不惬意，弃置箧底者，倏忽已四易寒暑矣。张君既索序，不可无以应，会张书于教廷与我国之关系，略而不详，则拙著或可稍弥其缺，况是文刊布后方，流传不广，未见者多，遂稍加删改，附诸卷首，聊以塞责云尔。"

另有作者的《自序》，其中说道："作者撰写这本小册子的旨趣，无非是要使读者明瞭梵蒂冈的真相，至少在作者自己是认为所叙述的，是很忠实的。作者于十余年前曾在梵蒂冈作客一月，回首当年，旧情如画，归国后又得披诵多种记述这座圣城的书籍，并参考法国作家龙同与毕勋合著的《梵蒂冈》与《现代世界》，毕勋的《教皇与梵蒂冈城》，鲍铎的《罗马与海上空气》，韦尧的《罗马的芬芳》等书，这几个作家虽各有不同的见解，可是他们都有一致的目标，便是想把梵蒂冈的真相公布于天下。"

全书 186 页，收文 86 篇，如：《圣城外围风景线》《大教堂的外观》《流血的故事》《教宗大礼弥撒》《西克斯廷壁画》《创世纪与最后审判》《教宗图书馆》《珍贵的手抄本》《教廷与中国关系》《天主教刊物展览会》《教宗的宗教主权》《取缔不良书籍》《拉脱郎宫殿》《教廷的组织》《教廷高等法院》《教廷国务卿》《文书局的职守》《谜样的教廷财政》《梵蒂冈城邮局》《教宗的军队》《支出经费与布施》《旧书美容院》《罗马观察报》《教宗领土的由来》《教宗丧失领土权》《渔夫的陵墓》《莫查德与歌德》《弥额尔安日鲁》《拉斐尔画廊》和《画苑与礼厅》等。另收附录 3 篇：《中国首任枢机田耕莘》《中国驻梵蒂冈公使吴经熊博士》和《教廷驻华公使 Mgr. Riberi 主教》。以及插图 12 幅，如：《梵蒂冈无线电台与圣伯多禄堂背景》《梵蒂冈鸟瞰》《梵蒂冈邮票庇护十一世像》《壁画的一部》和《刚恒毅主教》等。

书末有《勘误表》1 页，内页附有插图多幅。

马相伯先生年谱

　　《马相伯先生年谱》，"中国史学丛书"，张若谷编著，商务印书馆印刷发行，发行人王云五，民国二十八年（1939）十二月初版，不知印数，每册实价国币1元4角。此时的商务印书馆已在湖南长沙南正路。

　　"中国史学丛书"，由何炳松主编，商务印书馆从1930年7月至1947年9月历时10多年编辑出版，从目

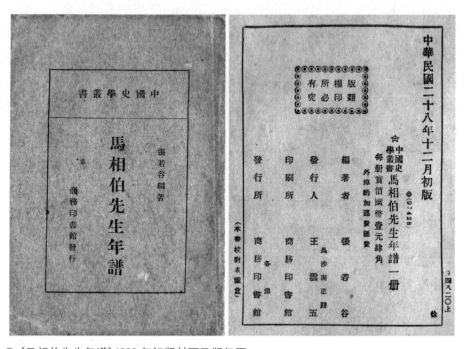

⊙《马相伯先生年谱》1939年初版封面及版权页

前所知的书目看,多达 48 种。估计有缺漏。《马相伯先生年谱》是此丛书的第一种。其他还有诸如《文天祥年谱》《史可法年谱》《刘伯温年谱》《严几道年谱》《吴梅村年谱》《顾亭林先生年谱》《唐寅年谱》《崔东壁年谱》《班固年谱》和《张衡年谱》,等等。

马相伯生于 1840 年,逝于 1939 年 11 月 3 日(此书出版于 1939 年 12 月)。年谱是马老先生逝世后一个月出版的。衬页由新建夏敬观题签:"丹徒马相伯先生年谱",并盖朱文印两枚。书前有 6 幅插页,分别是:《胡伯翔先生画马公遗像》《柳亚子题字》《马先生与编者合影》(郎静山摄)《国民政府分别于民国二十八年四月和十一月颁布的褒嘉令和国民政府令》和《马先生手书归去来辞两幅》。其中郎

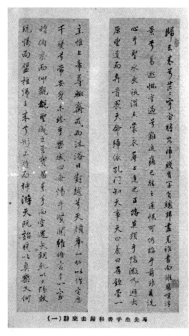

⊙《马相伯先生年谱》插页之一

静山摄的合影页上,还有编著者张若谷的题赠:"静山兄惠存   弟若谷   廿九年元旦",后盖朱文印一枚。这些资料原件已经很难见到,因此显得格外珍贵。

此书另有珍贵处,其中有张元济、于斌主教和徐若瑟 3 序,3 序之后有编著者的《自序》。此序对了解马相伯先生和作者有一定的帮助,可以留存:"昔人有言:安平之世,不产豪杰,以无特殊机会可乘,又无伟大事功可见!中国近当危微之世,故不乏应运救时之豪杰伟人,举其卓荦者言之,若 孙总理哀民族之衰而从事国民革命;蒋总裁痛民德之坏,而倡新生活运动,斯二氏者,非仅为中国之伟人,亦为世界之伟人也。今又有人焉:闵民智之塞,而创制大学教育。其人未出见以前,中国政教之稗昧为一世,其人既出见以后,政教之新异别出一世,斯人也,生而禀异,幼而勤读,长而深轴,少而登仕,壮而远游,老而兴学,届息躇之年,而犹强起匡时,抱悲天悯人之愿,以培植人才为己任。其为学也,于中国经史,既无不通;于欧西诸哲之学,亦无不谙。而又笃信宗教,潭思潜修,有中正之行,威严之仪,大雄之辩,肫肫之仁,切切之海,故诱掖奖劝,妙为风化,其施多方,皆创中国数千年所未闻未观者也。方其登讲坛也,腹有成竹,不备演稿,援古证今,诵引经说,原始要终,会通中外,比例而折中之,强记雄辩,如狮子吼,如黄河流,闻

者挢舌,见者折心,南皮张之洞雀之为:'中国第一演说家!'新会梁启超耳学笔记,则终身服膺焉。大名垂宇宙,伟业震古今,斯人谓谁,丹徒马相伯先生也。余生也晚,弱冠时负笈于先生所手创之震旦大学,假期辄往先生沪寓,侍读筵侧,闻中外学术之源流,政教之正变,与夫修心养生之道。余既亲炙先生教诲有年,闻见日间切,不敢自秘,发谨掇先生之言行伟业,依年编订,辑为斯谱,备国史之采择焉,中华民国二十八年元旦南汇张若谷识于上海震旦大学,时先生春秋已一百岁矣!"

这篇文言序,写得畅达而有深意,颇可细读。此书还有附录,收文 5 篇:《苦斗了一百年的马相伯先生》《我所见闻的马相伯先生》《一小时会见马相伯先生》《马相伯先生生日考》和《马相伯与梁启超》,颇为耐读。

书末是张若谷的《跋》,此跋极为重要,不可不存:"丹徒马相伯先生,国之大老,一代宗师,学贯中西,举世景仰。其一生出处,与中华近百年之政治文化,有密切之关系;其道德文章,与夫对于国族之建树,殆非楮墨所能罄书。中华建国二十八年,欣逢先生百龄华诞,全国朝野,为国老晋觞介寿,甚盛事也。不佞与先生同教同学,且属世交,又有师生之谊,平日亲炙教诲较切,耳提命授,获益颇多,爰举见闻所及,并参考时贤著述,为先生编百岁年谱,以先生一生之言行为经,以

⊙《马相伯先生年谱》插页之二

中国百年之大事为纬,初稿揭橥于中美日报,本欲将谱稿汇寄谅山,冀能就正于先生,不谓先生不及目睹祖国山河光复,而遽溘然长逝于域外,向之欲以寿先生者,乃竟成为恸悼先生之行状矣,呜呼哀哉!溯念先生生于让清道貌岸然光之庚子,适值中英鸦片战争开衅,越二年,先生故里沦陷,避难山中。其后,又亲历咸丰丁巳,光绪庚午之外侮;而甲午之役,清廷熸师割地,屈于扶桑,尤为五十年来外患坐大之张本。先生忧时念乱,洞烛先机,见清廷昏愦,知国事之不可为,乃自三韩返国,悬车海上,闭门授徒。创设震旦学院,复旦公学,欲以百年树人之大计,植民族复兴之基础。民国成立后,从游弟子,多能秉承先生教诲,为国效劳。辛亥光复,先生应中山先生之请,出辅民国,项城僭改帝制,先生著文痛斥,唤醒军民,再造共和。九一八变作,先生在野,领导青年,一致御侮,七七之役,先生不以年事之高,策杖首都,翊赞中枢。淞沪沦陷,转徙桂林,病阻谅山,方期先生得早见中华民族再生建国之大业,乃天不□遗,灵返天国,呜呼痛哉!方全国为先生庆祝百龄华诞时,先生告其左右曰:老夫之生百年,所历者忧患之日耳!盖自老夫之入世,吾中华无日不在忧患中也。及其临终,犹惓惓关怀国事。吾最高领袖蒋总裁挽先生以联曰:毕生广造英才,化育百年尊绛帐目。临死尚饶敌忾,精魂万古式黄炎。先生遗躯暂厝南交,而其忠魂巍然永生,俯视神州,当有无限之悲恸,予校阅先生年谱既竟,溯往思来,百感交集,妖氛未已,梦魂惊惕,跋书数语,聊为先生知者告耳。民国二十八年十二月十五日先生六七死忌,景教后学张若谷跋于上海震旦大学。"

对张若谷,笔者一开始真的一点儿也不了解,虽曾见到过不少他的著作,也曾收得他与傅彦长、朱应鹏合著的《艺术三家言》。在此书徐蔚南写的序中,对他稍有了解:"张君对于研究学问既是虚怀若谷,他的对于朋友,也是如此。他见着人,脸上总是一片笑容;和人谈话,不傲不卑,总是从容不迫。所以无论那个人见了他,在他背后又都要说:'若谷这个人很有趣味,是活泼的少年'……但是他冷静起来也会像一个以前闺中的少年。"从张的性情看,也许受其师马相伯先生的影响不小。

笔者当年收此书,一者考虑这是创办复旦公学的前辈,与母校复旦大学还有着很深的渊源;二者是签名本,赠予者也是一个名人:摄影界中的佼佼者郎静山;三者对南汇人张若谷感兴趣。有了这三点,此书非收不可,价格虽昂贵,但仍未打一点疙楞立马收进,在搜书中可称之为"爽气版本"。

马相伯学习生活

　　《马相伯学习生活》，此书虽已跨越了"民国"，但作为张若谷著作版本的延续，仍收入本书。

　　张天松（张若谷）著，上智编译馆出版，上海（十八）岳阳路一九七号发行，1951年1月初版，不知印数和售价。封面由长汀江庸题签。

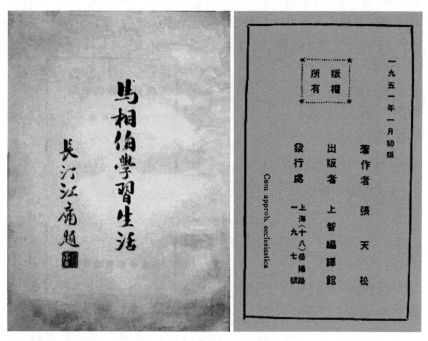

⊙《马相伯学习生活》1951年初版封面及版权页

书前有《黄炎培序》《张介眉序》和《自序》。黄序写于1939年11月22日，实为写给天松兄的信，是以"函稿代序"，其中史料丰富，丢之可惜，悉数留存：

⊙ 马相伯先生遗像

天松兄：

奉十月二日来书，欣悉一是。承询及我前作《我所见一百一龄马相伯先生之生平》一文，现已找出底稿，特抄乙分奉上。公务繁忙，作序恕不能应命。匆匆简复；并致

敬意　黄炎培　一九五零年十一月四日

我第一次见先生，忆在清光绪廿七八年，读书上海南洋公学时，先生居徐家汇土山湾教授拉丁文，当时同去见先生者，似是同学邵仲辉先生，今号力子。先生滔滔汩汩，和我们大谈拉丁文，我是初学英文，对拉丁文，一些儿不懂。时向先生受业者，有两位前辈，就是张菊生先生元济，和我师蔡子民先生元培，后来先生盛称两先生好学，清早奔往受业，从不缺课，是时同学中亦有前往受教者。

那时候，我已知道先生是丹阳人。但是后来江苏发起学务总会，先生被选为评议员者多年，评议员是分县的。先生代表的是丹徒，还记得清清楚楚的。同时知道先生有家在上海西乡泗泾，泗泾后来属松江县。先生在松江县境，有相当多量的田产，完全捐给震旦学院。

震旦学院就在那时期经先生手创的，为了某项问题，不久诸生别创复旦学院，拥戴先生为校长，先生是笃信天主教的。先生的门人告我，先生加入的是耶稣会，会律特别地严，不许私有财产，不许在教旨以外，发表思想。先生尽捐所有财产为此，而教廷因尊重先生之学识，特准自由发表，故惟先生得刊行其著作，在教会中为异数。

先生极端信仰科学，其科学造诣之精深，当然非一般人所能洞晓，而其

演说却能激起大众同情，虽妇孺亦能欣赏。我第一次听先生演说，听者人山人海。我以青年杂人群中，先生解释"差以毫厘，谬以千里"的真理。他把两手相并，两食指分向左右，举起成三角形，以示大众。他说："你们看我两指，从这里分开两个方向，一直分出去，直到天边，再不能接近拢来了。实则他的出发，就只这一点。诸位要明白呀！近在眼前，远在天边，就是这个道理。"台下大鼓掌。先生讲科学，深入浅出，大都是这样的。

清末，各省设咨议局，先生和我都当选咨议局议员，从此朝夕一处了。先生在咨议局，发言不是顶多，而所发表的主张，极易得大众同情，因为除了主张的内容以外，先生语言，声音，态度，在任何一点上，都受人欢迎的。当辛亥革命之际，南京未成立政府，先生似曾一度长民政，其详我不复能记忆了，旋即入北京，任北京大学校长，当过参政院参政。那时候先生印行一本著作，主张度量衡采法国制，大意以法制长度的单位，为地球子午周四千万分之一，其所根据，最合科学原理。当时我读了这本书，对于他的主张，深深地感为正确，今吾国采用万国权度通制，即是接受此项主张。

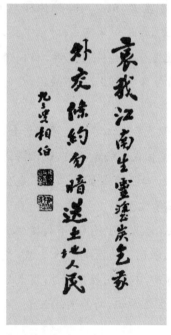

⊙ 马相伯题词

⊙ 扉页

先生对袁曹当国,极不谓然。其所主张,既非利所能动,亦非势所能屈,居京师既倦,翩然南归,仍在上海徐家汇土山湾,年已过八十了,我乃复得时时访问先生,亲受教益。我语先生:"你老人家一肚子哲学科学,能传授的怕不多,至于百年来亲身经历的史事,先生如肯口授,我愿任记录之役。"民十七十八两年,我偕一位深思好学的青年陈乐素,按照商定的期限,前去请教。先生最熟悉而乐道的,为朝鲜掌故;大院君呀,闵妃呀,东学党呀,源源本本,谈得有声有色。先生说:"你们不要过誉西方文明,要知一切都是近百年来事。我年轻时到外国去,亲见他们还没有好好医药,生了病,用蚂蝗斜贴在太阳穴里,说百病就会消灭的;还没有笔,用鹅毛管当钢笔用,我就是用鹅毛管写过字的。什么钢笔呀,铅笔呀,自来水笔呀,都是后起之秀哩。"

先生于谈话中,常常提及"老三",这就是他的令弟著《马氏交通》的马建忠,号眉叔。又爱述童年故事。先生系生于道光十九年即林则徐在广东焚鸦片之年,于英法鸦片之后,最为熟悉。南京订约,英原拟提出种种要求,就为英兵船驶往南京,过镇江时,我发一炮中其桅,英知我未可侮,故贴然就范。而此一炮究系谁发?经多方调查,才知道发自镇江城墙,发炮者谁?乃系一理发师,用手中纸吹燃药引,全以游戏出之。此一炮既立大功,乃赠此理发师以都司职,而此人以儿戏发炮,惧肇祸得罪,早逃掉了。先生所讲史事,庄谐杂出,大率类此。详见《人文月刊》先生谈话笔记。

先生居沪之日,九一八事变猝发,告我须赶快结合同志救国,虽以八九十高龄,而犹时时发短篇文字,发表于报纸,大声疾呼,唤起民众,唤起青年,青年奔走先生之门,亦因此日多一日,先生主张之前进,往往突过青年,试检上海各报所发谈话,或亲笔写作文字,影印报端,苟有人汇集成编,偏读一下,先生的思想与其态度,瞭然可见。

先生生日,我所知为阴历四月八日,既年过九十,沪同人乃为千龄宴,年年移樽先生居所。先生犹起立致词,谆谆以爱国,救国,拯救国难,责望后辈。餐毕摄影,同人题诗介寿,率以为常。忆民廿三年,先生手制《满江红》一阕致意。我当时献诗以湛甘泉九十游南京为喻,不意成为诗谶,到九十七岁时,果游南京,而我献诗中有两句:"一岁愿投诗一首,不才准备百篇新。"不意去年先生百岁,我献一首诗,竟成最后的祝寿诗。

当先生九十六岁时,我进见,先生方握管为文,语我:"此为四圣传记译稿,(即四圣史记述耶稣基督传记,名救世福音,已由商务印书馆出版)再半年,可译完,从此我无遗憾了"。先生还说:我译这本书,绝对不苟且,一个名词,须择中国古书原有此名,而含义适合者,故下笔非常迟缓,大有严又陵"一名之立,旬月踟蹰之态。"既赴南京,又问,则已脱稿了,但尚拟作一篇序文。隔数月,又往,则出序文稿见示时,先生方戴眼镜看书,说:"我老了,要戴眼镜了。"我答:"先生,你忘年纪了,你今年九十九岁了。"其时我六十,为先生所知,手书寿字一幅,上款称"学长兄",这怎么当得起呢?惟有珍藏起来,他年送到博物馆里去,但恐后人疑我比先生年岁还长哩!

民国六年,中华职业教育社始创,从此年起,凡有会集,先生几没有一次不到。有一年大会,先生出席演说,同时演说者尚有甘肃牛厚泽先生,时人戏呼此会为"牛马大会"。有一年,上海举行不吸烟运动,中华职业学校敦请先生演说,极寻常的题目和演词,一出先生之口,人人爱听,一时听客溢座。职教社环龙路社所落成,先生手题"比乐堂"三大字以赠,取义于本社信条:"使无业者有业,使有业者乐业"迄今犹在笼纱珍藏中。

先生起居有定时,有定位。晚年居徐家汇,卧处隔室设一座小礼拜堂,卧榻左右皆可上下。黎明即起,榻后小门一启,便可扶下,登堂行礼,寒暑从不间断。饮食有定质,有定量,日食鸡蛋六枚,鸡汤一杯,面包四小块,从不增减。先生子妇马邱任我夫人为我言如此,先生女适宝山徐球,号子球,留法,学音乐,亦是我旧交,惜早世。外孙二,罗马,京华;先生孙女玉章适谢文卿。

先生既赴桂林,我犹谒见三次,去年我携十四龄幼子谒见,先生指其儿问我:"这是你的弟弟么?"我答:"否,是我顶小的儿子。"临别,又呼此儿为我的弟弟。我懂了,在先生眼中看来,六十余岁之我,和这十余岁有什么分别!每见一次,必详问作战状况,于是大说日本必败。末一次进见,我戏问:"先生还忆我们当咨议局议员吗?"答:"怎么会不记得呢?议长张季直(謇)这个状元总算肚子里通通的"。任我夫人接问:"爸爸!状元还有不通的吗?"答:"你还不知,如果通的,还肯到满清去考状元吗?就只张季直,虽是状元,还算通的,他还爱国,还赞助革命。"是为民廿七年十月廿一日是,是为我末次见先生,先生恰一百岁。临别,先生赠我手杖一枝,说:"我现在不用了,赠给你罢。"迄今思之,这中间包含什么意义呢?我只有惭愧,我只有悲哀,我只有奋勉。

我生平有两大幸事：其一，我曾获于纽约西橘村，谒见电学大家爱迭孙先生，既共餐，又共摄影，令我用沪语说一故事，为我灌音，是为灌音发明之始，还导我入其化学试验室，谓："我在世间，绝无他望，只望我死时，能将其室以去。"又其一，则以我后生浅学，而获交于先生，承先生对我这样的厚望。

《张介眉序》，两页，写于 1950 年 10 月，署名为"主徒会司铎介眉张金寿识于沪上"，序中说道：

> 说到马先生的政治生活，教内外人士，都晓得比较详细，而他的修道生活，以及幼年时代的经过，知道其详的便很少了。张天松先生写了这本马相伯学习生活，实在正中了人们的需要，从此人们有机会来学习马先生的学习生活或修道生活了。……我们以为这本马相伯学习生活，实际表示了修道生的学习生活；它不独供给教内人士一种学习的榜样，也供给教外人士，对修道生活的一种认识。

《自序》"1950 年 10 月南汇张天松识于上海明华小楼"，3 页，悉数留存：

> 一九四八年的春天，我打算写一本马相伯先生传，有意给香港公教真理学会出版，该会那时正有编印一套新文学丛书的计划，需求有关天主教人物的传记作品。马公是中国近代学术界应坐第一把交椅的人，在我国近百年来的政治，外交，教育，文化和宗教慈善事业各部门的历史上都占有重要的地位，而且他有功中国天主教会，到现在还是令人忆念不已。因此在表扬天主教人物的传记中，放进一本叙写马相伯先生生平事迹的书，应该是很合适的吧？
>
> 在十年以前，我曾用另一个笔名，编写过一部《马相伯先生年谱》，是以纪年和马公的年岁为次序，而缀述他的一生事迹，为了给年谱的体裁所限制，所以免不了受到机械性的束缚；虽则在年谱后面附录有笔者撰写的《苦斗了一百年的马相伯先生》和《我所见闻的马相伯先生》两篇文章；前者是我获得马公殁耗后，在报纸上连载的追悼文；后者则为庆祝马公九十八岁大寿的急就章；但是都是属于流水账式的东西，不足以称为传记，至多只可以作为寿序或行状而已。那时在笔者的手边收集有不少关于记述马公言行的资

料，恐日久易于散失，所以即曾有编写一本马相伯先生全传的动机。到了一九四七年方豪教授编印了一部《马相伯先生文集》，有了这样一部文献，更鼓动了我写传的决心。

我在未执笔前，先拟了一个内容提纲，寄给公教真理学会，征求负责编辑人的意见。最初，他表示欢迎，后来回信说起为了在马公的生命史中有一段为外国人士所不满意的事迹，希望我在叙述时避免叙述。我记得方豪撰的《马相伯先生事略》中，也有"为尊者讳"的地方。但是依笔者的私见，传记的作者必须忠实地描写传主的言行，传主如有失德之处，不必讳言，因为从失德方面去理解传主的思想及行动，便是"观过知信"的方法。人格是发展而不是固定的，若不注意人格的演进和变迁，怎样可以写出一部真实的传记呢？只有认识人格是变迁的，才能对传主生活发展的各个阶段有切实的了解和把握。传记的作者对于传主固然应当尊重，但是对于客观事实的真实更应当重视。这种不讳事实的精神，在历史作者称为史德；也是传记作者应有的德性。

两年前我化了一个多月功夫，写成了十三章的马相伯先生传，先寄二章到香港，刊载在《时代学生》上。后来因为俗务繁忙，把草稿束之高阁，一直放到现在，偶和张介眉博士谈起，承他美意协助，先把关于马公童少年时代生活部分，付梓问世。为了这本草稿内容，偏重于马公早期学习生活的叙述，便题名为《马相伯学习生活》。从这本小书里，可以窥见马公虽是一个负有"才子"之号的大学问家，可是他的学问不是凭空从天上跌下来的，他是经过不断地学习和锻炼而成功的。他从小受着宗教化家庭的教育；在求学时代又得了严格的教会教育的熏陶；便变成完成他的伟大人格的要素。

在马公逝世异域后的十年中间，关于记述他的行状文章，除了笔者编写的《马相伯先生年谱》外，尚有吾师徐宗泽司铎写的《马相伯先生传略》，方豪教授撰的《马相伯先生事略》和夏敬观氏撰的《马良传》，夏氏的传发表最后，准备作为"国史"的撰稿，是曾经参考过上述的几种资料；我现在把他录刊在卷首，使读者们在没有读见马公全传以前，对于马公整个的生活史先可以有一个轮廓的概念。

记得路易斯在他写的《歌德传》中有这样的几句话："人生的道路……常为时代的渣滓所淹没，以致旅人找不到潜存着的道路，……我们只要看着伟大人物的行迹，这就是人间的星星，从他们的光辉里追求指导，在一切的时代里，大人物的传记充满着教训，激起高尚的志向；在一切的时代里，他们的传记正是当前武库，从这些武库里可以获得伟大的胜利！"

在一千五百多年以前，天主教中的一大圣者奥斯定给我们留下了这些金玉一般的遗言道："论到人的生活与道德，不拘什么问题，单有教训是不够的，又须有劝勉，从教训我们才知道所应当作的，惟独劝勉，更能启发我们的心，免得厌烦所应当作的。"这一位在天主教会历史中最负盛誉的圣师，在他的《忏悔录》中曾经这样地讴歌天主道：

"你在天顶上，点起若干火炬，你的信徒们幸福之泉源。这些火炬象征你的圣贤，他们拥有性命之圣言，满被圣神之恩宠，光芒万丈，卓然不群。"

我谨把这些金句献给这本小书的读者们，希望能够从人间的星星辉光里，在象征着圣贤们的火炬里，获得作为追求那个光芒万丈真理的一种指导及鼓励，这就是笔者所期望于亲爱的读者诸君的唯一奢望。

全书分为上中下编，上编《童年生活》，收 1 至 5 章；中篇《学习生活》，收 6 至 10 章；下篇《人格训练》，收 11 至 13 章。

书末有《后记》，"一九五〇年，徐汇公学成立一百周年，马相伯先生逝世十二周年，小门生张天松记"，其中说道：

"当本书将付印前，笔者从徐家汇天主堂藏书楼借到一本江南修院百周纪念册（一九四三年二月徐家汇大修院编印的非卖品）。载有窗友丁宗杰所译已故惠济良主教著的《江南修院百年鸟瞰》一文，详述该院从一八四三年（道光二十三年）起到一九四三年百年中的历史掌故，了如指掌。并附有江南修院一百年的司铎芳名表；列名者凡二百六十四人。从这本纪念册中，笔者找到了和马相伯先生有直接和间接关系的各种资料，今附在《马相伯学习生活》的卷末，作为参考。"

"先生从二十三岁（一八六二年）起到他三十一岁（一八七〇年）得到神学博士学位止，前后在修道院中一共化了九年的苦功学习中国文学，拉丁文，哲学和神学，并受着严格的人格训练。当马氏初在耶稣会初学院学习时，由江南小修院设在上海南市董家渡，从一八六七年（同治元年）起迁到徐家汇。至于耶稣会的会士学院则从一八七二年（同治十一年）起才从董家渡迁到了徐家汇，这时先生却早已离开了耶稣会院而已调任为徐汇公学的校长。……这一本《马相伯学习生活》，只是马相伯先生全传的第一部分；笔者拟续写关于他老人家的政治，教育及著述生活，准备将来汇成为一部马相伯先生的学术思想全传，以就正于关心中国近百年来教育文化史的邦人君子。"

"敬向给本书题签的江庸先生，黄炎培先生，撰序和出版本书的张介眉司铎，表示挚诚的感谢。"

书中收录马相伯的肖像，以及手迹："哀我江南生灵涂炭乞我外交条约勿暗送土地人民　九三叟相伯"，盖朱白印各一枚。另收《关于马相伯先生的书籍》书目6种，其中有张若谷所著两种：《马相伯先生年谱》和《百龄老人》。

另收《本书作者其他译作》，收张若谷著作4种：《甘地自叙传》（上海世界书局）、《梵蒂冈一瞥》（北京上智编译馆）、《佘山导游》（南京出版社）和《陆征祥外交生活》（在著作中）。

甘地自叙传

《甘地自叙传》，"世界名人传记丛刊"，张天松（张若谷）译，世界书局出版发行，发行人张静江，民国三十七年（1948）五月出版，不知印数，每册定价国币6元5角。封面设计简洁，图案是拄杖行走的甘地。

书前有5序：牛若望《序一》，杨家骆《序二》，阿特里雅《序三》，安德鲁《英文译本序》和罗曼罗兰《法文译本序》。

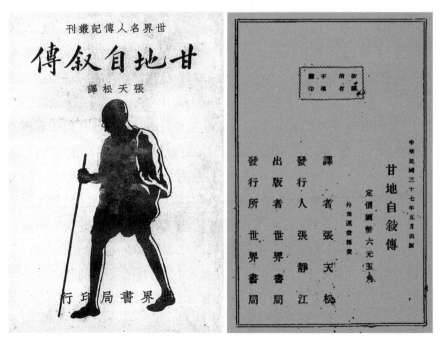

⊙《甘地自叙传》1948年版封面及版权页

全书 312 页,收 23 章,有标题:《诞生与家庭》《在公立学校》《青春初期》《伦敦生活》《归返印度》《到纳塔耳》《在普莱多利亚》《德尔班的骚扰》《部耳人的战争》《黑死病》《坚持到底》《组鲁人的"叛变"》《精神的训练》《纳塔耳的真理把持》《消极的抵抗》《入狱与胜利》《遣返》《香宾蓝》《凯旋》《战争公会议》《牢力法案》《安里察公会议》和《纺织土布运动》。

书末有译者 1948 年 4 月 9 日"甘地百日死忌"写于上海的《跋》,3 页:"距今七年以前,我突遭灾厄,被禁锢在上海歹土一角的魔窟里,备受虐待,前后住过四个牢狱,饱尝了四个多月的铁窗风味。直到民国三十一年二月二日释放出狱,那时整个上海已经沦陷在日军铁蹄下了,当初我有意将我被捕的经过和我的狱中生活记录下来,写成一本回忆录,不过因为鉴于那个时期环境的险恶,我的身体行动,仍在奸细们密切监视之下,并没有绝对的自由可言,所以虽则一度蓄念打算写一本狱中记,而终于没有执笔的机会。后来,偶然在上海法文协会的图书馆中,得见乔治德卡米尔女士用法文译的一部《甘地自叙传》,我读了深受感动,觉得若把我那次在牢狱中所经历的种种和甘地的囹圄生活互相比较起来,其相差不可以道里计;我便打消我的原来计划,而决心把这一位亚洲伟人的狱中自述译成为中文,使我国的知识分子更能进一步认识这一位印度独立运动领袖的生活思想和他的怀抱,这是我从事编译《甘地自叙传》的唯一的动机。这一部《甘地自叙传》的原稿,大半都是根据甘地翁自己的口述,是当他在一九二二年至一九二四年被絷禁在监狱中,穷三年多悠长的岁月,他用印度语言叙述而由他的狱中同志笔录下来的。这些文字后来经人译成为英文,并由甘地翁亲自校阅过,先在报纸上连续刊载,发表了全文以后,即汇印成单行本,题名为《我对于真理的经历》。原书在印度出版,共二大厚册,这是《甘地自叙传》第一部的文献资料。印度著名诗人太戈尔有一个英国朋友叫安德鲁,是太戈尔在加尔各答所创立的圣蒂尼格丹学院中的一位教授,他参考甘地自叙的《我对于真理的经历》和另一部甘地的著作:《精神之力》;(原书名《沙蒂雅格剌哈》),是甘地翁自述他在南非洲所遭逢的一切经历。安德鲁教授根据了那两部著作成为这一部《甘地自叙传》。这一部传记的内容,共有二十三章,除了英国版本以外,还有美国的版本。法国乔治德卡米尔女士根据了安普鲁教授的英文译本,全部翻译为法文,在法国译本《甘地自叙传》的卷首,刊有法国文豪罗曼罗兰写的一篇序文。我将英文本译者安德鲁教授和罗曼罗兰氏所撰写的两篇序文,都译载在本书的正文前,提供读者诸君作为参考。我编译这一部《甘地自叙传》，除了根据乔治德卡米尔女士的法文重译本以外，还参考高田雄种氏的日文译本《真理探究者之手记》，可惜我对于日文是门外汉，不过我采用不少日文译本中的汉文名辞。据一个朋友告诉我，好多年以前，在上海一家基督教的书局中，曾经出版过一本中文的《甘地自传》，可惜那一本书绝版已久，据说那是根据英文版本而译出来的，我在开始译这本书时无法读见该书，等到译到第十六章时，才看到青年协会书局出版吴耀宗先生译的《甘地自传》，因此，最后的几章，我便参考吴先生的译本，和法文译本互相对照，获得不少的益处。在吴译本中刊有第二十四章是英译本安德鲁撰述的《编余》，在法文译本中缺少这一章，我也省略去了。至于每章中的细节标题，为原著所无，是由我拟加上去的。我译这一部传记时，甘地翁还健在世，谁料得到当本书正在排印中会突然传出他老人家死在暴徒之手的噩耗呢？这一位被印度全国三万万余人民尊敬为'圣雄'的救世者，虽已为国殉身，但是他竟能及身目睹印度独立大业的成功，也足以自慰的吧？　英国诗人米尔顿说过：'一本好书是一个伟大灵魂保藏好的宝贵心血，他的目的是要留给来世的。'甘地的自叙传，正是符合《失乐园》作者所说的一本好书。最后，谨向为本书作序的牛若望副主教，杨家骆先生，阿特里雅教授，掬示谢悃。我妻费志仁女士，在我困厄中鼓励我完成这一部书的翻译工作，也应该表示衷内的感谢。"

附：张若谷与张谷若

这是一篇甄别文字，对象是作家张若谷和翻译家张谷若。

两人都姓张，名字几乎相同，仅"若谷"变"谷若"，两字对调而已。粗看起来，像是同一个人，其实两人风马牛不相及。笔者最初就犯过张冠李戴的错误，这错误还有不少收藏者曾经犯过，而且至今仍见不少资料都在犯混淆两人的错误。最为突出的是把张谷若翻译的《德伯家的苔丝》归到了张若谷名下，虽然张若谷也有译作，但这样的"拉郎配"绝对错了。

张若谷，1905 年生，江苏南汇（今上海浦东新区）人，原名张天松，字若谷。张若谷之名最早见于 1931 年 12 月《新月》四卷一期的《送志摩升天》。曾用笔名除张若谷外，还有摩炬、马尔谷、百合、南方张、刘舞心女士、虚斋主等。他死于 1960 年，享年 55 岁。

张谷若，生于 1903 年，山东烟台人，原名张恩裕，字谷若，张谷若之名最早见于 1937 年 3 月 15 日《国闻周报》十四卷十期的《谈翻译——兼答萧乾君评拙译〈还乡〉》，这个笔名一直沿用至死。他死于 1994 年，活到 92 岁，与张若谷 55 岁谢世相比，绝对高寿。

这样一对照，也便分清了。其中相同点是：若谷与谷若，皆为两人的"字"。张谷若的"谷"一般印成繁体"榖"。

张谷若是北京大学教授，著名的翻译家，至今还未见到过他其他体裁的文学作品。20 世纪 30 年代，他成功翻译英国文学大师托马斯·哈代的代表作《德伯家的苔丝》和《还乡》，从此一举成名。他一生从事教授英国语言文学和翻译，治学执着、做人正直，学界视为楷模。他最著名的译作 7 部，除上述 2 部还有哈代的《无名的裘德》、狄更斯的《大卫·考坡菲》、亨利·菲尔丁的《弃儿汤姆·琼斯史》、莎士比亚的长诗《维纳斯与阿都尼》和肖伯纳的戏剧《伤心之家》。他的译文

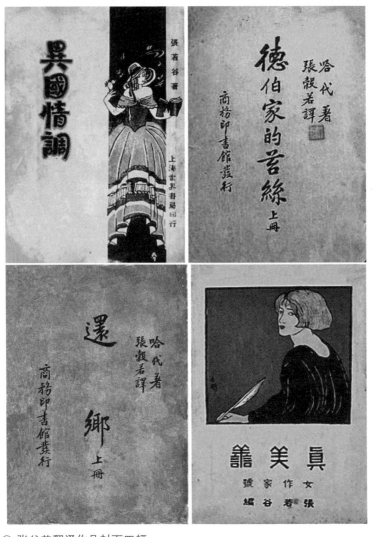

⊙ 张谷若翻译作品封面四幅

忠实精雅、注释详尽深入，早已成为高等院校外文翻译教学、研究和实践的范本，并被称誉为"译作的楷模"和"哈代专家"。这样一位翻译大师，居然是不曾出过国门、纯粹靠书本和交游自觉成才的人。这样的人，绝对是天才。

而张若谷，则是另一种类型的人，准确说是文学作家和评论家。他曾在比利时鲁汶大学留学，接受过西式正统高等教育，一生致力于文学评论和翻译，试图把法兰西文化的精髓介绍到中国。他听的是法国作曲家创作的歌剧和交响乐，读的是法文原版著作，墙上挂着的是法国画家的画作。他最著名的著作是《异国情调》，其他文学著作也不少，如罗列书目的话是一大串，其中有名者是：《咖啡座谈》《新都巡礼》《战争·饮食·男女》《游欧猎奇印象》《文学生活》《都会交响曲》《真美善女作家号》。译作有《留沪外史》《中国孤儿》。另有《马相伯年谱》和与傅彦长、朱应鹏合著的《艺术三家言》。

两者一比较，也便"昭然若揭"，也可说是"各有千秋"。一个默默无闻，一个叱咤风云，都在各自的一片天空下做着自己惊天动地的事业。

其实，类似这种"甄别"的对象，在现代文学史中还有不少，稍不留意就会弄错，真的很需要有人去做这样繁琐而有趣的工作。

张舍我（1896—?），原名建中，字子方，笔名舍我，江苏川沙（今上海市浦东新区）人。曾任小学教员、商务印书馆校对。后入沪江大学高级预科读书，因家庭贫困，于课余写作小说，借稿酬支付学费。作品多载于《小说月报》《小说海》《小说大观》《半月》《快活》和《申报·自由谈》等，受恽铁樵等人好评。毕业后任职英美烟草公司、金星保险公司等。1923年在上海南市静修路创办小说函授学校，讲授小说解剖学课程，请程小青、胡怀琛等主讲。代表作有《舍我小说集》《尸变》等。

戏剧构造法

《戏剧构造法》，张舍我编辑，梁溪图书馆（上海棋盘街中市）印刷发行，发行者黄济惠，民国十三年（1924）五月再版，不知印数，每册定价1角5分。特约发行所有5处：北京佩文斋书局、重庆唯一书局和长沙文化书局等。新文学研究会1921年12月初版，未见。

⊙《戏剧构造法》1924年再版封面及版权页

全书 69 页,收 17 章,有标题:《导言》《戏曲文学》《戏曲与文学》《研究剧本的第一步》《展露法》《动作的发展》《最高点》《向下动作》《结束》《易卜生娜拉剧的分析》《悲剧论》《近代剧》《喜剧论》《近代戏剧中的和含律》《近代剧中的自话》《近代剧中的写实主义与自然主义》和《布景论》。

短篇小说作法

　　《短篇小说作法》,张舍我编辑,梁溪图书馆(上海棋盘街中市)印刷发行,发行者黄济惠,民国十三年(1924)五月再版,不知印数,每册定价3角。特约发行所有6处:北京佩文斋书局、太原晋新书社、重庆唯一书局、长沙湖南印书馆、长沙文化书局和成都中国图书公司。

⊙《短篇小说作法》1924 年再版封面及版权页

　　全书 134 页,收 9 章:《短篇小说的定义和特性》《短篇小说的发端》《结构法》《观察点》《写景法》《描写人物》《对话》《动情的要素》和《作法总论》。

　　正文前印"川沙张舍我编纂"。

　　"鸳鸯蝴蝶派"作家,著述是其谋生的手段之一,另外就是开办各类"小说专修学校"或"小说函授社"等,并在报刊刊登招生广告,如"招收学生,教授小说"等,成立于 1923 年的小说专修学校,便是以张舍我为首的一批"礼拜六"文人所创办的,张任校长,教员有江红蕉、张枕绿、程小青、胡寄尘、赵苕狂等,赞助人有王纯根、周瘦鹃、徐卓呆、刘豁公、严独鹤等。这类小说作法的书籍,估计都是函授教学的教材。

舍我小说集

《舍我小说集》，张舍我著，世界书局印刷发行，民国
十五年（1926）一月再版，不知印数，每册定价银 3 角。
1924 年 6 月初版，未见。封面仅印书名，衬底图案为蔷
薇花。记得与之相类似的"小说集"封面都是这个图案。
版权页上方印"十家说粹"书目，除《舍我小说集》外，还有

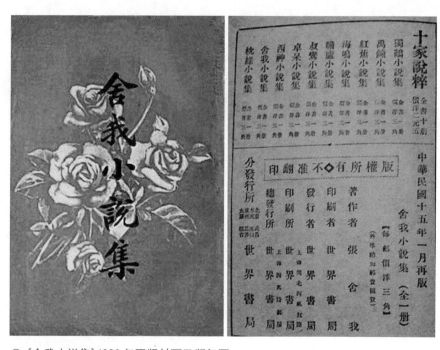

⊙《舍我小说集》1926 年再版封面及版权页

《独鹤小说集》《禹钟小说集》《红蕉小说集》《海鸣小说集》《瞻庐小说集》《叔鸾小说集》《卓呆小说集》《西神小说集》和《枕绿小说集》。以现时的说法,这些作者都是所谓的"鸳鸯蝴蝶派",他们分别是:张舍我、严独鹤、沈禹钟、江红蕉、何海鸣、程瞻庐、冯叔鸾、徐卓呆、王西神和张枕绿。

书前有赵苕狂写的《本集著者张舍我君传》:"张君舍我。名建中。字子方。小说函授学校校长也。以西历一千八百九十六年五月二十四日生于江苏之川沙。性聪颖。以第一名卒业于上海榛苓小学。年只十五耳。时某报有招聘访员者。君投函自效。不数日复音至。则赫然聘书也。大喜过望。日奔走于会所刺探新闻。殆无人信其以乳而臭任访员之要职者。家赤贫。访员之职未能谋一饱。乃转而习商业。转而为小学教员。最后转而为商务印书馆之校对。然君有志于学。日埋头于纸堆中。雅所勿愿。乃复转入沪江大学之高级预科。君既入学。功课之暇。必伏身于藏书室中。翻阅中西文学杂志。而君之学乃大进。于西洋小说之门径。了了胸中奖顾君为苦学生。须兼为校中服务。或印讲义或司电话。而所得犹不敷学费。乃译述名家小说。投之小说月报。藉资补助。后以长篇小说售诸商务印书馆。恽铁樵先生见而惊曰。真妙文也。会全校大考。倩某太史阅卷。太史亦惊曰。真妙文也。拟首选。因书古体文,降为第二名。年二十四。家益穷。复弃而习商。然君未尝以未卒业有所拖憾。益肆力于文学。而君之艺益突进。不数年。竟成为小说作者之巨子矣。召之作小说也。尝自言目之神圣。思想务求新颖。着笔不落恒蹊。故读其小说者莫不有深刻之感想。而感为奇观。且君效美国施笃唐氏而创问题小说。实为小说界放一异彩。以前未尝有此体裁也。君为人忠厚爽直。雅如其文。……"

全书收小说:《自由恋爱的究竟》《一个问题的两面观》《最高点的爱》《二十年后》《一个月内的六封信》《字纸篓里的回声》和《阴极了》等。

张舍我说集

《张舍我说集》，张舍我撰述，大东书局（上海牯岭路一〇一号）印刷发行，民国十六年（1927）五月初版，不知印数，每册定价大洋 2 角。

全书 71 页，收小说 8 篇：《两对自由的恋爱者》《小学生的外妇》《环境的不同》《默然无语》《邻女之爱》《恋爱的界限》《父子软夫妇软》和《博爱与利己》。

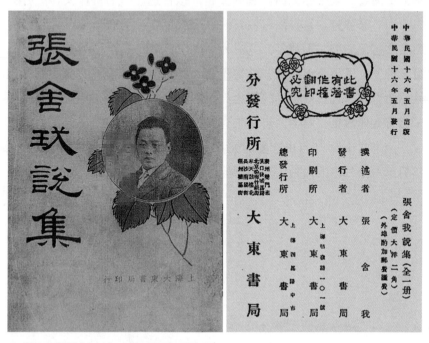

⊙《张舍我说集》1927 年版封面及版权页

　　书前有作者的书稿手迹。正文以上下两栏排版，句点密密麻麻，让人眼花缭乱。

　　书末有赵苕狂译《空中盗》的广告。

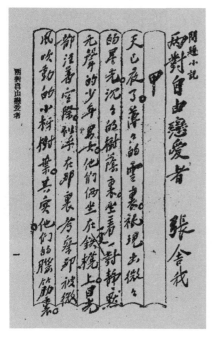

⊙ 作者书稿手迹

⊙《空中盗》的广告

张闻天（1900—1976），江苏省南汇县（今上海浦东新区）人，祖籍无锡。1916年进浦东中学，1917年去南京河海工程专门学校（今河海大学）攻读。1919年参加五四运动，开始从事文艺创作和翻译，评介外国文学名著，在南京加入少年中国学会。1920年至1923年先后到日本东京、美国旧金山学习和工作。1925年加入中国共产党，受党委派前往苏联学习，先后在莫斯科中山大学、红色教授学院学习、任教。1931年2月回上海，担任中共中央宣传部部长。共产国际决定成立中共临时中央，被指定为中共临时中央政治局委员及政治局常委。1933年初随中共中央机关迁江西中央革命根据地。在中共六届五中全会上当选为中央政治局委员、中央书记处书记。在中华苏维埃二大当选为中央政府人民委员会主席。1934年10月参加长征，途中出席遵义会议，对确立毛泽东的领导地位起了重要作用，代替博古负总责。抗战爆发后，兼任延安马列学院院长。1945年在中共七届一中全会上当选为中央政治局委员。新中国成立后在外交战线工作。1959年在庐山会议上，因支持彭德怀的正确意见，受到错误批判，被打成"彭、张、黄、周反党集团"的骨干成员。此后离开外交部门，从事社会主义经济建设理论的研究。"文化大革命"期间遭到迫害。1976年7月1日在江苏无锡病逝。

盲音乐家

《盲音乐家》,"少年中国学会丛书",俄国科路伦科著,张闻天译,中华书局印刷发行,民国十七年(1928)九月三版,不知印数,每册定价银5角。1924年2月初版,未见。

全书152页,分20章。书前有译者1923年5月写

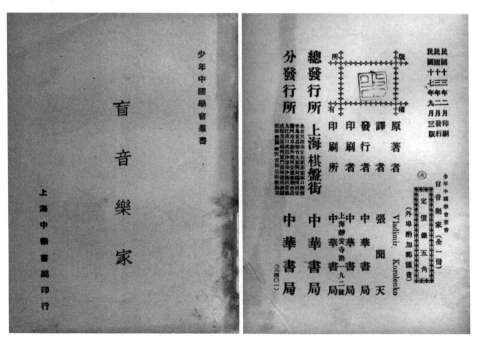

⊙《盲音乐家》1928年三版封面及版权页

⊙《盲音乐家》的广告

于美国加利福尼亚大学的长篇论文《科路伦科评传》，其中说道："华拉狄米·科路伦科（Vladimir Korolenkovg）生于一八五三年六月十五日俄罗斯西南部（即小俄罗斯）齐都弥尔（Zhitomir）小镇上。从他的父亲方面来说，他是旧哥萨克家族的后裔，从他的母亲方面说来，他与波兰的贵族有关。由前者他得到了抑郁与诗的梦幻，由后者他得到了永久不间断的希望。这种特性，我们在他的作品中间看得非常明了。这篇小说的主人公就是科路伦科自己。我们读了它就可知道他是怎样富于情感的人。科路伦科最有价值的小说是《玛加尔的梦》，这是一篇活跃的心理描写的小说。周作人先生似已译过。长篇小说中最著名者当然就是我所译的《盲音乐家》了。它所描写的是盲童的心理的发展……从这篇小说里，我们可以了解作者同情心的深厚与艺术手段的高明。科路伦科的英译本有五种：一、盲音乐家，二、二种情态，三、玛加尔的梦，四、天上的鸟，五、浮浪者。"

最末句是："本译稿蒙好友李凌云老弟读过一遍，更正几处错误，不胜感激，特此志谢。"

"少年中国学会丛书"，由中华书局出版于1921年至1940年5月，如今所见书目24种，能见版本实物的约19种，其中文学译作约14种，除张闻天的《盲音乐家》和《琪琊康陶》，还有田汉译《日本现代剧选》《罗密欧与朱丽叶》《哈孟雷特》和《沙乐美》，李劼人译《马丹波娃利》《达哈士孔的狒狒》《妇人书简》和《小物件》，胡云翼著《宋词研究》，李璜编《法国文学史》，梁绍文著《南洋旅行漫记》和张传晋著《德国文学史大纲》等。

张闻天的译作，除《盲音乐家》，还有《倍那文德戏曲集》《狗的跳舞》及与汪馥泉合译的《近代文学》和《狱中记》。除译作，还著有长篇小说《旅途》，剧本《青春的梦》及属于"尚志学会丛书"之一的《笑之研究》。一位无产阶级的革命家,在其早期居然还著译过这么多文学作品,很不简单,值得后人像读"经典"一样虔诚地去读……

在其他版本中,见到过《盲音乐家》的广告词,可作资料留存:"《盲音乐家》张闻天译 四角五分 V. Korolenko:The Blind Musician 本书依据 S. Stenpnix 和 W. Westall 两人之译本重译。作者为俄国著名小说家之一,而本书则其长篇著作中之杰作。他所描写的是房间盲童的心理的发展,虽是一个生而即瞎的人,并且经历了种种苦闷,但是终究因为打破了自私自利的个人的苦闷。因为对于不幸者表了深切的同情,在世界上找到了他的地位。从这篇作品中,可以了解作者同情心的深厚和艺术手腕的高明。"

琪珴康陶

《琪珴康陶》，"少年中国学会丛书"，意大利唐努逎著，张闻天译，中华书局（上海静安寺路二七七号）印刷发行，民国十七年十一月（1928）三版，不知印数，每册定价银5角。1924年10月初版，未见。

封面仅书名和扮演此剧的女主人公西尔薇的杜翠。

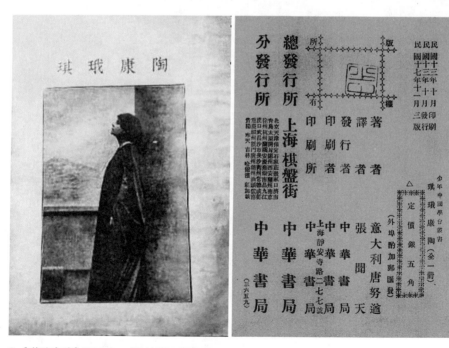

⊙《琪珴康陶》1928 年三版封面及版权页

书前有译者 1923 年 8 月 6 日写于美国加利福尼大学的《译者序言》，其中说道："加贝里尔唐努遒（Gabriele D'Annunzio）为意大利现代最著名的诗人，小说家与戏曲家。一八六四年生于维路奈省（Verona）之必斯加拉城（Pescara）。为一贵族之子。曾毕业于罗马大学。一八九四年充当国会议员。欧战中曾经自立为菲姆（Fium）的统领，反抗意政府。失败后，拟遁迹寺院，享受宇宙间清幽的美。但是好动的天性，使他这种计划失败了。……"

序言之末有一段《附白》，更像是一篇小序："唐努遒的作品甚多。他的创作的第一期大都是诗与小说，第二期是戏

⊙ 少年中国学会丛书书目广告

曲。他改作戏曲家的动机，起于与女优爱伦娜拉杜翠（Eleonora Duse）的结识。他的戏曲大半都是经她演过的。他的小说与戏曲大都已译成英文。其中著名的小说有：《快乐儿》，《山间的处女》，《死之胜利》，《生之火焰》等。戏曲有《琪珴康陶》(La Gioconda)，《法兰西施加》(Fracesca da Rimini)，《死城》，《加里荷的女儿》等。《琪珴康陶》与《法兰西施加》均有西蒙士的译本，就是译者所依据的本子。"

全书 130 页，无序跋。版权页前有书目广告：《华盛顿会议小史》《新疆游记》《云南游记》《袖珍西湖游览指南》《最新南京游览指南》《江亢虎南游回想记》和《南洋旅行漫记》等。

在其他版本中，见到过《盲音乐家》的广告词，可作资料留存："《琪珴康陶》张闻天译　原售五角　改售四角五分　Gabricle D'annunzio: Gioconda　著者以生花之笔，描写出火一般的热情，使读者不能不对于艺术的庄严为之低头崇拜。这部戏曲更是他的得意之作，内容描写艺术与道德的冲突，和三角式的恋爱关系。文字的优美，技巧的纯熟，为近代文坛所罕见。"

狗的跳舞

　　《狗的跳舞》,"文学研究会丛书",四幕剧,俄国安特列夫著,张闻天译,商务印书馆印刷发行,笔者所见两种版本。

　　第一种,民国十六年(1927)一月再版,不知印数,每册定价大洋 3 角 5 分。封面和版权页皆印"文学研究会丛书"。1923 年 12 月初版未见。

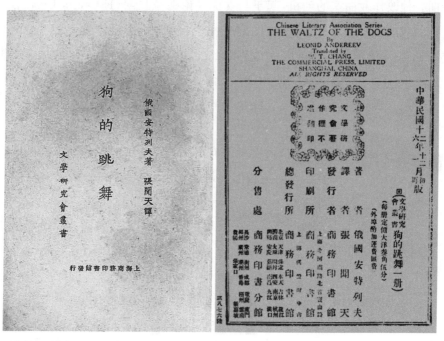

⊙《狗的跳舞》1927 年再版封面及版权页

第二种，民国二十二年（1933）七月国难后第一版，不知印数，每册定价大洋4角5分。封面与一般"文学研究会丛书"不同，封面有作者安特列夫的画像。版权页和扉页印"文学研究会丛书"，版权页上方印"上海商务印书馆谨启"。

书前有译者 1923 年 2 月 12 日写于美国加利福尼亚的《译者序言》，6 页："理欧乃德安特列夫（Leonid Andreev）生于一八七一年阿莱勒（Orel）地方。与杜格涅夫同乡。比高尔该小二岁。起初在莫斯科当律师，后来才倾向文学。其处女作即为高尔基所称赏。此外更受托尔斯泰与梅勒什科夫斯基等的赞许，所以他的名声传布得非常快。他的小说《红笑》与《七个被绞死的人》就给了他在俄国文坛上一个重要的位置。他的小说与戏曲继出的很多。英文翻译的也不少。我所译的这篇《狗的跳舞》The Waltz of the Dogs 就是英译中最近出版的。……安特列夫对于人物的描写，不着重在外面的行动，而着重在灵魂的振动。他毫不疲倦地求求着人心中所蕴藏着的革命的，反抗的，愤激的，恐怖的，人道的，残酷的，悲哀的，凄凉的种种精神，用了写实的，象征的，神秘的笔墨传达出来使读者时而愤怒，时而恐怖，时而悲哀，时而怜悯，时而发狂。他用铁锤敲着我们的灵魂，使得我们不得不觉得战栗！我们，这些被所谓礼教与偶像所束缚着的我们，

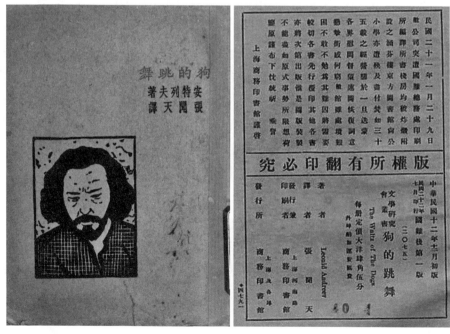

⊙《狗的跳舞》1933 年国难后第 1 版封面及版权页

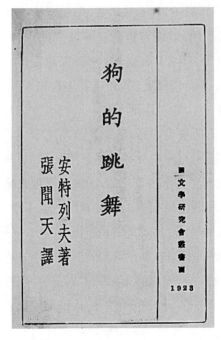

⊙ 扉页

除非用了利剑来把这些东西一一斩掉，我们就永远不能得到自由，永远不会了解人生。安特列夫的作品就是我们的利剑，我们要把他拿起来像发疯一样挥舞着去破坏一切。不过破坏之后应该怎样，安特列夫没有回答我们。'我应该怎样呢?'安特列夫常常用了全身的力量不断地问着。这问题的不能解决，是他最大的痛苦。这原是俄国人的特性。他们对于形而上的生活法则的探讨是永远不倦的。这'我应该怎样呢?'的问题，他们如其不能解决是不能平安生活的。爱罗先珂先生说:'我们几乎是生理的觉着苦痛的拘挛，几乎是生理的感到心的跳动，几乎可以发疯，因为回想到他的不能解决的问题。'(见《安特列夫与其戏剧》)这'他的不能解决的问题'就是'我应该怎样呢?'托尔斯泰对于这问题的不解决的解决是宗教，是圣书上《路加福音》的第六章。安特列夫的解决的不解决是死，不论是自杀或是被杀，或是一直到老死。在安特列夫看来，真真觉悟的日子就是死的日子……谁愿意自杀呢? 自杀不是解决人生问题的最好方法。但是这问题的解决既是必要而又不能解决时，最好的方法就是自杀!《狗的跳舞》中的主人公亨利就是这样自杀的。因为安特列夫的主人公都是要解决人生的根本问题的，所以他们都着重思索。本剧中的主人公亨利就是这样的一个人。在第三幕中他说:'我想着而且等待着。唉，我定了计划而又把他推倒，这样地连续下去使我逐渐烦了。但是我不久将要在一个推不倒的计划——于是我将要不见了。'可怜的亨利，他的推不倒的计划，就是自杀，他还说:'愚蠢的人问我，你整日干的甚么，你常常孤独的? 为什么，我还没有足够的日子与晚上去思索呢! 思索! 思索!'……任何人大别之都有二重人格，这是近代心理学已经给了我们以证明的。一是社会的，一是非社会的。社会的人格是虚伪的，快乐的，保守秩序的，普通一律的，机械的;非社会的人格是反抗的，突进的，凶暴的，悲哀的，各有不一的。(用法国柏格森的话)。现在的社会，处处鼓励着社会的人格而压制着非社会的人格。结果将要使人类完全机械化，变成和蜜蜂与蚂蚁一样。这种趋势在少数感觉锐敏的人是不能忍耐的，于是他们起而反抗，反抗不遂加之咒咀与讽刺。在文学方面尤其显著。安特列夫这篇戏曲就是描写这种二重人格的……安特列夫的作品，大都带有神秘的，免征的，诗的气味，有许多地方我们不能'了解'，我们只能用细微的心去感觉。各人感觉到的，就是他的作品的意义！"

虽然这篇文字与版本有些距离，但张闻天的这类文字现在已经很少能见，故全文录之，以备后考。后来成为革命家的张闻天，在早期对译事很是热情，只要关注于他的翻译作品者，大多可以发现他有不少译作和对译作的评论。除这本《狗的跳舞》外，还有《琪蛾康陶》、《狱中记》（与汪馥泉合译）、《监狱》、《热情之花》、《托尔斯泰的艺术观》、《勃兰兑斯的拜伦论》、《王尔德介绍》（与汪馥泉合写）和《歌德与浮士德》等。

文学研究会编辑、商务印书馆出版的"文学研究会丛书"总共 100 多种，出版于 1922 年 5 月至 1948 年 5 月，是能充分体现文学研究会实力的一套丛书。在这套丛书中，张闻天占有 3 席：《狗的跳舞》《旅途》和《倍那文德戏曲集》，最后一种是与沈雁冰等合译的。而另外一位无产阶级革命家瞿秋白，在这套丛书中占有 2 席：《赤都心史》（1924 年 6 月版）和《新俄国游记——从中国到俄国的记程》。

旅途

《旅途》，"文学研究会丛书"，张闻天著，商务印书馆印刷发行，所见 2 种不同封面的版本。

第一种，民国十五年（1926）十二月再版，不知印数，每册定价大洋 6 角。封面和版权页印"文学研究会丛书"。1925 年 12 月初版，未见。

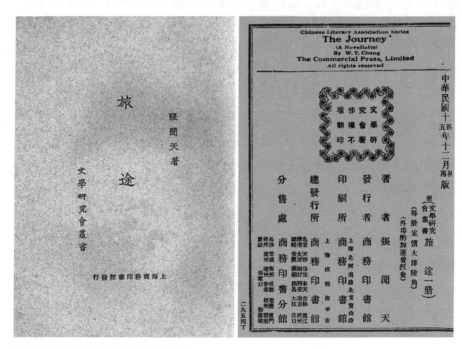

⊙《旅途》1926 年再版封面及版权页

　　第二种，民国二十年(1931)一月三版，不知印数，每册定价大洋 6 角。封面与素面朝天不同，左侧印书名的作者名，白字红底。版权页印"文学研究会丛书"。1933 年 1 月国难后第一版，未见。

　　全书 198 页，分上下部(在一些资料上称"上中下")，无序跋。

　　版权页后有"文学研究会丛书"广告 14 种，广告词写得简明扼要，如介绍王统照《一叶》的广告词是："王统照君以婉妙细腻的文笔，叙写人生的悲感。为何人生之弦音上，都鸣出不和谐的调子？为何生命是永久地如一叶的飘坠地上？欲答此问，请看此创作小说。"

　　《工人绥惠略夫》的广告词是："俄国阿尔志跋绥夫，鲁迅译，是一部革命的书。社会改造，究竟是靠淋着血的破坏手段得来呢？还是靠爱之宣传？这是当时俄国青年思想上的难问题。这书把这思想完全反映出来了。"商务版"文学研究会丛书"的广告词，写得相当"精彩"，大多出自名家之手，如叶绍钧等。

　　张闻天早期出版的文学著作并不多，留存至今的版本则更少，以笔者之见，就其特殊的身份，其早期的文学著作版本，无论从文学史料的价值，还是从收藏

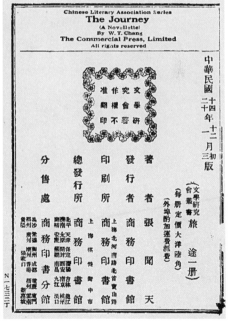

⊙《旅途》1931 年三版封面及版权页

价值的角度看,都已经可归之于"新文学善本书"之列。

　　对于张闻天的《旅途》,已有不少研究论文,读者可以参见。不过笔者仍想作一个简略的归纳,以期更好地了解革命家的早期文学作品。研究者认为,《旅途》是张闻天以自己的想像,演绎了一场轰轰烈烈"国际版"的"革命加爱情",是将一种最先进的革命理论及时演绎到自己作品中去。1922 年 8 月,张闻天应少年中国学会之邀回国,在美国仅一年零四个月,在这一年多中,他几乎都是在华侨中文报纸《大同报》和加里福尼亚大学伯克莱分校图书馆中度过。其间著译过 5 部戏剧作品:《青春的梦》《狗的跳舞》《热情之花》《琪珴康陶》和《盲音乐家》。回国之后又用了 5 个月的时间写出了长篇小说《旅途》,一年之后加入中国共产党,受中共派遣到苏联莫斯科中山大学留学任教,从此开始了职业革命家的生涯。《旅途》可以说是张闻天最后的一部文学作品,也是他革命生涯的一个前奏。

狱中记

  《狱中记》，"文学研究会丛书"，英国王尔德（Oscar Wilde）著，张闻天、汪馥泉合译，商务印书馆印刷发行，笔者所见两种不同封面、相同出版时间的版本。初版本未见。

  第一种，民国廿一年（1932）七月国难后第一版，不知

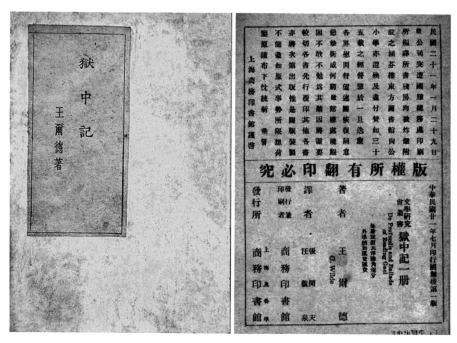

⊙《狱中记》1932 年版封面及版权页

⊙《狱中记》另一种封面

印数,每册定价大洋 6 角 5 分。封面左上侧贴有签条,内印书名和作者名。

第二种,出版时间同上,不知印数,每册定价大洋 6 角 5 分。封面素面朝天,与常见的丛书版本同,仅印书名、作者名和"文学研究会丛书"。版权页除印"文学研究会丛书",还印"谨启"文字。值得一提的是,版权页有两处被涂抹,对照上书,被涂抹的主要是"国难"两字。据悉,这种涂抹是当年所为,为的是避嫌。

两书版权页皆印"上海商务印书馆谨启"。在此时段出版的"商务"版图书版权页皆印有这篇文字,记录了"商务"的一段"苦痛"历史。

书前有田汉《致张闻天兄书——序他和汪馥泉君译的王尔德狱中记》,开头文字说道:"闻天:昨天是阴历端午节,早晨四时半起来,和漱瑜及同居 F 君出去散步,抬头一望天上暗暗澹澹地,好像要下雨一样,我们不管一直走到林子里,这时还早得很,不独没有人走,连树上的小鸟儿都还一声不响地睡着。左手边那个茶铺子——叫做'秋叶庵'的——虽挂着昨宵没有撤去的酒旗,可是还紧闭着店门,正中那所古寺满漆着朱红,像中国的文武圣庙一样,这时林子里的树木正长得茂盛,把那所古寺围在中间,真是'万绿丛中一点红'呢。我们站在寺侧一枝大树下,行了几回深呼吸。天色虽然暗澹,而林子里的空气,却像王尔德的文章似的清新典雅,令人遍体都爽……"

这段如同散文般的引子,把人渐渐带入"王尔德"的氛围之中,后面的文字很多,不敢赘引,只得割爱。

这位与张闻天合译《狱中记》的汪馥泉值得介绍:他生于 1900 年,字浚,浙江余杭人。原名汪馥炎,笔名有馥泉、馥、汪正禾、沈浚等。"五四"运动时,就读杭州甲种工业学校,与俞秀松、宣中华、沈端先(夏衍)、孙敬文等人同为浙江"五四"运动的中心人物。10月发起出版进步刊物《十月》(后改名《浙江新潮》)。同年东渡日本,留学三载回国,在上海从事著译,与张闻天、沈泽民等人过从甚密。曾一度到长沙第一师范任教,与田汉、赵景深共事。1926 年去印度尼西亚苏门答腊及棉兰等地任报社编辑。1928 年回国,与陈望道等合办大江书铺,出版社会科学书籍……据说,汪氏的名士气很重,平时不修边幅,蓄发不理。每月的薪金,除留作家用外,皆买书,因此室内除书刊外,别无他物。

全书仅 70 页,除田汉给张闻天的信外,还有张闻天与汪馥泉写的《王尔德介绍》以及张、汪合译的《狱中记》,另有沈泽民译的《莱顿监狱的歌》。

青春的梦

《青春的梦》，"少年中国学会小丛书"，三幕剧，张闻天著，中华书局（上海静安寺路哈同路口）印刷发行，民国二十一年（1932）五月六版，不知印数，每册定价银3角5分。1924年12月初版，未见。

此剧剧情背景是发生在浙江省杭州市，时间是1921

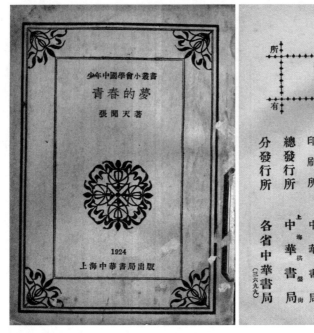
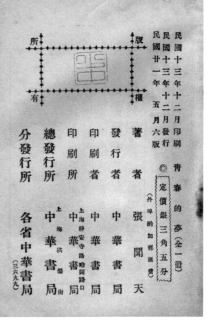

⊙《青春的梦》1932年六版封面及版权页

年的春季。粗略翻阅此书，总感到戏剧性的动作较少，表白内心思想的语言较多，这样的表达方式，势必影响剧情的发展和人物的塑造，两者都显得较为苍白。这样的剧本也许只能作为文字留存，一旦拿到舞台上去演出，也许是要被喝倒彩的。

全书 147 页，无序跋。在版权页前，有中华书局发行的"专门辞典"6 种，如《中华百科辞典》和《中华地名词典》等。

张闻天从事过文学创作和文学翻译，以前很少听到提及，而且一直认为他只是个职业革命家。其实在他早年还创作过不少文学作品，这在近几年才渐为人知。笔者有时常想，如果张闻天一直从事文学创作和翻译，充其量也只是一个作家与翻译家，在他的姓名前，绝不会添上"叱咤风云"——当一个人走到十字路口，抬起来的那条腿朝什么方向走，将决定今后之命运。

说到"少年中国学会"，一般人都知是李大钊等发起的，其实另有一人不可忘记，他就是王光祈。学会于 1919 年 7 月 1 日成立于北京，王担任过该会的执行部主任，毛泽东、赵世炎、张闻天、恽代英等人都是由他先后推荐入会的。1920 年 4 月王赴德国法兰克福学习政治经济学，同时担任北京《晨报》、上海《申报》、《时事新报》驻德特约通讯员。而到 1922 年冬，王却改学音乐理论与音乐史了。1923 年 7 月从法兰克福迁居柏林，向德国音乐教授学习小提琴和音乐。1917 年 4 月入柏林大学音乐系深造，历时 7 学期。1933 年 10 月受聘于波恩大学东方学院，担任中国文艺课教师。次年 6 月王以《论中国古典歌剧》一文获波恩大学音乐学博士学位。1936 年 1 月 12 日突患脑溢血卒于波恩，时年 44 岁——一个社会活动的积极倡导者与实践者，最终走上了研究音乐的道路，实在是让人对处在十字路口中"抬腿"理论的信服——无论是张闻天，还是王光祈，两人的命运，也许就是在一瞬间被决定了……

　　《笑之研究》，"尚志学会丛书"，法国柏格森著，张闻天译，商务印书馆印刷发行，民国十二年（1923）十二月初版。不知印数，每册定价大洋 6 角 5 分。版权页盖"尚志学会之章"。

　　书前有译者 1921 年 12 月写于上海的《译者序》，较短："本书法文名 Le Lire，英人译为 Laughter，我人现译

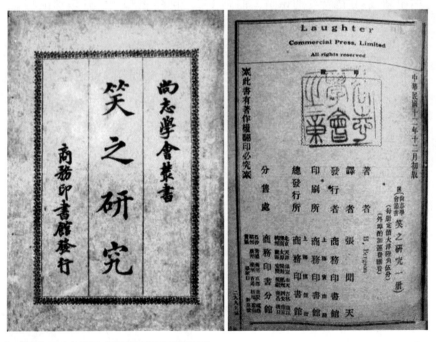

⊙《笑之研究》1923 年初版封面及版权页

为《笑》，原为柏氏在巴黎有名杂志 Revue
de Paris 上发表的三篇文章，后经作者修
改一过印成单行本。在法国流行颇广，且
俄，德，英，波兰，瑞士，匈牙利，日本都有
译本。译者对于法文尚无门径，故只能依
Cloudesley Brereton 及 Fred Rothwell 二
人合译之英译本而译之。英译本由柏氏
亲自看过，想不致错误。但经我重译之
后，我就不敢说完全没有错误了。海内学
者如肯赐以指正，则不胜幸甚。"

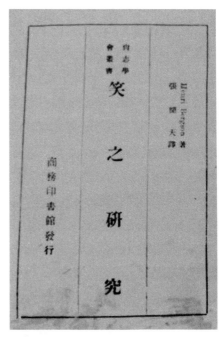

⊙ 扉页

从序言写作的时间推断：此书初版
于 1921 年 12 月或 1922 年年初。至于张
闻天当时为何译此书，在序言中没有一句
话交代，实是一种遗憾。

全书 199 页，分为三章：第一章《普
通的滑稽——形式与动作中的滑稽——滑稽的外涨力》，第二章《境遇中的滑稽
元素与言语中的滑稽元素》和第三章《性格中的滑稽》。

尚志学会，是民国初年的学术团体，主要人物有梁启超、范源廉、林宰平、张
东荪等人。成立的原因是梁启超对政治逐渐感到厌倦，与友人相约从学术教育
上给国家打基础。学会成立后主要做了三件大事：第一，邀请国外学者名流来
中国开展文化交流。"五四"时请了美国实用主义哲学家杜威和英国哲学家罗素
到中国讲演。第二，成立新的学术研究机构。为纪念范静生，尚志学会与中华教
育文化基金董事会合作设立静生生物调查所，学者胡先骕主持科研工作。第三，
跟商务印书馆合作翻译学术名著。从 1918 年开始策划"尚志学会丛书"，其中有
勒庞（黎朋）的《革命心理》与《群众心理》，他是学会特别关注的重要学者。

"尚志学会丛书"，出版于 1918 年 9 月至 1935 年 1 月，从如今所见版本书目
看约有 44 种左右，如《中国人口论》《形而上学序论》《配对原理及其推论》《实用
主义》和《摩尼教流行中国考》等。

近代文学

《近代文学》，伊达源一郎原著，张闻天、汪馥泉译述，唐敬杲校订，商务印书馆（上海宝山路）印刷发行，民国十九年（1930）八月初版，不知印数，每册定价大洋陆6角5分。版权页下方是英文版权事项。

全书205页，收11章，有标题：《近代文学底渊源》《英国底浪漫主义》《德国底浪漫主义》《法国底浪漫主义》

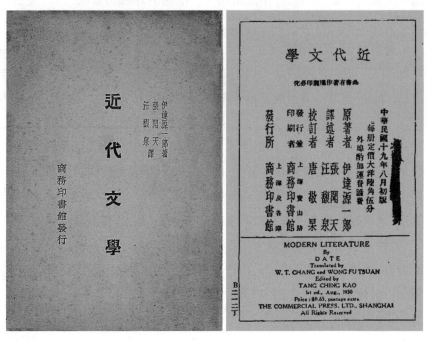

⊙《近代文学》1930年初版封面及版权页

《哥德许雷以后及〈青年德意志〉》《法兰西底自然派及最近文学》《近代英国底文学》《俄罗斯底近代文学》《北欧文学》《比利时意大利及其各国底文学》和《阿美利加底文学》。

柏格森之变易哲学

《柏格森之变易哲学》，英国 H. Wildow Carr 著，张闻天译，民智书局（上海棋盘街中市九十至九十一号）印刷发行，民国十三年(1924)二月出版，不知印数，每册实价大洋 2 角。

全书 84 页，收 7 章，有标题：《哲学和生命》《智力与

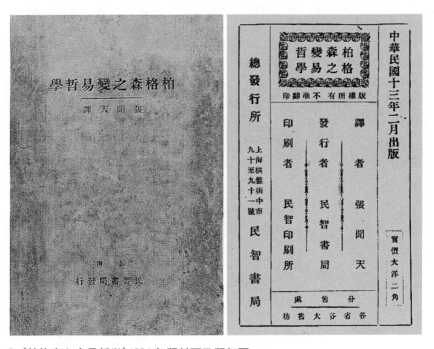

⊙《柏格森之变易哲学》1924 年版封面及版权页

物质》《本能与智慧》《直觉》《自由》《心与身》和《创造的进化》。

亨利·柏格森（Henri Bergson 1859～1941），法国哲学家。1927 年被授予诺贝尔文学奖。研究者称：他提出时间并非是某种抽象的或形式的表达，而是作为永恒地关涉生命和自我的实在。并称时间为"持续时间"。与生命力相类似，这种概念亦可阐述为"活时间"。这种时间是动态的流动，呈现出经常的和永恒增长的量变。它避开了反映，不能与任何固定点相联系，否则将受到限制并不复存在。这种时间可由一种趋向内在本源的内省、集中的意识所感知。他的代表作有：《直觉意识的研究》《时间与自由意识》《物质与记忆：身心关系论》《笑之研究》《创造的进化》和《生命与意识》等。

张闻天除了翻译这本《柏格森之变易哲学》外，还译过伯格森的《笑之研究》，可见他对这位哲学家的偏爱。

西洋史大纲

《西洋史大纲》，原名《人类的故事》，美国著名通俗历史学家房龙著，张闻天译于 1924 年，系未刊稿。1986 年该译稿在上海辞书出版社图书馆中被发现，2003 年 7 月由上海辞书出版社影印出版。影印本全书文字 927 页，插图 94 幅。

⊙《西洋史大纲》封面

1924 年,张闻天从美国回到上海,重进中华书局担任编辑,翻译了该书。译稿为中华书局专用红格稿纸,四周双边,单鱼尾,白口,书口印有"中华书局编辑用纸",半页 286 格。译稿共 470 页,首页题有"西洋史大纲(原名人类的故事),美国范龙教授原著,张闻天译";次页"译序",再为"目录";正文 62 章,约 25 万字。此稿是张闻天直接译写的原稿,没有誊写过,几乎每页都有不同程度的改动,但文字译笔流畅。

张闻天一生翻译了 100 多万字,体现出相当高的翻译水平,他的译著涉及文学、艺术、哲学和马克思学说。《西洋史大纲》译稿是现存张闻天研究资料中最早的真迹手稿。

该译稿收文 62 篇:《舞台的布置》《我们的老祖宗》《史前的人》《古埃及的拼音字母》《尼罗河流域》《埃及的故事》《美索布达米亚》《苏末人》《摩西》《腓尼基人》《印度欧罗巴人》《爱琴海》《希腊人》《希腊的都市》《希腊的自治政府》《希腊人的生活》《希腊的剧场》《波斯战争》《雅典与斯巴达》《亚历山大大帝》《摘要》《罗马与加太基》《罗马的兴起》《罗马帝国》《拿撒勒的耶稣》《罗马的倾覆》《教会的兴起》《谟罕默德》《查理曼》《北方人》《封建制度》《中世纪的骑士制度》《教主与帝

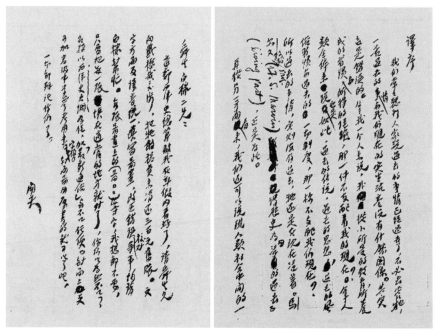

⊙《西洋史大纲》译序手迹

皇》《十字军》《中世纪的都市》《中世纪的自治政府》《中世纪的世界》《中世纪的贸易》《文艺复兴》《表现的时代》《大发现》《宗教改革》《宗教的战争》《英吉利革命》《势力均等》《俄罗斯的兴起》《俄罗斯与瑞士》《普鲁士的兴起》《重商制度》《亚美利加革命》《法兰西革命》《拿破仑》《神圣同盟》《大反动时期》《国家的独立运动》《机械的时代》《社会革命》《解放运动》《科学的时代》《艺术》《殖民地的扩张与战争》和《新世界》。

张闻天为何要选择《人类的故事》作为一部向青少年介绍西洋史的读物。这可以从译序中得到答案："我们常常听到人家说过去的事情已经过去了,不必去管它,一若过去的事情与我们现在的实生活毫没有什么关系。其实这是错误的。拿我一个人来说,我从小所受的教育,所养成的习惯与所得的经验,哪一件不支配着我的现在? 拿人类全体来说也是如此,过去的传统,过去的思想,过去的风俗习惯与过去的一切制度,哪一样不支配我们现在? 所以过去的事情实则没有过去,它还是在现在活着。马尔文教授(Prof. F. S. Marvin)谓历史为'活的过去'(Living past),正是为此。再从另一方面看来,我们还可以说现人类社会中间的一切风俗习惯、思想道德与文物制度等都是过去发展来的。现在的一切东

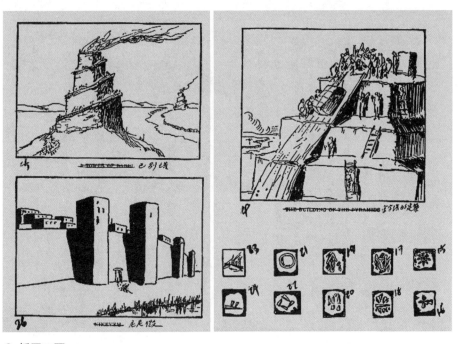

⊙ 插图二页

西没有一件是在一转眼间忽然产生的,它一定经过了长期的变迁与进化,才像现在这个样子;而且现在并不就是它的最后,说变迁或进化到现在它就不变迁不进化了,现在不过是它在变化的时间的线上的一刹那,这一刹那立刻就要变成过去的。所以历史不是间断的东西,它是有持续性的。鲁滨孙教授(Prof. Robinson)说的'历史的持续性'(The continuity of history)就是指此。因为过去是活着在现在而且与未来相衔接的,所以要解决现在实生活上所发生的一切问题,就不能不研究过去的历史。我们要在中间找出人类活动的因果关系与它的根本法则,然后对于未来的建设才有把握。譬如我们知道了上一次的世界大战争是资本主义发展的过程中的自然的结果,那么要终结那样可怕的战争,就不能不竭力打倒现在的资本主义;这样我们对于未来的活动有了方向,对于未来的希望有了信心,一切成功也就在这种地方打下了基础。可见研究历史的人并不是因为他对于过去有什么特别的爱好,却因为他要了解现在,建设未来,所以不能不去研究它。反过来说,只有能指出与我们现在未来的生活有关系的历史才是活的历史,值得我们去研究。只是记载些某年某月某日某地方发生某事或是罗列些帝王的年谱,王公大臣的身世的历史是死的历史,这种历史不但不能使我们发生一点兴趣,而且就是发生了兴趣也是无用的。关于西洋历史的书籍,国人自己著作的很是稀少,在这些仅有的几部中间要找出一两部合于我上说的标准的,简直是不可得,就是从外国文译过来的几部中间,也很少有合意的。至于我自己对于西洋历史并无多大研究,要自己去编一部合于自己的标准的书,现在还无此能力。但是我觉得,如其我编出来的书不能胜过人家编的,那么还是把人家编得好的书翻译过去岂不较为有益?所以这一次我选择这一部书。这部书原名《人类的故事》(The Story of Mankind)是美国范龙教授(Prof. Hendrik Willem Van Loon)著的,他从人类的最初一直讲到现在,很像英人威尔斯(H. G. Wells)的《历史大纲》(The Outline of History),不过在简单明了的一点上,则远胜之。但是他所说的人类,差不多完全以白种人为中心,对于有数千年文化史的中国与印度只在原书第四十二章内略略说了一点,敷衍了事。不幸就是这一点也已经犯了许多错误! 我觉得删去这一章对于读者既没有损失,而且他所说的既从欧美人为中心,倒不如把原书的书名,改为《西洋史大纲》较为近于实际。这就是这部书不称《人类的故事》而称今名的由来。这部书的长处就是具备了我所说的活的历史书的要件。著者毫不在帝王的生死,与朝代的变换那些无用的考据上用工夫。他是一个绝顶的聪明人,能毫不费力地利用他的透视的能力捉到过去事实的真际,更能利用他的丰富想像力把那种真际活现在读者的眼前(请看他的图画)! 这部书的能够出版,得了朋友周白棣、左舜生二君很多的帮助,特在此地志谢。一九二五年一月,重庆。"

书前除了《译序》,还有一通张闻天写给舜生和白棣的信,与此书有关:"舜生白棣二兄:这部西洋史总算被我在年假内看好了,请舜生兄向戴懋哉交涉,把它的稿费来清还三百元旧账。文字方面及译音统一,填写图画,改正错误校对等事均请白棣帮忙。每张图画上的(图□□)等字,我想都不要,只要把每一张填在适当的地方就对了,你们以为然否? 名称以《西洋史大纲》为佳,加'最新通俗'与否任便。封面上更可加高级中学参考用书字样。封面图用原书的就可以了吧,一切都拜托你们了。"

1924 年秋,张闻天译完此稿,1925 年初在重庆四川省立第二女子师范学校任教期间,又对全稿作了润色,写就译序后投寄上海中华书局。故序文中署有"重庆"的字样。

房龙的《The Story of Mankind》出版于 1921 年,因其叙事通俗简约,文笔流畅生动而深受读者喜爱,先后被译成 20 余种文字,传播于世界各地。在中国不同时期均有人翻译,其中最早的译本是商务印书馆 1925 年 4 月版、沈性仁女士的《人类的故事》。

论青年的修养

　　《论青年的修养》,此书版本较多,所见约五六种,出版地虽不同,但皆署"洛甫"(张闻天的一个笔名)。张闻天除这笔名外,还有闻天、飘篷、长虹、大风、洛夫、刘梦云、歌特等。

　　版本虽不一,但内容大体相同(有些与他人合编),故选择其中一二加以阐述,以观全豹。

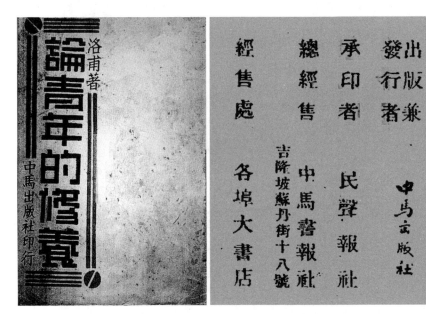

⊙《论青年的修养》封面及版权页

其中一种是中马出版社 1946 年 2 月出版发行的,民声报社承印,中马书报社(地址吉隆坡苏丹街十八号)总经售,不知印数和售价。封底印中马出版社的出版标记,首见。

书前有以中马出版社之名写于 1946 年 2 月的《出版者附言》:"青年是国家未来的主人翁,也是新社会的创造者和建设者,因此,未来国家社会的好坏,和青

⊙《论青年的修养》四种不同版本的封面

年本身的思想意识是否健全，是有着密切的关系的。现代青年在一般上说来，大抵都是具有高尚的理想和从事于社会活动的热情的，但是单单只有热情，而缺乏各方面的修养，还是不够的，因为现实的环境，并不是止静的，而是千变万化的。在这变幻无常的现实环境里，青年人如果没有坚强的意志和冲破困难的决心，那么，要希望改造社会的理想能够实现，是没有可能的。这本《论青年的修养》，正是现代青年不可缺少的良伴，这里面作者不但指

⊙ 中马出版社出版标记

出青年的优点，而且也毫无掩饰地指出青年的缺点，并给青年人提供了许多克服缺点的宝贵意见，凡是愿意虚心学习的青年，都不可不读这小册子。"

论青年修养

　　此书与《论青年的修养》实际是同一种，在书名中少了一个"的"字而已，至于为何去掉这个"的"，不知内情。

　　笔者所见三种版本（华中新华书店版、自修出版社版、方向社版），署名皆"洛甫"。其中华中新华书店1949年2月版，是把洛甫与冯文彬等的文章合编的版本，书的前半部分为洛甫的《论青年的修养》，后半部分为冯文彬的《论生活习惯》、寒松的《关于青年修养问题》和原冰的《泛谈青年思想及修养》。

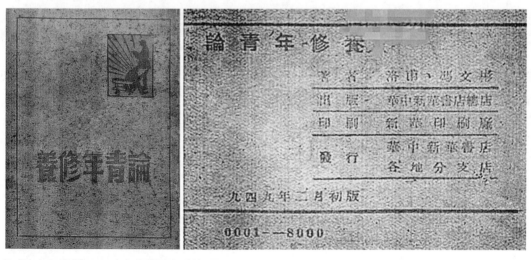

⊙《论青年修养》1949年初版封面及版权页

其他三位作者，只对"寒松"略知一二。他原名是艾寒松，生于 1905 年，笔名寒松，是他参与编辑《生活》周刊后发表第一篇文章时，韬奋为他代取的，在《生活》周刊社，他是邹韬奋的左右手，也是生活书店的创办者之一。后因"新生事件"而被迫流亡国外，回国后加入中国共产党，1942 年赴苏北解放区，任《盐阜大众》总编辑兼社长。

⊙《论青年修养》自修出版社、方向社版封面

论待人接物

《论待人接物》,笔者见到过两种书名相同,但署名不同的版本,一种是苏中韬奋书店 1938 年 1 月出版的《论待人接物》;另一种是晓光出版社 1947 年 1 月出版,香港理想出版社发行的《论待人接物》。前者署名"洛甫著",后者署名"凯丰等著",这是因为除收凯丰(何克全)的《青年学习问题》和洛甫的《论待人接物》《论青年的修养》

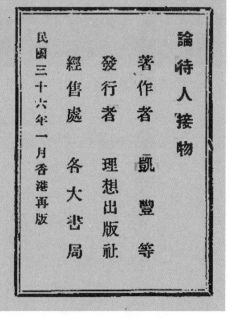

⊙《论待人接物》1947 年香港再版封面及版权页

外,还收有列宁的《论青年的学习问题》、王明的《学习毛泽东》,刘光的《学习恽代英的工作作风与生活态度》。实际是一本经编辑的综合性理论书。

苏中韬奋书店版《论待人接物》,正文前的书名为《论待人接物问题》。全书仅 25 页,印 5 000 册。在书末写道:"同志们,这就是我所要说的关于待人接物的问题的一点意见。这点意见,我知道是很不完备的,只希望以此作为同志们出去工作的一种参考。"

⊙ 苏中韬奋书店版封面

十年来的中国共产党

《十年来的中国共产党》，笔者所见两种版本。

第一种，"真理小丛书之五"，洛甫等著，解放出版社 1938 年 1 月出版。封面印"每册售国币二角"。书前有《真理小丛书序》。"真理小丛书"是由解放出版社出版于 1936 年至 1938 年 1 月，所见书目 6 种，如王明的《为独立自由幸福的中国而奋斗》和刘少奇的《抗日游击战争中

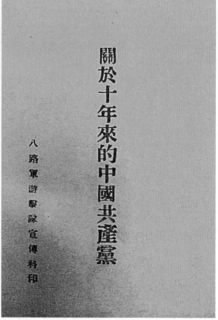

⊙《十年来的中国共产党》两种版本封面

各种基本政策问题》等。

书前还有《编者引言》："一，《十年来的中国共产党》这本小册子，主要的是在叙述中国共产党十年来的政治主张，政治面貌，及其一贯的'为独立自由幸福的中国而奋斗'的政治路线。十年的时间并不是短的，中国共产党十年来奋斗的详史，当然无法很具体地在这本小册子里条分缕析，但是主要的轮廓，重要的阶段，以及中心的政治主张，却又显明的提示得清清楚楚。二，十年来的中国共产党，是在被围剿，被屠杀，被监禁，被屈辱，然而又是被全国广大的人民所拥护，所爱戴的情况下发展，壮大，威信日益提高。为什么能够如此，为什么能够在那样艰难困苦的条件之下，始终成为中国革命运动的支柱，组织者与领导者？读完了这本小册子，虚心的去了解这本小册子里面的政治主张，便可以懂得中国共产党在中国革命运动中崇高的地位，绝不是偶然的，而是正适应了中国人民迫切的要求，秉承了中国革命的传统。三，从前国共两党的合作，造成了一九二五——一九二七年光荣伟大的第一次大革命。国共两党的合作与否，是中国革命胜利与失败决定的因素。自从国共两党统一战线结成之后，立即实现了抗战的新生的局面。读者读完了这本小册子，对统一战线当然可以得到更清楚的了解，对于统

⊙《中国抗战形势图解》封面

⊙《中国现代革命运动史》封面

一战线更加会拥护与赞同。我们希望国共两党手携手的精诚团结,完成中国革命必须完成的神圣任务。四,这本小册子,可以当做中国近十年来的革命史读,当做政治上的战略与战术读也可以。"

全书78页,收文:《关于十年来的中国共产党》(洛甫)、《中国共产党十五周年纪念》(季米特洛夫)、《中共中央关于目前政治形势与党的任务的决议》、《中共中央关于抗日救亡运动的新形势与民主共和国的决议》和《中共中央告全党同志书》等。

第二种,封面仅书名和印行单位,印行单位即八路军游击队宣传科,据一位收藏者言,还有一种与之装帧一样的《帝国主义》,也由此宣传科印行。八路军游击队宣传科,即八路军鲁东游击队宣传科,1938年底改为八路军山东纵队第一支队。

附记:张闻天的著作版本不少,大多未见,如能见到的,大多只是一晃而过,没有细究,现从其他资料上获取一些书影,以补缺漏的遗憾。这些所见的版本

⊙《中国现代革命运动史》(上)封面　　　⊙《北方游击战争的战略》封面

是:《中国抗战形势图解》《中国现代革命运动史》《北方游击战争的战略》《抗战
以来中华民族的新文化运动与今后的任务》和《论相持阶段》等。

⊙《抗战以来中华民族的新文化运动与今后
　的任务》封面

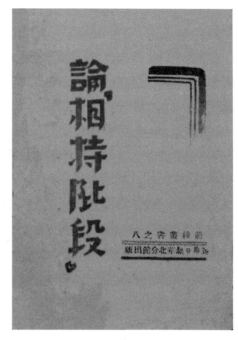

⊙《论相持阶段》封面

张新吾（1879—1976），原名张名奎、张星五，江苏川沙（今上海市浦东新区龚路镇）人。年少时入上海梅溪书院，后考入天津北洋大学堂，官费留学日本。1903 年从日本帝国大学毕业回国，创办天津工艺学校。翌年调北京任商部主事，兼进士馆教习。民国初年任农商部代理次长、代理总长。清末针对日本火柴大量输入，流出白银千万两，遂向商部建议在京办火柴厂，遂建官商合办丹凤火柴公司，任技术顾问。与吴蕴初、范旭东等创办中华化学会，历任九届会长。在农商部任职时主持筹建官龙烟铁矿及附设石景山炼钢厂（首钢前身），任总经理。因军阀混战关闭，抗战胜利后点火开炉。是中国早期应用化学第一人。晚年潜心研究中国古代哲学，著有《三极论》等。

学庸新义

《学庸新义》,铅印线装本,张新吾著,民国二十五年(1936)八月出版。书高 26.3 厘米,宽 15.1 厘米,书版高 19.6 厘米,宽 13.2 厘米,双栏框,半页 12 行,每行 38 字,单鱼尾,全书 59 版张,118 行。

该书分《大学》10 章,《中庸》7 章。书前有唐文治序和著者《自序》,凡例八则,后有黄艺锡跋。

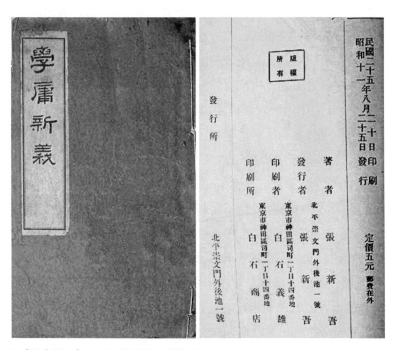

⊙《学庸新义》1936 年版封面及版权页

⊙ 扉页

唐文治在序中说道:"川沙张君新吾,中国化学第一名家也。"可见,张新吾以化学家身份解释儒家经典《大学》和《中庸》,真可谓别出心裁。

为何要对《大学》和《中庸》作一番新义,著者1934年5月1日写于北平后池池畔的《自序》中有所解释,署名"百槐村人":"吾国学术,发达至早,唐虞时代,已颇可观。至孔子而集其大成。二千余年以来,社会秩序,得以维持,实利赖之。今旧道德摧毁,而新道德未兴,全国上下,彷徨歧路,莫知适从,此诚危急存亡之秋也。思维再四,以为救国救人之方,在新道德未成立以前,惟有以维持旧道德为急先之务。是应先立旧道德为基础,然后顺其理势,逐渐改革。进而求合于世界潮流,以循大同之正轨。且于其改革也,择其善者而从之,不善者而去之。如是进行,庶于救国救人,差有把握,而得免于进退失据乎。然欲冀旧道德之维持,舍重兴孔学,别无途径,况孔子之学,本合政教为一。孔学而得重兴,可以兼救世界时政之失。现代世界,号称文明者,首推欧美诸国者,以学术发达,形下超过于形上,文化政治均尚极端,其循环式之副作用永无已时,而常陷于混乱之状态,综合参衡,实非治平之道。惟有孔氏诚身之道,得纳人心于正轨。中庸之道得常保持中和与均衡之状态,苟昌而明之,人心世道,永无畸重畸轻之弊。学庸一书,孔学之精萃也。久思研究,加以注释。卒以兹事体大,未敢贸然执笔,嗣思愚者千虑,必有一得,爰是不揣愚昧,姑妄为之。编纂既竟,为弁数言。"

张新吾在序中言明了撰此书的目的,并推崇孔学,以维持社会之道德。然对于孔学阐述与诠释的书籍众多,内容繁杂。张新吾是否真有"新义"? 从所列八则《凡例》看,著者确有与众不同之处,他在《凡例》中说道:"尝考学术发达历史,形上之学与形下之学相互表里,必形上学进展,而后形下之学随之进展,至形下之学进展时亦然。秦以前,形上之学与形下之学并行进展,故学术发达。自始皇焚坑而后,形下之学失传,致所遗古籍,号称形上之学者,多无法以说明。自汉以后,诸儒注解,古籍率多杜撰。现时科学昌明,形下之学复行进展,可以辅助说明形上之学诸种原理,或于古籍中之玄妙,得以窥见一二。故于中国之学术史,拟分为三时期,自秦以前为第一时期,秦以后至近代为第二时期,欧化东渐以后为第三时期。兹于说明第一时期之原理,兼采用第三时期之学说,所以补第二时期之缺陷也。"一个化学家能有此认识,不失为有些"新义"。晚年,张新吾潜心研究中国古代哲学,著有《三极论》。

一个现代化学家写出了两本研究中国古代哲学的著作,实属罕见。

该书上海图书馆有藏,版本为日本东京白石商店铅印本。版权页印:著者,张新吾;印刷者,白石义雄,东京市神田区司町一丁目十四番地;印刷所,白石商店,东京市神田区司町一丁目十四番地;发行所,北京崇文门外后地一号。出版时间除"民国二十五年八月二十日"外,还印"昭和十一年八月二十五日"。每册定价 5 元。

黄艺锡写于西町寓庐的跋中说道:"甲戌之春,遇百槐村人于海上,君方持《学庸新义》稿执笔改窜,至于再至于三,稿凡数易,仍若未惬意者。余惟古今载籍浩如烟海,难知者惟《周易》,难行者惟《中庸》。自科学勃兴,《学庸》一书久束高阁,嗣今以往或更不解经传为何物者,君以物理化学之新知衍儒、释、道、耶之玄理。虽古今异世,理论相通,苟人人致力于修己自治之功,薪收昭明协和之效。则政教合一,世界大同。是书之有益于社会人心岂浅尠哉。丙子上巳重游东瀛,复于逆旅中绅绎此稿,爰怂恿付梓,以诒读者。上海黄艺锡跋于西町寓庐。"

西町寓庐与版权页上司町一丁目十四番地可能是一处。

张志鹤（1879—1963年），字伯初，又名访梅，晚年自号寒叟。上海川沙龚路乡人。青年时期，思想激进。1903年陷入南汇党狱案，遂与黄炎培等亡命日本，回国后，参与创办浦东中学。1909年任川沙抚民厅视学员兼劝学所总董。1911年当选为川沙厅议事会议员、参事员。曾任江苏省民政司总务科长、兼代教育科长、行政公署第二科科长，川沙县劝学所长、教育局长和交通局长等职。1931年被选为浦东同乡会理事。翌年被聘任同乡会会务主任。曾辅助黄炎培编纂民国《川沙县志》。主持川沙教育14年，黄炎培称誉张志鹤"以清正廉介著"。川沙新事业之创始，大半出其手。一生著有《我生七十年的自白》《劫余录》，诗集《晚嘤集》等。1953年被聘为上海市人民政府文史馆馆员。

支那四千年开化史

　　《支那四千年开化史》，日本市村泷川著，支那少年于光绪二十八年（1902）译成中文，由支那翻译会社印行。书印成于光绪二十八年十一月初五日，第二年正月初五发行。支那翻译会社地址在当时的英租界登贤里。

　　该书译者支那少年实为三人之笔名，他们是黄炎培、张志鹤、邵力子。张志鹤在为黄炎培七十寿辰所写的一

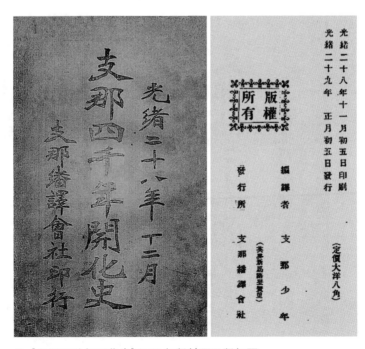

⊙《支那四千年开化史》1903 年版封面及版权页

首诗中就讲到此事："支那译者少年三,吾字访梅君楚南。还有仲辉邵力子,前生曾未佛同龛。"诗后有张的一段注文云："三人合译和文本《支那四千年开化史》,出版署名译者支那少年。"此诗收录在张志鹤自编的《晚嘤草》中。黄炎培和张志鹤是浦东川沙人,邵力子是浙江绍兴人,三人是好友,都曾在日本居住过。三人为何要译此书,在《前言》中有说明："恫哉,我国无史。恫哉,我国无史。庞然塞于栋者,非二十四史乎?我谓二十四姓之家乘而已,兴灭成败之迹喋喋千万言不能尽。乃于文化之进退、民气之开塞、实业之衰旺,概乎弗之道也。我国士大夫嗜古若性命,我国无古之可言也。恫哉,我无古之国;衰哉,我嗜古之士。夫支那少年睊睊忧之。乃呼将伯于东士,据东士市村氏泷川氏所为《支那史》者,去吾二十四姓家乘所备载之事,实而取其关于文明之进步者,断自上古以逮于兹,删其芜,补其缺,正其误,译以饷我无史之国之士夫。"

这篇《前言》口气很大,三位译者正值青年时代,年轻气盛,也可见其创新精神。

不管三位译者当时翻译此书的目的如何,至少有一条是可以肯定的,那就是使后人看到了邻邦人士对中国历史的一种写法,多一个侧面看中国历史,可以更

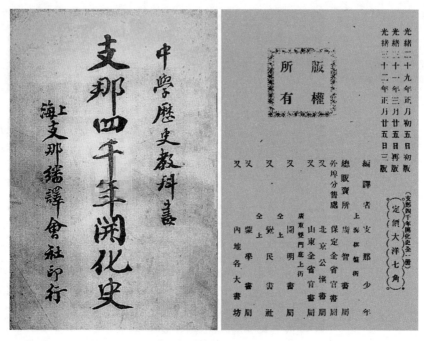

⊙《支那四千年开化史》1906 年三版封面及版权页

加全面地观察历史轨迹。全书分 9 章：《地理》《人种》《太古之开化》《三代之开化》《秦汉三国之开化》《两晋南北朝之开化》《隋唐五代之开化》《宋元之开化》和《明清之开化》。每章再分若干节，诸如《制度》《学术》《宗教》《技艺》《产业》《风俗》等。译本最后附有《历史大事年表》。从纲目看，便知此书简明扼要，全书正文 141 页，6 万多字，如此少的篇幅要表述四千年的开化史，那只能是择其要者而记之。如第九章《明清之开化》第二节《学术》文学小类中一段，从中可知全书之略："文学至今日，可谓一大革新时代。盖不专求诗古文辞，而以新思想铸入新学说，主持风气，开化国民，如报馆、译书，二者其大要也。报馆以上海为多，其余通商口岸亦有设立者。有日报，有旬报，有月报，其优劣全在主笔之人。而独一无二之大主笔家，莫若梁任公（名启超，字卓如），前在上海有《时务报》，继在横滨有《清议报》，今又有《新民丛报》，体例愈善，议论愈精，记载愈富，人之读其报者，可知天下古今之政治、学术、风俗、事迹。他若农学、工艺、商务莫不有报。虽在幼稚时代，然种类日繁，要足为新学新艺勃兴之引动力也。近今译笔之精善者，首推严复（字几道），所译有《天演论》、《原富》、《名学》等书流行海内。次如留学生之编译及各处所设编译局，出版日多，发行日盛，输入文明，厥功伟哉。"

翻译出版有输入文明之功，支那少年一百年前从日文翻译过来的《支那四千年开化史》在今天看来，对研究中国历史也不失为一种参考书。

该书与其他图书一样在最后也印有"版权所有"字样，售价大洋 8 角。有关支那翻译会社的资料所见不多，在 2000 年 12 月上海社会科学院出版社所出的《上海出版志》大事记中记有："清光绪二十八年（1902）十二月一日，上海支那翻译会社编辑发行《翻译世界》月刊，出三期。"

我生七十年后自白续编

　　这是张志鹤以编年体记事录形式撰写的自述,从 7 岁(清光绪十一年,即 1885 年)记到 80 岁(1958 年)。第一种记至 70 岁(1948 年),仿线装本式铅印,64 页;第二种从 71 岁记至 80 岁(1949 年到 1958 年),仿线装手写油印本,66 页。两种只见到第二种。

　　此书涉及许多上海市区和浦东地区 80 年间的人文

⊙《我生七十年后自白续编》封面

资料,有极强的史料性。特别是他与黄炎培在辛亥革命前后的一系列革命活动,主张地方自治,兴办新式学校,创办舆论报纸,宣传科学和民主等,对地方的发展有着一种极大的推动力。后参与办上川铁路、建造浦东同乡会、修纂《川沙县志》,显现出他的组织办事能力。抗战期间,他以强烈的爱国热情,送

⊙ 照片

儿从军抗日,并为国捐躯。直至晚年还积极关心家乡建设,为政府建言献策。从此书可看到张志鹤大半个世纪的历程,是在为家乡谋发展,为民众谋幸福,赢得了浦东民众的崇敬。

在两书中,附有 9 幅照片,除张志鹤不同年龄段的照片外,还有与黄炎培、黄心九、顾冰一等的合影。照片还有沈恩孚、袁希洛、金其源、黄炎培等人的题词。

其中金其源的题词是:"自我识君面,于今越州春。君年增以倍,君颜影□频。问年隔几何,相距云一间。始自二十五,无度传君神。由少壮而老,学与儿日新。日新在学儿,所守编帷陈。值兹世深□,常保清白身。仙姿映冰雪,作伴唯苍鳞。面目世间多,唯得如君真。"其中有几字不清,只好留□。

1934 年 1 月,黄炎培与张志鹤、陈家骥的合影上题词:"劳劳往事渺如烟,人海三人三十年。我与伯初尘衷输,君修高卧海云边。君年长我十五六,朝乡夕市长仆仆。□君谨厚亦后为,皎皎此心难语俗。太热肝肠损年,多君修扬善金天。尘烦中有安神药,勿助勿忘心泰然。逸公惠存并正,二十三年一月,黄炎培。"逸公是陈家骥(字逸如),从背景来看,地点可能在川沙连城别墅天井内。清光绪二十八年(1902)张志鹤就已结识黄炎培,除抗战期间和建国后,在一起谋社会之发展,张、黄友情在自白中有着充分的体现。

两书编写年代分别是 1948 年 12 月和 1961 年 4 月。在《我生七十年后自白续编》中,张写有《开场白》,可看作是篇《自序》,其中写道:"我在七十生辰后,回想自童年入塾始有知识起,逐年经过事实,就脑海中留影较清晰者摄取出来,摘

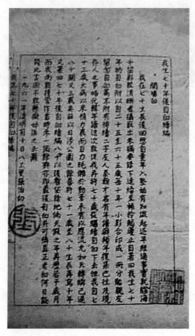

⊙ 序言

⊙ 作者像

要录下，连续至稀龄觞庆为止，自署曰'我生七十年的自白'，附以自二十五至六十五岁每一年小影合成一册分贻亲友留念，自百篇末附有'待续'两字，有人秦翰才君有年谱癖，频年搜集已往及现存人之事略，代辑年谱，迭次敦促我再将七十岁后继续自白下去。但我自七十三岁大病以来，精力衰而目力眊，懒于动笔，未有以应。流光如矢，转瞬已过八十关，又三载矣。兹以日涉公园之余暇，将七十一岁至八十生辰再写十年，又署目'七十年后自白续篇'。八十年后暂留余地，倘天假之年，再历若干岁月，而我上能握管作书时，来一个余兴，亦即最后自白，并可称真正老白。何日能践此言，固不敢宣拟姑俟之云尔。"

两书由于印数有限，流传不多，存世者恐寥寥无几也。

周甲自述

笔者所见《周甲自述》为抄本,张志鹤编著,以自述方式讲述了作者 60 年的经历,系作者以小楷亲手所写的抄本。

书长 20.7 厘米,宽 14.5 厘米,线装本,每页 7 行,满行 16 字。瓷青纸作封面,全书未编页码,亦未分卷,书前有 2 页空白,书末有 3 页空白,有文字者 42 张 84 页,全书约 9 500 多字。初稿成于 1938 年 12 月,1941 年春,抄录成书。

有关编纂原因,作者在书前类似序言的文字中说及,并道出了作者当时在日寇占领下生活艰难的环境中的复杂心情:"余生六十年矣,二十年前之今日于役吴淞,同车黄胜白君询余年龄,答以四十;又问生辰,答即今日;诧曰未敢信四旬初度,例可称觞,何犹仆仆道中行所无事,答曰余之今日犹去年之今日与去年以前之今日,碌碌未尝介意,微问,殆忘今日之为生辰也。晚归思之,自孩提以来一瞬耳。孔子所谓四十、五十无闻,斯不足畏也已。以前种种浮生若梦,爰就记忆所及,随笔书之,自署《回顾录》,既书至二十五岁。南汇党狱叙述稍繁,适以事冗中辍。民国十六年,政局更新,余辞卸各职,秋后稍有余闲,再续前稿至五十岁。时服务上海兵工厂,文书旁午,公不及私,无暇为个人之记录。二十一年十月,兵工厂停废,

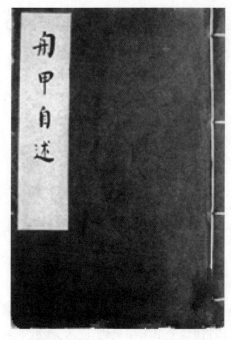

⊙《周甲自述》封面

余得退休。同时，黄任之君约顾师冰一、张君心久与余为南汇一案作三十年寻梦之游，往事前尘忽忽如昨，检《回顾录》印证之。而五十以后未有记，乃继前录书之，别为一册，名曰《梦余录》。不恒其德或承之羞，旋又间断矣，余届六十生辰，例有以述怀诗求和者，余不文，尤不善韵文，处此孤岛寂寞之秋，无以自遣，续写《梦余录》并撰周甲自述文，将以示儿辈，先以自省寡过未能，窃有愧焉。"

此书讲述了作者从 1879 年至 1938 年 60 年间的一些主要经历，这些史料对研究浦东历史有较大的参考价值。如有关协助黄炎培纂修《川沙县志》的记述：三十七岁，川沙设修志局，范知事钟湘函聘余为审查长，旋又聘为协纂员。五十七岁，为同乡会建筑工程接洽款项等事奔走几无虚日，而川沙修志一役亦于是年赶完全稿。修志局创于民国四年，陆蘅汀明经炳麟主局务，黄任之君主纂，余协助之，因黄君与余频年在外任事，不克回里，以致久延。上年一月乘观澜小学寒假之便召集从事同人于该校涛园分工合作，粗定纲要，嗣后在真武台连城别墅六次工作，二十四卷初稿略备。黄主纂以复阅润色工夫交余一人负责。五十八岁，一月在川公开展览县志稿毕，余携复阅付印，用仿宋字，校对由余一人担任。每日必有校样，随校随改，或加修正，或为补充，每种必复校三五次，日不足继之以夜。全书 800 页，历一年间之工作，虽仍不免有误字，然此书可谓余致力较多也，有文跋于卷末。五十九岁，三月二日下午，黄任之君偕广西省政府黄主席旭初冒雨至浦东，与余陪同参观上川路至川沙站，由王县长任民招待，雨中步行川城一周即返。翌日以新出版之《川沙县志》赠黄主席留念。这几则记述，对研究民国《川沙县志》的编纂经过有着重要的参考价值。

张志鹤对史料工作较为重视，他曾在上海兵工厂襄办文牍事宜 5 年之久，撰有《上海兵工厂之始末》一文，载入鸿英图书馆出版的《人文月刊》第五卷第五号。

55 岁时，他又兼任鸿英图书馆史料审订工作，该书记载："此事创始于甲子（民十三），原名甲子社，剪取各报纪事，分类编为史料，旋改称人文社。自叶鸿英君捐款办图书馆，而社附于馆，另有月刊发行，余任复审民十七以前之教育史料。"这些人文史料的记载，说明这部不足万字的《周甲自述》抄本有史料价值，含金量很高。

作者编写此书也不易，他在书末说道："中华民国二十七年十二月十四日，六十生辰，自述既另书于笺，汇同赠诗装成册页并存原稿一册。至二十九年秋冬间得暇再抄一本，未及半而大病作。三十年暮春，病愈乃续成之，故前后字迹不同也。"所说存原稿一册，现未见，不知存于何处，而《周甲自述》抄本，现藏于浦东档案馆。

友声集

《友声集》，此抄本由张志鹤辑集，二卷。系手录小楷抄本，上题"铁沙寒叟手录"。铁沙是川沙的别称，寒叟是张志鹤晚年的自号。卷一辑录 60 岁时朋友的贺诗，卷二辑录朋友为张之孙所作的命名诗。

此书长 20.7 厘米，宽 14.5 厘米，线装，每页大字 7

 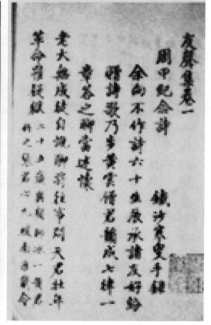

⊙《友声集》封面及内文

行,小字双排 14 行,大字满行 16 字,小字满行亦 16 字,封面用瓷青色纸,书末编页码,卷一前有两张空白页,卷二前有一张空白页,封底前有 6 张空白页,全书有文字者 40 张 80 页。辑集时间未标出,从诗文内容看,不会早于 1940 年。

张志鹤一生大多跟随黄炎培致力于地方建设事业,结识了许多社会名流,《友声集》所录诗歌,就是朋友间的唱和之作。

全书收录 50 余位朋友 160 多首诗歌。其中有沈信卿、陈陶遗、顾冰一、潘序伦、秦砚畦、袁希洛、高吹万等名人的诗作。如曾任江苏省省长的金山松隐人陈陶遗,为张志鹤题诗:"舞风鸣露更何求,举眼鸡群岂足俦。数点梅花相向处,两忘物我足千秋。"诗中"天寒有鹤守梅花"句,是在称赞张的为人品格。曾在孙中山就任临时大总统典礼上持大总统印,向孙中山授印的宝山人袁希洛写道:"我年八八空言老,花甲周期又贺君。同喜有儿能代父,未将衰骨去从军。交通川汇曾开路,幻变沪淞等望云。盼切红旗传捷报,莫留旧耻入新闻。"诗中"同喜有儿能代父"一句是指在抗战期间,两位老人都将儿子送去从军,代父去抵抗日本的侵略。张志鹤的儿子张在森,在浙江金衢会战中英勇殉国,年仅 20 岁。张志鹤为此写下一首怀念诗:"小滴红尘二十年,白龙桥畔渺出炯。求仁既得应无憾,移孝为忠我自然。"袁希洛诗中的"交通川汇曾开路"句,指的是 1921 年浦东一批有识之士兴建上川铁路和上南铁路之事。当时张志鹤在川沙县交通工程事务所任主任,他积极参与上川铁路的建设工程,担任上江川交通股份有限公司董事。上川铁路的建设是采用各租地建路的方式。"上川公司"向川沙县交通局和浦东塘工善后租借上川县道 30 年。上川铁路 1925 年 10 月 8 日通车至 1976 年拆除,前后运营达半个世纪,这条铁路的建成对浦东地区的早期开发建设发挥了重要作用。

《友声集》不仅反映了张志鹤与朋友的唱和之情,也留下了许多鲜为人知的人文逸事和浦东地方掌故。它不仅是诗歌作品集,还是记载民国期间社会名流活动的特殊史料集。而且还是编辑者的亲笔手抄本,这在图书版本学上有着不可估量的文献价值。

晚嘤草

《晚嘤草》，此书为手抄本，张志鹤的诗集，系作者 60 岁后所作的诗稿，自署"铁沙寒叟手录"，未标手录时间。从诗作内容看，手录时间约在上世纪 50 年代末。

该书长 20.7 厘米，宽 14.5 厘米，线装，每页大字 7 行，小字双排 14 行，大小字满行均 16 字，封面用瓷青色纸。全书 3 册，均未编页码。第一册，书前后各有 3 张空白页，有文字者 60 张 120 页；第二册，49 张 98 页，书前有 1 张空白页；第三册，49 张 98 页，书后有 1 张空白页；全书近三万字。

对于编辑此诗集的起因，作者未作较多的文字说明，在第一册仅用 21 字开头："余向不作诗，周甲后始有酬应之吟稿，因自署晚嘤云。"纵观全书 600 多首诗，大多是作者 60 岁以后与朋友的应酬交往作品，以七言四句为多。诗以祝寿诗和述怀诗为多，另有题画、题纪念册和图照上的诗句，也有祝贺结婚志喜的诗。

张志鹤结交朋友广泛，各界人士均有，杜月笙、秦伯未、陶桂松、秦砚畦、瞿绍伊、沈信卿、袁希洛等，张与之皆有诗歌唱和。如《祝沈信卿先生八十寿》诗云："甲子人文赓续成，发扬光大有鸿英。牙签万轴勤搜集，二十年来拥百城。"这首诗是张志鹤对过去与沈信卿等一起在甲子社办《人文月刊》杂志，辑集史料一段往事的回忆，以此祝贺沈老 80 寿辰。又如《赠同庚陶桂松君》诗云:"岁星忽已五周天,不纪新年纪旧年。靖节高风人仰望,朱公富术世称贤。羡君佳况辉金穴,愧我同庚困砚田。此日介眉桃李盛,请分余粒客三千。"这是张志鹤为陶桂松 60 岁作的祝寿诗。

在 600 多首诗中,也有一些记事诗,保留下了不少珍贵史料。如《黄任之老友七十寿为写相识以来杂忆得二十绝句》,有关于川沙沈树镛宅院立本堂的诗句,"立本堂前初识君,肇溪绛帐一肩分。追怀四十六年事,惭愧空余冀北群。"清光绪二十七年(1901),黄炎培考入南洋公学特班,让张志鹤去南汇周氏宝训堂私塾馆接替黄教书,这是两人相识之始,

⊙《晚嘤草》封面

见面之处就在沈宅内史第大厅"立本堂",这是黄炎培姑丈家。二十绝句中第二首云:"支那译者少年三,吾字访梅君楚南,还有仲辉邵力子,前生曾未同佛龛。"此诗讲的是张志鹤、黄炎培和邵力子曾合作翻译日本人所作《支那四千年开化史》,出版时署名译者为"支那少年"。张与黄的关系十分密切,两人在一起共事几十年,有诗云:"共和缔造作新民,硕画多君广树人,记否沧浪鸿雪印,瞻园亦复共晨昏。"辛亥革命胜利后,张志鹤和黄炎培进入江苏都督府,黄炎培主管教育事,张志鹤则为助理,两人同住苏州城沧浪亭。第二年,迁至南京办公,两人又同住瞻园。

在《晚嘤草》中,演绎出有关浦东人的史料或沪上人文逸闻的诗句不少,称得上是较具地方历史价值的个人诗集。此集现藏浦东档案馆。

周桂笙（1873—1936），原名树奎，字佳经，号新庵、辛庵，知新室人等，笔名四十，祖居江苏南汇（今上海浦东新区）。其父周子云，在浦西沪北创办云龙花厂，生母张氏。9岁丧母，由祖母夏孺人抚养成人。13岁在上海中法学堂学法文兼学英文。在英商怡泰轮船公司任买办，东渡日本、南洋游历；在天津电报局任领班。1899年在吴研人主办的《采风报》《寓言报》发表童话、寓言译作，开始写作生涯。担任晚清四大杂志之一的《月月小说》主笔，并发表翻译小说以及札记小说、笔记、小说评论等。1906年前后为创作鼎盛期，结集出版多部作品集。1914年广益书局为其出版《新盒笔记》《飞往木星》《新庵五种》和《新庵九种》等。

新庵笔记

　　《新庵笔记》,上海周桂笙撰译,余姚邵伯谦校订,古今图书局印行,民国三年(1914)八月印行,不知印数,每册定价大洋五角。上海广益书局代售,汉口、长沙、广州、开封广益书局分售。封面和扉页分别由剑父和锡纯题签。

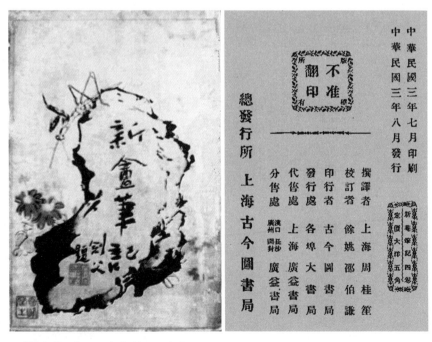

⊙《新庵笔记》1914 年版封面及版权页

书前有两序：山阴任堇写于 1914 年 7 月的《序》和南海吴沃尧研人的《新庵译屑序》。

任序 2 页，其中说道："余友新庵。不谋假义文章以自见者也顾余识新庵夙矣。其为人也。恂恂如古儒者。其为学。务钩索。其为文。务质。其余事旁及者。为移译。著译屑如干卷。皆四国之为鳞爪丛残。搜采惟谨。乡里俭腹者。尝脔知鼎。犹足侈言海外。其书锓后。凡如干年。已再版三版。兹乃与纱不相属之随笔合编。岂其旨哉。随笔所陈。率牢骚溪刻。旨涉激亢。尘俗之士。鲠喉棘鼻。承以肝脾。所勿能受者。新庵方优为之。诗亡迹熄。愤世勿良。冀有所补救而终勿能。则其言亦勿已。积岁所笔。动成篋衍。自冠至于壮盛。可尺而等焉。而当代善文者。借读传示。辄共赏其冲雅。瘔口流沫。卒然以文章之名归之。举之毛似。而失者拳若蔽斯甚矣。余则毋宁曰新庵之文。新庵之学之识之的寓也。……"

吴序 2 页，其中说道："初。余以彭君伴渔之介绍。获交周子桂笙。日惟以商榷文字为事。厥后交愈益情愈益深。日惟以道义相勖勉。以知识相交换。商

⊙ 扉页

⊙ 作者像

榷文字一事。转视为偶然之举矣。顾桂笙虚怀若谷。相交达十年。片言只字。必出以相质证。于是余二人之交谊。与夫互相期望之心。反为之而掩。此余不得不急白之于知我及桂笙者也。去冬同乡君子。组织旅沪广志小学校成。交推余主持其事。于是日与二三同事。研究教育之道。舍学校而外。几无复涉足之处。坐是与桂笙疏。戊申八月。桂笙以此卷来。嘱为编次。检阅一过。则皆桂笙以前所译。散见于各杂志者。至是汇为一编。意将不欲自负其移译之劳。藉是以问世者也。窃谓文章一道。大之可以惊天地。泣鬼神。寿世而不朽。次焉者，亦可以动魂魄。震耳目。以为救世之助。寿世之文。如昔贤著撰者无论矣。即救世之文。如时彦之发皇议论。惊醒一切者。以之灾梨祸枣。或犹可见谅于君子。而桂笙所译此编为何如文也。其文则鸟语蛮鸣。其技则雕虫篆刻。顾犹鳃鳃然敝帚自珍。而余复为之序之。抑何所就者之浅且陋也。呜呼。此岂桂笙之初志也者。此岂余与桂笙互相期望之初志也哉。天地虽宽。侧身无寄。茫茫人海。道大难容。庄生之著南华。屈子之作离骚。岂好为谲异违世之谈邪。毋亦愤世嫉俗。借以喷薄其胸中之积忿耳。世之读此书者。其知桂笙之为人哉。"

 内文

⊙ 版权信息

　　全书 203 页，分为四卷，卷一卷二分别是《新庵译屑》上下，卷三卷四分别是《新庵随笔》上下。卷一《新庵译屑》上正文前有新庵主人写的《弁言》："余平生喜读中外小说。压线余闲。辄好染翰作小说译小说。此知我者所共知也。顾读书十年。未能有所贡献于社会。而谨为稗贩小说。我负学欤。学负我欤。当亦知我者所同声一叹者矣。此编皆平日读英法丛报时所选小品之有味者。随笔译成。无条理。无宗旨。亦犹夫曩者所译诸篇也。拉杂之在我。携烧之一听诸人。"

　　每卷收文若干，如卷一《新庵译屑·上》收文 28 篇，如《顽童》《鱼溺》《赚客》《律师》《窃案》《最古共和》《代父代母》《设法与行星通消息》和《张翁轶事》等。卷二《新庵译屑·下》收文 61 篇，如《天生奇痴》《世界最长之须》《最古律法》《女界之大资本家》《俄国人瑞》《画师》《皇后精医》《世界中之赌国》《空中飞艇》《乐善》《旱灾》《神鱼》《黠婢》和《波兰盐城》等。

　　《新庵随笔》收卷上卷下，卷上收文 28 篇，卷下收文 43 篇，如《学堂类志》《汽油车》《小普陀》《梁溪画舫录》《吴研人》《千里驹》《接吻》《纸屋》和《酒话》等。

　　另外，还有一种周桂笙所著的《新盦谐译》，不见封面，只见残页，所知版本信息是："上下两卷　全编一册　定价三角　翻刻必究"，以及"上海周树奎桂笙戏译　南海吴沃尧研人编次"，据说是清华书局版。信息虽不全，但仍有必要留存。

地心旅行

科学小说《地心旅行》，又名《地球隧》，上海周桂笙译，广智书局印刷发行，光绪三十二年（1906）三月出版，不知印数，每册定价大洋1角。

此书虽非民国版本，但不能忽略清末民初图书版本的承继性，尤其是那些摆脱了线装形态而换成平装的铅

⊙《地心旅行》1906 年版封面及版权页

印本(句点,文言),更要关注这些传播新文化新思想的翻译作品。所以笔者在介绍时仍作为版本的一种样式加以保留。

正文前印"知新主人周桂笙译述"。

全书 43 页,收 6 章,无标题,以"第一章、第二章……"标示。

福尔摩斯再生案

　　《福尔摩斯再生案》,英国华生笔记,周桂笙等译,所见三种版本。

　　第一种,小说林社编辑发行,作新社印刷局印刷,小说林总发行,甲辰(1904)十二月初版,不知印数,每册定价 2 角。封面书名《福尔摩斯再生第一案》,封面图案为"在铁路边的两个男人"。全书 59 页,收《阿罗南空屋被

⊙《福尔摩斯再生》1904 年初版封面及版权页

刺案》和《福尔摩斯缉案被戕记》。

第二种，小说林总编译所编辑，小说林活版部（上海派克路福海里）印刷，小说林总发行所（上海棋盘街中市）发行，丙午年（1906）五月五版，不知印数，每册定价洋 4 角半。封面书名《福尔摩斯再生一至五案》，封面图案为"楼上开枪的男子"。全书 190 页，收第一案《阿罗南空屋被刺案》、第二案《约拿哑特克之焚尸案》、第三案《却令敦乘自转车案》、第四案《麦克来敦之小学校奇案》和第五案《宓尔逢敦之被杀案》，附《福尔摩斯缉案被戕记》。书末有小说林的书目广告。周桂笙所译，只是其中之一种。

第三种，小说林总编译所编辑，小说林活版部（上海派克路福海里）印刷，小说林总发行所（上海棋盘街）发行，光绪三十二年（1906）十月六版，不知印数，每册定价洋 4 角。封面书名《福尔摩斯再生案六之十》，封面图案为"一男人在用竹子戳被吊死的猪"。全书 170 页，收第六案《毁拿破仑像案》、第七案《黑彼得被杀案》、第八案《密码杀人案》、第九案《陆圣书院窃题案》和第十案《虚无党案》。最后一种由周桂笙译述。书末有小说林书目广告。

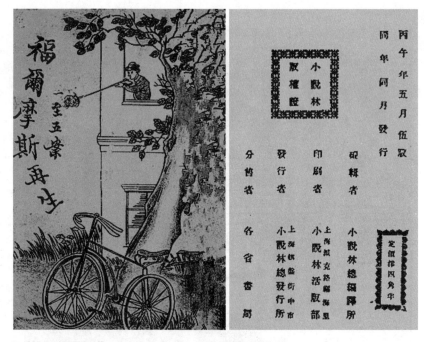

⊙《福尔摩斯再生》（一至五案）1906 年版封面及版权页

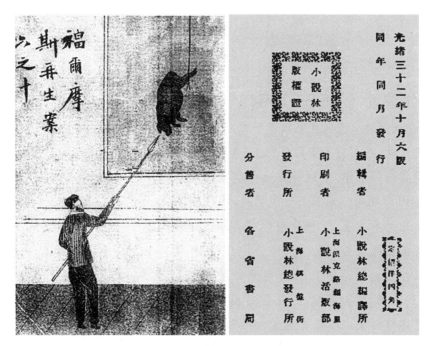

⊙《福尔摩斯再生案》(六之十)1906 年六版封面及版权页

　　据笔者所记书目信息,全书共 13 册,1904 年 10 月至 1906 年 10 月出版。第一册 1904 年 12 月初版,第二册至第五册 1904 年 10 月初版,第六册至第八册 1904 年 12 月初版,第九册至第十册 1906 年 5 月初版,第十一册至第十三册 1906 年 10 月初版。

朱昌亚（1896—1994），曹路盛朱村（今上海浦东新区曹路镇黎明村）人。其父在上海经商，并在龚路镇买屋置业，送朱昌亚胞兄朱庭祺出国求学，后获哈佛大学商业管理硕士。1916年朱昌亚入苏州女医学院，1921年毕业于华北协和女医局，任代理院长等职。1925年入美国密歇根大学医学院进修妇产科，并获博士后学位。1928年回上海尚贤妇孺医院工作，历任主任、院长等职，并在上海人和医院高级助产学校任教。1930年所著《孕妇须知》，经国民政府卫生部审定，作序的是时任《妇女杂志》主编胡彬夏，朱昌亚之嫂。朱一生未婚，享年98岁，葬浦东天长公墓。

孕妇须知

《孕妇须知》,朱昌亚著,天津公立女医局发行,经卫生部审定,民国十九年(1930)七月初版,不知印数,每册定价大洋2角。封面除印书名,还印有"天津公立医局医学博士"和"卫生部审定"等字样。

书前有刘瑞恒写于1929年12月的《孕妇须知弁言》:"妇女生产。吾国向无专门学识。咸举陈腐之达生

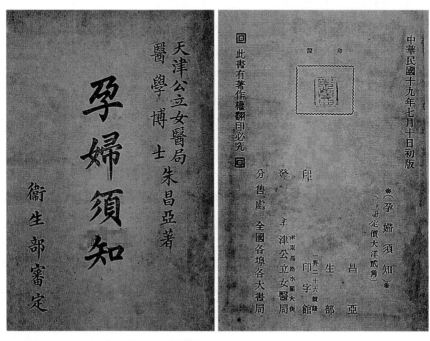

⊙《孕妇须知》1930年初版封面及版权页

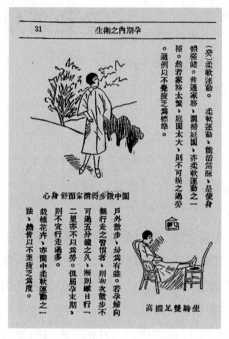

⊙ 广告

篇。为金科玉律。接生职业。完全操于愚妇老妪之手。既无专门训练。又无普通知识。不明人体之构造。及生产之原理。生命寄于其手。宁非至危。每年产妇死亡数目。政府尚无精确之统计。但据公共卫生专家之推测。全国每年孕妇因生产而死者不下二十一万人。其中至少有十五万人皆死于手术及医疗之不当。至于死亡原因。最重要者。不外胎毒产褥热失血过多三项。胎毒十之八九可以预防。产褥热与失血。大多由于接生手续不良之所致。至于产儿脐带染毒而成七日风者。其罪尤在于接生。假使孕妇具有生产常识。接生施以相当训练。则每年十五万女同胞。何至贻误至死。卫生部有鉴于此。自成立以来。对于助产事业。一面竭力训练人才。实行法规。以谋改良。一面力觅善本。以灌输常识。冀民众即早警觉。注意孕期及产期中之正当防卫。天津公立女医局。朱医师昌亚所著之孕妇须知。对于生产。言之綦详。且内容首重孕期卫生。以改革时弊。家庭妇女如能手执一帙。作新达生篇诵读。则产妇重大死亡原因。必能收防止之效果。其裨益于社会国家。宁有艾乎。兹由本部审定校改。发印通行。特弁数语。以为此介绍。"

《孕妇须知弁言》作者刘瑞恒,生于1890年,天津人,字月如。任教上海哈佛医专,后转任北京协和医学院教授、院长,兼协和医院院长。1928年出任南京国民政府卫生部常务处长、部长。创立中央医院和中央卫生实验院,兼任两院院长,1961年病逝于美国。

之后是朱胡彬夏写于1929年5月的《序》,无标点:"吾妹昌亚自十数龄研究医学以来于今已十有余稔矣盖无日不在沈思潜学旁采博考之中近九载历在津沪及美利坚各医院任事于产妇科尤多心得手术亦精进兹以其经验所得本其爱人保赤之旨辑为斯篇供诸于世俾天下孕妇有所资考庶几临事不致匆忙而麟儿得安危产生斯岂一家母子之庆抑亦救国强种之道也语曰女子为国民之母今日之孩提即他日国家之干城斯篇于培植国家元气幸家庭幸福盖三致意焉"。

作序者即时任《妇女杂志》主编的胡彬夏,朱昌亚之嫂。

书中还有不少插图,可谓"图文并茂"。

全书 75 页,收文 15 章,每章收文若干,如《孕妇应注意之点》《孕父应注意之点》《怀孕之证据》《分娩预知法》《胎儿按月舒长图》《孕期内之卫生》《孕期内之要症》《分娩之处》《分娩之证据》《急产料理法》《急宜延医之病状》《婴儿用品》《产后期卫生法》《产科急症》和《保母保胎之道》等。

朱方（1893—1953），字贞白，一字学贤，上海县三林镇（今浦东新区三林镇）人。上海龙门师范毕业，留学日本大学法学系。回国后在上海万竹小学、震旦附中、上海艺术大学任职，后为律师，精法律。其兄朱天梵也留学日本。朱方一生著有：《中国法制史》《最新国际公法》《最新法学通论》《刑法学总论》《刑法学各论》《票据法详解》《保险法详解》《现行妇女法律详解》和《现行法律丛书》等。

法学通论

《法学通论》，笔者见到的两种版本皆为再版，一种是《法学通论》（依照现行法令编制），法学士朱方著，前远东大学法科教授吴瑞书校勘，上海法政学社出版，民国二十一年（1932）五月再版，不知印数，每册定价大洋 1 元 2 角。上海广益书局经售。

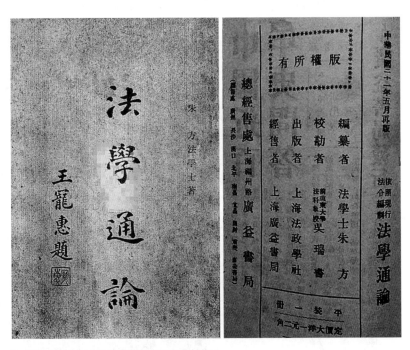

⊙《法学通论》1932 年再版封面及版权页

封面由王宠惠题签,王是近代中国第一张新式大学文凭的获得者,曾任中华民国外交部长、代总理、国务总理,以及中国在海牙国际法庭任职的第一人,曾参与起草《联合国宪章》。他的思想不仅奠定了中华民国立宪基础,还是近现代中国法学的奠基者之一。

另一种是《最新法学通论》(依照现行法令编制),朱贞白著,吴瑞书校阅,上海法政学社出版,民国二十三年(1934)四月再版,不知印数,每册定价1元2角。广益书局经售。作者朱贞白,即朱方。

两书之前皆有一篇《法学通论编辑大意》,题目相同,但内容有所不同。

《法学通论》的编辑大意是:"本书于十九年一月最新编著。取材于日本法学博士中村进午所著法学通论而又参考各书及吾国法律。以求适用。我国法律除一部分外。大概均已颁行。凡已颁行者。则从其法律。未颁行者。则依据大理院及司法院解释例判决例为准。吾国今日尚无宪法。故即以国民政府组织法代之。吾国地方制度。已经政府颁行。本书皆一一根据法令编纂。刑法民法及诉讼法等。条文繁多。势难一一列举。仅举其原理原则。余从略。本书所用法律名词。皆根据现行法令及曾见于解释例及判决例者。本书专备党员法学家以及

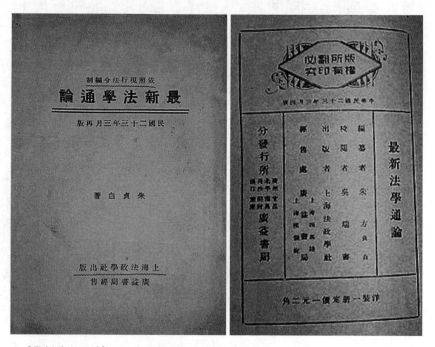

⊙《最新法学通论》1934年再版封面及版权页

有志文官考试者研究之用。本书材料丰富。叙述浅显明白。法政学校及中学校学生。采作课本。尤为相宜。本书体例。编制新颖。纲举目张。一览了然。举凡各界民众。亦宜手执一编。藉以充实其最新普通法学知识。本书急于出版。为时匆促。遗漏之处。在所不免。深望法学通儒有以指正之。"

《最新法学通论》的编辑大意，与《法学通论》大部相同，前三段稍有不同："本书于二十年五月最新编著。取材于日本法学博士中村进午所著法学通论。而又参考各书及吾国法律。以求适用。凡五年来国民政府陆续颁布之法令。如约法。如刑法。如民法。如公司法。如票

⊙《最新法学通论》扉页

据法。如保险法。如海商法。以及刑事诉讼法。民事诉讼法等截至二十年五月十五日止。凡已颁行者。悉依照法律。一一对正。务使与现行法律相合。与坊间所出版者，有新旧之别。故名最新法学通论。"

两书结构相同，分为上下两卷，上卷总论，下卷各论。

以《法学通论》为例，上卷收 11 章：《法学》《法学通论》《法律》《法律之分类》《法律之渊源》《法律之效力》《法律之解释》《法律之制裁》《法律之执行》《法律上之权利及义务》和《法律学》。下卷收 10 章：《宪法》《法院》《行政法》《刑法》《民法》《商法》《民事诉讼法》《刑事诉讼法》《国际公法》和《国际私法》。

刑法学总论

《刑法学总论》，书名前有肩题：依照国府最新颁行。法学士朱方著，前远东大学法科教授吴瑞书校勘，上海法政学社出版，民国二十年（1931）四月初版，不知印数，每册定价大洋1元2角。广益书局发行。

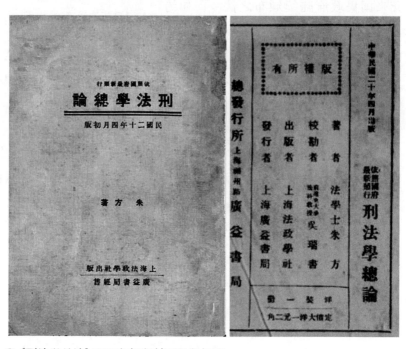

⊙《刑法学总论》1931 年初版封面及版权页

在《刑法学各论》一书中印有《刑法学总论》的广告词："理论透彻工　叙述明晰的法学新著　刑法学总论　本书系法学士朱方新著,以浅显明晰之笔,叙缜密精细之学,阐发精微,剖析详明,于刑法上之原理原则以及中外比较,古今沿革,凡稍涉艰深,详以解释,信息论划同,靡不精博群瞻,学理由浅入深,文笔疏畅条达,使读者易于领悟,凡法官律师,法校学生,不可不读。"

⊙ 广告

刑法学各论

《刑法学各论》，肩题：依照现行法令编制。前日本大学法学士朱方编纂，前远东大学法科教授吴瑞书校勘，上海法政学社出版，民国二十年（1931）六月初版，不知印数，每册定价大洋1元2角。

书前有吴瑞书写于1931年6月的《序》："吾友朱子方。近著刑法各论二十万言。又告杀青矣。本书衔接刑

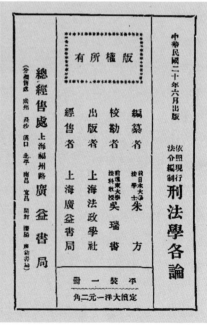

⊙《刑法学各论》1931年版封面及版权页

法学总论而成。其分类一依日本陇川幸辰之刑法学各论为准。先之以个人法益。继之以社会法益。最后则为国家法益。而又按照中华民国刑法所订条文之次序。顺之而下。是盖深得立法者之精义。令人一见而知其用意之所在。诚解释刑法之至善者也。即如社会所恒见之略诱罪为言。何以一则设于妨害自由罪。一则列入妨害婚姻及家庭罪。初学者每病其不类。或嫌其繁复。甚至身居审判职务者。亦于刑法初颁之际。一再请求最高法院解释。其字里行间。竟有误认立法诸公之错误者。今观此书。则恍然知立法者未尝丝毫有误。其误实在阅刑法者之未尽会通其意。盖一则为妨害个人之自由。一则为妨害家庭之安全。明明为二事。不容混在一章也。一端如是。其余可见。诚非初学法律者所能洞悉其主义也。今本书出版矣。凡能阅读一过者。对于吾国全部刑法。必可缘是而融会贯通。不仅入其室。更可升其堂。出而为法曹。则可无枉无纵。处而执律务。则可不屈不挠。其一纸风行。不胫而走。盖可于此而预卜焉。至其文笔之疏畅洞达。更为余事。无庸鄙人之揄扬矣。抑又有慨者。共和立宪。首重法治。故必人人有法律上之相当知识。而后可为共和立宪国国民。今之国民。果有此程度否乎。苟有如吾友朱子者。出其余绪。发为文章。以灌输一般人之法律知识。则其裨益于国家者。正非浅少也。而惜乎如吾友朱子者之寡也。因是人之所以属望于吾友朱子者。正不仅以此数编为已足也。"

另有《凡例》一篇,其中说道:"本书衔接本局出版之刑法学总论。仍以日本陇川幸辰之刑法学各论为根据。间参以牧野英一。泉二新熊。小野法一郎。及大场茂马等所著。采精撷华以成斯册。其与吾国现行刑法不合者。则概为割弃。一参以中华民国现行刑法。吾国刑法。多承袭暂行刑律。且自有清迄今。刑法草案。已几经纂修。其历次所改之理由。均极详备。本书亦有不少采录者。而大理院司法法院以及最高法院之解释例判决例。更具有刑法之无上权威。本书亦采录不少。遇有法文上疑义歧解者。即依此为根据。本书阐明刑法之处。每一章。每一条。必先探求立法意旨。而后再用文理解释以解释之。故刑法规定。苟有与旧律不合者。必将不合之意旨。详为阐明。务使一字一句。悉得其精意。"

全书 339 页,收 4 编:《概论》《对于个人法益之犯罪》《对于社会法益之犯罪》和《对于国家法益之犯罪》。以四级编目:编、章、节、目,条理清晰,一目了然也。

书末有《刑法学总论》的书目广告。

票据法详解

《票据法详解》，笔者所见两种不同封面的版本。

第一种，肩题"国民政府新颁行"。日本大学法学士律师朱方编纂，前远东大学法科教授吴瑞书校勘，上海法政学社出版，民国十九年（1930）五月初版，不知印数，每册定价大洋8角。封面有图案并印文字"商业金融必携"。

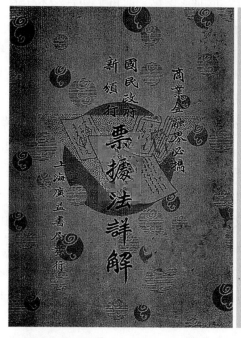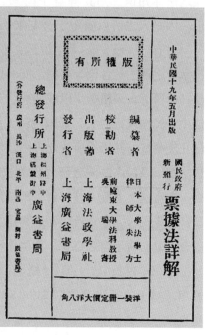

⊙《票据法详解》1930年版封面及版权页

第二种,肩题"依照最新法制编纂"。朱方贞白编纂,吴瑞书校勘,上海法政学社出版,民国二十一年(1932)十二月三版,不知印数,每册定价大洋 8 角。封面无图案,与扉页皆印"商业金融界必读",署名为"朱方",版权页署名"朱方贞白","贞白"乃其字。

两书基本相同,唯不同处是 1930 年版书前只有《略例》,而 1932 年版除《略例》外,还有一篇《票据法之解释》。

在《略例》中说道:"本书系根据国民政府最新颁行之票据法。按照立法院理由。参斟各国法制。工商界习惯。逐条搜集。汇为解释。其不易解释者。更附举事例。以资明证。本书关于票据上各种习惯制度。多译自日本《支那经济全书》。并参考银行周报及各报章各杂志。计有四十余种之多。欲明票据法者。应先熟知其沿革及术语。然后触类旁通。迎刃可解。本书于此。力为注意。更另立专章。使读者一览即得。本书条文。悉照政府公报校勘。毫无遗漏及错误。全书正文。分《票据》《票据法》二编叙述。并冠之以《导言》。殿之以《结论》。庶几对于理论和实际。可以双方兼顾。较之其他只就原文逐条解释者。其价值奚啻有霄壤之别。"

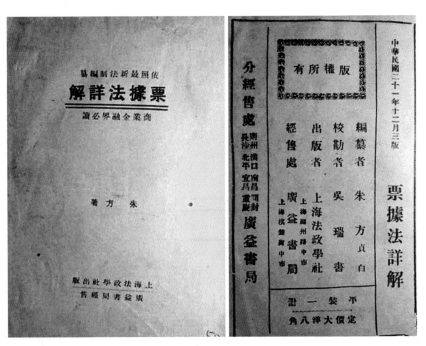

⊙《票据法详解》1932 年三版封面及版权页

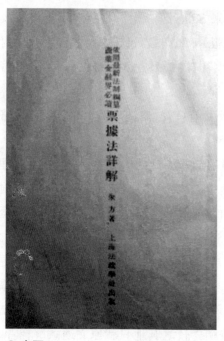

⊙ 扉页

全书 194 页,分为两编,每编收若干章节,另有附录多篇,最后为结论。

如以第一编《票据》为例,内收 8 章:《票据之起源》《票据之意义》《票据之形式与分类》《票据上之权利》《票据之贴现与上海钱业办理汇画情形》《上海使用票据之习惯》(汇票 本票·时庄票·支票)《各地使用票据之习惯》(南京·北京……)和《票据之名称与性质》(附上海银行营业规程·上海钱业营业规程)。

商标法详解

《商标法详解》，"现行法律丛书"，朱方贞白解释，政法学社出版，广益书局发行，民国二十五年（1936）四月出版，不知印数，每册定价5角。封面印"朱方编解"。

"现行法律丛书"，由上海法政学社主编，朱方编辑，出版于1936年4月至1937年6月，到目前为止，能见到

⊙《商标法详解》1936年版封面及版权页

的书目有 20 种，皆为"详解"，实为"现行法律详解丛书"也许更为准确。这 20 种版本是：《中华民国训政时期约法详解》（附中华民国宪法草案国民大会选举法）《中华民国刑法详解》《公司法详解》《印花税法详解》《民事诉讼法详解》《民法物权编详解》《民法亲属编详解》《民法总则详解》《民法债编详解》《民法继承编详解》《刑事诉讼法详解》《劳工法规详解》《诉愿法详解》《所得税暂行条例详解》《破产法详解》《著作权法详解》《票据法详解》《船舶法详解》《商会法详解》和《商标法详解》。如以此对照，并以笔者在此书介绍的有关"详解"的版本看，还有不少遗漏，如《劳工法规详解》《诉愿法详解》和《著作权法详解》等等，有些还是首次听说，更不用说亲见。再说，这些版本可能连上海图书馆也未藏，可见其稀缺。

据笔者所知，民国时期出版的有关法律方面的单行本不少，而成套的丛书不多，见到的大约只有三四种，除朱方编辑的"现行法律丛书"外，还有法学编译社主编的"现代法律释义丛书"，大东书局编辑部主编的"现代重要法规丛刊"和"现行基本法典丛刊"等。

书前有编者写于 1936 年 5 月的《例言》，其中说道："本法系根据最近民国二十四年十一月二十三日国民政府修正公布者。实为最新之商标法。其第一条第三项所定文字包括读音。更为解决十余年来无数之争执。且打破从前司法院文字不包括读音之解释例。本书重在灌输一般商人之法律知识。故每条皆以详细显明之文字注释之。其有难以解释者。更假设事例以阐明之。使阅者一览了然。……"

全书 65 页，收商标法 39 条，每条之后有详解，最后收附录 2 篇：《商标法实施细则》40 条（民国二十一年九月三日实业部修正公布）；《关于商标各项书状程式》（民国十二年五月五日农商部公布），共 8 号，如第一号为《商标专用权创设呈请书式》，第七号《代理权变更/消减注册呈请书式》等。

民法继承编详解

《民法继承编详解》，"现行法律丛书"，朱方贞白解释，政法学社出版，广益书局发行，民国二十五年（1936）四月出版，不知印数，每册定价7角（印成7分，不知是否错了）。封面印"朱方编解"。

书前有《编辑大意》，其中说道："本民法继承编。于中华民国二十年五月五日开始施行。凡一切继承事项。

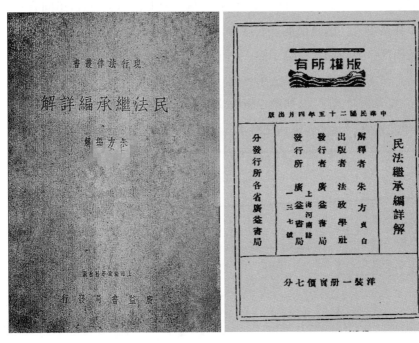

⊙《民法继承编详解》1936年版封面及版权页

⊙ 扉页

均依照本编规定。所有旧制。概行废止。本民法继承编。为全部民法之第五篇。共三章十一节。自第一千一百三十八条起。以迄第一千二百二十五条止。计八十八条。吾国旧法。关于继承事项。专重宗祧。凡法律上所谓继承者。几几尽为宗祧继承。本法则完全将宗祧继承废止。而所谓继承法者。实即一种遗产移转法。是实一革数千年来继承法之面目。须力为注意者也。故继承人不限于卑亲属。更不限于男子。且规定继承人得限定继承及抛弃继承。此皆继承法上之新面目。为数千年来所未有者也。本法精神。既一辟数千年来之旧习。则昔日所引用之现行律以及大理院解释例判决例。至此已尽成土苴,虽间有一二可采。亦多扞格不入。因是根据立法意旨。将各条详加解释。其难解者。则假设事例以证明之。务使阅者一览了然。不至有所迷惘。……"

全书 86 页,属全部民法第五编,收 3 章:《遗产继承人》《遗产之继承》和《遗嘱》。每章再收若干文,如第二章收文 5 篇:《效力》《限定之继承》《遗产之分割》《继承之抛弃》和《无人承认之继承》。附录 1 篇:《民法继承编施行法》。

民法亲属编详解

《民法亲属编详解》，"现行法律丛书"，朱方贞白解释，政法学社出版，广益书局发行，民国二十五年（1936）四月出版，不知印数，每册定价 1 元 2 角。封面印"朱方编解"。

书前有《编辑大意》，其中说道："本编依照国民政府

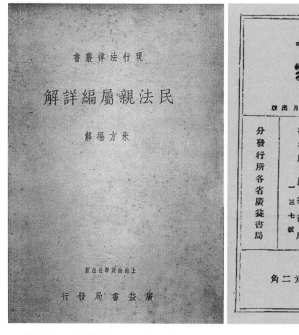

⊙《民法亲属编详解》1936 年版封面及版权页

颁行之民法第四编。于每条下加以详细解释。一字一句。必求完备。如不易空言解释者。更假设事例以明之。务使阅者一览了然。吾国旧法。素重伦理主义。且重宗祧制度。而又重男轻女。故亲等之计算。婚姻之离合。皆偏重一方。本编则一反从前旧法。故在吾国。实为创见。因此社会人士。颇觉纠纷难解。每多扞格不入之处。编者为求明白起见。于此力求详细。故有一条文而解释至千余言者。务使易晓。本编衔接民法第三编后。为民法法典中之一编。计自第九百六十七条起。以迄第一千一百三十七条止。共一百七十一条。解释亦共一百七十一节。本编之内容。其最最重要者。则为亲属之分类及其计算。盖与旧法全然殊异。实打破数千年来之典章制度。其外如确立男女平等。明定婚姻效力。创立夫妻财产制度。废除嫡子庶子嗣子私生子之名称。限定亲属抚养之范围。以及家制之确定。亲属会议之制度。无不一新耳目。编者亦即于此竞竞注意。解释力求完备。以免阅者误解。……"

全书 139 页，属全部民法第四编，收 7 章：《通则》《婚姻》《父母子女》《监护》《抚养》《家》和《亲属会》。另有附录：《民法亲属编施行法》。每章再收若干文，如第四章收 2 文：《未成年人之监护》和《禁治产人之监护》，另有附录：《民法亲属编施行法》。

民法物权编详解

《民法物权编详解》，"现行法律丛书"，朱方贞白解释，政法学社出版，广益书局发行，民国二十五年（1936）四月出版，不知印数，每册定价 9 角。封面印"朱方编解"。

书前有《编辑大意》，其中说道："本民法物权编。经

⊙《民法物权编详解》1936 年版封面及版权页

国民政府于十八年十一月三十日颁布。于十九年五月五日施行（施行法附后）。本民法物权编。计共十章。自第七百五十七条起。至第九百六十六条止。合二百一十条。经编者逐条加以解释。于难解处更假设事例。以相阐明。俾可一览了然。本法之内容精神所在。就编者所知。谨为分述如下。以飨阅者。物权法须以本国之风俗习惯经济状况为其基础。斟酌损益。以期至善。然后人与物之关系，始可完全发达而无阻碍。为贯彻国民党土地政策起见。采登记要件主义。规定不动产物权之依法律行为取得、设定、丧失及变更。非经登记。不生效力。……"

全书 108 页，属全部民法第三编，收 10 章：《通则》《所有权》《地上权》《永佃权》《地役权》《抵押权》《质权》《典权》《留置权》和《占有》。每章收若干文，如第二章收：《通则》《不动产所有权》《动产所有权》和《共有》，附录 2 篇：《民法物权编施行法》和《民法物权编之精神》（胡汉民氏讲）。

民法债编详解

《民法债编详解》,"现行法律丛书",朱方贞白解释,政法学社出版,广益书局发行,民国二十五年(1936)四月出版,不知印数,每册定价 2 元 5 角。封面印"朱方编解"。

书前有《编辑大意》,其中说道:"本民法债编。经国

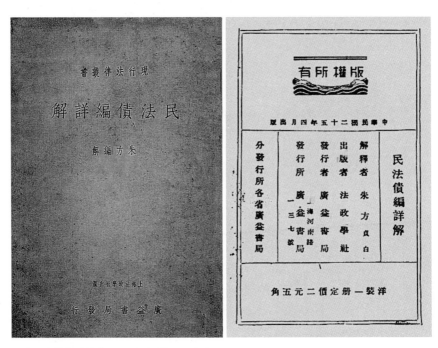

⊙《民法债编详解》1936 年版封面及版权页

民政府于十八年十一月二十二日颁布。于十九年五月五日施行(施行法附后)。本民法债编。计共二章三十节。自第一百五十三条起。至第七百五十六条止。合六百零四条。上衔总则。下接物权。经编者逐条加以解释。于难解处更假设事例。以相阐明。俾可一览了然。本法之内容精神所在。就编者所知。谨为分述如下。以飨阅者。注重社会公益。以资救济。对于债务人之利益。特加保护。此为全编之精神。并将商行为亦列入第二章中。同民法商法而一之。诚实信用。为社会生活之基础。交易之安全发达。胥赖于是。法律乃所以维护此种基础也。故本编特著条文以明之。著作人之保护。仿照瑞士债务法。以出版契约定为专节。故于著作人之利益。尤为注意。本编仿最新立法例。不分民商法。将二者冶为一炉。故凡一切商行为。在他国有另编入商法者。本编亦一律加入。并入本编之中。故凡商界,对此皆须注意。"

全书 300 页,收 2 章:《通则》和《各种之债》。以"章、节、款"结构。第一章收 6 节 15 款,如第三节《债之效力》中收 4 款:《给付》《迟延》《保全》和《契约》。另附:《民法债编施行法》。

从《编辑大意》中所知,此书"上衔总则。下接物权",属民法之第二编。

民法总则详解

《民法总则详解》，"现行法律丛书"，朱方贞白解释，政法学社出版，广益书局发行，民国二十五年（1936）四月出版，不知印数，每册定价6角。封面印"朱方编解"。

书前有《编辑大意》，其中说道："本民法总则。已由国民政府于民国十八年五月二十三日公布。于同年十

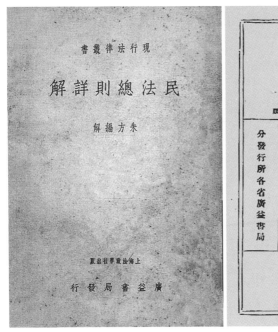

⊙《民法总则详解》1936年版封面及版权页

月十日施行。凡民法上一切通则。悉依此规定。即属于民法上之特别法者。如特别法未有规定。亦以此为准。本民法总则。为全部民法之总纲。共七章八节。计一百五十二条。经编者逐条加以注释。阐明立法者之理由。以便实务上之需用。本法之内容精神所在。就编者所知。谨为分述如下。以飨阅者。适用习惯。规定以不背公共秩序善良风俗为依归。以期国民道德之不坠落。并冀法治之实现。确定男女平等之基础。对于吾国旧法限制女子行为之规定。本法悉行删去。使女子得自由处分其财产。已嫁者亦不受夫权之限制。在社会上经济上均取得平等之地位。本法确定成年制。满二十岁始为成年。其计算年岁法。完全取日计制。打破吾国数千年来之岁计制。注重社会公益。防止国民误解人群自由。而至放任浪漫。故对于法人之设立。采干涉主义。而于禁治产之宣告。更限制严格。并盲目准禁治产。吾国向无时效之制。本法关于消灭时效。不特严为规定。更缩短其期间。以谋全民之幸福。……"

全书 72 页，以"章、节、款"结构。如第一章《总则》，第二章《人》，下收 2 节：《自然人》和《法人》；《法人》项下收 3 款：《通则》《社团》和《财团》。另有附录：《民法总则施行法》。

民事诉讼法详解

《民事诉讼法详解》,"现行法律丛书",朱方贞白解释,政法学社出版,广益书局发行,民国二十六年(1937)六月出版,不知印数,每册定价3角2分(估计应为三元二角)。封面印"朱方编解"。

书前有解释者写于1936年4月的《序》:"予于执行

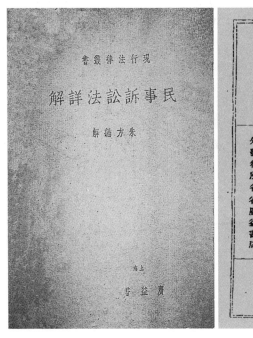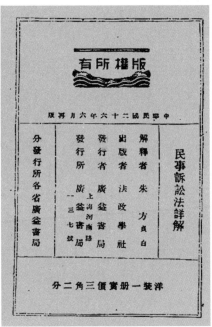

⊙《民事诉讼法详解》1937年版封面及版权页

律师职务之暇。偶返乡居。遇故乡之父老孤寡。有法益被人侵占者。辄忍气吞声。若安之而不欲求伸者。予怪而问之曰。今者法治昌明。对于私人之法益。民法条分缕析。规定綦详。何不诉之于法。以求一伸。而自甘于损害也。乡之人则嗫然而对曰。手续纷烦。无所适从。某甲以某案起诉。因手续不完而驳斥矣。某乙以某案起诉。因手续错误而不理矣。利益未得。法权未伸。而时间经济。已两受损矣。则不若安之之为得乎。予笑曰。子欲明民事之手续。曷不取民事诉讼法以观之乎。曰。法文简要。名词新异。非乡人之而得所明也。予矍然曰。有是哉。一乡如是。通国可知。此岂国家立法之本意哉。因退而取民事诉讼法。用明白通俗之词句。为之解释。遇有烦杂之处。则设普通之例以为之范。庶使手续鳌然。无欠缺。无错误。刊以问世。虽卑之无甚高论。其意亦将明国家保障私权之至意。俾人民毋以手续之关系，而未获享法治之益。而吾侪律师办案之际。或亦有所取资矣。博雅君子。进而教之则幸甚。"

之后是编者写于 1936 年 4 月的《例言》，其中说道："法典中最最繁复者。要推民事诉讼法。而应用最广者。亦推民事诉讼法。编者本立法意旨。每条为之笺释。以阐明立法意旨之所在。其有难解者。则更假设事例以明之。务使民众一览了然。本书为求普通起见。于解释处力求明白浅显。凡精深之法理。艰涩之文句。皆勉为避去。本法颁布于民国二十四年二月一日。施行于七月一日。为最新之法典。其中多参酌民事诉讼律、民事诉讼条例及旧民事诉讼法。编者于此。因参考大理院司法院及最高法院等解释例及判决例。更斟酌司法行政部颁行之诉讼须知及民事诉讼注意事项。用资释解。"

全书 327 页，收 9 编：《总则》《第一审程序》《上诉审程序》《抗告程序》《再审程序》《督促程序》《保全程序》《公示催告程序》和《人事诉讼程序》。另有附录：《民事诉讼法施行法》。全书以编、章、节、目编目，如第二编收 2 章 5 节 6 目，条理清晰。一目了然。

破产法详解

《破产法详解》,"现行法律丛书",朱方贞白解释,政法学社出版,广益书局(上海河南路一三七号)发行,民国二十六年(1937)三月出版,不知印数,每册定价 2 角。封面印"朱方编解"。

书前有吴瑞书写于 1936 年 12 月的《序》:"破产法之

⊙《破产法详解》1937 年版封面及版权页

⊙ 扉页

颁行。尚在民国二十四年。然破产事实之发生。则已为三十年来所习见。在逊清末年。即有破产律以为之规定。民国肇建。明令废止。凡遇有破产事务。悉依条理为断。最近始有商人债务暂行条例之颁行。以资准绳。然尚未能详尽。因有此破产法一百五十九条之公布施行。当政府制定之际。曾几费斟酌。一方不得不参考各先进国之成规。而又一方更不得不依据吾国旧有之习惯。故一再修改。而有此最后之制定。其所以保护债权人者固厚。而其所以保护债务人者更深。而对于不正当之破产。尤力为严禁。处以罚则。是诚面面顾到者也。特吾国二十四年来。已无破产法依据。遇有破产情事。辄依各地旧习惯解决之。一旦破产法施行。不特人民未能悉谙。即法曹亦有病其程序之太繁。而起茫然无所措手之慨。往往因一微细之争点。致劳各方研索。酿成久久不得解决者。吾友朱方律师。有见及此。因于执行律师职务之余。用著是编。穷源竟委。字敲句推。其不易解释者。固不惮反复阐明。使人一见即了然于胸。即在细微之处为人所不经意者。亦罔不指画周详。因是全文一百五十九条。脉络贯通。支分节解。苟手一编。即可以通其意而会其旨。毋再索解人矣。书既成。嘱予校勘。因为之弁言如右。"

后有编者写的《凡例》，其中说道："本书专供国民日常应用。故解释力求详尽。虽一字一句。苟稍有难解者。必为之丁宁反复。以期完备。甚者更假设事例。以为旁证。故有一条文而解释至千余言者。本书文笔。力求浅显。意义更力求明白易晓。故不偏于理论。凡各先进国立法例之异同。各学者议论之派别。概不论列。且力避艰深枯涩。俾阅者易于领会。本书为解释体例。故专就条文发挥。其立法得失。概不涉及。"

全书 176 页,收 4 章:《总则》《和解》《破产》和《罚则》。每章收若干节,如第三章收 7 节:《破产之宣告及效力》《破产财团之构成及管理》《破产债权》《债权人会议》《调协》《破产财团之分配及破产之终结》和《复权》。另有附录:《破产法施行法》。

所得税暂行条例详解

《所得税暂行条例详解》，"现行法律丛书"，朱方贞白解释，政法学社出版，广益书局（上海河南路一三七号）发行，民国二十五年（1936）十二月再版，不知印数，每册实价7分。封面印"朱方编解"。

书前有编者写的《凡例》，其中说道："所得税暂行条

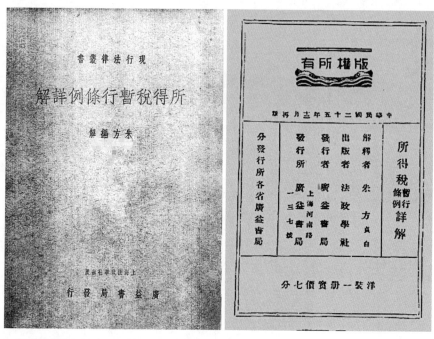

⊙《所得税暂行条例详解》1936年版封面及版权页

例。定十月一日施行。在吾国尚为破天荒之举。国人或有未悉。因将全文逐条加以解释。其有难于解释者。更不厌其详。假设事例。以资证明。故有一条文而注解至千余言者。盖法初创行。国人或多未谙。为供国民明瞭起见。不得不如是也。本书为解释体例。故专就条文字句解释。其立法之得失。概不涉及。本书为普及起见。故悉以浅显之笔出之。而法文中遇有术语者。更细为说明。务使阅之者一览了然。施行细则。为本条例之程序法。且有补本条例所未备者。计全文四十九条。附录于下。以供参考。本条例第二章税率。为便于阅者检索起见。除于每条下加以详解外。更附以税率表。俾应用者一览即知。……"

之后为编者写于 1936 年 10 月的《序》："所得税。在租税上为最公平之税。世界各国。无不以此为一大收入。盖其税源。或为资本收入。或为劳力收入。或为利息收入。其所得愈多者。则负担之税额愈重。故在国家可恃此为一大收入。而在负担者则全不觉其困重。且负担愈重者。其个人之收入亦愈丰。此财政学家所以亟亟称道。而吾中华民国亦亟亟颁行此制也。然而环顾国中。其能明瞭此税者。十不获一。且以吾国在昔素无此制。一旦施行。有群相猜疑。纷纷非难者。亦有明知此税为最公平之税。而以不谙程序。踌躇观望者。是皆大误。言乎前者。则所得税专以个人之所得为税源。且并无转嫁。直接归宿于纳税人。其所负担者。几如九牛一毛。不损毫末。其贫困而不能负担者。则本不须其负担。故无所用其猜疑。言乎后者。则程序甚简。并不烦重。只须于每年或每月结算时。将其所得额申报征收机关。如期缴纳。亦无所用其踌躇观望。彼群起猜疑及踌躇观望有。实皆未悉所得税之内容者也。编者于此。因将所得税暂行条例二十二条为之一一解释。或说明其原理。或叙述其程序。而有所不明者。更不惮为之假设事例。以资了解。其关于课税之数额。更一一详为说明。词虽不文。或尚足供国民之参考观览乎。今所得税施行矣。且自民国二十六年一月一日全部起征矣。凡依法应缴纳所得税者。于此其亦有所注意乎。"

全书 57 页,收 5 章:《总则》《税率》《所得额之计算及报告》《调查及审查》和《罚则》。另有附录:《所得税暂行条例施行细则》。

刑法详解

《刑法详解》,"现行法律丛书",朱方贞白解释,政法学社出版,广益书局(上海河南路一三七号)发行,民国二十六年(1937)三月修正初版,不知印数,每册实价 2 角。封面印"朱方编解"。

书前有编解者 1935 年国庆节写于上海律师事务所

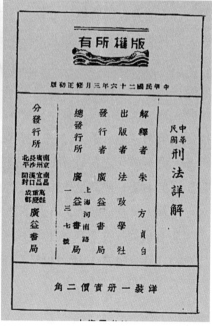

⊙《刑法详解》1937 年初版封面及版权页

的《序》，2 页："太史公曰。儒以文乱法。侠以武犯禁。夫法何由乱。以竖儒曲解法文。上下其手。而法乱矣。禁何由犯。以莽夫不谙法文。任意横行。而禁犯矣。欲其无乱无犯。须有正确详明之解释。盖有正确解释以为之范。则无从曲解。有详明之解释以为之导。则易于通晓也。今者刑法新颁。不谙者众。法文新异。曲解者易。欲免舞文者之不牵强附会。愚昧者之不误触刑端。盖亦难矣。如此则不已失国家法治之本意乎。以正确之解杜舞文。以详明之解晓愚昧。俾于刑法。家喻户晓。庶几君子怀刑。宵小束手。上以佐国家法治之隆。下以谋民众法律之障。是编之作。意在斯乎。惟是解释法律。头绪万端。从前大理院最高法院现在司法院设官若干人。专司其事。而解释之文。且层出而不穷。欲以一人之力。而必其能尽善尽美。以达于正确详明之鹄的。正恐心余力绌。不特人言其夸。亦自审其难。惟悬此最高目的以从事。旁征博引。详访周谘。以尽其力之所能。尚望海内法家。儒林硕彦。详赐纠正。以期达于尽美尽善之境。而灌注法律知识于平民。俾免诬莫由伸。冤莫由雪。人皆保障于法律之下。自由于法律之中。个人社会国家咸蒙其休。虽荜路蓝缕。岂徒然哉。"

之后是编者写的《例言》，其中说道："本书根据国民政府本年一月一日公布七月一日施行之最新刑法。逐条加以详明之解释。而于法律上惯用之术语。更为详细说明。其较繁复者。且举例以阐明之。使阅者一览了然。解释法律。例分文理解释及论理解释二种。前者以条文之字句为准。后者则于文字外更求立法者意志所在。本书兼采二者。务使不失正义。而又合于立法者之意志。本书词句。力求识显。凡较艰涩者。一律避去。以求人人可解。从前旧刑律旧刑法时代。凡大理院最高法院司法院等统一解释。与现行吻合者。本书亦采用其意义。以求适合。本书编纂用意。重在通晓应用。故凡法理上学者之研究。外国立法例之比较。除不得已外。概不说明。以求简洁明显。……"

全书 200 页，分 2 编 47 章，第一编《总则》，内收 12 章：《法则》《刑事责任》《未遂犯》《共犯》《刑》《累犯》《数罪并罚》《刑之酌科及加减》《缓刑》《假释》《时效》和《保安处分》。第二编《分则》，收 35 章。另有附录：《中华民国刑法施行法》。

中华民国训政时期约法详解

　　《中华民国训政时期约法详解》,附《中华民国宪法草案　国民大会选举法》。"现行法律丛书",朱方贞白解释,政法学社出版,广益书局(上海河南路一三七号)发行,失版权页,据悉为民国二十五年(1936)五月初版,不知印数和售价。封面印"朱方编解"。

　　书前有编者写于1936年5月的《例言》:"中华民国训政时期约法。实为吾国今日唯一之根本大法。较任何法律为重要。用本学理及立法者意旨。详为解释。庶国民一目了然。以符中华民国主权在民之意旨。训政时期约法。专为训政时期所施行者。故与宪法不同。其大体本于孙中山先生之建国大纲。而又参酌以中华民国训政时期中国家及国民之情势。故编者于此。力为阐明。庶不悖立法者之孤诣苦心。且使国民得知吾国今日之施政方针。中华民国宪法草案。自民国二十二年开始。即经政府草拟。历三年余之久。且经立法院二次制定。直至民国二十五年五月五日。始由国民政府公布。其最后决定。虽须由国民大会公决。然大体决本是草案。不致有大相出入者。而今后国民之关心于宪政者。更宜于此时详加讨论。以蕲至善。以奠定中华民国万世不坏之基。因特附录于后。以便研究。且于约法有所参考。宪政开始后。一切大经大法。皆有赖于国民大会。故国民大会代表之选举。其重要非寻常可比。用将国民大会代表选举法再附录于宪法草案之后。使国民得有所准备。……"

全书 128 页，收 8 章：《总纲》《人民之权利义务》《训政纲领》《国民生计》《国民教育》《中央与地方之权限》《政府之组织》和《附则》。另有附录 3 篇：《中华民国宪法草案》《国民大会组织法》和《国民大会代表选举法》。

至此，笔者介绍了朱方（贞白）的著作版本 16 种，如与他全部著作相比，估计还只是其中之一部分。据笔者所知，诸如《刑事诉讼法详解》《依照现行法令编制民法物权编详解》《公司法详解》《印花税法详解》《劳工法规详解》《诉愿法详

⊙《中华民国训政时期约法详解》封面

解》《著作权法详解》《船舶法详解》《商会法详解》和《中国法制史》等，都还在遗漏之列，有待后人补正。

朱海肃（1895—1981），名学清,上海县三林镇(今上海浦东新区三林镇)人,毕业于上海龙门师范,后留学日本东京高等工业学校。回国后历任南汇县中学、上海艺术大学、上海民立女子中学、中国公学等教职。著有《胎教》和《课程中心的复习教学做法》等。

胎教

　　《胎教》，朱海肃编译，蒋息岑校阅，大东书局（印刷所在上海福建路三三一号，发行所在上海福州路九十九号）印刷发行，发行人沈骏声，民国二十二年（1933）六月初版，不知印数，每册实价大洋 4 角。封面和版权页皆印"育儿丛书第三种"。版权页上方印"大东书局新出儿童

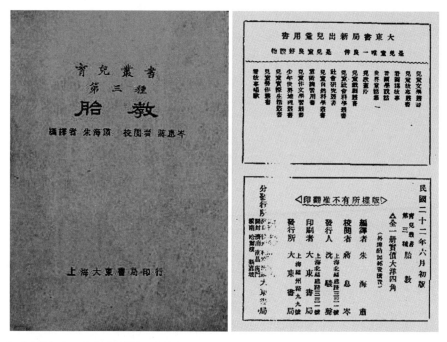

⊙《胎教》1933 年初版封面及版权页

图书"书目 16 种，单行本有《看图学说话》《世界童话集》和《看故事唱歌》等，绝大多数是丛书，如"儿童文学丛书""儿童故事丛书""儿童社会科学丛书""儿童作文学习丛书""儿童劳作丛书"等。

"育儿丛书"，是由大东书局出版于 1933 年 4 月至 8 月的一套丛书，到目前为止，笔者只见到过 3 种，除《胎教》外，还有裘祝三著《儿童和母亲》和陈西陵编著《遗传的实验研究》。

全书 105 页，收文 28 章，有标题，如：《妊娠是自然的》《妊娠是值得赞美的》《怎样叫胎教》《胎教的研究》《胎教的传说》《胎儿的发育》《精神及于身体的影响》《胎儿的精神生活》《妊妇的身体》《妊妇的心》《妊妇的感想》《妊妇和丈夫》《妊妇和家庭》《妊妇身体卫生》《产妇的看护》和《乳母的选择》等。

课程中心的复习教学做法

　　《课程中心的复习教学做法》,"儿童教育丛书",蒋息岑主编,朱海肃编译,大东书局(上海北福建路二号)印刷发行,民国二十二年(1933)一月初版,不知印数,每册定价大洋 3 角 5 分。封面印"儿童教育丛书第二种"。

　　大东书局的"儿童教育丛书",出版于 1933 年 1 月至

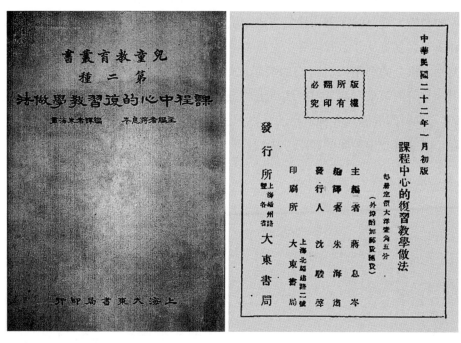

⊙《课程中心的复习教学做法》1933 年初版封面及版权页

1934 年 7 月,据笔者所知有 10 种,除《课程中心的复习教学做法》外,还有《儿童研究》《家庭教育的原理与方法》《儿童阅读书报指导法》《幼稚园小学低年级的沟通教学法》《儿童学算指导法》《儿童美术鉴赏指导法》《儿童自治活动指导法》《现代教育》和《个性教育指导与调查》。与之同丛书名的,还有中华书局出版于 1933 年 6 月至 1947 年 9 月的"儿童教育丛书",笔者所见版本有 6 种。

书前有蒋息岑写于 1932 年 12 月 3 日的《例言》:"这一本小册子,是供家庭的父母们,中小学教师们阅读的,还可以给高中师范生和大学生教育系学生,做研究参考材料。本书的内容,着重在做。辅导父母们教师们,怎样联络了教儿童复习课业?怎样使儿童自己感到复习的兴味?怎样把复习养成习惯?本书可以说是完全根据儿童心智发达的程序,各科学习心理,以及教学的重要原则,才找出复习的原理和方法来,使父母教师们领导儿童复习各科课程内容,不但不会感到困难,还会把替儿童复习,当做是一件极有兴趣的事,其价值可想。最后必须要声明的是大部分的材料,采自日本加藤末吉氏所著的《家庭复习方法》一书,辑译材料时,由朱海肃先生笔述,应当郑重的致谢。"

全书 45 页,收文 25 篇:《儿童教育上的难事》《儿童是否根本厌恶复习》《复习的经验》《复习的序幕》《使复习成为乐事》《时间分配的活用》《复习为习惯的一种美德》《复习从什么时候开始》《报告的复习法》《养成复习习惯的方法》《适当的奖励》《机会的利用》《自奋心的唤起》《拙笨的复习法》《自动的复习》《他动的复习》《复习的效果》《活复习》《实行上的复习》《复习在白天适宜呢在晚上适宜呢》《复习的时间问题》《各种学科的复习方法》《复习应当注意的条件》《关于留级问题》和《家庭和学校间的联络方法》。

朱经农（1887—1951），字经农，笔名澹如，江苏宝山县高桥（今上海浦东新区高桥镇）人。8岁丧父，随叔父朱其懿居湘，1903年入常德府中学堂，1904年赴日留学弘文学院并加入中国同盟会。1905年回国参与创办中国公学。1908年因学潮离开，复组中国新公学。辛亥革命后任北京《民主报》编辑、《亚东新闻》总编辑。1916年赴美任中国留美学生监督处书记，同时进乔治·华盛顿大学听课。1920年到哥伦比亚大学攻读教育学。1921年回国，先后在北京大学、北京女子高等师范学校讲授教育学，后回上海商务印书馆任编辑，同时兼任沪江大学国文系主任。1927年任上海特别市政府教育局局长。1928年4月至10月任南京国民政府大学院普通教育处处长。1928年10月至1930年6月任教育部普通教育司司长，1930年3月至12月任教育部常务次长。1931年任齐鲁大学校长。1932任湖南省教育厅厅长，1943年调任中央大学教育长。抗战胜利后任商务印书馆总经理。1948年后留居美国，在哈德国福神学院任职。主要著作有《教育大辞书》《教育思想》和《爱山庐诗钞》等。

教育大辞书

　　《教育大辞书》，唐钺、朱经农、高觉敷编纂，笔者所见2种版本。

　　第一种，民国十九年（1930）七月初版，商务印书馆印刷发行，不知印数，每册定价大洋 15 元。精装本，书名手写体，扉页标"主编"，而非"编纂"。

⊙《教育大辞书》封面

⊙ 书脊书影

第二种,民国二十二年(1933)五月缩本初版,商务印书馆印刷发行,不知印数,每册定价大洋 8 元。扉页也标"主编"而非"编纂"。

两书前皆印此书的"编辑主干""常任编辑"和"特约编辑"。作为一本辞书,编辑的组织结构相当庞大,且都是当时的知名人士与学者教授。主干 3 人,即称之为"编纂"与"主编"的唐、朱、高 3 人。"常任编辑"14 人,特约编辑 75 人,合计92 人。

书前有王云五写于 1928 年 2 月 25 日的《序》,2 页,其中说道:"余以民国十年承乏本馆编译所,受事之始,计划出版次第,觉参考书之需要最亟者,无如教育辞书。语其理由,一则国中新建设类多塞缓不前,惟教育为能猛进;师资之造就,既不足以应学校之需求,任教育者乃多有赖于参考书籍。二则辞书为最经济的参考书籍,在欧美出版发达诸国,教育书籍浩如渊海,辞书之功用,尚居次要;我国则此类书籍寥寥可数,殆不能不以辞书为任教育者之唯一宝库。三则二十世纪以来,各国教育学说日新,其制度亦经重要之演化;我国适当新旧学说之过渡,日美法等国学制更番输入,变革尤多,非有系统分明之辞书,为研究教育者导线,

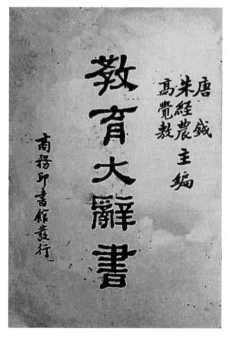

⊙ 扉页

⊙ 1930 年初版版权页

将无以通其统系也。……虽然，法德英美日诸国之教育辞书，固各为彼国之教育家或研究教育者而编纂，于我国教育家或研究教育者初未注意也。其体例纵极完善，只对于彼国人为完善，于我国人不能谓为完善也。故我国编纂之教育辞书，当对象于本国教育家或研究教育者，以本国教育问题及状况为中心，采各国教育辞书之特长，而去其缺憾，方适于用也。本书之编纂，即基于前述之需要与原则，以民国十一年春开始工作。初以唐擘黄君主其事，十五年唐君他去，由朱经农君继任，十六年五月朱君又他去，高觉敷君续竟其功。编辑者范寿康华超陈博文诸君，或致力甚多，或始终其事。华林一陈正谟唐敬杲钱树玉诸君，为本书致力亦在一二年以上。其关系重要之问题，更分约专家特撰专条，盖师孟罗氏《教育辞书》之例也。经营惨淡，六载于兹，始得与世相见。同人以不佞于本书为倡起者，属为述其原委于上。"

从王序中，可知此辞书编纂 6 年，主其事者三换其人，其中朱经农在任仅 1 年 5 个月，所幸主旨已定，编纂有序。可见，要编纂一部辞书，决非易事。

之后是《教育大辞书凡例》，5 条："一，本书编辑之目的，约分下列数项：1 节

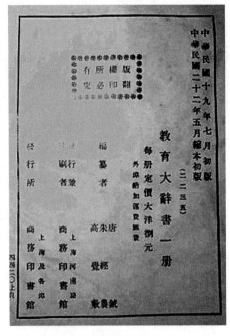

⊙ 1933 年缩本初版版权页

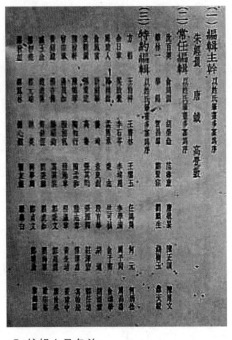

⊙ 编辑人员名单

述各种教育学说。2整理教育上所用各种术语,使有统一之解释,及正确之意义。3提示本国各种教育法令之要点。4介绍西洋教育名著。5记述中外教育制度之概要暨重要教育机关之组织。6摘叙中外教育学者生平之经历及其主张。二,本书体裁,参酌英国瓦特孙、美国孟罗、法国毕维松、德国莱因、日本同文馆等教育辞书之例。并参考《新万国百科全书》,《大英百科全书》及《阿美利加百科全书》。凡教育原理、教育史、教学法、教育制度、教育行政、教育心理学、教育统计、著名教育学术机关或团体以及与教育较有关系之诸科学如哲学、论理学、伦理学、美学、社会学、生物学、人类学、生理学等要项,无不分别叙述。三,本书注重'专门条目'之诠释与论究。凡较专门之条目皆分请专家担任撰述。多者数千言,少者亦数百字。每条各成一有组织之专篇,俾阅者易得要领。对于'普通条目'之有关教育者亦尽量收入。四,本书注重本国教育资料,故于本国教育制度、教育法令、教育团体、已故教育家之事业身世学说等均尽量搜集,俾供研究中国教育史者之参考。五,本书虽为同人等六年余心血之结晶,然为一种创始之作,谫陋之处实所难免,尚祈海内外学者不吝教正。又编辑中直接间接所受各方面助益,除于序文中特别声明外,谨此申谢。"

　　权威的出版机构,如商务印书馆,哪怕是一篇《凡例》,也写得如此缜密且有条理,给读者的印象就是"认真"而不失体面,虽"老气横秋",但内心充满激情。民国时期的商务是如此,如今的商务不改初衷,仍以这样的面目见世,实在是难能可贵也!

教育思想

《教育思想》的版本较为繁复,版次杂乱,归属不一,在未见到绝大多数版本前,根本无法弄清。

到目前为止,以笔者能见到的版本为依据,可分为3种不同封面的版本(不能保证还有其他封面的版本)。3种版本皆由朱经农著,商务印书馆印刷发行,发行人王云五。

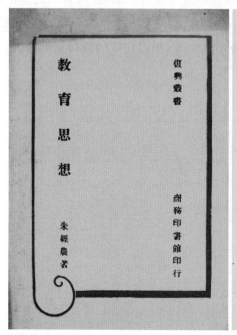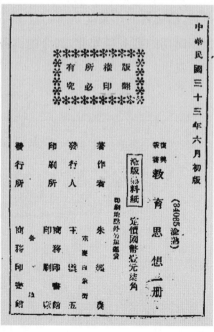

⊙《教育思想》1944 年初版封面及版权页

第一种,民国三十三年(1944)六月初版(实为重庆初版),另有一种民国三十五年(1946)九月上海初版(有些书目资料上称其为再版),不知印数,每册定价皆为国币 1 元 7 角。封面仅红框线,内印书名等,可谓素面朝天。封面、版权页皆印"复兴丛书"。此丛书是由王云五主编,重庆商务印书馆出版于 1933 年至 1948 年 11 月,所见书目共 16 种,其中有李长之的《北欧文学》、童蒙正的《关税概论》、吴清友的《苏联史地》和袁昌英的《法国文学》等。

第二种,民国三十六年(1947)二月上海再版(有些书目资料上称其为三版),不知印数,每册定价国币 2 元。封

⊙《教育思想》1946 年上海初版版权页

⊙《教育思想》1947 年上海再版封面及版权页

面有图案框，并印"新中学文库"，而版权页却印"复兴丛书"，是"转换"过程中的误印，还是说明此书横跨着两种丛书？不得而知，无法解读。"新中学文库"是由王云五等主编、上海商务印书馆出版于 1937 年 5 月至 1948 年 8 月，整套丛书庞大，分总类、哲学、宗教、社会科学、语文学、自然科学、应用技术、艺术、文学、史地十大类，版本多达 400 多种，其中不少是重复出版。

第三种，民国三十七年(1948)二月文库本第一版(有些书目资料上称其为四版)，不知印数，每册定价国币 2 元。封面和版权页皆印"国民教育文库"。此丛书由朱经农、沈百英主编，商务印书馆出版于 1948 年 2 月至 8 月，版本近百种。

3 种版本，虽然封面不同，甚至归属也不同，但内容基本相同。现以 1944 年 6 月重庆初版为例作一介绍。

书前有作者 1943 年 10 月写于重庆中央大学的《自序》："近来青年人对于教育理论，有许多争辩不决的问题，各持一说，莫能相下。此种争辩，对于学校施政方针，不无影响。因为意见的分歧，未免产生举棋不定的现象。举凡关于自由与纪律之争，个人主义，国家主义，与民治主义之争，斗争论与互助论之争，科学与

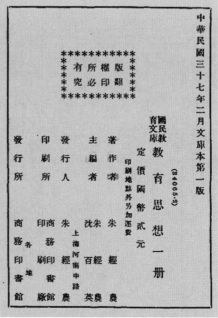

⊙《教育思想》1948 年文库本第一版封面及版权页

宗教之争,知识论与道德哲学各种学派之争,学校与社会间所生关系之争,艺术修养与职业训练分合之争等等,议论庞杂,甚嚣尘上。这些争辩未决的问题,都应该求一个中正和平的答案。本年暑假,作者有嘉定之游,寄居舍妹君允家中。其赁庑依山临水,花木清幽;泯沫当门,烟波十里;峨嵋在望,云嶂千重。乍离纷扰的业务,入此幽静的境界,神志为之一清。乃以十日之暇,写成本书的一部分。归渝后,于公务倥偬之际,抽暇续成全稿。其目的乃在解答上述之各项争辩。稿成之际,适当学校开课之初,煤米油盐,水电房舍,种种杂事,扰人心境。对于全书文字,不及再加整理,即以付梓。自知立论或欠周密,说理亦不透辟。笔锋所至,不无失检之处。尚希阅者不吝教正,以便再版重加修改。……"

全书 115 页,收 8 章:《自由与纪律》《个人与国家》《斗争与互助》《学校与社会》《知识与道德》《艺术与职业》《科学与宗教》和《结论》。另收附录:《评经济史观和否认因果律的历史哲学》。每章再分若干节,如第六章《艺术与职业》内收 3 节:《艺术修养的重要》《职业教育的真义》和《艺术实用化与职业艺术化》。

明日之学校

　　《明日之学校》,杜威著,朱经农、潘梓年译,商务印书馆印刷发行,民国二十二年(1933)九月国难后第一版,不知印数,每册定价大洋 2 元。封面、扉页和版权页皆印"大学丛书",版权页上方印"上海商务印书馆谨启"文字。

⊙《明日之学校》1933 年国难后第一版封面及版权页

"大学丛书",由中华教育文化基金董事会编译委员会主编,商务印书馆出版于 1929 年至 1954 年,版本数量近 400 种。

书前有大学丛书委员会委员名单,以及杜威的《原序》。

另有朱经农写于 1923 年 4 月的《译者序言》,4 页,朱先生的文字留存者不多,在此全文留存:"译书实在是一件很难的事体,因为各国文字的特性不同,在甲国文字中只须一句话可以说得清楚的,译成乙国文字每每要用几句话才能把他的意思传达出来;有时在甲国文字中须用许多说话方能把一件事体说明,译成乙国文字便觉得冗长烦琐。所以想

⊙ 扉页

要达到严又陵先生所定的译书标准,'信达雅'三个字,真是不容易。为什么各国文字的特性彼此不同呢?因为文字是一种社会遗传物,跟着时代和环境逐渐变迁的。各国社会所经历的状况既各不同,文字之演化自然各趋一途,所以各有各的特性,传达一种意义,彼此所用文字繁简不同。这是译书困难的地方。有许多人诚诚恳恳的劝我。他们说,如果要译书还是用'文言文'妥当;现在外面通行的'白话文'译本,不但非常冗长,并且看不懂,这种译书不如不译。又有许多朋友皱着眉头向我说,你看这些外国文的原本何等浅显易明!被他们译成典雅艰深的古文,把原来的色彩完全失去,真是辜负了著书人的原意。其实译本的好坏,不是用'文言文'或用'白话文'的关系。要把各国文字特性不同的地方辨认清楚,然后体贴著者用意之所在,切切实实的逐字逐句翻译出来。有些地方,原文非常简括,照字面译成汉文,辞句非常晦塞,不能传达著者的原意,那就文字之间不能不略有伸缩。总之文字方面虽略有变通之余地,原文意义却丝毫增减不得;否则对不住著者,也对不住读者。还有许多地方,原书反复申述,译成汉文似乎觉得冗长,但是我们译书处处想保存忠实的态度,所以不愿任意削减原文,望读者原谅。我们这本书是几个月之内赶成的,有许多译文自己还不能完全满意;排

校的时候,又匆忙得很,恐怕不免有漏误的地方。倘使读者能够随时加以指正,我们非常欢迎。译书实在不是一件容易的事体,我们平日看别人的译文,常常觉得有不满的地方,等到自己动手译书,才晓得有种种困难。我们知道本书译文还有可以斟酌修改之处;不过我们下笔的时候,总不敢忘记两句话,就是不可欺骗读者,不可冤枉著者。我们的译稿大概没有看不懂的地方,也不敢把自己的意见去增删著者的原意。这一层是我们所能自信的。胡适之先生说:'我自己作文,一点钟平均可写八九百字;译书每点钟平均只能写四百多字,自己作文只求对自己负责任,对读者负责任,就够了。译书第一要对原作者负责任,求不失原意;第二要对读者负责任,求他们能懂;第三要对自己负责任,求不致自欺欺人。'他这一段话我完全赞同,不过我一点钟至多只能译三百字左右,有时为了一个字或者一句话,常常几十分钟不能下笔。后来勉强译出,还是自己不能满意,常常一连三天五天,早晨晚上,或吃饭睡觉的时候,都在那里想那个难译的句子或难译的字。有时竟始终寻不出一个完全满意的译文。无怪章行严先生主张把 Logie 译成'逻辑',把 Economy 译作'伊康老米'。这本书里面所有潘君梓年的译稿除第十一章以外,均由经农再三修改,亦有全行重译之处,书中倘有错误当由经农一人完全负责。潘君对于此书也费去无穷心力,他近来译笔日有进步,将来可望成为一个译界之健者。希望他不久再能译出别的书来,贡献于社会。本书第十一章蒙任叔永先生将潘君所译原稿详加修改,使成完璧,我们非常感谢。"

全书 300 页,收 11 章,有标题:《认教育为自然发展》《"认教育为自然发展"的一个实验》《自然生长中的四个要素》《课程的改组》《游戏》《自由与个性》《学校与社会之关系》《认学校为"改良贫民生活的机关"》《实业发达与教育改造》《从实业入手的教育》和《民治与教育》。

朱经农在民国时期到底出版了多少种版本,笔者心中无底,除了以上仅罗列署其名的 3 种著作,肯定还有不少遗漏。但见到其他诸如题签,题字的版本却不少,如袁湘生编、朱经农题书名的《详明汉释英文法》,李云杭著,朱经农题书名的《义务教育之研究》,等等。另外还见到过一种是台湾于 1965 年 9 月初版的《爱山庐诗钞》,大多只是一晃而过,毫无深刻的印象。

朱庭祜（1895—1984），字仲翔，上海川沙县龚路乡（今上海浦东新区）人。1916年毕业于北京农商部地质研究所地质科训练班，受教于名师章鸿钊、丁文江、翁文灏等，毕业后在农商部地质调查所工作。1919年赴美国威斯康星大学攻读地质学，获硕士学位。1922年进美国明尼苏达大学，为地质系博士研究生。1923年回国，任职浙江实业厅地质调查局，历任贵州省地质调查所、云南省地质调查所所长、浙江大学教授兼总务长。抗战时在四川研究盐层地质，探明矿藏进行开采，改进制盐技术，解决食盐短缺问题。建国后筹建浙江省地质研究所，兼任地质总局总工程师，中国地质学会名誉理事，浙江地质学会名誉理事长。参加新安江水电站坝址工程地质调查和安徽省治淮工程，发现河北省井陉铁矿、云南昆明磷矿和浙江遂昌金矿。是中国第一个带领地质工作者到西沙群岛进行地质调查的地质学家，编著的《西沙群岛鸟粪》，填补了中国在这一地区的地质学研究空白。

西沙群岛鸟粪

《西沙群岛鸟粪》，朱庭祜著，两广地质调查所印行，民国十七年（1928）十月出版。大 16 开本，纸面平装，全书仅 4 页，其中中文为竖版印刷，并有图表 2 幅，书后有英文书名、目录和提要介绍，无定价。

此书为一部典型的科学考察类资料书。全书收有 3 章：《绪言》《地形及地质》和《鸟粪》。在《绪言》中说道：

⊙《西沙群岛鸟粪》封面

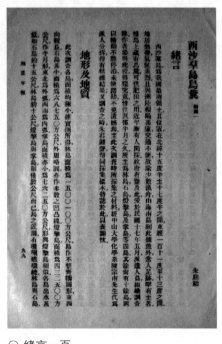

⊙ 绪言一页

"爰于民国十七年五月派遣人员，组织调查队。作者参与此役，得窥究竟。"当时朱庭祜 33 岁，任贵州、云南两省地质调查所所长兼中山大学地质系教授。正是此行使他成为中国第一个带领地质工作者到西沙群岛进行地质调查的地质学家，从而填补了中国在这一地区地质工作的空白。

在《西沙群岛鸟粪》中，作者提出开发西沙群岛鸟粪的建议。在《绪言》中，作者还详细记录了西沙群岛的情况与考察行程，"西沙群岛，为我国最南领土。其位置，在北纬十五度半至十七度半之间，东

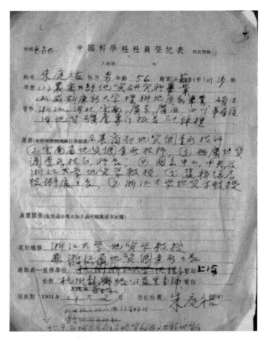

⊙ 中国科学社社员登记表

经一百十一度至十三度之间。地居热带，气候炎烈。且与洲陆相隔甚远，交通不便，故除少数渔舟，由海南岛到此捕鱼外，常人足迹，罕有至者。""惟往返仅半月之久。所至为林岛、石岛、灯擎岛等四岛。其余尚有十余岛，则以轮船不能停泊，未便踏勘，不免遗憾焉。"

在《地形及地质》部分，记录了作者调查各岛的面积，岛与岛之间的距离，珊瑚礁的状况，并从地质学角度分析岛屿的成因，即"珊瑚遗骸为造成各岛之主要物质，……以及甲壳类之壳，鱼类之骨，堆积于此者，均为造成此岛物质之一。"

《鸟粪》部分，是此书重点。其中记录了鸟粪来源、分布状况、堆积厚度、颜色、重量、气味、标本采取状况等。对于鸟粪的成分分析，作者通过详细的列表表现。表中列出 8 个林岛、4 个掌岛、2 个琛航岛、2 个石岛的化学分析结果，包括鸟粪的"水分""灰""无水磷酸"和"淡"的数据。作者还根据这些数据得出鸟粪储量和利用价值。此后，还有关于西沙群岛中英文对照的俯视地图和剖面图等。

全书虽重点在于鸟粪，但信息全面、完整，内容紧凑，叙述质朴，用词准确，足见朱庭祜科考工作的严谨态度。

江西南昌附近之地下水

《江西南昌附近之地下水》，朱庭祜、吴燕生、王钰、马振图合著，以朱庭祜为主。此书于民国二十三年（1934）六月由学术研究与国立中央研究院地质研究所合作、行政院农村复兴委员会印行，相当于 32 开本。美纹纸平装，内含插图 6 面；正文中文为竖版印刷，每页 14 行，每行 49 字，共 26 页，书后有英文目录。

⊙《江西南昌附近之地下水》封面

（六）裝取泉水標本
6. Collecting the samples from some springs

⊙ 照片

　　1923 年，朱庭祜回国后在浙江实业厅地质调查局工作，后历任贵州省地质调查所、云南省地质调查所所长、中央大学地质系教授、浙江大学教授兼总务长。30 年代，朱庭祜在中央大学地质系任教期间，受时任中央研究院地质研究所所长李四光之邀，兼任行政院农村复兴委员会地下水研究组主任。为解决城市供水和发展农田灌溉，他带领地质人员前往河南、江西等省进行地下水调查，当时形成的《河南安阳、林县、汤阴、淇县等地区的地下水》和《江西南昌附近之地下水》等调查报告，是中国最早的关于地下水资源调查的科学文献。

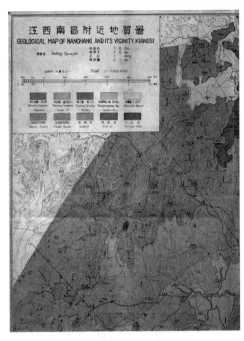

⊙ 江西南昌附近地质图

在此书《绪言》中，著者提道："关于地下水调查，除谢家荣先生，曾于南京钟山，勘察蓄水岩层，并著首都饮水供给一书外，国内尚少同类之记载，可作他山之助。"

　　全书收文 6 部分：《绪言》《地形》《地质概略》《地下水概说》《水利》和《附记》。在《绪言》中，著者叙述调查是因"民国二十二年夏，行政院农村复兴委员会提议调查国内各处之地下水以供饮啜及灌溉之需"而进行的。对于中国的水资源状况，著者称："盖以我为农业国家，土地宽广，各地荒旱，时有所闻；若徒恃地面水流，以资挹注，则高原亢旱之区，水流绝少，一遇旱灾，莫不赤地千里，饿莩遍野；际兹农村破产危险实多。而饮料缺乏，恒不择水之是否清洁，取而用之，又为卫生上所不许"。其实，在行政院农村复兴委员会成立不久，就有派人前往南昌附近探找地下水源。朱庭祜等人是在民国二十二年（1933）九月六日启程去南昌，在南昌城西北二十里的西山调查。一周以后，他因故先归，以后又前往河南调查地下水资源。关于南昌的水资源，调查报告称："南昌位居腹地。襟三江而带五湖，……惟全城饮料，仍然井水。其井甚浅，地面不洁之物易于随水渗入，以故水味碱涩，不堪饮用；且病菌之混入，亦势所难免，对于卫生，尤有妨害。而在赣江西岸近山一带，几全荒芜，乃其余事。"就中国水资源缺乏现状的改善，著者认为"欲图根本补救,惟地下水之利用是赖。地下水储藏之量,既极丰富,而渗流岩石空隙之间,经过天然清滤,质亦清冽;不若地面水显有季候之分,隐伏微菌之害。倘能善于启其蕴藏,则非特旱灾可以无虑,卫生上亦大有裨益;其关夫国家生产与人民健康者,实非浅鲜"。

在《地质概略》中,报告从地层、火成岩、构造三个方面分析南昌地质构成。报告根据朱庭祜等人的实地勘察,从地下水之来源、地下水之分布、地下水之升降、地下水之速度、地下水之流露、地下水之性质、岩石与地下水之关系、构造对于地下水之关系几个方面阐述地下水资源。而此章节设立,根据著者的解释,"兹将调查区域内之地质状况及地下水情形,分别述其梗概。又为易于了解起见,附《地下水概论》和《水利》部分,报告在"岩石性质与构造情形对于地下水之关系"等的地质分析的基础上,提出"水源之商榷"。即南昌市现有饮料之来:1.井水;2.江水。饮料之选择及设备之商榷,则提供了诸如"吸取赣江之水","引用西山之泉"等建议。同时著者还就灌溉水源提出又一商榷。《附记》中,报告采用三份图表,从气象测量、水分析、水井调查,提供当时南昌水资源的各项数据。书中还插入了地质构造图。其中2幅大图比较珍贵。一幅为《江西南昌附近地质图》,这是一份彩色中英文对照地质图。另一幅是中英文对照的《南昌西山地质剖面图》。书前还选登了一些当时科考人员实地勘察的照片,有西山泉流、红土地貌、岩石崩溃、泉水取样等。

《江西南昌附近之地下水》作为一份完整的科学考察报告,既有严谨的阐述,科学的分析,又采用多种形式,图文并用,同时还考虑到读者的需求,这在当时是难能可贵的。

自跋

　　《五十浦东人的民国版本》，是作为"浦东文化丛书"第三辑之一种出版的。之前丛书第一辑和第二辑，每辑四种共八种，已于2009年和2016年相继出版，分别收有拙著《上海浦东民间收藏》和《民国版本收藏断想及其他》，也算是我对曾供职的浦东新区地方志办公室的一点微薄贡献。编委会主任柴志光先生希望我仍有作为，除继续委任我为丛书主编外，还希望我每年都能有一种著作忝列其中。从内心讲，我是愿意的，但更希望有其他新的作者加入其中，从而把"浦东文化丛书"做得更具广泛性。因此，这本《五十浦东人的民国版本》应该是我为丛书写的最后一种著作，以后将会全身心地为主编这套对浦东未来有着较为深远影响的丛书而出力。同时还将完成我自己既定的目标：继续研究与撰写有关中国现代文学丛书的著作，其实在撰写《五十浦东人的民国版本》的同时，我一直在进行现代文学丛书的研究与撰写，预计今后两年会出版好几种这类著作，如《赵家璧与现代文学丛书　良友晨光》《文学研究会与现代文学丛书》以及《三十作家与现代文学丛书》，等等。

　　我之所以在此为自己"摆功"，实际是想说明两点：其一，我用电脑写作的形态，是多管齐下，思维与写作几乎做到同步，在这点上也许我比其他正在出书的朋友要多点优势,既可平行四五种著作的写作,速度又超乎一般,这一"历史节点"值得我永远记载。其二,在满脑子都是"现代文学丛书"版本的"氛围"中,再去写一种需跳出这种氛围的著作,其难度是可想而知的,而且会不时地打乱撰写思路,而要以一种"跳跃"式的节奏进行平衡,从而使思路不出现紊乱。这一年多来,在完成上述几种有关现代文学丛书的著作外,还写成了这本五十浦东人的著作。从我的写作史来讲,也是应该以"历史节点"加以记载的。

该自我表白的都已表白,现在来谈谈这本《五十浦东人的民国版本》。

浦东人,成千上万;浦东名人,成百上千。唯选择其中五十人,其理由很明白:一者,受时间框定,前朝后代皆不在此列;二者,出类拔萃,而且要有著作版本留于后世;三者,受篇幅限制,需控制人数。但是,所选五十人都有着明显的代表性,可一叶知秋,一斑知豹。

本书选择五十人的著作版本近三百种,人均六种,然事实上极不平衡,多者二十多种,少者独苗一根。如与毛泽东一起探讨过"周期率"的黄炎培,著作版本多达四十种;被称作后期"鸳鸯蝴蝶派"作家的王小逸,著作版本也有十五六种;这两人的著作估计还有不少遗漏。而一直被人遗忘或被"边缘化"的张若谷,著作版本也不少,经过一番努力"挖掘",总算见到了二十多种。至于至今只见到一种著作版本的名人也不在少数。另外,所见版本不少,但品相不佳,无法置于书中,只得忍心割舍,这样的名人也不少。而有些品相勉强可以,想丢弃却又不忍一刀斩断,蓬头垢面地站在面前,也只好请读者谅解了……还有一种情况是关于版本的"前后期",也需作一说明,版本传承性是客观存在的,尤其是那些横跨两个历史时期的著作版本,以及横跨两个历史时期的名人,都不能作简单的切割与划分,比如宗教学者李杕(李问渔),生于 1840 年,逝于 1911 年,曾在上海创办天主教刊物《益闻录》《圣心报》。曾担任过震旦学院院长兼哲学教授,编纂、翻译过《福音书》及天主教读物六十余种,他虽属"民国前"人物,但不少著作版本却出版于民国初年,还产生过不小的影响,这样的人和书足可作为特例留存。另外还些名人的著作版本,已超越"民国"而跨入新中国,为尊重现实也留存了一些建国后的版本,截止期一般定为 1956 年前。

本书是以人物编目的,于是便产生了一个不容忽视的现象:如何"排座次"?对此中国人历来很讲究,我曾在报社工作,对此深有体会,一旦把姓名次序排错了,那就可能麻烦不断。当然,书籍编目并没这么"可怕",最为公平的排法,就是以姓氏音序排名（或者以笔画为序），这是万无一失的良策。本书采用的就是音序，估计按常规应排在最前列的诸如张闻天、宋庆龄、黄炎培也都不会有什么意见的……每人所收的著作版本，同样以音序排列，也无法顾及版本的出版年月。一旦确立了这种排列方法，就会发现多种非常奇妙的情况。第一，人物是穿插的，版本是混杂的，刚看过音乐专著，突然转入宗教，刚读过艺术，却又一步跨进中医的领域，思维转换与跳跃，让人会直感觉到有着一种从未体验过的阅读快感！第二，由于是音序排列，所以把同姓的都依次排列，从某种意义讲也可看出家族的"影子"。比如最为明显的是川沙黄姓，黄自、黄方刚、黄绍英、黄协埙、黄炎培，如果细读了每篇文字，就会发现他们之间的关系实为父子、叔侄、兄妹等。这也可从另一侧面解读出"家族型"的人才辈出，以及揭示其内在产生的一种必然。第三，在以音序排列中，还能发现专才与通才的明显区分，专才是从立业开始直至离开人世，从未改变过自己的专业，有不少人还达到了专业的顶峰，比如法学家朱方，艺术家江丰，翻译家傅雷；而通才，不丢专业，而又能在专业之外另造一座又一座高峰，如社会活动家黄炎培，实业家穆藕初，经济学家夏炎德。不管是专才还是通才，都离不开家庭背景与地域背景，每一座高峰背后都有着丰厚的文化底蕴。当然，还可能会有更多让人惊奇的发现，读者自有感悟，这也便是从地域角度研究著作版本的一大好处。

全书收"人杰"五十，版本近三百，分为上下两卷，上下之分并无特别意思，只求上下数量之均衡，上卷收二十八人，版本一百五十三种；下卷收二十二人，版本一百三十八种，基本达到平衡。

在介绍著作版本之前，每人设一小传，扼要介绍简历并配以小照。其中有些人物的资料极少，因此只能从各种资料中加以综合，至于是否准确，尤其是人生的重要节点和生卒年月，不敢打包票，有待知情者匡正。作者的小照，好不容易搜寻到32人，尚缺18人，实在无法觅到，可能是搜寻范围不大，总感觉很可惜。小照中作者的年龄形象无法统一，更无法与著作时的形象相吻合，这一切只好请读者宽容谅解。

本书唯一的缺憾仍然是版本的不齐全，所知书目与所见版本无法吻合，版本实物的缺损率相当大，这也正是版本研究中不可忽视的一个硬伤。从此意义讲，求全责备并非良策，唯以宽容待之，才是研究版本的正途！

"浦东文化丛书"第三辑，除拙著《五十浦东人的民国版本》外，还有四种：

《汉石经室题跋》《浦东门厅文化》《浦东中医史略》和《浦东历史票证图录》，从我的总体感觉来说，这一辑丛书较之前两辑更具整体感，而且扎实有分量。但愿这套丛书能越写越好，越编越精，并能伴随着浦东改革开放行进的步伐一直编下去，为当代的浦东人和未来的浦东人，留下一份值得骄傲的文化遗产。可以说，这也是作为主编的我和其他参与其中的朋友们的一个最大心愿！

  是为自跋。

张泽贤

2017 年 3 月 9 日于浦东犬圈斋